云县年鉴

THE YEARBOOK OF YUN XIAN

2011

中共云县县委
云县人民政府　主办
云县地方志编纂办公室　编

云南出版集团公司
云南美术出版社

图书在版编目（CIP）数据

云县年鉴．2011 / 云县地方志编纂办公室编．-- 昆明：云南美术出版社，2011.10
ISBN 978-7-5489-0502-8

Ⅰ．①云… Ⅱ．①云… Ⅲ．①云县－2011－年鉴 Ⅳ．①Z527.44

中国版本图书馆 CIP 数据核字（2011）第 206804 号

责任编辑 黄云松 于重榕
封面设计 赵 鹏
责任校对 李志东

云县年鉴 2011
中共云县县委
云县人民政府 主办
云县地方志编纂办公室 编

出版发行 云南出版集团公司
云南美术出版社
（昆明市环城西路 609 号）
印刷设计 深圳市美嘉美印刷有限公司
昆明美嘉美印务设计有限公司
开 本 889mm×1194mm 1/16
印 张 27.25
字 数 640 千字
版 次 2011 年 11 月第 1 版
2011 年 11 月第 1 次印刷
印 数 1～1000 册
书 号 ISBN 978-7-5489-0502-8
定 价 280.00 元
（若发现印装错误请与承印厂联系 0871-3179373）

《云县年鉴》编纂委员会

编 纂 人 员

审　　稿	李志勇（云县县委书记）
	杨世吉（云县人民政府县长）
	周云艳（云县人民政府副县长）
责任编辑	吕　芸
主　　编	陈体林
副 主 编	钟履山
编　　辑	陈　梅　高进农

编辑说明

一、《云县年鉴》是县委、县政府主办，由云县地方志编纂办公室承编，系统地记述云县行政区域内自然、政治、经济、文化、社会等方面的年度资料性文献。

二、2011年版《云县年鉴》全面、系统、翔实地记述云县2010年政治、经济、文化、社会等各方面所取得的成就和存在的差距，突出了新情况、新特点、新成就和新问题，为各界人士了解云县，建设开放、和谐、经济云县提供了现实服务。

三、《云县年鉴》在结构上采用条目体，分部类、栏目、条目，总体设计上注重突出时代特点和地方特色，在坚持相对稳定的基础上，根据当年情况对篇目设置作适当调整。

四、2011年版《云县年鉴》记述时限为2010年1～12月，但编纂委员会委员、特载和宣传彩页延至出书时。

五、2011年版《云县年鉴》的资料来源，主要是靠各部门提供的资料和资料员撰稿，部分选用政府、广播电视局以及《云县》县讯等部门文稿进行整理。

六、《云县年鉴》编辑后，经县委书记、县长、分管地方志工作的副县长审定，以确保资料的真实可靠。

编者

2011年7月

县委书记　李志勇

过去五年，是云县艰苦创业、奋发有为的五年，是全县经济社会发展和党的建设取得重大突破的五年。今后五年，是云县加快科学发展、转变经济发展方式的黄金期，也是云县实现跨越式发展的挑战期。在这个时期，正值国家实施新一轮西部大开发战略，省委实施“两强一堡”战略和市委构筑“两廊”、培育“两极”的重大历史机遇，是云县经济社会跨越式发展的关键五年。在这五年里，我们面临着许多加快发展的重大机遇，也将遇到许多新的问题和挑战。机遇与挑战并存，机遇大于挑战，发展前程似锦，发展任重道远。我们将在市委、市政府的坚强领导下，按照云县“十二五”规划和“一城、四带、八产业”的思路，围绕将云县建设成为区域性经济重镇和云凤经济增长极、全省县域经济20强的目标，转方式、调结构，建项目、上水平，增收入、保稳定、促和谐，加快全县经济社会发展步伐。

县长　杨世吉

过去五年是云县攻坚克难、砥砺奋进的五年，云县呈现经济加快发展、社会全面进步、民族团结稳定、人民生活水平不断提高的良好局面。在“十二五”开局之年，云县将牢固树立“全面提速赶超、全力争先进位”的发展理念，以科学发展为主题，以加快转变经济发展方式为主线，以改善民生为核心，围绕“两区两基地一中心”的发展定位，着力建设“一城、四带、八产业”（“一城”即建设一座云县新城；“四带”即着力打造澜沧江沿江经济开发带、214国道沿线经济开发带、大朝山对外公路沿线经济开发带、南汀河沿河经济开发带；“八产业”即着力培育、巩固和提升核桃、甘蔗、茶叶、烤烟、畜牧、“云酒”、新能源新材料、现代物流服务业），全面统筹社会事业，努力构建和谐云县，实现速度、质量、效益同步提高和经济社会跨越式发展。

中共云南省委书记白恩培视察云县农业产业发展状况 （吴远峰 摄）

中共云南省委副书记、省长秦光荣（右）在云县调研，同云县党政领导和企业科技骨干谈民营企业发展 （吴远峰 摄）

省委、省政府主要领导组织集体调研，到云南智汇源食品有限公司视察　（吴逵峰　摄）

中共临沧市委书记杨洪波（中）到三奇光电科技有限公司调研　（吴逵峰　摄）

中共临沧市委副书记、市人民政府市长锁飞（左二）到三奇光电科技有限公司单晶硅棒生产车间调研　（吴述峰 摄）

县委书记宋红临（左一）在茂兰镇温平村同村民谈茶叶产业建设

县人民政府县长杨世吉（左一）同乡镇签订“三个一百”责任状　　（吴逵峰 摄）

县人大常委会主任刘灿（中）视察“林草畜沼一体化”项目建设情况

政协主席何春华（右一）深入爱华镇指导新家园建设

行政中心大楼　　（吴逵峰 摄）

云南省非公有制经济组织创先争优活动现场推进会在云县召开　　（吴逵峰　摄）

政府全会　（吴逵峰　摄）

县委举办企业家座谈会　　（吴逵峰　摄）

县委理论中心组开展学习活动　　（吴逵峰　摄）

落实"三个一百"动员大会　（吴逵峰 摄）

2010年"五四"青年节，临沧监狱开展"云狱青年齐抗旱"绿化行动　（监狱办公室 提供）

11 月 1 日，《人民日报》新闻协调部研究策划室主编傅丁根，《人民日报》社云南分社记者胡洪江，对云县农业产业化龙头企业以及农村扶贫开发工作进行深入采访调研　（吴遠峰 摄）

幸福镇村民在啤酒狂欢节期间展示古老的手工织布技术　（吴遠峰 摄）

11 月 22 日，云县欢送 50 名新兵启程进藏　　（吴達峰　摄）

项目推介会签约仪式　　（吴達峰　摄）

云县供电有限公司创建市级文明单位现场考评 （罗应活 摄）

云县大寨河3座梯级电站开工 （吴远峰 摄）

云南澜沧江酒业集团院士工作站成立挂牌仪式

云南茅粮酒业集团木瓜原料加工车间　（吴造峰 摄）

三奇光电科技有限公司厂区　（吴逵峰 摄）

云县爱华镇德胜烤烟长势喜人　（吴逵峰 摄）

云县宏康养殖有限责任公司生猪育肥场投产 （吴遠峰 摄）

世纪金源集团董事局主席黄如论（右）在云县进行商贸考察 （吴遠峰 摄）

中国 · 云县第六届啤酒狂欢节启动仪式 （吴达峰 摄）

大树进城 （卢原 摄）

云县新家园建设进程加快，农民“别墅”鳞次栉比　　（吴远峰 摄）

已入住的廉租房　　（卢原 摄）

联合整治　　（交警大队办公室　提供）

庆典　（吴逵峰　摄）

2010年2月26日，人民银行云县支行组织开展人民币反假宣传工作 （人行办公室 提供）

幸福坝子试种的优质高粱 （吴逵峰 摄）

龙舟赛　（卢 原 摄）

坡改梯　（卢 原 摄）

云河楼　（卢 原 摄）

第七届啤酒节

一等奖作品（文联办公室提供）

摄影一等奖作品《喜悦》杨宇

美术一等奖作品《老姐妹》杨顺安

美术一等奖作品《生命之舞》陈永刚

书法一等奖作品《华夏玉液》赵国相

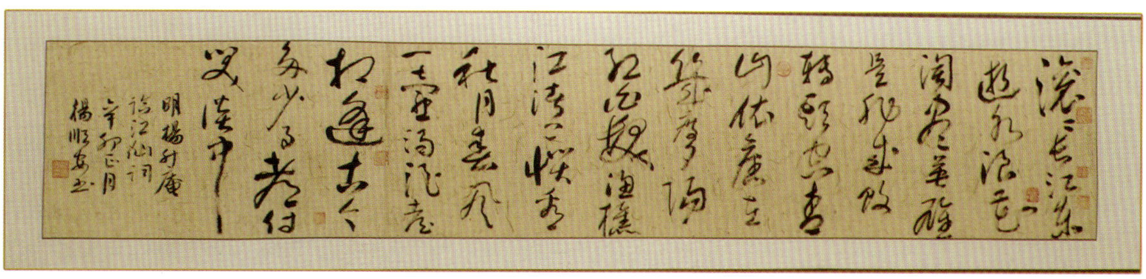

书法一等奖作品《临江仙词》杨顺安

县城内云河楼一景

澜江明珠

和谐云县　开放云县　经济云县

奔流不息的澜沧江，从唐古拉山蜿蜒南下，千古奔流的江水，在滇西南边陲孕育出一块古老神奇的土地，这就是传说中彩云的故乡云南云县。久远的文明，厚重的历史，风起云涌的现实，使云县成为澜沧江畔一颗熠熠闪耀的明珠。

云县古名勐佑，明宣德四年（1429年）升为大侯州，明万历二十六年（1598年）废大侯土州，设流官，改名为云州，民国二年更名为云县。云县地处澜沧江西岸，位于临沧市东北部，东经99° 43′~100° 33′，北纬23° 56′~24° 26′之间，距昆明514千米，距临沧市政府所在地74千米，国道214线、云保线、羊耿线在云县境内交汇贯通，属临沧的交通枢纽。县城处于漫湾、大朝山、小湾三大水电站的中心腹地，是临沧市北往大理、西进保山、东上昆明，南下孟定、南伞口岸乃至缅甸的中心点，享有临沧市“北大门”“窗口”之称。全县辖7镇5乡190个村民委会会，4个社区，国土面积3760平方千米，总人口44.4万人。境内居住着以彝族为主的23种少数民族，少数民族人口占总人口的49.4%。云县境内资源丰富，铁、锰、铜、铅、锌、锡、金、镁、煤等矿产资源初探总储量达2092.5万吨。

云县是澜沧江文化旅游区。云县历史文化悠久，源远流长，古有茶马古道，今有214线国道、祥临高等级公路，历来是西南边陲联系内地的咽喉要冲。考古发掘有距今3000多年的忙怀型新石器遗址和春秋战国时期的铜鼓、铜钟、铜茅及青铜器冶炼遗址，是澜沧江流域人类文化的主要发源地，特殊的地理位置和内外经济文化的交流，形成了神奇的澜沧江文化。漫湾、大朝山两大水电站在流经县境的澜沧江上截流筑坝，形成百里长湖，如梯相连，山环水绕，层峦叠嶂，风光旖旎，与古

百里长湖

云州云海

滇西名特产中心

鸟瞰云县县城

澜沧江酒业集团总部全景图

代驿站、渡口、古塔、古庙及以奇异的民族习俗等交相辉映，闪耀着现代文明与传统文化的斑斓色彩。

云县是云南重要的水电能源基地县。云县水资源储量丰富，主要河流38条，水能总蕴藏量41.8万千瓦。国家先后在云县建成漫湾、大朝山两大电站，总装机容量285万千瓦，年均发电量124亿千瓦，成为水利水电资源开发和“西电东送”的主战场。县委、县政府立足良好的区位和丰富的水资源、热区资源和生物资源，抓住国家西部大开发和云南省“两强一堡”建设机遇，坚定不移地实施工业强县战略，着力打造云南面向西南的物流中心，滇西南能源基地和资源深加工基地，培育发展了澜沧江酒业集团、云南汇智源食品有限公司、云南三奇光电科技有限公司、云南茅粮酒业集团等资源深加工龙头企业，形成了以酒、糖、茶、核桃、电、矿等为主的工业产业体系，构建了新型工业化、农业产业化、城镇化协同推进的新格局。

云县正成为区域性商贸服务中心。云县以特殊的区位优势和四通八达的交通网络为依托，历来是临沧的商业重地，商业贸易繁荣。从1962年至今的每年一次大型物资交流会暨边贸会，吸引了各省、市、县和周边国家客商，云集云县。云县正在构建国家级园林城市。花园式的工厂、小区和居民休闲广场，使市民的生活多了一份温馨的情调。云兴商业街、兴泽园小区、和云居小区、三江半岛、滨江世纪城等一系列城市建设工程，使云县迈出了建设国家级园林城市的坚实步伐。云县正在打造中国知名酒乡。云南澜沧江酒业集团成为全省跨区域发展的最大啤酒、白酒、茶饮料生产销售企业，澜沧江啤酒连续获云南省消费者最喜爱商品称号。云南茅粮酒业集团成功研发了世界第一支木瓜发酵酒——“司岗里木瓜发酵酒”，茅粮系列白酒被评为云南省优质产品、茅粮骄子酒被中国酒文化研究会评定为“中国酒文化科技成果一等奖”。云县酒类产品占云南酒产品市场份额逐年增大。

沿着古老的土地寻觅，到处能感悟到古老的气息。先辈们从刀耕火种中走来，以一种不变的姿势延续着农业的命脉，朴实、勤劳的双手托起了一部沉甸甸的古老历史。他们可曾想到，几千年后，云县的决策者们正用超前的智慧，果断地绘制一幅又一幅的蓝图，招商引资、“三村”建设、扶贫开发、新家园行动计划、基础设施建设等工程的热潮一浪高过一浪，科教兴县、工业强县、非公富县等多轮驱动的发展战略，在3760平方千米的土地上交错驰骋，实现了经济社会既快又好的发展，综合经济实力大幅提升，圆满完成了“十一五”计划的目标任务。

紧扣中心 主动作为 参政议政力促发展

——政协云县委员会

2010年，在中共云县委的正确领导和在省、市政协的指导下，政协云县委员会围绕全县工作大局，依靠广大政协委员，团结各界人士，把加快发展作为首要任务，把改善民生作为主要内容，把促进和谐作为重要职责，立足政协职能，尽心履职，在助推发展中献计出力，在抗旱救灾中主动作为，在关注民生中促进和谐，切实发挥了“维护核心、服务中心、凝聚人心”的作用，为促进云县加快发展、科学发展作出了积极贡献。

围绕中心，主动作为，服务大局有高度

一是规范协商内容，畅通协商渠道。围绕县委“五个坚定不移”的工作思路以及全县经济社会发展中的重大问题，确定协商议题，制定协商计划，精心组织、开展协商活动，力求使协商主题明确，紧扣中心工作。二是注重建言质量，突出协商效果。在县政协七届三次全会上，对政府工作报告、计划、财政及检察院、法院工作报告进行联组协商讨论，对政府和部门工作提出了建设性意见建议。围绕抓好“三个一百”工作要求，在广泛调研的基础上，召开协商会议对2010年上半年全县经济运行情况进行专题协商，全面分析全县上半年经济运行情况，找出存在的问题和困难，提出下半年实现“增投资、转方式，重民生、快发展”的措施，并及时向县委、政府报送协商报告，报告得到了县委的高度重视。围绕推进新型工业化发展的要求，召开主席会议对《关于“十二五”新型工业化发展意见》进行重点协商，并提出了有价值的协商意见建议。三是主动参与县委、政府重大决策的协商。县委、政府的每项重大决策之前均邀请政协领导或政协委员参加讨论，征求县政协的意见，使云县的重大决策更加科学合理。四是“三个一百”目标任务圆满完成。按照目标任务责任的分解，县政协积极与相关部门协调联系，完成了争取上级补助资金和招商引资到位资金任务。五是全力以赴参与抗旱救灾工作。按照县委、政府“抗大旱、保民生、促春耕”的号召，县政协及时组织处级领导和专委会领导分别到各自挂钩联系的乡镇指导抗旱救灾工作，及时了解当地受灾情况，安抚受灾群众，鼓励灾民积极开展生产自救。政协委员在各自岗位上采取各种措施应对灾情，积极为抗大旱、保增长、保民生、保稳定出谋划策。六是积极投身新农村建设，服务经济社会发展。围绕县委、政府中心工作，树立服务大局的意识，积极协助县委、政府抓好挂钩联系产业和重点工程项目建设工作，深入基层调查研究，对重点工作进行督促检查和指导，为县委、政府分忧解难。2010年以来，重点

何春华主席（右排居二）深入幸福镇调研

副主席刘绍云（中）率政协委员视察通达工程

副主席钟汝菊（右三）率政协委员到茂兰中学调研教育工作

副主席杨仙琴（左二）对云县中小学校舍安全工程建设情况进行视察

县政协委员培训

熊兴荣副主席（左一）到爱华镇水磨视察核桃三率建设

对新家园建设进行指导帮扶，组织政协委员、机关干部职工积极投身新农村和新家园建设，共帮助协调解决新农村建设资金共38万余元。

畅通渠道，拓宽领域，民主监督有力度

一是推进提案工作，增强办理实际效果。以提案为依托，不断拓宽民主监督的实效。县政协七届三次会议以来，共收到政协委员的提案65件，经审查立案42件，其中4件经主席会议研究确定为重点提案，并召开政协常委会专题进行面商。通过认真组织交办和跟踪督办，促进了提案的办理落实，42件立案的提案办复率均为100%，办复满意和基本满意率达95%以上，提案的作用在实际效果上充分得到了体现。二是开展民主评议，促进政风行风好转。县政协坚持每年选择一些群众普遍关注、社会影响面比较广的政府职能部门或社会公共服务行业开展民主评议工作。2010年，常委会组织对全县民政工作进行了民主评议，收到了良好效果。通过民主评议，不仅丰富了政协履行职能的形式，而且有效促进了部门工作的开展和政风行风的好转。

创新形式，丰富内容，建言献策有深度

2010年县政协先后组织各专委会、政协委员、乡镇政协小组，对全县上半年经济运行情况、编制“十二五”规划、茶叶产业情况、核桃产业建设情况、城镇保障性住房、户籍开放问题、农村低保实施情况等7个专题进行视察调研，写出专题视察调研报告7份，提出意见建议60余条，报告报送县委、政府后，引起了县委、政府的高度重视，其中，《关于云县核桃产业建设情况的调研报告》和《关于云县茶叶产业情况调研的报告》得到县委批转，《关于城镇保障性住房建设情况的视察报告》和《关于云县编制“十二五”规划调研的报告》得到县委主要领导的批示，要求政府和相关部门根据县政协提出意见认真落实，并要求县政协继续开展有针对性的视察调研活动，推进政府部门工作。

彰显优势，凝心聚力，团结合作有广度

县政协主动加强与社会各界人士沟通和交流，并积极搭建各界人士知情议政的平台，以组织开展新年茶话会、联谊会、座谈会、征求意见会等形式，让政协委员和社会各界人士积极参政议政，增进友谊，增强共识，为云县发展稳定献计出力。以“走出去”和“请进来”的方式，加强与临沧市县（区）政协和外地政协的联络联谊工作。

强化措施，夯实基础，自身建设有活力

一是扎实开展创先争优和优化软环境增强软实力活动。通过活动的开展，机关面貌发生了新的变化，工作作风明显改进，为委员服务、为统一战线服务、为加快云县科学发展服务的责任意识进一步增强。二是加强委员的学习培训，不断提高履职水平。编印提案撰写学习材料，为每位委员订阅《云南政协报》，召开部分市、县政协委员座谈会，组织驻云县的市政协委员到凤庆县考察新家园建设。三是重史实，显特色，切实加大政协宣传工作力度。积极组织文史资料的收集工作，编辑出版了《云县文史资料》（第十辑）。协助省政协完成“政协系统书法摄影作品展览”作品征集工作。同时，注重自身宣传。编发《政协简报》12期，主动与各新闻单位加强联系，在《云南政协报》、《创新》、《临沧日报》、《临沧政协》及县级宣传媒体上发表稿件40余篇，为政协工作开展营造了更加良好的社会舆论氛围。

政协云县第七届常委会组成人员

政协组织政协委员对新家园建设情况进行视察

围绕中心 服务大局 全面推进组织工作科学发展

——中共云县县委组织部

中共云县县委组织部在县委的正确领导下，坚持以科学发展观为统领，立足于服务科学发展这个大局，着力提高组织工作科学化水平，不断推进各项工作创新发展。

带头创先争优，全面推进组织工作科学发展。一是抓创新，彰显工作亮点。牢固树立组织工作为党的政治路线和中心任务服务的大局意识，结合实际，提出了：确立一个目标（巩固农村基层组织建设先进县创建成果），消除两个盲点（流动党员管理和党组织经费基地建设），打造三个品牌（“核心工程”、“民心工程”、“素质工程”），推行四个机制（党建工程项目责任制、党员分类管理积分制、党群联动运行机制、党员分行业承诺制），构建四个体系（制度体系、阵地体系、关爱体系、台帐体系）的“12344”党建工作创新思路，全面提升基层党建工作水平。围绕全面提升领导班子、领导干部领导和推动科学发展能力的需要，探索建立下级评价上级、群众评价干部、企业评价部门、部门相互评价、成员评价班长的“五评”机制和“处处留痕，适时考核，及时纠偏”的干部日常监督管理体制。组织实施了城乡党组织“四同一体”、“科级以上干部驻村蹲点促民生”、非公企业党员责任制、示范区等载体创建活动和党员分行业承诺活动。深化农村“三级联创”活动，突出抓好“四议两公开”工作法的推行，建立健全农村基层党组织建设工作经费保障机制，优化基层党组织设置，加强党建工作业务建设。突出党员队伍素质建设，合理制定发展党员计划目标，党员总数稳步增长，结构比例逐步优化。选任30名优秀年轻干部担任所驻村党组织第一书记，切实抓好党组织整瘫治软工作。深入实施“党员致富”工程，切实增强农村党员的“双带”能力，累计发放农村党员创业贷款327户1249万元。采用点、片、站结合的方式，建立12个乡镇农民服务站、25个村级片区农民服务站和194个村（社区）农民（居民）服务点，进一步拓展为民服务网络，提高为民服务能力。全面实施“非公强县”战略，深入推进“四心工程”，选派了16名非公企业党建指导员和“政企联络员”。全县基层党组织建设取得明显成效，非公企业党建的基本做法得到省委认可，并在云县召开了全省非公有制经济组织创先争优活动现场推进会。二是搭平台，抓实学习实践活动。全县的学习实践科学发展观和创先争优活动紧扣“科学促发展，组织强保障”主题，分行业创建活动载体，搭建党员干部作用发挥平台，全面开展基层党组织“星”级和共产党员“心”级评比活动，探索创新了“一卡二簿三评”承诺问效工作法。活动得到了中央、省、市委的肯定，学习实践活动情况被中央和省市媒体采用85篇，《云南日报》、云南电视台对云县学习实践活动作了系列报道，央视《新闻联播》对忙怀乡农民服务站便民活动情况作了报道。全县创先争优活动的主要做法被中央和省市媒体采用98篇。三是强

开展民情恳谈。组织部长杨绍斌（中）

深入开展“组工干部下基层”调研活动

认真开展集中学习活动

中央、省级新闻媒体对云县学习实践活动进行采访报道，右为原组织部长吕江

全体党员重温入党誓词

看望慰问困难老党员

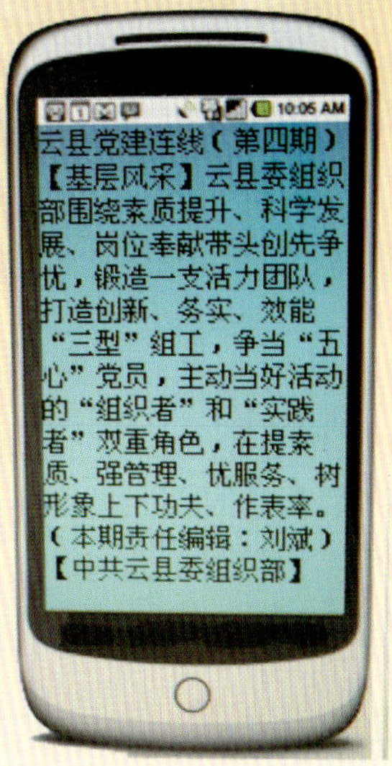

开通云县党建网，创建党建工作新阵地

组织干部职工参加篮球赛

统筹，推进组织工作全面发展。全县 194 个行政村（社区）实现了村级组织活动场所建设全覆盖；建成农村党员干部现代远程教育终端接收站点 209 个，建成“家庭电教点”1644 个，实施“红网亮化”工程，建立 18 个远程教育示范点；圆满完成乡(镇)党委换届和第三、第四届村“两委”换届选举工作；严格执行干部选拔任用工作四项监督制度，积极稳妥地做好干部调整工作业务；着力提高选人用人公信度，认真做好“提高选人用人公信度示范县”创建工作，制定出台了加强干部日常监督管理相关规定，加强对领导干部行使财权和事权的监督；近年来，共拿出 30 个科级领导干部职位面向全县公开选拔；完成培训各级各类干部 137831 人次，配合省、市委组织部完成干部调训 58 期 201 人次，组织 42 名副处级以上领导干部及副处级后备干部参加在线学习；切实增强人才工作的支撑作用，在云南澜沧江酒业集团建立了临沧市第一个院士工作站，也是云南省第一个党委、政府主导，企业运作的院士工作站；全面落实“三个一百”工作目标和新家园行动计划，2010 年完成向上争取资金 725 万元，超任务 608 万元；完成招商引资 2200 万元，超任务 2100 万元；建成“云县党建”网站和“云县党建连线”手机信息服务平台，建立及时、快捷、双向的沟通联系渠道。

加强自身建设，着力提升服务科学发展水平。一是突出一条主线。突出“服务科学发展、跨越发展大局”这条主线，坚持用科学的发展观武装头脑，指导实践，推动工作，树立组工干部可信、可靠、可敬、可亲的“四可”形象，打造让党委满意、让群众满意的“双满意”部门。二是树立一种理念。树立“有所为、有所不为，突出重点抓突破”的工作理念，做到转换一个角度去思考，推进思想观念更新；转换一个途径去探索，推进工作载体创新；转换一种思路去破题，推进工作方法创新；转换一个角色去理解，推进工作作风务实，不断提升组织工作的满意度。三是营造一个氛围。围绕“真情沟通零距离、真心办事零差错、真诚态度零投诉”目标，深入开展“零误差”和“股室 + 股室”活动，明确协同责任和 AB 角，形成“事事无空位，时时无缺位、人人能补位”的工作格局，营造和谐的内、外部氛围。四是建立一套机制。落实“定程序、定期限、定责任”的“三定”工作法，建立整改台帐、问题领办、监督反馈、整改销号、责任追究、点子落实、部门帮村、党员帮户等七项制度；完善干部关爱“五个一”制度，严格执行行政问责制、首问首办责任制、限时办结制和服务承诺制，全面提高工作效率和服务水平。五是建设一支团队。组织开展“党性教育”“组工干部下基层”“争创一流”“岗位奉献”“增光添彩”“五心党员”评比等活动，在提素质、强管理、优服务、树形象上下功夫、作表率，打造党性强、作风正、工作实、业务精的一流团队，全面提高组织工作科学化水平和服务科学发展水平。

科学谋划工作，立足争先进位提供组织保证。2011 年是“十二五”开局之年，全县组织工作将坚持以邓小平理论和“三个代表”重要思想为指导，深入贯彻落实科学发展观，认真贯彻落实中央、省、市、县党委和上级组织部门的部署和要求，紧紧围绕服务全县科学发展、跨越发展大局，突出抓好创先争优活动、积极稳妥地深化干部人事制度改革、加强干部教育培训、落实中长期人才发展规划等各项工作，突出重点、整体推进，聚力攻坚、争先进位，改革创新、狠抓落实，确保各项工作任务圆满完成，努力为推动全县科学发展、跨越发展提供坚强的组织保证。

强势推进公安队伍正规化、规范化建设 确保社会和谐稳定

——团结务实的云县公安队伍

云县公安局在县委、政府和上级公安机关的领导下，以科学发展观为指导，紧紧围绕“三项重点工作”和“三项建设”的目标要求，以维护稳定为首要任务，以提升人民群众的安全感和满意度为出发点和落脚点，以打造一支政治坚定、业务精通、作风优良、执法公正的高素质公安队伍为根本目标，牢牢把握了维护社会政治稳定各项工作的主动权，为全县社会经济健康快速发展提供了有力保障。

业务工作实现新突破 维稳工作扎实推进：全年上报维稳信息184条，妥善化解较大规模群体性事件21起，调处矛盾纠纷246起，实现了重大活动和节日期间的社会稳定；对全县涉及枪支弹药、剧毒化学品、爆炸物品、重要部位等109个单位逐一落实工作措施，实现安全防范网络全覆盖。打处成效稳步提升：全年立刑事案件1056起，破获573起，抓获犯罪嫌疑人511人，实现了命案全破；发现受理治安案件1297起，查处1188起，抓获违法人员1579人。专项工作成效明显：组织开展了“2010严打整治”、“百日攻势”等10个专项行动，特别是“百日整顿”，公安局集中时间、集中警力，超常规用警，采用错时工作制，在全县范围内展开了声势浩大的社会治安严打整治专项行动，有效促进了全县社会治安形势进一步好转，群众安全感明显增强。“百日攻势”的做法和成效得到了全县广大人民群众的大力支持和衷心拥护，也得到了各级党委政府和市局领导的高度评价。

城区巡防有声有色：建成6个警务岗亭，每晚固定投入8辆警车巡逻，构筑全方位、全时空、多层次的城区巡防网络。信息化建设成果初现。年内投入信息化建设资金213.6万元，采集源头信息23.76万条，发布信息2624条，抓获违法犯罪嫌疑人156人，破案175起。执法规范化建设稳步推进：强化执法培训，建立健全执法制度，开展执法服务基层活动，全局执法能力和水平明显提升。和谐警民关系建设取得实效：开展“公安民警大走访”爱民实践活动，走访人民群众7992人次。开展局长接待日20次，接待受理群众来信来访49件，办结上级公安机关转办信访件8件。

队伍建设得到大发展 开展创先争优活动：将优化软环境增强软实力暨纪律作风教育整顿活动融于日常工作中，提升士气、鼓舞斗志、树立形象，人民群众安全感大幅增强，社会各界对公安工作的满意度大幅提升。深化从优待警：坚持正确的用人导向，一批优秀的年轻干警通过民主推荐被提拔到领导岗位；做好生病住院、生日及困难民警慰问工作；有2个部门及26名民警立功授奖，2名民警评为劳模。锐意进取求创新：以云县公安局侦破的系列贷款诈骗案为题材的专题片《谁是借款人》在云南电视台播出；打击银行卡犯罪的技战法在全省银行卡犯罪案件点评及经验交流会上进行交流，并在全省推广；“9.13”非法买卖制毒物品案件侦破后，公安部禁毒局专门发来贺电，对云县公安局创新工作思路，广扩线索来源，相关警种密切配合的成功做法给予了充分的肯定和高度的评价。

云县人民政府副县长、县公安局党委书记、局长高明

云县公安局被云南省公安厅评为“大走访”开门评警活动先进集体

服务发展成效较显著 做强主业促发展：严厉打击经济领域犯罪，全年为各类企业挽回经济损失483.24万元，经济犯罪案件查结率达95.8%；全力投入打击银行卡、发票犯罪、假币犯罪等专项行动，累计收缴假发票3660份、假币56500元，收缴假发票列全市第一。改革创新促发展：简化民爆物品、消防工作、户籍管理等审批手续，组建“流动车管服务队”上门服务，优化车辆挂牌、车辆检测、驾驶员审验、身份证办理等便民措施。提高服务促发展：不断改进工作方法，把服务群众工作融入到公安工作中，提高办事效率，为企业办实事、解难事，累计提供行政服务7.59万人次，换发二代证3.36万张，办理网上迁移5041人，纳入系统管理暂住人员7466人，变更出租户398人。

基础设施建设不断加强：完成占地面积12.17亩、总建筑面积6175平方米、投资1560万元的技术侦察大楼建设，县局5月

团结务实的党委班子

从爱华镇爱华社区人民街 24 号搬迁至新云州社区瓦窑坝办公。投入 104 万元完成县人民政府划拨原云县土产转运站作为爱华派出所办公用房的修缮改造工程。修缮改造后，爱华派出所总占地面积为 2119.1 平方米，建筑面积为 945.12 平方米，2010 年 11 月爱华派出所搬迁到新办公区，结束了从 2002 年就租房办公的历史。

2010 年，云县公安局以上海世博会、广州亚运会等重大活动安保为重点，深入推进社会矛盾化解工作、社会管理创新工作、公正廉洁执法工作以及公安信息化建设、执法规范化建设、构建和谐警民关系，改进工作作风，提升警务效能，为云县经济社会发展提供了安全稳定的社会治安环境。结合全面强化公安队伍正规化建设，先进事迹不断涌现，年内共整理上报各类先进事迹材料 28 份，获批集体三等功 1 个，个人三等功 5 个，先进个人 2 人，劳模 2 人次，巾帼建功标兵 1 人；获批上年申报的个人二等功 1 个、个人三等功 13 个、先进集体 1 个，先进个人 1 人，嘉奖 2 人。一批优秀的公安队伍人才为干警树立了学比赶超的榜样。

站在新的起点，云县公安局将紧紧围绕保障全县社会政治持续稳定服务全县经济社会跨越发展这一中心，继续抓好队伍建设和业务建设两大根本，树正气、聚士气、讲骨气、要名气，全力提速进位，明确"三项重点工作"、"三项建设"、刑事打击这三条主线；增强大局意识、责任意识、规范意识、群众意识、服务意识等五大意识；突出维护稳定、刑事打击、社会管理、公安信息化、执法规范化及和谐警民关系建设六项工作，发扬提倡知耻后勇、负重前行、拼搏进取、创先争优精神，全局上下共同努力，全力做好维护国家安全和社会政治稳定的各项基础工作，不断提升公安管理、刑事打击及服务群众的能力和水平。

参加社会治安严打整治"百日攻势"专项行动的民警整装待发

走访慰问离退休老干部

群众赠送锦旗

听民意访民声

提高技能，扎实训练

县人民政府副县长、县公安局党委书记、局长高明（左一）在检查指导啤酒狂欢节安全保卫工作

夜间巡逻

开门评警座谈会

把握大局，突出中心，主动协调，高效服务
努力塑造勤奋敬业、不断创新、不甘落后、争创一流的团队精神
——云县县政府办

政府办领导班子合影

2010 年，在县委、县政府的正确领导下，云县人民政府办公室深入贯彻“三个代表”重要思想，牢固树立科学发展观，紧紧围绕县委、县政府确定的目标要求和总体部署，紧紧围绕“规范管理、优质服务，参与政务、处理事务”的工作目标，外塑形象，内强素质，切实履行参谋、助手、执行、协调、保障职责，充分发挥“为机关服务、为领导服务、为基层服务”的重要作用，积极搞好政务服务，不断提高自身素质和工作水平，确保了政府及办公室工作的正常运转和政令畅通，圆满完成了全年各项工作任务，确保了整体工作上水平，重点工作有突破，有效促进了县政府各项工作的顺利开展。

力促“五项工作”，为政府决策提供优质服务。**一是深层挖潜，信息工作争创一流。**政务信息工作坚持紧贴中心、围绕大局，集中反映领导关注的重点、群众关心的热点和改革进程中的难点，向各级领导报送了大量有价值的信息，为领导掌握情况、指导工作、科学决策提供了较好的信息服务。具体工作中，加强制度建设，实行办公室全员办信息制度，实施定期通报制度，做到人人有任务，天天有担子。**二是立足前瞻，调研工作求细求深。**始终把调研工作的着力点放在为领导决策和执行的服务上，抓住影响改革、发展、稳定的热点、难点以及领导的关注点，积极主动开展调研。具体工作中，强化超前性调研，为领导决策提供依据；强化策略性调研，为领导决策完善思路；强化问题性调研，为领导决策提出建议。**三是突出规范，政府工作运转确保有条不紊。**及时研究协调县政府重大工作安排，认真做好县政府重要会议、重要活动安排、组织和服务工作，为领导提供便捷周到服务。进一步规范了县政府常务会议、县长办公会议流程，确保会议的秩序和质量。加强公文管理工作，公文运转做到及时、准确、安全、保密，急文急办、急件急送。**四是注重实效，接待服务工作再上新水平。**本着严格标准、规范程序、健全制度、节约经费的原则，认真做好接待工作。力求达到组织周密、秩序井然的标准；同时，努力做好上级领导检查指导和兄弟县、区参观等接待工作。**五是严谨细致，综合文秘工作突出实效。**在公文处理上，坚持从严、从精、及时、实效的原则，严格按照《国家行政机关公文处理办法》的规定，从文书处理的收发、印制、传阅、清退、归档、销毁等各个环节入手，严把政策关、时效关、公文格式关、文字关和校核关，力求政策清楚、主题突出、观点准确、格式规范、逻辑严谨、准确及时。积极精简文件，严格文件审批制度。

狠抓督查“三点”“三个力度”和“四个转变”，推动政府决策的贯彻落实。把抓督查、促落实作为工作的重心之一。**一是在督查内容上突出“三点”。**督重点，对年初人代会、县政府常务会等会议做出的重大决策和重要工作部署，特别是“三个一百”、“新家园行动计划”等重点工作进行分解立项，跟踪督查，深入基层，了解情况，找准问题，分析对策，提出建议，有力地推动了政

义务植树

选举

种植烤烟

歌咏比赛

全民健身

宣传全民健身，环城走

2011 年端午节龙舟赛

府重点工作的顺利开展；督难点，紧紧围绕政府一个时期的工作难点进行督查。督热点，突出解决人大代表和政协委员关注的热点问题。按照归口分级办理，一把手负责的原则，加大对人大代表建议、政协委员提案及领导批件的办理力度。为县政府领导把握全局，了解政府工作进展情况起到了良好的推动作用，有效促进了政令畅通。**二是在督查实效上加大“三个力度”。**加大发现问题的力度，提高善于找出问题、分析问题的能力，准确把握督查工作的角度和高度，力求督查工作应有的宏观性、政策性、决策性；加大协调解决问题的力度，坚持把协调解决问题作为提高督查实效的突破口，对政府和领导授权的督查事项，大胆负责地督办，积极主动地协调，对领导尚未明确的事项，在职责范围内督办解决，确有困难的，提出解决办法和建议，及时向领导反映；加大督查调研的力度，做到督查和调研有机结合，相互促进，确保督查工作情况清楚，有的放矢，措施有力，效果明显。**三是在督查形式上狠抓“四个转变”。**从事务性督查向决策性督查转变；从消极被动督查向积极主动督查转变；从以部门督查为主的小范围督查向协调各方联动的大督查转变；从突击性、阶段性督查向经常化、制度化督查转变，使督查工作较好地落到了实处。

强化“五个抓手”，提升干部队伍的整体素质。按照县委深入开展创先争优活动的部署，按照“责任、服务、效能、合作”的总要求，在办公室党支部和党员中深入开展了“创先争优、争做服务先锋”活动，进一步加强基础建设，全面提高工作质量，以更好的精神面貌为县领导、全县基层单位和群众提供更加优质的服务。**一是抓学习，提高素质。**制定印发实施意见，按照学习计划，组织和带领本办工作人员认真学习马列主义、毛泽东思想、邓小平理论、“三个代表”重要思想和科学发展观；学习党的路线、方针、政策；并有针对性地搞好业务学习，特别是对公文处理、专业知识的学习，普遍做到了学有所长、学有所精。**二是抓制度，严肃纪律。**从严格办事程序入手，切实加强组织纪律、政治纪律、廉政纪律，进一步树立和维护县政府及办公室的良好形象。**三是抓团结，增强合力。**以工作为重，以大局为重，相互理解，相互支持。工作中既各有分工，各有侧重，又协调统一，互相配合，形成“心往一处想、劲往一处使”的良好局面。**四是抓整顿，转变作风。**以“深入开展创先争优活动”为总抓手，针对存在的问题，大力提倡严谨细致、雷厉风行、求真务实的作风，努力提高服务水平，有效地增强了办公室全体人员做好工作、争创一流的自觉性。**五是抓文明机关创建，提高服务效能。**以创建文明机关为目标，紧紧围绕全县的中心工作，着力于发挥参谋服务工作职能，深入开展文明机关创建活动，全力推进了全系统各项工作。

强化法律监督 维护公平正义
——云县人民检察院

云县人民检察院于1955年7月20日成立，位于云县爱华镇瓦窑坝新云州社区。目前，全院人员政法编制57名，内设反贪污贿赂局、反渎职侵权局、纪检组、办公室、政工科、侦查监督科、公诉科、民事行政检察科、控告申诉检察科、职务犯罪预防科、人民监督工作办公室、监所检察科等职能部门，履行着职务犯罪侦查及预防、侦查监督、审查起诉、审判监督、刑罚执行监督及民事行政诉讼监督等职能。50余年的离并撤合，无论时光怎样流逝，几代云县检察人兢兢业业、尽职尽责，开拓创新。尤其是改革开放以来，在上级检察机关和地方党委的正确领导下，在县人大、县政府、县政协和社会各界的监督、关心和支持下，以邓小平理论和"三个代表"重要思想为指导，深入实践科学发展观，紧紧围绕推进"社会矛盾化解、社会管理创新、公正廉洁执法"三项重点工作，使法律监督能力建设得到加强，检务保障明显改善，队伍整体水平不断提高。全院反贪污贿赂、反渎职侵权、派驻检察室、公诉、侦查监督、控告申诉等检察工作先后得到最高人民检察院、省人民检察院等上级部门的表彰。

一、充分发挥检察职能，全力维护社会和谐稳定。

云县人民检察院始终把维护社会稳定、促进社会和谐作为工作目标，充分履行批捕、公诉职能，依法打击各类刑事犯罪活动。认真做好控告申诉检察工作，妥善化解矛盾纠纷，促进社会和谐，始终坚持执法为民，把维护人民群众合法权益作为检察工作的根本出发点和落脚点，高度重视群众诉求，畅通控告申诉渠道，进一步落实检察长接待日，采取有力措施，妥善处理矛盾纠纷化解工作，先后深入12乡镇开展法制宣传，发放宣传材料，并积极参加"综治维稳宣传月"活动，增强了综治维稳工作的知晓率，提高人民群众参加综治维稳工作的自觉性，进一步夯实了社会稳定的基础。

二、加大查办和预防职务犯罪工作力度，深入推进反腐倡廉建设。

云县人民检察院坚持"保持办案规模、提高办案质量、注重办案效果、重视办案效率、确保办案安全"并重的要求，不断加大查办和预防职务犯罪工作力度。在加大查办职务犯罪工作力度的同时，贯彻"标本兼治、综合治理、惩防并举、注重预防"的方针，积极开展职务犯罪预防，从教育、制度、监督入手，开展预防立项、预防调查、职务犯罪案例分析、预防警示教育、预防职务犯罪知识讲座、预防咨

检察委员会成员

姚葵检察长在云县第十四届人民代表大会第四次会议上

参加临沧市检察机关"人民检察官之歌"歌咏比赛

询等工作；参与工程建设领域重大工程招标预防监督；向有关单位发出书面预防职务犯罪《检察建议》；协助行贿犯罪档案查询。

三、全面履行诉讼监督职能，切实维护社会公平正义。

强化立案监督和侦查活动监督。坚持有罪追究、无罪保护、严格依法、客观公正的基本原则，抓住群众反映强烈的执法不严、司法不公问题，加大诉讼监督力度，监督效果明显增强。

强化刑事审判监督。对认为确有错误的刑事裁判提出抗诉；对应当起诉而未移送起诉的，追诉漏犯、追诉漏罪；对不符合起诉条件的决定不起诉；发出纠正违法通知书、《检察建议》；检察长依法列席人民法院审判委员会。

强化民事审判和行政诉讼监督。受理各类民事、行政申诉案件，建立民行工作点，以召开律师座谈会的方式，不断扩大"民行"工作的影响力。

强化刑罚执行和监管活动监督。探索建立权利告知制度和被监管人员约见检察官制度，及时受理被监管人员的控告和申诉，维护被监管人员的合法权益；检察各类法律文书，对不按规定交付执行、不按规定出所劳动等提出口头和书面纠正意见；对在押人员羁押期限提前告知；进行安全防范检查；深入全县12乡镇对监外罪犯进行核查，确保监外罪犯执行有效进行。

四、加强检察队伍建设，提升队伍整体素质和检务保障工作全面发展。

抓专项教育整顿，促进纪律作风建设。以开展创先争优活动为载体，深入开展"恪守检察职业道德、促进公正廉洁执法"主题实践活动。以开展优化软环境增强软实力教育整顿为契机，以牢固树立正确的执法观，摒弃特权思想、霸道作风，促进严格、公正、廉洁、文明执法为目标，开展"反特权思想、反霸道作风"专项教育活动；按照"三个统一、五个全覆盖"的建设目标，在全院业务部门建立执法业绩档案。

抓科技强检投入，提升检务保障能力建设。全面完成办案工作区改造，添置综合业务保障方面的电脑、打印机、扫描仪、视频会议摄像机等装备，搭建行政执法与刑事司法信息共享平台，开通商用密码邮件通道；进一步加强对行政、财务、档案的管理，完善并实施全院机关办公楼管理规定、新版办公自动化应用系统规定、计算机网络管理制度、涉密规定等。

抓创先争优工作，推进检察文化建设。坚持文化育检，营造良好氛围，深化检务公开，拓展检察调研、宣传渠道，增加检察工作透明度，宣传工作质量得以明显提高；在推动检察文化建设过程中，着眼于检察事业的科学发展，以提高检察人员政治素质、业务素质和职业道德素质为目标，把文化建设作为"灵魂工程"，积极开展"五个一"创建活动，加强党建专栏宣传，建成了检察文化长廊，创先争优活动开展扎实。

坚持党的领导抓外部监督，自觉接受人大、政协监督，强化自身执法能力建设。始终坚持把检察工作置于党委的绝对领导之下，及时向党委、人大报告检察工作的重大部署、重要工作事项，自觉接受人大、政协的监督，主动征求人大代表、政协委员、人民监督员对检察工作的意见和建议。先后组织人民监督员参加职务犯罪案件开庭审理观摩活动和参与监外罪犯核查工作，深入看守所对监管执法场所进行视察；邀请县人大常委会副主任、政协副主席及部分县人大代表、政协委员视察反贪、反渎工作及院基础设施建设情况；专题向人大汇报人民监督员试行情况和队伍建设情况，贯彻落实人大常委会对查办和预防职务犯罪工作的决议事项；全面落实检务公开，加大宣传力度，开通了云县人民检察院互联网页面，建成了社会各界认识、了解全院工作的窗口，为社会对检察院进行监督提供了平台。

面对经济建设的新形势和新任务，云县人民检察院确立"强化法律监督、维护公平正义"的检察工作主题，全院检察干警正以振奋的精神、昂扬的斗志，为建设一流的检察队伍、开创一流的检察业绩而不懈努力；为加快建设和谐云县，构建社会主义和谐社会做出新的更大的贡献！

检察员出庭支持公诉

开展抗旱救灾捐款活动

重温入党誓词

院女干警参加排球比赛

公正司法　一心为民

——树立良好的人民法院执法形象

院党组书记、院长黄永刚

云县人民法院按照“三个至上”的工作要求，践行“为大局服务，为人民司法”工作主题，深入贯彻落实科学发展观，深入推进社会矛盾化解、社会管理创新、公正廉洁执法三项重点工作，深入开展创先争优活动，认真履行宪法和法律赋予的职责，全力推进法院各项工作顺利开展。

法院不断强化基层基础建设，进一步夯实法院工作根基。近年来，以法院系统三级网和电子政务网建设为契机，推动网络办公自动化硬件和软件的升级完善，提高信息处理能力；加强法院局域网、科技法庭建设，进一步完善内部网络信息传输交换、信息共享，加强信息技术在院务管理、审判、执行、信访等工作中的实际应用，提高司法效率。不断加大两庭建设力度。2007 年，人民法院审判大楼竣工投入使用，2010 年，涌宝法庭、大寨法庭已经动工建设。

院领导班子工作会

坚持宽严相济，全面加强刑事审判工作，努力维护社会稳定。2010 年共收刑事案件 123 件（含旧存 1 件），审结 122 件，结案率为 99.2%。其中，刑事附带民事诉讼案件 35 件（含自诉案件 10 件），占收案总数的 28.68%，调解结案 20 件，调解率为 80%，调解结案后自动履行 19 件，履行率为 95%。坚持调解优先、调判结合的工作原则，全面加强民事审判工作，推进社会矛盾化解。全年共受理民商事案件 565 件，结案 539 件，未结 26 件，结案率为 95.4%。已结的案件中采用简易程序审理 310 件，普通程序审理 187 件（其中，判决 199 件，占结案总数的 36.92%，调解结案 169 件，撤诉 118 件，调撤率为 53.24%，调解后自动履行 84 件，调解履行率为 49.7%，裁定不予受理 11 件），采用督促程序处理 19 件，诉前财产保全 23 件。坚持刚柔并济，进一步加强和规范执行工作，切实保护当事人的合法权益。全年，共受理执行案件 218 件（其中受理新案件 164 件，去年旧存 54 件），现已执结 170 件，执结率为 78%，执结标的 336.7 万元。

民主法制宣传教育

进一步加强和规范执行工作，切实保护当事人的合法权益。为了加强以案释法力度，加强法制震慑力，法院不断加强巡回审判工作，严格巡回审判的案件范围，确保运行效果。选择诸如赡养纠纷、乡邻关系纠纷、土地承包经营权、林权纠纷等比较典型，在当地有一定影响的案件进行巡回审理。在案件审理中，强化巡回法官的释明责任，谅解农民诉讼程序的疏漏，救济巡回办案地区当事人诉讼能力较低的现实不足。同时，树立调解优先的巡回审判理念，依靠人民调解委员会，及时解决矛盾，提高司法效率。2010 年巡回审判案件 136 件，其中，刑事 34 件，民商事 102 件。强化公开透明，诚心接受监督，维护司法公正。实行人民陪审员制度，让群众以人民陪审员的身份参与案件审判，与法官共同行使国家审判权，充分体现人民民主专政的国家性质。2005 年 5 月，选任了第一届人民陪审员 8 名（2009 年增选两名），2010 年 5 月换届选任第二届人民陪审员 16 名。2010 年，人民陪审员参与案件审理 96 件，陪审率达到 35%。

法院所取得的各项工作得到了上级各部门的认可。2007 年，云县人民法院被省法院表彰为优秀法院。2010 年，云县法院被临沧市中级人民法院表彰为 2009 年工作目标量化考核一等奖，表彰为 2009 年度优秀法院。

“十二五”期间，云县法院将继续以科学发展观为统领，以服务经济社会发展为中心，以维护人民利益为根本，切实保障和关注民生，坚持能动司法，强化审判执行，突出审判管理，狠抓队伍建设，加大科技投入，努力实现法院工作的新发展，促进社会和谐，为云县经济平稳较快发展提供更加有力的司法保障！

开展执行工作

2010 年 6 月 23 日，云县人民法院
举行第二届人民陪审员任职仪式

刑事巡回审判

云县法院党支部组织离退休老党员和在
职党员参加庆祝建党 89 周年登山比赛

信访工作检查

中國人民防空

长期准备 平战结合
不断推进云县人民防空工作创新发展

——云县人民防空办公室

2008 年 5 月，云县人民防空办公室正式成立，在县委、县人民政府、县人武部的正确领导下，以及在上级有关部门的指导帮助下，按照《中华人民共和国人民防空法》的要求，认真贯彻落实人防法律法规，严格依法行政，认真履行职责，努力推进云县人民防空事业创新发展，并取得了较好成绩，从此云县人防工作翻开了新的篇章。

为加强对人防工作的组织领导，在成立云县人民防空办公室的同时，调整充实了由县委书记任组长，县长任常务副组长，分管副县长、人武部政委任副组长，县委办、政府办、宣传部、财政局、监察局、发改局、建设局、广电局等部门和 6 个乡镇的主要领导为成员的云县人民防空工作领导小组；由分管副县长任指挥长，指挥部下设办公室在县人防办，由人防办主任任办公室主任，负责日常工作事务。人防组织机构的进一步加强和完善，为全县人防工作的开展提供了强有力的组织保障，人防各项事业顺利推进。

为认真贯彻落实人防法律法规和党的人防方针政策，切实提高各级各部门和广大人民群众对人民防空工作的认识。针对长期处于和平环境下，广大人民群众对人防工作的认识不足，国防观念不强，人防意识淡薄，还形不成良好的人防工作氛围等情况，云县人民防空办公室不断加大工作力度，努力营造有

云县人民防空办公室主任杨建忠

省人防办主任周发洪（中）指导云县人防工作

开展人防宣传

人防办副主任曾国富（左一）向工程方发放宣传材料，进行人防工作宣传

云县召开向省人防办视察组汇报工作会

工作人员正在检修人防警报

"结建"人防工程地面建筑

利于人防各项事业发展的社会环境，人防宣传工作深入推进。一是强化部门联动。要求把《中华人民共和国人民防空法》等人防法律法规纳入全县广大干部职工普法范围及中小学教学计划，多渠道普及人防法规知识。二是开展各种宣传。充分利用电视、报刊、宣传展板等形式，开展较大规模宣传 3 场次，投入宣传经费 10 万余元，发放人民防空宣传册等资料 5 万余份，悬挂宣传布标 70 余条，粘贴宣传展板 40 多块，受宣传教育人数达 10 余万人次。三是组织警报试鸣。每年开展一次人防警报试鸣活动，同时在云县电视台连续播放人防知识宣传报道 15 天，每天播放时间达 15 分钟以上；并开展了全县 100 多个单位 480 余人参加的纪念"9·18"人防宣传军事打靶活动。通过广泛宣传教育，全县广大干部职工和人民群众理解、支持和参与的良好人防工作社会氛围正逐步形成。

人防工程完善的建筑群体

人防设施是防空袭斗争的重要基础之一，也是防空防灾工作中人民生命财产安全的一项重要保障。大朝山、漫湾两个大型水电站都在云县境内，两大电站均属于国家一级防护经济目标，给云县防空工作提出了更高的要求。为不断提高各种防护能力，一是加大经费投入加强对防空警报器的日常管理和维护，确保防空防灾、战备值班等运转正常。二是在省人防办的大力支持帮助下，全面进行人防警报系统升级改造，其中改造 4 台，新装6台，使城区警报音响覆盖率达100%，确保警报信号的及时、准确发放。三是积极动员新建民用建筑单位建设人防设施，目前，云县在建人防地下室设施，工程正稳步推进中。

在建人防工程

人防规费征收。按照人防法律法规的要求，云县人民防空办公室依法履行职责，热情上门服务，加强对重点建设项目的监督检查，详细宣传、讲解人防法律法规，依法征收人防工程易地建设费。目前，共办理易地建设许可 27 项，累计征收人防工程易地建设费 70 余万元。

面对新的形势，云县人民防空办公室紧紧围绕国家、省、市、县的发展思路和要求，坚持把发展作为第一要务，把做好应对周边战事准备作为主线，努力从整体上推进平战结合，提高城市抗毁生存能力，以此保护人民生命财产的安全，保障社会主义现代化建设的顺利进行。一是加大防空地下室建设力度。二是加快人防指挥所建设步伐，建设云县人防信息指挥所。三是规划建设人防疏散基地。四是配置人防通信警报指挥车辆及相关车载设备，提高人防通信警报系统的快速反应能力和音响覆盖率，并完成短波二级网建设。五是组建一支 60 人以上，具备综合应急救援能力的人防专业队，努力为全县经济社又好又快发展提供更好的服务。

认真做好"三项重点""三项建设"工作 努力营造平安交通新景象

——云县公安局交通警察大队

云县是临沧市道路交通的北大门，全县通车里程 5598 千米，其中：国道 162 千米，省道 80 千米，电站水库专用公路 96 千米，县乡道 354 千米，乡村道 1790 千米，其他村组、蔗区等生产生活道路 3116 千米。全县拥有机动车驾驶人 48418 名，拥有机动车 53905 辆。承载着全县交通道路安全管理工作的云县公安局交通警察大队，下设桥街中队、幸福中队、漫湾中队、事故预防和处理中队、秩序管理中队、茂兰中队、城镇一中队、城镇二中队 8 个交警中队，1 个车管所。有民警 44 名，协管员 48 名，其中女民警 8 人。

大队长石定平（左一）到民居房挂钩点查看建设进度

云县公安局交通警察大队以服务全县经济建设为出发点，以"建一流队伍，创一流业绩，树优良警风，让人民满意"为工作目标，以树立"优质、高效、廉洁、公正、文明"的工作作风为根本，以营造良好的道路交通环境、预防道路交通事故和提高道路通行效率为工作中心，以创建"平安畅通县区"活动为载体，全面落实"优化软环境，增强软实力"等工作措施，不断提升执法管理和服务水平，全县道路交通管理工作逐步走向安全、规范化轨道。

岗台执勤

交警大队针对不同时期交通管理工作特点，以"事故少、秩序好、道路畅"为目标，积极开展以涉牌涉证、超限超载、惩治酒驾、客运整治、市容市貌、摩托车整治等重点的专项整治行动；联合交通、运政、农机、派出所等对辖区事故多发路段、危险路段和施工路段等可能会影响交通安全和易引发交通堵塞等事故隐患路段进行排查整治；按照"警情跟着流量走，勤务跟着问题设"的要求，切实做到"白天见警察，晚上见警灯"，加大对各类交通违法行为的震慑力，全力预防和减少道路交通事故的发生；主动与相关部门沟通协调，联合对客货运输企业进行安全检查，企业安全生产主体责任得到进一步落实；不断加强户籍化管理，营运客车、危化品运输车、接送学生车等重点车辆及驾驶人管理进一步规范。

交通手势训练

强化事故预防与对策。认真践行执法为民理念，切实推进社会矛盾化解工作。在整个事故处理工作中，力争在事故发生初期及时分析问题、解决问题，避免矛盾激化，积极推进社会矛盾化解工程。与人民法院协商建立"道路交通事故巡回法庭"，使在交警部门未达成调解协议的事故快速被人民法院受理，减少诉讼环节，着力解决"民怕告状"的困难。在大队建立了"人民调解室"，使当事人不愿由事故处理人员主持调解的事故由人民调解员进行调解，从而方便群众、服务群众，进一步化解矛盾。同时，规范接处警工作，严格落实值班民警工作制度，交通事故处理实行 24 小时值班备勤，做到有警必接、出警迅速，白天5分钟内出警，夜晚10分钟内出警；适用简易程序处理的财产损失事故，当日内结案，当日为当事人提供办清保险理赔相关业务的资料；一般的伤人、财产损失以及死亡事故，严格在《道路交通事故处理程序》规定的时限内结案；不超时扣押肇事车辆、不违反规定扣留机动车驾驶证、行驶证；严禁指定厂家修理事故损坏车辆；实行大队领导每日接访制度，及时解决事故处理工作中存在的问题，充分发挥基层领导在解决重大、疑难、复杂信访案件中的主导作用。

强化交通安全宣传教育。认真实施"文明交通行动计划"，深入推进交通安全宣传"五进"活动，不断拓展宣传教育的广度和深度，增强宣传教育的针对性和实效性，初步构建了"政府领导、部门负责、交警牵动、社会参与、广泛关注"的交通安全宣传工作机制，与加强相关部门协作，加大媒体的宣传力度，努力营造"人人都是宣传员，处处都是宣传阵地"的安全教育浓厚氛围，形成了"报刊有文章，电视有图像，广播有声音，路边有标语”的强大宣传阵势。

强化车管服务举措。一是在 2010 年获得“省级优秀县级车辆管理所”的基础上，坚持以“群众满意”为最高标准，以开展车管下乡服务工作为契机，以“优化业务流程”为基点，做到“单位围着窗口转、窗口围着群众转”，积极开展“流动车管所”下乡服务，做好业务办理服务零距离，大力推进摩托车登记和考试业务窗口前移到农村，不断扩大车管工作服务面、渗透力和实效性，破解农村地区群众办证难、审验难的问题。二是积极应对车管工作业务量增大的问题，不断拓展办理车管业务渠道，为保证县城周边的群众办理业务的需要，投资 12 万元，在距大队车管所 4 千米外的县城瓦窑坝设立了车管便民服务点，缩短了县城片区及周边群众办理业务的时间，使广大群众能更好的选择和合理的安排办理业务的时间。三是深入推进机动车带牌销售工作。为使农民群众更好地享受国家优惠政策，方便群众就近申领牌证，解决群众往返距离远、办事成本高的问题，提高摩托车登记注册率，积极开展带牌销售宣传、人员培训、站点布置，对辖区内各摩托车销售商进行多渠道、全方位的评估审查，并与摩托车行联系，开设机动车带牌销售服务站点，保证了摩托车带牌销售工作顺利实施。四是加强基础，延伸车管服务触角。为认真贯彻落实《关于进一步加强和规范乡（镇）公安派出所全面履行道路交通安全管理工作》的精神，全面完成在未设交警中队的乡镇派出所增加内设交警中队机构，派出所交警中队机构设立后，派出所交警中队对考试驾驶人的报名登记，落户、检审摩托车的组织，形成一定的批量后，由车管所到派出所交警中队开办所需的业务，强力推进了农村公安派出所全面履行道路交通安全管理工作，有效缓解交警部门警力不足，扭转了农村地区交通安全管理盲点、盲区多的问题。五是调动基层组织，筑牢农村交通安全防控网。根据 2006 年临沧市人民政府出台的临沧市道路交通管理特别规定和临沧市道路交通安全监督员管理考核办法，建立和完善了村委会（社区）支书或主任担任农村道路交通义务监督员的机制。抓住政府出台政策的大好机遇，充分利用农村道路交通安全义务监督员人熟、地熟、情况熟的优势，健全和完善“一图、二表、三台帐”，对机动车和机动车驾驶人实行“户籍化”管理，使公安车管工作在边远农村地区站稳了脚跟。

强化队伍健康发展。抓好班子建设，以选好、用好、管严为目标，在健全组织、配强班子、优化结构、提高素质、增强活力上下功夫，充分发挥好领导示范表率作用，铸造政治坚定、开拓创新、团结协调、廉政勤政的领导班子，发挥每位党员干部的先锋模范作用。抓好思想教育，把思想政治教育工作贴近基层，贴近民警，贴近实际，真正发挥“生命线”的作用，激发调动广大公安交警奋发有为、办事一流的精神状态，牢固树立起立警为公、执法为民、清正廉洁的思想观念，明确“为谁工作、为谁执法、为谁服务”的内涵。抓业务技能，业务知识教育培训是做好交管工作的基础，大队按照“干什么，练什么，缺什么，补什么”的要求，加强在业务知识、工作技能和法律法规等方面的学习培训，不断提高业务技能和工作水平，使每位民警对业务工作应知应会的基本知识达到全面掌握，不断提升执法公信力，增强战斗力，树立新时期亲民、便民、利民的崭新形象，全力打造“管理更科学、工作更高效、服务更贴近、警民更和谐”的人民满意交警大队。

多年来，由于工作成绩突出，云县交通道路管理工作得到了国家公安部、省公安厅多次表彰奖励，并连续三年被公安部、省公安厅评为“人民满意公安基层单位”。

当前，云县经济社会发展迎来了大好机遇，对外开放和招商引资不断升温，公安交管工作任重道远，未来的征程也充满了机遇和挑战。为了明天的厚积薄发，云县公安局交通警察大队正继往开来，厉兵秣马，立足更高的起点，不断推动“三项重点工作”和“三项建设”纵深开展，将为努力实现执法规范化、工作信息化、服务人性化的现代交通管理工作目标而不懈努力。

交通安全宣传文艺演出队下乡宣传演出

多警联动开展“百日攻势”整治行动

抓文明建設 促事業發展

——云县气象局

县局气象采集点

气象局领导班子合影

云县气象局始建于 1956 年 11 月，位于云县爱华镇草皮街社区县城东郊的东岳宫山顶，总占地面积 8424.8 平方米。全局现有在职职工 8 人，其中：男 4 人，女 4 人；大专文化 3 人，大专在读 5 人，中专 2 人；工程师 4 人，助理工程师 4 人；有党员 5 人。局内设机构有办公室、气象台、人影中心、雷电中心等股室。

云县气象局地面观测站为国家二类观测站，担负着国家气象网点的资料采集、加工和传输。气象工作是一项业务性较强的工作，一年 365 天没有节假日。尽管工作辛苦，但是全体气象人员不计较个人得失，默默无闻、兢兢业业地坚守在岗位上，每一个数据都要反复把关好几遍，确保气象资料的准确性，为国家收集气象资料和地方经济建设使用气象资料提供好服务。

提高天气预报准确率，做好气象为地方经济发展服务，是气象事业发展的根本出发点和归宿。云县气象局严格按照《周年气象服务方案》，努力做好各个时期的气象服务工作，不断提高天气预报准确率，及时为县委、政府和相关部门提供天气预测、预报及气象资料数据。每年编发年度气候评价 1 期，每月编发月气候评价、月气候预测各 1 期，每 5 天编发中期天气预测 1 期。每天在政府网站、县委宣传部对外网站、临沧兴农网发布未来 24 小时天气预测预报，为社会提供服务。

云县气象局认真学习和贯彻执行《气象法》《防雷减灾管理办法》和《云南省气象条例》，加大宣传力度，不断提高社会的防雷减灾安全意识。局雷电中心每年深入到储存易燃易爆物品的厂矿公司及中、小学校和有关部门，对建（构）筑物的防雷

气象局召开业务会议

气象局办公区

2010年全市气象系统老年活动在云县举行

接受省技术监督局防雷减灾技术认证检查

设施进行防雷安全检查，发现存在的隐患要求及时整改。2008~2010年三年中共审核防雷图纸69个单位，验收建筑物60幢，验收移动基站70座，检测移动基站128幢，检测加油站44座（次），检测酒清储存库16座（次），检测其他建筑物16幢。2009年以来，为县财政局、县劳动社会保障局、县农发行、刘家箐水库管理局等单位和部门安装了防雷设施。随着防雷减灾科技服务的深入，使云县的雷电灾害得到控制。

云县气象观测环境保护较好，气象科技为周边中、小学校师生提供观摩学习。在县委、政府的关心支持和上级业务主管部门的帮助指导下，2007年底，安装完成全县乡镇14座自动气象站，为县内区域气象资料的精确性提供保障。

努力加大硬件建设，不断改善办公环境。在上级业务主管部门和县委、政府的关心支持下，云县气象局业务办公楼建设项目于2007年4月开始启动，通过有关部门的帮助和协助，完善各项手续，于2007年10月开始动工，2008年3月底竣工，共完成主体工程和附设工程投资107.8万元。投入办公用品购置4.8万元，投入业务设备购置2.5万元，购置交通工具投入16万元，进一步改善了气象局的业务、办公环境条件。

云县气象局先后于2003年被县委、县人民政府命名为“文明单位”。2003年被临沧地委、行政公署命名为“文明单位”。2005年，重新申报市级文明单位，被市委、市政府考评组考评验收通过命名为“文明单位”。2008年有1人次获得大气探测优秀工作者。2010年有3人次通过市气象局业务科技科验收获得“百班”无错情荣誉，有3人获得“测报优质奖”，有1人获得“2010年抗旱工作先进个人”，有1人获得“三好职工”奖。2010年气象局职工普朝辉被云南省人民政府及云县人民政府表彰为“见义勇为先进个人”。2008~2010年三年地面测报错情为0.0‰，气象年、月报表经审核无错，气象测报业务名列全市前茅。

站在新的起点，气象局全体员工将进一步巩固建设的成果，不断深化和提升文明建设创建活动，促进了云县气象事业持续、健康又好又快地发展。气象局将继续坚持服务于地方经济发展这个大局，坚持全心全意为人民服务的思想，为云县经济发展和科技进步作出积极的贡献。

花木管护

帮助幸福掌龙安装避雷针

图经济腾飞　谋教育发展

——云县教育局

云县教育局是主管全县教育事业的政府职能部门，担负对全县教育事业的宏观管理、统筹规划、协调指导等职责。2010年，县委、县政府把教育事业纳入社会和经济发展规划，不断加大投入，为教育发展打下了坚实的基础。云县教育局以“三个代表”重要思想为指导，全面贯彻党的教育方针，紧紧围绕“办人民满意教育，做人民满意教育工作者”的工作目标，全面深化教育改革，整体推进素质教育，形成了以基础教育为主，拥有幼教、普教、职教、成教、继续教育等布局合理、规模适当的多方位教育体系。教育事业取得了长足进步，促进了教育与社会经济健康、快速、协调发展。

云南省示范家长学校田心完小

基础教育不断夯实，各级各类教育协调发展　全县小学、初中适龄儿童入学率分别达99.64%、100.01%，初中毕业生升学率79.7%，小学和初中在校学生巩固率分别达99.43%和98.06%。高中阶段教育发展加速，全县普通高中在校学生达2798人，职业学校学生5889人。

云县一中新建规划图

中小学危房改造和布局调整进展顺利，教育资源更加优化　2009年以来，中小学校舍安全工程共开工172个校点，整合资金新建安全工程134个校点，新建扩大内需安全工程3所学校，建筑面积11.79万平方米，拆除撤并教学点危房35个点，总投资1.76亿元。2008年锁定的D级危房14.19万平方米已全部拆除清库；云县一中搬迁改扩建项目稳步推进。初中部教学楼已经投入使用，高中部教学楼即将启动。

东岳宫山一中新楼

建设中的中小学校舍安全工程

真抓实干 合力攻坚 确保“两基”顺利通过国检　在2004年通过省政府“两基”验收后，云县教育局始终坚持把“两基”作为教育事业的“重中之重”来抓，把义务教育的重心落实到办好每一所学校和关注每一个孩子的健康成长上。2010年，全县各级各有关部门严格按照“两基”迎国检的标准要求及早谋划、加强领导、落实责任、周密部署、狠抓落实，“两基”成果得到巩固提升，共7个方面35项指标均达到国家标准，12月，云县“两基”工作顺利通过国检。

西部三省农村中小学安全管理与安全教育长效机制建设行动研究项目启动会在云县召开

中小学师资水平不断提高，教育质量稳步提升　狠抓学校管理，重视教育科学研究，做好“以人为本，以德立教，以研兴教，依法治教”工作，走内涵发展之路。着力加强教师队伍建设，实施好教师继续教育工程，搞好教师培训，全面提高教师素质。开展省、市课题研究101项，3项教研成果在临沧市“十一五”优秀教育科研成果评选中获奖；全县共有440名教师在省、市、县级教学设计评选、论文评比、优质课等比赛中获奖。注重加强学校管理，加强教学管理与教学质量监控，改进教学方法，提高课堂教学效益，全面提高教育质量，以县民族中学为初中推广杜郎口中学“三三六”教学模式县级示范学校、爱华完小为小学推广“以学习者为中心•参与式教学”模式县级示范学校，并在全县着力推广。全县有1人被评为国家级骨干教师、37人被评为省级骨干教师。2010年中考600分以上纯文化分61人；高考一本上线54人，二本上线193人，三本上线149人，总上线率96.27%，比上年增14.74%。

百年大计，教育为本，云县教育事业任重道远。站在新起点，云县教育工作将以争创教育强县为目标，进一步调动积极因素，凝聚各方力量，努力形成结构合理、特色鲜明、资源优化、充满生机活力的现代教育体系，为发展云县经济、建设和谐云县提供有力的智力支持和人才保障。

云县教育工作会

凝心聚力狠抓生產經營　搶抓機遇實現跨越發展

——云县烟草专卖局（分公司）

规范化烤烟种植基地

云县烟草专卖局（分公司）自1994年4月成立以来，忠实践行“国家利益至上、消费者利益至上”的行业价值观和“利国惠民、至爱大成”核心价值理念，紧紧围绕“优化烟叶结构”及“卷烟上水平”重大战略目标任务认真抓好烟叶生产。新一届领导班子带领云烟人以“追求成功、追求责任、追求创新、追求和谐”为工作动力，以“稳、快、实”的工作作风，“全心全意为烟农服务、全心全意为卷烟零售户服务、全心全意为地方经济社会发展服务”，通过不懈的追求和努力，短短几年间，企业得到了长足的发展，经营业绩不断攀升，烟农收入不断增长，为云县经济社会发展作出了应有的贡献。

烤烟生产稳健发展

通过各级党委、政府，市、县烟草公司以及广大烟农的共同努力，十一五期间烤烟面积、产量逐年增加，质量逐年提高。

五年来，累计实现烤烟种植面积：55362.9亩（从2006年的4911.1亩发展到2010年的16600亩）；签订种植合同：7009份；收购烟叶：16.969万担（从2006年的1.299万担发展到2010年的4.478万担）；支付收购资金：11014.92万元（从2006年的599.37万元发展到2010年的3539.62万元）；担均价：从2006年每担461.4元增加到2010年每担745.5元；亩产值：从2006年每亩1222.7元增加到2010年每亩2132.3元；五年来，累计实现烟叶税：2422.43万元（从2006年的131.9万元增加到2010年的778.72万元）。

卷烟销售成效突出

5年来，卷烟销售通过客户服务、规范经营、品牌培育、婚庆促销、市场细分等措施，无论是在量上、单箱上，还是在卷烟网络建设上，都取得了良好的成效。

5年来，累计销售卷烟68768.86万箱，销售金额66517.29万元，销售毛利17476.72万元；单箱销售收入从2006年的9339元，增加到2010年的15406.47元，毛利率从2006年的22.6%增加到2010年的25.6%。

专卖管理水平提升

5年来，通过不断加强烟草专卖管理，两烟市场得到进一步净化，两烟经营秩序明显好转，切实维护了国家利益、消费者利益、零售户利

李树成经理谋划“优化烟叶结构、提高优质烟叶有效供给能力”工作

团结务实的领导班子（中：书记、局长、经理李树成 左一：副经理吴德军 左二：副局长许正应 右一：副经理郭正清 右二：副书记、纪检组长李建忠）

荣获“省级文明单位”荣誉称号

烤烟预整地现场

每周客户经理例会

益和烟农利益。

5 年来，累计查办涉烟案件 604 件，查处违规经营户 187 户，查处卷烟 3793 件，烟叶烟丝 26.11 吨，摧毁制售假烟网络 4 个，总案值 685.1 万元。5 年累计上交罚没款 106.95 万元。目前管理辖区内卷烟零售户共 1767 户。

文明建设硕果累累

五年来，公司坚持两手抓、两手都要硬的工作方针，以实施公民道德建设纲要为主线，加大精神文明建设软、硬的投入力度，“三个文明”建设取得了丰硕的成果。在 1997 年获得“军民共建精神文明先进单位”，1998 年获得“县级文明单位”，2002 年获得“市级文明单位”的基础上，2007 年 8 月，公司被省委、省人民政府表彰命名为“省级文明单位”荣誉称号、2008 年，公司在全国烟草开展的创建“严格规范、富有效率、充满活力”的中国烟草活动中，被云南省烟草专卖局（公司）授予为“先进单位”荣誉称号。

“十二五”开局之年，是云县烤烟产业实现跨越发展之年。烤烟种植面积为 5 万亩，比上年增加 3.34 万亩；烤烟计划产量是 11 万担，将比上年增加 6 万担。2011 年种植烤烟乡（镇）11 个，村（办）99 个，烟农 2011 年涉及 2179 户，比上年的种植范围更大更广。2011 年烟农收入预计达到 9880 万元，将比上年增加 6341 万元。2011 年预计实现烟叶税 2032.80 万元，将比上年增加 1255.02 万元。2011 年预计社会贡献总额 6712.32 万元，预计社会贡献率达 71.52%，将比上年贡献率社会贡献总额增加 3770.62 万元。

云县 2011 年烤烟产业发展真正体现了“跨越”二字，甚至是达到了“飞跃”的程度。一是面积呈 3 倍以上增长；二是产量 2 倍以上增长；三是新烟区增加 4 个乡镇、新烟农增多近 2.4 个倍；四是经济效益上相比，财政收入、烟农收入将创历史新高；五是基础设施建设、新农村建设、隐形的社会效益将有大幅度的提升。六是市局党委坚强领导并对云县烤烟给予了大力支持，县委、县人民政府高度重视烤烟产业，云县的烤烟产业必将实现历史性的跨越发展。

卷烟销售方面

一是销量将显著上升。2011 年销售卷烟计划完成任务数是 15600 箱，比上年将增加 421.67 箱（2011 年上半年已完成 8126.54 箱，占全年计划的 52.09%）。

二是单箱销售效益将显著提升。2010 年卷烟单箱销售收入为 15406.47 元，2011 年计划完成任务数是 19900 元以上（2011 年 6 月止，完成单箱为 20126.53 元）。

三是品牌培育成效显著。通过婚庆促销之云烟（软珍）、玉溪（软）、云烟（紫）、红塔山（新势力）四个品牌拉升卷烟销售结构。2010 年同期四品牌总量 1155 箱，占总量 4855 箱的 23.8%；2011 年同期四品牌总量 1559 箱，占总量 4604 箱的 33.9%。通过各项举措，“卷烟上水平”目标任务必将圆满完成。

专卖管理方面

一是联合联动机制充分发挥。将充分发挥政府领导下，公安、工商、警务站、乡镇派出所等部门的力量，进一步加大市场监管和路检路查工作，守好临沧北大门。

二是打击涉烟违法犯罪工作进一步加强。上半年：出动检查人员 2100 人次（含公安警务站出动 1376 人次），查获涉烟案件 83 起（其中行政案件 81 起，刑事案件 2 起），刑拘 2 人；查获各类卷烟 236.43 万支（其中：非烟 118.24 万支、假烟 36.65 万支、正在送检 81.54 万支）；查获烟丝 994 千克；查获物品总案值 40.95 万元。上半年查处的 83 起案件已结案 63 起，行政处罚 44 人，上缴财政罚没款 6.52 万元。

三是内部管理进一步规范。强化卷烟规范经营及烤烟籽种发放、育苗管理、合同签订等内部监管工作，牢固树立规范是行业发展“生命线”意识，强化过程控制，实现了事前、事中、事后的全程监管。

基础管理方面

高度重视规范建设，以“办事公开、民主管理”及“两项工作”开展为契机，持续开展贯标、对标和企业精细化管理工作；加强全面预算及固定资产管理，强化费用管理及低值易耗品的申报、审批、使用手续； 深入开展、强力推进企业文化建设、“创先争优、永攀高峰”专题教育活动、“四项追求”作风建设以及干部队伍建设、推行“6S”管理模式，进一步加强绩效考核工作，确保企业稳健、跨越发展。

多部门联合市场稽查

努力实现"三个到位、六个好"工商新目标 为云县经济健康快速发展保驾护航

——云县工商管理局

临沧市云县工商行政管理局在县委、县政府和市工商局党组的领导下，深入学习实践科学发展观，认真贯彻落实党的十七届四中、五中全会精神，紧紧围绕国家工商总局提出的落实"四个只有"、加强"四项建设"和省局增强"四种意识"、推进"四项建设"、抓好"五项指标""六项重点工作"的要求及市局"四个一、一个二、二个四"的总体工作思路，低调务实，统筹谋划，创新超越，理清思路，扎实推进云县工商行政管理改革和创新，各项工作措施得到了较好的落实。

一是以"领导有正气，职工有士气，单位有朝气"为目标，夯实工商行政管理基础，着力加强工商行政管理部门自身建设，提升领导干部学习践行科学发展观的能力、统筹规划的能力、创新发展的能力、管理队伍的能力，坚决执行市局党组和县委政府的重大决策和重要工作安排事项，做到一个声音、一个方向、一把尺子、一个绩效。

二是深入开展解放思想大讨论，引导全局干部职工跳出云县看云县，立足云南看云县，放眼全国看云县，融入世界看云县，深入剖析工商部门在服务地方经济发展中的瓶颈问题，进一步增强加快发展、富民强县的责任感和紧迫感；教育广大干部职工牢固树立"发展环境就是政治环境，抓软环境建设就是促发展"的理念，切实把思想统一到"一切服务于发展，用发展凝聚人心，用发展破解难题，用发展创建事业"上来。

三是狠抓规范化建设，夯实基层工商基础，强化队伍建设，努力打造"三个过硬"优秀团队，着力抓实基层党组织建设和党员队伍建设，全面开展创先争优活动，打牢基层党组织战斗堡垒作用，使广大党员敢于叫响"向我看齐、跟我干，向我看齐、对我监督"，营造了争、学、比、赶、超的浓厚氛围。

四是以确保监管安全、队伍安全"两个安全"为目标，按照"克服一个'怕'字、提倡一个'容'字、推动一个'活'字的"三句话要求，创新风险防范、风险预警、风险免疫、风险处置"四位一体"工作机制为主线，扎实推进廉政风险点和监管风险点"两个风险点"防范，全面落实党风廉政建设责任制。

五是按照"西部欠发达地区与东部发达地区在同一时间获取新知识、新理念、新观点、新经验"的学习思路，坚持"学习工作化、工作学习化"的原则，引入"人人是学员、人人是教员"的学习理念，以每日例会学习、学法抽讲等形式着力加强学习型工商建设。

六是紧紧围绕人民群众关注的热点难点问题，强化流通环节食品安全监管，农村市场监管，加大不正当竞争、注册商标专用权、

云县工商局领导班子左起，纪检组长王兴科，副局长李华锋，局长刘世坚，副局长李绍光、副局长钱岩

云县工商局公务员"忠诚教育"宣誓

认真检查农资市场

面对百年一遇的大旱之年，云县工商局认真履行监管职能，确保农资质量安全。按照市场主体登记事项清，信用分类等级情况清，生产经营情况清，违法违章情况清的"四清"要求，对全县的农资经营户展开逐户清理；将农资市场监管任务分解至各个工作岗位，落实到片区责任人，量化监管目标和工作任务，切实将农资市场监管工作落到实处；加强市场巡查。针对农资市场的特殊性，加强对农资市场巡查的次数，巡查人员认真开展"四查四看"，并完整的填写巡查记录。

虚假违法广告整治力度，强化执法，维护公平公正的市场经济秩序。坚持把服务科学发展作为第一要务，增强服务意识，创新服务机制，提升服务水平，以高质量的服务体现工商行政管理发挥职能作用的地位。以服务西部大开发、“桥头堡”建设和市委市政府软环境建设为突破口，切实服务好市场主体发展，服务好新农村建设，服务好商标战略实施，服务好大众消费服务好社会和谐发展。

七是全面完成五项指标、六项重点工作任务。发展个体工商户1264户，年末实有6906户，增长22.40％。发展私营企业35户，年末实有376户，增长10.26%。农村经纪人9户，增长率15%；农民专业合作社23户，年末实有数56户，增长率70%。新申请茅粮（图形）、司岗里2件云南省著名商标，重新申报认定“刘家坡”云南省著名商标；服务指导“李恒记”“云塑”“老猛稿”“滇一龙”“玉带云”“著缘”6件商标申请注册。完成9户“贷免扶补”（含大学生创业经营户3户），带动就业27人。积极开展个私党建工作，在册个私经济党员305人。完成4个2A级、1个3A级、1个4A级“诚信市场”创建工作。共留样备查水稻、玉米种子118份，抽检20个样品化肥。查办各类违法违章案件525件。创建4个社区投诉站，5个大型超市、1个商场、5个集贸市建立投诉站；调解消费者投诉27起，为消费者挽回经济损失7.51万元。

云县工商局工作得到了省、市、县领导好评。2010年，被省工商局授予“红盾护农保春耕”先进集体称号，被市工商局授予“先进集体”称号。

“十二五”期间，云县工商行政管理局将立足工商行政管理职能，继续抓好队伍建设，做好优质服务文章，为云县在西部开发、“桥头堡”建设和软环境建设中营造便捷高效的政务环境；继续做深消费维权文章，为云县营造安全放心的消费环境；做实监管执法文章，为云县营造公平公正的市场经济秩序；做强创先争优文章，以“服务发展当先锋，我为红盾添光彩”为载体，全面加强基层党组织和党员干部队伍建设，开创工商行政管理工作新局面。

光彩助学捐资仪式

涉农合同帮扶

升国旗仪式

销毁假冒伪劣商品现场

干部职工军训

“五五”普法

食品安全检查

农工商并举 努力打造云县政治、经济、文化中心

县委书记李志勇（左）到爱华镇水磨村调研红提生产情况

党委书记赵紫辉作会议交流发言

镇长 沈嗣学

爱华镇被誉为“大侯古镇”，地处云县县城所在地，祥临、云保二级公路和云雪公路在镇内交汇，成为全市一区七县通往昆明和内地的交通要道，是云县的政治中心、经济中心、文化中心、交通枢纽、物流中心和信息中心，是临沧东连昆明、西向缅甸、北接楚大、南下涠公的商贸与经济重镇。全镇辖 4 个社区、29 个村民委员会、306 个自然村、315 个村民小组，总人口 108041 人。

经济平稳较快发展、综合实力显著增强。“十一五”以来全镇国民经济持续快速健康发展，呈现出总量翻番、速度加快、效益提高、后劲增强的良好态势，各项主要经济指标均基本翻了一番，人民生活水平显著提高。“十一五”末，全镇农村经济总收入从“十五”末的 1.68 亿元增至 4.5 亿元，年均递增 21.78%；农民人均纯收入从 1746 元增至 4198 元，年均递增 19.18%；城镇居民人均可支配收入从 7790 元增至 13100 元，年均递增 10.95%；粮食总产量从 2.19 万吨增至 2.94 万吨，年均递增 6.07%；人口自然增长率 5.12‰，上升 0.22 个千分点。

甘蔗产业

旧房改造补助

产业结构优化升级、科学发展迈出坚实步伐的五年。坚持以市场为导向，夯实产业支撑，呈现出农业稳步发展、工业持续做强、服务业增长强劲的特征。围绕农业增效、农民增收的目标，以市场为导向，以资源为依托，大力调整农业产业结构，坚持走“林、草、畜、沼”一体化循环可持续发展道路，加快推进农业产业化发展进程。依托龙头企业，按“企业加基地连农户”的运作模式，加快农业产业化进程，甘蔗、茶叶、核桃、烤烟等部分农产品已初步按产业化方式组织生产，生产规模进一步扩大，产业结构和布局基本趋于合理。“十一五”末，全镇核桃种植面积从“十五”末3.07万亩增长到21.42万亩，增加18.35万亩；茶园面积从1.94万亩增长到2.99万亩，增加1.05万亩；蔗园面积从2.48万亩增长到2.95万亩，增加0.47万亩；烤烟种植面积从897亩增长到5000亩，增加4103亩；畜牧业收入从3691万元增长到9780万元，增长6089万元。

社区文化

烤烟产业

各项体制改革不断深化、对外开放取得丰硕成果。乡镇综合改革取得成效，镇村工作制度更加健全，工作机制更加完善；村务、政务公开不断深化，村级财务管理进一步加强，“一卡通”政策全面落实；集体林权制度改革、农村小型水利工程管理体制改革、新一轮教育综合改革等工作顺利推进；南河、北河、罗扎河等河流治理取得新成效，绿荫塘水库、田心水库除险加固得到实施，刘家箐水库工程建设顺利通过验收，中良子水库启动建设。投入资金528万元，实施了33个村（社区）64个组44件人畜饮水工程，解决了3367户、14079人、9243头大牲畜的饮水问题。累计完成中低产林改造4.5万亩，完成德胜、永胜片区中低产田地改造1.71万亩，完成投资1500万元。国土整治项目加快推进，开发整理面积3.29万亩，总投资8227.2万元，目前，一期工程已建设完成，二期工程正在加快建设。投资5251万元建成云雪公路、分茶公路、云茂公路等县乡公路41.5千米、通达公路15条195千米、村组公路9条53千米，实现全镇镇村通达公路建设全覆盖。投资940万元先后对大树、河外、长坡岭、石房、大帮卡等30个村（社区）办公用房进行重建，实现全镇村级活动场所全覆盖。加快推进新型工业化步伐，大力发展高新技术产业，重点扶持糖、茶、酒、水电、光电子等一批上规模的特色工业企业，工业对经济发展的支撑作用进一步增强。节能减排目标任务全面完成。一批重点项目在建中。非公经济加快发展，企业的产品知名度和综合实力显著提高。第三产业结构明显改善，商贸、餐饮、运输等传统服务业改造升级步伐加快，文化健身、社区服务、金融保险、科技服务、信息、旅游、房地产等现代服务业进一步发展壮大。

城镇化步伐进一步加快、城乡面貌发生深刻变化。“十一五”期间，实施了18个村40个整村推进项目。按照“示范带动、重点突破、梯次推进”的方式，加快推进新家园行动计划，实施民居房改造、硬板路、饮水工程、沼气等项目建设，重点打造河湾、永胜（帮介河、下坝田）、独木、忙回、长坡岭、草皮街（丙票）6个村（社区）7个新家园建设示范点，探索出拆除重建、迁村并点、农民高楼小区的三种建设模式。创建沼气示范村6个，累计建成沼气池5123口，建成进村入户硬板路50条42.2千米。一批代表性建筑建成，成为城市的亮点和新景观。城市水景、亮化、绿化、美化工程有效实施，城镇的综合承载能力不断增强，城市面貌发生了可喜的变化。

民生工程扎实推进、各项社会事业全面进步。镇党委、政府始终牢牢把握改善民生这个重点，认真解决人民群众最关心、最直接、最现实的利益问题，努力使全镇人民学有所教、劳有所得、病有所医、老有所养、住有所居。坚定不移实施科教兴国战略，不断加大教育投入力度，教育综合改革进一步深化，“两免一补”政策全面落实，“两基”成果进一步巩固，办学质量和办学水平不断提高，教育综合实力显著增强。全镇就业和再就业工作力度加大，社会保障水平不断提高，养老、医疗、失业、工伤、生育保险覆盖面不断扩大。文化卫生事业迅速发展，残疾人工作不断创新，人民武装工作得到加强，人口、计生、监察、审计、防震减灾、消防等各项工作全面开展，全镇呈现出了社会事业繁荣发展的大好局面。

面对新的挑战、新的机遇，爱华镇党委、政府将继续贯彻落实党的十七届五中全会、省委八届十次全会、市委二届十次全会和县委十一届八次全会精神，以科学发展为主题，以加快转变经济发展方式为主线，以改善民生为核心，以加强党的建设为保障，紧紧围绕县委、县人民政府的总体安排和部署，全面落实“一城三区六产业”发展思路（即：着力建设一座宜居城，加快推进现代农业综合开发示范园区、现代工业园区、现代物流园区建设，着力培育、巩固和提升核桃、甘蔗、茶叶、烤烟、畜牧、林木等六大产业），统筹城乡协调发展，打造宜工、宜商、宜居、宜游的新爱华。

团结进取的文化古镇大寨

抢抓机遇谋发展 凝心聚力构和谐

大寨镇是一个历史悠久的古镇。明万历26年（1598）始，因土司巡检衙署驻地设大勐麻寨，故简称为大寨。位于云县县城东南部，总面积229.9平方千米，东与涌宝镇相邻，南与大朝山西镇接壤，西与临翔区蚂蚁堆乡毗邻，北接茶房乡。勐麻河、云朝公路纵贯大寨全境，全镇辖13个村民委员会，176个村民小组，10560户、38203人。2010年，全镇国民生产总值33834万元，农村经济总收入24510万元，人均纯收入3560元；全年粮食总产量13222吨，人均占有粮食353千克。

近年来，镇党委、政府结合镇情，以加强党的基层组织建设为重点，以经济建设为中心，以构建和谐社会为目标，以"稳粮、扩经、提质、增效"为指导思想，以"稳粮、提畜，巩固提升两树两草"，建设美好新家园为工作思路。凝心聚力、抢抓机遇、争取项目，突出重点、统筹兼顾。紧紧围绕市、县产业发展目标和"三个一百"、城乡居民收入倍增计划、新家园行动计划的目标任务，打牢发展基础，提升发展速度，优化发展质量，举全镇之力，推动经济社会又好又快发展。

党的建设不断推进，执政能力显著提升。将"四议两公开"与"创先争优""五心党员"评比活动有机结合，不断创新党建工作载体和内容，以"丹山深处党旗红""党建带团建""党建带妇建""党旗引领新农村，凝心聚力谋发展"四个主题活动，巩固提高学习实践科学发展观活动成果，认真落实党建工作目标责任制，不断提升党组织的吸引力、凝聚力和战斗力，提高党员的整体素质和"双带"能力，发挥

书记 鲁天福

镇长 谢丕荣

建成的上海国际医学园区希望小学

党员的先锋模范作用，着力加强党的执政能力建设和先进性建设，为全镇经济社会快速发展提供坚强的组织保障。

不断调整优化结构，产业建设稳步推进。以稳定农业、发展畜牧业，着重抓好“两树、两草”（两树即：核桃树、茶树，两草即：龙胆草、烟草），稳步推进产业建设，为农民增收致富和新农村建设打下了坚实的基础。按照产业布局规划，科学发展区域农业，形成优势突出和特色鲜明的产业区，全镇共有核桃 104231 亩，龙胆草 37930 亩，茶园 14804 亩，烤烟 330 亩；以资金支持、技术和品种改良等方式大力扶持规模化养殖，实现生猪存栏 21820 头、肥猪出栏 41170 头，大牲畜存栏 10400 头、出栏 2060 头。强化劳务输出及二、三产业发展，全面促进农民增收。

新建的安居房

基础设施建设得到强化，农村发展后劲不断增强。结合新家园行动计划和“三个一百”工作的全面开展，充分整合整村推进、人畜饮水、通达工程、抗震安居房、“一事一议”和农村改厕等项目建设，着力加强基础设施、基本产业建设，重点提高自我发展能力。年内共完成沟渠修缮 78 条，改善灌溉面积 3800 亩；完成 9 件人饮安全工程建设，解决 6 个村 14 个村民小组共 819 户、3276 人畜饮水困难问题；建成村组及村间硬板路 25 条 12.5 千米、通达路 4 千米、村组路 15.6 千米、全镇实现农村公路里程达 280 千米；新建抗震民居房 66 间，农村改厕 200 户。

统筹发展社会事业发展，保民生构建和谐社会。注重群众学有所教、劳有所得、病有所医、老有所养、住有所居。强化实施校安工程，巩固“普九”成果；高效完成村级卫生体制改革，增强农村医疗服务能力，完善卫生服务体系建设；保障民生，做好以扶老、助残、救孤、济困、赈灾为重点的社会保障工作；加强民主法制建设，促进社会公平正义，拓宽法制宣传领域，全面巩固“平安大寨”建设成果，为构建和谐大寨、推进社会主义新农村建设营造良好氛围。

面向“十二五”，大寨镇将以“稳粮、提畜，巩固提升‘两树两草’，建设美好新家园”为工作措施，着力实施“新家园行动计划”和“城乡居民收入倍增计划”，按照“突出主旋律，增强凝聚力，提高执行力”的要求，抢抓机遇、埋头苦干、团结奋进、提速赶超，推动大寨经济社会跨越发展，把大寨打造成大朝山对外公路沿线经济开发带的领头羊。

新建硬板路

畜牧业养殖

龙胆草

新建的灌溉沟渠

泡核桃产业

烤烟

促山乡经济腾飞

——尽显漫湾"一山、一湖、一线"区位优势

领导班子

2010 年，漫湾镇党委、政府在县委、县人民政府的正确领导下，深入践行科学发展观，认真贯彻落实中央、省、市的路线方针政策，按照县委提出的"五个坚定不移"要求，积极应对各种自然灾害和世界金融危机带来的不利影响，团结和带领全镇广大干部群众，立足漫湾的基本镇情，以科学发展观统领全局，紧紧围绕全面建设小康社会的总体目标，以加快发展为主线，以提高人民生活水平为根本出发点，围绕"一山、一湖、一线"的发展布局和"建设生态产业乡镇、促进库区繁荣稳定、展示良好窗口形象"的总体定位，团结和带领全镇各族人民，统筹社会事业协调发展，大力实施"产业富民工程""旅游强镇工程"，全面实施"新家园行动计划"，大干社会主义新农村建设，大干产业建设和基础设施建设，全力落实"三个一百"工作目标，团结拼搏，锐意进取，年初确定的各项目标任务圆满完成，全镇呈现出经济发展、社会进步、民族团结、社会稳定、人民生活水平不断提高的良好局面，进一步谱写了"建设生态产业乡镇、促进库区繁荣稳定和展示良好窗口形象"的新篇章。

——农村经济实力显著增强。按照农业产业化建设的根本要求，强化措施，多措并举，克服了特大旱情等不利影响，实现了农业总产值稳中有增。2010 年全镇农村经济总收入首次突破亿元大关，达 10585.36 万元，比 2009 年增 14.9%；农民人

特色民居房建设

漫湾电厂

均纯收入达 3865 元，比 2009 年增 21.6%；粮食总产量达 7721 吨，人均产粮达 362 公斤；粮食收入 1536 万元，畜牧业产值 3659.8 万元，比 2009 年增 1.58%。

——产业建设全面推进。2010 年，漫湾镇进一步巩固和发展核桃、柑橘、茶叶、紫胶、烤烟、牧业、渔业及生物药业等特色产业。截止 2010 年，全镇共有核桃 8.36 万亩，柑橘 6680 亩，茶叶 10000 亩，紫胶 12000 亩，烤烟 1860 亩，龙胆草 4700 亩，畜牧业总产值达到 3659.8 万元，渔业总产值 362 万元，产业结构布置得到合理有效的调整。

——基础设施不断完善。一是交通设施不断改善，全长 40 千米的田慢油路工程顺利完工并投入使用。230 千米村组路全面得到管护，15 条 23.5 千米村组硬板路全部建成并投入使用，完成 20 千米通达工程项目建设，交通环境得到较大改善，人民群众出行难的问题进一步得到解决。二是实施学校排危项目，排除 D 级危房 1950 平方米，办学条件和育人环境得到较大改善。三是解决了 17 个村民小组 3518 人饮水困难问题；投入资金 18 万元，完善修复烟水工程；投入资金 200 多万元，修复 60 余条农灌沟渠，确保了农田灌溉用水。

——“三个一百”强势推进。2010 年，完成固定资产投资 1476 万元，占任务数 1470 万元的 100.4%；招商引资 400 万元，占任务数 200 万元的 200%；向上争取资金 85 万元，占任务数 50 万元的 170%。

——新家园建设卓有成效。按照“重点规划村、重点核心村、辐射带动村、推广示范村”的方式梯次推进旧村旧房改造工作。2010 年完成旧村旧房改造 600 户，其中：拆除重建 360 户，改造 240 户，完成村组道路硬化 10 条 9.8 千米。

——民生工作有效落实。城乡社会救助工作有序开展，2010 年累计发放专项救灾救济资金 28.03 万元，发放救灾救济粮 38.5 吨；累计发放农村最低生活保障金 103.32 万元，城镇居民最低生活保障金 83.03 万元，发放民房保险资金 1.17 万元，发放移民后期扶持资金 41.4 万元，切实保障了困难群众的基本生活，促进了社会和谐稳定。2010 年共收取农村新型合作医疗资金 61.36 万元，参合率达 96.8%。认真落实各项惠农政策，年内累计发放农资综合直补及良种补贴资金 190.08 万元，汽车、摩托车等家电下乡工作稳步推进，全年共发放三项下乡补贴资金 30.1 万元。

——社会事业全面进步。一是高度重视教育事业发展，多方筹集资金，加大教育经费投入，校安工程建设稳步推进，“两基”工作通过国家验收，教育事业发展迈上新台阶。二是城乡医疗卫生水平及公共卫生管理进一步加强。三是稳步推进人口与计划生育工作，优生促进工程和优质服务工作全面实施。四是畜牧兽医工作成效显著，重大动物疫病防治工作进一步强化。五是文化广电事业工作有序推进，广大人民群众精神文化生活得到丰富。六是深入抓好全国第六次人口普查工作，圆满完成了工作目标任务。七是高度重视防汛抗旱工作。进一步增强防汛抗旱意识，努力降低灾害损失。八是认真组织抓好冬季征兵工作，共有 3 名优秀青年应征入伍。九是民兵预备役、统计、档案、老龄、残疾人、宣传、信用社等社会各项事业全面发展。

——发展环境更加优化。全面启动效能政府建设，以政府自身建设的新成效推动各项事业取得新的成绩。围绕“诚信、公正、公开、效能、服务、廉洁”的要求，致力于优化全镇的政治舆论环境、政策扶持环境、社会服务环境、法治管理环境和人文道德环境，努力把漫湾建设成为全县“创业最宽松、社会最文明、生态最优美、人居最舒适和低交易成本、低生产成本、低行政成本、低社会成本”的经济社会发展软环境最好的乡镇之一。

“十二五”开局之年，漫湾镇党委、政府将继续高度重视“三农”工作，加快产业结构调整步伐，千方百计增加农民收入，确保国民经济持续稳定增长。继续加强基础设施建设，建立项目长效机制，抓好项目申报和争取启动新的项目建设，积极申报易地扶贫开发项目。抓好农田水利基本建设工程的实施，退耕还林项目，提高农业抵御自然灾害的能力。继续推进库区和谐稳定发展，进一步加大库区扶持，做好后扶直补和后扶项目扶持工作。继续加强社会主义精神文明建设，抓实党风廉政建设，扎实搞好创先争优活动，认真开展各项专项整治活动，进一步优化漫湾发展软环境，携力建设民富景美、社会和谐、生态文明的新漫湾。

漫湾柑橘

紫胶产业

水牛养殖

生猪养殖

泡核桃

烤烟产业

网箱养鱼

脱毒香蕉

以优质服务为载体，全面推进人口计划生育工作

——云县人口与计划生育局

2010 年，云县的人口和计划生育工作，紧紧围绕贯彻落实《中共临沧市委、临沧市人民政府关于进一步加强人口和计划生育工作统筹解决人口问题的实施意见》精神，稳政策，控指标，打基础，优服务，出成效，各项指标任务圆满完成。

计划生育服务站医技人员

低生育水平继续保持稳定。据统计，年末全县总人口 435521 人，出生率 8.13‰，人口自然增长率 3.65‰。

宣传教育工作继续深化。继续开展“婚育新风进万家”“关爱女孩”和“关注留守儿童”活动，积极开展纪念《中共中央关于控制我国人口增长问题致全体共产党员、共青团员的公开信》发表 30 周年系列宣传活动，人口和计划生育各项政策逐步深入人心。宣传教育管理内容上力求实用，方式上力求创新。除开展好婚育新风、生殖健康、优生优育、出生缺陷预防等宣传外，设立了避孕药具免费发放点和咨询服务点，继续推进“农村人口文化大院”建设，建成爱华镇爱华社区、田心村两个“生育文化大院”，以贴近农民、适应农村的方式，把新型婚育文化、婚育新风尚送进农家，大大提高了广大干部群众对人口和计划生育国情的认识和政策知晓率，增强了自觉执行计划生育政策的意识，为全面提高人口素质，推动人口和计划生育工作的发展营造了良好的社会氛围。

市人口和计划生育委员会主任宋正垠到云县检查指导工作

基层基础设施建设不断改善。完成投资 300 多万元的县计划生育服务站、后箐、栗树、大寨、茶房、晓街计划生育服务所建设。按照国家人口计生委对基层计生服务站所建设的规范要求，积极开展计划生育服务站所标准化建设，逐步形成了覆盖率比较高、功能比较完备、专业特色突出、深受人民群众欢迎的县、乡计划生育技术服务网络。

计划生育优质服务创建活动不断深入。在巩固“全国计划生育优质服务先进单位”成果的基础上，严格按照“六好”目标和“四优一满意”的要求，建立健全工作机构，制定具体的实施方案，积极开展计划生育优质服务先进乡镇的创建活动，2010 年茶房乡计划生育服务所被国家人口计生委表彰为全国计划生育优质服务示范站。

优生促进工程扎实有效。继续推进出生缺陷一级预防，围绕宣传倡导、健康促进、优生咨询、高危人群指导、孕前实验室筛查和营养素补充等六个方面内容，全面实施出生缺陷一级预防和农村妇女免费增补叶酸预防神经管缺陷项目，2010 年全县共结婚 4158 人，婚孕前实际培训 3922 人，培训率达 94.3%；政策内待孕妇女数 2079 人，实际检查妇女数 1636 人，孕前检查率 78.7%；产妇总数 2197 人，发放叶酸 5189 瓶，实际服用叶酸妇女数 1180 人，叶酸服用率达 53.7%；增补叶酸知识调查人数 2364 人，知识知晓人数 1898 人，增补叶酸知识知晓率达 80.3%；叶酸服用依从率达 50.4%。

新建成的计划生育服务站综合服务楼

协会工作得到加强。以村“两委”换届为契机，进一步完善村级计划生育协会工作规范和运行制度；开展计划生育村民自治活动，探索人口与计划生育村民自我教育、自我管理、自我服务的自治机制；与中国人寿保险公司联合开展计划生育家庭意外伤害保险，彰显计划生育的优势和特点，为计划生育家庭解决后顾之忧。

流动人口服务管理继续强化。稳步推进流动人口计划生育“一盘棋”工作，实施流动人口全员信息统计工作，初步建立全员流动人口信息数据库，全年共采集录入流动人口信息 40761 条。依托 PADIS 流管平台，强化对流动育龄人群的信息协查和反馈，初步建立起流动人口信息互通、共同管理的管理格局，流动人口计划生育区域化协作机制逐渐形成。

药具管理工作得到规范，推安防艾扎实有序。加大乡镇药具管理工作人员的教育培训力度，进一步推进基层计划生育药具标准化建设。认真组织开展计划生育药具系统“三基”岗位练兵活动，进一步推进基层药具规范化管理和优质服务工作的落实，认真开展避孕药具进机关、进企业、进社区等“十进”活动，注重生殖健康知识、生殖健康产品的宣传，新技术、新方法的引进和推广应用，进一步推进了药具管理的制度化、规范化建设，保障群众获得安全、有效、适宜的计划生育药具，可及性及安全性有所提高。加大推广使用安全套预防艾滋病工作的宣传和督促检查力度，与各宾馆酒店签订了免费摆放安全套的协议书，确保全县宾馆安全套摆放率达 100%。

信息化建设取得阶段性成果。全力以赴抓好育龄妇女及其家庭成员数据库初始化建设，确保高质量完成信息采集、数据录入、系统初始化工作任务。按照省、市人口计生委的相关要求，稳步推进人口计生信息化建设，建立育龄妇女及其家庭成员信息库，12 乡镇计划生育工作站配备计算机，人口计生信息化建设取得阶段性成果。

2010 年继续认真落实和兑现“奖优免补”政策、农村部分计划生育家庭奖励扶助制度、计划生育家庭特别扶助制度等各项优惠政策。2010 年新领取农业人口《独生子女父母光荣证》117 户，全县累计办证 6931 户，领证率达 41.64%。累计发放一次性奖励金 1185.42 万元；累计享受养老生活补助 4519 人次，兑现养老生活补助 308.86 万元；累计享受教育奖学金 21301 人次，兑现教育奖学金 356.21 万元；累计享受升学加分 105 人，其中：初中升高中 58 人，高中升大专 47 人。累计参加计划生育家庭新农合资费对象 43838 人次，兑现资金 109.711 万元。

全市 2011 年人口形势分析暨人口计生系统廉政风险防范管理现场会在云县召开

开展计生工作“三下乡”活动

开展出生缺陷预防宣传

奖状

标准化服务科室建设

全市各县（区）计生系统人员在云县计划生育服务站人口学校参观

《云县年鉴》二十年
——云县地方志办公室

云县地方志编纂办公室成立于1987年11月，为全额拨款的一级局事业单位，有编制5人，具体负责云县地方志编写工作中的组织、协调、业务指导和编纂工作。2008年3月，云县地方志编纂办公室变更为参公管理单位，有职工5人。

云县地方志编纂办公室自成立以来认真组织地方志资料的收集、整理工作，指导好部门志、专业志编纂工作，为抢救地方史料作出了积极贡献。先后完成了《云县志》、续修《云县志》编纂工作，完成了12乡镇概况编写工作，先后帮助编辑出版了《云县民族志》、《云县城乡建设志》、《云县土地志》、《云县工商联合会志》等30部专业志，完成了《云县史料辑存》编辑出版工作，并勇于创新编辑理念，县志办指导编辑出版的《走进澜沧江》一书，以散文体的形式展现云县澜沧江流域自然人文景观，图文并茂，进一步扩大了对云县历史、人文的宣传力度。

云县地方志编纂办公室经过20年的辛苦创业，取得一项项优秀业绩，得到省、市、县领导的好评和认可。1991年、1994年，云县地方志办公室被云南省地方志编纂委员会表彰为地方志编纂先进集体，1994年被县委、政府表彰为先进集体，2004年被临沧地区行署表彰为先进集体，2006年被县委、政府表彰为先进集体，2007年被云南省地方志办公室表彰为先进集体、2008年被市政府表彰为先进集体。2010年云县地方志办公室荣获云南省首届双“十佳”先进集体，云南省第二轮修志先进集体，全国地方志系统先进集体多项殊荣。

《云县年鉴》开始编纂于1992年，为32开本，内部发行。1994年，《云县年鉴》开始公开出版发行，并坚持年年编纂年年新的编纂理念，一年编纂一卷，大胆创新，不断提高年鉴编纂质量。2000年《云县年鉴》新增宣传彩页编辑业务，从而增加了年鉴美观性，年鉴宣传效应进一步增强。2006年《云县年鉴》改版为国标16开本，政治类、宣传类彩页逐渐增加，装帧设计、编纂质量不断提高，《云县年鉴》不断得到了同仁和读者们好评，并捧回了一项项殊荣。从1994年册开始，《云县年鉴》就不断获得了云南省新闻出版局（云南省年鉴杂志社）、德宏民族出版社、云南美术出版社颁发的优秀编辑奖、栏目设置奖、校对质量奖、总体设计奖、装帧设计奖、省级综合二等奖、云南省图书优秀印刷品等多项奖励。2003年册《云县年鉴》荣获中国地方志指导小组、中国地方志协会颁发的首届中国地方志年鉴条目编写优秀奖。

2011年是云县地方志编纂办公室又一个喜庆年——第二十卷《云县年鉴》编辑出版，我们将一如既往的在编纂质量上下好功夫，努力创新，以全新的视角效应，将一本装帧精美、内涵丰富的2011年册《云县年鉴》呈现给你——亲爱的读者们。

县志办主任出席全国地方志系统先进集体表彰会

续修《云县志》首发式暨地方志工作表彰大会

奖 状

《云县年鉴（2003）》荣获首届中国地方志年鉴条目编写优秀奖。

特颁此证，以资鼓励。

首届中国地方志年鉴奖条目编写优秀奖

教师节期间，县志办主任看望慰问挂钩村教师

开展春节送温暖活动

目 录

特 载

专 文

大事记

概 况

政 治

中共云县委员会

组织工作

老干部管理

县直机关党建

中共云县县委党校

纪检监察

统 战

县委巡视督查

宣　传

群众团体

云县妇女联合会

共青团云县委员会

红十字会

云县工商业联合会（商会）

云县总工会

检　察

审　判

司法行政

道路交通安全管理

云南省临沧监狱

军　事

人民武装

公安消防

经济管理

发展和改革

招商发展研究

经济贸易

商　务

国有资本投资经营有限责任公司

供　销

粮食管理

统计

审 计

质量技术监督

工商行政管理

财税·金融

财 政

地方税务

企 业

交通邮电城建环保土地管理

交 通

交通运政管理

公路路政管理

公路养护

邮 政

中国电信股份公司云县分公司

城乡建设

国土资源管理

移　民

环境保护

教科文卫体

教　育

云县第一中学

社 会

民 政

残疾人联合会

扶贫开发

劳动和社会保障

人口和计划生育

人 事

民族宗教事务

人物 表彰

县级四班子领导简介

云县巡视督查组领导简介

“感动临沧”云县人物

先进集体和先进个人

县直各部委办局及事业单位领导名录

附　录

规章制度

调查研究

史林漫步　云县史话

特　载

鸟瞰云县县城

全面提速赶超　全力争先进位 为实现云县跨越式发展而努力奋斗

——在中共云县委十一届八次全体会议上的报告

（2011年1月10日）

中共云县县委书记　宋红临

同志们：

这次全委会的主要任务是：全面学习贯彻党的十七届五中全会、中央经济工作会议、省委八届九次、十次全会和市委二届十次全会精神，深入贯彻落实科学发展观，认真回顾总结“十一五”全县经济社会发展取得的成绩和2010年的成效，审议《中共云县委关于制定国民经济和社会发展第十二个五年规划的建议（草案）》、《中共云县委关于实施城乡居民收入倍增计划的决定（草案）》和《中共云县委关于全面实施新家园行动计划的决定（草案）》，研究部署2011年工作，动员全县广大党员干部和各族群众，进一步解放思想、开拓进取，加快转变发展方式，全面提速赶超，全力争先进位，努力开创云县经济社会跨越式发展的新局面。

下面，我受县委常委会委托，向全委会报告工作。

一、锐意进取、奋发有为，科学发展铸就辉煌“十一五”

过去五年，是云县攻坚克难、砥砺奋进的五年，是云县科学发展、铸就辉煌的五年。在省委、省政府、市委、市政府的坚强领导下，县委团结和带领广大干部群众，高举中国特色社会主义伟大旗帜，以邓小平理论和“三个代表”重要思想为指导，深入贯彻落实科学发展观，按照既定的工作思路，努力克服国际金融危机和各种自然灾害的不利影响，认真落实“扩内需、增投资、转方式、调结构、保民生”的各项政策措施，抢抓机遇、拼搏进取、攻坚克难、化危为机，加速推进农业产业化、新型工业化、城镇化和教育现代化，着力开展优化软环境增强软实力活动，谱写了云县科学发展、和谐发展的绚丽篇章。

（一）突出发展第一要务，经济总量不断增长。我们始终坚持把科学发展作为施政的第一要务，着力破解制约云县科学发展的“瓶颈”，以实际行动和发展成效突出了科学发展、加快发展、跨越发展这一时代主旋律。“十一五”末，预计全县生产总值从“十五”末的24.66亿元增至43.7亿元，年均递增12.12%；人均生产总值从5633元增至9700元，年均递增11.48%；工业总产值从15.7亿元增至29亿元，年均递增13.06%；全社会固定资产投资从8.3亿元增至38.3亿元，年均递增35.78%；财政总收入从3.32亿元增至6.5亿元，年均递增14.38%，其中：地方一般预算收入从1.3亿元增至2.2亿元，年均递增11.1%；社会消费品零售总额从4.3亿元增至11.8亿元，年均递增22.37%；城镇居民人均可支配收入从7790元增至1341元，年均递增10.95%；农民人均纯收入从1565元增至3759元，年均递增19.11%。金融机构人民币存款余额从12.04亿元增至26.5亿元，年均递增17.09%；人民币贷款余额从11.02亿元增至18.55亿元，年均递增10.98%。

（二）加快结构调整步伐，发展后劲不断增强。我们始终坚持“调优一产、调强二产、调快三产”的基本思路，逐步走出了一条具有云县鲜明特色的产业发展之路。紧紧围绕“生态建设产业化，产业发展生态化”的要求，在保证粮食总产逐年增长的前提下，率先在全市探索实践了“林—草—畜—沼”一体化的农业循环经济发展模式，重点建设完成了146.87万亩核桃基地，甘蔗、茶叶、烤烟、畜牧等产业发展不断加快。全县第一产业增加值从“十五”末的7.2亿元增至15.6亿元，年均递增16.72%。深入实施工业强县战略，有效落实“工业倍增计划”和“承接东部产业转移计划”，在抓好老企业技改扩规、提质增效的同时，切实加大招商引资力度，着力培育战略性新兴产业，不断优化工业产业结构，工业经济开始进入快速发展的新时期。全县累计完成工业投资23.8亿元，规模以上工业企业从10户增至15户。预计第二产业增加值从11.8亿元增至16.2亿元，年均递增11.68%。云南澜沧江酒业集团率先在全省成立了由党委、政府主导的第一个院士工作站，企业科技创新能力明显增强。大力发展物流、金融保险、中介服务等现代服务业，消费对经济增长的拉动作用更加明显。三大产业在生产总值中的比重为32.5∶42.7∶24.8，工业在县域经济中占据主导地位，新型工业化带动农业产业化和城镇化，推进城乡一体化的发展格局正在形成。

（三）加强基础设施建设，发展基础不断夯实。我们始终坚持以国家落实扩大内需政策为契机，把握正确的投资导向，着力加强基础设施建设，不断夯实科学发展的工作基础。全县共改造中低产田地3.879万亩，累计建成高稳产农田地6.169万亩。刘家箐水库全面完工，刺坝林水库大坝主体工程顺利通过验收，中梁子小（一）型水库开工建设，大转水水库前期工作稳步推进，543件农村“五小水利”工程顺利完工，466件人畜饮水安全工程相继建成并投入使用，农田有效灌溉率达38.1%，水利化程度明显提高。祥临高等级公路和羊耿线云县段建设如期完成，累计建成县乡通达、通畅公路1426公里，乡（镇）通畅率和建制村通达率均为100%，群众出行难的问题得到进一步解决。地方小水电开发取得明显进展，五年新增农村水电装机容量8.125万千瓦，较“十五”末增长165.82%。教育、文化、卫生等基础设施建设不断加强，城乡基本公共服务水平进一步提高。

（四）统筹城乡协调发展，民生建设不断推进。我们始终坚持以人为本的理念，全力以赴推动保障和改善民生工作。加大对就业困难群众的援助力度，实施“贷免扶补”创业模式，加强下岗失业人员和农民工职业技能培训，实现下岗人员再就业2965人，农村劳动力输出59156人。加快完善覆盖城乡居民的社会保障体系，符合低保条件的城乡居民全部实现应保尽保，城乡低保标准和企业退休人员基本养老金、优抚对象待遇逐步提高，社会救助体系不断健全。城乡居民基本医疗保险覆盖面不断扩大，新型农村合作医疗参合率达96%。扶贫开发力度加大，五年累计减少贫困人口5.9万人。社会主义新农村建设扎实推进，“县为单位、整合资金、整村推进、连片开发”试点工作成效显著。着力推动义务教育均衡发展，严格执行义务教育“两免一补”政策，积极探索中小学集中办学模式，“两基”目标全面实现，学前教育、高中教育和职业教育协调发展。基本医疗保障制度建设持续推进，公共卫生体系不断健全。人口和计划生育工作进一步加强。移民恢复和发展工作取得阶段性成效。残疾人事业、老龄事业、慈善事业进一步发展。

（五）深化改革，扩大开放，发展活力不断迸发。我们始终坚持把完善体制机制、拓展发展空间作为加快发展的强大动力，着力破除影响科学发展的体制机制障碍。农村综合改革和集体林权制度改革稳步推进，共完成91959户258.8万亩15.9万宗集体林确权任务，确权到户率达到98%。财税、金融、投资、科技、教育、文化、卫生等改革继续深化，扩权强县试点工作有序开展。新一轮政府机构改革稳步推进，政府职能加快转变，责任政府、法治政府、阳光政府、效能政府“四项制度”全面落实。开放云县建设取得新成效，全方位、多层次、宽领域的对外经济交流与合作不断深化，招商引资规模不断扩大，工业经济加速向结构多元化、产业园区化发展。

（六）着力建设和谐云县，发展环境不断优化。我们始终坚持“和谐为要，稳定为先”的理念，扎实开展优化软环境增强软实力活动，努力形成聚精会神搞建设、一心一意谋发展的强大合力，营造和谐稳定的发展环境。坚持和完善人民代表大会制度、中国共产党领导的多党合作和政治协商制度，大力加强民主政治建设，人大的工作监督、法律监督和政协的民主监督作用有效发挥，工会、共青团、妇联等人民团体的桥梁纽带作用更加明显。依法治县、依法行政全面推进，公民法律意识进一步提高。加强文化建设，深入开展群众性精神文明创建活动，全国文化先进县创建成果得到巩固和提升。高度重视做好新形势下的民族宗教工作，保持了宗教领域的稳定有序。深入开展“平安云县”创建活动，社会矛盾纠纷得到有效排查化解，群体性事件得到稳妥处置，禁毒、防艾人民战争取得阶段性胜利。全民国防教育进一步深化，民兵预备役建设进一步加强，军政军民团结更加巩固。全县上下保持了政治稳定、民族团结、社会和谐的良好局面。

（七）全面加强党的建设，执政能力不断提高。我们始终坚持党要管党和从严治党的方针，以先进性建设和执政能力建设为主线，以改革创新精神全面加强党的建设。强化县委的领导核心作用，形成了“一个核心作决策、多套班子抓落实”的工作机制和责任体系，形成了各司其职、各尽其责的强大工作合力。注重载体创新，突出实践特色，先进性教育活动和学习实践科学发展观活动得到了中央、省委、市委的充分肯定和高度评价，创先争优活动、“三个一”主题实践活动和学习型党组织建设不断深入，科学发展举措、富民惠民政策、机制创新成果不断落实到基层。创新党组织设置模式，农村基层党组织向村民小组和产业链上延伸。加大非公企业党建力度，实现了党的组织在规模以上非公有制经济组织的全覆盖。加强领导班子和干部队伍建设，大力推进干部人事制度改革，选人用人的公信度和满意率明显提高。坚持党管人才的基本原则不动摇，人才队伍不断壮大，人才结构不断优化。完善惩防体系建设，强化廉洁从政教育，加大案件查办力度，党风廉政建设和反腐败工作取得新成效。

“十一五”时期，是云县经济发展速度较快、城乡面貌变化较大、社会建设成效较好、民生工程普惠较广的时期。五年来，我们克服了严峻的挑战，经受了空前的考验，迈出了坚实的步伐，取得了骄人的成就。在我们昂首迈向“十二五”之际，我们可以自豪地向全县人民报告，云县全面超额完成了“十一五”预期的各项目标任务。五年来，我们在云县科学发展的伟大实践中积累了许多宝贵经验：一是只有坚持党的领导，才能为科学发展提供有力的政治保障。县委正确贯彻落实党的基本路线和各项方针政策，坚决服从中央和省委、市委的重大战略决策，在准确把握上情、摸清县情、了解民情的基础上，做到思路清晰、目标明确、重点突出、措施有力，确保了“十一五”各项工作任务的圆满完成。二是只有坚持解放思想，才能为科学发展创造不竭的力量源泉。只有坚持解放思想、实事求是、与时俱进的思想路线，增强奋力追赶的信心，激发不甘落后的斗志，坚定敢想敢干的决心，才能为推动云县科学发展提供强大的精神动力。三是只有坚持好中求快，才能为科学发展奠定坚实的经济基础。过去五年，县委坚定不移地贯彻落实科学发展观，积极探索符合云县特点的发展路子，坚持一切从实际出发，创造性地开展工作，始终做到狠抓发展不动摇、不松劲、不停步，实现了经济社会又好又快发展。四是只有坚持改革创新，才能为科学发展激活更多的积极因素。只有走出惯性思维，打破条条框框，不断深化体制机制创新，理顺各种利益关系，才能激发发展潜能，促进经济社会步入良性发展的快车道。五是只有坚持以人为本，才能为科学发展赢得广泛的群众支持。只有坚持把惠民富民放在首位，切实保障和改善民生，真正做到发展为了人民、发展依靠人民、发展成果由人民共享，我们的事业才能赢得广大群众的拥护和支持，才能不断取得新成效。六是只有坚持从严治党，才能为科学发展提供坚强的组织保证。只有围绕发展抓党建、抓好党建促发展，充分发挥各级党组织的核心作用，充分调动各方力量，形成强大的攻坚合力，才能众志成城、同心协力地把党和人民的事业推向前进。

上述成绩和经验的取得，得益于省委、省政府、市委、市政府的坚强领导，倾情关怀；得益于全县各级各部门的团结协作，真抓实干；得益于广大干部群众的艰苦奋斗，扎实工作；得益于历届县委、县政府和老领导、老同志打下的坚实基础。在此，我谨代表中共云县县委，向全县广大共产党员、各族干部群众、离退休老同志，向中央、省、市驻云县各单位的干部职工、驻云县各军警部队官兵和所有关心支持云县发展的各级领导、社会各界人士表示衷心的感谢！

二、全力以赴、迎难而上，2010年工作再创新佳绩

2010年是完成“十一五”目标任务的关键之年。面对国际金融危机带来的后续影响和百年一遇特大干旱的严峻挑战，县委带领全县各族干部群众，坚定信心、主动应对、攻坚克难，积极贯彻落实中央、省委、市委的重大部署，按照“突出主旋律、增强凝聚力、提高执行力”的要求，以落实“三个一百”和实施新家园行动计划为契机，确立“五个坚定不移”的工作思路，全力打好“十一五”决胜之战，全县经济社会继续保持平稳较快发展的态势，实现了“十一五”的完美收官，为“十二五”的跨越式发展奠定了坚实基础。

（一）坚持以人为本，全力以赴抗大旱保民生。百年一遇的特大旱灾，造成全县43万人口不同程度受灾，10.22万人的生产生活受到影响，工农业直接经济损失4.5亿元。全县6.41万名干部群众和军警部队官兵积极投身抗旱救灾第一线，投入资金1370.6万元，发放救济粮718吨，临时解决了11.3万灾民的吃粮、饮水问题和5.35万头大牲畜饮水困难。累计投资5204.6万元，大干水利设施建设，适时调整农作物种植结构，组织4.5万农村富余劳动力向外转移，确保了大灾之年农民群众持续增收。

（二）坚定不移地大干山区农业综合开发，夯实科学发展基础。全县共实施完成中低产田地改造1.58万亩、土地开发整理示范项目1.77万亩、荒山绿化新农村建设配套项目1.5万亩，5万亩中低产林改造示范项目稳步推进，改造完成中低产茶园2.27万亩，农业发展条件进一步改善。按照“林—草—畜—沼”一体化的循环经济模式，精细化培育管护核桃产业，小区化发展养殖业，甘蔗、烤烟、紫胶、茶叶、木瓜等特色产业得到有效提升，农村新能源建设加快推进，促进了山区农业加速向多元立体、互动循环的方向发展。预计全年粮食总产量达16.5万吨，较2009年增长3.38%；预计核桃产量7034.5吨，甘蔗入榨量39.84万吨，烤烟产量50270担，茶叶8011吨；预计实现农业总产值23.4亿元，同比增长10%。

（三）坚定不移地推进新型工业化，强化科学发展动力。老企业技改扩建工作顺利推进，云南澜沧江酒业集团1.4万吨酱清香型白酒酒基生产线、云南茅粮酒业集团1万吨白酒生产线已建成投产；20万吨啤酒生产线建设基本完成，目前已投放第一批原料。招商引资工作成效显著，共实施招商引资项目74个，新签约项目68个，签约资金达82.57亿元，实际到位资金达15.07亿元，同比增长234.89%，占市下达任务13亿元的115.92%。世纪金源集团智汇源食品有限公司核桃油和混合油生产线、云南三奇光电科技有限公司年产1800吨单晶硅棒生产线相继投产运营。矿产资源整合工作持续推进，新一轮地质找矿计划顺利启动，江天矿冶公司等矿业企业的经营效益大幅提升，矿业逐步走出低谷。积极落实优化软环境、增强软实力的各项措施，制订出台招商引资优惠政策，全面清理行政事业性审批和收费项目，为县内外投资者营造了宽松、和谐的创业氛围。预计规模以上工业企业全年共实现销售收入22.5亿元，同比增长13%；实现税收1.45亿元，同比增长11.66%。

（四）坚定不移地加大固定资产投资，增强科学发展后劲。全社会固定资产投资项目共4983个，累计完成投资38.3亿元，占任务36亿元的106.5%，比2009年的19.36亿元增19亿元，增长98.14%。在投资总额中，第二产业完成投资8.9亿元，第三产业完成投资28.43亿元，比2009年分别增长1.01倍和1.24倍，较好地体现了“调强二产、调快三产”的要求。

（五）坚定不移地促进各项社会事业，加快城乡一体化发展。以“打造新家园、建设新云县”为主题，以“改造四旧”为重点，精心组织实施新家园行动计划，统筹兼顾城乡各项社会事业。围绕

190万平方米的旧城改造任务，加快推进滨江世纪城、三江半岛等市政建设重点工程，启动实施草皮街片区改造和13.26万平方米保障性住房建设项目，抓紧做好东大街片区改造和环城南路建设前期准备工作。深入开展“市容市貌整治行动”，全面实施城市美化、亮化、绿化、净化工程，着力打造现代文明城市。以11个示范村、70个自然村、4173户农户为重点，落实信贷扶持政策，强化各项工作措施，扎实推进旧村旧房改造工程，共完成旧房改造4507户，其中拆除重建2540户；共筹措建房补助资金2901.5万元，向建房户兑现补助924万元，筹措建房贷款财政贴息1400万元，带动农民投资4.33亿元。在爱华镇田心村选定迁村并点工作试点，启动实施20800平方米集中安置小区，积极为推进农村社区化建设探索新路子。整合城乡教育资源，扎实推进云县一中搬迁扩建项目，完善农村中小学校点布局调整，撤并校点75个，全面推行“代建制”，着力实施137所学校11.79万平方米校舍安全工程建设项目，目前已完成10.5万平方米，完成投资2.87亿元。12乡（镇）卫生院和村卫生室建设全面完成，县医院综合大楼建设取得较大进展。

（六）坚定不移地加强党的建设，强化科学发展的组织保障。全面落实基层党建工作责任制，顺利完成了村两委换届工作，圆满完成了村级组织活动场所和远程教育网络建设任务。全面推行“十种学习法”，深入开展“十项活动”，着力推进学习型党组织建设。扎实开展创先争优活动，深入实施农村致富“领头雁”、机关亲民“零距离”、社区和谐“聚民心”、企业发展“排头兵”四大工程，广泛开展“五心”党员评比活动和“共产党员抗旱先锋行动”，党组织和党员的先进性更加突出。积极贯彻落实《干部任用条例》和《四项监督制度》，积极探索干部选拔任用“三公开四差额”工作法，选人用人的规范化、民主化、透明化程度和公信度明显提高。制订出台《科级领导班子和领导干部工作绩效目标管理规定》、《党政机关治庸治懒责任追究办法》等规章制度，扎实开展下级评价上级、群众评价干部、企业评价部门、部门相互评价、班子成员评价班长的“五评”活动，探索推行科级领导干部工作学分和实效积分制，切实加强党员干部队伍作风建设和党风廉政建设，为科学发展提供了强有力的组织保证。

在肯定成绩的同时，我们也清醒地认识到：云县经济总量不足、发展质量不高，财政运行压力较大，城乡居民收入相对偏低；产业集群化程度低，工业腿短，后劲乏力，自我发展能力不强，调结构、转方式的任务非常艰巨；基础设施建设依然薄弱，社会事业发展依然滞后，统筹城乡发展、保障和改善民生的压力增大。为此，需要我们切实增强干好工作的责任感、不进则退的危机感、争先进位的紧迫感，坚持用加快发展的办法解决前进中的困难和问题，不断开创云县经济社会发展的新局面。

三、提速赶超、争先进位，加快推进云县跨越式发展

“十二五”是云县转变经济发展方式的攻坚时期，是云县实现跨越式发展的绝佳时期。面对不进则退、慢进也是退的竞争态势，云县的发展需要规模、需要速度、需要质量、需要效益。今后五年，全县上下要认真贯彻落实党的十七届五中全会、省委八届十次全会、市委二届十次全会精神，顺应各族人民过上更加美好、幸福生活的新期待，以科学发展为主题，以加快转变经济发展方式为主线，以改善民生为核心，以加强党的建设为保障，围绕建设“临沧转变经济发展方式的试验区、云凤经济增长极的示范区，生态农产品精深加工基地、绿色能源生产基地，立足临沧、面向缅甸的现代商贸物流中心”的发展定位，全面落实“一城、四带、八产业”的发展思路，着力建设一座云州新城，着力打造澜沧江沿江经济开发带、214国道沿线经济开发带、大朝山对外公路沿线经济开发带、南汀河沿河经济开发带，着力培育、巩固和提升核桃、甘蔗、茶叶、烤烟、畜牧、“云酒”、新能源新材料、现代物流服务业等八大产业，突出特色优势，全面提速赶超，全力争先进位，力争到“十二五”末进入全省县域经济二十强，奏响云县跨越式发展的恢宏乐章。

“十二五”期间全县经济社会发展的目标建议为：到“十二五”末，全县GDP总量达100亿元以上，年均递增15%以上，一、二、三产业所占比重为19：51：30；财政总收入年均递增16%以上，其中地方一般预算收入年均递增20%以上，财政支出年均递增20%以上；固定资产投资年均递增30%以上；城镇化水平达41%以上；总人口控制在46.2万人以内；农村居民人均纯收入达10000元，年均递增22%以上；城镇居民人均可支配收入达26000元，年均递增15%以上。

2011年，围绕“十二五”的发展定位、发展思路和战略目标，县委将重点抓好以下工作：

（一）强势落实“三个一百”，着力提升争先进位的综合实力。按照市委关于继续抓好“三个一百”任务的部署，紧紧抓住国家实施新一轮西部大开发战略和我省实施“两强一堡”战略的重大机遇，努力完成固定资产投资50亿元，完成招商引资实际到位资金20亿元，实现规模以上工业企业销售收入30亿元，持续做大经济总量，保持经济平稳较快增长。要通过加大投资力度，继续推动交通、农田水利等重大基础设施项目建设，保持投资对经济增长的强劲拉动。要立足资源优势，狠抓招商引资，落实优惠政策，吸引更多的资金、人才、技术等要素向云县聚集。要切实加强项目对接、跟进、调度与服务，实施“一个项目、一套人马、一抓到底”的工作机制，提高项目的合同履约率、资金到位率、开工建设率和投产达效率，使经济从主要依靠农业驱动加速向主要依靠工业带动转变。要立足云县的资源和区位优势，进一步扩大工业企业生产经营规模，加快发展对外贸易，不断提高市场占有率，提升企业核心竞争力，实现规模以上企业销售收入快速增长。

（二）强化基础设施建设，着力打牢争先进位的发展后劲。要以落实“三个一百”任务为动力，准确把握国家和省、市的投资导向，以公共交通、农田水利、产业发展、民生改善、社会事业等方面为重点，切实加强基础设施建设。要积极向上争取并尽快启动部分建制村公路路面硬化工程建设，抓紧抓好城乡文化、体育、卫生等公共基础设施建设。加强农业基础设施建设，争取大转水水库和罗扎河、拿鱼河水电开发项目尽快开工，加快推进中梁子水库建设，继续推进县城河道综合治理和病险水库除险加固工程，加强“五小水利”工程和农村居民饮水安全工程建设，扎实推进中低产田地和中低产林改造工程，深入实施土地开发整理项目，进一步改善农村生产生活条件，夯实农业产业化发展的基础。

（三）优化三次产业结构，着力强化争先进位的产业支撑。坚持把结构调整作为加快转变经济发展方式的主攻方向，继续按照“调优一产、调强二产、调快三产”的思路，结合培育、巩固和提升八大产业的要求，进一步优化产业结构。一是着力提升农业产业效益。稳定粮食播种面积，依靠科技提高粮食产量。全面推行“林—草—畜—沼”一体化的农业循环经济模式，大力发展核桃、甘蔗、茶叶、烤烟、畜牧等特色产业。优化农业产业空间布局，着力打造澜沧江沿江经济开发带、214国道沿线经济开发带、大朝山对外公路沿线经济开发带、南汀河沿河经济开发带，加快特色农业产业化进程。大力扶持和发展农业产业化龙头企业，加快推进特色、优质、优势农产品生产加工基地建设，提升农业生产的专业化、商品化、社会化程度，促进农业增效、农民增收。二是着力做大做强工业经济。把发展壮大工业作为优化产业结构的重中之重，坚定不移地推动工业强县战略，按照在思想上放“胆”、工作上放“手”、政策上放“宽”、机制上放“活”的要求，积极实施“承接东部产业转移计划”，加大招商引资力度，着力引进战略性新兴产业和劳动密集型产业，加快推进新型工业化。继续抓好20万吨啤酒生产线，进一步打响“云酒”品牌。着力抓好1800吨单晶硅棒生产线和核桃系列产品生产线建设，确保在2011年内全部建成投产，加快推进生态农产品精深加工基地、绿色能源生产基地建设。加大矿业整合力度，积极实施新一轮地质找矿计划，努力提高矿业企业生产能力和矿产品附加值。依托优势资源和市场需求，加快开发地方小水电和农产品加工业，扶持发展新能源新材料、生物医药工业，实现工业多元化发展。强化企业在技术创新中的主体地位，充分发挥科技创新对产业优化升级的驱动作用，支持企业实施以产能扩张、产品革新、节能减排为主的技术改造，着力推进院士（博士）工作站建设，引导资金、人才、技术等创新资源向企业集聚，推进政企校研战略联盟，提升产业的核心竞争力。三是着力发展以现代物流业为主的第三产业。结合中国面向西南开放“桥头堡”战略的实施，着力抓好物流中心建设，立足当地资源，依托工业园区，承接外部产业，延伸产业链条，努力构建现代物流体系，努力把云县建设成为立足临沧、面向缅甸的现代物流中心。大力发展商贸、餐饮、物业、家政等就业容量大的服务业，加快发展金融、信息、咨询等现代服务业，积极发展文化旅游产业，全面提高第三产业的比重，构建充满活力、特色明显、优势互补的产业联动格局。

（四）全面实施新家园行动计划，着力搭建争先进位的发展平台。坚持以村庄规划为引导，以特色民居房建设为重点，以人口、产业、公共资源“三个聚集”为导向，加快旧村旧房改造，加强村容村貌整治，提高拆除重建比例，加大财政扶持和信贷支持力度，努力完成旧村改造70个自然村（组）、旧房改造6023户（其中拆除重建4356户）的任务。要进一步创新机制，加快土地合理流转，积极稳妥地推进迁村并点、撤村并镇、散户并寨、小村并大村，科学规划并尽快启动“千户村”建设，加快农村城镇化进程，着力破除城乡二元结构。围绕云县“两区两基地一中心”的发展定位，坚持“高起点规划，高标准建设，高品位塑造，高水平管理”的指导思想，以更加超前的眼光、更大的胆识和气魄、更加有力的举措完善城市规划，着力推进旧城改造和新城建设，继续抓好城镇居民保障性住房建设，深入开展“市容市貌整治活动”，切实抓好县城绿化、美化、亮化、净化工程，进一步提升城市品位。要把发展小城镇作为一个大战略加以实施，以村镇重新规划、农地重新整理、要素重新组合，工业向园区集中、商铺向市场集中、居住向小区集中、先富起来的农民向城镇集中为重点，完善规划布局，统筹小城镇协调发展，形成科学合理的城镇体系。要完善户籍等相关配套政策，引导农村人口向县城和小城镇转移，不断提高城镇化水平。坚持“县办高中、乡办初中、村办小学”的原则不动摇，优化校点布局调整，加大校点撤并力度，全力推行集中办学，切实加快寄宿制学校建设，发挥规模办学效益，巩固义务教育成果，实现教育资源的集约高效利用。加快推进云县一中搬迁扩建项目，全力推行“代建制”，扎实推进学校标准化建设，努力完成18.38万平方米旧校舍改造任务，启动教师周转宿舍建设。

（五）实施城乡居民收入倍增计划，着力扩大争先进位的发展成果。要把实施城乡居民收入倍增计划作为保障和改善民生的重要举措，作为加快转变经济发展方式的切入点，作为城乡居民收入普遍较快增加的结合点，确保“十二五”期间城镇居民可支配收入和农民人均纯收入目标顺利实现。要进一步挖掘农业内部增收潜力，加大扶贫开发力度，稳步增加群众的生产经营性收入；进一步巩固和扩大林权制度改革成果，健全土地和林地的流转机制，增加农民的资源性收入；大力发展劳动密集型产业、服务业和微型企业，扩大就业；引导农村劳动力外出和就地就近转移就业，增加农民工资性收入；加快覆盖城乡居民的社会保障体系建设，提高城乡居民养老、医疗、教育、住房等保障水平，增加城乡居民转移性收入；支持返乡农民工、大中专毕业生、退伍军人等积极投资创业，以创业促增收；加大财政对公共服务领域的投入，改善城乡居民的生产、生活环境。完善工资收入分配机制，提高城镇居民工资收入水平。

（六）加大改革开放力度，着力增强争先进位的内外动力。要以更大的决心和勇气全面推进行政管理体制改革，扎实做好扩权强县试点工作。进一步转变政府职能，深入推进投融资体制改革、行政审批制度改革、财税体制改革，加快建设法治政府和服务型政府。积极推进科技、教育、文化、卫生等事业单位改革，扎实抓好户籍制度及其配套改革，全面激活加快发展、争先进位的内在动力。要紧紧抓住国家实施桥头堡战略的重大历史机遇，加大开放力度，牢固树立“你投资、我服务，你发财、我发展，你创业、我就业”的理念，进一步落实招商引资优惠政策，创新招商方式，拓宽引资渠道，聚集来自省内外乃至国内外的项目、资金、技术、信息、人才为县域经济发展服务。在继续做好“引进来”工作的同时，要加快“走出去”步伐，充分利用国际国内两个市场、两种资源，积极参与区域性的经济交流与合作，不断提升县域经济自我发展能力和综合竞争实力。

（七）加快和谐云县建设，着力优化争先进位的发展环境。坚持把教育摆在优先发展的战略地位，巩固“两基”成果，加快发展学前教育、高中教育、职业教育，重视发展特殊教育，大力推进教育均衡发展。完善校长公选制、教师聘用制和绩效工资制，加强师资队伍建设，全面提高教育教学质量，努力办人民满意的教育。加快推进县文体中心和农村文化活动场所建设，加强文化遗产收集保护工作，推动文化产业与各领域、各产业相融合，充分发挥文化引导社会、教育人民、推动发展的功能，不断提升文化软实力。完善医疗卫生服务体系，切实为群众提供安全、高效、便捷的医疗卫生服务。继续做好人口和计划生育工作，完善人口和计划生育工作体制机制。进一步加强科技、广播电视、通讯信息等社会公共服务体系建设，不断改善群众生活条件。高度重视移民工作，关爱弱势群体，不断完善社会保障体系。加强安全生产监督管理，深入开展社会矛盾化解、社会管理创新、公正廉洁执法三项重点工作，健全完善“党政齐抓共管、上下左右联动、群众共同参与”的维稳工作机制，稳步推进“平安云县”建设。切实加强军政军民团结，深入开展双拥共建活动，积极推进军民融合式发展。扎实开展优化软环境增强软实力活动，着力解决软环境建设中存在的突出问题，建立健全促进发展的长效机制。有效落实“阳光政府”四项制度，精简行政审批项目，简化行政审批程序，精减行政事业性收费项目，强力推进软环境建设的深入开展。

（八）加强党的自身建设，着力强化争先进位的组织保障。实施“十二五”规划，做好2011年的各项工作，实现提速赶超、争先进位的目标要求，关键在班子，核心在干部，保障在作风，要坚持以改革创新的精神全面加强党的建设。一是以县委的坚强领导推动争先进位。充分发挥县委总揽全局、协调各方的作用，坚持党的民主集中制原则，加强党对人大、政府、政协和各人民团体的领导，加强班子团结，发扬党内民主，充分发挥领导班子的集体智慧和整体功能，努力提高科学执政、依法行政、民主执政的水平。二是以优秀的干部队伍推动争先进位。坚持“为发展配干部、凭实绩用干部”的用人导向，认真落实干部选拔任用工作“四项监督制度”，加快推进干部人事制度改革，全面落实领导班子和领导干部“五评”机制，积极推行选人用人“三公开四差额”工作法，真正把那些想干事、能干事、干成事的优秀干部选出来、用起来，努力造就一支高素质的干部队伍。要创新干部教育方式，搭建培养锻炼平台，促进干部合理流动，全面提高干部队伍整体素质。三是要以“创先争优”的活力推动争先进位。抓实“十项学习法”，做实“十项活动”，扎实推进学习型党组织建设。深入实施农村致富“领头雁”、机关亲民“零距离”、社区和谐“聚民心”、企业发展“排头兵”四大工程，全面推行“一卡二簿三评”承诺问效工作法，不断深化“五心党员”评比活动，以基层党组织的堡垒作用、党员队伍的整体活力、加快发展的工作业绩检验创先争优活动成效。四是以良好的工作作风推动争先进位。大兴调查研究、联系群众之风，真正做到权为民所用、情为民所系、利为民所谋；大兴求真务实之风，加大治庸治懒力度，真正做到讲实话、办实事、求实效；大兴艰苦奋斗之风，真正做到厉行节约、勤俭办事；大兴批评与自我批评之风，认真查找问题，认真抓好整改，认真督促落实，真正做到从主观上努力推动各项工作健康发展。五是以严明的廉政纪律推动争先进位。大力推进教育、制度、监督并重的惩治和预防腐败体系建设，认真落实党风廉政建设责任制。各级领导干部要严格执行《廉政准则》等有关规定，讲党性、重品行、作表率。要加强对各类资金使用情况的监管，强化对工程招投标、房地产开发、土地管理等方面的监督，努力做到经济快速发展，干部健康成长。

同志们，“十一五”的辉煌已经载入史册。云县的美好明天等待我们去创造。让我们紧密地团结在以胡锦涛同志为总书记的党中央周围，高举中国特色社会主义伟大旗帜，深入贯彻落实科学发展观，在省委、省政府、市委、市政府的坚强领导下，团结带领全县各族干部群众，进一步解放思想、真抓实干，开拓创新、奋发进取，为实现“十二五”的宏伟目标和2011年的各项工作任务而努力奋斗！

政府工作报告

——在云县第十四届人民代表大会第四次会议上

(2011年3月24日)

中共云县县委副书记、云县人民政府县长　杨世吉

各位代表，各位同志：

现在，我代表县人民政府，向大会报告政府工作，同时提交《云县国民经济和社会发展第十二个五年规划纲要（草案）》，请各位代表一并审议，并请各位县政协委员提出意见。

一、团结拼搏，铸就“十一五”辉煌成绩

过去五年，县人民政府在市委、市政府和县委的正确领导下，自觉接受县人大及其常委会的法律监督、工作监督和县政协的民主监督，坚持以邓小平理论、“三个代表”重要思想为指导，全面贯彻党的十七大精神，以科学发展观统领全局，围绕云县加快发展的目标，团结和带领全县各族人民，加快推进农业产业化、新型工业化、城乡一体化，“十一五”确定的各项目标任务圆满完成，全县呈现经济加快发展、社会全面进步、民族团结稳定、人民生活水平不断提高的良好局面。

——过去五年，是我县综合实力大幅提升、经济发展速度最快的五年

“十一五”末，实现生产总值44.6亿元，年均增长11.3%，超计划目标1.3个百分点，其中：第一产业年均增长10.4%，第二产业年均增长11.3%，第三产业年均增长13.7%。三大产业结构调整到35.1:37.3:27.6，财政总收入6.5亿元，年均增长14.4%，超计划目标6.4个百分点，其中：地方一般预算收入2.17亿元，年均增长10.7%。财政支出12.93亿元，年均增长34.3%。新型工业化进程加快，全县工业增加值11.7亿元，年均增长8.9%，建成水电、酒业、农产品精深加工、光电子等一批上规模的特色工业企业。节能减排目标任务全面完成。全县社会消费品零售总额达11.8亿元，年均增长22.4%，超计划目标7.4个百分点。农业农村经济稳步发展，粮食产量连续5年增长，达到16.48万吨，实现农业总产值24.9亿元，其中：畜牧业产值9.5亿元，年均增长28.7%，占农业总产值的38%，比“十五”末提高11个百分点。金融机构存款余额26.5亿元，年均增长17.1%；贷款余额18.55亿元,年均增长11%。第三产业快速发展，五年内第三产业比重提升了4.4个百分点，商品房销售额完成5.4亿元。物流、商贸蓬勃发展，金融、保险、邮政、通信等行业取得长足进步，住宿、餐饮、文化娱乐等服务业健康发展。

——过去五年，是我县基础设施明显改善、城乡面貌变化最大的五年

紧扣国家政策导向，积极向上争取项目和资金，实施了交通、农业、水利、城建等一批加快发展和民生改善的重点工程。五年累计完成全社会固定资产投资94.6亿元，年均增长36%，超计划目标16个百分点。交通事业快速发展，以国家实施“两通工程”为契机，五年累计完成交通投资10.2亿元，完成桥栗公路涌宝至栗树段、临大公路云县段、云雪公路云县段、罗哨路、忙后公路后箐段等5条（段）136.5公里通畅工程。完成154个村1361公里的农村公路通达工程，乡镇通畅率和行政村通达率达100%。开通农村客运班线29条，覆盖107个村24万人。农业基础设施建设快速推进，建成中型水库1座、小（一）型水库1座，完成小（一）型水库除险加固工程9件，完成干支渠防渗65.8公里，实施中低产田地改造3.9万亩，农业综合生产能力明显增强。新农村建设工作成效明显，累计投入新农村建设资金7.7亿元，完成沼气池建设2.7万口，实施民居房建设10421户。城市面貌明显改观，完成建设面积66.5万平方米，五年县城建成区面积扩大了0.52平方公里，城市绿化率达28%，县城人口增加了1.2万人。三江半岛、滨江世纪城、滇西名特产品交易中心建设项目逐步投入使用，政务中心即将投入使用，县人民法院、县人民检察院、县公安局、县公安交警大队、县水利局等单位办公楼顺利建成搬迁。小城镇建设取得了新成绩，涌宝、幸福等中心城镇带动作用明显增强，城镇化率由22.2%增加到29.2%。

——过去五年，是我县改革开放成效显著、招商引资成果最好的五年

深入推进法治政府、责任政府、阳光政府、效能政府四项制度建设，政府机构改革、行政审批制度改革成效明显，政府依法行政意识不断增强，民主决策、科学决策、依法决策机制进一步健全，依法行政水平和行政服务能力明显提高，政府工作逐步走上制度化、规范化和法制化轨道。农村改革有效推进，农业税费配套改革成果全面得到巩固，完成了农村土地延包工作，集体林权制度改革、农村公路养护体制改革、新型农村合作医疗体制改革、电力体制改革稳步推进，极大地调动了农民生产积极性。乡镇财政预算管理方式改革、化解乡村债务试点和部门预算试点改革工作进展顺利。投资和价格体制、粮食流通、殡葬、供销等领域改革取得新进展。农村小型水利工程管理体制改革、水利改革逐步推进。认真听取各人民团体和社会各界意见和建议，坚持向县人大及其常委会报告工作，认真执行县人大及其常委会的决议决定，办复县人大代表建议意见342件，办复率为100%。坚持向县政协通报工作，办复政协委员提案257件，办复率为100%。开放型经济取得重大突破，扩权强县、县域经济和工业循环经济试点县工作成效明显。引进了核桃精深加工、光电子等一批投资规模较大的工业项目，完成招商引资实际到位资金29.6亿元，年均增长34.3%，超计划目标14.3个百分点。对外贸易持续增长，有外贸获权企业5户，累计出口创汇8650万元，比“十五”末的4080万元增长112%。民营经济发展加快，规模以上工业企业由“十五”末的10户增加到13户，实现销售收入25.4亿元，年均增长13.9%；非公企业由172户增加到373户，实现非公经济增加值17.5亿元，年均增长15.3%。

——过去五年，是我县经济社会协调发展、人民群众得实惠最多的五年

社会各项事业加快发展，坚持科教兴县战略，实施重点科技创新项目18项，科技对经济增长的贡献率不断提高。教育事业快速发展，全县人均受教育年限由“十五”末的6.26年增加到7.18年，实施校安工程15.5万平方米，2008年锁定的中小学校舍D级危房全部拆除，教育“两基”顺利通过国家验收，县一中搬迁新建项目有效推进。公共卫生体系不断完善，新型农村合作医疗工作成效明显。人口自然增长率控制在7‰以内，保持了人口低生育水平。生态保护取得成效，全县森林覆盖率达55%，比“十五”末提高20.9个百分点。积极推进依法治县，“五五”普法工作顺利通过验收。国防动员和民兵预备役工作取得新成效，双拥优抚政策有效落实。高度重视信访工作，妥善解决了一批疑难突出问题和历史遗留问题，人民群众切身利益得到有效维护。切实加强社会治安综合治理，禁毒、防艾工作取得明显成效。人民生活明显改善，城镇居民人均可支配收入达13141元，年均增长11%，超计划目标4个百分点。农民人均纯收入达3759元，年均增长19.1%，超计划目标11.1个百分点。实施积极的就业政策，五年新增城镇从业人员10084人，开展就业培训12256人，转移就业62131人，失业率控制在4.5%以内。社会保障水平不断提高，累计发放社会救助资金1.1亿元，惠及14.3万人（次）。累计发放养老保险、医疗保险、失业保险、工伤保险、生育保险1.7亿元。扶贫开发力度不断加大，五年解决了5.9万贫困人口的温饱问题。移民、统计、广播电视、通信、科协、质监、工商、气象、地震、地方志、残疾人、老龄、妇女儿童、青少年、民族宗教、外事侨务、文化体育等各项事业均取得了新的成绩。

2010年，县人民政府紧紧围绕县委十一届七次全体（扩大）会议、县人大十四届三次会议确定的发展目标，牢牢抓住国家西部大开发战略和“扩内需、保增长、促发展”的机遇，坚持“调优一产、调强二产、调快三产”的工作思路，按照突出主旋律、增强凝聚力、提高执行力的要求，深入开展“优化软环境、增强软实力”活动，全力以赴落实“三个一百”目标任务，大力实施新家园行动计划，众志成城战胜了特大旱灾，全县经济社会保持了快速发展的态势。2010年，实现生产总值44.6亿元，同比增长12.1%。财政总收入比上年增加2.51亿元，同比增长62.2%。其中：地方一般预算收入比上年增长17.5%。社会消费品零售总额比上年增长20.5%。城镇居民人均可支配收入比上年增长11.5%；农民人均纯收入比上年增长20.4%。金融机构存款余额比上年增长27.1%；贷款余额比上年增长28.5%。“三个一百”目标任务圆满完成，固定资产投资完成38.36亿元，比上年增长98.1%，完成目标任务36亿元的106.5%。财政总支出完成12.93亿元，比上年增长36.4%，完成目标任务12.7亿元的101.8%。招商引资实际到位资金15.07亿元，比上年增长234.9%，完成目标任务13亿元的115.9%。

——现代农业稳步推进。实现农业总产值24.9亿元，增长14%。面对特大旱情，全县上下积极应对，筹措投入抗旱救灾资金1370.6万元，实现粮食总产量增长3.2%。着力抓好核桃、烤烟、甘蔗、茶叶、畜牧等五大产业发展。完成中低产林改造5万亩，核桃“三率”重点管护150万亩，产量达7034.5吨。完成烤烟种植1.7万亩，收购烟叶50270担，占任务数的100.5%。新植甘蔗4.7万亩，甘蔗总面积达14万亩，实现工业入榨量39.8万吨。茶园总面积16.1万亩，茶叶产量8265吨，总产值2.9亿元。畜禽存栏出栏大幅增长，肉类总产量达4.8万吨，比上年增长6%，实现畜牧业总产值9.5亿元，比上年增长13.1%。

——工业经济加速壮大。实现工业总产值28.9亿元，比上年增长15.5%，其中：规模以上企业实现工业总产值23.5亿元，比上年增长16.3%。实现工业增加值11.5亿元，实现工业销售产值22.5亿元，比上年增长19.4%。澜沧江酒业集团年产20万吨啤酒生产线、汇智源食品有限公司核桃精深加工、三奇光电科技有限公司单晶硅棒等项目建成投产，罗扎河二级电站前期工作基本完成，具备全面开工建设条件，拿鱼河梯级电站和白莺山风电开发项目前期工作有效推进，新型工业化发展后劲明显增强。

——第三产业加快发展。第三产业实现增加值12.3亿元，同比增长16.7%。传统服务业改造升级步伐加快，现代服务业进一步发展壮大。全县第三产业法人单位和个体户达1.1万户，比上年增加500户，从业人员达2.8万人，比上年增加1200人。农村消费强力拉动，认真落实家电下乡补贴政策，销售家电11902台，增长78.9%，补贴资金1047.5万元。全县网内用电量1.12亿度，增长17.2%。接待游客41.2万人次，旅游收入突破2亿元，分别增长5.4%和22%。房地产业快速健康发展，商品房销售额完成2.9亿元，增长1.4倍。

——基础设施不断完善。全县上下积极而为，尽一切可能抓项目、争投资、抢进度，交通、农田水利基础设施条件得到较大改善。交通项目完成投资5.7亿元，云雪路、罗哨路等通畅工程全面建成，田慢公路建设基本完工，大朝山对外公路改造工程启动实施。完成通达工程258.9公里、通畅工程125.4公里。农田水利基础设施建设完成投资1.7亿元，刘家箐水库竣工验收投入使用，刺坝林水库主体工程竣工验收，完成小（一）型病险水库除险加固7件、农村人畜饮水工程174件，解决了4.1万人的人饮安全问题，中梁子水库、南汀河流域水土保持综合治理、石佛山小流域坡耕地水土流失综合治理、田心水库干支渠防渗工程、平河水库除险加固等项目建设顺利启动实施。

——新家园行动计划强势推进。以“旧城、旧村、旧房、旧校舍”改造为主要内容的新家园行动计划扎实推进。全年实施旧城改造项目11个26.7万平方米，占目标任务13万平方米的205.5%，完成投资11.9亿元。完成了三江半岛片区改造一期、滇西名特产交易中心一期、滨江世纪城一期、县一中搬迁新建工程初中部教学楼、南河闸景观工程建设。完成“大树进城”移植3658株，云县污水处理厂建成投入试运行，建成截污管网8.1公里。云顶•蓝水湾、平山路改造项目顺利开工建设。完成草皮街改造项目、挽澜阁建设项目规划设计，南河风雨桥建设项目前期工作基本完成。完成旧村旧房改造4507户，占目标任务4173户的108%。完成39个建制村、411个自然村的村庄规划编制工作。完成校安工程建设126个校点10.5万平方米，占目标任务9.5万平方米的110.5%，撤并一师一校点75个。

——民生事业成效显著。加大民生工程建设力度，民生保障工作不断强化。保障性住房建设加快推进，累计建成保障性住房516套2.7万平方米，启动在建1436套7.2万平方米，2010年完成投资6650万元。县城中心敬老院建成投入使用，涌宝镇、茶房乡敬老院建设启动实施。实施了73个自然村的整村推进项目，发放扶贫贴息到户贷款2800万元，实施扶贫易地搬迁54户200人，完成村级活动场所建设62个。社会保障不断强化。全年共开发公益性岗位187个，基本养老保险扩面8376人。城镇居民、城镇职工基本医疗保险征缴率分别达98%和95%。2010年，农民参合率达95.8%，补偿新农合医疗资金3725.6万元。全县享受低保32141人，共发放低保金3115.9万元。

——社会事业协调发展。高度重视教育事业发展，全年共投入教育经费2.6亿元，中小学入学率、在校生巩固率明显提高，教育教学质量稳步提升，高考上线率达96.3%，比上年提高14.7个百分点。启动实施医药卫生体制改革，完成县医院综合大楼、妇幼保健院的主体工程建设，改扩建4个乡镇中心卫生院，建成16个村卫生室，群众“看病难、看病贵”问题得到有效缓解。人口和计划生育工作有效开展，农业人口独生子女家庭“奖优免补”政策深入落实，累计办证6931户，人口自然增长率为3.99‰。统计监测、统计服务工作成效明显。全面完成了第二次全国经济普查、第六次全国人口普查和第二次侨情普查工作。精神文明创建活动取得新进展，群众文化进一步丰富发展，成功举办了中国云县第六届澜沧江啤酒狂欢节、云南三奇光电科技有限公司周年庆典等活动，县歌舞团下乡演出85场（次）。审计、监察、人事、人防、档案、文史、红十字会、供销等工作取得新成效。

——平安建设有序推进。认真贯彻执行党的民族宗教政策，巩固发展了平等、团结、互助、和谐的社会主义新型民族关系。认真办理人民群众来信来访和网上信访，矛盾纠纷得到有效化解。高度重视安全生产工作，严格执行安全生产“一岗双责”，人民群众的生命财产安全得到切实保障。深入开展严打专项整治行动，着力解决影响社会治安的突出问题，社会治安综合治理工作不断加强，人民群众对社会公共秩序的满意度不断提高。

——政府自身建设不断加强。大力推进效能政府建设，全面推行行政绩效管理、行政成本控制、行政行为监督、行政能力提升四项制度，政府关键岗位和关键环节管理进一步强化，严格控制公务用车购置、会议庆典活动和楼堂馆所建设，从严审批出国、出境与出省考察。政府行政行为更加规范，行政服务经济社会发展的能力和水平不断提升。“创先争优”活动深入开展，“优化软环境、增强软实力”的主题实践活动成效明显，政府“学习创新、团结协作、务实高效、勤政廉洁”专题活动扎实推进，政风建设和廉政建设得到进一步加强。

各位代表，过去五年，我们克服了发展中的各种困难，经受了金融危机、特大旱涝自然灾害等挑战和考验，全县经济社会发展实现了新跨越。这些成绩的取得，是市委、市政府和县委正确领导的结果；是全县各族人民同心同德、奋力拼搏的结果；是县人大、县政协有效监督的结果；是中央、省、市驻县单位、群众团体、武警消防官兵以及离退休老同志热情参与、鼎力支持的结果。在此，我谨代表县人民政府，向全县各族人民，向所有参与、关心和支持云县经济社会发展事业的同志们、朋友们，表示崇高的敬意和衷心的感谢！

五年的工作实践，使我们深深体会到，做好新形势下的政府工作，必须突出发展主题，增强争先意识，始终保持团结奋进、昂扬向上的进取精神；必须坚持科学发展观，着眼经济发展、社会发展和生态环境建设的有机统一，推进经济社会全面、协调、可持续发展；必须坚持以人为本，民生为先，把维护人民群众的根本利益作为一切工作的出发点和落脚点；必须坚持依法行政，注重建章立制，积极探索建立规范的行政管理体制和机制；

必须大力弘扬求真务实的工作作风，牢固树立正确的政绩观，真抓实干，一步一个脚印地推进各项工作落实。

在肯定成绩的同时，我们也要清醒地认识到，我县经济社会发展中还存在着一些突出问题。主要表现在：经济总量小，综合经济实力较弱；工业整体实力不强，工业强县战略任重道远；农业基础设施薄弱，农业产业化水平不高；城乡居民增收任务重，城乡一体化推进有待加强；地方财政实力较弱，财政收支压力大；政府自身建设有待加强，发展的环境有待于进一步优化。对这些问题，我们务必高度重视，并用改革和发展的办法，努力克服和解决。

二、乘势而上，推动“十二五”跨越发展

未来五年，是我县加快发展的重要战略机遇期，也是实现提速赶超、争先进位、全面建设小康社会的关键时期。全国经济社会进入科学发展、转变经济发展方式的新阶段，国家实施新一轮西部大开发战略，省委、省政府制定了面向西南开放的桥头堡战略，市委、市政府和县委确定了“三个一百”的工作目标，决定实施城乡居民收入倍增计划和全面实施新家园行动计划，为我县加快发展提供了前所未有的机遇和空间。站在新的起点上，我们必须立足自身优势、产业特色、发展基础，牢牢把握发展大势，抓住发展机遇，汇集全县广大干部群众的智慧和力量，创造性地开展各项工作，努力开创云县经济社会发展新局面。

综合考虑我县发展的趋势和条件，今后五年经济社会发展的指导思想、发展定位、发展思路、奋斗目标是：

指导思想：认真贯彻落实党的十七届五中全会，省委八届十次全会、市委二届十次全会和县委十一届八次全会精神，以邓小平理论和“三个代表”重要思想为指导，全面贯彻落实科学发展观，顺应各族人民过上更加美好、幸福生活的新期待，把云县经济社会发展融入国家西部大开发和云南“两强一堡”战略的总体格局，转变发展方式，优化产业结构，统筹城乡发展，保障改善民生，深化改革开放，全面加快农业产业化、新型工业化、城镇化和教育现代化进程，努力开创经济发展、政治稳定、文化繁荣、生态文明、社会和谐的新局面，为全面建设惠及全县各族人民的小康社会打牢基础。

发展定位：把云县建设成为临沧转变经济发展方式的试验区、云凤经济增长极的示范区；生态农产品精深加工基地、绿色能源生产基地；立足临沧、面向缅甸的商贸物流中心。

发展思路：牢固树立“全面提速赶超、全力争先进位”的发展理念，以科学发展为主题，以加快转变经济发展方式为主线，以改善民生为核心，围绕“两区两基地一中心”的发展定位，着力建设“一城、四带、八产业”（“一城”即建设一座云县新城；“四带”即着力打造澜沧江沿江经济开发带、214国道沿线经济开发带、大朝山对外公路沿线经济开发带、南汀河沿河经济开发带；“八产业”即着力培育、巩固和提升核桃、甘蔗、茶叶、烤烟、畜牧、“云酒”、新能源新材料、现代物流服务业），全面统筹社会事业，努力构建和谐云县，实现速度、质量、效益同步提高和经济社会跨越式发展。

奋斗目标。到2015年，全县生产总值达100亿元以上，年均增长15%以上，一、二、三产业结构调整为19∶51∶30；财政总收入年均增长16%以上，其中：地方一般预算收入年均增长20%以上，财政支出年均增长20%以上；固定资产投资年均增长30%以上；城镇化水平达41%以上；总人口控制在46.2万人以内；农村居民人均纯收入达1万元，年均增长22%以上；城镇居民人均可支配收入达2.6万元，年均增长15%以上；万元生产总值能耗下降2.5%以上。到“十二五”末，力争县域经济进入全省二十强，社会事业全面进步，人民生活显著改善。

要实现“十二五”奋斗目标，开创经济发展新局面，必须明确主攻方向、突出工作重点，采取强有力措施、提高干事创业的执行力，牢牢把握加快发展主动权，切实加以推进。

（一）发展特色经济，提升区域竞争力

一是大力实施农业稳县战略，加快推进农业产业化。按照“产业发展生态化、生态建设产业化”的要求，加快实现传统农业向现代农业转变，构建优质、高效、生态、安全的农业特色产业体系。稳定粮食播种面积，依靠科技提高粮食产量，确保粮食安全。大力发展核桃、甘蔗、茶叶、烤烟、畜牧等特色产业。到2015年，完成新植泡核桃14万亩、云南山核桃10万亩、橡胶5万亩、澳洲坚果3万亩、咖啡3万亩；甘蔗种植面积达22万亩，实现工业入榨量80万吨以上；完成低产茶园改造11万亩以上，茶叶产量达9000吨；建成烤烟基地30万亩，实现烤烟产量30万担；养殖业产值达20亿元，占农业总产值比重达45%以上。二是大力实施工业强县战略，做大做强工业经济。按照总量做大、质量提升、后劲增强、难题破解的要求，坚持走新型工业化道路，努力打造生态农产品精深加工基地、绿色能源生产基地。以糖、茶、核桃、酒、电、矿等现有工业为依托，大力培育发展生态农产品精深加工、绿色能源开发、生物制药、烤烟等新兴产业，建设云南最大的酒业基地，做大做强“云酒”品牌，到2015年，实现年产啤酒20万吨、白酒20万吨、司岗里木瓜发酵酒2万吨，实现工业增加值10亿元。建设全国最大的核桃精深加工基地，核桃系列产品实现工业增加值6亿元。不断延伸光电高端产业链，积极引导发展高端技术产品，努力形成专业化的工业园区和产业集群，到2015年，实现光电子产业工业增加值7亿元。做大蔗糖产业，完成甘化公司日处理4000吨甘蔗生产线搬迁扩建项目。加大矿业整合力度，实现矿业工业增加值2亿元。加快开发地方小水电和风电资源，扶持发展新能源新材料、生物医药工业，建设日产2000吨新型干法水泥生产线、年产3000万碗方便鲜湿米线生产线，争取建设年复烤能力100万担的烟叶复烤厂，实现工业多元化发展。推进云凤工业园区标准厂房建设，大力推动全民创业，着力培育一批专业水平高、配套能力强的中小企业集群，规模以上工业企业达到17户以上。到2015年，全县工业增加值突破50亿元，实现由传统农业县向新兴工业县跨越。三是大力实施三产活县战略，不断繁荣城乡经济。坚持市场化、产业化、社会化发展方向，以饮食文化街、啤酒文化产业园、度假公园等项目建设，拉动房地产、旅游、餐饮服务等传统第三产业发展，积极拓展信息、金融、保险、中介咨询等现代服务业。建成立足临沧、面向缅甸的商贸物流中心，培育和引进一批现代化物流企业。制定科学的旅游产业发展规划，努力把云县水上娱乐休闲旅游打造成具有较强影响的品牌。到2015年，实现第三产业增加值33亿元，年均增长17%以上。四是大力实施开放兴县战略，增强经济发展活力。以招商引资为主抓手，积极实施“承接东部产业转移计划”，注重产业择商，招大引强，着力引进战略性新兴产业和劳动密集型产业，不断提高利用外资的规模和水平。到2015年，招商引资实际到位资金55亿元，年均增长30%以上。

（二）统筹城乡发展，展现城市新个性

深入实施统筹城乡发展方略，促进农业增效、农民增收、农村和谐和城乡一体化发展。进一步加大对农村的公共财政投入，规划和实施一批民生改善项目，积极构建城乡一体的交通网、供电网、信息网、流通网及金融网。加大交通基础设施建设力度。主动对接全省、全市的交通基础设施建设项目，配合抓好新平至临翔高速公路、祥云至临沧铁路等重点工程建设，启动实施漫湾、大朝山库区航运基础设施建设项目，建设云凤一体化高速公路，加快推进云县至临翔高速公路前期工作，完善交通网路体系，推动通畅工程加速向建制村延伸，到2015年建制村路面硬化率达80%。着力加强农业基础设施建设。新建岔河中型水库和大转水、永正河、撒马坝等3件小（一）型水库，完成5700件“五小水利”工程和445件农村人饮安全工程，解决14.5万人的饮水问题。完成中低产田地改造22.9万亩，完成土地开发整理4.5万亩，进一步改善农村生产生活条件，夯实农业产业化发展的基础。加快云县新城建设，不断优化城乡布局。按照新城建设与旧城改造同步实施、相互促进的思路，以“山水生态之城、人文之城、商贸之城”为发展定位，完善县城总体规划，围绕县城新区、旧城改造两大重点工程建设，加快推进城市供排水、美化亮化、道路通畅、防洪治污等基础设施建设，高标准规划建设县城新区，不断完善城市功能，全力打造城市水景，恢复部分历史文化古（名）迹，提升城市文化内涵，全面提高城市管理和服务水平。努力把县城建成“城在林中、水在城中、宜居宜业、特色鲜明、精美别致、山水城共融”的现代化城市，切实加快推进小城镇建设步伐。到2015年，城镇化率达41%，县城建成区面积达12.06平方公里，城市绿化率达42.55%以上，县城人口达10.5万人以上。

（三）营造发展环境，增强发展软实力

一是不断提升人文素质。深入开展各类群众性精神文明创建活动，培育全县人民的文明意识、诚信意识和发展意识。大力弘扬艰苦创业精神，打造充满生机、积极向上、健康文明、和谐幸福的创业发展环境，激发干部群众奋发进取、创新创业的强大精神动力。二是加快发展社会事业。坚持教育优先发展和均衡发展，高度重视职业教育、特殊教育和学前幼儿教育工作，完善校（园）长公选制、教师聘用制和绩效工资制，进一步增强教育的实力、活力和竞争力，促进教育现代化。巩固新型农村合作医疗成果，完善医疗卫生服务网络，提高公共卫生服务能力。加强城乡文化体育设施建设，建成体育馆、博物馆、科技馆、影剧院、艺术馆。建立持续稳定的科技投入增长机制，广泛开展科普活动，营造良好的创新环境。稳定人口低生育水平，提高出生人口素质。努力提高农村广播电视覆盖率，完成广播电视直播卫星“村村通”工程1.8万户，完成有线电视数字化整体转换工作。三是协调推进各项改革。破除阻碍加快发展的体制机制，深入推进各项经济体制改革，力争在一些重要领域和关键环节上取得突破。进一步深化行政管理体制改革和农村综合改革，加强政府职能转变，进一步增强农村发展活力，形成有利于科学发展的体制环境。

（四）构建和谐云县，增进社会亲和力

一是不断健全社会保障体系。继续完善养老、医疗、教育、住房保障等制度，健全社会救助体系，大力发展慈善事业，做好拥军优抚和移民生产发展工作。二是深入开展法治云县建设。坚持依法治县，不断优化依法行政、严格执法、公正司法的法治环境。深入开展“六五”普法教育，不断增强全社会的法制意识。三是巩固深化平安云县建设。夯实基层基础，推进维稳机制建设，深化群防群治，提升治安防控能力，严打严管严治各类违法犯罪，切实增强人民群众的安全感。高度重视安全生产，坚决遏制重特大安全事故的发生。建立健全应急工作机制，及时应对和处置各类突发性公共事件。大力推进公正廉洁执法工作，推进执法队伍建设，规范办案程序，完善执法监督，推进阳光执法，促进社会公平正义。

三、真抓实干，力创“十二五”良好开局

各位代表，2011年是全面启动实施“十二五”规划的开局之年，也是在新的起点上实现云县提速赶超、跨越发展的重要一年。做好今年的各项工作，意义十分重大。我们要以强势推进新家园行动计划为载体，以落实“三个一百”目标任务为抓手，以深入推进农业产业化、新型工业化和城乡一体化促进结构调整，大力实施城乡居民收入倍增计划，深入开展“优化软环境、增强软实力”活动，顽强拼搏，真抓实干，全面推动全县经济社会跨越发展，为实现“十二五”目标任务开好头、起好步。

2011年全县经济社会发展的总体目标建议为：

——生产总值增长15%以上；

——地方财政一般预算收入2.7亿元，增长24.37%以上；

——财政一般预算支出达13.48亿元，增长28.1%以上；

——全社会固定资产投资达50亿元，增长30%以上（其中：单个项目投资达500万元以上投资完成42亿元）；

——招商引资实际到位资金20亿元，增长30%以上；

——社会消费品零售总额达14亿元，增长18%以上；

——城镇居民人均可支配收入达15000元，增长15%；

——农民人均纯收入达4700元，增长25%；

——万元生产总值能耗下降1.65%；

——人口自然增长率控制在5‰之内。

围绕以上目标，县人民政府将重点抓好以下八方面工作：

（一）加快推进农业农村发展

一是打造新农村建设新亮点。做实宣传动员工作，认真落实建房政策，确保旧村旧房改造70个自然村（组）6023户的目标任务顺利完成，切实改善农民群众的居住质量。加大村庄规划工作力度，确保今年6月30日前全面完成。着力开展村容村貌综合整治工作，充分发挥政府主导、群众主体、部门服务、社会参与等作用，大力实施农村人畜饮水、电网改造、沼气池、村组公路硬化等工程，全力打造一批新农村建设亮点。二是继续发展特色生态农业。立足建设生态农产品精深加工基地的发展定位，抓住我县被列为农业综合开发县的机遇，着力推进核桃、甘蔗、茶叶、烤烟、畜牧业等主导产业的培育发展。深入开展核桃“三率”建设工作；争取完成甘蔗新植7.6万亩；改造低产茶园2万亩；完成烤烟种植5.3万亩，收购烤烟11万担；实现畜牧产业总产值11亿元，生猪出栏达66万头以上。完成中低产林地改造15万亩。三是保障粮食生产安全。继续做好粮食直补、良种补贴、综合补贴、农机补贴等工作，调动农民种粮积极性，确保粮食总产量达16.7万吨以上。四是积极推进农业产业化经营。加大龙头企业扶持力度，做大做强酒业、制糖、茶业等龙头企业，积极引进畜产品深加工企业，延长产业链。继续加大扶贫开发力度，不断增加投入，加快贫困地区基础设施建设，促进农业农村经济社会发展。

（二）强势推进新型工业化进程

继续实施工业强县战略，把发展壮大工业经济作为优化产业结构的重要支撑，加快现有企业提质增效，提升企业的市场竞争力，千方百计增加工业投资，全力做大工业总量，确保实现规模以上工业企业销售收入35亿元的目标任务，力争实现工业销售收入达36.5亿元，实现工业增加值13.8亿元。服务好澜沧江酒业集团、茅粮酒业集团，进一步打响“云酒”品牌。加快推进生态农产品精深加工基地建设，全面建成汇智源食品有限公司核桃精深加工项目，力争启动滇橄榄精深加工产业化开发项目、年产15亿片普洱茶含片建设项目、年产3万吨白花木瓜果醋饮料生产线和特色资源白花木瓜深加工产品国家高技术产业化示范工程。加快推进三奇光电科技有限公司单晶硅棒及其产业链延伸项目建设工作，全力提升新材料基地聚集效应。着力推进绿色能源生产基地建设，启动罗扎河二级电站建设项目，加快拿鱼河梯级电站、白莺山风力发电场开发等项目的前期工作，有力推进新型工业化进程。

（三）加速推进第三产业发展

以实施旅游项目建设为带动，大力发展旅游业，力争实现旅游收入2.4亿元，增长20%。围绕澜沧江沿江经济开发带，积极推进澜沧江“百里长湖”景区开发。结合云县深厚的历史文化底蕴特点，强势推进水上娱乐旅游开发，努力形成云县独有的旅游品牌，完成滇缅铁路遗址园项目建设，启动实施恢复挽澜阁、修建文化墙、改造文笔塔工程，做好忙怀型新石器遗址的开发和保护工作。依托交通便捷优势，大力发展商贸物流服务业，高标准启动商贸物流园区建设项目。大力发展文化、娱乐、休闲、餐饮等传统第三产业，加快发展中介组织、社区服务、信息等现代服务业。力争实现第三产业增加值14亿元，增长15%以上。

（四）着力推进基础设施建设

充分发挥投资对经济增长的推动作用，围绕完成固定资产投资50亿元的目标任务，着力实施交通运输、农田水利等基础设施重点项目。公路方面，完成田慢公路、大朝山对外公路改造工程，做好振清公路、羊头岩至振兴桥二级公路的协调配合及征地拆迁工作，积极争取乡村公路、村组公路提高等级项目。继续大干农业基础设施建设，打牢农业产业化发展基础，完成中低产田地改造2.5万亩，完成平河水库及8件小（二）型病险水库除险加固任务。完成爱华镇土地开发整理（二期）、德胜土地占补平衡、南汀河流域水土保持综合治理、石佛山小流域坡耕地水土流失综合治理、田心水库干支渠防渗工程等项目建设，加快推进中梁子水库建设，争取开工建设大转水水库。

（五）大力推进城镇化进程

按照县城总体规划的要求，同步推进旧城改造和新城建设，重点抓好7项市政工程，即：完成县城新区的河堤治理、桥梁工程、路网建设、绿化亮化等基础设施建设；完成博物馆、体育馆、科技馆、影剧院、艺术馆、档案馆、会展中心等场馆的规划设计，并开工建设部分场馆；启动东大街片区、防洪通道、草皮街环城南路改造等项目建设；加快推进草皮街商业码头项目建设，完成晨光大厦项目建设，完成爱华镇人民政府、县司法局办公楼的选址、规划设计等工作，年内开工建设；完成污水处理厂建设，争取启动第二垃圾处理场建设项目，启动县城片区天然气气罐站及输配管网、县城公共停车场和草皮街至新兴街街道景观综合改造整治等项目建设；在南河、罗扎河各建设一座拦河坝，实施南河风雨桥及10部以上老水车建设项目，确保三个项目在2012年春节前投入使用；继续推进“大树进城”，年内完成种植8000株以上，全面实施城市近山面山绿化工作，切实提高县城的绿化覆盖率。以旧村旧房改造为切入点，加快推进乡镇集镇建设，力争城镇化率达31%以上。

（六）全面推进社会事业发展

加大保障性住房建设力度，确保年内完成保障性住房13.26万平方米的目标任务。实行校舍安全建设工程“代建制”，举全县之力，完成9.19万平方米校舍安全工程建设，围绕2012年实现县一中整体搬迁的目标，强势推进工程建设，切实改善中小学办学条件。完成县特殊教育学校项目建设，实施学前教育推进工程，促进教育公平。健全和完善社会保障体系，提高社会保障覆盖面，启动实施新型农村养老保险，完成涌宝镇、茶房乡敬老院建设，按时配足低保资金，提高新农合补助水平，确保参合率在95%以上。提高临时救助救灾水平，建立健全救急救灾的快速反应机制。县医院综合大楼、县妇幼保健院建成投入使用，力争启动县中医院业务综合楼建设项目，努力改善群众就医条件。认真落实计划生育政策，稳定低生育水平。大力实施农村饮水安全工程，年内解决4.36万人的饮水安全问题。围绕城乡居民收入倍增计划，切实落实各种惠农政策，做好各项补助补贴政策兑现工作。继续实行积极的就业政策，多渠道开发公益性岗位，增加困难群众就业机会；加强就业培训，提高劳动者就业技能，年内开发公益性岗位100个，新增就业2000人。抓好农村劳动力转移培训工作，完成劳动力转移10000人。加快社会事业发展，妥善化解各类社会矛盾，以和谐促发展。认真落实移民扶持政策，加大扶持移民发展的工作力度。加强精神文明和公民思想道德建设，为加快发展提供强大的思想保证和精神动力。加强文化市场管理，加快村级文化活动场所建设。坚决执行最严格的土地管理政策，切实保护耕地。加大环境保护力度，营造绿色环保的生态环境。深入开展“六五”普法教育活动和依法治理工作，提高全民法制意识。切实做好信访工作，着力解决好社会热点难点问题，积极化解各类社会矛盾，妥善处置群体性事件。高度重视安全生产工作，坚决防止重特大安全事故发生，巩固平安云县建设。继续做好残疾人、地方志、民族宗教、民兵预备役和国防动员等各项工作。

（七）积极推进改革开放步伐

稳步推进各项改革，为科学发展提供强有力的体制保障。深化行政管理体制改革，完成县级机构改革工作，加快政府职能转变。深化教育综合改革和医药卫生体制改革。以“优化软环境、增强软实力”为载体，深入开展精简行政审批项目和行政事业性收费工作，积极推进户籍管理制度及其配套改革。深化集体林权制度改革，进一步规范土地承包经营权流转，成立农户信贷担保机构，积极探索农户宅基地、房产证和土地（林地）承包经营权证等作为抵押的贷款运作机制，为旧村旧房改造和居民收入倍增提供资金支持。加大招商引资工作力度，大力发展开放型经济。把扩大开放与推进农业产业化、培养壮大优势产业、推进全民创业结合起来，不断提高对外开放的整体水平。充分发挥重大项目带动作用，围绕生态农产品精深加工、绿色能源等产业，积极引进投资规模大、技术含量高、市场效益好、带动能力强的项目。积极落实鼓励创业的各项优惠政策，整合创业资源，激活民间资本，开展全民创业，大力发展民营经济，逐步形成各行各业竞相创业的生动局面。

（八）强力推进政府自身建设

按照建设法治政府、责任政府、阳光政府、效能政府的要求，以转变职能、增强执行力和公信力为重点，进一步强化政府自身建设，推动政府管理创新。一是努力建设施政科学、行为规范的服务型政府。按照精简、统一、效能的原则，调整优化政府组织结构。进一步扩大公共服务职能，为全体社会成员提供更多、更好、更优的公共服务。以改进政府管理、提高政府效能为重点，切实加强政务、法制、市场和人文环境建设，着力营造让一切投资者、创业者安心创业、放手发展的良好环境。二是努力建设依法行政、公正严明的法治政府。全面推进依法行政，严格依照法定权限和程序行使权力、履行职责、接受监督，实现决策、执行、监督适度分离又相互协调。加强民主监督、行政监督、审计监督和社会舆论监督，进一步规范政府行政行为。三是努力建设信守承诺、人民信赖的诚信政府。加强政府诚信建设，增强公务员的诚信意识，坚持诚信办事、诚信服务，取信于民，为全社会树立诚信表率，以政府诚信带动社会诚信。广泛推行承诺制，建立政府服务公开承诺、限时办结的服务方式，树立有诺必践的政府形象。四是努力建设务实高效、清正廉洁的责任政府。加强政府机关效能建设，改革完善政府工作考核机制，实行绩效评估，进一步加强政府机关干部队伍建设，提高公务员和事业干部队伍的政治素养、科技素养和业务能力。加大反腐倡廉工作力度，加大对工程建设、土地出让、产权交易、政府采购等领域腐败案件的查处力度，着力从源头上防治腐败。建立健全预防和惩治腐败长效机制，治理和纠正损害群众利益的不正之风，始终保持与人民群众的血肉联系，切实做到突出主旋律、增强凝聚力、提高执行力，全力打造“务实、高效、阳光、诚信、廉洁”的政府形象。

各位代表，“十二五”是实现云县经济社会跨越式发展的关键时期，面对新的目标、新的使命和人民群众新的期盼，我们深感任务艰巨、责任重大，让我们在县委的坚强领导下，团结带领全县广大干部群众，抓住机遇，坚定信心，团结奋进，扎实苦干，为实现云县提速赶超、跨越发展而努力奋斗！

专 文

云南三奇光电科技有限公司建厂周年暨投产庆典宾朋满座（吴逵峰摄）

辉 煌 成 就

——云县“十一五”国民经济和社会发展

“十一五”时期是全面建设小康社会进程中承前启后的关键时期，也是云县结构大调整、实力大提升、社会大发展的重要时期。“十一五”期间，县委、政府始终坚持以科学发展观统领经济社会发展全局，紧紧围绕提升“三个核心指标、三个一百”的目标，按照“围绕一条主线、实施四大战略、主攻四个重点、培育五大产业集群、推进四大工程、展现五大特色、构建和谐社会”的发展思路。调整优化产业结构，转变经济发展方式，积极探索经济发展新模式，进一步适应科学发展观的要求，全县呈现出经济总量迅速扩张、发展速度明显加快、产业结构日趋优化、民计民生持续改善、社会和谐稳定的良好局面。

一、经济得到较快增长，结构得到明显优化

“十一五”期间全县国民经济仍保持了较快增长的态势，经济总量得到了不断壮大，据初步核算，2010年全县实现生产总值446315万元，按可比价格计算，比2005年增长71.2%，年均递增11.3%，超“十一五”规划目标1.3个百分点。其中，第一产业实现增加值156588万元，比2005年增长57.6%，年均递增10.4%。第二产业实现增加值166678万元，比2005年增长70.8%，年均递增11.3%。第三产业实现增加值123049万元，比2005年增长89.7%，年均递增13.7%。三大产业增加值占GDP的比重分别为35.1:37.3:27.6，与2005年三大产业结构29.1:47.7:23.1相比，三大产业结构的类型虽然仍为“二一三”型，但产业结构调整的质量明显有所提高并更趋于合理。从“十一五”期间的发展情况看，五年来，全县共实现生产总值186亿元，从经济总量的增量看也是历个五年计划中经济总量增加最多的一个时期。

云县生产总值（GDP）统计图（单位：万元）

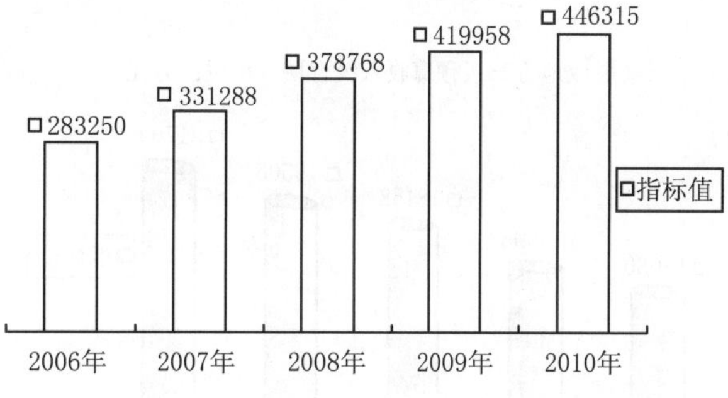

云县GDP产业构成统计图（单位：万元）

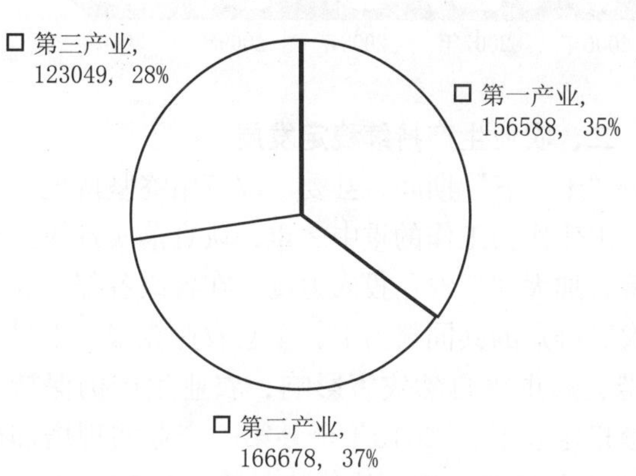

2010年实现财政总收入65351万元，较2005年的33218万元，增加30313万元，年均递增14.5%；其中地方一般预算收入21709万元，较2005年的13044万元，增加8705万元，年均递增10.9%。财政支出129268万元，较2005年29593万元，增加99693万元，年均递增34.3%。

云县财政总收入统计图（单位：万元）

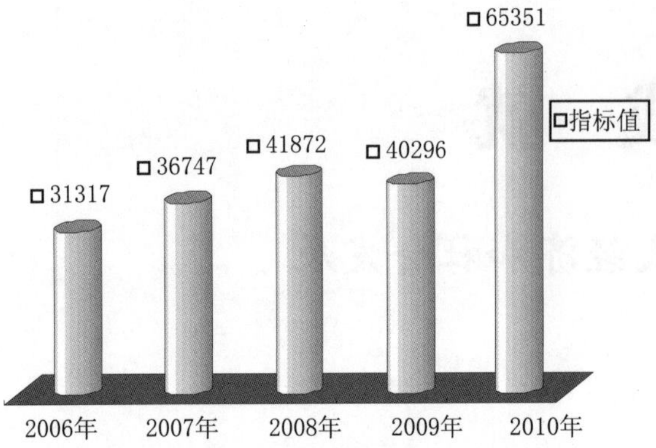

云县财政地方一般预算收入统计图（单位：万元）

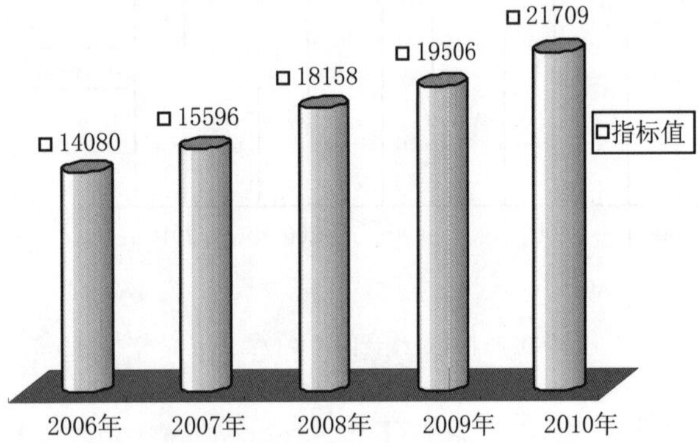

二、农业生产持续稳定发展

“十一五”期间，县委、政府始终坚持把“三农”工作作为工作的重中之重，认真落实各级惠农政策，加大“三农”投入力度，在各级各部门和广大农民群众的共同努力下，全县农业克服了干旱、洪涝、病虫等自然灾害影响，农业生产仍保持了持续稳定发展， 2010年全县第一产业实现增加值156588元左右，按可比价格计算，比2005年增长57.6%，年均递增10.4%。为成功应对各种困难和风险、保持国民经济平稳较快发展奠定了物质基础，也为维护社会和谐稳定发展大局发挥了重要作用。

“十一五”以来，全县粮食连年增产，粮食生产能力稳步增强，主要农产品产量明显增加。2010年粮食产量达到164789吨，标志着云县粮食综合生产能力迈上了一个新台阶。肉、蛋、奶、水产品、蔬菜等主要农产品产量明显增加，市场供应充足，较好地满足了城乡居民对农产品的多样化需求。农机具购置补贴等财政专项工作的实施，以及科技对农业生产投入培植的增加，有效地改善了云县的农业生产条件。

云县农业总产值统计图（单位：万元）

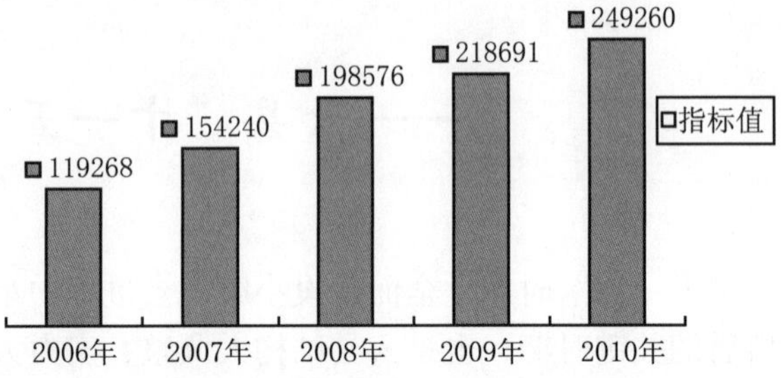

云县农业总产值构成统计图（单位：万元）

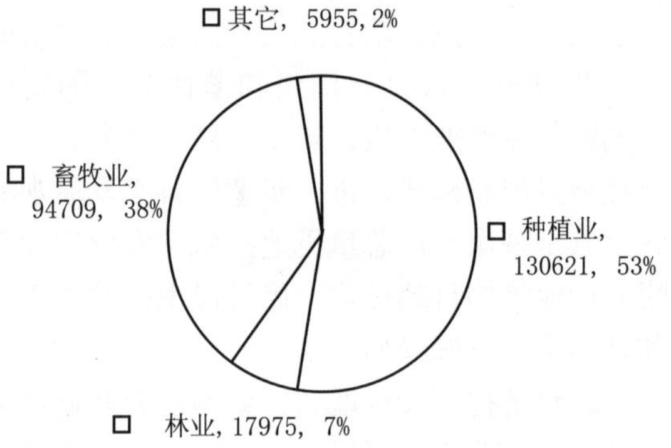

云县粮食总产值统计图（单位：吨）

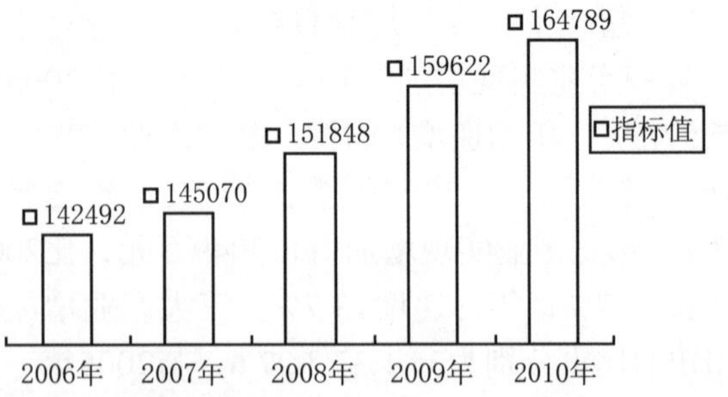

三、工业的持续稳定增长为全县经济的发展提供了强有力的支撑

“十一五”期间，工业生产虽然面对着国际金融危机带来的市场需求减弱，工业品价格大幅波动、部分产业结构性过剩、高价原材料积压严重、部分企业生产经营困难以及石油紧张等各种不利状况的影响，一方面采取了一系列稳运行、降能耗、

保就业、强管理等措施，想方设法帮助企业渡难关，使工业经济运行逐步走出困境；另一方面继续实施工业强县战略，进一步完善工业发展思路，转变发展方式，始终把走新型工业化道路与发展特色优势产业结合起来、围绕重点产业及特色优势产业开展技术创新，继续巩固壮大和强化生物资源开发创新、能源和矿产、酒、糖、茶行业的优势，积极发展以水电为主的能源产业，有力地推进了工业经济实现又好又快发展。2010年，实现工业总产值288987万，比2005年的156531万元增加132456，比2005年增长了71.4%，年均递增11.4%，实现工业增加值116917万元，年均递8.9%。

云县内类总产量统计图（单位：吨）

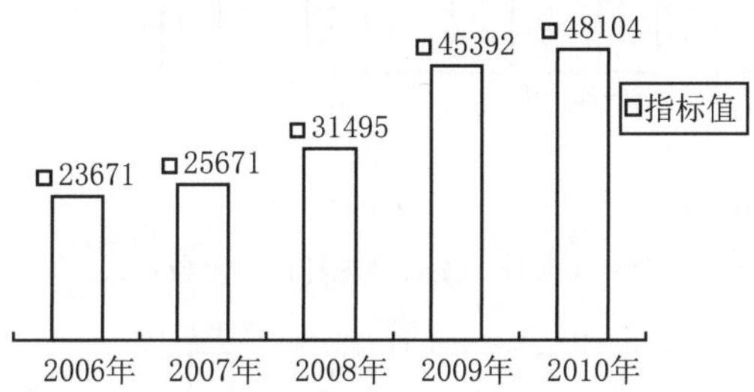

云县工业总产值、增加值统计图（单位：万元）

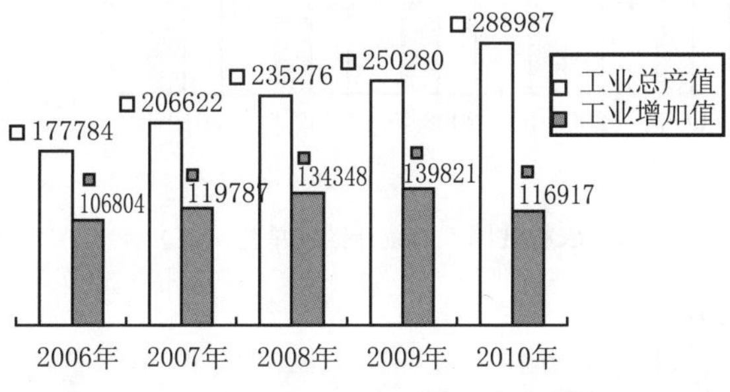

四、加大固定资产投资力度，为全县经济的发展提供保障

五年来，县委、政府一方面采取招商引资、吸收民资，增投资，保增长等有力措施：另一方面不断优化投资结构，为当前和长远经济发展打好基础，有效地确保了固定资产投资对经济发展的拉动。2010年完成固定资产投资383553万元，比2005年的82519万元增加了301034万元，是2005年的3.6倍，年均递增36.0%，5年共完成固定资产投资945539万元，固定资产投资的增加有力地带动了全县建筑业的发展。建筑业拉动经济增长2.7个百分点，对经济增长的贡献率达22.3%。

云县招商引资统计图（单位：亿元）

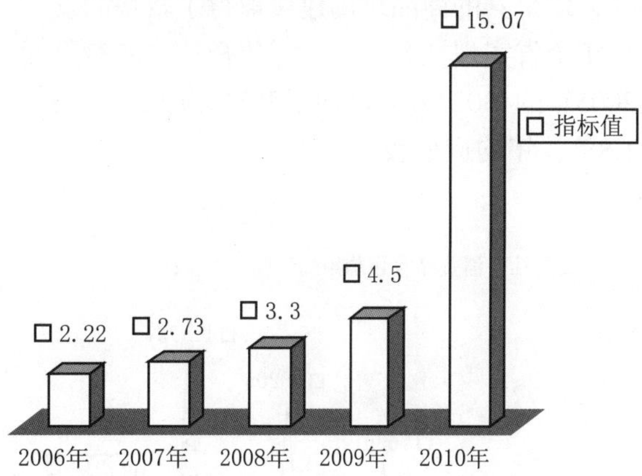

全社会固定资产投资统计图（单位：万元）

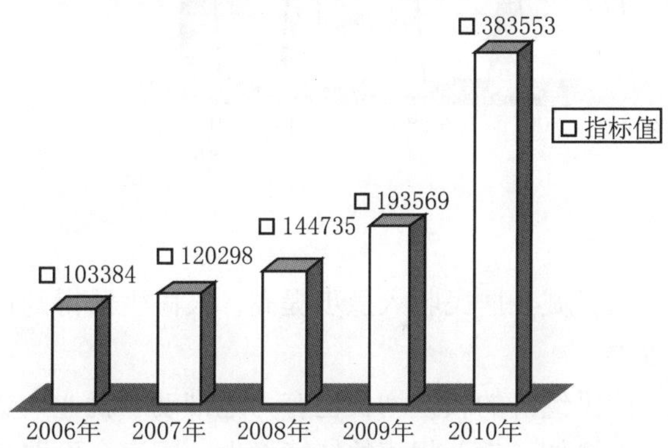

2010年云县固定资产投资产业构成统计图（单位：万元）

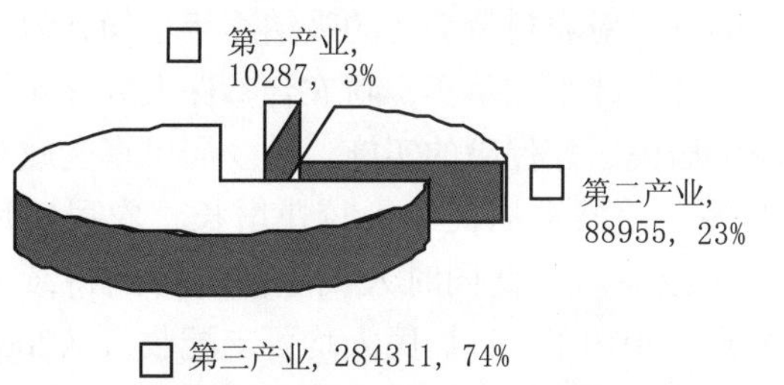

五、消费品市场得到了较快发展

五年来，为繁荣经济、推进商品生产与消费，提高人民物质文化生活水平，促进国民经济增长，县委、政府认真落实国家增加城乡居民收入，扩大消费需求措施，积极拓宽消费领域，大力培育消费热点，增强群众消费能力，着力改善消费预期，加强商品市场诚信体系监管和产品质量监管，努力营造良好的消费环境，积极开拓市场，基本形成了市场需求旺盛，供给总量充裕，消费规模不断扩大以及多层次、全方位、多种经济成分和运行方式并存的商品流通网络，商品市场经济发展中的作用不断增强，使全县的商品市场建设取得了较快的发展。2010年全省实现社会消费品零售额达118337万元，比2005年的43023万元增加了75314万元，为2005年的1.8倍，年均递增22.4%。

云县社会消费品零售总额统计图（单位：万元）

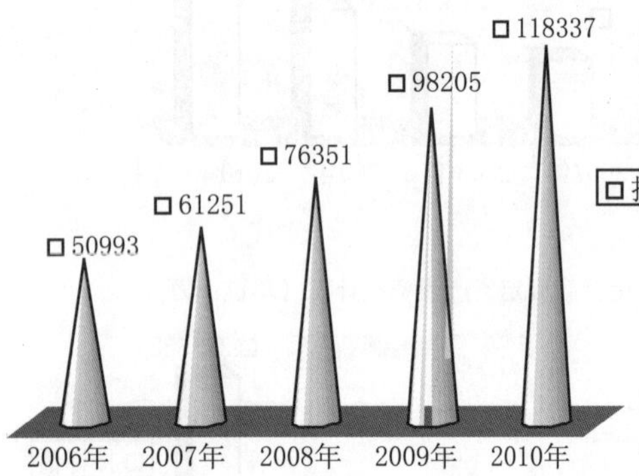

六、城乡居民收入稳步提高，人民生活得到持续改善

国民经济的较快增长也有力地带动了就业人员的不断增加，就业规模的持续增大；国家全面取消了农业税，结束了持续百年的种田交税历史，再加上近年来财政对农民不断增加的各种补贴，以及城市经济的发展对农村劳动力的吸纳逐年增加，教育“两免一补”政策的落实，新农合参保人数逐年增加，城镇居民医疗保险的实施，城乡居民享受政策实现增多，使城乡居民收入较快增长，农民贫困人口逐年减少。与此同时人民生活也得到持续明显的改善。2010年城镇居民人均可支配收入从2005年的7790元增长到13141元，年均递增11.0%。农村居民人均纯收入从2005年的1565元增加到2010年的3759元，年均递增19.2%。城乡居民储蓄存款从2005年的75596万元增加到2010年的173693万元，年均递增18.1%。

云县城乡居民人均收入统计图（单位：元）

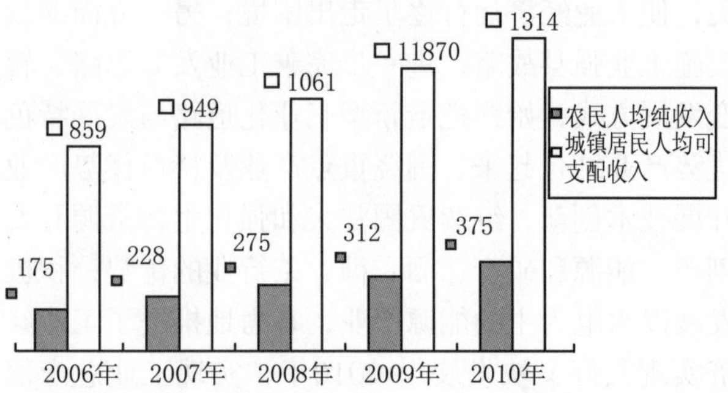

城乡居民储蓄存款统计图（单位：万元）

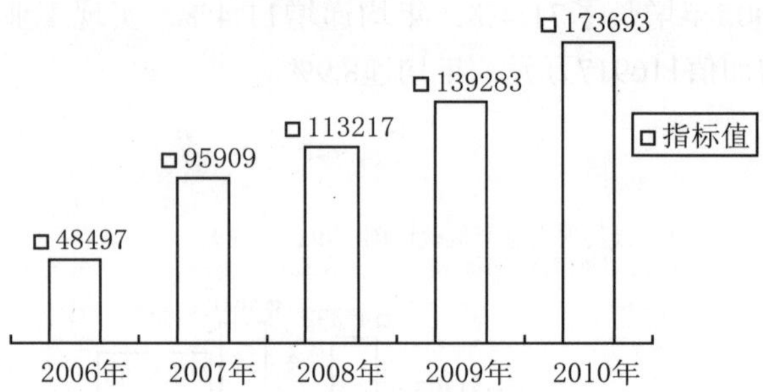

云县新农合参保人数、参合率统计图（单位：人、%）

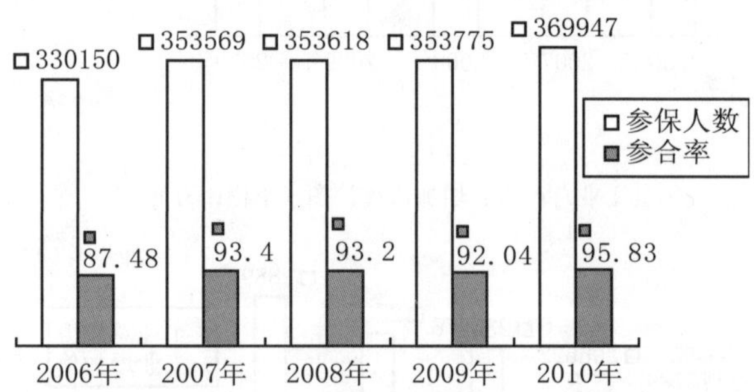

云县农村贫困人口统计图（单位：人）

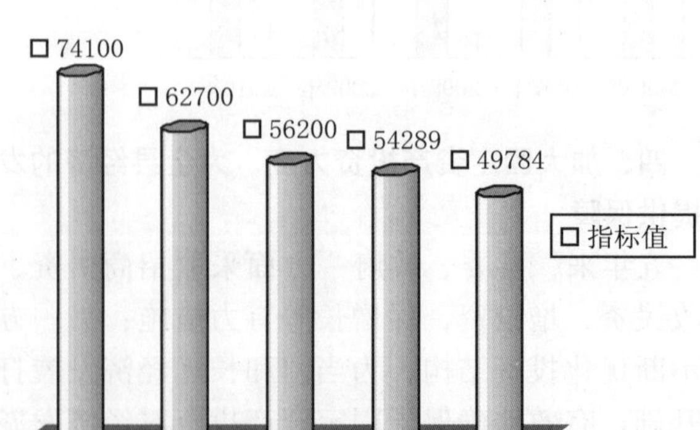

展望“十一五”经济社会发展取得了辉煌的成就，在“十二五”期间云县正站在新的起点，以开

放的姿态、诚信的形象，牢固树立“全面提速赶超、全力争先进位”的发展理念，以科学发展为主题，以加快转变经济发展方式为主线，以改善民生为核心，围绕“两区两基地一中心”的发展定位，着力建设“一城、四带、八产业”，全面统筹社会事业，努力构建和谐云县，实现速度、质量、效益同步提高和经济社会跨越式发展。

大事记

（沈仕春　摄）

1月

6日　云县首家劳务派遣公司——宏华劳务派遣有限公司成立。

8日下午　中共云县委邀请原中共云南省委副书记、《求是》杂志总编，现任云南民族文化发展基金会理事长王天玺为云县领导干部作了《金融海啸与世界格局》的专题讲座。

8～9日　省委、市委考核组，分别对中共云县县委书记宋红临履职情况及云县2009年党风廉政建设、基层党建工作责任制、干部队伍和人才队伍建设、一报告两评议、综治维稳专项考核、市管领导班子和干部年度考核、县处级领导班子“三力建设”承诺问效等7项工作进行了集中考核。

9日　中共临沧市委书记杨洪波在市委常委、市委秘书长赵子杰，中共云县县委书记宋红临，县委副书记、代理县长杨世吉及相关部门领导的陪同下，对云县经济社会发展情况进行调研。

11日　临沧市人民政府副市长马迎春在市有关领导的陪同下，到云县调研中小学校舍安全工程进展情况。

12～13日　全市农村公路建设示范工程暨农村公路管理养护工作现场会在云县召开。

18日　中共云县委召开十一届七次全会，会议审议通过了《中共云县委关于加强和改进新形势下党的建设的意见》和《中共云县委十一届七次全体（扩大）会议公报》。

18～19日　云县农业局承担的农业部2007年国债内陆30吨级“中国渔政53832”执法船建设项目通过省、市检查组验收。该项目总投资85万元，其中：国家投资77万元，地方配套8万元。

20日　临沧市第三批广播电视村村通直播卫星覆盖工程建设现场会在云县茂兰镇牛圈箐村召开。全县共建成“村村通”工程398座、有线电视网络1个、红花山广播电视转播台1个。

28日　中共云县委宣传部组织召开云县文化产业发展研讨会。会议就云县的文化定位以及如何加快云县文化产业发展等问题进行了专题讨论，与会的专家为如何把文化产业提升成为云县新的经济增长点建言献策。

2月

1日上午　云南澜沧江集团云县20万吨啤酒生产线建设项目开工奠基典礼在爱华镇河湾村举行。市人大常委会主任查映伟，云县县委书记宋红临，县委副书记、县人民政府代理县长杨世吉等领导参加。开工奠基典礼仪式由县委副书记、县人民政府代理县长杨世吉主持。

同日　中共云县县委书记宋红临到云南三奇光电科技有限公司年产600吨单晶硅项目建设区现场办公，为企业解决存在的问题。

2～3日　省委第三批学习实践活动新闻采访团到云县采访第三批学习实践科学发展观活动的先进典型案例。

4日　省水利厅副巡视员李林到云县视察旱情。

9日　中共临沧市委书记杨洪波在市、县有关领导的陪同下，到国投云南大朝山水电有限公司和华能集团漫湾电厂进行春节慰问。

10日　召开2010年度云县安全生产工作会议。

23日　县四班子领导和县直有关部门负责人在云县人民政府视频会议室分会场参加了全省抗旱救灾动员大会。会后，县委书记宋红临，县委副书记、代理县长杨世吉对全县抗旱救灾工作作了全面的安排部署。

24日　召开云县第十四届人民代表大会第三次会议。

26～28日　云县举行第六届澜沧江啤酒狂欢节庆典活动。

3月

3日　以云南省国土资源厅正厅级巡视员余蕴祥为组长的巡视组，到云县检查指导土地开发整理项目实施工作。

8日　云县举行纪念“三八”国际劳动妇女节100周年先进事迹报告暨表彰大会。

9日　国家开发银行云南省分行行长邓廷铎到云县调研，先后视察了云南澜沧江酒业集团年产20万吨啤酒生产线扩建项目点、集团公司白酒生产线，茅粮集团木瓜发酵酒厂及云县一中搬迁扩建项目点。

10日　云县宏康养殖有限责任公司举行公司挂牌暨宏康标准化生态育肥小区投产仪式。小区占地面积22亩，总投资600万元，于2009年1月开工建设，是一家上规模、标准化、专业化、高效益的无公害生态商品猪养殖场。

22日　云县中心敬老院举行入住仪式，首批20位五包老人住进新居。

24日　中共云县委召开落实“三个一百”工作动员大会（“三个一百”是市委、市人民政府提出的工作目标要求，即2010年全市完成固定资产投资100亿元，完成财政支出100亿元，完成招商引资100亿元。）。县委书记宋红临在会上作了动员讲话，县委副书记、县人民政府县长杨世吉就落实“三个一百”工作方案及当前重点工作作了全面安排部署。

26日　刘家箐水库工程通过省、市专家组的终验。刘家箐水库是云县迄今为止建成的第二个中型水库，工程于1999年5月省发改委立项，同年12月28日正式开工，由枢纽工程、渠系配套工程和移民安置工程构成。2009年4月，水库工程全面完工，工程总投资16261.6万元。

27日　中央电视台记者到云县采访多措并举抗大旱保生产情况。

30日　召开2010年度云县重点企业治污减排工作会议。

4月

1日　召开云县深入学习实践科学发展观活动总结大会。

同日　召开全县宣传思想文化工作会议。

4日　全国农工民主党中央副主席、云南省政协副主席、农工民主云南省委主席、省红十字会会长陈勋儒率省红十字会相关领导到云县指导工作。

8日　省林业厅副厅长王德祥到云县调研林业工作。

同日　云县召开烤烟预整地暨现代烟草农业建设推进会。

9日　以国务院扶贫办培训中心农民培训处处长斯勇进为组长的调研组到云县调研劳动用工和劳务输出开展情况。

13～15日，西部三省农村中小学安全管理与安全教育长效机制建设行动研究项目启动会在云县三江半岛大酒店沧江明珠会议厅召开。国家教育部基础一司副司长郑增仪、中国教师网编辑陈国杰、中央教科所副研究员李继星、省教育厅安全保卫后勤处处长赵光武，市委常委、市委宣传部部长祁苑红，市教育局局长施志胜，县四班子领导，八县（区）教育局局长，市直学校负责人，县安全管理与安全教育研究项目领导小组成员单位，县直各部门领导，乡镇教办主，中学校长及县直校（园）长参加会议。

16日　云县召开基本公共卫生服务项目启动暨培训会议。

19日　国家著名演员孙海英到云县开展抗旱救灾献爱心捐款送水活动。

22日　省工商联主席杨炎平到云县调研非公企业发展情况。

25日　云县举行大寨河一、二、三级电站开工庆典。市委常委、市人民政府副市长杨军宣布电站建设正式开工，县委书记宋红临作了热情洋溢的致辞。

27日　在“五一”国际劳动节来临之际，云县举行“劳动者之歌”歌咏比赛，比赛围绕“赞美劳动、劳动者最光荣”为主题展开，共有17个单位参赛。

27～28日　中共云县委理论学习中心组召开以推进农业产业化和新型工业化为主题的学习会议。期间参学领导参观了茂兰镇温平村、云南三奇光电科技有限公司、云南澜沧江酒业集团20万吨啤酒生产线建设工地以及爱华镇水磨村马铃薯种植基地。

28日　“五四”青年节前夕，共青团云县委员会和云县总工会共同举办了“向青春致词”诗歌朗诵比赛，来自县直机关单位、学校、幼儿园、企业的18支代表队以参赛。

同日上午　云南省委组织部干部教育处副处长杨儒正一行到云县调研干部教育培训工作开展情况。

30日下午　云县在县委礼堂召开云县第一届劳动模范表彰大会，会议表彰奖励了36名劳动模范。

5月

14日　云县开展主题为“加大扶持与救助力度，帮助农村贫困残疾人”的第二十次全国助残日活动。活动共为50名残疾学生发放了扶残助学金，为200名下肢体残疾人捐赠轮椅。

14～15日　以云师大教育科学与管理学院博士田莉为组长的云南省教育厅学前教育调研组一行到云县调研学前教育工作情况。

16日　中国红十字基金会发起的“春雨行动”爱心传递到云县，“春雨行动”——中国海洋石油总公司为云县捐赠30万元抗旱救灾资金。

17日　云县县城60万平方公里范围1：500数字化地形图测绘成果通过省测绘专家组验收，该测绘工作从2009年7月开始，总投资240万元。

19日　云南省卫生厅党组书记、厅长陈觉民等到云县调研医疗卫生服务工作情况。

同日　云县召开在党的基层组织和党员中深入开展创优争先活动动员部署大会。

24日　中共云县委召开2010年议军会议，会议对人武部正规化建设所需经费、营房新建工程款缺口和基层专武干部着装等问题逐一提出了解决方案。

26～28日　市委巡视组到云县调研“三个一百”工作开展情况。

27日　云县2009年实施的部分农村公路通达工程竣工通过市交通局验收（2009年实施农村通达公路共计24条314.4千米，30个合同标段，总投资3358万元，其中13条17个合同标段通过验收）。

27～28日　以市司法局副局长杨利华为组长的市委检查验收组一行，对云县“五五”普法和“三五”依法治县工作进行了检查验收。

28日　召开云县实施效能政府四项制度工作推进会议。

同日　云县关爱农民工子女志愿服务行动，在爱华镇田心完小启动，县委副书记郭洪、县人民政府副县长韩树林及县委宣传部文明办、团县委等相关部门的领导出席了启动仪式。县委副书记郭洪为田心完小授予关爱农民工子女志愿服务行动示范点匾牌，并为50名留守儿童发放爱心书包。

6月

1日　省林业厅党组成员、副厅长刘一丹率省退耕还林工程办公室主任杜勇、省林业技术推广总站站长陆斌到云县调研林业工作。

2日　省财政厅副厅长王卫昆率省财政厅预算处编审中心主任杨秀文等到云县调研。

4日　召开全县宣传思想文化系统作风建设工作动员会议。

6日　在第十八届中国昆明进出口商品交易会暨第三届南亚国家商品展的临沧招商引资项目专场签约仪式上，云县人民政府分别与龙翔国际投资有限公司签订了保障性住房建设项目，与云县拿鱼河水电综合开发有限公司签订了拿鱼河梯级水电资源开发建设项目，两个项目签约协议资金共计13亿元人民币。

9日　临沧市人大常委会调研组到云县调研招商引资工作进展情况。

11日　云南省政法委副巡视员黄学锋在市政法委副书记李娥的陪同下，到云县督查贯彻落实中央、省、市“社会矛盾纠纷化解、社会管理创新、公正廉洁执法”三项重点工作情况。

同日　由17家中央新闻媒体及网站记者组成的中央新闻媒体走进秘境临沧考察采访团一行在国务院办公厅行政司副司长、副团长王胜利的带领下到云县考察和采访，集中对云县茶产业、茶文化进行宣传采访，

14日　由云县教育局主办、县职成教中心承办的“知行中国——小学班主任教师培训项目”举行开班仪式，来自全县的200名小学骨干班主任参加培训。

18日　云县召开实施新家园行动计划和优化软环境增强软实力活动动员大会。

23日　云南省人民政府副省长孔垂柱到云县调研农业农村工作情况。

同日　云县召开禁毒委员会第一次全体会议，安排部署“6·26”国际禁毒日期间的禁毒宣传活动。

7月

1日　香港苗圃行动在云县忙怀乡开展援建学校回访活动。忙怀乡新街村李招生苗圃希望小学于2008年4月20日开工，至2009年2月20日竣工，项目总建筑面积460.81平方米，总投资56.59万元，其中由香港医生李招生捐款24.08万元、地方自筹32.51万元。

2日　云县召开劳动力转移培训工作会议。

同日　召开云县慈善会成立大会暨第一届会员大会第一次会议。67名会员参加会议。

2～3日　以省扶贫办外资中心副主任闇楠为组长的省督察组到云县督察"两基"迎"国检"工作。

6日　全市新农村建设工作队总队长联席会议在云县召开。

9日　云县组织全县副科级以上领导干部参加干部选拔任用工作四项监督制度的专题考试。

16日　云县举行依法行政专题讲座，县处级领导干部，县公、检、法、司干警及其他县级行政执法单位、部门股所级以上干部参加讲座。

同日　云县召开统计调查工作暨经济普查表彰和人口普查动员大会。

20日　云县组织14名残疾人参加临沧市首届残疾人职业技能竞赛。

21日　省纪委常委、省委创新争优活动调研督导组组长王云山率督导组一行到云县调研。

26～30日　临沧市第一期道路交通事故处理员中级资格培训班在云县开班。来自全市各县（区）大队的70名民警参加了培训。

27～28日　西部三省农村中小学安全管理与安全教育长效机制建设研究项目临沧实验区安全管理培训班在云县开班。

8月

3日　临沧市新型农村合作医疗机构暨市级定点医疗机构管理人员培训会议在云县召开。

5日　由中国旅游研究院昆明分院常务副院长姜若愚，中国旅游研究院区域规划所博士吴丰林，中国旅游研究院昆明分院博士刘惠波等组成的国家旅游资源专家组到云县调研旅游资源。

8～10日　全市老年人运动会在云县举行，进行了气排球、象棋、麻将三个项目的比赛。全市各县区的12个代表团，300多名老年运动员、教练员、裁判员参加了运动会。

10日　云县召开烟叶收购暨现代烟草农业"两烟"打假打私工作会议。

同日　云县召开城市生活垃圾处理收费标准调整听证会。

12日　临沧市参加云南妇联参与建设绿色经济强省临沧推进会的全体与会人员在市有关领导的陪同下，到云县参观爱华镇小忙兔片区山区综合开发妇女种植示范基地和云南澜沧江酒业集团妇女之家及白酒生产线巾帼文明示范岗。

13日　全市2010年上半年国土资源工作会议暨基层国土所规范化建设现场会在云县召开。

14日　团省委副书记杨国宗到云县调研团建工作。期间，杨书记先后到爱华镇田心村对贷免扶补对象创业情况以及云县金秋美业有限责任公司团建工作进行实地查看。

17-18日　国务院扶贫办、中国国际扶贫中心副主任黄承伟，中国扶贫开发协会副会长、政研室主任朱幼棣，国务院扶贫办、中国国际扶贫中心扶贫处张德亮，华能集团公司扶贫办主管及县委、县政府相关领导到漫湾镇调研希望小学、人畜饮水工程、产业扶贫、道路硬化、村容村貌等项目的实际情况。

23～24日　中共云县委召开理论学习中心组学习会议。县委书记宋红临传达学习了省委八届九次全会和市委理论学习中心组学习会议精神。并结合云南"两强一堡"发展战略，对云县做好"十二五"规划作了重要讲话。

25日　以省森林防火指挥部专职副指挥长万勇为组长的省中低产林改造工作专项督察组到云县检查指导工作。

26日　中央电视台新闻频道西部边疆行采访组到云县采访山区农业综合开发中的林-草-畜-沼一体化循环经济发展情况。

30～31日　由市委宣传部副部长、市文明办主任杨明义为组长的考评组对云县申报的市级文明单位（村、行业）的精神文明创建工作进行考评。

9月

2日　云县启动预防重特大道路交通事故联合整治行动。

7日　以省商务厅副厅长王开良为组长的省强农惠农资金专项清理检查组到云县检查中央、省、市下拨的“强农惠农”专项资金使用情况及财政配套资金落实情况。

7～8日　全市人大选举联络工作座谈会在云县召开。

8日　以省农业厅乡镇企业处处长魏民为组长的省督导组一行，在市有关领导的陪同下到云县督导扩权强县试点工作开展情况。

11～12日　全市审计系统三个专题会议（行政绩效管理制度推进会、创新争优活动推进会、优化软环境中心组学习会）在云县召开。

12日　云县关心下一代工作委员会、中共云县委宣传部、共青团云县委员会、云县教育局及云县县直机关委员会联合开展2010年度“爱心圆梦”助学行动捐赠仪式，临沧市赛辉汽车贸易有限公司董事长李光灿代表公司向云县希望工程办公室捐赠爱心助学款3万元。

14日　中国社科院工业经济研究室党委书记、副所长、博士生导师李平带领中国社会科学院调研组到云县调研工业经济发展情况。

16日　云县举行2010年大学生志愿服务西部计划云南省地方项目志愿者出征仪式，欢送55名志愿者奔赴服务岗位。

19日　加拿大国家科学院院士、誉克基金会创始人王家璜和云南省绿色环境发展基金会秘书长邹恒芳一行到云县调研给予扶持的100亩核桃接穗圃基地（茶房乡麻栗平）和200亩高优泡核桃种植示范基地（茂兰镇安乐）建设情况。加拿大誉克基金会和云南省绿色发展基金会共给予云县6万美金和30万元人民币的资金扶持。

28日　中共云南省委组织部副部长崔茂虎率检查组到云县检查验收村级组织活动场所建设项目。

同日　云县成立云县总工会奇石根艺协会。共展出奇石根艺作品348件。

28～29日　香港苗圃行动考察组到云县考察援建学校的工程项目建设情况。苗圃行动在云县爱华镇黑马塘小学、茂兰镇岭磨小学、后箐乡慢笼小学校舍建设项目共投资463.32万元，其中香港苗圃行动援助322.03万元。

10月

5日　中国著名新闻采访团一行10人到云县，专题采访农村发展和产业建设情况。

9日　全市玉米新品种推广观摩现场会在云县召开。省农科院和种业单位的代表、市县农业部门领导及经销商代表共70多人参加观摩会，实地观摩了云县爱华镇德胜村、永胜村的玉米新品种种植展示区。

12日　中共云县县委书记宋红临带领相关部门领导，先后到爱华镇田心、独木、长坡岭片区和幸福镇幸福村东风组指导新家园建设规划。

14日　临沧市政协组织政协委员视察云县“三个一百”目标任务落实情况。

15日　临沧市科协主席查建伟到云县调研龙胆草种植发展情况。

16日　全市“敬老月”活动启动仪式在云县敬老院举行。

18～19日　云南省人民政府调研组一行12人，在省人民政府研究室副主任杨士吉的带领下，到云县调研工业经济发展及社会事业重点建设项目情况。

19日　云县在草皮街社区启动“共建创先争优•共创和谐社区”党员团员志愿服务行动。

20日　云县召开重点文物修缮重建工作会议。对损毁情况较为严重的文笔塔、新福寺、太和寺、杜文秀部将府第等文物保护单位的修缮重建工作进行了安排部署。

21～22日　云县召开新家园行动计划村庄规划培训会。

10月22日开始，云县组织开展了声势浩大的社会治安严打整治“百日攻势”行动，严厉打击恶势力犯罪、有组织的团伙犯罪、流窜犯罪，收到良好效果。

10月27日，中共云南省委书记、省人大常委会主任白恩培，省委副书记、省人民政府省长秦光荣，省政协主席王学仁，省委常委、省委秘书长杨应楠，省人大常委会常务副主任晏友琼，副省长孔垂柱、和段琪、省人大常委会秘书长白保兴、省政协秘书长车志敏等领导，到云县就“十二五”期间加快转变农业发展模式、进一步推进农业产业化，保障经济社会又好又快发展开展集体调研。

11月

1日　由《人民日报》新闻协调部研究策划室主编傅丁根，《人民日报》社云南分社记者胡洪江及中共云南省委宣传部重大题材宣传策划中心主任编辑陈勇组成的采访调研组到云县，对云县农业产业化龙头企业云南澜沧江酒业集团、云南智汇源食品有限公司、云南茅粮酒业集团的生产经营情况及农村扶贫开发工作进行采访调研。

5日　全省非公有制经济组织创新争优活动现场推进会在云县召开。

9日　全省第一家以党政主导、企业为主体的中国工程院院士云县工作站在云南澜沧江酒业集团总部成立。中国工程院院士、中国农业科学院茶叶研究所研究员、中国茶叶协会名誉理事长、国际茶叶协会副主席陈宗懋作为云县工作站的首席科学家，率中国农业科学院茶叶研究所研究员林智等科技界知名人士出席仪式。云县此次建站共引进19名专业人才。

同日　云南省交叉检查组一行到云县检查指导创新争优活动开展情况。

同日　云县召开“大树进城”移栽工作推进会。预计至2011年2月全县完成14000株大树移栽工作。

10~11日　云县召开新家园行动计划现场推进会。

11~12日　全市政协提案工作座谈会在云县召开。

12~16日　临沧市人大常委会到云县漫湾镇开展社会主义新农村法制宣传教育活动。

19日　云县一中举行的“中美合作公民教育实践活动”项目启动仪式。项目旨在通过为期一年的社会实践活动，让学生树立自己的公民意识，并在参与社会实践过程中发展自己的社会认知能力，帮助彼此学会求知、学会做人、学会与人合作、学会生存。

26日　云县城市建设重点项目之一——云顶•蓝水湾建设项目开工。该项目由龙翔（澳门）国际投资有限公司承建，总投资2.6亿元，占地33亩，总建筑面积约12万平方米，建设7栋高层住宅，其中1栋为25层，并配建2.5万平方米保障性住房，项目计划2012年竣工。

27日　楚雄州经济委员会主任何学明一行到云县考察。

12月

2日　临沧市委常委、市委政法委书记郭金富到云县公安局视察调研。

4日　云县开展“中小学教师国家培训计划”项目，共有213名教师参加培训，培训内容涉及中小学20个科目。

9日　云县滨江世纪城客运中心举行开工仪式。该项目总占地面积23亩，建筑面积2万平方米，集客运停车场、客运广场及商业服务区为一体，预计总投资3600万元，项目开发期限为1年。

11日　云南澜沧江酒业集团在云县晓街乡建设的云县鑫旺养殖有限公司暨云县兴旺养殖专业合作社挂牌营运。鑫旺养殖有限公司是澜沧江集团实施“公司+专业合作社+农户”生产模式的一项创新举措，总投资4231万元，其中投资477万元建成年产酒糟饲料生产线一条，投资3334万元建成良种猪扩繁、育肥圈舍22幢4万平方米，投资420万元建成大型沼气池一座。

14日　云县召开教育工作会议。会议对21个教育工作先进集体、42名优秀班主任、50名骨干教师和8名先进教育工作者进行了表彰。

16日　云县举行招商引资项目推介会暨“三奇光电”科技有限公司奠基一周年投产庆典活动。

20日　临沧市人大副主任代猛到云县发展和改革局督查创新争优工作。

22日　临沧市水利局领导到云县幸福镇检查指导石佛山小流域治理工作。

24日　临沧市第四届卫生监督所长联席会在云县召开。

25~27日　临沧市政府安全生产目标管理考核组到云县检查考核年度安全生产工作。

29日　云县召开质量兴县暨标准化工作会议。

概　况

（沈仕春　摄）

云　县

【地理位置】　云县位于云南省西南部，临沧东北部，地处东经 99°43′~100° 33′，北纬23° 56′~24°46′ 。县境南北最大纵距90.4千米，东西最大横距84.2千米，总面积3760平方千米。东隔澜沧江与普洱市景东县相望，南与临翔区、耿马县接壤，西与凤庆、永德两县毗邻，北以澜沧江为界与大理州南涧县为邻。县城所在地爱华镇地处漫湾、大朝山和小湾三大电站中心腹地。国道214线由北向南纵贯全境，与省道云（县）保（山）线交汇于县城爱华镇，与大朝山对外公路和羊（头岩）镇（康）公路在县境内交汇贯通。县城距省城昆明514千米，临沧市政府驻地74千米。

【建置沿革】　云县古名大侯，是勐佑蒲蛮部落十三寨之一。西汉时属益州郡哀牢地。东汉、三国、两晋时属永昌郡。南诏属永昌节度。宋大理国时期为蒲蛮勐佑地，属永昌郡。元中统间属麓川路。明洪武二十四年（1361）设大侯长官司。1429年升大侯御夷州。1598年废大侯土州设流官，改名云州。民国2年（1913）7月19日改为云县。1950年2月15日成立云县人民政府，属大理专区。1956年8月1日改属临沧专区。1959年1月与凤庆县合并称云凤县，同年10月两县分设，恢复云县建制。

【自然概貌】　云县地处滇西横断山系纵谷区南部，属深度切割中山宽谷、峡谷区。 是第四纪更新世初期喜马拉雅运动大面积强烈的差别抬升所形成。山脉大多为西北—东南走向，地势东西高，中部稍低，相对高差2350米。最高点为云县与临沧县交界的大雪山，海拔3429米；最低点为幸福乡邦洪村委会所驻地的南汀河边，海拔748米。由于长期的侵蚀和风化作用，形成峡谷纵横、地形破碎的地貌。全县地貌大致分为河谷盆地（属构造盆地和侵蚀盆地）、中切割中山宽谷区（ 属河流冲积侵蚀河谷）和深切割中山峡谷区3种类型。全县有较大河流38条，分属于澜沧江水系和怒江水系。澜沧江从北部入境，境内流程176.5千米，流经3镇3乡。

【行政区划】　2010年，全县下辖12乡镇，190个村民委员会，4个社区，2229个村民小组。即爱华镇29个村4个社区299个村民小组、漫湾镇11个村148个村民小组、大朝山西镇10个村80个村民小组、茂兰镇15村235个村民小组、幸福镇18个村194个村民小组、大寨镇13个村176个村民小组、涌宝镇20个村258个村民小组、忙怀彝族布朗族乡11个村129个村民小组、晓街乡20个村231个村民小组、茶房乡16个村210个村民小组、栗树彝族傣族乡16个村135个村民小组、后箐彝族乡11个村134个村民小组。

【人口、民族】　2010年末全县总人口444409人，其中农业人口411064人，非农业人口33345人。人口出生率23.6‰，死亡率14.2‰，自然增长率9.4‰。人口平均密度118.19人平方千米。境内居住着23个民族，除汉族以外，彝族、傣族、白族、布朗族、拉祜族人口较多，分布较广泛。

【经济综述】　2010年是云县经济经受严峻考验、克服重重艰难、取得显著成就的一年。面对全球金融危机和严重旱灾上，云县县委、云县人民政府早预见、准判断、行动快、硬措施，采取系列有效政策措施，带领全县人民攻坚克难，化挑战为机遇，变压力为动力，紧紧围绕“三个一百”目标任务，保增长、调结构、促改革，全县国民经济运行总体上呈现了稳步快速发展态势，社会事业全面协调发展，民生不断改善，和谐安定的社会局面进一步巩固。

初步核算，2010年全县实现生产总值(GDP) 44.63亿元，比上年增长12.1%。分产业看，第一产业增加值15.66亿元，增长6.1%，拉动经济增长1.7个百分点，对经济增长的贡献率达14%。第二产业增加值16.67亿元，增长13.4%，拉动经济增长6.4个百分点，对经济增长的贡献率达52.9%。其中工业拉动经济增长3.7个百分点，对经济增长的贡献率达30.6%。建筑业拉动经济增长2.7个百分点，对经济增长的贡献率达22.3%；第三产业增加值12.30亿元，增长16.7%，拉动经济增长4个百分点，对经济增长的贡献率达33.1%。三次产业结构由上年的32.9:42.6:24.5调整为35.1:37.3:27.6。全县人均GDP达到9896元（按2010年末汇率折合1499美元），比上年增长6.4%。非公有制经济创造增加值17.49亿元，占全县生产总值的比重达39.2%，比上年提高1个百分点。

【农业】 全年完成农业总产值24.93亿元，比上年增长14.0%。其中，种植业产值14.31亿元，增长15.8 %；林业产值5538万元，减少 61.5%；畜牧业产值9.47亿元，增长13.3%；渔业产值547万元，减少6.3%，农林牧渔服务业产值5408万元，增长5.7%。（注：由于从2010年起农业产业统计核算口径调整，将林业中的核桃产值12437万元调整到种植业中，若按原口径核算林业产值现价增长25.0%）。

全年粮食总产量达16.48万吨，比上年增长3.2%。主要农产品产量稳定增长。油料产量1311吨，比上年减少34.6%；烤烟产量2512吨，减少15.0 %；蔬菜产量12.77万吨，增长7.5%；园林水果产量1.71万吨，增长3.6%；茶叶产量8265吨，增长39.8%；泡核桃产量4913吨，增长79.2%。粮食播种面积78.18万亩，增长2.0%；油料播种面积2.12万亩，增长10.0%；蔬菜面积4.80万亩，增长5.2%；烤烟种植面积1.66万亩,减少5.8%。甘蔗种植面积14.02万亩,减少8.7%。

全年肉类总产量达4.81万吨，比上年增长6.0%；牛奶产量245吨，增长8.9%；禽蛋产量956吨，减少7.5%；水产品产量522吨,减少6.0%。年末耕地面积56.92万亩，年内新增耕地面积8397亩。水利工程年供水量达到 1.64亿立方米，有效灌溉面积13.81千公顷。

【工业和建筑业】 全年实现工业总产值28.90亿元，同比增长15.5%，实现工业增加值11.691亿元，比上年增长10.1%；规模以上工业实现增加值10.28亿元，增长10.8%。在规模以上工业中，轻工业实现增加值2.49亿元，比上年增长3.0 %；重工业实现增加值7.79亿元，增长14.0%。

全年规模以上工业中，属于云县支柱产业的电力生产和供应业完成增加值6.6亿元，同比增长16.3%；矿产业完成增加值8656万元，同比减少6.9%，酒产业完成增加值1.60亿元，同比增长9.6%，糖产业完成增加值6162万元，同比减少25.0%。

全年发电量691642万千瓦小时，增长18.9%；铜精矿产量4199吨，增长5.2%；水泥产量7.56万吨，减少20.4%；饮料酒产量4.20万吨，增长8.8%；成品糖产量5.19万吨，减少35.0%。

全县规模以上工业企业累计实现利税6.54亿元，比上年同期增长89.8%；其中实现利润4.373亿元，增长84.6%。

全年全社会建筑业完成增加值4.80亿元，比上年增长27.6%。全县具有资质等级的总承包和专业承包建筑业企业完成总产值1.30亿元，比上年增长1倍，本县内资质建筑企业实现利润5709万元，增长74.0%；上缴税金298万元，增长1.6倍。

【固定资产投资】 2010年全社会固定资产投资规模达到38.36亿元，比上年增长98.1%。其中第一产业投资1.04亿元，减少63.4%；第二产业投资9.28亿万元，增长1.1倍，其中工业投资92848万元，增长1.1倍；第三产业投资28.04亿元，增长1.3倍。

全年房地产开发投资完成5.90亿元，比上年增长59.5%，其中，商品住宅投资3.17亿元，增长137.0%；办公楼投资550万元，增长100%；商业营业用房投资1.24亿元，增长40.7%。全县商品房屋施工面积72.0万平方米，增长27.6%；商品房屋销售面积 15.2万平方米，增长150.6%，商品房屋销售额2.95亿元，增长144.5%。

【国内贸易、对外经济和招商引资】 全年实现社会消费品零售总额11.83亿元, 比上年增长20.5%。分地域看，城镇实现消费品零售额6.92亿元,增长22.0%；乡村实现消费品零售额4.91亿元，增长18.4%。分行业看，批发业零售额2.84亿元，增长19.0%，零售业零售额5.68亿元，增长18.6%；住宿业零售额9393万元，增长15.0%；餐饮业零售额2.38亿元，增长30.0%。外贸出口额2000万元，增长66.7%。

2010年实施招商引资项目74项，新签约项目68项，签约资金82.57亿元，实际到位资金15.07亿元，同比增长234.9%。

【交通、旅游】 全年交通运输、仓储和邮政业增加值1.20亿元，比上年增长15.0%。货物运输总量95.68万吨，比上年增长12.9%；货物运输周转量

30568.5万吨/公里，比上年增长2.7%；旅客运输总量86.18万人，比上年增长25.2%，旅客运输周转量29794万人/公里，比上年增长31.3%。

全年接待旅游总人数41.17万人次，增长5.3%；实现旅游总收入2.02亿元，增长22.0%；其中接待海外旅游者302人次，比上年增长22.8%，实现旅游外汇收入10.8万美元，增长22.9%。

【财政、金融、保险】 全县财政总收入完成6.54亿元，比上年增长62.2%。地方财政一般预算收入完成2.17亿元，比上年增长11.3 %；其中增值税完成6005万元，增长16.2%；营业税4580万元，增长20.3%；企业所得税679万元，增长63.2 %。全县完成财政总支出12.93亿元，增长36.4%，其中地方财政一般预算支出完成10.52亿元，比上年增长18.4%，其中，用于农林水事务、环境保护、教育、医疗卫生、社会保障与就业的支出分别增长23.0%、65.1%、14.4%、17.3%和18.2%。

年末金融机构人民币存款余额达26.51亿元，比上年末增长27.1%,其中城乡居民储蓄存款余额17.37亿元，增长24.7%。全县金融机构人民币各项贷款余额达18.55亿元，增长28.5%。其中：短期贷款余额8.11亿元，减少17.6%；中长期贷款余额10.44亿元，增长1.3倍，（其中个人中长期消费贷款余额3.5739亿元）。

全年保险公司原保险保费收入6101万元，比上年增长39.1%。其中：财产险业务原保险保费收入3100万元，增长5.8%；寿险业务原保险保费收入3001万元，增长1.1倍；全年支付各类赔款及给付1863万元，比上年增长37.0%。其中：财产险业务赔款1493万元，增长15.2%；寿险业务给付370万元，增长4.7倍。

【文化、教育、卫生】 全县有幼儿园15所（其中民办3所，集体办1所），在园幼儿7233人；小学215所，教学点80个，在校小学生35983人，小学入学率99.64%；初级中学14所，在校初中生17260人，初中阶段入学率100.01%（有外来生源）。小学和初中在校学生巩固率分别达99.43%和98.06%；7～15周岁“三残”儿童少年入学率81.21%；15周岁人口初等教育完成率99.96%，17周岁初级中等教育完成率93.57%；普通高中2所，在校学生2798人，高中阶段入学率79.7%；中等职业学校1所，在校学生5889人，独立成人文化技术学校2所。现有小学专任教师2497人，初中专任教师930人。全县人均受教育年限7.18年。免除了53243名农村学生的学杂费并免费提供教科书，向23789名家庭贫困寄宿学生发放生活补助。

文化事业蓬勃发展。全县共有各种艺术表演团体1个，文化馆 1个，公共图书馆1个。完成3个乡镇综合文化站建设。启动了532个村组的广播电视“村村通”工程建设，全县广播、电视人口覆盖率分别达到95.76%和96.67%。中、短波广播发射台和转播台2座，广播电台2座，电视台1座，有线电视用户18762户。

医疗卫生事业加快发展，公共卫生、社区卫生、医疗急救体系进一步完善。全县共有卫生机构15个，拥有床位数 591张，卫生技术人员513人，其中医生269人；疾病预防控制机构 1个，卫生技术人员25人；妇幼保健院1个，卫生技术人员25人；乡镇卫生院12个，床位289张，卫生技术人员198人。全年甲、乙类法定报告传染病发病人数618例，报告死亡3人；报告传染病发病率142/10万，死亡率485/10万。

【资源、生态环境】 年末全县共有各级环境监测站 1个，环境监测人员3人。工业废水排放达标率为91.84%；工业固体废物综合利用率96.82%。全年化学需氧量和二氧化硫排放量分别比上年削减3.3%和6.97%。

全县共有自然保护区1个，省级自然保护区1个，自然保护区面积12348公顷。全年共完成植树造林9.9万亩，启动实施34.23万亩省级公益林生态效益补偿，治理水土流失面积5平方千米。

全年水资源总量20.24亿立方米，（不含地下水资源8.25亿立方米）。人均水资源4707立方米。全年降水量948.3毫米，比上年偏多328.5毫米，较历年偏多39.9毫米。年末全县水利工程蓄水总量3633万立方米，比上年末减少11.86%；全年总用水量1.67亿立方米。万元生产总值用水量0.0375立方米；万元工业增加值用水量47.5立方米，下降20%。全县人均用水量为371立方米。

全年能源消费总量30.79万吨标准煤(等价热值)，比上年增长9.5%。全年全社会用电量为1.26

亿千瓦时，比上年增长16.45%。在规模以上工业主要能源消费量中，原煤消费量3.83万吨，下降14.5%；电力消费量1.05亿千瓦时，下降4%。全县能源消费量结构为：第一产业占12.5%，第二产业占34.9%，第三产业占24.3%，居民生活消费占28.3%。全县单位GDP能耗比上年下降2.32%，单位工业增加值能耗比上年下降11.5%，单位GDP电耗比上年下降3.8%。

【人民生活】 城乡居民收入稳步增长。随着经济发展和“三农”政策的贯彻落实，增加社会保障水平等政策的落实，城乡居民收入有了不同程度的提高。2010年，全县城镇居民人均可支配收入13141元，比上年增长11.5%；城镇居民人均消费性支出9469元，比上年增长9.3%。全县在岗职工年平均工资23184元，比上年减少2.1%。农民人均纯收入3759元，比上年增长20.4%；农民人均生活消费支出1997元，比上年增长17.8%。城镇居民家庭恩格尔系数为39.1%，农村居民家庭恩格尔系数为52.8%。年末农村贫困人口为49784人，净脱贫4505人。

【劳动就业、社会保障】 全年城镇新增就业人数2119人，稳定307个就业岗位。安排177万元开发公益性岗位，帮助154名失业人员就业。安排133万元小额担保贷款鼓励创业，帮助255人实现创业并带动765人就业；安排培训岗位补贴218万元，培训农村富余劳动力5377人次，新增转移就业4567人。年末全县城镇实有登记失业人数947人，城镇登记失业率2.65 %。

全县参加城镇基本养老保险人数8376人，比上年增加699人。其中：参保职工6148人，参保离退休人员1664人。参加城镇基本医疗保险人数30774人，增加12864人。其中：参加城镇职工基本医疗保险18686人，参加城镇居民基本医疗保险12088 人。全县参加失业保险人数9941人，比上年减少40人。参加农村养老保险人数6238人，比上年减少59人。参加新型农村合作医疗的农民369947人，增加16172人，参合率达95.8%，比上年提高3.8个百分点。新型农村合作医疗基金累计支出总额 4664.9万元，累计受益114.95万人次。全县享受城市最低生活保障的居民达5577人，比上年增加233人；享受农村最低生活保障的农民达26501人，比上年增加2200人。

爱华镇

【概述】 爱华镇因云县古名大侯而被誉为“大侯古镇”。地处云县县城所在地，祥临、云保二级公路和云雪公路在镇内交汇，成为全市一区七县通往昆明和内地的交通要道，是云县的政治、经济、文化、交通枢纽、物流和信息中心，是临沧东连昆明、西向缅甸、北接楚大、南下湄公的商贸与经济重镇。全镇辖爱华、草皮街、毛家村、新云州4个社区和德胜、永胜、河弯、平掌、河中、田心、丙山、勐勐、独木、忙回、南河、水磨、大树、夏家箐、河外、长坡岭 、中梁子、小忙兔、头道水、大帮卡、新寨、箐品、丫口田、昔汉、刘家箐、黑马塘、石房及中岭岗等29个村民委员会、306个自然村、315个村民小组，2010年末总人口110357人。人口出生率7.40‰，死亡率2.27‰,人口自然增长率5.12‰。居住着回、彝、白、傣、苗、佤、布朗、普米、拉祜、傈僳等少数民族，占全镇人口的33%。镇内驻有省、市及县直单位191个、企业3396户（其中规模化企业7户）。全镇国土面积526.7平方千米，有耕地面积8.15万亩（主要是土地开发整理使面积增加），其中：水田2.19万亩，旱地5.96万亩。镇内最高海拔为3098米，最低海拔1039米，南河、北河、罗扎河、长坡岭河及头道水河分流归向太平洋、印度洋两大水系，“五河”在境内深度切割，使全镇趋于西部高南部低的地形，1400米以上海拔的冷凉山区占全镇总面积的65%，低热河谷区占35%，立体气候明显，形成了冷凉山区、低热河谷区和城市社区三个区域板块。

2010年，镇党委、政府积极贯彻落实中央、省、市、县委的重大部署，始终突出加快爱华镇科学发展这一主旋律，以落实“三个一百”和实施新家园行动计划为契机，全力打好“十一五”决胜之战，全镇经济社会继续保持平稳较快发展的态势。全镇实现农村经济总收入4.5亿元，比上年增长17%；农民人均纯收入4198元，比上年增长15.7%；城镇居民人均可支配收入13100元，比上年增长11.34%；大小春农作物播种面积 17.05万亩，其中大春12.54万亩，小春 4.514万亩。粮食总产量2.94万吨，比上年增长5.62%。

【基层党建】 镇党委下辖15个党总支（其中村〔社区〕党总支14个），142个党支部，其中农村党支部126个、237个党小组，共有党员2286名。全年共发展新党员98名，其中女党员30名，占30.6%；少数民族党员38名，占38.7%；大专学历20名，占20.4%。农村一线的村组干部、致富能手36名，占36.7%。

【农村经济】 爱华镇结合立体气候明显的实际，全镇农业发展突出建设核桃、甘蔗、烤烟、畜牧、茶叶、林木等重点产业，在不同地域推行不同特色的经济发展模式：在山区、半山区，推行“林－草－畜－沼”循环经济发展模式。按照 “生态建设产业化，产业发展生态化”的要求，坚持以短养长和长短结合的原则，围绕发展泡核桃25万亩、茶叶6万亩、烤烟1万亩、木瓜2万亩，巩固提升畜牧业的目标，按照核桃产业发展规模化、饲草发展配套化、畜牧养殖专业化、沼气建设普及化“四化”标准，实行林下种草（饲），以草养畜，以畜促沼，以沼养林，推广“林－草－畜－沼”循环经济发展模式，打造冷凉山区循环经济圈。实现“5个”目标，即：人均拥有4亩以上泡核桃、1亩茶叶，年人均出售1头肥猪、年户均出售1头大牲畜，户均1口沼气池。在低热河谷坝区，推广“林－蔗－畜－沼”循环经济发展模式。探索解决林、蔗矛盾的方法措施，对3亩以上蔗地进行块状分割，带状布局澳洲坚果、美国山核桃等高价值经济林种植，实现土地综合利用，高效产出，充分利用蔗叶、蔗稍，推广蔗稍氨化、科学饲养等科技措施，大力发展以奶牛、肉牛为重点的大牲畜养殖。采取建设养殖小区、大户带动、多户合作组建养殖专业合作社等办法，规模化、标准化、科学化发展畜牧业。实现“5个”目标，即：人均拥有1亩高价值经济林，2亩甘蔗，年人均出售2头肥猪，年户均出售2头大牲畜，户均1口沼气池。在城区，不断拓宽失地农民增收渠道。一方面，引导失地农民转变观念，投身城市建设。建立健全城镇被征地农民利益导向机制，积极引导失地农民转变观念，主动适应城市居民的生产生活方式，积极参与城市开发和经营，协调驻区单位吸纳失地居民参与交通协管、城市绿化、环境卫生整洁等城市管理服务，实现城市管理有序、失地居民有收入来源“双赢”。另一方面，搭建失地居民与企业合作平台。镇党委、政府以保障失地居民实现持续增收为出发点，搭建被征地居民与企业合作平台，实行“企业+基地+居民”和“企业+劳务输出”方式，促进失地农民增收致富。同时，扶持和引导失地居民自主创业。通过信贷资金扶持、税收减免等相关措施，鼓励和支持失地居民发展产业经济、餐饮业、服务业、运输业等第三产业，实现持续增收。引导失地居民拿出20%的征地补偿款用于自主创业，发展私营经济。

2010年，全镇累计建成茶园面积3.01万亩，其中采摘面积2.25万亩，毛茶总产量11104百千克，产值880万元；蔗园面积2.95万亩，总产量11.42万吨，产值3882万元；核桃面积21.4万亩，其中10.64万亩已挂果，产值4909万元；烤烟面积3567亩，总产量1.07万担，产值达873.39万元。全镇大牲畜存栏2.23万头，出栏3126头；生猪存栏11.34万头，出栏13.66万头；山绵羊存栏2.28万只，出栏9953只；家禽存栏43.13万只，出栏54.6万只。

【招商引资】 认真贯彻落实招商引资的各项政策措施，搞好项目的组织领导、统筹协调、跟踪服务等工作，确保招商引资工作落到实处，确保领导有力，责任到人，执行到位。截至12月，全镇共完成固定资产投资9603.81万元，完成招商引资600万元（含外资50万美元），争取上级资金421万元，圆满完成了“三个一百”目标任务。

【工业经济】 围绕糖、茶、酒、水电等工业主导产业，营造良好发展环境，着力实施一批资源优势突出、产业关联度大、科技含量高、辐射带动力强、经济效益好的工业项目，壮大工业经济总量。完成云南澜沧江酒企业集团年产20万吨啤酒生产线搬迁扩建项目、茅粮集团年产1万吨白酒酒基生产线项目建设，世纪金源集团智汇源食品有限公司核桃精深加工厂、云南三奇光电科技有限公司太阳能光伏产业项目建成投产。全年全镇实现工业产品产销率98%，比上年增长2%；实现工业销售产值4800多万元，比上年增长12%；规模以上工业企实现增加值6000多万元，按可比价计算比上年增长15%。

【三产建设】　加强对农民劳动就业和引导性职业技能培训，大力培养有文化、懂技术、会经营的新型农民，提高农村劳动力从事第三产业和自主创业增收能力。第三产业结构明显改善，商贸、餐饮、运输等传统服务业改造升级步伐加快，文化健身、社区服务、金融保险、科技服务、信息、旅游、房地产等现代服务业进一步发展壮大。近年来累计引进重大投资项目17个，到位项目资金5.3亿元，建成了兴泽园小区、北河商城、滨河公园、云兴商业街等一批市政基础设施项目。2010年，全镇第三产业实现增加值4.95亿元，比上年增长8.3%。

【社会保障】　就业和再就业工作力度加大，社会保障水平不断提高，各项惠民政策得到落实，养老、医疗、失业、工伤、生育保险覆盖面不断扩大。农村最低生活保障制度更加完善，覆盖面逐步提高，保障资金的发放方式在全县首家实现了社会化发放。2010年，全镇共发放低保、优抚、救灾救济等资金972万元，兑付家电下乡补助资金123.69万元。共对1780名下岗人员进行了登记造册，1107人申领了《再就业优惠证》，向外输出劳务2000余人。

【教育】　全镇辖区内（含县直中、小学）有初中4所，校舍占地面积7.30万平方米，校舍建筑面积1.65万平方米，有教学班72个，教师224人，在校生3927人，入学率105.48%，巩固率98.57%；有小学40所，校舍占地面积18.13万平方米，校舍建筑面积3.30万平方米，小学教师535人，245个教学班，7404名小学生，入学率99.97%，巩固率99.92%。教育综合改革进一步深化，“两免一补”政策全面落实，“两基”迎国检工作圆满完成，入学率、巩固率、升学率逐步上升，教育教学质量明显提高，教育资源进一步得到整合。

【基础设施建设】　南北河、罗扎河等河流治理取得新成效，绿荫塘水库、田心水库除险加固得到实施，刘家箐水库工程建设通过验收，中良子水库启动建设。投入资金528万元，实施了33个村（社区）64个组44件人畜饮水工程，解决了3367户14079人9243头大牲畜的饮水问题。累计完成中低产林改造4.5万亩，投资1500万元，完成德胜、永胜片区中低产田地改造1.71万亩。总投资8227.2万元，开发整理面积3.29万亩的国土整治项目加快推进，一期工程已建设完成，二期工程正在建设，完成投资5251万元。累计建成云雪公路、分茶公路、云茂公路等县乡公路41.5千米，通达公路15条195千米、村组公路9条53千米，全镇镇村通达公路建设实现全覆盖。投资940万元先后对大树、河外、长坡岭、石房、大帮卡等30个村（社区）办公用房进行重建，全镇村级活动场所实现全覆盖。

【城镇化建设】　按照“示范带动、重点突破、梯次推进”的方式，加快推进新家园行动计划，实施民居房改造、硬板路、饮水工程、沼气等项目建设，重点打造河湾、帮介河、下坝田、独木、忙回、长坡岭、丙票7个新家园建设示范点，探索出拆除重建、迁村并点、农民住高楼小区的三种建设模式。累计完成旧村改造34个自然村（组）、旧房改造2040户,其中拆除重建1224户,加固改造816户，完成旧校舍改造17所7261.4平方米。创建沼气示范村6个，累计建成沼气池5123口，建成进村入户硬板路50条42.2千米。三江半岛、滨江世纪城、滇西南名特产交易中心建设项目逐步投入使用。县政务中心、县公安技侦大楼、县人民医院综合大楼、县妇幼保健院等建设项目主体工程基本完成。城市水景、亮化、绿化、美化工程有效实施，城镇的综合承载能力不断增强，城市面貌发生了可喜的变化。

【文化】　积极培育文化产业，充分挖掘、整理和提升民族民间文化，促进城乡文化信息资源共享，丰富广大群众的精神文化生活。完成农村广播电视村村通工程建设，加快推进有线电视数字化整体转换工程。累计完成16个村79个组2397户“村村通”直播卫星覆盖工程建设，占任务的138.32%。

【卫生、计生】　公共卫生体系建设逐步完善，社区卫生服务不断加强，稳步提高新型农村合作医疗参合率和筹资水平。截止2010年，全镇农村合作医疗参合率96%，全镇卫生室覆盖率100%。

【社会治安综合治理】　圆满完成“五五”普法的

各项工作任务。全年共开展法制宣传工作11场次，开展法律讲座15场次，展出展板86块，发放法律法规读本657套，发放宣传资料9000余份，共宣传法律法规20多部，组织全镇机关、企事业干部职工学法考试657人次。全年共接待和办理人民群众来信来访273件，排查矛盾纠纷107件，调解成功107件。规范了全镇34个人民调解委员会调解业务。村级调解组织全年共受理各类民间纠纷284件，调解成功268件，其中规范书面调解结案51件。

【领导干部】 党委书记赵紫辉，副书记沈嗣学、段凤勇、段金华（12月任）、杨桂梅（女，下派，新农村工作队队长，2月任)，镇长沈嗣学，人大主席陈建华，纪委书记赵成忠，副镇长张云祥、段勇、徐家凯（12月免）、李光明（12月免）、龚勇（12月免）、徐守云（12月免）、吴伟（12月免）、石兴莉（女，2月免）、周天培（9月任）、李龙会（女，12月任），镇长助理李银芳（女，12月免）。

【大事记】 7月16日，省委党校函授临沧分校中青班学员到爱华镇考察产业发展及新家园建设。

8月26日，中央电视台新闻频道记者到爱华镇小忙兔村采访“林、草、畜、沼”一体化循环经济发展模式。

9月3～5日，组织镇班子领导、涉农站所负责人和部分村委会支书、主任共32人，到大理州宾川县考察红提葡萄种植。

10月5日，中央媒体记者在市县领导的陪同下到爱华镇黑马塘、小忙兔村“林、草、畜、沼”一体化循环经济发展模式进行采访。

11月3日，召开爱华镇土地开发整理项目一期成果巩固暨二期开工筹备动员大会。

11月24日，市委副书记、市长锁飞到爱华镇独木、丙票、帮界河新家园建设点，实地查看挂钩联系点新家园计划实施情况。

（尤忠粉 供稿）

漫湾镇

【概述】 漫湾镇位于云县东北部，东北隔澜沧江与普洱市景东县和大理洲南涧县相望，西与茂兰镇接壤，南与忙怀乡为邻。总面积256.6平方千米，境内最低海拔980米，最高海拔2834米。全镇辖漫湾、慢光、新村、水井、酒房、核桃林、白莺山、密竹林、草子地、昔宜、嘎止11个村委会，148个村民小组，5206户。2010年末人口21334人。人口出生率10‰，死亡率4.3‰，自然增长率5.7‰。全镇共有耕地面积2.62万亩，其中水田5073亩，旱地2.11万亩。粮食播种面积4.43万亩，总产量达7721吨。其中：大春粮食种植面积2.39万亩，产量6639吨；种植小春粮豆2.03万亩，产量1082吨。其中：水稻种植4401亩，产量1912吨，包谷种植1.91万亩，产量5251吨，其他粮食作物种植560亩，产量43吨。人均产粮362千克。种植烤烟1860亩、核桃面积8.5万亩、紫胶1000亩、柑橘6680亩、茶园1.08万亩、蔬菜种植428亩。完成龙胆草种植4700亩，红花种植200亩。

2010年全镇农村经济总收入达1.06亿元，其中：农业收入2937.9万元，林业收入1092.36万元，牧业收入3936.4万元，渔业收入362万元，工业收入328万元，建筑业435收入万元，运输业收入357万元，商饮业、服务业收入607.5万元，其他收入511万元。

年未农村信用社人民币存款余额3814万元，其中居民储蓄存款余额3675万元。贷款余额1474万元。

全镇通车里程379千米，电话普及率48.1%，电视普及率92.1%。

全镇拥有营运民用汽车54辆，其中：载客汽车14辆，载货汽车40辆；拥有营运轮胎式拖拉机（方向式）62辆，拥有摩托车1708辆。

全镇拥有个体工商户136户，其中：74户，餐饮业17户，住宿户4户。从业人员298人。全镇有国家级文明单位1个，省级文明单位2个，市级文明单位5个，市级文明村3个，县级文明单位21个，安全文明村寨9个。

【教育卫生】 全镇有小学校29所，在校学生2071人，小学适龄儿童入学率达99.57%，巩固率99.01%，完学率100%；幼儿园1所，学前教育入学人数253人；普通中学1所，在校学生848人，毛入学率 105.73%，完学率100%。全镇共有教职工185

人，其中：中学43人，小学142人。年末，全镇参加农村新型合作医疗20453人，参合资金61.36万元，参合率达96.8%；全镇有卫生院1所，床位数30张，卫生技术人员18人，村级卫生机构11个，乡村医生20人。

【畜牧业】 全年生猪存栏2.75万头，出栏1.94万头；大牲畜存栏8218头，出栏2337头；山羊存栏1.43万只，出栏6915只；家禽存栏10.85万只，出栏10.57万只；实现畜牧业总收入3659.8万元。

【生态建设】 加强对全镇8562.6亩退耕还林后期管护。年内共兑现未到期退耕还林粮食补助资金109.7万元，管护费10.4万元，补贴资金受益6个村委会，56个村民小组，1075户农户。全镇共有沼气池1442口。

【农田水利建设】 投资38万元修复农灌沟渠26条，改善灌溉面积2100亩。

【基础设施建设】 完成全长40千米田慢油路工程建设，15条23.5千米村组硬板路建成并投入使用，投资40万元解决116户，418人，387头大牲畜饮水安全问题。完成村级文化活动室建设1个。启动5所小学排危项目建设。

【基层党建】 漫湾镇党委下设7个党总支，38个党支部，其中：农村党总支 6 个、党支部 30 个，共有党员748人，其中：农村党员636 名，占全体党员的85%，机关党员112名，占全体党员的15%；少数民族党员495名，占全体党员的66.2%；女党员114名，占全体党员的15.2%。

【新农村建设】 按照规划高标准、高规格、高质量实施新农村建设工程，着力做好道路、沼气、村容村貌等为主的基础设施建设。完成全镇11个村的新农村建设方案和村容村貌整治规划、产业发展规划、社会事业发展规划。完成5个自然村整村推进工程。推进昔宜小集镇建设，以农民为建设主体的氛围已经形成，当地群众建设社会主义新农村，脱贫致富奔小康的积极性日益高涨。

【新家园建设】 按照“重点规划村、重点核心村、辐射带动村、推广示范村”的方式梯次推进旧村旧房改造工作。完成旧村旧房改造600户，其中：拆除重建360户，改造240户。

【支农惠农及民政救助】 认真落实各项惠农政策，年内累计发放农资综合直补及良种补贴资金190.08万元，汽车、摩托车、电视机等家电下乡工作稳步推进，全年共发放三项下乡补贴资金30.1万元。城乡社会救助工作有序开展，2010年累计发放专项救灾救济资金28.03万元，发放救灾救济粮食38.5吨；累计发放农村最低生活保障金103.32万元，城镇居民最低生活保障金83.03万元，发放民房保险资金1.17万元，发放移民后期扶持资金41.4万元，切实保障了困难群众的基本生活，促进了社会和谐稳定。

【计划生育】 新办农业人口独生子女父母光荣证8户，其中，农业人口办证7户，非农业人口办证1户。正常退证2户，累计办证419户，占2010年农业人口一孩户1023户的41%。申报农业人口独生子女一次性奖励4户8人，奖励金额为8000元。

【社会治安综合治理】 全年共受理行政（治安）案件73起，破73起；立刑事案件47起，破42起，破案率89.3%。认真做好各种社会矛盾纠纷排查调处工作，共受理各类民事纠纷53起，调处53起，调处率100%；创建了“无毒乡镇”“无邪教乡镇”和“平安乡镇”。

【漫湾镇立足沿江优势打造库区经济走廊】 漫湾镇依托漫湾电站库区，按照长短结合、以短养长、以种带养、以养促种和优势互补的要求，实施“人均发展1亩以上经济林、人均每年出栏1头肥猪、户均1口长期正常使用的沼气池、每个村（组）有1条通达的入村（组）主干道路、每个村（组）有1件能够长期解决人畜饮水困难的水利工程”的“五个一”工程，抓实产业建设。年内，共发展紫胶1.2万亩，种植杠桔6000亩，推广网箱养鱼117箱，种植云南山核桃1670亩、烤烟1025亩。（本条摘自《云县信息》73期）

【漫湾昔宜完小希望小学竣工】 3月15日，漫湾昔宜完小举行新教学楼竣工典礼。昔宜小学由华能澜沧江水电有限公司爱心捐献资金60万元，县教育局投入资金18.08万元，合建成教学楼1幢499.5平方米、食堂1间135平方米。受益3个村委会近30个村民小组，1400多户农户。现有学生307人，其中，住校生249人。（本条摘自《云县信息》）

【密竹林创艺希望小学举行开工奠基仪式】 7月19日，由云南创艺装饰集团工程公司捐款30万元援建的漫湾镇密竹林创艺希望小学举行开工奠基仪式。密竹林创艺希望小学计划总投资60.12万元，建筑面积412平方米。（本条摘自《云县信息》37期）

【领导干部】 镇党委书记张天明，副书记李绍彩（女）、黄光德（12月免），镇长黄光德（12月免），副镇长李绍彩、谢荣宏（12月免）、杨学胜、周天敏（12月免）、高超平（女），纪委书记严支华，人大主席陈和发（12月免），镇长助理杨天胜。

【大事记】 2月2日　著名摄影家吴佳森到漫湾镇采风。

2月9日　市委杨洪波书记到漫湾镇参观华能漫湾水电厂。

3月16日　市财政局防火督查组到漫湾镇督察防火工作。

3月26日　云南电视台到漫湾镇昔兴、大村采访抗旱情况。

5月6日　市人大常委会主任查映伟到嘎止村视察烤烟种植情况。

6月11日　省、市、县政法委相关领导到漫湾镇检查指导工作。

7月22日　市“两基”迎国检督查组到漫湾镇进行调查指导工作。

8月3日　临沧市人民政府市长锁飞到漫湾镇检查指导工作。

11月11～16日　市人大牵头，市、县政法系统相关单位到漫湾镇进行社会主义新农村民主法制宣传教育。

（彭荣平　供稿）

大朝山西镇

【概述】 大朝山西镇地处云县东南部，距县城76千米。东凭澜沧江与景东县永秀乡隔江相望，西南与临翔区邦东乡毗邻，东北与栗树、涌宝镇接壤，北与大寨镇相连，西靠大雪山。全镇国土面积198平方千米，辖区内最高海拔3429米，最低海拔784米，年平均气温16℃，年平均降雨量1102毫米，镇政府所在地海拔为1620米。全镇辖大朝山、文物、纸山箐、坡头、龙潭、邦旭、菖蒲塘、昔元、背阴寨、蒿子坝10个村民委员会，80个村民小组，4046户。2010年末人口16907人，其中农业人口16057人。人口出生率10.68‰，死亡率5.75‰，自然增长率4.93‰。全镇公路通车里程达120千米。全镇共有耕地面积2.27万亩，其中水田6158亩，旱地2.11万亩；完成大小春农作物种植面积4.71万亩，其中大春2.91万亩，小春1.79万亩。实现农村经济总收入6021.08万元，年均递增26.8%。农民人均纯收入3511元，年均递增28.7%。实现粮食总产539.8万千克，年均递增5.1%，人均占有粮食320千克。金融机构存款余额2539万元，年均递增31.7%。贷款余额1309万元，年均递增20.7%。

【基础设施建设】 修复主干沟渠22条，修缮小沟渠124条。完成重点人饮安全项目6件。完成国债沼气池建设228口，投入资金57万元。完成农村无害化改厕410座，投入资金98.4万元。投资8万元建成南安河桥。昔元、背阴寨、蒿子坝3个村的农村公路通达工程（路面沙石化），邦旭村尖石头、昔元下锅底小组公路竣工投入使用。邦旭桥头、蒿子坝塘尚至拿鱼河码头、大寨河至上下邦东公路顺利开工，全镇村民小组实现100%通公路。

【“三个一百”完成情况】 概据县委、政府关于落实好“三个一百”（固定资产投资、招商引资、向上争取资金）的工作目标任务。年内实现固定资产投资稳步增长，完成农村私人建房投资978.5万元，购买生产性固定资产投资182.98万元，合计完成投资1161.48万元；招商引资力度不断加大，大寨河一、二、三级电站顺利开工，那戈河梯级电站已完成项目审批论证等前期工作；引入北京华昱公司到菖蒲塘村红豆山进行探矿开发，完成投资200万元。启动实施坡头村市级“民族团结示范村”项目,投入资金30万元，重点建设入村硬板路、窜户路、民族文化活动广场、养殖大户圈舍改造、科技培训和公厕六个子项目；家电、摩托车下乡补贴完成补助资金30.2万元，两项合计争取到上级资金60.2万元,完成任务50万元指标的120.4%。

【种植结构】 全镇粮食播种面积达4.92万亩，总产量达539.8万千克；核桃“三率”建设落实到位，按照财政、农户各筹集一半的方式，在全镇范围内发放复合肥451吨，提升了核桃科学管护水平，完成10个村11.59万亩的核桃管护；改造低产茶园800亩，实现茶叶产值158万元。完成烤烟种植规划2400亩。

【劳务输出】 积极开展农村实用技术培训，全年完成劳动力培训1800人次，转移农村富余劳动力1513人，实现劳务输出总收入1150万元。

【集体林权制度改革】 集体林权制度主体改革整改扫尾工作扎实推进，顺利完成10个村中的79个组3209户8788宗林地确权，确权面积87076亩。

【畜牧业】 年内大牲畜存栏8339头，出栏881头；山羊存栏1.02万只，出栏3024只；肥猪存栏1.70万头，出栏1.86万头，出栏仔猪8628头；全年禽蛋产量40.1吨，实现畜牧业产值1887.7万元。

【扶贫开发】 完成坡头村种草养殖项目圈舍改造17户、1730平方米；完成种草63户、950亩；组织实施整村推进项目8个，完成村庄硬板路建设7.4千米、2.09万平方米，完成投资569.4万元；移民工作扎实推进，移民居住地三通工作全面落实。

【教育、卫生】 教育工作成效显著，以提高教育教学质量为中心，以硬件建设为重点，以安全管理为关键，营造良好的育人环境，全面推进素质教育。巩固九年义务教育成果，青壮年文盲率控制在0.39%以下；小学适龄儿童入学率99.48%，初中毛入学率96.79%。教育基础设施不断改善，纸山箐、菖蒲塘、昔元、中心完小教学楼及菖蒲塘学生宿舍楼全部竣工并投入使用。2009～2010年，累计完成投资347.9万元，建成教学楼4幢2524平方米，建成学生宿舍楼2幢746平方米，学生食堂20平方米，在建302平方米，即将动工165平方米，建成学生公厕227平方米。9个村卫生室建成投入使用，农村初级卫生保健、疾病、预防、医疗、康复和健康教育服务水平不断提高，群众“看病难、看病贵”的问题逐步得到解决。全力推进新型农村合作医疗工作，参保率达95.65%。镇卫生院完成业务收入94万元，门诊人次1.10万人次。农村医疗合作参保率100%。计划生育综合节育率为89%。领取独生子女证42对。

【社会保障】 认真落实社会救助政策，按时足额拨付救灾物资，共拨付抗旱救灾资金39.55万元，发放民政救灾粮食24.5吨，发放临时救助资金6.96万元，救济灾民280户920人。社会保障、劳动就业取得新成效，社会保障水平不断提高，全年共发放农村低保金120.16万元，低保对象达1441人。发放城市低保户困难补贴36.28万元，发放五保供养资金13.43万元，发放80周岁以上老年人保健补助3.7万元。发放城乡大病医疗救助资金11万元，发放半脱产干部定额补贴2.2万元,发放优抚经费合计14.84万元。敬老院供养孤寡老人13人。扶残助残工作有效推进，为精神病患者免费开展康复检查和服药治疗306人次。

【综治维稳】 矛盾纠纷排查调处力度进一步加大，调处矛盾纠纷30起；受理治安案件31件，查处31件。刑事案件立案3件，破案1件。坚持“打防结合、预防为主”的方针，社会治安综合治理得到切实加强。新一轮禁毒、“防艾”人民战争深入开展。推行安全生产“一岗双责”，认真抓好安全生产“三项行动”和“三项建设”，与10个村委会和相关责任单位、责任人签订《安全生产责任状》，共进行安全生产突击检查20次，人民群众的生命财产安全得到保障。

【领导干部】 党委书记何强宇（1月免）、沈修弘（1月任），副书记沈修弘（1月免）、杨生锋（12月免）、周文军（12月任）、杨茂江（12

月任），镇长沈修弘（1月免）、杨瑜浩（1月任代理，3月任），副镇长杨云珍（女）、杨星勤（女）、左成华、陈朝军（12月免），人大主席阮明晏，纪委书记杨茂江（12月免）。

【大事记】 3月　大寨河梯级电站建设开工。

12月　举办“勐麻杯”篮球运动会。

（纪建业　供稿）

茂兰镇

【概述】 茂兰——历史悠久的茶马古道镇，位于县城东北部，东与漫湾镇毗邻，西与凤庆县腰街乡接壤，南与爱华镇、晓街乡为邻，北与南涧县隔澜沧江相望。全镇国土面积为384.8平方千米。镇政府驻地海拔1240米。境内居住着布朗族、彝族等12民族，新建的祥临二级公路横穿茂兰镇27.48千米。全镇辖茂兰、马泗、多依、忙卓、牛圈箐、温平、净石、岭磨、安乐、拨还河、哨街、后山、旧村、转水河、丙令15个村民委员会，236个村民小组，10086户。2010年末总人口40571人。人口出生率8.96 ‰，死亡率 5.12‰，自然增长率3.84 ‰。全镇耕地面积5.8万亩，其中水田1.54万亩，旱地 4.26万亩。大小春农作物播种面积 8.42万亩，其中大春5.16万亩，小春3.26万亩。实现农村经济总收入2.09亿元，比上年增0.31万元农民人均纯收入4036元，比上年增559元。粮食总产量2057.8万千克，农民人均产粮507.21千克。

全镇有初级中学1所，完全小学19所，教学点3个，一师一校点5个，幼儿园1所。在校生5286人，其中初中1731人，小学3555人（其中在园幼儿471人）。教职工322人（小学274人，初中48人）。入学率100%，巩固率98.7%。2010年末校舍总面积32634.7平方米，共排出D级危房6645.2平方米。全镇有卫生院1所，医护人员49人（其中村医31人）。

【产业结构调整】 围绕“生态建设产业化、产业发展生态化”的思路，核桃、甘蔗等各项产业发展进一步得到巩固。2010年大小春粮食播种面积10.04万亩，总产量达2057.8万千克。全镇核桃种植面积12.53万亩，核桃管护工作取得明显效果，产量0.05万吨，产值322万元。全镇现有甘蔗面积1.98万亩，2010年甘蔗入榨量5.54万吨，产值1497万元。共完成烤烟种植面积5313亩，收购烤烟1.60万担，产值达1175.97万元。

【畜牧业】 通过狠抓“双百”工程建设及品种改良、动物防疫等工作，畜牧产业持续发展。2010年末全镇生猪存栏5.87万头，家禽存栏16.38万只，山绵羊存栏1.64万只，大牲畜存栏2.28万头，比上年1.72万头增5561头。

【基础设施建设】 年内，拨还河、牛圈箐两个村通达工程建设通过验收投入使用。同时后山、温平、净石、丙令、转水河、老云茂路等通达工程建设全面推进。全长14.16千米的岔多通镇硬板路工程全面完工。农村电网改造工程不断加快，完成了2个村7个组改造，其余村组已完成规划工作，正立项批复中。投资130万元的茂兰镇廉租房建设基本完成。完成大转水小（一）型水库前期勘测和转水箐水库除险加固工作。投资40万元的茂兰集镇供水管网改造已基本完成，投资32.5万元修复沟渠318条，人饮安全工程27件，解决了10个村27个小组4859人，9562头大牲畜的饮水安全问题。

【扶贫开发及民政救济】 全镇按照“全面规划、产业支撑、综合实施、片区开发”的思路，实施整村推进扶贫开发项目建设。深入贯彻落实各项扶贫开发政策，创新机制，完善措施，有效解决特困难群众的生产生活问题。2010年整村推进工作顺利开展，项目覆盖忙卓、安乐、哨街、岭磨、拨还河5个行政村，共投入资金678.1万元，“一事一议”项目在井然有序的进行，覆盖多个行政村组，共投入水泥1737吨。全年共计发放农村低保资金、“三无人员”补助资金、抗旱资金等民政救助资金288.1万元。

【新农村建设】 产业建设、村容村貌整治、民居房改造等各项工作顺利开展，山、水、林、田、路得到综合治理，农村教育、卫生、文化等各项事业得到发展。产业协会、理事会等组织作用得到发挥，支撑新农村建设和发展的产业体系基本形成，村容村貌有了较大改观。2010年内共新建硬板路23条19.3千米，新农村建设总投资达482.5万元。

【计划生育及医疗卫生】　2010年，全面落实农业人口独生子女家庭各项优惠政策，累计办理农业人口独生子女证828户，领取独生子女父母养老生活补助658人。全镇新型合作医疗参合39987人，参合率97.4%，投资120万元的茂兰卫生院综合楼已交付使用。

【“三个一百”】　圆满完成了县委、县政府下达的“三个一百”目标任务。全年完成固定资产1713万元，占任务数1500万元的114.2%；完成招商引资200万元，占任务数200万元的100%；完成向上争取资金50万元，占任务数50万元的100%。

【新家园行动计划】　2010年，全镇已完成民居房加固改造240户，完成拆除重建360户，已兑付民居房建设补助资金85.25万元；完成3个建制村、60个自然村、2345户的村庄规划。

【社会治安综合治理】　2010年，共立刑事案件29起，破21起，破案率72.4%；立治安案件81件，查处81件，查处率100%；受理矛盾纠纷42件，调处42件，调处率100%。继续巩固“无邪教乡镇”和“无毒乡镇”创建工作，认真做好综治维稳排查，落实24小时值班制和突发事件及时报告制，确保了社会稳定。高度重视安全生产，建立和落实安全生产责任制，明确职责，积极开展道路交通安全、地质灾害的检查和整治，有效杜绝安全事故发生，确保群众生命财产安全。

【领导干部】　党委书记杨国祥，副书记穆天平、谢丕提（12月任）、董佳祥（12月任）、李兴荟（下派，新农村建设工作队长，2月任），镇长穆天平，副镇长张红宇、简邦宏、杨天云、徐守昌（12月免）、高清菊（12月免），人大主席罗忠宏，纪委书记查国强（12月免）、高清菊（女，12月任），镇长助理董佳祥（12月免）。

（吕珊珊　供稿）

忙怀乡

【概述】　忙怀彝族布朗族乡位于云县县城东北部，东隔澜沧江与景东县安乐乡、联街乡相望，南与后箐乡、涌宝镇毗邻，西与晓街乡、茂兰镇相连，北与漫湾镇接壤。国土面积238.7平方千米，乡政府驻地海拔950米。全乡辖邦六、拉弄、忙贵、温速、慢卡、高井槽、麦地、丙茂、新街、新路、新平11个村委会，129个村民小组，4743户。2010年末总人口19202人，其中农业人口18303人。人口出生率为10.37‰，死亡率6.41‰，自然增长率3.96‰。全乡有耕地面积3.90万亩，比上年增400亩，其中水田4465亩，旱地3.45万亩。大小春播种面积5.08万亩，比上年增485亩，其中大春播种面积3.30万亩，小春播种面积1.78万亩。粮食总产量784.6万千克，比上年增63.1万千克。农民人均经济纯收入3319元，比上年增555元；农村经济总收入7682.9万元，比上年增1312.9万元。

全乡有初级中学1所，16个教学班，在校学生782人，其中：寄宿生715人；有教师46人。中学占地面积2.67万平方米，校舍建筑面积5768平方米，入学率和巩固率分别为106.07%（思茅、景东等地学生在此借读）和98.49%。有10个小学校点，学校占地面积4.42万平方米。有教职工129人（其中代课教师2人）。有65个教学班，在校学生1471人；有9个学前班，在校学生188人。有幼儿园一所，3个教学班，在园幼儿82人。适龄儿童入学率和巩固率达99.85%和99.47%。全乡有卫生院1所，在职职工12人，住院床位12张，可开展内科、外科、妇科、儿科、五官科、超声影像科、口腔科、妇幼保健和疾病预防等诊治。

【畜牧业】　围绕种、料、防、管、驱、治、训等畜牧业产前、产中、产后综合服务工作，大力推广畜牧兽医科学养殖技术。全年改良生猪4560窝，出诊2000多针次。全乡大牲畜年末存栏12312头，生猪存栏2.35万头，山绵羊存栏1.15万只。畜牧业总产值1671万元，占经济总收入的21.75%。以邦六村为重点村，大力扶持养殖大户，每户给予3万元的资金扶持，以“大户带小户、小户带千家万户”

的模式，发展品质好口感佳生态优的黄牛、生猪和山地乌骨鸡。

【基础设施建设】 多方筹措资金，继续加强基础设施建设，投资总额达2340万元。一是投资500多万元，对忙贵村实施了农村电网改造工程，使该村12个村民小组、321户农户、1329人直接受益。二是投资112.08万元在拉弄、忙贵、温速、新平、丙茂5个村10个组实施了10件人畜饮水工程，为400多户农户解决了饮水难的问题。三是投资208万元实施了邦六村土地整理项目。四是投资300多万元对京剑希望小学、温速小学、丙茂小学、麦地小学等4所学校的危房进行了改造。五是投资200万元，建设新街、温速、高井槽、丙茂、新路、忙贵、帮六等7个村村级活动场所。六是建设了忙温公路通达工程建设项目。对慢卡公路、新平至班卡公路也实施了通达建设。七是实施整村推进工程，对5个村8个组实施了整村推进项目工程，总投资120万元。

【农田水利建设】 全年共投入农田水利建设资金200万元（属土地平整（占补平衡）项目及抗旱解决人畜饮水水利资金），修复农灌沟渠583件，完成修复计划的百分之百。累计完成土石方开挖29.62万立方米，清淤渠道13.74千米，解决抗旱饮水工程12处。新建100立方米蓄水池2座，新增蓄水能力0.04万立方米，新增节水灌溉面积（管道输水）0.01万亩，改善灌溉面积0.45万亩，新增供水受益人口0.14万人，解决大牲畜饮水0.05万头。新建小型水利工程小水井1件（属国家投资解决抗旱人饮困难工程项目）。

【生态建设】 抓好森林防火和水土保护工作，建立健全护林防火责任制，严格控制砍伐森林，切实加强对野生动、植物的保护。完成林改整改完善主体工作。退耕还林1207亩，种植美国山核桃300亩。全乡公益林面积为6.92万亩，兑现公益林补助资金31.14万元。

【民政救济】 全年共安排使用救灾救济款21万余元，使 1636户次，2144人次得到生产、生活、民房修缮、子女上学等方面的经济补助。共安排使用救灾救济粮3万千克，使600户次2400人次得到口粮救济。安排水管7千米，使4个村8个村民小组改善了饮水困难问题。组织开展抗旱救灾捐款活动，收捐款现金2.49万元。发放2名六十年代精减退职职工生活补助3859元；给13名农村原在队一级部分离职半脱产干部发放生活补助费2.83万元；足额按时发放全年农村低保资金99.49万元；发放城镇居民低保金38.05万元；发放五保户供养经费12.19万元，同时实现了部分农村五保户的集中供养。发放城乡医疗大病救助金24人3.56万元。为127位五保户、1292位农村低保户交新农合4.26万元。发放389名在职退伍、农村退伍军人支付慰问金1.09万元；发放2名“三属”抚恤金4843.00元，发放15名带病回乡退伍军人定补2.34万元；兑现10名现役军人家属优待金3.2万元；发放参战人员定补8.52万元。

【计生工作】 全年完成各种手术236例，其中：放环195例，取环25例，引产7例，药流9例。落实各种避孕措施3178人，综合节育率为86.64%，采取长效、优选、节育、避孕措施3146人，优选节育率为85.77%。农业人口独生子女办证4户。一孩生育证122户，二孩生育证77户。开展医学监护工作二次，服务人群近1000人次。

【卫生防疫】 全年共诊治门诊病人1.97万人次，收治住院病人702人，内科病人212人。开展下腹部手术48例，剖宫产手术8例，胆囊切除术3例，疝修补术1例，共完成业务收入147.71万元，比上年增长21.71万元。召开乡村医生疾病预防控制专业知识培训会4次，共运转常规疫苗3次，进行大规模灭鼠、灭蝇爱国卫生运动2次，儿童建卡建证率100%。脊髓灰质强化服苗968人次，完成疟疾季报4次。

【社会治安综合治理】 切实抓好“五•五”普法工作，建立健全和完善乡、村、组三级司法调解网络，狠抓法律法规的宣传教育。制定全乡社会治安整体联动实施方案，定期或不定期召开会议，研究和分析全乡社会治安形势，并组织有关单位和部门经常开展社会治安专项和综合治理，严厉打击邪教、盗窃、赌博、打架斗殴等社会丑恶现象。积极开展巩固“无毒乡”、安全文明村寨，切实加强对各类民事纠纷的调处，最大限度地避免恶性案件的发生。同时，及时查处各类案件，维护了社会稳定和团结。全年共调处纠纷145起，开展矛盾纠纷排查4次，发生刑事案件6起，破获5起，受理治安案件65起，查处1起。为构建平安和谐忙怀奠定了坚实的基础。

【基层党建】 全乡共有2个党总支（下设9个分支部）24个党支部（含9个分支部）67个党小组（农村55个、机关12个）677名党员，党员占总人口的3.53%，其中：男568名，占党员总数的83.9%；女109名，占党员总数的16.1%。年内发展党员44名，其中：男29名，女15名。

【领导干部】 乡党委书记王应森（女、3月免）、杨承高（3月任），副书记何光进、李忠升（12月免）、龚正华（12月任）、徐海声（12月任），乡长何光进，副乡长徐海声（12月免）、钟汝骥（12月免）、潘学坤（12月免）、余兴驰、杨文花（女，12月任），人大主席杨思荣，纪委书记周汝荣（12月免）、钟汝骥（12月任），乡长助理杨根兴（12月免）。

【大事记】 3月4～5日，召开忙怀彝族布朗族乡第八届人民代表大会三次会议。

3月30日，召开罗扎河一、二级电站移民工作会。

6月8日，县委副书记郭洪到忙怀彝族布朗族乡调研。

8月3日，临沧市市长锁飞到忙怀彝族布朗族乡调研。

12月22日，县委书记宋红临到忙怀彝族布朗族乡调研。

（蔡春霞 供稿）

晓街乡

【概述】 晓街乡位于县城东部，东毗涌宝镇，西邻爱华镇，南接茶房乡，北与茂兰镇隔河相望。总面积253.1平方千米。乡政府驻地海拔1360米。全乡辖晓街、月牙、团山、快乐、慢笼、四家、麦场、老许、老普、万佑、新联、芦稿、灯盏、崑顶、松坡、八角、下村、大坟、老棚、邦烘等20个村民委员会，232个自然村，11359户。2010年末总人口38025人，。人口出生率6.9‰，死亡率3.1 ‰，自然增长率3.8‰。居住着汉、白、傣、拉祜、布朗等14个民族。全乡有耕地面积4.30万亩，其中水田1.80万亩，旱地2.50万亩。粮食总播种面积5.81万亩，其中大春3.56万亩，小春2.25万亩。粮食总产量1.35万吨，人均产粮365千克。2010年末全乡经济总收入2.13亿元，实现农民人均纯收入3683元。乡信用社存款余额4669万元，贷款余额2628万元。2010年完成固定资产投资2874万元，争取上级资金210万元，招商引资到位资金1000万元。全乡公路通车里程370.6千米，村民小组通路率达96.9%。

全乡有初级中学1所，28所学校，教师344人，适龄儿童入学率100%，巩固率99.32%。有中心卫生院1所，村医疗点52个，医务人员90个（其中村医52人）。卫生院设有病床26张。全年业务收入180万元。

全乡林地总面积15.03万亩，森林覆盖率22.6%。

【畜牧业】 走科学养殖、规模养殖，投资2000多万元的澜沧江鑫旺生态养殖场于2010年10月正式投产。引导民间投资130万元，建成百头以上规模的生猪养殖场2个，建成“林、蔗、畜、沼”养殖示范点1个，有力地推动晓街乡生猪养殖发展。畜牧业总收入达1.05亿元。

【种植结构】 全乡累计种植核桃12.55万亩，产量达282.8吨，总产值700万元；建成白木瓜基地1.5万亩，产值200万元；种植紫胶1万亩，产量达160吨，总产值1600万元；烤烟1667亩，烟叶产量3350担，实现经济收入255.88万元；高优蔗园13975亩，产量4.8万吨，总产值1368万元；茶叶基地1.5万亩，产量318吨，总产值400万元；无公害蔬菜基地1万亩，实现产值500万元。

【基础设施建设】 投资124万元完成八角农灌沟15.8千米；投资107万元，完成八角人畜饮水工程1件；投资30万元，完成基本农田地建设500亩；投资700万元完成老许小竹箐水库除险加固工程；总投资210万元，完成农村饮水安全项目建设4件，涉及14个村27个村民小组，受益人数3429人。积极向上级部门要项目、争取资金支持，2010年，全乡累计完成村公路通达工程93.8千米、村组公路370.6千米；投资120万元的隔界河至街场1.4千米的硬板路建成；投资1468万元，完成学校D级危房改造5649平方米；投资320万元，启动实施1680平方米的乡政府综合办公楼建设；完成涉及万佑、晓街两个村15个组544户农户的农村电网改造工程；晓街乡集贸市场改造已全面完成。年内建成沼气池292口。

【计划生育】 认真抓好计划生育工作，落实“两免一补”政策，奖优免补政策兑现率100%，新型农村合作医疗参合率96%以上。

【民生保障及劳务输出】 年内，全乡城镇医疗保险、扶贫济困等社会保障覆盖面得到扩大。落实五保户生活保障制度，使特困户、五保户的基本生活得到保障。共募集抗旱救灾资金4.67万元。全年发放自然灾害救济款19.64万元，共救助8425户；发放救灾大米41.25吨，救济群众7020人。全乡共办理城市低保210户220人，发放资金21.22万元；共办理农村低保889户1914人，发放资金103.60万元。发放乡镇低收入租赁住房补贴26.88万元。完成《第二代残疾人证》100件，为454名残疾人免费办理了城镇医疗保险，发放补贴资金2400元。全年完成劳力输出2250人。

【基层党建】 全乡共有6个党总支，33个支部。至年末共有党员1233人。其中农村党员945人，有“五好党支部”20个。

【新农村建设】 共完成3个村委会4个村民小组整村推进项目，总投资329.1万元。其中中央财政资金扶持60万元，部门整合资金66.3万元，小额信贷28万元，群众自筹174.8万元。完成新建民房18户1800平方米，高优生态茶园100亩，种植龙胆草200亩，种植核桃580亩。建成硬板路8.3千米，新推道路4.5千米，完成总长5千米饮水工程2件，养殖户146户，发展生猪700头。建成沼气132口，建成跨河桥1座。年内建成无害化卫生厕所600座。

【社会治安综合治理】 全年共受理各类民事纠纷51起，调节51起；查处治安案件75起，破获75起；受理刑事案件10起，侦破8起。

【领导干部】 党委书记黄光勇，副书记曹光纪（12月免）、杨光升（12月任）、李贵荣，石岸凡（12月任），乡长曹光纪（12月免）、杨光升（代理，12月任），副乡长王会（女）、石岸凡（12月免）、郑磊（12月任）、杨周建（12月免）、陈家高（3月免），人大主席李毓勇，纪委书记黄光华，乡长助理刘裕青（12月免）。

（邓镇元 供稿）

茶房乡

【概述】 茶房乡地处云县南部，属云南省40个革命老区之一。距县城43千米，全乡总面积179.6平方千米，下辖村头、文茂、黑树林、桥街、甸头山、黄沙河、大垭口、文乃、大河边、马街、茶房、南挖河、文雅、响水、大路边及南满等16个村民委员会，210个村民小组，8203户。2010年末总人口33699人，其中农业人口33603人。人口出生率8‰，死亡率5‰，自然增长率3‰。有耕地面积2.93万亩，其中：水田1.56万亩，旱地1.38万亩，人均占有耕地面积0.8亩。大小春农作物播种面积5.16万亩，其中大春 2.65万亩，小春 2.51万亩。全乡实现农村经济总收入1.9亿元，比上年增长12%；农民人均纯收入3800元；比上年增长16%。固定资产投资6698万元。粮食总产量9489吨，人均占有粮食350千克。全乡茶园面积1.42万亩，核桃面积1.30万亩;种植木瓜1.39万亩；累计种植龙胆草4.05万亩。

【特色经济、优势资源】 立足茶房气候资源条件，按照“产业生态化、生态产业化”发展理念，着力抓好“三树一草”（茶叶、核桃、木瓜和龙胆草）和畜牧业。长中短结合，打牢农民增收基础，打造17万亩农民产业增收基地。茶叶产业按照精品化、专业化发展要求，完成低产茶园改造6500亩，全乡共有茶叶面积1.42万亩;核桃产业按照规模化发展要求，累计种植1.30万亩。同时按照“三率”建设要求，全力抓好核桃的管护工作。木瓜产业按照风景化发展要求，充分利用公路沿线、庭院四周、地边等土地资源发展种植，累计种植达1.39万亩。中草药产业按照“支部+协会，协会带农户，农户得实惠”的现代农业新型模式，发展壮大特色农业，大力发展龙胆草种植，累计面积达4.05万亩。

【畜牧业】 以“示范带动、沼气促动、规模发展”的思路，不断发展壮大畜牧养殖业，为增加农民收入打牢基础,通过品种改良、疫病防治和科学饲养，促进养殖业发展。2010年，共完成上市交易肉食品猪3021头、牛723头、羊301头。完成重大动物疫病免疫注射，猪蓝耳病疫苗34720针次，猪瘟疫苗38731针次，牲畜“W”疫苗35423针次。认真落实国家能繁母猪保险政策，加大宣传力度，争取做到各养殖户应保尽保。全乡共培育年出栏生猪100头以上养殖大户5户，带动年出栏生猪50头以上养殖户60多户，20头以上养殖大户40户。年末大牲畜存栏 6910头。生猪存栏36500头。鸡存栏11.79万只。实现畜牧业收入3169.61万元，比上年增长9.7%。

【基础设施建设】 全乡修复沟渠215 条，清淤沟渠25千米，建成人畜饮水工程17件，正在实施3件，完成投资100多万元，解决了4500多人1000多头大牲畜饮水困难问题。投资400多万元完成多依树水库除险加固工程。通过抓住政策机遇和积极争取项目资金，乡村公路、村组公路网络得到巩固和提升，99%的村民小组通公路。完成农村硬板路建设4条12千米，农村砂石路建设2条14千米。全市通达工程三桥路建设基本结束，完成砂石路11千米，其中水泥硬板路3千米，完成投资400万元。乡、村交通条件改善明显，群众出行难的问题逐步得以解决。电力等基础设施不断加强。完成农网改造206个村民小组，其余4个组正在实施。抓好 “村村通”广播电视工程，安装“村村通”广播电视设备1337户。完成文茂、南挖河、黄沙河、村头、大路边5个村的办公楼及附属工程建设。全乡16个村有15个村建成砖混结构综合办公楼，村级办公条件得到较大改善。扶贫工作稳步推进。一是完成扶贫安居工程项目1个，实施民居房琉璃改造26户。完成投资28.6万元，其中：中央财政资金15.6万元，自筹资金13万元。二是完成整村推进项目2个，实施项目总投资91万元，其中：中央财政资金30万元，部门整合5.4万元，自筹资金55.6万元。完成村间道路硬化宽3米2条2.6千米；民居房亮化40户8000平方米；建成4平方米太阳能50套；泡核桃管护1800亩，低产茶园改造400亩；脱贫致富带头人学历教育2人；培训农村实用技术推广2期100人次。三是完成一事一议总投资294.64万元，建成硬板路宽2米，全长2648米，投劳32450个工，受益1337户6208人。计划投资180万元的大垭口小型基础设施建设已启动实施。

【基层党建】 全乡有党总支5个，党支部35个，其中：农村党支部30个、机关党支部5个；党员912名，其中农村党员779名，女党员154名。切实加强入党积极分子和后备干部的考察培养教育，开展党员“双带”承诺等活动，充分发挥党员模范带头作用。建立健全“四挂两会一联组，一议三审一公决”机制。共建立产业协会28个，有协会会员1623人；成立新农村建设理事会189个，有理事会成员850人，其中党员156人；有16个村建有村级活动场所，有5个组建有活动场所。初步形成了党员经常受教育，群众长期得实惠的运作机制。茶房乡团委下设19个团支部，其中35岁以下青年数有10648人，团员数872人。

【文化教育】 教育优先理念逐步强化。以巩固“两基”为重点，加强教育硬件设施建设，全面实施课改工作。抓好勤工俭学，继续推广延伸马街完小寄宿制办学模式；加大辍学学生返校工作力度，小学入学率99.82%，年巩固率99.89%；初中在校生年巩固率99.34%，教学成绩位居全县前列。全年累计完成D级危房改造3398平方米，在建2672平方米。

【计划生育】 计生服务水平明显提升。以提升服务能力，提高服务质量为动力，打造群众满意服务站为目标，全面推进创建工作协调健康发展。计划生育服务水平全面提升，“奖优免补”政策有效落实，计划生育政策宣传覆盖率100%，累计完成独生子女办证546户。

【精神文明建设】 精神文明建设不断深化。切实加强公民道德教育，深入开展多种形式的精神文明创建活动。全乡共有27个单位和部门被评为县级以上文明单位，其中大垭口村被评定为省级文明村；有16个村被县命名为民主法制示范村；甸头山、桥街、大河边、南满4个村被评为市级文明村；文雅被评为市级民主法治示范村；大路边被评为市深化集体林权制度改革领导小组先进集体。

【社会保障】 社会保障体系不断健全。养老、医疗、失业、工伤、生育保险覆盖面不断扩大，累计完成城镇居民基本养老保险56人，农村养老保险640人，完成城镇居民基本医疗保险参保任务908人，劳动力证书式培训1000人，贫困地区劳动力转移培训1.01万人次，累计开发公益性岗位16个。农村低保工作实现动态化管理，累计发放农村低保金452.95万元，城市低保金258万元，发放救灾粮80吨，救济困难群众2890户1万多人。

【各项工作改革】 林业工作稳步推进。一是继续抓好集体林权体制改革整改工作。二是认真搞好森林资源的可持续发展工作，努力建设山绿、水清、天蓝的生态环境。全乡森林覆盖率73.1%，居全县第一。三是切实落实森林防火责任制，保护有限的森林资源。四是全民动员，加大宣传力度，大干沼气池建设，2010年全乡共建设沼气池53口，累计达3089口。

继续抓好居民身份证“二代证”换发工作。全乡现有常住人口35907人，重点年龄段人口23605人。2010年，为辖区群众办证、变动登记、核对信息维护等1280余人，完成“二代证”换发上传3048份，累计办证26946份。

【非公经济】 随着非公经济行业领域不断拓展，产业结构日趋合理，促进了经营者由单一的经营行业向各行各业多样化发展趋势，基本形成以茶叶加工为主，商品批发、零售、交通运输业、饮食服务业、建筑业、修理等各个行业为辅，结构相对合理的格局。全乡共有大小私营企业740个，注册资金4352万元；注册资金达100万～500万元的有7个，成立了云县工商业联合会（商会）茶房乡分会，非公经济进一步发展壮大，架起了党委、政府联系广大非公经济人士的桥梁，有力地推动了全乡经济社会发展。2010年末，非公经济增加值达2760万元。

【茶房乡成立“党员创业资金”】 8月13日，茶房乡茶房村在先富起来的42名党员中融资10万元，成立“党员创业资金”，以扶持困难党员发展生产、创业增收。融资额最高达2万元、最低为500元。“党员创业资金”由乡农科站代管，贫困党员创业需向“党员创业资金”贷款时，由个人提出申请，经村党总支帮扶资金管理工作领导小组审批后发放贷款资金。每个贫困党员最高贷款额为1万元，期限为1年，并支付3%的资金占用费。（本条摘自《云县信息》43期）

【领导干部】 党委书记杨学华，副书记李绍踉（3月免）、杨光升（12月免）、孟世军（12月任）、左少云（12月任），乡长杨学华，常务副乡长李绍踉（3月免）、陈家高（3月任），副乡长左少云（12月免）、查志娟（女，12月免）、罗春祥、董军、彭圭敏（女， 6月任），人大主席李应东，纪委书记李维新（12月免）、王朝贵（12月任）。

（李天柳、陈世龙 供稿）

大寨镇

【概述】 大寨镇位于县城东南部，东与涌宝镇相邻，南与大朝山西镇接壤，西与临翔区蚂蚁堆乡毗邻，北与茶房乡相连。总面积229.9平方千米。镇政府驻地海拔1500千米。全镇辖大寨、文丰、文朵、新合、新民、新华、箐门口、慢赖、团结、棠梨坝、中山、官房、龙潭13个村民委员会，176个村民小组，10560户。2010年末总人口38203人，其中农业人口8654户、34373人。人口出生率8.54‰，死亡率4.3‰，自然增长率4.4.‰。全镇有彝族、傣族、布朗族等12个少数民族，少数民族人口占总人口的30%。全镇共有耕地面积3.08万亩，其中水田1.77万亩，旱地1.31万亩。大小春农作物播种面积5.70万亩，其中大春作物3.45万亩，小春作物2.25万亩。经济作物4.17万亩。实现国民生产总值3.38亿元，农村经济总收入2.45亿元，农民人均纯收入3560元；粮食总产量1.32万吨，人均占有粮食353千克。

【基层党建】 大寨镇党委下设党总支14个、党支部56个，其中支部建在产业协会中有30个、建在新农村建设理事会中有14个。共有党员903人，其中男749人、女154人。2010年，大寨镇党委将“四议两公开”与“创先争优”“五心党员”评比活动有机结合，不断创新党建工作载体和内容，以“丹山深处党旗红”“党建带团建”“党建带妇建”“党旗引领新农村，凝心聚力谋发展”四个主题活动，巩固和发展基层党组织的战斗堡垒作用及党员的先锋模范作用，不断提升党组织的吸引力、凝聚力和战斗力，提高党员的整体素质和“双带”能力，农村基层党的建设得到不断加强。

【产业建设】 不断调整优化产业结构，以稳定农业、发展畜牧业，以“两棵树、两棵草”（两树即：核桃树、茶树，两草即：龙胆草、烟草）为抓手，稳步推进产业建设，为农民增收致富和新农村建设打下坚实的基础。按照产业布局规划，科学发展区域农业，形成优势突出和特色鲜明的产业区。全镇共有核桃10.42万亩、龙胆草3.79万亩，茶园1.48万亩，烤烟330亩。以资金支持、技术和品种改良等方式大力扶持规模化养殖，实现生猪存栏2.18万头、出栏4.12万头；大牲畜存栏1.04万头、出栏2060头；山羊存栏6500只、出栏6440只；家禽存栏13.3万只、出栏17.50万只，禽肉产量259吨、禽蛋产量29.5吨。

【基础设施建设】 结合抗旱救灾工作的全面开展，通过充分整合整村推进、人畜饮水、通达工程、抗震安居房、“一事一议”和农村改厕等项目建设，着力加强基础设施、基本产业建设，重点提高自我发展能力。2010年，共完成修缮沟渠78条，改善灌溉面积3800亩；完成人饮安全工程建设9件，解决了6个村14个村民小组819户3276人饮水困难问题；建成村组及村间硬板路25条12.5千米、通达路4千米、村组路15.6千米、全镇农村公路里程达280公里。新建民居房建设66间，全镇累计有砖混结构房屋636间，大力实施农村清洁工程，不断改善农村卫生条件和人居环境。新建成沼气池120口，农村改厕200户。

【“三个一百”目标任务】 认真贯彻落实云县县委、县人民政府关于“三个一百”目标任务的实施。完成以农村基础设施和民居房建设为重点的固定资产投资1290万元；引进浙江天天超市到大寨投资，完成投资318.6万元；向上争取到大寨镇大寨村头道沟水毁沟渠修复项目、大寨镇森林植被恢复项目和“云药之乡”建设项目，共计资金50万元。

【新家园建设】 紧紧围绕“七化”目标，结合抗震安居房、“一事一议”和农村改厕项目建设，统筹做好以自然村为单位的危旧民居房普查、村间道路、垃圾处理、人畜饮水、电力设施、村容村貌整治和产业布局调整等为主的旧村、旧房改造规划，完成以自然村为单位进行入户调查及6个行政村78个自然村的外业勘测和规划文本，为全面实施新家园行动计划做好准备。

【文化、教育】 2010年，全镇共有教职工298人，其中小学教师209人，中学教师89人。有幼儿园2所，学前班5个，在园（班）幼儿604人，幼儿入园（班）率达36.08%，全镇共有小学15所，在校小学生3017人，适龄儿童入学率达99.5%，小学升学率达98.43%；全镇在校初中生1432人，初中适龄少年入学率达99.8%，升学率达76.5%。“两免一补”政策全面落实，全年共发放寄宿生生活补助241.8万元，特少民族学生生活补助11.35万元，发放免费教材4449套。

【计划生育】 贯彻落实计划生育基本国策，推进优生优育，稳定低生育水平。2010年全镇人口出生率8.54‰，计划生育率98.6%，自然增长率4.4‰，长效节育率85%，避孕及时率77.9%。累计办理农业人口独生子女证436户。

【医疗卫生】 完成村级卫生体制改革，强化医疗卫生队伍建设，不断完善医疗卫生及疫病防控工作，提高村卫生室服务能力和技术水平，为人民群众提供质优价廉的医疗、预防、保健服务。有卫生院1所，村医疗点13个，医务人员38人（其中村医26人），卫生院设有病床18张，共计应参加新型农村合作医疗8686户，34053人，参合率达91%。

【民政救济和社保工作】 认真贯彻执行广覆盖、保基本、多层次、可持续原则，落实农村最低生活保障制度，重点做好以扶老、助残、救孤、济困、赈灾为重点的社会福利和慈善事业，社会保障工作进一步落实。全镇共参保农村低保 2085人，城市低保441 人，五保户259人，全年共计发放救灾救济粮2.5万千克，发放救灾救济款15万元，发放低保金194.12万元，发放五保资金24.8万元，发放医疗救助款4万元，发放共产党员抗旱救灾特别捐献金5.06万元，向部队输送合格兵源8名。

【落实惠农补贴政策】 全年共发放惠农资金255万元，退耕还林补贴227万元，“家电下乡”补贴73.8万元，并对资金发放的情况进行了公示。

【社会治安综合治理】 着力于校园周边环境整治，实行群防群治，确保校园周边安全；着力于社会治安综合治理，严厉地打击黑恶势力，保一方平安；着力加强人民调解，及时排查化解矛盾纠纷；着力强化安全生产，完善社会管理，有效预防重特大安全事故的发生。2010年全镇共受理矛盾纠纷121件，调解成功116件；受理刑事案件13起，查处11起；社会治安案件65起，查处65起；破获零星贩毒7起，摧毁贩毒网络3条，捣毁吸毒窝点3个，收戒吸毒人员20人；开展安全生产宣传工作8场次，发放安全宣传资料5200余份、张贴标语10条。

【大寨镇上海国际医学园区希望小学教学楼落成】 9月1日，大寨镇上海国际医学园区希望小学教学楼落成。该教学楼建筑面积1364平方米，共投入资金208万元，其中上海国际医学园区捐助资金38万元，市、县配套支持资金170余万元。（本条摘自《云县信息》45期）

【领导干部】 党委书记鲁天福，副书记谢丕荣、严文向（12月免）、穆添荣（12月任）、王世强（12月任），镇长谢丕荣，副镇长赵培忠（3月免）、杨绍聪（12月免）、张正雄（12月免）、李洪张（12月免）、穆添荣（12月免）、李正云（女，12月任）、周星承（12月任），人大主席郭廷兰（女，2月免）、赵培忠（3月任），纪委书记查文生（12月免）。

【大事记】 3月14日，召开大寨镇第二届人民代表大会。

4月24日，县委副书记、新农村建设总队队长胡珀到大寨调研新农村工作。

4月25日，县委书记宋红临到大寨镇箐门口村调研，并与新华、新民、文朵、慢赖等村干部座谈。

8月21日，举行大寨镇捐资助学活动。

9月1日，上海国际医学园区援建的大寨希望小学教学楼竣工。

9月10日，省“推丘办”到大寨对贯彻落实“富源现场会议”第二阶段工作进行督导检查。

（田淑挺 供稿）

涌宝镇

【概述】 涌宝镇地处云县东南部，距县城56千米，是云县东南片区的交通要道和农产品集散中心。位于东经100°15′~100°25′，北纬24°26′~24°07′之间。东接栗树乡，连后箐乡，南与大朝山西镇接壤，西与大寨镇、茶房乡毗邻，北与晓街乡、忙怀乡相连。镇政府驻地海拔1880米。全镇辖涌宝、帮卡、老鲁、石头寨、分水岭、忙亥、岔河街、龙马塘、荒田、柄柏、浪坝山、茶山、棠梨树、木瓜河、石龙、胜利、糯洒、南茂河、水平、南糯20个村民委员会，258个村民小组，10257户。2010年末总人口41870人，其中农业人口40590人。人口出生率8‰，死亡率3‰，自然增长率5‰。全镇总面积356.3平方千米，有耕地面积5.60万亩，其中，水田1.51万亩，旱地4.09万亩。大小春农作物播种面积11.36万 亩，其中大春 6.15万亩，小春 5.20万亩。林地面积21734.3公顷，森林覆盖率61%。全镇实现农村经济总收入2.26亿元，比上年增14.7%。农民人均纯收入3667元，比上年增16%。粮食总产量1605.5万千克，比上年增1.87%。农民人均占有粮食395.5千克。

【产业建设】 农业产业化扎实推进，按照农业产业化建设的根本要求，强化措施，多措并举，实现农业总产值稳中有增。克服了特大旱情等不利影响，积极筹措抗旱救灾资金22.75万元，实现粮食总产量增长1.87%。着力抓好核桃、木瓜、茶叶、龙胆草、畜牧等五大产业发展。切实加强核桃“三率”建设管护工作，实现核桃挂果面积5800亩，实现产值1740万元；建成木瓜面积6.13万亩，产量1177吨，实现产值118万元；实现茶叶采摘面积2.27万亩，茶叶鲜叶产量4320吨，实现茶叶销售收入1433万元；加快推进以龙胆草为主的南药产业，产量1678.9吨，实现产值1345万元。以树头菜、香椿、萝卜、葛根、蜂蜜等为主的地方优势特色产业进一步发展。

强化重大动物疾病防治。完成春防、秋防3.32万头只次，完成动物肉食品检疫3894头只次，活畜市场检疫7.33万头（只）次，发放能繁母猪保险3491头1.22万元。全镇无重大动物疫情发生，畜牧业发展势头较好，畜禽存栏出栏大幅增长，肉类总产量达6784吨，较上年6435吨增349吨，增长5.4%。2010年，全镇大牲畜存栏15173头，出栏2811头；羊存栏2.00万只，出栏1.15万只；家禽存栏37.76万只，出栏48.74万只，实现畜牧业收入6267万元。

【新家园建设】 新家园建设呈现新面貌。紧紧围绕“和谐平安、宜居家园”这个主题，统筹城乡协调发展，强势推进新家园行动计划。以特色民居房建设为重点，着力推进村容村貌整治，做好村庄规划。以涌宝集镇建设为重点全面推进集镇、旧村、旧房、旧校舍改造四大工程，强化组织保障，整合资金，充分调动群众积极性，以投资600万元的水平村亮山新村新家园建设为突破口，重点实施142户民居房建设，190户农户抗震民居房加固改造工程建设。以整村推进项目建设为支撑，投资658.2万元，完成水平、胜利、石龙、涌宝4个村8个自然村整村推进项目建设，建成硬化道路25条23千米。以涌宝中学、涌宝完小、分水岭完小等学校为重点，投资830万元，实施 7300平方米的中小学校舍安全工程建设。同时充分调动群众积极性，加快推进以群众一事一议为主的财政奖补试点工作，积极向上争取水泥3000吨，加强村组道路硬化建设。

【城乡一体化】 城乡一体化建设步伐进一步加快。按照城乡一体化建设的根本要求，通过招商引资、争取项目等方式，以中心建制镇为基础，强化产业支撑，科学规划，合理布局，使涌宝镇成为井然有序的集观光旅游、休闲度假为一体的云县东南重镇。多措并举，加大资金投入，进一步加大小城镇基础设施建设，完善城镇综合配套服务功能。一是抓好投资2800万元，占地26.21亩的集贸市场建设前期工作。二是抓好投资150万元的中心敬老院工程项目建设。三是抓好投资974.28万元的中心集镇供水项目规划申报工作。同时积极引导非公经济和非农产业依托城镇布局，发挥比较优势，大力发展以优势资源开发、农副产品加工和服务业为主的劳动密集型产业，不断增强中心集镇对周边地区的辐射带动能力，繁荣农村经济，促进农民稳定增收和城乡协调发展。积极推进小城镇建设，树立以人为本的理念，不断优化投资环境，充分利用资源、区位和劳动力优势，吸收外来资金在涌宝镇兴办企业，加快全镇非公经济的发展步伐,营造良好的投资环境。

【招商引资】 招商引资取得新突破。一是完成招商引资项目3个，总额达成1.8亿元。分别是涌宝镇集贸市场建设、拿渔河梯级电站开发、南糯村矿产资源开发。二是完成固定资产投资2121万元，占任务数1100万元的193%。三是完成向上争取资金78万元占任务数72万元的108%。

【卫生、计生】 加强公共卫生体系建设，稳步推进乡村卫生服务一体化管理。加强医疗服务队伍建设，提高医疗服务水平，切实让群众享受到优质、价廉的人性化医疗保健服务，农民看病难就医难的问题得到逐步解决，农村新型合作医疗成效明显，参合率96%，公共食品安全预防工作得到进一步加强。投资187.43万元，完成涌宝、胜利、木瓜河、棠梨树、石龙5个村50个村民小组1000口无害化卫生厕所工程项目建设。稳步推进人口与计划生育工作，优生促进工程和优质服务工作全面实施，人口自然增长率控制在5‰以内。

【教育】 坚持把教育摆在优先发展的战略地位，积极巩固“两基”成果，继续深化教育管理体制和办学体制改革，合理配置教育资源，大力推进教育均衡发展。科学制定《涌宝镇小学教师岗位合理流动办法》，促进教育公平。校舍安全工程建设项目有效实施，投资830万元，完成 7300平方米中小学危房改造工程，办学条件明显改善。

【生态能源建设及环境保护】 继续抓好深化集体林权制度改革工作， 结合建设“生态立镇”的发展理念，大力发展以核桃为主的经济林、生态林，加大植树造林力度，实施天然林保护、退耕还林、防护林建设等重点生态建设工程，全镇森林覆盖率达61%。强势推进以沼气建设为主的生态能源建设工程。环境保护工作稳步发展，实现了人与自然和谐发展 。

【民政工作】 城乡社会救助工作有序开展，全年累计发放救灾救济资金25万元，发放救灾救济粮食4万千克；累计发放农村最低生活保障金178.13万元，城镇居民最低生活保障金52.89万元，发放民房保险资金1.44万元，切实保障困难群众的基本生活，促进了社会和谐稳定。

【基础设施建设】 一是多方筹措资金，加大对农田水利、人畜饮水、教育、环境保护、道路交通等基础设施投入，努力改善群众生产生活条件。投资95万元，修缮水平村、南糯村等灌溉沟渠38条；完成13个村25个村民小组1890户农户饮水安全工程项目建设。二是充分调动群众积极性，通过一事一议的方式，加快推进以村内道路硬化为重点的财政奖补试点项目建设，向上争取水泥3000吨，村内道路硬化率进一步提高，村容村貌进一步改善，群众出行难、运输难问题得到逐步解决。三是荒田、浪坝山2个村18个村民小组623户的农村电网改造工程顺利推进。

【安全生产及综治维稳】 和谐社会建设成效明显。认真贯彻执行党的民族宗教政策，巩固发展民族平等、团结、互助、和谐的社会主义新型民族关系。高度重视安全生产工作，严格执行安全生产“一岗双责”，人民群众的生命财产安全得到切实保障。切实加强领导，统一部署，年初与各村、各单位及企业签订安全生产责任状，明确责任，认真督促检查落实，定期不定期对全镇范围内的重点区域进行安全生产大检查，对存在的安全隐患，采取有力措施，限期进行整改。认真组织开展安全生产宣传活动，年内共组织规模的宣传活动4次，发放宣传材料5400多份，受宣传人数达1.85万人次。年内，全镇无重特大安全生产事故发生。深入开展严打专项整治行动，着力解决影响社会治安的突出问题，加强社会治安综合治理，严厉打击各种违法犯罪。深入推进社会矛盾化解、社会管理创新、公正廉洁执法三项重点工作。认真办理群众来信来访，矛盾纠纷排查调处力度不断加强，年内调解民事纠纷160起，为弱势群体提供法律援助3件，获得各项赔偿款38万元。

【劳动保障】 按照“劳动者自主择业、市场调节就业、政府促进就业”的方针，结合社会主义新型农民建设的根本要求，以镇劳动和社会保障工作站为平台，以贫困山区引导性劳动力转移培训工程和临沧市财校云县教学点农民中专班在涌宝办班为依托，切实抓好农村富余劳动力培训转移工作。全年共开展劳动力培训10场0.25万人次，转移农村劳动力5488人，实现外出劳务收入1982.3万元。同时在老鲁村、石头寨村举办农民中专培训班2期，培训学员189人。切实提高农村劳动者素质和劳动技能，加大农村零就业家庭工作。积极开发公益性岗位，开发公益性岗位6个，有效促进了零就业家庭人员就业。基本养老、城镇居民医疗保险等工作稳步推进。

【文化、广电】 投资150万元的涌宝镇文体活动中心建设项目顺利实施。完成19个村44个村民小组1550户农户广播电视村村通安装工程，进一步扩大广播电视覆盖率，丰富广大人民群众精神文化生活。

【乡镇企业】 2010末全镇乡镇企业及城镇个体工商户733个，从业人员达1428人，企业总产值达1395万元。

【精神文明和民主法制建设】 一是加强社会主义精神文明建设，深入开展“爱我家乡，建设涌宝”文明创建活动，增强各民族的凝聚力和创造力。二是加强民主法制建设，坚持党委领导，认真贯彻民主集中制原则，科学民主决策水平和依法行政能力不断提高。认真执行镇人大的各项决议，坚持向镇人大主席团报告工作，自觉接受镇人大的法律监督和工作监督，广泛听取社会各界的意见和建议，办复人大代表建议、意见12件，办复率100%。充分发挥工会、共青团、妇联、科协等各类群众团体的桥梁纽带作用，促进各项工作。认真开展“五五”普法教育，全面推进依法治镇进程。坚持和完善政务公开、村务公开和办事公开制度，进一步扩大基层民主，完善基层政权。三是全力维护民族团结和社会稳定，积极推行一线工作法，注重从源头上预防和减少人民内部矛盾，积极预防和处理群体性事件和突发性事件，切实加强社会治安综合治理，依法严厉打击各种犯罪活动。四是始终坚持依法行政、民主行政、科学行政，转变政府职能，完善了《涌宝镇干部职工内部管理制度》，进一步规范了行政行为，提高了为民服务能力。阳光政府四项制度全面推行，政风建设和廉政建设全面加强。全面推行绩效管理、成本控制、行为监督、能力提升四项制度，政府关键岗位和关键环节管理进一步强化，政府行政行为更加规范，行政服务经济社会发展的能力和水平不断提升。深入开展“优化软环境、增强软实力”的主题实践活动和政府“学习创新、团结协作、务实高效、勤政廉洁”专题活动，积极推进惩治和预防腐败体系建设，政府廉政建设和反腐败工作深入开展，机关作风不断改进。

【基层党建】 镇党委下设村级党总支15个，机关党总支1个，党支部72个，有党小组213个，党员1534名。抓实载体，强化组织建设。一是以“三级联创”活动为载体，大力开展创建“五好乡镇党委”和“五好村党组织”活动，基层组织的战斗力和凝聚力进一步增强。认真做好党员发展工作和“三培养”工作。二是以创先争优活动为载体，创建涌宝镇先进基层党组织，机关以建设“五型机关党组织”为目标，农村以建设“双强双带”型农村党组织为目标，全面实行农村基层组织“领头雁”工程，圆满完成第四届村级组织换届工作，选好配强村党组织书记队伍，建立健全了村干部激励、关爱机制，抓好村党组织书记后备人才培养，充分发挥基层党组织的战斗堡垒作用。着力打造涌宝、胜利、老鲁、南茂河等10个基层党组织为镇级创先争优活动示范点，做到“一点一品牌、一点一特色”。全镇创建“五好党组织”23个，达92%；“五心”党员实现95%的目标。

加强培训，强化队伍建设。镇党委始终按照建设学习型党组织的根本要求，切实抓好党员干部队伍学习培训工作，创新学习活动载体，扎实开展创先争优、优化软环境、增强软实力等学习实践活动。坚持定期不定期召开班子、党员、干部职工理论中心组学习会议。通过学习培训，广大党员干部队伍思想政治素质进一步提高，工作作风进一步转变，党群干群关系更加融洽，基层党组织的核心战斗力和凝聚力明显增强。

坚持干部队伍“四化”方针和德才兼备原则，大力加强领导班子和干部队伍建设，全面、客观、准确地衡量干部的思想政治素质和作风、领导能力和业务素质、创新意识和创新能力、工作实绩和群众公认程度以及廉洁自律情况。不断深化人事制度改革，积极引入竞争机制，优化干部培养锻炼方法，逐步增强干部队伍素质，提高履职能力。重视选拔、培养年轻优秀干部、少数民族干部和妇女干部。

规范机制，强化制度建设。一是全面贯彻落实中央和上级党组织关于基层党建工作的决议、决定和指示，每年研究制定出符合涌宝镇实际的《涌宝镇党建工作计划》，有计划、有目的逐一实施。二是建立和完善村级组织18项制度。三是进一步完善党委民主议事制度，建立健全民主评议党员制度、机关公开承诺制度、首问首办制度、干部民情恳谈制度、社会评议机关制度、“三会一课”制度等。四是制定出台《涌宝镇干部职工内部管理制度》《涌宝镇村干部考核激励办法》，激励党员干部创先争优树典型。五是做好党务、政务、办事公开，增强党组织工作的透明度。

【“春雨行动礼包”传递浪坝山】 5月19日，县红十字会、县粮食局、县粮食收储公司主要领导到涌宝镇浪坝山村慰问8户受灾群众，将中央企业援助基金、中国海洋石油总公司捐赠的中国红十字基金会“春雨行动礼包”送到受灾群众手中。共发放大米5000公斤，矿泉水300箱。（本条摘自《云县信息》24期）

【涌宝镇2800万元引资项目签约】 4月17日，涌宝镇人民政府与大寨房地产开发公司在金汇源大酒店举行了投资达2800万元的集贸市场开发项目招商引资签约仪式。县委常委、县人民政府副县长罗原，县政协副主席杨仙琴，大寨房地产开发公司总经理李镁、县直有关单位领导、涌宝镇班子成员参加签约仪式。

签约仪式上，政府领导要求，涌宝镇党委、政府要从关注民生、改善民生的角度出发，将集贸市场作为政府为民办实事的项目之一，加大对集贸市场建设的支持力度，积极向上争取相应的优惠政策，秉着“谁投资、谁所有、谁受益”的原则，积极配合做好集贸市场建设。要按照“你发财、我发展，你创业、我服务，先投资者之忧而忧，后投资者之乐而乐”的服务理念，致力于营造更加宽松、和谐的投资软环境，努力使建设方投资安心、生活舒心、发展更有信心。

涌宝镇2800万元集贸市场开发项目招商引资的签约，是镇党委、政府认真贯彻落实市委提出的“三个一百”工作目标具体体现，也是乡镇在对外开放、固定资产投资及招商引资工作取得新突破。涌宝镇集贸市场是一个集农贸市场、住宅、商住楼和写字楼为一体的综合开发项目。项目建设规划总占地面积24.2亩。计划新建住宅、商住楼、写字楼总面积1.80万平方米。新建农贸市场大棚2座，建筑面积3000平方米。新建主干道路1条，长170米、宽12米；支干道路1条，长80米、宽12米。

项目建成后，可有效解决涌宝镇无集贸市场以路为市所引发的各种热点难点问题，对涌宝镇集贸市场的规范管理、有序交易、道路通畅，促进整个社会环境的进一步发展稳定，带动该镇的建设和发展等方面具有十分重要的意义。（本条摘自《云县》县讯）

【涌宝镇举行首届农民运动会】 12月1～3日，涌宝镇涌宝村街道上彩旗飞扬、精彩不断、笑声不停，带着缅瓜、鸡、猪、玉米等各种农产品的村民争相上场竞技，一决高低，争做“王中王”。在村支部郭书记的大声宣布下，涌宝村首届农民运动会拉开序幕，由8支农民代表队100多名农民运动员组成的参赛队伍展开了一场别开生面的比赛。

本次比赛设拔河，象棋、抗旱挑水、挑缅瓜、篮球、农产品比拼等项目，分个人赛和团体赛两种形式。

在比赛现场，只见个大皮黄的缅瓜排成行，棒长、粒大的玉米堆成小山，羽毛漂亮大公鸡喔喔地叫不停，带着大红花的小猪调皮地跑来跑去，村民们有的在抱着缅瓜比重，有的在评价谁的大公鸡漂亮，有的在比谁家的小猪品种好，有的在仔细询问种出大缅瓜的奥秘，笑声响彻街巷。

被评为缅瓜王中王的种植人，抱着16千克重的缅瓜高兴地说：“我们都很喜欢农民运动会，会上村民们不仅可以展示自家的农产品，还可以相互交流，增长农技知识。”

比赛中，挑缅瓜、抗旱挑水、农产品比拼等项目比赛充满了农情农趣，将农村劳动原型演变为比赛项目，既贴近农民生活，又不乏竞技性和趣味性；拔河比赛则把整场比赛推向了高潮，农民选手们在展示个人的魅力的同时也体现了团队协作的精神。

通过举办此次农民运动会不仅推进了农村全民健身运动，又增强大家的友谊。展现了涌宝村民快乐、祥和、健康的精神风貌。（本条摘自《云县》县讯）

【“红盾”护农保春耕】 4月，工商局涌宝分局对涌宝辖区的农资经营户进行全面清理，共清查农资经营户32户。发现无照经营农资7户，未按规定建立进销货台账和索证索票22户，销售过期农药2户，销售过期兽药1户，分局对上述违法行为作了处罚，共收缴罚款1.51万元。（摘自《云县信息》18期）

【领导干部】 党委书记罗成贵（12月免）、张君玲（12月任），副书记张君玲（12月免）、李铭、李绍怀（12月任）、张天清（12月任），人大主席罗维富，镇长张君玲（12月免）、李绍怀（代理，12月任），副镇长罗席明（12月免）、李龙会(女，12月免）、何 强、王朝元（12月免）、王珠杰（女）、李留恒（12月任），纪委书记罗应华（7月免）、黄光红（12月任）。

【大事记】 3月1日，召开涌宝镇“村两委”换届及镇二届三次人民代表大会相关工作会。

8月13日，市、县红十字会到涌宝镇调研棠梨树村大路边组“博爱”引水工程建设情况。

10月13日，市委书记杨红波到涌宝镇调研新家园建设工作。

11月4日，召开涌宝镇风洞河、石龙电站集体资产处置听证会。

11月16日，市、县民政局到涌宝镇检查指导农村低保复核工作。

12月1～3日，涌宝村举办第一届农民运动会。

（饶红平　供稿）

栗树乡

【概述】　栗树彝族傣族乡位于云县东南部，界于北纬24°4′～24°18′，东经100°24′～100°31′。距县城123千米，直线距离43.3千米。东南面与景东彝族自治县的慢等乡、永秀乡、大朝山东镇隔江相望，西面与本县大朝山西镇毗邻，北面与本县涌宝镇、后箐乡接壤。南北最大纵距22千米，东西最大横距13千米。境内地势西高东低，最高海拔（桦竹林山头）2609米，最低海拔（与大朝山交界的拿鱼河口）899米。乡政府驻地海拔1600米。全乡立体气候明显，海拔1300米以下的澜沧江一线为亚热带低热河谷气候，年平均气温19.64℃～21.5℃,年降雨量900～1100毫米；海拔1300～1800米的半山区属温暖气候，年平均气温为15℃～18℃，年降雨量为1000～1200毫米。海拔在1800米以上属温凉山区气候，年平均气温为13℃～15℃，年降雨量为1200～1500毫米。辖区国土面积250.8平方千米，其中,耕地面积3.21万亩，人均占有耕地1.46亩。全乡下辖忙蚌、满富山、丙必利、把等、大村、沙坝、慢干、大平掌、养马、大田山、慢郎、小帮赶、栗树、岩子头、崎岖笼、白水等16个村民委员会，135个村民小组，129个自然村，5099户。2010年末全乡总人口21973人，其中，农业人口21391人。人口出生率4‰，死亡率2.51‰，自然增长率为1.49‰。境内居住着彝、汉、傣、白、布朗、回、拉祜、佤、哈尼等民族，其中彝、傣为主的少数民族人口16044人，占总人口的75%。全乡耕地面积 3.04万 亩，其中水田6032亩，旱地2.43万亩。大小春粮食播种面积5.20万亩，其中大春3.39万亩，小春 1.82万 亩。粮食总产量905万千克，比上年的872万千克增33万千克，同比增长3.8 %。实现农村经济总收入8002万元，比上年的6905万元增1097万元。农民人均纯收入3226元，比上年的2770元增长456元。城镇居民可支配收入9633元。

有中小学校（点）44个，教学班87个，教师119人，在校学生1804人。全乡适龄儿童入学率达99.75%，小学毕业率100%，小学升学率100%；中学毕业率80%，中学升学率65%。

完成固定资产投资800万元，完成招商引资200万元，争取上级资金115万元，圆满完成“三个一百”目标任务。

【基础设施建设】　投资180万元，完成养马村40户异地扶贫转移安置项目；投资60万元，完成整村推进2个；投资400万元完成13个村级活动场所建设；投资474.24万元，完成3648平方米的小学D级危房改造；投资800万元完成35千伏到乡、10千伏到组的输电网络变电站建设；投资35万元，完成文化站主体房建设；投资75万元，完成栗树街场改造及路灯亮化工程建设；投资226万元，稳步推进大村小型基础设施；投资50万元，完成大章景沟修复。

【畜牧业】　2010年末，全乡大牲畜存栏8826头，出栏1011头；生猪存栏1.97万头，出栏4.28万头；山绵羊存栏1.09万只，出栏4937只；家禽存栏16.42万只，出栏16.36万只；全乡畜牧业总收入4412万元，占农村经济总收入的55%。

【种植结构】　乡党委、政府把集体林权制度改革同林业发展有机地结合起来，坚持生态优先，不断扩大林草植被，缓解水土流失。同时把生态环境建设与农村经济发展有机结合起来，充分利用退耕还林调整林业产业结构，做到合理规划，认真抓好各项林业产业建设。年末全乡累计种植茶叶9031亩、木瓜7709亩、紫胶7170亩、橡胶4568亩、核桃10.49万亩。同时，认真完成退耕还林补植补造及管护工作，巩固已实施的退耕还林成果，巩固率90%。

【农田水利建设】 坚持把农田水利建设作为夯实农业基础的主要措施狠抓落实。以“修复扩建、保畅通、解饮水、改造中低产田地”的工作方针为指导，制定切实有效的措施，全面完成冬春修任务，重点沟渠改造，改善灌溉条件，提高水利化程度，解决饮水困难问题，使广大群众用上安全卫生的饮用水。投资250万元完成农村人饮安全项目建设14件，解决人饮1900人，畜饮2000头，解决1500亩水田的灌溉问题。

【民政救济】 全乡共有享受农村低保对象582户1767人，月享受保障金12.37万元；有城镇低保对象164户170人，月享受保障金2.67万元，有五保户供养对象163人，月享受保障金1.31万元；全乡有享受“两参”定补对象84人，月享受定补金1.68万元。年末，共有297人参加农村社会养老保险，315人参加城镇居民医疗保险，新增公益性就业岗位4个。

【个私企业】 2010年末有乡镇企业350个，从业人员450人，实现总收入320万元。认真贯彻“三个一百”的工作任务，充分发挥矿产资源丰富的优势，引进江天矿冶有限责任公司到栗树乡开发铜矿及其他矿产资源，增加固定资产上亿元，完成年税收3000万元，日上工人员达1000多人。

【基层党建】 栗树乡下辖党支部21个，其中：农村党支部16个，教育党支部2个，乡级行政事业单位党支部2个，退休支部1个。有党员665名，其中预备党员30名，女110名，农村党员544名。年内新发展党员35名。建立党群致富联合体1个，农民专业合作社2个，新农村理事会69个，有理事会成员409名，产业协会56个，有产业协会会员365名。组建149个互助组，有农户2944户、10246人。

【社会治安综合治理】 加快民主法制建设进程。严格领导干部、干部学法和群众普法等制度，加强普法宣传教育，创建16个民主法治示范村，增强了人民群众依法维权的意识。强化矛盾排查调处和社会治安整治，强化治安防控，有效遏制各类犯罪的发生。巩固“平安村寨”、“平安校园”、“平安乡镇”创建成果。年末，全乡共排查调处矛盾纠纷46件，成功调处46件，调处率100%；共受理治安案件45件，均依法办理终结；发生刑事案件10件，立案10件，破案9件，破案率90%。

【领导干部】 党委书记许绍聪，副书记李绍华、周新岳,乡长李绍华,副乡长张天亮（12月免）、李家福、张天清（12月免）、高应华、李德贵（12月免）、徐家华（12月任），人大专职副主席罗有灿（12月免）、李德贵（12月任），纪委书记陶文翰（12月免）、张天亮（12月任），乡长助理徐家华（12月免）。

（李德贵 供稿）

后箐乡

【概述】 后箐彝族乡位于云县东南部，距县城96千米，东与景东县慢等乡隔江相望，南接栗树乡，西与涌宝镇相邻，北与忙怀乡接壤。全乡土地面积187.5平方千米，全乡辖营盘、勤山、玉碗水、后箐、白玉景、邦东、梁子、上台、菠萝、忙亚、忙弄11个行政村134个村民小组，5112户。2010年末总人口21378人。人口出生率9‰，死亡率3.3 ‰，自然增长率5.7 ‰。全乡共有耕地面积2.93万亩，其中水田5427亩，旱地2.39万亩。森林面积9.24万亩。境内海拔在899～2629米之间，地势属丘陵山区，山高田小，坡陡地薄，蕴藏丰富的锰、铅、铁、锌、铜等矿产资源。年平均气温18℃～20℃，无霜期240～260天，年降雨量996毫米,水资源丰富，立体气候显著，雨量充沛，水资源丰富。随着产业结构调整步伐的加快，农业主导产业逐步形成，粮食种植以水稻、玉米、小麦、大豆、花生为主，经济作物有泡核桃、茶叶、烤烟、龙胆草、咖啡、澳洲坚果、美国山核桃。大小春农作物播种面积5.78万亩，其中大春 4.27万亩，小春1.50万亩。粮食总产量1017.6万千克，人均占有粮食494.7千克。实现农村经济总收入7842万元，农民人均纯收入3278元。

【基层党建】 围绕“突出主旋律、增强凝聚力、提高执行力”目标，着眼加强党的执政能力和先进性建设。以开展学习实践科学发展观、创先争优活动为契机，切实抓好党委自身建设和干部队伍建设，积极推进农村党员干部现代远程教育，有效提高农村干部群众的政治思想水平和科学文化素质，优化队伍结构，完善阵地堡垒建设。抓好党员发展，年内共发展党员33名，其中女党员10名，少数民族党员25名。加强流动党员管理，建立健全管理台账和信息库，强化管理和服务工作。抓好基层班子建设，完成第四届村两委换届工作，将想干事、能干事、会干事的人才选拔为村里的“带头人”，实现了党员、群众和上级组织的“三满意”。

【基础设施建设】 2010年，全乡建成忙弄村至丙茂河通达路8.4千米；完成9个村的村级活动场所建设；完成刺坝林水库大坝主体工程建设及沙坝河水库病害除险加固建设工程；完成忙弄、上台2个码头停靠点建设；完成人畜饮水工程项目建设6件；实施了2个自然村的整村推进项目，建成村组硬板路11.8千米；建成后箐村大转河三面光沟一条长3.5千米；完成了忙亚、后箐、上台3个行政村19个村民小组的农村电网改造工程；完成35千伏的变电站建设工程选址工作。

【农业产业化】 围绕农业增效、农民增收目标，以资源为依托，以市场为导向，坚持“林、草、畜、沼”一体化农业循环经济发展模式，实现专业化规模化种养。严格按照技术要求，完成89400亩泡核桃、600亩山核桃的“三率”管护工作；强化巩固8639亩现有茶园面积，完成低产茶园改造500亩；结合国家产业政策导向，巩固提升老烟区，开发培育新烟区，2010年全乡种植烤烟330亩；充分利用气候和技术资源优势，在勤山、白玉景、邦东、玉碗水、后箐等村发展以龙胆草为主的南药产业2400亩；坚持以短养长、长短结合的方针，突出大户带动，在邦东、白玉景、勤山等村扶持种植牧草841亩，扶持养殖大户30户。

【教育、卫生】 全力推行“科教兴乡”战略，落实“两免一补”政策，整合各类教育资源，年内撤并一师一校校点2个，实现乡办中学村办小学的办学目标。巩固“两基”成果，全乡小学入学率99.4%，巩固率99.07%；中学入学率98.21%，巩固率99.05%。教育教学软、硬环境进一步改善。农业人口独生子女家庭“奖优免补政策”全面落实，年内完成办证6户，办理一孩生育证90户，二孩生育证36户，人口自然增长率控制在5‰以内；乡村两级村医务人员医疗服务水平进一步提升，疾病预防控制水平有所提高，防艾工作得到进一步加强，新型农村合作医疗参保率达96.2%。

【民生保障】 2010年，建成保障性住房54套2700平方米；发放低保金127.8万元，惠及1776人；发放扶贫贴息贷款120万元；发放综合直补资金186.3万元；发放下乡补贴资金38.6万元；发放移民后期扶持资金4.05万元；城镇居民基本医疗保险征缴率、城镇职工基本医疗保险征缴率均达100%。

【社会治安综合治理】 坚持依法治乡与以德治乡相结合，大力弘扬尊老爱幼、见义勇为、扶贫济困的中华民族传统美德。高度重视社会热点、难点问题和矛盾纠纷排查、调处工作。年内共受理矛盾纠纷53件，调处53件，调处成功率98.1%；共立刑事案件5起，侦破4起，破案率80%；立治安案件56起，查处56起，查处率100%。落实安全生产责任制，严肃查处各类安全生产事故，建立安全生产长效管理机制，加强农业机械管理力度，形成全社会积极倡导安全生产的良好氛围，有效杜绝安全事故发生，保障人民群众生命财产安全。

【新家园建设】 以人口、产业、公共资源“三个聚集”为导向，以“旧村旧房”改造为主要内容，2010年末，完成旧村旧房改造128户，其中，拆除重建63户，加固改造65户；完成后箐中学、中心完小、白玉景完小、勤山小学、良子完小、上台完小6个校点共2280平方米的旧校舍改造。

【“三个一百”目标任务】 围绕“三个一百”工作目标，结合实际，依托丰富的矿藏资源优势，积极引进外资，合理开发“铜、锰、铅、锌”等矿藏，积级开展土地、矿产资源管理的集约利用，拉动全乡经济增长。全年完成固定资产投资1300万元，完成招商引资200万元，争取上级资金60万元。

【刺坝林水库主体工程基本完工】 刺坝林水库位

于后箐乡勤山村境内，工程概算总投资1618.12万元，大坝坝顶高程2049.20米，最大坝高40米，水库总库容136.8万立方米。工程于2008年11月26日开工建设，年内主体工程基本完工。水库建成后可满足大朝山电站后箐乡移民安置区的农业生产灌溉需求，解决灌溉面积3560亩，年增产粮食可达125公斤，年效益187.63万元。（本条摘自《云县信息》25期）

【领导干部】 党委书记李迎斌（12月免）、杨正文（12月任），副书记杨正文（12月免）、字云虎（12月免）、张宏彩（女，12月任）、师朝魁（12月任）、罗席明（12月任），乡长李迎斌（12月免）、罗席明（代理，12月任），常务副乡长杨正文（12月免），副乡长曾家强、张宏彩（12月免）、莫明文、施远洲，人大主席罗仕华（12月免）、吴国强（12月任），纪委书记吴国强（12月免），乡长助理杨寿东（12月免）。

【大事记】 3月，召开后箐彝族乡第八届第三次人代会。

4月，市民政局到后箐乡勤山村走访慰问困难群众。

5月，市红十字会到后箐乡为受灾严重村发放救灾救济粮。

6月，刺坝林水库大坝主体工程竣工验收。

10月，市委书记杨洪波到后箐乡调研。

10月，举行勤山小学教师宿舍楼暨草皮街商业码头奠基典礼。

（饶香　供稿）

幸福镇

【概述】 幸福镇位于临沧市云县西南部，距县城44千米，东与临翔区章驮乡、蚂蚁堆乡相邻，西与永德县乌木龙乡、凤庆县雪山乡相接，北邻云县爱华镇，南邻耿马县勐永镇。全镇国土面积662.3平方千米，南北相距35.5千米，东西相距34.2千米，境内最低海拔760米,最高海拔2905米，年平均气温18℃-20℃，大部分地方海拔在1300米以上，是典型的立体气候，适合多种经济作物生长，是种植业、养殖业发展的良好区域；镇政府所在地海拔1030米，原名勐赖坝，属低热河谷地带，气候怡人、四季如春。全镇下辖哨山、邦挖、慢蔗、盘村、灰窑、老鲁山、箴笆山、干坡、邦别、红岗、邦信、勐底、邦洪、控抗、忙峨、海东、掌龙、幸福18个村委会194个村民小组，9908户。2010年末总人口44578人，其中农业人口40995人。少数民族19614人，占总人口的44%。人口出生率6.7‰，死亡率3.4‰，自然增长率3.6‰。居住着傣、布朗、傈僳、彝、汉、白、壮、普米、满、苗、回、拉祜、纳西、佤、畲等16个民族，是云县少数民族聚居地之一。2010年末耕地总面积10.01万亩，其中水田1.51万亩，旱地8.50万亩。完成农作物（含经济作物）播种面积9.52万亩，实现粮食总产量22661吨，同比增长843吨，增3.9%。农民人均占有粮食553千克。同比增长4227万元，增17.8%。农民人均可支配收入4095元，同比增553元，增长15.6%。甘蔗种植面积达8.1万亩，其中年内新植2.6万亩，2009/2010榨季实现蔗糖农业产量24.78万吨，工业入榨量21.58万吨，甘蔗农业产值达8000万元。

【自然资源】 幸福镇交通便利，羊耿线公路穿镇而过，上通云县、大理、楚雄、昆明，下联耿马、永德、镇康、缅甸，是云县西南片区的交通枢纽和商品集散中心，村镇公路通达率100%。全镇资源丰富，植物种和丰富的矿产资源，已发现的主要树种有红木树、铁沙松、云南松等80余种，珍稀动物有熊猴、灰叶猴、穿山甲、红豹、水獭、大灵猫、绿斑鸠、麂子等30余种，珍稀植物有红豆杉、红椿、水青树、云南樟木、杜仲、野茶树、铁杉等10余种，矿产资源尤以铜矿、锰矿、铅锌矿、铁矿等最为可观。目前，有老街铜矿厂、邦撒锰矿、盘河硅厂、羊头岩硅厂4个项目建成投产。农业物产资源以甘蔗、香蕉、泡核桃、茶叶、紫胶、膏桐、玉米、水稻等为主，尤其是甘蔗产业，种植面积8.5万亩，农业年产量达30万吨，是云县两大甘蔗主产区之一，被称作云县12乡镇中的“甜蜜之乡”。泡核桃产业也在不断发展中，有泡核桃种植面积12万亩，预计五年以后泡核桃进入盛产期，将成为引领农民增收致富的又一龙头产业。

【基础设施建设】　狠抓基础设施建设，大力建设村级组织活动场所和开展道路硬化、环境卫生整治为主要内容的村容村貌整治活动。累计投入320万元，完成18个村级组织活动场所建设及相应电教设备的配备；投入4000万元，实现村组道路硬化200多千米。全面开展新家园行动计划，共完成建设933户，其中拆除重建562户，加固改造371户。

【畜牧业】　全年肉类总产量7205吨。其中，猪肉产量5570吨。大牲畜存栏2.96万头，出栏4270头；羊存栏4.85万只，出栏3.04万只；生猪存栏8.65万头，出栏8.69万头；建成规模100头以上的养牛示范户3户，规模500头的现代化生猪养殖示范户1户。禽蛋产量150吨。全年畜牧业经济收入达9007万元，占农村经济总收入的32.18%。

【种植业】　种植业结构调整日趋合理，特色林果基地规模扩大。泡核桃基地通过近几年的努力，产业化发展已初具规模，泡核桃种植面积达12.1万亩，共种植甘蔗10万亩，茶叶5710亩，澳洲坚果5000亩，发展紫胶3500万亩。

【民政救济和社会保障】　全年发放救济粮43吨，救济款67.465万元。发放五保户供养金18.432万元，落实城镇最低生活保障247户284人，发放资金50.6万元，农村最低生活保障1046户2625人，发放资金94.5万元。

【文化教育】　全镇有初级中学1所，有教职工94人，在校学生1835人，34个教学班；教育管理办公室1个，下辖4个片区，小学共13所，教学点40个，163个教学班，在校学生4379人，有教职工287人。有镇文体服务中心1个，村组文化活动室18个，有农村业余文艺队1支。

【基层党建】　幸福镇设4个农村党总支、23个农村党支部（14个党委直属支部），10个机关企事业支部、1个教育总支（4个单列教育党支部）。2010年末共有党员1190名，其中农村党员978名，机关党员177名；女党员192人；少数民族党员671人；35岁以下299名，36～45岁223名，46～54岁166名，55～59岁117名，60岁以上385名；大专以上文化程度294名，中专及高中文化280名，初中及以下文化616名。

2010年，幸福镇以开展“创先争优”活动为契机，认真贯彻落实市、县党委、政府的决策部署，突出“农业稳镇，调整结构兴一产；工业富镇，招商引资强二产；集贸兴镇，繁荣市场促三产；科教强镇，提高素质保发展；生态立镇，改善环境促宜居；民生安镇，综合治理建和谐”的工作思路，找准对策，积极落实，以只争朝夕的精神，抢抓机遇，主动作为，全力打造粮蔗生产大镇、林果特色产业强镇和畜牧养殖富镇。

完成第四届村“两委”换届选举工作，经过选举产生村民委员会主任18人，其中上届村干部连选连任15人；副主任18人，其中上届村干部连选连任16人；完成18个村党（总）支部委员换届工作，有农村党员1154名，实现村民委员会主任和村党（总）支部书记“一肩挑”的有15个村，占83.3%。

【幸福镇肉牛养殖科技推广示范项目通过验收】　11月20日，幸福镇肉牛养殖科技推广示范项目通过市、县财政、畜牧相关部门验收。该项目于201年1月启动，10月底竣工。建设成养殖户47户，其中养殖区3个，养殖示范户44户；建成肉牛冻精改良服务点1个，配备肉牛冻精改良器械1套。项目总投资308万元，其中中央财政资金补助80万元，养殖示范户自筹228万元。（本条摘自《云县信息》66期）

【幸福镇红河大沟干渠防渗工程通过市级验收】　4月8日，由市发改委、水利局、财政局和云县水利、发改、财政、审计、幸福镇等单位领导及业务人员组成幸福红河大沟干渠防渗工程竣工验收小组，对幸福镇红河大沟干渠防渗工程进行验收。验收小组通过听查看访的形式，最终评定红河大沟干渠防渗工程合格。幸福镇红河大沟于2009年11月26日进行招投标，由大寨建筑安装工程有限公司负责承建。工程于2009年11月30日开工，2010年2月28日全面完工，3月1日通水运行，工程总投资169.54万元，其中招标部分完成114.35万元，整合糖厂投入51.32万元，群众投资投劳3.87万元。（摘自《云县信息》15期）

【领导干部】 党委书记李云和（3月免）、沈修强（3月任），副书记李绍怀（12月免）、吴鑫、蔡高武（12月任）、李春富（12月任），镇长吴鑫，副镇长郭应安、施明君（12月免）、李建权（12月任）、李天华、杨生康（12月免），人大主席李健，纪委书记鲁天明，镇长助理李建权（12月免）。

（姜怀荣　供稿）

政　治

县委理论学习中心组（吴逵峰摄）

中共云县委员会

【概述】 2010年，中共云县委员会在省委、市委的坚强领导下，团结带领全县各族干部群众，面对国际金融危机带来的后续影响和百年一遇特大干旱的严峻挑战，坚定信心、主动应对、攻坚克难，积极贯彻落实中央、省委、市委的重大部署，按照“突出主旋律、增强凝聚力、提高执行力”的要求，以落实“三个一百”和实施新家园行动计划为契机，确立“五个坚定不移”的工作思路，全力打好“十一五”决胜之战，全县经济社会继续保持平稳较快发展的态势，实现了“十一五”的完美收官，为“十二五”的跨越式发展奠定了坚实基础。2010年，实现生产总值43.7亿元，完成“十一五”规划目标40.08亿元的109%，较2005年的24.66亿元增长77.2%；实现人均生产总值9700元，完成“十一五”规划目标9000元的107.78%，较2005年的5800元增长67.24%；实现工业总产值29亿元，完成“十一五”规划目标22.8亿元的127.2%，较2005年15.7亿元增长84.7%；实现财政收入6.5亿元，完成“十一五”规划目标4.9亿元的132.65%，较2005年的3.32亿元增长95.78%；城镇居民人均可支配收入13100元，完成“十一五”规划目标10926元的119.9%，较2005年的7790元增长68.16%；实现农民人均纯收入3700元，完成“十一五”规划目标2299元的160.93%，较2005年1565元增长1.3倍。

【重点工作】 一、坚持以人为本，全力以赴抗大旱保民生。百年一遇的特大旱灾，造成全县43万人口不同程度受灾，10.22万人的生产生活受到影响，工农业直接经济损失4.5亿元。全县6.41万名干部群众和军警部队官兵积极投身抗旱救灾第一线，投入资金1370.6万元，发放救济粮718吨，临时解决了11.3万灾民的吃粮、饮水问题和5.35万头大牲畜饮水困难。累计投资5204.6万元，大干水利设施建设，适时调整农作物种植结构，组织4.5万农村富余劳动力向外转移，确保了大灾之年农民群众持续增收。

二、坚定不移地大干山区农业综合开发，夯实科学发展基础。全县共实施完成中低产田地改造1.58万亩、土地开发整理示范项目1.77万亩、荒山绿化新农村建设配套项目1.5万亩，5万亩中低产林改造示范项目稳步推进，改造完成中低产茶园2.27万亩，农业发展条件进一步改善。按照“林—草—畜—沼”一体化的循环经济模式，精细化培育管护核桃产业，小区化发展养殖业，甘蔗、烤烟、紫胶、茶叶、木瓜等特色产业得到有效提升，农村新能源建设加快推进，促进了山区农业加速向多元立体、互动循环的方向发展。预计全年粮食总产量达16.5万吨，较上年增长3.38%；预计核桃产量7034.5吨，甘蔗入榨量39.84万吨，烤烟产量50270担，茶叶8011吨；预计实现农业总产值23.4亿元，同比增长10%。

三、坚定不移地推进新型工业化，强化科学发展动力。老企业技改扩建工作顺利推进，云南澜沧江酒业集团1.4万吨酱清香型白酒酒基生产线、云南茅粮酒业集团1万吨白酒生产线已建成投产；20万吨啤酒生产线建设基本完成，目前已投放第一批原料。招商引资工作成效显著，全年新签约项目63个，签约资金达19.37亿元，实际到位资金达15.07亿元，占市下达任务13亿元的115.92%。世纪金源集团智汇源食品有限公司核桃油和混合油生产线、云南三奇光电科技有限公司年产1800吨单晶硅棒生产线相继投产运营。矿产资源整合工作持续推进，新一轮地质找矿计划顺利启动，江天矿冶公司等矿业企业的经营效益大幅提升，矿业逐步走出低谷。积极落实优化软环境、增强软实力的各项措施，及时修订完善招商引资优惠政策，全面清理行政事业性审批和收费项目，为县内外投资者营造了宽松、和谐的创业氛围。预计规模以上工业企业全年共实现销售收入22.5亿元，同比增长13%；实现税收1.45亿元，同比增长11.66%。

四、坚定不移地加大固定资产投资，增强科学发展后劲。全社会固定资产投资项目共4983个，累计完成投资38.3亿元，占任务36亿元的106.5%，比上年的19.36亿元增长98.14%。在投资总额中，第二产业完成投资8.9亿元，第三产业完成投资28.43亿元，比上年分别增长1.01倍和1.24倍，较好地体现了“调强二产、调快三产”的要求。

五、坚定不移地促进各项社会事业，加快城乡一体化发展。以“打造新家园、建设新云县”为主题，以“改造四旧”为重点，精心组织实施新家园行动计划，统筹兼顾城乡各项社会事业。围绕190万平方米的旧城改造任务，加快推进滨江世纪城、三江半岛等市政建设重点工程，启动实施草皮街片区改造和13.26万平方米保障性住房建设项目，抓紧做好东大街片区改造和环城南路建设前期准备工作。深入开展“市容市貌百日整治行动”，全面实施城市美化、亮化、绿化、净化工程，着力打造现代文明城市。以11个示范村、70个自然村、4173户农户为重点，落实信贷扶持政策，强化各项工作措施，扎实推进旧村旧房改造工程，共完成旧房改造4507户，其中拆除重建2540户；共筹措建房补助资金2901.5万元，向建房户兑现补助924万元，筹措建房贷款财政贴息1400万元，带动农民投资4.33亿元。在爱华镇田心村选定迁村并点工作试点，启动实施20800平方米集中安置小区，积极为推进农村社区化建设探索新路子。整合城乡教育资源，完善农村中小学校点布局调整，撤并校点75个，全面推行“代建制”，着力实施137所学校11.79万平方米校舍安全工程建设项目，目前已完成10.5万平方米，完成投资2.87亿元。12乡（镇）卫生院和村卫生室建设全面完成。

六、坚定不移地加强党的建设，强化科学发展的组织保障。全面落实基层党建工作责任制，顺利完成了村两委换届工作，圆满完成了村级组织活动场所和远程教育网络建设任务。扎实开展创先争优活动，着力推进学习型党组织和学习型领导班子建设，深入实施农村致富“领头雁”、机关亲民“零距离”、社区和谐“聚民心”、企业发展“排头兵”四大工程，广泛开展“五心”党员评比活动和“共产党员抗旱先锋行动”，党组织和党员的先进性更加突出。认真贯彻落实《干部任用条例》和《四项监督制度》，积极探索干部选拔任用“三公开四差额”工作法，选人用人的规范化、民主化、透明化程度和公信度明显提高。制订出台《科级领导班子和领导干部工作绩效目标管理规定》《党政机关治庸治懒责任追究办法》等规章制度，扎实开展下级评价上级、群众评价干部、企业评价部门、部门相互评价、班子成员评价班长的“五评”活动，探索推行科级领导干部工作学分和实效积分制，切实加强党员干部队伍作风建设和党风廉政建设，为科学发展提供了强有力的组织保证。

【重要会议】 1月7日，县委书记宋红临在县委常委会议室主持召开2010年度第1次县委常委会议，分析总结2009年全县国民经济和社会发展计划完成情况，研究讨论2010年全县主要经济指标发展计划，并对年初有关工作进行安排部署。

1月9日上午，中共临沧市委书记杨洪波在市委常委、市委秘书长赵子杰，云县县委书记宋红临，县委副书记、县人民政府代理县长杨世吉等领导陪同下到茶房乡大垭口村委会、云南智汇源食品有限公司核桃系列食品生产线、临沧工业园区云县片区以及云县市政建设情况进行调研。当日下午，在县委常委会议室召开专题汇报会，县委书记宋红临就云县经济社会发展情况作专题汇报。

1月11日，县委书记宋红临在县委常委会议室主持召开2010年度第2次县委常委会议，研究举办第六届中国•云县澜沧江啤酒狂欢节有关事宜。

1月18日，召开中国共产党云县第十一届委员会第七次全体（扩大）会议。县委书记宋红临代表县委常委会向大会作了题为《坚定信心，奋发有为努力开创全县经济社会发展新局面》的工作报告。

1月19日，县委书记宋红临在县委常委会议室主持召开2010年度第3次县委常委会议，听取县委组织部工作汇报。

1月19日，召开中国共产党云县第十一届纪律检查委员会第六次全体会议。

1月28日，云县文化产业发展专题研讨会召开，县委常委、县委宣传部部长董华春主持会议。

2月2日，县委书记宋红临在县委常委会议室主持召开2010年度第4次县委常委会议，听取县委组织部部长汇报工作，专题研究村“两委”换届选举工作。

2月8日，召开老干部新春团拜会，县委书记宋红临出席会议并讲话。会议由县委常委、县委组织部部长吕江主持。

2月9日，县委副书记、县人民政府代理县长杨世吉受县委书记宋红临委托，在县委常委会议室主持召开2010年度第5次县委常委会议，研究县十四届人大三次会议和政协云县第七届委员会第三次会议相关工作报告及县行政中心装潢有关事宜。

2月10日，云县2010年安全生产工作会议召开，县委副书记、县人民政府代理县长杨世吉出席会议并作重要讲话。

2月10日下午，县委、县政府召开2010年新春年会，县委副书记、县人民政府代理县长杨世吉出席会议并讲话。

2月23日，县委书记宋红临，县委副书记、县人民政府代理县长杨世吉等领导在县人民政府视频会议室分会场参加全省抗旱救灾动员大会，并就全县抗旱救灾工作作安排部署。

2月23～25日，政协云县第七届委员会第三次会议召开。

2月24～27日，云县第十四届人民代表大会第三次会议召开。

2月26日，县委书记宋红临在县委常委会议室主持召开县委专题会议，专题研究全县抗旱救灾及沼气建设有关工作。

2月27日，县委书记宋红临在县委常委会议室主持召开2010年度第6次县委常委会议，听取县委组织部工作汇报，并就抗旱救灾及农业农村工作作出安排部署。

2月28日，云县第三批新农村建设指导员工作总结表彰会议召开，县委副书记何正良，县委常委、县委组织部部长吕江，县委常委、纪委书记严波，县委常委、县人民政府副县长罗原等领导参加会议。

2月28日，县委召开云县村级换届工作会议，县委副书记何正良出席会议并讲话，县委常委、县委组织部部长吕江主持会议。

3月8日，县委副书记、县人民政府县长杨世吉主持召开县人民政府党组专题会议，研究审核云县保障性住房建设规划方案。

3月8日，县委召开云县纪念“三八”国际劳动妇女节100周年暨先进事迹报告大会，县委副书记何正良，县委常委、县委组织部部长吕江，县委常委、县委宣传部部长董华春等领导出席会议。

3月10日，县委副书记、县人民政府县长杨世吉主持召开县四班子联席会议，讨论云县保障性住房建设规划方案。

3月18日，县委、县人民政府召开云县非公企业家座谈会，认真听取企业家对落实市委“三个一百”目标任务的意见建议。县四班子领导出席会议。

3月19日，县委书记宋红临在县委常委会议室主持召开2010年度第7次县委常委会议，听取县委组织部、县纪委和县委办公室汇报工作，讨论研究县人民政府党组关于审定云县2010年固定资产投资、财政支出、招商引资工作方案和考核奖励办法。

3月20日，县委书记宋红临在县委常委会议室主持召开2010年度第3次县委专题会议，对全县抗旱救灾、村“两委”换届、林权制度改革等方面的工作进行研究。县委副书记何正良，县委常委、县委组织部部长吕江，县委常委、县人民政府副县长罗原，县委常委、县委办公室主任刘绍军及12乡（镇）党委书记参加会议。

3月24日上午，县委、县人民政府召开云县落实“三个一百”工作动员大会，县委书记宋红临出席会议并作动员讲话，县委副书记、县人民政府县长杨世吉就落实“三个一百”工作方案及当前重点工作作全面安排部署。

3月31日，县委副书记何正良在县委常委会议室主持召开县委专题会议，对县行政中心大楼装潢材料采购事宜进行专题研究。县委常委、县人民政府常务副县长李尚清及相关部门领导参加。

4月1日上午，县委召开云县深入学习实践科学发展观活动总结大会。县委书记宋红临出席会议并作重要讲话，县委副书记、县人民政府县长杨世吉主持会议。

4月1日下午，县委召开云县宣传思想文化工作会议。县委副书记何正良，县委常委、县委宣传部部长董华春等领导出席会议。

4月13～15日，西部三省农村中小学安全管理与安全教育长效机制建设行动研究项目启动会在云县隆重召开。国家教育部基础一司副司长郑增仪、中国教师网编辑陈国杰、中央教科所副研究员李继星、省教育厅安全保卫后勤处处长赵光武，市委常委、市委宣传部部长祁苑红，市教育局局长施志胜，云县县委副书记、县人民政府县长杨世吉，县人大常委会主任刘灿，县委常委、县委办公室主任刘绍军，县委常委、县委宣传部部长董华春，以及县四班子有关领导、八县（区）教育局局长、市直学校负责人、县级有关部门负责人、各乡（镇）党政主要领导参加会议。

4月21日，县委书记宋红临在县委常委会议室主持召开2010年度第8次县委常委会议，研究全县第一季度国民经济运行情况、保障性住房建设及大朝山水电站云县库区栗树乡慢干村打黑组移民搬迁等有关事宜，听取县委组织部汇报工作。

4月23日，云县政法工作会议召开，县委副书记何正良，县委常委、县委政法委书记董琦等领导参加会议。

4月27～28日，县委召开以推进农业产业化和新型工业化为主题的县委理论学习中心组学习会议，县委书记宋红临主持。

4月30日下午，县委、县人民政府召开云县第一届劳动模范表彰大会，表彰奖励36名劳动模范，县委书记宋红临出席会议并作重要讲话。

5月12日，县委书记宋红临在县委常委会议室主持召开2010年度第9次县委常委会议，听取县政府党组、县纪委和县委组织部汇报工作，研究云县戒毒所“4.10”案件相关责任人员违纪处理问题、县乡科级领导班子和领导干部绩效考核情况及县城区客运三轮摩托车整治等有关问题。

5月19日，县委召开云县在党的基层组织和党员中深入开展创先争优活动动员部署大会，县委副书记何正良出席会议并讲话，县委常委、县委组织部长吕江主持会议。

5月24日， 2010年县委议军会议召开，县委书记宋红临主持会议并作重要讲话。县四班子主要领导，县人武部班子成员，各乡（镇）党委书记、人武部部长，县武委会成员单位主要领导出席会议。

6月1日，县委书记宋红临在县委常委会议室主持召开2010年度第10次县委常委会议，传达学习全市新家园行动计划动员会议和全市林业工作会议精神，对云县实施新家园行动计划等各项工作进行研究。

6月12日，县委书记宋红临在县委常委会议室主持召开2010年度第11次县委常委会议，听取县委组织部、县纪委汇报工作，对新家园行动计划实施意见和相关工作方案、开展优化软环境增强软实力活动相关意见及“十二五”规划编制工作进行研究部署。

6月18日，县委、县人民政府召开云县实施新家园行动计划和优化软环境增强软实力活动动员大会。县委书记宋红临出席会议并作动员讲话，县委副书记、县人民政府县长杨世吉安排部署全县实施新家园行动计划和优化软环境增强软实力活动，县委副书记郭洪主持会议。

7月1日，县委副书记、县人民政府县长杨世吉受县委书记宋红临的委托，在县委常委会议室主持召开2010年度第12次县委常委会议，传达学习省委书记白恩培到临沧调研时的重要指示精神，并对如何贯彻落实白书记重要讲话精神进行安排部署。

7月20日，县委书记宋红临在县委常委会议室主持召开2010年度第13次县委常委会议，传达学习市委理论学习中心组会议精神，听取县委组织部汇报工作，研究分析2010年上半年经济运行情况，安排部署下半年经济工作。

7月23日，云县第十四届人民政府第二次全体会议召开，县委副书记、县人民政府县长杨世吉出席会议并作重要讲话，县委常委、县人民政府常务副县长李尚清主持会议。

8月20日，县委书记宋红临在县委常委会议室主持召开2010年度第14次县委常委会议，传达学习市委理论学习中心组学习会议精神，研究云县大村铜多金属矿等7个矿权转让问题，听取县纪委汇报工作，通报市委组织的临沧市党政代表团到天津、唐山、山东、浙江、上海等地考察学习情况，并对当前有关工作进行安排部署。

8月23～24日，县委召开理论学习中心组学习会议。县委书记宋红临全面传达学习了省委八届九次全会和市委理论学习中心组学习会议精神，并就云县结合云南“两强一堡”发展战略，找准发展定位，科学谋划“十二五”作重要讲话。

9月15日，县委书记宋红临在县委常委会议室主持召开2010年度第15次县委常委会议，听取县委组织部汇报工作，研究从优秀村（社区）党组织书记中选拔部分乡（镇）领导干部有关事宜。

9月16日，县委、县人民政府召开2010年度老干部中秋团拜会。县委书记宋红临，县委常委、县委组织部部长吕江，县委常委、县委办公室主任刘绍军等领导出席团拜会。

10月10日下午，县委召开省委第二巡视组云县巡视工作动员大会。省委第二巡视组组长、正厅级巡视专员张艾和市委副书记张泽军作重要讲话，县委书记宋红临及县四班子领导出席会议。

10月29日，县委书记宋红临在县委常委会议室主持召开2010年度第17次县委常委会议，传达学习党的十七届五中全会和全市新家园行动计划推进会议精神，听取县纪委、县委组织部汇报工作，研究讨论《云县矿权资源整合主体意见》《云县招商引资优惠政策若干规定》《东大街旧城改造方案》和《云县常委会工作规则》。

11月1日，县委、县人民政府召开云县2010年征兵工作会议，县委常委、县人民政府常务副县长李尚清出席会议并讲话，县委常委、县人武部政委周世江主持会议。

11月5日，全省非公有制经济组织创先争优活动现场推进会在云县召开。全国非公有制经济组织创先争优活动指导小组办公室主任、中央统战部五局副局长方乃纯，省委统战部副部长、省工商联党组书记张功祥出席会议并讲话。省委组织部部务委员、副巡视员、机关党委书记陈为群，省工商联党组成员、副主席铁军，省工商联党组成员、副主席赵明辉，临沧市委副书记张泽军，各州市非公有制经济组织创先争优活动指导组负责人，云县四班子主要领导及县委创先争优活动领导小组成员单位负责人出席会议。

11月8日，县委书记宋红临主持召开旧城改造推进会，县委副书记、县人民政府县长杨世吉，县委副书记郭洪，县委常委、县人民政府常务副县长李尚清，县委常委、县委办公室主任刘绍军及建设、交通、财政、卫生、发改等相关部门领导参加会议。

11月10～11日，召开云县新家园行动计划现场推进会。县委书记宋红临出席会议并作重要讲话，县委副书记、县人民政府县长杨世吉就推进新家园行动计划做工作部署，县委副书记郭洪主持会议。

12月1日，县委书记宋红临在县委常委会议室主持召开2010年度第18次县委常委会议，听取县委组织部汇报工作，就配备乡（镇）分管政法专职副书记和武装部长、部分科级领导空缺职位与部分干部交流进行研究。

12月8～9日，县委书记宋红临在县委常委会议室主持召开2010年度第19次县委常委会议，讨论研究《云县2010年财政预算收支调整方案》《云县招商引资优惠政策若干规定（试行）》《云县教育工作大会工作方案》及《中共云县委贯彻落实省委第二巡视组反馈意见的整改方案》，听取县委组织部汇报工作。

12月14日，县委、县人民政府召开云县教育工作会议。县委书记宋红临出席会议并作重要讲话。市教育局局长施志胜应邀到会指导，县委副书记、县人民政府县长杨世吉主持会议。

12月31日，县委书记宋红临在县委常委会议室主持召开2010年度第20次县委常委会议，讨论研究云县县乡（镇）党委换届工作和县委十一届八次全体会议相关工作。

【各项意见】 2月2日，中共云县县委作出《关于加强和改进新形势下党的建设的意见》（云发〔2010〕6号）。

3月30日，中共云县县委、云县人民政府作出《关于云县蔗糖产业发展的意见》（云发〔2010〕11号）。

5月17日，中共云县县委、云县人民政府作出《关于大朝山水电站云县库区栗树乡慢干村打黑组移民搬迁的意见》（云发〔2010〕16号）。

5月19日，中共云县县委作出《关于在全县党的基层组织和党员中深入开展创先争优活动实施意见》（云发〔2010〕17号）。

6月18日，中共云县县委、云县人民政府作出《关于实施云县新家园行动计划的意见》（云发〔2010〕19号）。

7月16日，中共云县县委作出《关于开展“提高选人用人公信度示范县”创建工作的实施意见》（云发〔2010〕21号）。

【各项决定】 1月16日，中共云县县委 云县人民政府作出《关于表彰2009年党风廉政建设先进单位的决定》（云发〔2010〕5号）。

2月11日，中共云县县委作出《关于成立云县第十四届人民代表大会第三次会议临时党委的决定》（云发〔2010〕7号）。

2月24日，中共云县县委、云县人民政府作出《关于表彰第三批新农村建设指导员先进派出单位优秀工作队长优秀指导员的决定》（云发〔2010〕8号）。

3月2日，中共云县县委、云县人民政府作出《关于表彰妇女工作先进集体和巾帼建功标兵的决定》（云发〔2010〕9号）。

4月16日，中共云县县委、云县人民政府作出《关于命名表彰第三批“民主法治示范村”的决定》（云发〔2010〕12号）。

4月7日，中共云县县委、云县人民政府作出《关于表彰奖励2009年度综治维稳工作优秀单位的决定》（云发〔2010〕14号）。

4月30日，中共云县县委、云县人民政府作出《关于表彰云县第一届劳动模范的决定》（云发〔2010〕15号）。

9月21日，中共云县县委、云县人民政府作出《关于表彰奖励2007–2009年度防范和处理邪教工作先进集体和先进个人的决定》（云发〔2010〕23号）。

12月23日，中共云县县委、云县人民政府作出《关于表彰教育工作先进集体和优秀班主任骨干教师先进教育工作者的决定》（云发〔2010〕25号）。

【重要活动】 1月4日下午，县委书记宋红临，县委副书记、县人民政府代理县长杨世吉，县委常委、县人民政府副县长罗原率县林业局、爱华镇主要领导到爱华镇头道水片区中低产林地改造核心区试点项目进行检查指导。

1月13日，世纪金源集团董事局主席黄如论一行10人，在中共临沧市委书记杨洪波，市委正厅级干部李国伟，市委常委、市人民政府常务副市长郭惠云，市委常委、市委秘书长赵子杰，市发改委、市财政局、市经委等部门主要领导以及云县县委书记宋红临，县委副书记、县人民政府代理县长杨世吉，县委副书记何正良，县人大常委会主任刘灿等领导陪同下，到云南智汇源食品有限公司进行现场办公。

1月20日，县委书记宋红临率县委常委、县人民政府常务副县长、县委政法委书记李尚清，县委常委、县委办公室主任刘绍军以及县国土局、爱华镇主要负责人，实地调研指导爱华镇土地开发整理项目。

2月1日上午，云南澜沧江酒业集团云县20万吨啤酒生产线建设项目开工奠基典礼在爱华镇河湾村举行。市人大常委会主任查映伟，云县县委书记宋红临，县委副书记、县人民政府代理县长杨世吉等领导参加。开工奠基典礼仪式由县委副书记、县人民政府代理县长杨世吉主持。

2月10日中午，中共临沧市委书记杨洪波率市人民政府副市长李华松、市人民政府秘书长徐亚谦，到云县茂兰镇安乐村慰问困难党员及困难群众。云县县委书记宋红临，县委常委、县委办公室主任刘绍军等领导陪同。

2月11日，县委书记宋红临率县委常委、县委办公室主任刘绍军等领导走访、座谈慰问退休老干部、老党员、困难户代表。

2月26～28日，云县县委、县人民政府举办中国•云县第六届澜沧江啤酒狂欢节。

3月1日，县委举行云县第四批新农村指导员欢送仪式，县委副书记何正良，县委副书记、省委新农村建设云县总队长胡珀，县委常委、县委组织部部长吕江等领导参加欢送仪式。

3月9日，国有开发银行云南省分行行长邓廷铎率分行相关负责人到云县调研。市人民政府副市长张中义，市财政局局长汤培远，市国资公司董事长何国贵，县委副书记、县人民政府县长杨世吉，县委副书记何正良，县委常委、县人民政府常务副县长李尚清等领导陪同调研。

3月11日，市人大常委会主任查映伟在市烟草产业办党组书记左金祥、市烟草公司经理杜绍明等领导陪同下，到云县调研2010年烤烟抗旱生产情况。县委常委、县人民政府常务副县长李尚清等领导陪同调研。

3月12日，省委常委、省委秘书长杨应楠深入云县调研。市委副书记、市人民政府市长锁飞，市委常委、市委秘书长赵子杰，县委副书记、县人民政府县长杨世吉，县委常委、县人民政府常务副县长李尚清，县委常委、县委办公室主任刘绍军等领导陪同。

3月16日，县委书记宋红临率县委常委、县委办公室主任刘绍军等领导到云南智汇源食品有限公司、茅粮集团、云南三奇光电科技有限公司调研。

同日，省纪委办公厅行政处处长刘成志一行到云县检查贯彻落实中纪委等中央五部委《关于加强县级纪检监察机关建设的若干意见》情况，县委常委、县纪委书记严波等领导陪同。

3月17日下午，县委书记宋红临率县委常委、县委办公室主任刘绍军以及爱华镇、移民局、水利局、农业局等部门主要领导，到爱华镇德胜村上橄榄组和梁子田组移民点调研抗旱救灾情况。

3月22日，县委书记宋红临率县委常委、县委办公室主任刘绍军以及农业、林业、水利、爱华镇等部门主要领导，到爱华镇曼林小学以及大勐勐村民小组检查指导抗旱救灾工作。

3月23日，县委书记宋红临深入幸福镇慢蔗村、邦洪村检查指导抗旱救灾工作。

3月24日下午，世纪金源集团董事局主席黄如论在中共临沧市委书记杨洪波，市委常委、市人民政府常务副市长郭惠云等领导的陪同下，莅临云南智汇源食品有限公司部署加快项目建设工作。云县县委书记宋红临，县委副书记、县人民政府县长杨世吉，县委常委、县人民政府常务副县长李尚清，县委常委、县委办公室主任刘绍军等领导陪同调研。

3月25～26日，由省市相关部门专家组成的刘家箐水库工程竣工验收委员会到云县检查验收刘家箐水库建设。县委书记宋红临，县委副书记、县人民政府县长杨世吉等领导陪同。

3月26日，由省发改委、省水利厅组成的调研组，在省发改委农经处调研员龚立金带领下，到云县茂兰镇大转水水库实地调研，县委副书记、县人民政府县长杨世吉等领导陪同。

3月26日，省财政厅厅长陈秋生到云县调研，县委常委、县人民政府常务副县长李尚清等领导陪同。

4月3日下午，县委书记宋红临率县委常委、县人民政府常务副县长李尚清，县委常委、县委办公室主任刘绍军及县四班子有关领导和相关部门负责人，到云县人民医院综合大楼建设工地进行现场办公，对大楼的外观装饰档次、装饰质量和装饰色彩等问题提出了明确的改进意见。

4月4日，全国农工民主党中央副主席、云南省政协副主席、农工民主党云南省委主委、省红十字会会长陈勋儒率省红十字会相关领导到云县指导工作，看望慰问涌宝镇涌宝村100户特困、残疾、孤儿、老人等困难家庭。市人民政府副市长、市红十字会会长马迎春，市红十字会党组书记、常务副会长王怀英，县政协主席何春华，县委常委、县委宣传部部长董华春，县人大常委会副主任王德安，县政府副县长、县红十字会会长韩树林等领导陪同。

4月8日，省林业厅副厅长王德祥率省林科院等部门领导到云县，就林改、林产业发展、抗旱救灾等工作进行调研。市人民政府副市长李华松，县委常委、县人民政府副县长罗原等领导陪同。

4月7～8日，县委书记宋红临率县委常委、县委组织部部长吕江，县委常委、县委办公室主任刘绍军以及县财政局、县教育局等部门主要领导，深入涌宝镇南茂河、水平、浪坝山、茶山等村委会进行调研。

4月10日上午，省科协党组成员、副主席赖永良一行在市科协党组书记、主席查建伟，县委常委、县委组织部部长吕江的陪同下到云南澜沧江酒业集团调研。

4月12日上午，县委书记宋红临率县委常委、县委办公室主任刘绍军，以及爱华镇、县建设局、县新农村办负责人，对爱华镇河湾村新农村建设进行实地指导，提出以六项措施打造云凤新农村建设带，把河湾村打造成临沧市引领城乡一体化发展的第一村。

4月15日，县委书记宋红临率县委常委、县委办公室主任刘绍军以及县财政、农业、交通、水利、新农村办、烟草公司、烟办、建设等部门负责人，到爱华镇永胜村、茂兰镇温平村对产业培育、新农村建设等工作进行调研。

4月22日，云南省工商联主席杨焱平一行在市委常委、市委统战部部长刀文彩，市政协副主席、市工商联主席杨仕俊，市委统战部副部长、市工商联党组书记李晓春的陪同下，到云县调研非公经济发展情况。县委书记宋红临，县委常委、县委办公室主任刘绍军及县四班子有关领导陪同。

4月23～24日，县委书记宋红临率县委常委、县委办公室主任刘绍军等领导到大寨镇箐门口村调研指导经济社会发展、基层组织建设等工作。

4月25日，云县举行大寨河一、二、三级电站开工庆典。市委常委、市人民政府副市长杨军，县委书记宋红临等领导出席庆典活动。

5月4日下午，县委书记宋红临率县委常委、县委办公室主任刘绍军，县烟草公司和爱华镇领导到烟田进行烤烟产业调研。

5月12日，县委书记宋红临在县委常委会议室主持召开2010年度第9次县委常委会议，听取县政府党组、县纪委和县委组织部汇报工作，研究云县戒毒所“4.10”案件相关责任人员违纪处理问题、县乡科级领导班子和领导干部绩效考核情况及县城区客运三轮摩托车整治等有关问题。

同日，县委书记宋红临率县委副书记何正良，县委常委、县人民政府常务副县长李尚清，县委常委、县委办公室主任刘绍军及县国土局、县建设局、县发改局、县水利局等部门负责人到滨江世纪城和行政中心建设工地进行检查指导。

5月17～18日，县委书记宋红临率县委常委、县委办公室主任刘绍军及县教育局、县交通局主要领导到栗树乡调研。

6月1日，市委副书记、市人民政府市长锁飞，市委副书记张泽军在县委书记宋红临，县委副书记、县长杨世吉，县委常委、县委办公室主任刘绍军等领导陪同下到云县幸福中心完小看望广大教师和少年儿童。

6月1日，省林业厅党组成员、副厅长刘一丹率省退耕还林工程办公室主任杜勇和省林业技术推广总站站长陆斌，到云县开展林业工作调研。市人民政府副市长李华松，市林业局党组书记、局长陈体尧，云县县委书记宋红临，县委副书记、县人民政府县长杨世吉等领导陪同。

6月2日，省财政厅副厅长王卫昆率省财政厅预算处编审中心主任杨秀文等到云县调研。市委常委、市人民政府常务副市长郭惠云，市人大常委会副主任肖涛，市财政局长汤培远，县委书记宋红临，县委副书记、县人民政府县长杨世吉，县人大常委会主任刘灿，县委常委、县人民政府常务副县长李尚清，县委常委、县委办公室主任刘绍军等领导陪同。

6月2～4日，省委第二巡视组组长、正厅级巡视专员张艾到云县开展经济社会发展情况调研。县委书记宋红临，县委副书记郭洪，县委常委、县委组织部部长吕江，县委常委、县纪委书记严波，县委常委、县委办公室主任刘绍军等领导陪同。

6月4日下午，云县滨江世纪城廉租住房小区建设开工，县委书记宋红临，县委常委、县人民政府常务副县长李尚清，县委常委、县委组织部部长吕江等领导参加开工仪式。

6月11日，由新华社、人民日报、中新社、中央人民广播电台等十七家中央新闻媒体考察采访团在国务院办公厅行政司副司长王胜利的率领下到云县考察采访。县委书记宋红临等领导陪同。

6月14日，中国教育发展基金会理事长、教育部原副部长张保庆到云县调研，县委书记宋红临，县委常委、县人民政府副县长罗原，县教育局等部门领导陪同。

6月22日，省审计厅厅长尹建业在市人民政府副市长杜俊军、市审计局局长查天云陪同下，就云县实施“云审工程”情况进行调研指导，县委书记宋红临，县委副书记、县人民政府县长杨世吉，县委常委、县委办公室主任刘绍军等领导陪同。

6月23日，省人民政府副省长孔垂柱率省林业厅厅长陈玉侯、省扶贫办主任王智、省政府研究室副主任杨士吉到云县调研，市委副书记张泽军，县委书记宋红临，县委副书记、县人民政府县长杨世吉，县委常委、县人民政府副县长罗原等领导陪同。

6月23日，中共临沧市委书记杨洪波率市委常委、市人民政府常务副市长郭惠云，市教育局局长施志胜等领导到云县调研。县委书记宋红临，县委副书记、县人民政府县长杨世吉等领导陪同。

6月25～28日，中共云南省委书记、省人大常委会主任白恩培率省委常委、省委秘书长杨应楠，省委副秘书长、省委研究室主任郑维川，省教育厅厅长罗崇敏，省农业厅厅长张玉明，省发改委副主任刁殿伟，云南日报报业集团副总编辑沈向兴等省级有关部门领导，到云县幸福镇中心完小、幸福镇中学、爱华镇黑马塘村、茂兰镇温平村、云南智汇源食品有限公司、云县一中、爱华镇田心村，就教育资源整合、农业产业发展、新农村建设、基层党组织建设、工业企业发展、城市规划建设等情况进行调研。中共临沧市委书记杨洪波，县委书记宋红临等市县领导陪同。

7月21日，省纪委常委、省委创先争优活动调研督查组组长王云山率省委组织部组织三处处长卢彬、省国资委副处级纪检监察员王倩屏等领导到云县调研。市纪委常委、市监察局局长罗江伟，市委组织部副部长、市委创先争优活动领导小组办公室常务副主任周林，县委副书记郭洪，县委常委、县委组织部部长吕江，县委常委、县纪委书记严波等领导陪同。

7月22日，省公安厅副厅长王建中到云县调研，市人民政府副市长、市公安局局长杨增明，县委书记宋红临等领导陪同。

7月22日，省委宣传部宣教处处长刘荣、省委依法治省办公室副主任王艳美等领导组成的省普法检查组对云县“五五”普法工作进行检查指导。市委宣传部副部长、市文明办主任杨明义，市司法局副局长杨利华，县委副书记郭洪，县委常委、县委宣传部部长董华春，县委常委、县委政法委书记董琦等领导陪同。

8月3～4日，市委副书记、市人民政府市长锁飞率市人民政府秘书长徐亚谦、市扶贫办主任黄光富等领导到云县部分企业、农村开展调研。县委副书记、县人民政府县长杨世吉，县委副书记郭洪，县委常委、县人民政府副县长罗原，县委常委、县委办公室主任刘绍军等领导陪同调研。

8月5日，中国旅游研究院昆明分院常务副院长、调研组副组长姜若愚，中国旅游研究院区域规划所博士吴丰林等相关专家和领导，在市旅游局调研员罗振武，县委副书记、县人民政府县长杨世吉，县委副书记郭洪，县委常委、县委宣传部部长董华春等领导陪同下，深入云县调研旅游资源。

8月5日，省委统战部副部长、省工商联党组书记张功祥率省委统战部专项办负责人到云县调研非公企业创先争优活动情况。市政协副主席、市工商联主席杨仕俊，县委常委、县委组织部部长吕江，县委常委、县人民政府副县长罗原等相关领导陪同。

8月12日上午，出席云南妇联参与建设绿色经济强省临沧推进会的全国妇联领导，省、市、县妇联主席到云县爱华镇小忙兔片区、云南澜沧江酒业集团参观指导工作。市委副书记张泽军，市人民政府副市长李华松，县委副书记、县人民政府县长杨世吉，县委副书记郭洪，县委常委、县委组织部部长吕江，县委常委、县人民政府副县长罗原，县委常委、县委宣传部部长董华春等领导陪同。

8月14日，团省委副书记杨国宗率团省委办公室副主任唐源等领导到云县调研。团市委副书记唐永飞，县委副书记郭洪，县委常委、县委办公室主任刘绍军等领导陪同。

8月17日至20日，县委书记宋红临率县委常委、县委办公室主任刘绍军，以及发改、财政、经济、招商、林业、建设、国土等部门和爱华镇、供电公司主要负责人，到云南鑫裕投资有限公司、云南智汇源食品有限公司、云南澜沧江酒业集团等企业的建设工地和生产车间进行调研指导。

8月18日，县委书记宋红临率县烟草公司班子成员对爱华、茂兰、漫湾、忙怀等4个乡（镇）5个烤烟种植村的烟田和6个烘烤现场进行视察指导。

8月24日，云南三奇光电科技有限公司单晶硅棒生产线第一次投料试车成功，县委书记宋红临，县委常委、县委办公室主任刘绍军到车间为产品下线致庆。

8月27日，省政府金融办党组书记、主任刘建华在红塔证券、安信证券、太平洋证券券商，市人民政府副市长张中义，县委书记宋红临，县委常委、县人民政府副县长罗原，县委常委、县委办公室主任刘绍军等领导陪同下，对云南澜沧江酒业集团上市前期工作情况进行调研。

9月14日，中国社会科学院工业经济研究所党委书记、副所长、博士生导师李平率调研组一行6人，对云县工业经济进行调研。县委书记宋红临，县委常委、县委办公室主任刘绍军等领导陪同。

9月28日，省委组织部副部长崔茂虎率有关处室领导，对云县村级组织活动场所建设进行检查验收。市委常委、市委组织部部长贺国飞，县委书记宋红临，县委常委、县委组织部部长吕江，县委常委、县委办公室主任刘绍军等领导陪同调研。

10月5日，中国著名新闻文化采访团一行10人，对云县的农村发展和产业建设进行专题采访。市委常委、市人民政府常务副市长郭惠云，市委常委、市委宣传部部长祁苑红，县委书记宋红临，县委常委、县人民政府副县长罗原，县委常委、县委办公室主任刘绍军，县委常委、县委宣传部部长董华春以及省、市、县宣传、文化部门有关负责人全程陪同采访。

10月8日，县委书记宋红临率县委副书记郭洪，县委常委、县委办公室主任刘绍军，以及县新农办、建设局、国土局等部门领导，到爱华镇河湾村调研旧村旧房改造工程进展情况。

10月12日，县委书记宋红临率县委常委、县委组织部部长吕江，县委常委、县委办公室主任刘绍军以及爱华镇、发改局、建设局、国土局、田心村、独木村等单位负责人，到田心村与独木村交界区对农民小区建设方案进行实地调研。

10月13～14日，中共临沧市委书记杨洪波率市发展研究中心、市农业局、市扶贫办、市纪委领导到云县就农业农村经济发展、企业发展等情况开展调研。县委书记宋红临，县委副书记、县人民政府县长杨世吉，县委常委、县委办公室主任刘绍军等领导陪同调研。

10月15日，省委副秘书长梁宗华一行8人在市委副书记张泽军的陪同下，对云县农业产业化龙头企业进行专题调研。县委书记宋红临，县委常委、县人民政府常务副县长李尚清，县委常委、县委办公室主任刘绍军陪同。

10月15～16日，省委第二巡视组组长张艾率市纪委党风室主任王秋景等领导到云县部分企业、乡（镇）走访调研。县委副书记郭洪，县委常委、县委组织部部长吕江，县委常委、县人民政府副县长罗原，县委常委、县纪委书记严波等领导陪同调研。

10月18～19日，在省人民政府研究室副主任杨士吉带领省人民政府调研组一行12人，在对云县工业经济以及社会事业重点建设项目进行调研。市委副书记、市人民政府市长锁飞，副市长张中义，县委书记宋红临，县委副书记、县人民政府县长杨世吉，县委常委、县人民政府常务副县长李尚清，县委常委、县人民政府副县长罗原，县委常委、县委办公室主任刘绍军等领导陪同调研。

10月27日，中共云南省委书记、省人大常委会主任白恩培，省委副书记、省人民政府省长秦光荣率省政协主席王学仁，省委常委、省委秘书长杨应楠，省人大常委会常务副主任晏友琼，副省长孔垂柱、和段琪，省人大常委会秘书长白保兴，省政协秘书长车志敏等领导，到云县就“十二五”期间加快转变农业发展模式，进一步推进农业产业化，保障经济社会又好又快发展开展集体调研。市委书记杨洪波，市委副书记、市人民政府市长锁飞，市委副书记张泽军，市人大常委会主任查映伟，市政协主席李建昌，市委常委、市人民政府常务副市长郭惠云，副市长张中义，县委书记宋红临等领导陪同调研。

11月9日，中国工程院院士云县工作站在澜沧江酒业集团总部挂牌成立。中国工程院院士、中国农业科学院茶叶研究所研究员、中国茶叶协会名誉理事长、国际茶叶协会副主席陈宗懋，省科协副主席赖永良，省科技厅副巡视员张仕荣，省科技厅调研员李小群，市委常委、市委宣传部部长祁苑红，市委常委、市委组织部部长贺国飞，市人大常委会副主任代猛，市人民政府副市长张中义，云县四班子主要领导出席挂牌仪式。

11月12日，县委书记宋红临率县委常委、县人民政府常务副县长李尚清，县委常委、县委办公室主任刘绍军及财政、建设等部门领导，对滨江世纪城项目建设进行实地调研。

11月24日，市委副书记、市人民政府市长锁飞率市人民政府秘书长、办公室主任徐亚谦等领导，到云县爱华镇独木村小缅树新家园小区、草皮街社区丙票新农村示范点、永胜村邦界河新家园建设示范点及茂兰镇多依村，对云县新家园建设及当前农业农村工作进行调研指导。县委副书记、县人民政府县长杨世吉，县委副书记郭洪，县委副书、新农村工作队总队长胡珀，县委常委、县委办公室主任刘绍军等领导陪同调研。

12月16日，云县县委、县人民政府举行云县招商引资和云南三奇光电科技有限公司周年投产庆典活动。中国可再生能源学会光伏专委会主任赵玉文发表重要演讲，市委常委、市人民政府副市长杨军作重要讲话，县委书记宋红临致欢迎辞，县委副书记、县人民政府县长杨世吉主持庆典仪式。

（李文成　供稿）

组织工作

【概述】　2010年，中共云县委组织部认真贯彻落实党的十七届四中、五中全会精神，全面加强党的执政能力建设和先进性建设，切实加强组织部门自身建设，不断巩固和扩大学习实践科学发展观活动成果，深入开展“创先争优活动”，紧紧围绕中心工作，统筹谋划、突出重点、开拓创新，全县党的基层组织建设、干部队伍建设和人才工作等取得了新进展，为推进云县经济社会又好又快发展提供坚强的组织保证。

【创先争优活动】　紧紧围绕省委“两强一堡”发展战略和市委“三个一百”工作目标，着力用载体支撑创先争优，用工作绩效检验创先争优，促进行业创先争优目标具体化、考核评价常态化、创建活动特色化。全面开展基层党组织“星”级和共产党员“心”级动态评比活动，有效落实“组织创先进”目标。“评星升级”活动，一年一评比，两年一表彰，并实行动态摘授牌管理。建立健全党组织和党员公开承诺责任卡、承诺责任追踪问效簿、承诺事项督办销号登记簿和党员自评、领导点评、支部考评“一卡二簿三评”承诺问效工作法，提升承诺实效。全县共有109个单位和部门开展了公开承诺，有14468名党员完成了承诺公示；上级党组织负责人点评276人次，指出存在问题97个，提出意见建议145条，组织党员评议115次，群众评议99次；建立50个党建工作示范点，培养500个“双带”能手，帮扶带动5000户农户；科级以上党员领导干部到基层讲党课85次，讲授主题36个，参加听课的党员和基层干部共3480人。选任30名优秀年轻干部担任所驻村党组织第一书记，切实抓好党组织整瘫治软工作。实施党员创业无担保贷款工程，全县累计发放农村党员创业贷款327户1249万元。建立党员服务队，全面推行“党群连心卡”和“干群连心卡”，全县共建立12个乡镇农民服务站、25个村级片区农民服务站和194个村（社区）农民（居民）服务点，为农民群众解决实际问题5697件。全面实施“非公强县”战略，加快培育优势产业集群，着力打造云凤经济增长极地和效益凹地，深入实施“四心工程”，在原选派13名党建指导员的基础上，又选派了6名熟悉企业运转、善于联系协调的干部到招商引资企业和县内规模企业担任“政企联络员”，重点帮助企业做好“三项服务”（提供信息、解读政策、解决难题），搭建“两个平台”（政企沟通平台、干部锻炼成长平台）。组织开展“好儿女”、“星级党员户”评比和“二十四孝”教育等活动。全县基层党组织建设取得明显成效，非公企业党建的基本做法得到省委认可，并在云县召开了全省非公有制经济组织创先争优活动现场推进会。全县的创先争优活动得到了中央、省、市委的肯定，活动的主要做法被中央创先争优活动办和全国非公企业创先争优活动办、省创先争优活动办简报综合和单篇刊发10期；被中国共产党新闻网和云南日报等媒体采用39篇。

【基层组织建设】 一是坚持以人为本，队伍建设呈现新面貌。年内在规模以上非公企业云南智汇源食品有限公司和云南三奇光电科技有限公司新成立党支部2个。新发展党员718名，新发展党员中：女党员261名，占36.4%；35岁及以下509名，占70.9%；少数民族党员394名，占54.9%；高中（中专）及以上学历306名，占42.6%；农民党员539名，占75.1%。把致富能手培养成党员284名，把党员培养成致富能手380名，把优秀党员致富能手培养成村组干部220名。探寻基层政权能力建设的新机制，对基层政权能力建设课题进行深入研究，已形成调研报告并上报市委组织部。

二是坚持攻坚克难，阵地建设实现新跨越。62个建设项目村已通过省、市两级验收，计划总投资达1517.34万元；设计规划的综合办公楼全部为砖混结构，主体建筑面积达1.32万平方米，活动室总面积达4473.2平方米。全县194个行政村（社区）实现了活动场所建设全覆盖。将152个“一师一校”撤并校点改造修缮为村民小组活动室，使活动阵地不断向村民小组延伸。按照“缺什么补什么”的原则，累计投入50多万元，为194个村（社区）的村级组织活动场所配备了电视机、影碟机等电教设备；投入16.4万元为部分村配置了电教桌椅、活动室门牌、党旗，为190个村统一制作配发了农民服务站公示栏、服务站（点）标识和工作手册。

三是全面推行“四议两公开”工作法。县委把“四议两公开”工作提上了重要议事日程，从2010年起全面推行“四议两公开”工作法，实现“一年全面推、两年上水平、三年上台阶”的目标。全县12乡（镇）194个村（社区）共创建党群致富联合体387个，建立种植、养殖、农副产品加工等产业协会604个，建立新农村建设理事会2024个，组建联合互助组8725个。对事关群众切身利益的村庄发展规划、产业发展、耕地保护、惠农资金管理等议题进行商决和公开，充分发挥群众发展致富的主动性和积极性。全县公开决议达174次。

四是高标准、严要求，圆满完成第四届村级组织换届选举工作。云县第四届村级组织换届选举工作按照省、市委的统一部署，始终遵循“坚持党的领导、充分发扬民主、严格依法办事”的原则，圆满完成村党组织公推直选试点，实现村“两委”支书、主任“一肩挑”及“两委”成员交叉任职目标，有8名公职人员和27名大学生村官进入村“两委”班子，其中当选村党总支书记、主任“一肩挑”1名，总支书记1名，副书记1名，副主任2名。县委、政府及时对第四届村“两委”换届期间正常离任的129名村干部兑现了离任补偿资金39.13万元。

五是扎实推进机关党建工作规范化和制度化。按照机关党建“走在前头”的要求，以规范化机关党组织建设为载体，切实解决县直机关党建工作的薄弱环节，充分发挥党组织的政治核心和战斗堡垒作用。

六是强化组织保障，凝心聚力开展抗旱救灾活动。在抗旱救灾特别行动中，全县党组织和党员特别捐献68.12万元，共有3个机关、1个事业单位、3个非公企业党组织和4618名党员参与捐款活动。其中：个人捐款在1000元以上的党员干部达153人。以“千名干部驻村蹲点促民生”、“四同一体”活动为抓手，把城乡党组织结对抗旱连心活动不断推向深入，全县共结成帮扶对子160对，共有320名党员领导干部开展驻村蹲点，累计为251个村（社区）解决抗旱资金204.47万元，投入抗旱物资156.21万元，落实抗旱项目45个，帮助困难群众19118人。全县各级党组织共组建“共产党员抗旱先锋队”178个，党员群众达2714名，其中：村组干部841名，新农村建设指导员129名，大学生“村官”131名，农村党员骨干1613名。“共产党员抗旱先锋队”共为12个乡镇194个村（社区）的3.67万群众和3.23万头大牲畜解决饮水9.38万立方米，共解决群众生产生活困难243个。及时下拨、严格管理使用好抗旱救灾特别捐献资金，省、市两级下拨云县两批次共54万元“共产党员特别捐献”资金，全县累计收到“共产党员抗旱救灾特别捐献”资金122.15万元，已全部下拨乡镇用于抗旱救灾重建和慰问困难党员群众。其中：发放关爱资金46.5万元，受益930户3720人；在爱华镇独木村、幸福镇控抗村两地组织修建“共产党员爱心”水窖100口。

【领导班子建设】 认真落实中央《关于进一步从严管理干部的意见》，严格执行干部选拔任用工作四项监督制度，将四项制度编印成册，发放到组织人事、纪检监察干部和副科级以上干部中开展学习宣传活动，组织全县副科级以上领导干部及组织人事部门全体干部职工进行了一次学习四项制度测试。把四项制度纳入干部教育培训内容，建立四项制度长效学习机制。认真做好“提高选人用人公信度示范县”创建工作；配合市调查组完成县、乡（镇）、村三级领导班子和领导干部群众公信度调查工作。2010年，在全县范围内公开选拔了3名科级领导干部；专门拿出2个副乡（镇）长职位面向优秀村（社区）党组织书记进行公开选拔。实施了乡科级领导干部谈心谈话工作。

【干部监督教育】 一是大力推进干部人事制度改革，努力探索干部选拔任用和监督管理的科学机制。围绕全面提升领导班子和领导干部领导和推动科学发展能力的需要，从2010年起建立了“下级评价上级、群众评价干部、企业评价部门、部门相互评价、成员评价班长”的“五评”考核机制，建立健全实绩考核与群众满意度测评、集中考核与平时考核、考核评价分析与结果运用相结合，体现乡镇和部门不同特点的干部考核评价新机制。探索公开科级空缺职位、公开资格条件、公开推荐结果和差额推荐、差额考察、差额酝酿、差额票决“三公开四差额”工作法，建立“处处留痕，适时考核，及时纠偏”的干部日常监督管理体制。制定出台了《云县乡科级领导班子和领导干部工作绩效目标管理暂行办法》《关于加强机关作风建设优化政务环境的若干规定》和《云县党政机关治庸治懒责任追究暂行办法》等规定，加强日常监督管理力度。认真做好“12380”举报受理工作，依法做好群众来信来访和信访举报工作，年内共收到来信来访37件次，除历史遗留问题外基本做到来信有回音，来访有答复。

二是坚持服务发展，干部队伍整体素质得到新提升。制定了《云县干部教育培训工作计划》和《2010-2013年云县党员教育培训工作实施意见》，通过举办知识讲座、专题培训班、组织调训、理论中心组学习、“流动党校”深入乡镇、村进行集中培训等多种形式，完成各级各类干部培训66.29万人次。其中：培训科级党政领导干部6620人次；培训村“两委”干部和大学生“村官”6250人次，培训各类专业技术人员486人次，培训企业管理人员160人次，培训农村党员、村组干部、基层群众实用技术31200人次。以知识讲座、知识考试、各级各单位内部组织学习及传达十七届五中全会精神等多种形式，培训一般干部18144人次。积极开展“万名党员素质提升工程”，共培训党员28620人次。配合省、市委组织部完成干部调训24期75人次，其中：中央调训2期2人次，省级调训18期38人次；市级调训4期35人次。从2010年4月始，组织42名副处级以上领导干部及副处级后备干部参加在线学习。

【人才信息】 认真落实人才工作“管宏观、管政策、管协调”的总体要求，实施“人才兴县”战略，转变人才工作理念，切实加大招才引智力度，积极搭建企业与科研院所交流合作的平台，按照“党政主导、企业为主，成熟一个、创建一个”的原则，在云南澜沧江酒业集团建立了临沧市第一个院士工作站，也是云南省第一个党委、政府主导，企业运作的院士工作站；在云南三奇光电科技有限公司筹备建立硅材料研究博士科研工作站。完成42名选聘高校毕业生到村任职各项工作。

【党员电教】 以深入开展“创先争优”活动为着眼点，按照临沧市委组织部实施“红网亮化”工程的要求，以“边线示范、光盘延伸、基地实践、聚心富民”四句话为思路，全面推进农村党员干部现代远程教育工作。制定下发了《云县农村党员干部现代远程教育终端接收站点设备管理使用制度》《终端接收站点管理员工作职责》《节目收看学习制度》《信息反馈制度》等相关制度及“四簿一册”。完成了省委组织部给云县配发的15套农村党员干部现代远程教育卫星接收设备的安装调试。摄制了远程教育课件4部。与此同时，2010年5月在云县电视台开通了新闻专栏《基层党建巡礼》，年内已播出新闻近百条。建成农村党员干部现代远程教育终端接收站点207个，完成任务数的100%；建成“家庭电教点”1644个；实施“红网亮化”工程，建立18个远程教育示范点。

【老干部工作】 一是求真务实，全面落实老干部政治待遇。进一步加强老干部理论学习，巩固和提高老干部的政治思想素质，加强老干部队伍和作风建设。年内共集中学习28次，并组织2批次2人次离退休老干部，参加了全省老干部党支部书记培训班、全省老干部理论培训班的学习活动。坚持和完善情况通报制度、参加重要会议制度、走访慰问制度、参观考察制度和领导干部联系老干部制度等各项制度。年内共走访看望老干部54人次；看望因病住院老干部65人次，走访慰问居住在县城附近的老干部75余人次，走访慰问居住在乡镇的老干部25余人次；积极做好2名年内退休的处级老干部的接管工作；统筹协调做好老干部外出考察学习工作，分批次组织全县35名处级退休和5名离休老干部，分别对市内四县、大理的工农业、市政建设、人文景观等进行了考察学习。

二是进一步推进“三个机制”建设，切实落实好老干部生活待遇。制定出台了《云县离退休干部逝世后丧事办理暂行规定》，进一步规范了老干部逝世后丧事办理工作。切实保障离休干部离休费按时足额发放，保障离休干部医药费实报实销。

【自身建设】 开展创建学习型机关活动，制定了基层党组织“星”级评定和“五心”党员“心”级动态评定暂行管理办法、干部关爱“五个一”等一系列制度。发挥理论学习中心组作用，个人自学与集中学习相结合，开展“一人一课”互动学习活动，采取领导带学、职工自学、集中同学、外请讲学、在线督学、座谈互学、调研深学、跟班就学、锻炼促学、文体活学等学习方式，开展了党性教育、课题培训、“好文稿、金点子”评选和基层党建载体创新设计竞赛等活动。完善了学用结合的考评机制，从“服务大局、业务工作、调研成果、信息报送、创新点子”等方面，按不同权重进行评价考核，建立整改台账、问题领办、监督反馈、整改销号、责任追究、点子落实、部门帮村、党员帮户等七项制度，全面整改提高。不断规范内部运行管理机制，使机关管理更加规范；完成“大组工网”网络建设工作；开通“云县党建连线”手机信息服务平台，建立及时、快捷、双向的沟通联系渠道。2010年共组织干部职工集中学习15次，以学习小组为单位的学习36次，举办专题培训4期，现场观摩1次，组织观看并讨论电影《村官普发兴》，撰写心得体会文章30篇。全面落实“三个一百”工作目标和新家园行动计划，2010年完成向上争取资金725万元，超任务608万元；完成招商引资2200万元，超任务2100万元。被市委、市政府考评为第十八批市级文明单位。

【22名大学生村官报名竞选“两委”干部】 云县第四届村民委员会换届选举工作中，立足当前，着眼长远，把鼓励和支持大学生村官、回乡大学生

竞选两委干部，作为县委强化村级组织建设，优化农村干部队伍结构的一项重大举措。全县共22名大学生村官报名竞选“两委”干部。通过选举，全县共有20名当选，其中村主任1名，副主任2名。大学生村官的当选，为本次村级组织注入了新活力，降低了两委干部年龄结构，提升了两委干部文化程度结构，从根本上改变了两委干部履历结构，极大地提升了两委干部综合素质。

县委非常重视大学生村干部管理工作。为确保大学生村干部要下得去、待得住、干得好、流得动，先后制定了《云县大学生村干部管理办法》及《大学生村干部工作制度》等相关配套制度，为大学生村干部成长成才提供了制度基础。在换届动员部署会上，县委明确提出把大学生村干部培养重用作为加强农村基层组织建设的重要内容，要求各基层组织为大学生村干部和回乡知识青年创造展示才华的机会，提供发展成才的平台。在深入基层调研时，多次找大学生村官谈心，鼓励他们勇挑重担，勇于挑战自我，真正投身农村改革发展的大潮，积极参与村级干部竞选。同时，下发了《关于鼓励国家公职人员、大学生村官参加第四届村“两委”换届选举的通知》，对大学生村干部参选工作进行周密部署。针对大学生村干部参选情绪高涨的实际，宣传大学生村干部进村“两委”班子的重要意义，宣传大学生村干部的年龄、知识、思想等优势，增加群众对大学生村干部的认同感，鼓励符合条件的国家公职人员和大学生“村官”积极踊跃报名参与竞选。对大学生村干部参选工作，县委要求要做到法定程序不变通，规定步骤不减少。通过本人申请、群众推荐、党委酝酿、组织考察等严格的程序确定大学生村干部候选人，帮助大学生村干部做好竞选准备，让大学生村干部充分展示才华，取得村民的信任和支持。（本条摘录《云县》县讯）

【云南省非公有制经济组织创先争优活动现场推进会在云县举行】 秋末冬初的云县大地依然生机勃发，云县民营企业在成功应对国际金融危机，发展态势更加看好的情况下，11月5日，全省非公有制经济组织创先争优活动现场推进会在澜沧江酒业集团会议厅隆重举行。会议学习贯彻十七届五中全会、全国非公有制经济组织创先争优活动成都片会和省委创先争优活动丽江推进会精神，总结交流经验做法，研究部署下一阶段工作，推进活动深入扎实有效开展。

全国非公有制经济组织创先争优活动指导小组办公室主任、中央统战部五局副局长方乃纯，省委统战部副部长、省工商联党组书记张功祥出席会议并讲话。省委组织部部务委员、副巡视员、机关党委书记陈为群出席会议并对现场观摩企业、大会发言和书面交流有关单位的主要做法和特点作了点评、对下步工作提出要求。省工商局党组成员、副局长曹阳，省工商联党组成员、副主席铁军，省工商联党组成员、副主席赵明辉，省工商联巡视员马文章，省工商联副巡视员兼组织人事处处长张丽娅，临沧市委副书记张泽军，省非公有制经济组织创先争优活动指导小组全体成员，各州市非公有制经济组织创先争优活动指导小组负责人，省工商联（商会）非公有制经济组织党委所属党组织负责人，大会交流发言的相关州、市、县及非公有制企业党组织负责人参加会议。云县委书记宋红临，县委副书记、县长杨世吉，县委副书记郭洪，县人大常委会主任刘灿，县政协主席何春华，县委常委、组织部长吕江，县委常委、宣传部部长董华春，县政协副主席、工商联主席杨仙琴以及云县创先争优活动领导小组成员单位负责人出席会议。

方乃纯对云南省在创先争优工作方面取得的成绩给予肯定，并要求，要提高对开展创先争优活动重要性的认识，切实贯彻好十七届五中全会精神；非公有制经济组织创先争优活动要以科学发展为主题，加快转变经济发展方式为主线，为企业的健康发展提供动力和保证，并与创建和谐企业相结合；把加强企业的党组织建设作为开展创先争优活动的重要任务；要继续以创新精神探索非公经济组织先进企业的标准；发挥好在创先争优活动中涌现出来的典型作用，用身边的事教育身边的人。

张功祥提出，此次活动呈现出“组织领导比较有力、主题载体比较具体、公开承诺比较实在、活动氛围比较浓厚、特色亮点比较鲜明”五个特点。在下步工作中，要以指导工作水平的提高推动非公经济组织创先争优活动深入开展；以学习型党组织的创建推动非公有制经济组织创先争优活动深入开展；以党建工作的加强推动非公有制经济组织创先争优活动深入开展；以务实的行动推动非公有制经济组织创先争优活动深入开展；以长效机制的建设推动非公有制经济组织创先争优活动深入开展；以宣传发动的强化推动非公有制经济组织创先争优活动深入开展。

会上，临沧市委副书记张泽军，以及罗平县县委领导、云南汇合集团、云南大山饮品有限公司、玉溪市溶剂有限公司、蒙自矿业公司、云南永保水泥有限公司、墨江县城区非公经济党组织负责人进行大会交流发言。

张泽军在交流发言中指出：临沧市在开展创先争优活动中，以“筑坚强堡垒、树先锋形象、促科学发展”为主线，通过采取加强领导、形成合力，推动创先争优活动有序开展；强化指导、突出特点，把企业党建作为开展活动的重点；明确主题、创新载体，激发企业党组织和党员参与的积极性；加强引导、注重宣传，为创先争优活动营造浓厚氛围等一系列措施，扩大了党的工作覆盖面、培养了一批党员骨干、促进了党员的归属管理、健全了党组织发展的机制、促进了非公企业的科学发展。取得了“始终突出科学发展这个主题、始终突出扩展覆盖面这个重点、始终突出争取业主支持这个关键、始终突出分类指导这个方法、始终突出群众参与这个基础”等主要经验。并表示在下步工作中，临沧市将继续开展各类主题实践活动，抓典型促示范带动，进一步加大调研和督查指导力度，狠抓宣传报道和信息材料工作。

与会代表还实地参观考察了云南澜沧江酒业集团、云南茅粮集团党组织开展创先争优活动的情况和生产经营情况，并为新成立的云南智汇源食品有限公司党支部揭牌。在参观考察中，各州、市、县与会领导对云县民营企业发展态势、发展前景给予高度赞扬，对云县民营企业党建工作和创先争优活动的扎实有效给予充分肯定。（本条摘自《云县》县讯）

（县委组织部　提供资料）

老干部管理

【概述】　2010年，云县老干部工作认真贯彻落实科学发展观，紧紧围绕照顾好、服务好老干部这个中心，落实老干部“两项待遇”，强化老干部宣传工作，加强老干部队伍自身建设，认真做好老干部活动中心运转和老年大学办学工作，切实让老干部老有所养、老有所医、老有所教、老有所学、老有所乐、老有所为，实现了老干部工作取得新的成效。

【老干部理论学习】　充分发挥党支部的战斗堡垒和政治核心作用，加强离退休干部思想政治建设；深入开展创先争优活动，不断加强理想信念、政治理论、形势政策、法纪教育，进一步强化老干部队伍和作风建设。坚持老干部学习日制度；年初制定学习计划，编制学习日程，成立学习小组，坚持每月10日、20日分两次组织老干部集中学习。全年共开展集中学习28次，其中：每月10日、20日学习日开展集中学习活动22次（除节假日外），春节、中秋节、“三个一百”工作通报会开展集中学习3次；开展学习十七届五中全会专题学习会1次，开展健康知识讲座1次，举办离退休干部党支部书记培训班1次；同时组织2批次2人次离退休老干部，分别参加了全省老干部党支部书记培训班、全省老干部理论培训班的学习活动。坚持老干部阅读学习有关文件制度；凡是中央、省、市、县有关重要文件，都组织老干部传阅、学习；统一征订《求是》《人民日报》《云南日报》《临沧日报》《参考消息》《中国剪报》各1份；征订《老干部参考》9份、《晚霞》85份、《云南老年报》90份、《云县》报60份等学习材料，基本上满足了老干部的日常学习所需，丰富老干部的精神文化生活。

【落实老干部政治待遇】　坚持和完善情况通报制度、参加重要会议制度、走访慰问制度、参观考察制度和领导干部联系老干部制度等各项制度。县委书记亲自参加春节、中秋两个节日老干部团拜会，并向离休和处级退休老干部作节日祝词和通报全县各个阶段的经济运行情况和社会发展情况。组织115人次离退休老干部代表参加县内的重要会议11次。认真执行县四班子领导分别挂钩联系老干部制度。全年共走访看望年事已高、行动不便的老干部54人次；看望因病住院老干部65人次，走访慰问居住在县城附近的老干部75余人次，走访慰问居住在乡镇的老干部25余人次；协助相关部门妥善处理好4名离休老干部的丧葬事宜，并向其家属进行了慰问；做好2名年内退休的处级老干部的接管工作；做好老干部外出考察学习工作，11月23～26日、11月30日至12月1日，分批次组织40名处级离退休老干部，分别到市内部分县区和大理进行考察学习。

【落实老干部生活待遇】 制定出台《云县离退休干部逝世后丧事办理暂行规定》，进一步规范了老干部逝世后丧事办理工作。切实保障离休干部离休费按时足额发放，保障离休干部医药费实报实销。年内共报销离休干部医药费100余万元，其中帮助异地安置老干部报销医药费34余万元；兑现了2009年度6名离休老干部医药费节约奖共计1.18万元；共发放老干局代管的11名遗属生活补助金6.60万元；为3名年满80岁的离休干部申报增加100元的高龄补助金，为6名住院离休干部办理了住院陪护费，共计1.65万元，为6名（其中，年中去世2名）因瘫生活不能自理离休干部申报发放固定性护理费3.12万元。

【信息和信访】 加大老干部工作宣传力度，努力营造全社会尊重、理解、关心、支持老干部工作的良好氛围，通过报纸、电视、网络杂志等进行广泛地宣传。年内编辑出版了《云县老干部风采》一书，全书近13万字，共收录云县离休老干部101名，处级退休老干部70名。共编写上报老干部工作方面信息20则，被《晚霞》杂志采用2则、《云南老年报》采用6则，被市委老干部局《老干部工作简讯》刊用8则，被《云县》报采用10则，沧江明珠、云县人民政府网站登载18则；上报音像宣传报道4则，被县电视台播放4则。共接待来信来访9件，办理完结9件，办结率100%。

【老年大学】 切实管好用好老干部活动中心，积极发挥中心作用，服务于老干部学习娱乐。进一步加强老年大学的办学工作，创新办法方法，从第三批学员开始，老年大学学员以一个社会团体的形式进行办学，不再结业，学员从初招的60余名发展到近100名。在做好日常教学工作的同时，根据学员爱好，组织55名学员开展春季康乐运动会，组织60余名学员参观县内民营企业和招商引资项目工程，组织10名摄影班学员到民营企业和招商引资项目工程点、农村建设点开展采风活动2次。

【发挥老干部余热】 鼓励和引导老干部为社会主义物质文明、政治文明和精神文明建设发挥自身余热。年内共有8人被单位和企业聘为技术顾问，6人被县委关心下一代工作委员会聘为工作成员，3人被县党史办长期聘为云县党史专著工作人员，有10人从事种植养殖及专业技术服务，6人被县老年大学聘为教师，离休干部王瑞和被推荐为云县“十佳爱心人士”候选人之一。

【成立老干部政务咨询团】 为进一步发挥好广大离退休老干部工作经验丰富、政治可靠，以及离退休后经常性在基层群众中调查研究等方面的优势，积极为县委政府建言献策，年内成立了由9名老干部组成的老干部政务咨询团。同时制定了《云县老干部政务咨询团工作制度》《云县重大事项决策向老干部征求意见制度》《云县向老干部通报政务工作制度》《云县邀请部分县人大代表、政协委员、老干部群众列席县人民政府常务会议参与重大事项决策制度》等制度，明确职责和相关规定。年内政务咨询团共听取县政府“三个一百”工作专题报告1次，听取政法工作专题情况通报1次，成员参与县政府常务会议3次。

【开展创先争优和优化软环境增强软实力活动】 一是公开服务承诺。为确保创先争优和优化软环境增强软实力活动取得实效，全局干部职工紧扣中心工作和岗位职责向社会公开作出服务承诺，接受社会监督，同时把承诺事项和年终考核有机结合起来，通过自我管理、自我加压、自我促进，切实提高服务质量，提升服务水平。二是优化服务方式。随着针对老干部的高龄期、高发病期“双高期”的到来，到单位参与学习和活动的老干部越来越少，及时调整服务方法，转变服务方式，加大上门服务力度，及时上门为老干部送书送报，宣传政策，释疑解惑，交流感情，让老干部充分感受到党和政府的温暖。三是每月电话慰问易地安置老干部。在老干局管理的97名离退休干部中，居住在县外的有9人，居住在乡下的有14人，由于条件限制，他们参加集体活动的机会很少。为充分履行好老干局工作职责，出台了每月电话联系慰问老干部制度，通过每月电话联系及时了解他们的思想动态和生活情况，帮助他们办理相关医药费报销、护理费申报汇寄等工作，竭尽所能做好易地安置老干部的关爱工作。

【开展利用社区资源做好离退休干部服务试点工作】 根据全市老干部工作会议精神和市委老干部局的安排部署，云县老干部管理局在做好前期调研工作的同时，协调试点社区，统筹安排，制定和实施了云县《关于开展利用社区资源做好离退休干部服务试点工作的方案》，利用社区现有资源，积极为试点社区老干部就近学习、就近活动、就近得到关心照顾、就近发挥作用“四就近”提供方便和需求；及时总结成功经验和存在问题，撰写调研报告和工作总结上报市委老干部局。

【深情关爱夕阳争辉——云县老干部工作纪实】 云县老干部局紧紧围绕照顾好、服务好老干部这个中心，坚定不移地落实好老干部政治待遇和经济待遇，按照中央提出的“老有所养、老有所医、老有所教、老有所学、老有所为、老有所乐和基本政治待遇不变，生活待遇还要略为从优，并注意很好地发挥他们的作用”的总体要求，从服务全县经济社会发展的大局出发，切实健全和完善组织机构，强化队伍、基础设施、政策建设工作，拓展创新工作思路，在落实好老干部政治待遇、生活待遇的同时，不断创新工作方式，注重发挥老干部余热，为推动云县科学发展、和谐发展走过了23个年头。

组织机构得到健全完善

1986年4月，云县委老干部局正式成立。成立之初，局内共有人员2名，其中：局长1名，工作人员1名，设置老干局办公室1个。经过23年的发展，县委老干部局现有人员7名，其中：局长1名，由县委组织部副部长兼任，副局长1名，工作人员5名。根据《中共云县委关于进一步理顺中共云县委老干部局工作关系的通知》规定，县委老干部局机构属县委下设的管理老干部工作的职能部门，归口组织部，属一级局级格，根据工作的不断扩展，2003年、2005年云县相继在老干部局内设立了老干部活动中心和老年大学，老干部活动中心与老年大学机构上实行一套班子两块牌子。

硬件建设结出硕果

在加强机构建设工作的同时，在县委、县政府的高度重视下，切实注重强化对老干部工作基础设施建设，与县社会福利院合建老干部活动中心和老年大学，2006年建成了占地面积3330平方米、建筑面积456平方米的县级老干部活动中心、老年大学1个，内设办公室1间、会议室兼教室1间、综合健身房1个、乒乓球室1个、台球室1个、棋牌室1个、阅览室1个、门球场1个，相应配备各种健身器材和办公设备，购置了老年大学文艺团音响设备1套，除土地由县人民政府无偿划拨外，共计投入50余万元建设资金。同时，多方筹集资金，投入19万元购置老干部学习接送和考察学习工作用车1辆，努力把老干部活动中心、老年大学构建成我县的“老干部之家”，为加强我县老干部政治思想工作和老年人教育工作搭建了良好的工作平台。

落实老干部政治、经济两项待遇

围绕中央、省委、市委对老干部两项待遇工作政策导向，县委、县政府出台了一系列老干部关爱政策，为做好我县老干部工作奠定了坚实的政策基础。云县自1991年出台了《中共云县委 云县人民政府关于认真做好老干部工作的通知》文件后，于2005年、2006年又分别出台了《中共云县委组织部 中共云县委老干部局关于切实加强老干部工作的通知》《中共云县委办公室 云县人民政府办公室关于进一步加强新形势下老干部工作的意见》等意见和办法。结合老干部工作实际，为切实落实老干部“两项待遇”，先后出台了有关的八项制度政策。一是为加强离退休老干部医疗保健工作，出台了相关文件，实现了离休干部医药费实报实销，明确了退休干部医疗保险有关政策。二是出台了《中共云县委办公室 云县人民政府办公室关于印发云县离休干部离休费、医药费、财政支持机制试行办法的通知》，切实建立了我县离休干部三个保障机制。三是出台了《中共云县委组织部 中共云县委老干部局 云县人民政府人事劳动局云县人民政府财政局关于企业离休干部生活待遇问题的通知》，在全市范围内第一家将企业离休干部生活待遇纳入县财政统一支付，切实保障了企业离休干部的生活待遇。四是为加强我县离退休干部党支部建设工作，制定出台了《中共云县委组织部关于进一步加强和改进离退休干部党支部建设工作的实施意》。

五是切实落实老干部政治待遇八项制度。

职能作用充分发挥

云县委老干部局成立之初，主要工作是负责管理服务县内除军休干部以外的48名离休干部，并做好1986年4月后离休的干部管理服务工作。除老干局成立前去世的3名离休干部外，县委老干部曾共计管理服务过98名离休干部。自1988年开始，根据工作需要，局内管理服务对象由离休干部扩展到副处以上退休干部，共计管理服务过70名处级退休干部。目前，除逝世的离休和处级退休老干部外，现还管理服务离休干部37人，处级退休干部64人。在做好落实老干部两项待遇工作的同时，积极创造条件引导老干部发挥余热；目前，在离休及处级退休干部中，还有8人被单位和企业聘为技术顾问，6人被县委关心下一代工作委员会聘为工作成员，3人被县党史办、长期聘为云县党史专著工作人员，有10人从事种植养殖及专业技术服务，有6人被县老年大学聘为教师。办好云县老年大学，进一步丰富老干部工作，通过各方努力，云县老年大学于2006年开始招生办班，截止目前为止，共招收了学员3批次；第一批开设卫生保健、体育文艺、计算机短期培训三个班，共招收学员78名；第二批开设一个综合培训班，共招收学员65名；第三批开设了舞蹈、腰鼓、摄影三个班，共招收学员80名。

23年的工作历程，在县委政府的正确领导下，通过历任县委组织部、老干部局主要领导和工作人员的努力工作，真正做到深怀爱老之心，恪守敬老之责，办好利老之事，不断提高服务水平，切实做老干部的贴心人，老干部工作得到了全县离休及处级退休老干部的肯定和认可。23年的老干部工作历程，饱含着党和政府对为解放云县、建设云县、发展云县做出过特殊贡献的云县广大离休老干部和处级退休老干部的关怀和温暖。（本条摘录《云县》县讯）

【《云县老干部风采》一书出版】 2月，以记载云县离退休及处级退休老干部的革命工作，以明前辈之业绩，为后人所鉴，开创云县老干部工作新局面，共促构建开放云县、和谐云县、经济云县为目的，由县委组织部、县委老干部局组织编辑的一部反映云县老干部风采和老干部工作的资料书《云县老干部风采》印刷出书。全书实事求是的记述云县离退休老干部在新中国成立后的革命工作、个人简历、表彰奖励情况，以及处级退休老干部的个人简历、主要工作、表彰奖励情况。全书共分为三个部分，第一部分为老干部工调研类文章，第二部分为离休老干部风采，第三部分为退休老干部风采。书中共录入云县离休老干部101名（其中逝世65名），处级退休老干部70名（其中逝世6名）。读者可以从书中看到这些老同志尽管革命的历程和人生的道路艰难曲折，但他们的信仰不改初衷，用自己的一生追求崇高的理想，这在改革开放的今天仍然有现实的教育意义。（本条摘自《云县》县讯）

（邓春瑰 供稿）

县直机关党建

【概述】 2010年，县直机关党建工作认真贯彻党的十七届四中、五中全会精神，以加强机关党的执政能力建设和先进性建设为重点，以密切党同人民群众的联系为核心，以提高机关党员干部队伍素质为关键，以创新完善机关党的工作机制为动力，围绕中心，拓宽领域，强化功能，不断开创机关党建工作新局面，为建设和谐新云县提供坚强保证。

【党组织建设】 一是抓机关党组织建设，充分发挥党组织的政治核心作用和战斗堡垒作用。理顺机关党组织设置，保证党组织的作用有效发挥，撤并了国税局党总支所属部分党支部，新成立党支部7个，将党支部升格为党总支1个；建立健全基层党组织领导班子，及时组织换届选举和健全组织设置，调整充实各机关党组织领导班子。全年共对任期届满的2个党总支15个党支部进行了换届和补选，通过换届共调整总支书记2名，总支委员12名，支部书记16名，支部委员43名。因县委人事变动，调整总支书记2名，总支委员3名，支部书记9名。二是严格按照发展党员“十六字”方针要求，积极稳妥地做好发展党员工作。把好党员发展关，在严格执行原有新党员发展公示制、政审制、票决制的基础上，强化发展源头监督，实施入党积极分子公示制。同时，严格规范党员审批程序，年内共计发展新党员15名，其中女党员5名，占30%，转正预备党员10名，其中女党员5名，培养入党积极分子46名，其中女16名。三是规范党费收缴工作。根据中央文件精神，进一步明确党费收缴标准，严格要求各机关党组织及时足额收取。四是进一步规范党员流转管理。共办理党员组织关系转移209人次，办理《流动党员证》2本。

【党员抗旱先锋】 面对百年一遇的旱灾，按照各级党委的安排部署，团结组织广大机关党员，发挥广大党员先锋模范作用，做好抗旱救灾工作。一是组织宣传好“共产党员抗旱先锋行动”，组织广大机关党员认真学习各级党委关于抗旱工作的通知精神，切实把思想统一到中央组织部的要求上来。二是结合实际，组织开展机关党员抗旱先锋行动，通过资金援助、党员个人爱心救助等方式，共组织机关党组织、党员捐款38.05万元，帮助灾区的党员群众。三是加大宣传，表彰一批在抗旱救灾中涌现出的先进典型党组织及党员个人，激励广大党员干部带领群众战胜旱魔。

【党员关爱机制】 落实党员关爱机制，认真开展好困难党员慰问工作。根据县委组织部的安排，抓好“春节”期间对困难党员和老党员的慰问工作。全年共慰问困难党员和老党员15名，共发放慰问金0.3万元，使广大党员感受到了党组织关怀和温暖。

【党员数据库建设】 进一步完善党员数据库维护工作。对17个党总支、106个党支部、1500多名党员的基本信息录入进行了全面核实，使党员数据库建库资料准确无误，为下一步党建工作提供了翔实的数据基础。

(杨罗光 供稿)

中共云县县委党校

【概述】 2010年，中共云县县委党校工作认真贯彻落实科学发展观，紧紧围绕县委、政府中心工作，充分发挥党校的职能作用，在干部培训、教研工作、师资队伍建设及基础设施建设等方面，取得了显著的工作业绩，创造了良好的社会效益。年内县委党校共开展各类培训13期，培训人数3000多人；积极开展哲学、经济学、法律、县情等课题研究，以科研促教学；加强教职工政治理论学习、组织建设和作风建设，不断提升教师队伍综合素质；建立健全管理制度，推动学校科学和谐发展。

【培训】 6月28～29日，举办入党积极分子培训班1期84人，5月，组织流动党校培训全县12乡镇村“两委”干部1期1200人，9～11月，组织流动党校宣讲团对12乡镇村的村“两委”干部，大学生村官、乡镇机关站所干部职工和13个县直单位的干部职工培训《划清“四个重大界限”读本》和《十七届五中全会精神》25场次，3600多人。协助县安监局完成云县科级干部安全生产培训1期，107人，到部分企业、县直单位、乡镇进行创先争优专题培训7期，共600人，组织村干部考任副乡镇长考前培训1期，8人，8月，通过采取集中培训、现场指导和技术服务方式，组织农民工技能提升培训700人。拓展办学渠道，继续与临沧财校联合开办农民中专班。

【函授教育】 坚持“社会效益与经济效益相统一”的办学指导思想，严格教学和管理，注重对学员素质的全面培养和提高，完成了函授学历教育后过渡期的各项工作。完成了经管和法律两个本科班计77人学员的毕业论文指导与答辩工作。支持和鼓励2名教师，参加云南农业大学农业推广硕士研究生云县党校教学点学习。

【队伍建设】 党校按照学习型党组织建设活动的有关要求，树立“抓学习、强组织，打造一流县级党校，勤学习、强本领，打造一流教师队伍”的学习理念。要求全体教师做到“终身学习”“学习工作化，工作学习化”，“学习生活化、生活学习化、学习带工作、工作促学习”，不断丰富学习内容，创新学习方式，提高学习效果。要求教师结合学校和自己的工作实际深学政治理论，精学本职业务，每月交一篇心得体会，并要求把学习心得体会文章和党校工作信息张贴到网站上相互学习，每月检查一次读书笔记，真正做到政治坚定，业务精通。坚持每周周五下午开展专题试讲活动，试讲必须用课件，教务室组织骨干教师对每位教师的试讲情况进行评判。同时通过对全体教师发放听课征求意见表，征求改进意见，不断完善宣讲专题。

【制度建设】 一是建立健全管理制度。建立健全和完善《云县委党校农民中专班管理办法》《中共云县委党校社会力量办学管理办法》等制度23个，做到用制度管人、管物、管事、理财。二是聚齐心、理顺气、集众智、鼓足劲。严格执行《云县委党校校务委员会议事规则》，按照“集体领导、民主集中、个别酝酿、会议决定”的原则，进一步完善重大问题议事和决策制度。校务委员会每月召开一次会议，严格执行民主集中制的各项规定，切实保障干部职工的民主权利。建立党校校委会领导与教职工加强联系制度，校务委员会成员每人联系两名教职工，校委会领导联系教职工的名单每年确定一次，校务委员会领导对各自所联系的教职工要做到在政治上信任，在思想上沟通，在业务上指导，在生活上关心。校务委员会领导每周至少与教职工进行一次交心、谈心活动，及时了解群众的所想所盼，帮助教职工解决工作、生活和学习中遇到的困难和问题。按照“自愿报名、自主择岗、双向选择、人尽其才”的原则对内部工作岗位进行选择，发挥全体教职工的工作积极性、主动性、创造性。关心职工身心健康。在教师节期间，组织教职工到县医院进行身体检查。对生病教职工及家属病故等，学校领导都要组织党校全体干部职工进行看望慰问。

【开展创先争优、优化软环境增强软实力活动】 党校按照“组织创先进、党员争优秀、职工创佳绩、党校有发展”的目标要求，通过深入开展优化育人软环境、增强发展软实力活动和“争、创、赶、超、比”的创先争优活动，形成了“诚信、公正、公开、效能、服务、廉洁”的育人软环境，增强了发展软实力。党校的民本意识、大局意识、责任意识、服务意识明显增强，服务质量明显提升，工作效能明显提高，工作作风明显改进。

【扶贫挂钩】 县委党校自挂钩栗树乡慢朗村以来，帮助11个村民小组安装了无线电话，对挂钩村村民进行农民工劳动力转移技能培训，为挂钩村购买农资物品、赠送衣物，帮助村完小解决饮水问题、篮球场修建、赠送学生课桌等，累率帮助该村解决各项资金达10多万元。

（县委党校 提供资料）

纪检监察

【概述】 2010年，全县各级纪检监察机关，紧紧围绕县委、县政府一系列重大决策和部署，坚持标本兼治、综合治理、惩防并举、注重预防的方针，抓住教育、制度、监督、改革、纠风、惩处等关键环节，深入推进惩防体系建设，着力决群众反映强烈的热点难点问题，加大监督检查力度，加强干部队伍作风建设，严明党纪政纪，党风廉政建设和反腐败工作取得了一定成效，为全县经济平稳较快发展和社会和谐稳定提供了有力保证。

【宣传教育】 一是春节、中秋佳节期间向全县科级领导干部发送廉政短信800余条，进一步提高了领导干部廉洁从政意识。二是向全县科级领导干部、村干部发放《人生核算——一名囚徒的感言》《以案明纪 警钟长鸣——临沧市反腐倡廉警示教育案例实录》和《警钟长鸣—云县党员领导干部警示教育读本》，进一步丰富了广大干部廉政警示教材。三是及时制定下发学习《廉政准则》通知，就全面抓好《廉政准则》学习提出要求，在全县开展了廉洁从政知识测试。四是组织召开了全县卫生、教育系统党风廉政建设工作会，重点部署了卫生、教育系统的廉政教育工作。五是在乡镇教办、中学、县直校园中配备了30名纪检监察员，并对新配备的纪检监察员进行了任前培训。六是组织全县教育、卫生系统干部职工旁听了县人民法院开庭审理原某中心校校长利用职务之便贪污和受贿案，进一步拓宽了教育面。七是进一步开展了廉政文化“六进”活动，共建成县级党风廉政建设示范点12个，乡镇党风廉政建设示范点2个。八是切实加强党风廉政建设的外宣工作，2010年，全县党风廉政建设信息被国家、省级和市级刊物和媒体采用89则。

【领导干部廉洁自律】 一是县委、政府与83个党政部门和乡镇党委签订了《2010年党风廉政建设责任书》，并抓好责任制的层层落实。二是切实加强对公用小汽车的管理，严格执行公务用车零增长制度，开展了全县党政机关、事业单位公务用车清查登记工作。三是开展了新提拔领导干部任前廉政谈话4批113人次，签订廉政承诺书113份，诫勉谈话9人次。四是对6名科级干部、3名一般干部进行了问责。五是认真抓好领导干部节俭办婚（丧）事、公款出国境旅游、厉行节约等廉洁自律各项规定的督促检查。全年共有10名科级领导干部按要求申报了节俭办婚事事项。全县共节约各类公务经费开支522.04万元。

【执法监察】 一是切实加强对42项中央扩大内需项目落实情况的监督检查。二是及时制定了《云县工程建设领域突出问题专项治理工作实施办法》，明确了工作目标要求，分解细化了工作任务，落实了工作职责，加强了对政府投资和使用国有资金的建设项目、振清公路云县段以及其他重点工程项目建设招投标的监督检查。2010年共签订廉政合同190份，涉及金额2.47亿元。三是抓好产业建设、阳光政府四项制度、“两污”工程和校舍安全工程项目、新家园行动计划的督查，确保了中央和省、市、县委重大决策部署的落实。四是切实抓好软环境建设工作。五是抓好抗旱救灾工作，对全县抗旱工作提出了明确的纪律要求，并组成专项检查组对全县的城乡供水安全进行了专项督查，确保了抗旱工作的顺利进行和抗旱工作措施的有效落实。六是开展行政审批、行政事业性收费项目清理工作，努力营造良好的投资发展环境。七是组织学习借鉴外地经验，加快推进了县政务中心建设。

【纠风工作】 深入扎实推进治理教育乱收费工作，开展了教育收费及“两基”专项检查，建立并实施对政府教育经费拨付、学校经费收入及使用情况、学校收费行为的年度专项审计和审计公告制度。进一步治理了教辅材料过多过滥和向学生强行推销保险、有偿补课以及其他加重学生经济负担等问题。进一步纠正医药购销和医疗服务中的不正之风，强化医德医风建设，全面推行医院院务公开，严格规范医疗服务，坚持合理检查、合理用药、合理治疗、合理收费。农村“三乱”治理成果得到巩固。

【云县194个村（社区）配齐纪检监察员】 云县以村“两委”换届为契机，积极创新工作思路，不断探索党建工作新途径，在全县194个村（社区）的村（社区）“两委”中选出作风正派、办事公正、群众信任、具有较强事业心和责任感的村级纪检监察员，把纪检监督网络延伸到村（社区）级组织，巩固基层反腐倡廉基础。

云县村（社区）纪检监察员在设置上隶属于村（社区）党支部并以支部委员的形式设置，在业务上直接受乡镇纪委领导，及时反映群众的意见和建议，定期向乡镇纪委汇报工作。村（社区）纪检监察员的主要职责是负责监督本村（社区）“两委”及党员干部执行党的路线方针政策和勤政廉政等情况，包括廉政监督、政策监督、财务监督、重大事项监督、党委监督、信访监督等六个方面的内容。协助村（社区）党支部抓好党风廉政建设和反腐败工作，促进党员干部自觉执行廉洁自律的有关规定；加强对党的路线、方针、政策落实情况的监督检查，确保政令畅通；利用村务公开栏等宣传阵地大力开展政策文化建设；定期检查村级财务管理情况，并按时进行村务公开；对其他村务活动进行监督。村（社区）纪检监察员的设立，将使各村（社区）的村务活动进一步透明化，村务公开更为彻底，村（社区）财务的收入和支出有了“把关人”。同时，村纪检监察员既是政策法规的“宣传员”、信访工作的“情报员”，还是矛盾纠纷的“调处员”，集体资产管理使用的“监督员”，他们在村级理财、民主管理、惠民政策落实等方面将发挥积极作用。（本条摘自《云县》县讯）

【案件查办】 牢固树立“有案不查是失职，不查有影响的大案要案是不尽职，查办案件不促进经济社会发展是不称职”的理念，始终坚持“一要坚决，二要慎重、务必搞准”的原则，积极探索查办案件的新方法、新手段。2010年，全县纪检监察机关共收到群众来信、来访、来电47件（次），已办结45件，正在办理2件，办结率达96%。全年共查办案件20件28人，受党纪处分20人，受行政处分25人，其中受党政纪双重处分17人。

【核桃产业】 紧紧围绕县委、县政府中心工作，切实抓好核桃产业建设发展工作。组织完成了对

2009年核桃种植及嫁接检查验收工作；组织各乡镇、各挂钩部门较好地完成了以“立主除杂”、追施化肥为主的夏季核桃“三率”管护工作；组织召开了全县2010年核桃种植及核桃冬季管护工作会议，并着力抓好工作落实。

【自身建设】 制定出台了《加强全县纪检监察干部队伍建设的意见》《关于加强信息工作的意见》，多形式抓好学习，全县纪检监察干部的责任意识、大局意识明显增强，工作效率明显提高。进一步加大纪检监察干部的培养使用力度。2010年，纪检监察干部被组织提拔任用12人，平职交流使用9人，选送16名干部参加了中央和全省纪检监察业务培训和办案培训学习。配备村级纪检监察员296名，把纪检监察工作机构的网络延伸到农村基层。为乡镇纪委购置了电脑、数码相机等必要的办公办案设备，改善了乡镇纪委办公办案条件。编印出版了《云县纪检监察史》和《云县优化软环境增强软实力资料》。

【加大村干部审计力度】 2010年，云县结合村党组织和第四届村委会换届选举工作，对全县12乡镇的194个村（社区）开展了村干部和小组干部的任期经济责任审计工作。工作中，一是加强领导，把对村干部的审计纳入村级换届选举工作统一部署。成立了云县村干部审计工作领导组，由县委组织部牵头，纪检监察、农业、审计、民政、财政、农经等部门通力协作，抽调相关业务人员开展此项工作。二是严肃纪律，把村干部任期和离任经济责任审计抓紧抓实。在村级会计委托代理清产核资工作的基础上，工作组坚持做到账目核查到位、票据审查到位、账务核实到位，对个别村委会一时查不清的突出问题和疑难问题有计划地进行专项审计，做到一查到底。三是注重结果，严格检查验收。工作组通过调查、查账、盘点货币资金等方式，采取了账内与账外审计相结合、财务审计与建章立制相结合，力求细致、准确，不流于形式走过场。乡镇审计工作结束后，县农村审计指导组对全县12个乡镇的审计工作进行了认真、严肃的检查验收，整个审计工作始终坚持公开、公正、公平。通过审计，全县12乡镇的194个村（社区）已审单位资金6581.8万元，清理固定资产总额2479.5万元，被审单位干部任期经济责任目标任务基本完成，全县被审的村（社区）和被审干部没有违纪违规行为。（本条摘自《纪检监察信息》第三期）

（纪委监察局 提供资料）

统 战

【概述】 2010年，中共云县委统一战线工作在县委的正确领导和市委统战部的指导帮助下，认真贯彻落实中央、省、市统战工作会议精神，牢牢把握大团结、大联合主题，充分发挥统战工作职能，认真开展各项工作。一是着眼于提高服务水平，努力加强自身建设；二是着眼于维护团结稳定，稳妥处理民族和宗教关系；三是着眼于服务经济建设，重点做好非公经济领域统战工作；四是着眼于加强政治建设，积极推进党外干部和党外人士工作；五是着眼于发挥统战系统的参政议政作用，扎实做好统战理论调研宣传信息工作。

【党外干部和党外人士工作】 一是充分发挥统一战线参政议政、民主监督的优势，全面贯彻落实中共中央有关文件精神，支持政协履行政治协商、民主监督、参政议政职能，推进多党合作和政治协商的制度化、规范化和程序化，并不断丰富民主形式，拓宽无党派人士参政议政的渠道。二是举贤荐能，除按要求做好党外代表人士的政治安排工作外，还把优秀党外人才积极向组织部门推荐进行实职安排。三是为党外人士建言献策疏通渠道，积极引导党外人士在为云县经济发展、项目实施、社会治安综合治理、党风廉政建设等方面建言献策。四是狠抓党外干部的培养选拔和管理工作，加强重点党外人才库的建设。

【非公有制经济领域统战工作】 一是建立统战部领导班子成员联系非公有制经济代表人士制度，积极为非公企业解决实际困难。二是充分发挥统战部职能作用，指导好工商联的工作。三是指导云县工商联成立了茶房乡、大寨镇和涌宝镇分会。进一步为云县非公企业的发展、壮大奠定了基础，搭建了平台。四是加大招商引资力度，结合市委“三个一百”和县委的统一安排部署， 积极完成县委下达的招商引资任务。五是帮助亚太公司抓好罗闸河一、二级水电站建设工作。六是在非公经济组织创先争优活动。

【民族工作】 一是认真贯彻落实中央和省、市民族工作会议精神，牢牢把握各民族“共同团结奋斗、共同繁荣发展”这个主题，把统一战线内各民族人士的智慧和力量凝聚到全面建设小康社会上来。二是组织开展少数民族代表人士队伍建设调研，进一步规范少数民族代表人士档案建设。三是尊重少数民族习俗，在回族圣纪节期间，组织干部职工与回族群众一起共庆节日，使“三个离不开”的思想深入人心，平等、团结、互助、和谐的社会主义民族关系进一步巩固。

【宗教工作】 一是利用各种形式、各种渠道，在广大干部和群众中进行宗教政策的宣传，加大党的宗教政策法规的宣传 。二是加强宗教爱国力量的教育，通过组织宗教界人士参加上级组织的各种培训学习，提高他们的政策理论水平和依法管理能力。三是认真组织做好云县宗教界人士参加“首届云南省宗教界文艺表演暨体育运动会”工作。四是修建宗教活动场所。通过向上争取资金10万元、宗教活动场所教职人员及信教群众集资捐款30万元，共投资40多万元新建了大寨回龙寺大殿，为大寨回龙寺教职人员及信教群众提供宗教活动场所。

【海外统战工作】 一是深入宣传和贯彻落实《反分裂国家法》和“和平统一、一国两制”的方针政策，认真办理涉台事务，精心接待台胞回乡探亲和旅游观光。二是配合县残联开展向台北曹仲植基金会申请轮椅捐赠活动。三是认真抓好中远慈善基金会援助临沧教育云县点的项目建设。四是认真做好向临沧市侨办申报侨爱侨心学校建设储备项目工作。

【统一战线代表人士工作】 一是组织召开了“云县2010年统一战线代表人士中秋茶话会”，县委有关领导作了重要讲话，并对他们提出了殷切的希望和要求，坚定统一战线代表人士建设美好云县的信心和决心。二是认真组织开展走访慰问活动。2010年春节期间，组织相关部门开展了对全县非公经济、民族宗教、党外干部、台（侨）属、非党知识分子等重点统一战线代表人士春节走访慰问活动。

【统战理论调研、宣传和信息】 年内，干部职工通过调研撰写理论调研文章5篇，采编各类统战稿件27篇，并积极向《云南政协报》《临沧日报》、市委统战部《统战简报》以及《云县》县讯、《云县信息》和“沧江明珠——云县”网站等报刊媒体投稿，为统战工作的深入开展起到了积极的推动作用，加强了对党的统一战线方针政策的宣传，扩大了统一战线工作在全面建设小康社会中的影响。

【新农村建设】 一是积极为扶贫挂钩村忙怀乡邦六村协调资金，修复和加固人畜饮水项目工程2个，解决了该村150户623人以及320头大牲畜饮水困难问题。二是积极支持派出新农村建设指导员工作，为新农村建设指导员派驻村涌宝镇糯洒村购置了电脑一台及部分办公用品，较好地改善了该村的办公条件。

（玉学军 供稿）

县委巡视督查

【概述】 2010年，县委巡视督查工作在云县县委、县人民政府的领导和市委巡视组（督查室）指导下，紧紧围绕全县工作大局，充分发挥督促检查的职能作用，狠抓巡视督查事项的落实，增强巡视督查工作的实效性和督促性，促进巡视督查自身建设，较好地履行了巡视督查的工作职能。年内共组织完成对部门工作情况等巡视督查8项，完成抗旱救灾、市容市貌百日整治行动等专项督查工作8件，参与和配合省委、市委巡视组（督查室）在云县开展巡视督查工作8项，深入基层开展广播电视卫星直播“村村通”覆盖工程调研1次，云县水库移民稳定工作专题调研1次；撰写《督查专报》10期，各类信息、工作研究、理论文章等130篇，专项工作上报材料16份，各类汇报材料29份；先后帮助挂钩村栗树乡小帮敢村及灾区群众捐款、捐物共计1.46万元，棉被10条。

【自身建设】 一、深入开展学习宣传贯彻党的十七届四中、五中全会精神。2010年，按照县委总体部署，县委巡视督查组认真贯彻落实党的十七届四中、五中全会精神，以科学发展为主题，围绕市委“三个一百”“新家园行动计划”“优化软环境增强软实力”活动和县委“五个坚定不移”的目标要求，切实把思想和认识统一到县委的重要部署上来，深入学习贯彻党的十七届五中全会精神，全面、准确、深刻理解和领会十七届五中全会精神的要义，强化政治理论学习，不断增强干部职工的理想信念、宗旨意识、责任意识和服务意识，着力在提高服务科学发展的能力上下功夫，牢牢把握科学发展这一主题和转变发展方式这一主线，切实促进机关作风建设，扎实做好各项服务工作。巡视督查组结合自身实际，一是及时组织单位全体干部职工开展学习，主要以集体学习与个人自学相结合的方式进行。二是健全和完善学习制度，确保学习活动有序开展。建立了周一学习日制度，要求每阶段集体学习不低于3个学习日，个人学习不低于40学时。同时，结合学习活动，健全完善了督查立项、督查工作流程、领导批交办事项等相关工作制度，苦练内功，强化落实，从而提高服务质量和水平。三是工作下沉，服务基层群众。团结和带领全体干部职工，多次深入扶贫挂钩村、移民安置点，帮助村组找准存在困难和问题，理清发展思路，抓实产业建设，加快推进农村基础设施建设；指导抓好村级党支部为核心的基层组织建设，为基层党员上党课，完善相关工作制度，开好民主生活会，认真开展批评与自我批评，开展好交心谈心，针对存在问题，认真落实整改措施，使活动开展得有声有色，富有成效。

二、转变作风，强化服务。坚持以提高工作效率为主，凝聚人心，搞好配合，不断提高部门整体服务水平，当好领导的参谋助手。

（一）坚持一个“严”字。关注决策走向，对县委、政府作出的重大决策部署，认真学习、深刻领会，坚持吃透精神、把握重点，在此基础上将决策细化分解督查，使县委、政府的决策由全局到细化，由细化到责任，从讲政治的高度严肃对待巡视督查工作。严格执行批示件登记制度。

（二）扣住一个“紧”字。始终把督查的重点放在县委、县政府最关心最重视和带有全局性的重要决策和工作部署的落实上，深入基层，深入群众了解真实情况，倾听群众呼声，为县委、县政府提供翔实的第一手资料。

（三）讲究一个“活”字。巡视督查中采取灵活多样的督查方式，对时间跨度长的督查事项，实施连续跟踪督查，将督查工作贯穿于决策实施的全过程，渗透到决策实施的各方面。

（四）力求一个“快”字。注重突出一个快办快报，做到不拖不压不误。严格执行批示件登记制度，工作中，注重抓好“三个提高”：一是提高巡视督查工作的可操作性。坚持“三服务”的督查工作宗旨，做到“既报喜又报忧”。二是提高巡视督查工作的效能性。针对县委、县政府关注的热点，难点，对督查中发现的新情况、新问题，认真分析，提出合理化、可行性的意见和建议，为县委、县政府科学决策、指导工作提供参考，发挥参谋助手作用。三是提高巡视督查工作的针对性。着眼于为县委、县政府决策提供第一手资料，有针对性地开展巡查工作，并将督办情况及时上报，为县委、县政府科学决策和再决策提供准确的依据。

三、严格落实党风廉政建设责任制。一是领导重视。把党风廉政建设纳入了单位目标责任管理，统筹安排抓好落实。二是贯彻民主集中制原则。组领导间相互尊重，工作讲大局，不推诿扯皮。三是认真落实党风廉政建设责任制各项规定，规范机关部门和个人的行为。四是切实加强班子领导能力建设。围绕县委、县政府关于经济社会发展的总体思路，廉洁自律、勤政廉政，不断探索新形势下开展巡视督查工作的新方法，更好地推动县委各项决策的有效落实。

【巡视督查】一是对全县核桃种植及“三率”建设管护工作开展情况进行督查。以督促提升产业建设管护质量为核心，以除杂除草、松土、追肥、整形修剪、病虫害防治、排涝为主要内容抓好督查落实。

二是对各乡镇、县直有关部门开展深化集体林权制度主体改革整改工作情况进行督查。主要对深化集体林权制度主体改革整改工作动员会传达情况、县、乡两级被抽调的工作队员到位情况，乡镇、村组工作开展情况及林改内业和外业完成情况进行督查。通过督查增强了林农对林业的关注程度，营造了全社会办林业、做产业的良好氛围。

三是对全县学习贯彻省委书记白恩培在省委八届八次全委会上的工作报告和学习贯彻县委书记宋红临在中共云县委十一届七次全体（扩大）会议上的工作报告情况进行督查。全县各级各部门紧紧围绕市委提出“三个一百”工作目标任务和县委2010年全县经济社会发展的总体要求，围绕保增长、保民生、保稳定切实把县委“五个坚定不移”落实到具体工作中。

四是对全县农村公路管护情况进行督查。针对目前农村公路管理养护存在的管理养护难度大、部门之间缺乏工作上的沟通与协作、管养措施不到位、不规范等问题开展督查，并就如何加强农村公路管理养护提出了相关意见和建议报告县委。

五是对2010年全县烤烟生产情况开展督查。主要针对抗旱保苗各项措施的推进落实开展督查。为争取“小春损失大春补，大春损失经济作物补”奠定了坚实的基础。

六是三次对县委有关会议决定事项落实情况开展督查。主要针对各责任单位工作完成情况和县委专题会议研究决定事项进行立项督查，在督查过程中，就重点项目和重点工作存在的困难和问题，提出了意见和建议，特别是对未按照县委决定事项进行认真落实或因措施不力影响工作进度，未能按质按量完成工作任务的，予以通报。

七是对全县“三个一百”工作目标任务完成情况进行专项督查。

八是两次对旧村旧房改造工程实施情况进行督查。重点是对爱华、茂兰、漫湾和幸福等4乡镇的旧村旧房改造政策宣传、制度落实和工程建设进度等情况进行了专项督查。

【专项督办】 全年共完成专项督办8件。分别是：对全县抗旱救灾工作进行督查；组织对全县各级党组织和广大党员中开展“共产党员抗旱先锋行动”督查；组织对爱华镇德胜、永胜片区中低产田地改造项目实施情况的督查；组织对爱华镇头道水片区中低产林改造核桃抚育管护大会战工作督查；参加全县夏季核桃“三率”建设管护工作督查；参加“两基”迎“国检”工作跟踪督办；参加创先争优活动党建工作示范点督查；组织开展市容市貌“百日整治”行动督办。

【落实交办事项】 完成省委《督促检查事项办理通知单》（省委书记白恩培对石林县特大交通事故的重要批示）的落实督办；参与配合市委“三个一百”落实情况调研；参与市委巡视组开展的政府还贷在建二级路建设情况督查工作；配合省委巡视组开展工作巡视；牵头组织召开云县桥文化建设座谈会，就桥文化建设的亮化、美化工程，广泛征求意见和建议，以供县委、政府作出决策；配合市委督查组对核桃冬季管护工作督查；参加市核桃“三率”建设检查验收工作；配合市委督查组对旧村旧房改造和旧校舍改造工作开展督查。

【督查调研和信息工作】 一是开展广播电视卫星直播“村村通”覆盖工程调研；二是完成对云县正觉奄水库管理局水库建设和库区安全管理专项督查调研；三是完成县委安排的云县水库移民稳定工作专题调研，并形成调研报告上报云县县委。

全年共撰写《督查专报》10期，专项工作上报材料16份，各类汇报材料29份，撰写各类信息、工作研究、理论文章等130篇。

【抗旱救灾及扶贫挂钩】 年内，县委巡视督查组积极响应云县县委、县政府的号召，开展“共产党员抗旱先锋活动”，认真落实县级领导和部门挂钩帮扶责任制，强化对灾情的认识，扎实做好抗旱救灾工作。先后向挂钩村栗树乡小帮敢村及灾区群众捐款、捐物共计1.46万元，棉被10条。积极帮助改善挂钩村办公条件，为挂钩村解决了价值6000元的电脑1台。为沙坝完小捐赠电脑1台，爱国主义教育电教影片27盒，以改善学校办公条件，活跃校园文化建设。分别向爱华镇河弯村新民组赠送腰鼓20个、演出服装20套；赠送晓街乡月牙村捐赠各类科普书集300余册，腰鼓80个；爱华镇德胜村演出服装10套、永胜村、河中村腰鼓各20个。按照县委关于旧村旧房改造工作挂钩联系制度的要求，干部职工多次深入爱华镇河湾村和田心村的4户挂钩农户开展工作。

【工作措施和体会】 2010年，县委巡视督查组通过精心组织，在人少事多，经费不足的情况下，克服诸多困难，大胆工作，较好地履行了巡视督查的工作职能，充分发挥了县委、政府的“抓手”作用，为推动各项任务落实，服务经济社会发展作出了积极的努力。

一是领导重视，高位推进。巡视督查是领导的重要环节和方法，是强化执行力的具体体现。县委、县政府高度重视巡视督查工作，主要领导定期不定期地座谈了解工作开展运行情况，帮助解决工作中存在的困难；凡是县委召开的非人事类的常委会和专题会议，均请巡视组领导列席参会，以便全面了解和掌握县委的重要决策部署；县委对相关决策的推动落实均以专项交办形式交由巡视督查组具体组织，体现了县委对巡视督查工作的关心和信任，从而为更好地开展巡视督查工作营造了良好氛围，奠定了坚实的组织基础。

二是围绕中心，服务大局。县委巡视督查组紧紧围绕县委“增投资、扩消费，转方式、调结构，重民生、建和谐，快发展、上水平”的要求，年初制定《2010年巡视督查工作要点》，保障巡视督查工作有计划、有步骤、有目标，为巡视督查工作的顺利开展创造了条件。

三是抓住关键，突出重点。针对领导关注和群众反映强烈的问题认真进行梳理，逐项落实，并提出相关意见和建议，规范了办理程序，确保了巡视督查的客观、公正性。

四是创新机制，力求实效。在巡视督查工作过程中，坚持边巡查边整改、边巡视边探索，发现问题边整改边落实，创新了工作方法；在具体的工作办理过程中，坚持做到了查实情、摸实底、说实话、出实招，为县委、政府进行科学决策、指导工作发挥了参考服务作用，体现了巡视督查反馈的翔实性和可信性。

（巡视督查组 提供资料）

宣 传

【概述】 2010年，中共云县县委宣传工作紧紧围绕全国、全省和全市宣传思想文化工作会议和市委书记杨洪波在第十一个记者节上的讲话精神，以科学发展观为统领，创新思路，开拓进取，务实为民，在工作思路、理论武装、舆论引导、对外宣传、文明创建、文化建设及队伍建设等方面取得了可喜成绩，呈现出面上有创新、点上有突破、整体有跨越的良好态势，为构建开放云县、和谐云县、经济云县，实现经济社会又好又快发展提供了坚强的思想文化保证。

2010年，中共云县委宣传部在县委和上级宣传部门的正确领导下，云县委宣传部坚持以“三个代表”重要思想为指导，认真践行科学发展观，贯彻十七届及十七届四中、五中全会精神，落实中央、省、市宣传思想文化工作会议和，唱响主旋律，增强凝聚力，打好主动仗，贴近实际、贴近生活、贴近群众，紧紧围绕县委、县政府中心工作，真抓实干，务求实效，努力使云县的宣传思想文化工作再上一个新台阶。

【工作思路】 坚持以邓小平理论和“三个代表”重要思想为指导，全面贯彻落实科学发展观，深入学习宣传党的十七届五中全会精神，贯彻落实中央、省市宣传思想文化工作会议精神，按照“突出主旋律、增强凝聚力、提高执行力”的要求，着力抓好理论武装和新闻舆论宣传工作，以开展建设学习型党组织和优化作风建设为载体，不断提升宣传文化队伍整体水平，重点抓好以“知党史、颂党绩、感党恩、唱党歌”为主题的建党90周年纪念活动，扎实做好弘扬时代旋律、服务科学发展、满足精神需求等方面的工作。

【理论建设】 一、建设学习型党组织，不断提升理论素养和创新能力。按照“建学习型党组织、做学习型党员”的要求，抓基层理论普及工作，进一步推进科学理论本土化、时代化、大众化。充分发挥领导、专家、骨干的带动作用，注重以点带面、分层推进，收到了良好的效果。（一）健全组织，加强领导，全面推进。下发了《中共云县委办公室关于推进学习型党组织建设的贯彻实施意见》《中共云县委办公室关于成立学习型党组织建设领导小组的通知》，对学习型党组织建设从重大意义、总体要求、主要原则、主要内容、任务目标、途径和方法、制度和机制、组织领导、舆论引导和加大宣传力度等方面进行了部署，稳步推进学习型党组织建设的各项工作。（二）理论中心学习组学习成为常态化。一是县委常委中心组率先垂范，从自身做起，坚持每月安排一次集中学习。二是县委理论中心组将学习地点由会议室转移到田间地头，以现场观摩的形式，强化县委理论中心组学习成效，收到良好的效果。三是把学习实践结果转化成理论成果。理论中心学习组学习结束后，要求科级以上领导干部每年撰写出1篇以上高质量调研报告和理论文章报县委宣传部，再由县委宣传部筛选后向市级以上媒体推荐。（三）大力推行十项学习法。一是领导干部带头学。二是干部职工自主学。三是单位集中统一学。四是专家学者辅导学。五是工作之余在线学。六是干部职工交流学。七是基层调研深入学。八是参加培训跟班学。九是深入基层实践学。十是寓教于乐休闲学。（四）做实“十项活动”。一是开展一次宣讲活动。二是开展一次专家讲座。三是开设一个专题访谈。四是开展一次座谈会。五是建立一个宣传栏。六是建立一个干部书屋。七是开展一次调研活动。八是开展一次理论研讨活动。九是解决一些实际问题。十是打造一个监督平台。

二、加大理论宣传普及和研究力度。一是充分运用现代远程教育、电化教育、《简讯》、广播电视、信息网络等媒介，为基层群众提供内涵丰富、形式多样的理论培训。二是开展各类形势教育报告会、研讨会260场，有力提升了村民科学文化素质和理论素养。三是对村两委进行全员培训。结合云县第四届村“两委”换届之际，对村干部进行培训。宣讲活动开展20场次，受训人数达5600余人次。四是加强学习网络平台建设，制作了云县理论学习网、云县学习型党组织建设专题网。五是开展十七届五中全会精神宣讲活动，宣讲团深入各乡镇、各单位进行十七届五中全会精神宣讲28场次，受训人数达3万多人次。六是开展《划清“四个重大界限”学习读本》等专题宣讲活动，受教育人数达2万多人。七是认真组织全县干部群众观看电影《村官普法兴》和《情暖万家》，放映243场次，观众达10万多人。八是开展法制讲座进机关、进村组、进校园活动。开展活动156场次，受教育人数达4万多人次。

三、继续探索完善理论成果转化运行机制，推进理论到实践到理论的良性循环。（一）整合资源、健全理论宣讲工作网络。整合理论工作骨干力量，建立完善宣讲队伍，构建理论成果转化运行机制。成立了领导小组。设立师资库、课题库和资料库，组织配置理论资源，培育理论培训骨干，建立资源配送中心。同时，建立理论骨干考核评价机制，每位理论骨干每年必须有2个以上课题入库，每个成员单位每年必须有2个以上专题入库，并从每年的干部学习档案中遴选优秀理论文章，丰富理论课题，充实理论骨干队伍，形成科学理论建设和管理动态循环机制。（二）创新形式，拓宽理论宣讲空间。为了让干部群众更好地接受宣讲的内容，针对不同的受众对象，采取了三项措施确保宣讲“三贴近”。一是“菜单式”选题。围绕党的十七大会议精神和省市县的重大部署和重要举措，组织了党的路线方针政策、科学发展观、社会主义和谐社会、社会主义新农村建设、党的执政能力建设、十七大知识、农村普法、农村实用技术、新农村建设、科技知识等69个宣讲课题，把宣讲课题统一下发到各个党委，同时传到“沧江明珠-云县”网站进行公示。二是“订单式”服务。在宣讲过程中，由基层单位、干部群众根据实际需要向宣传部点题，由宣传部组织专家学者做好课题、课件，并上门宣讲。在宣讲中，宣讲员关注群众需求，把“以我为主导”变为“以群众为主导”，坚持以听众为中心，分析了解群众对理论的需求，变单向灌输为双向交流，改变了以往“一人讲大家听，满堂灌”的传统形式。全年累计开展各种理论宣讲25场次，参加培训人数达8300多人次。三是“请进来与走出去”结合。在组织外出学习的基础上，请省市的专家前来授课，学习好的经验和做法。（三）贴近实际，增强理论宣讲效果。一是拓宽讲授主体，激发活力。宣讲者不受岗位、资历、学历的限制，既有领导专家、科技干部，又有普通党员，激发了宣讲的活力。宣讲时，突出互动交流、答疑解惑，进一步激发了普通党员的学习热情。二是丰富宣讲载体，解疑释惑。宣讲以理论活动为载体，使科学理论进基层进乡村进社区进学校，用群众熟悉的语言阐述道理，对群众进行面对面的引导帮助，心贴心的解疑释惑，增强了理论宣讲的亲和力、吸引力和感染力，提高了理论宣讲工作的实效。三是提高讲课质量，增强效果。一改传统的“说教”方式，宣讲团深入基层一线调研后，针对调研收集的意见、建议、需求开展集体讨论，抓准热点、难点问题，深刻剖析，结合中央精神，以常人、常事、常理宣讲，充分发挥集体智慧，丰富理论宣讲内容，为全县干部群众准备好适宜的理论宣讲套餐。

【新闻宣传】　一、制定下发了《2010年云县新闻宣传和对外宣传工作意见》。认真策划、精心组织了一系列重大宣传战役。大力宣传党的各项方针政策，生动反映人民群众的伟大实践。同108个部门、乡镇和企业建立了新闻联络员及舆情信息上报制度。

二、将“沧江明珠—云县”网站和云县人民政府公众信息网链接到新华网云南频道，实现网络媒体与传统媒体的整合与互补，不断增强网络宣传的辐射力、吸引力和感染力。制作了外宣明信片，进一步展示云县灵秀的风光、古老的历史、纯朴的民情、怡人的人居、良好的投资环境和美好的发展前景。加强与国家、省市主流媒体的沟通合作和对接。

三、媒体单位执行新闻媒体季评制度，确定市县、广电、报社业务骨干为主评人，离退休老同志代表的社会。每季度综合评价云县电视台、云县人民广播电台、《云县》县讯、“沧江明珠—云县”网站等新闻媒体刊播的新闻，从内容到形式的点评中，提高新闻采编播队伍的整体新闻敏感性、政治鉴别力以及采编播技巧，切实苦练内功，提高素质，让新闻宣传提质增效。

1～11月，上报信息共被市级以上媒体采用2974篇：被市级以上广播电视媒体采用314条，其中被中央电视台采用2条，云南电视台采用9条，省电台34条，市电视台235条，市电台34条；被市级以上报纸杂志采用864篇，其中被《云南日报》采用50篇，省级其他报纸杂志采用115篇，被《临沧日报》采用597篇，市级其他报纸杂志采用102篇；被各大网站采用1684篇，手机报采用176篇。向省委宣传部报送舆情信息60篇，采用12篇。在《云南日报》连续推出1个头条4个专版。其中《绿了山岭富了百姓》登上了《云南日报》头版头条，《群山披绿装 林农得实惠》《城乡统筹的和谐韵律》《冷凉山区的产业突围》《一枚棋子激活全盘》上了专版。并同时在新华网云南频道推出。上送的《正觉庵水库灌溉渠系配套工程在抗旱中发挥重要作用》和《春茶几成泡影，普洱茶铁定减产》被中央电视台2套财经频道《经济信息联播》栏目采用播出，实现了云县电视节目自办台以被在央视采用播出零的突破。

《云县》县讯共出刊50期，均为四开八版，总印数12.5万份，采用文稿2827（篇）240.8万字，图片736幅。完成编辑《澜沧江》文艺4期，刊载小说、诗歌、散文、民间故事共109篇，音乐作品4首，摄影作品176幅，书法作品25幅，美术作品17幅。云县电视台共播出自办节目480个小时、播出新闻1673则、电视专题片29部，广播电台1746条；“沧江明珠—云县”网站共添加信息5252则，点击总量199.97万人次。深入乡镇村组（社区）宣传1236人次，展出展板263块次，发放传单13498张。

【精神文明建设】　一、开展“爱心城市”活动，关爱弱势群体构建和谐社会。继续开展“爱心唱响和谐曲,共享云县温暖情”为主题的“爱心城市”创建活动，关注弱势群体，服务新农村建设。大力开展“爱心圆梦”活动，通过单位企业捐资、建立基金、个人资助等多种形式。共筹集资金89.6万元，救助贫困学生1356名。策划了云县首届“十佳爱心单位”和“十佳爱心人士”的“双十佳”评选活动，大力推进“爱心城市”进程，云县幸福镇掌龙村人民调解员周天伟和养护工人张学伟被表彰为“2010感动临沧年度人物”。积极参加首届文明杯篮球运动会，深入开展志愿服务活动，开展了“我为城市添光彩—清除城市垃圾”等一系列志愿服务活动。面对严重旱情，由县文明办协调各文明单位积极参与抗旱救灾工作。如：全国文明单位华能漫湾水电厂为漫湾镇昔腾村投资20万元，当地群众投工投劳折合5万元，修建取水坝8座、蓄水池2座、供水主管6千米、进户管网7.8千米，为64户农户300人，156头大牲畜解决了人畜饮水困难。

二、全面推进城乡共建，打造和谐家园。开展“感恩与责任”为主题的教育活动；在春节、清明节、端午节期间组织开展了“我们的节日”主题活动；大力开展“爱国歌曲大家唱”和民主法治宣传教育、文艺演出进机关、进社区、进学校、进军营活动。通过歌颂党、歌颂祖国、歌颂改革开放，凝聚了人心，振奋了精神，展示了干部群众团结和谐、奋发向上的精神风貌。深化“三大创建”工作，积极申报市级文明单位（村），有25个单位和21村已初步通过市文明委考核组的考核验收，并进行公示。协调上级相关部门，认真做好爱华镇河湾村“和谐文化村”项目申报工作。通过活动的开展，进一步淳化政风民风，增强全县人民知恩图报、爱党爱国爱家乡的感情，凝聚民心、共谋发展，使广大干部群众知荣辱、懂感恩、讲团结、顾大局、识大体，把一门心思投入到建设和谐美丽云县上来。

三、加强未成年人思想道德建设。一是抓实“做一个有道德的人”主题班会活动，县文明办、教育局、团县委、妇联等部门密切配合，积极行动，把组织开展好“做一个有道德的人”主题班会活动作为加强未成年人思想道德建设的重要载体，立足学校和学生实际，采取周密部署，精心组织，丰富内容，创新形式等措施，推进“主题班会”活动在全县各中小学广泛深入地开展。二是“做一个有道德的人”主题班会活动开展以来，各学校把主题班会与“万名少儿讲孝道”“三生”教育、评选“美德少年”等活动有机结合，积极探索推进主题班会扎实有效开展的新内容、新形式、新方法。云县李聆华同学被省文明委评为云南省首届“云南美德少年提名奖”。积极组织云县青少年参加“爱我中华暨临沧市第三届青少年综合才艺大赛”，有25名选手参加了比赛，参赛节目24个。捧回奖项15个，其中有2人获得了青年声乐一等奖，1人获得少年器乐一等奖；有5人分别获得青年、少年、青少年舞蹈及儿童类声乐、器乐、绘画二等奖；7人获得青少年舞蹈、少儿类声乐、器乐三等奖。三是开展“关爱留守儿童”等系列帮扶和关爱活动。

【文化工作】 一、健全公共文化服务体系，保障人民基本文化权益。一是实施“文化信息资源共享工程”，不断加大两馆一站建设力度。目前新建的县级中心文化馆、图书馆已经进入内部装潢阶段，爱华镇文化站、爱华镇田心村和晓街乡老许村农家书屋已经投入使用，涌宝镇、幸福镇、栗树乡综合文化站主体工程基本完成，完成了24个农家书屋建设，并投入使用。积极向上级部门争取文化建设项目。共争取到文化信息资源共享工程县支中心项目1个、基层网点建设项目5个、村级文化体育广场项目3个、农家书屋项目63个，农民健身体育工程20个、文化站设备5套、音响5套，新增图书5310册。共计207.4万元。二是扎实推进“村村通”工程。云县“村村通”直播卫星覆盖工程实际完成532个村（组），17856户农户村村通直播卫星接收设备的安装调试、信息上传等各项工作，比“十一五”规划数增加了132个村（组）6139户，共完成投资609.6万元。此项工程的完工，使全县17856户山区半山区群众通过直播卫星能收听收看到高质量的4套广播、47套电视节目，也使云县广播电视覆盖率分别提高了1.5个百分点，达到96.7%，有效解决了全县7万多群众听广播、看电视难的问题。

二、大力发展文化产业，激发文化发展活力。一是研究制定了《云县文化产业“十二·五”发展规划》。二是做好非物质文化遗产的传承、开发、保护工作，储备一批文化产业项目，共发现不可移动文物87处。三是着力推进经营性文化事业单位转企改制，培育合格的文化市场主体，切实加强对文化市场的管理。四是组织相关人员到昆明参加非物质文化遗产保护档案管理学习，进行文物保护单位调研，组织文体局、图书馆、大朝山西镇、晓街乡文化站相关人员到泸西县进行文化信息资源共享工程上机管理培训。五是加大文化市场管理力度，文化市场规范有序，加强许可证的审批与管理，与文化经营单位（户）签订相关责任书。先后开展不定期检查26次，出动人员76人次，缴获非法盗版、低俗音像制品700余张。

三、大力开展文化活动，满足群众精神文化新需求。大力推进“农村文化快乐工程”，广泛开展群众性文艺演出，先后开展了广场文艺演出、广场游园等春节文化系列活动。按照政府主导、市场运作、企业主体的原则，成功举办了第六届“中国云县澜沧江啤酒狂欢节”。组织了云南知名酒乡酒歌征集采风活动，邀请了云南省歌舞剧院男高音歌唱家、音乐制作人何家林，云南省著名词、曲作家王岳，作曲家谢晓明，中国著名葫芦丝演奏家、教育家、国家一级演奏演员、中国民族管弦乐学会葫芦丝巴乌专业委员会常务理事李春华等省市艺术家参加了采风活动。举办“云县庆祝建国61周年暨云县城区第十一届歌咏比赛”“劳动者之歌”等群众性文化活动13场次。组织和协助县直各部门开展各类文化活动20余次，开展下乡文艺演出85场。组织“滨江世纪城杯”等全县性体育比赛9场次，培训裁判员3期54人。到基层放映电影4208场次，极大地丰富了城乡干部群众的节日文化生活。组队参加全省“第二届妇女门球运动会“获三等奖，爱华镇爱华社区被国家体育局表彰为全国群众体育先进单位。组织参加临沧市“南网杯”第二届“放歌佤山•跳欢临沧”优秀歌曲、舞蹈创作与表演大赛，云县选送的《喝酒的汉子》获创作三等奖、《土俚阿妹赶朝山》和《朋友来了啊呔呔》获创作二等奖、《水车圆舞曲》获创作优秀奖，《土俚阿妹赶朝山》《水车圆舞曲》获表演优秀奖。

【队伍建设】　一、深入开展好宣传思想文化系统作风建设。在全市宣传思想文化系统开展作风建设活动中，宣传部创新形式，扩宽渠道,坚持既查又学、坚持找全查细、坚持边查边改的“三坚持”，把问题找得全、查得准、改得早，有效推动了全县宣传思想文化系统作风建设活动的深入开展。坚持既查又学。在查找问题阶段坚持把学习作为“作风建设活动”的一项重要内容和提高党员干部工作能力的事来抓，摆上工作日程。通过学习，全县宣传思想文化系统干部职工作风进一步增强，业务能力和为民意识得到进一步提高。

二、加强宣传队伍培训。采用走出去和请进来的方式，加大对全县宣传思想文化系统队伍培训，派人到省委宣传部、省电视台进行跟班学习，请市级以上专家来云县进行宣传培训。继续抓好新闻季评制度，每个季度末进行一次对这一季度新闻宣传稿件质量进行点评，进行交流，总结经验，理清下一季度工作思路。大力加强以乡镇宣传干事为重点的基层宣传思想文化队伍建设，抽调乡镇从事新闻宣传工作的人员到县委宣传部县讯社顶岗学习8人，派出专业技术人员到乡镇办培训新闻写作10期300多人次。

三、建立完善各项制度。制定完善中共云县委宣传部《首问责任制》《服务承诺制》《限时办结制》《责任追究制》的相关实施细则。进一步增强干部职工的责任意识、效率意识和依法行政意识，切实提高机关的凝聚力、创新力、执行力和公信力。

四、开通中共云县委宣传部学习网站。网站以内网的形式开通，设有政务公开、学习天地、规章制度、经验交流、网上留言、网上办公和学习专栏（每个干部职工都设有一个学习专栏）等栏目。同时，继续完善阅览室和政务栏的学习园地建设，并结合“素质大提高、岗位大练兵”活动，认真落实读一本书、写一篇文章，作一个讲座、学一技专长的“四个一”学习活动，制定学习计划，组建学习小组，以单周周一在全体干部职工中轮派指定专人选定专题集中讲座培训和双周各学习小组自行选题学习的方式加强政治、理论和业务学习。

【开展“我为城市添光彩——清除城市垃圾”活动】　3月4日，云县在滨河公园开展“我为城市添光彩–清除城市垃圾”活动启动仪式，该活动由县文明办、团县委、教育局、建设局等单位共同组织。仪式当天，学生、志愿者、老年人、单位干部职工等纷纷参与其中。活动重点清除街道两旁（含人行道2米外）绿化带内的垃圾、杂草、余泥；以及粘贴在墙上、电杆上和树干上的各类广告；疏通沟渠、清除庭院积水等。活动当天，全县共有千余名干部群众参加，共清理各类垃圾10余吨，清事乱涂乱画300余处，各类广告1500余张，清理垃圾死角25处。（本条摘自《云县信息》8期）

【走进酒乡云县——百家媒体感受澜沧江酒文化】　中国云县第六届澜沧江啤酒狂欢节期间，受邀的我省省级主要媒体和各市媒体相关负责人和记者深入云南澜沧江酒业集团总部，集团楚雄啤酒厂生产中心及纯生啤酒生产线和遍布云县境内的澜沧江系列白酒酒基厂进行了实地采风，在品鉴澜沧江纯生啤酒和系列白酒的同时感受澜沧江酒文化。

作为云南历时二十年在激烈竞争崛起的唯一的啤酒本土企业，自1985年从云县创业起步以来，已发展成为跨地区、跨行业经营的影响云南全省的大型民营企业集团，集团现有总资产16.8亿元，员工5000多人，主要产业涉及啤酒、白酒、茶叶三大产业。其中啤酒产业主要分布在临沧、楚雄、保山、普洱四个州市五个啤酒厂八条啤酒生产线，生产能力为年产35万吨熟啤和5万吨纯生啤酒，是云南目前产能最大的啤酒本土品牌，啤酒产品的个性鲜明、特色突出、产业分布合理、服务便利。集团拥有的迄今为止云南唯一的纯生啤酒生产线在2009年创新产品“时代纯生”对云南市场带来了巨大撞击，澜沧江啤酒倡导的“纯生啤酒，大众消费”的消费理念，正在开启云南啤酒市场纯生时代的到来。为进一步满足未来出口啤酒市场的需求，云县20万吨啤酒生产线已破土动工，到2011年初，澜沧江啤酒将形成60万吨的巨大产能覆盖云南市场。

在云酒中异军突起的澜沧江白酒产业，现已

成为具有强大竞争后劲的产业群。集团十年磨一剑，在云县建成了年产10万吨的云南最大的白酒生产线，建成了全国香型最全面的酿造基地，系列白酒的八个酒基地分布在云县的不同乡镇60公里运输半径内。在涌宝镇建成的云南最具规模的浓香型白酒酿造基地，千余口规模窖池藏于深山，是孕育云南老窖的摇篮；在头道水，依山傍水的“酒谷”，是云南唯一的酱香型白酒酿造基地，这里将建成一条酒文化长廊，成为集酒基酿造，游览观光为一体的滇酒圣地，进一步彰显澜沧江的白酒文化；而茶房、晓街、漫湾等小曲清香型白酒基地，为澜沧江小曲清香型白酒提供着充足的原酒。

期间，百家媒体相关负责人和记者在参观啤酒生产线和各香型白酒基地的同时，对“时代纯生”和澜沧江系列白酒原酒进行了品鉴。“澜沧江”的阔步走来，正在改写着云南有名烟而无名酒的历史。（本条摘录《云县》县讯）

【中国著名新闻文化采访团深入云县采访】 在硕果飘香的金秋时节，中国著名新闻文化采访团一行10人，于10月5日对云县的农村发展和产业建设进行了专题采访。中共临沧市委常委、市人民政府常务副市长郭惠云，市委常委、市委宣传部部长祁苑红，中共云县委书记宋红临，县委常委、县人民政府副县长罗原，县委常委、县委办公室主任刘绍军，县委常委、县委宣传部部长董华春以及省、市、县宣传、文化部门有关负责人全程陪同采访。

采访团主要成员有：著名编剧、作家王朝柱，著名作家《小说选刊》杂志社原社长柳萌，著名作家李硕儒，《小说选刊》杂志主编杜卫东，《解放军报》主任、全国副刊协会副会长陈先义，《人民日报》著名记者徐怀谦等。

采访团此行，主要按照省委、省政府关于“生态建设产业化、产业发展生态化”的要求，探访云县生态资源优势，强势推进山区农业综合开发，大力培育龙头企业，关注民生，走富民之路，加快科学发展所取得的成效和经验。采访团实地采访茂兰镇温平村山区农业综合开发情况，云南智汇源食品有限公司，爱华镇小忙兔村、黑马塘村“林、草、畜、沼”综合配套万亩核桃基地建设项目。

在温平村采访时，采访团了解到，温平村处于冷凉山区，村两委响应“生态建设产业化，产业发展生态化”的发展思路，因地制宜，科学规划，在山区综合开发中实现了跨越发展。目前全村共发展核桃1万亩、茶园3800亩、甘蔗2015亩，400亩核桃已挂果见效益，2009年全村核桃收入50多万元、茶叶收入达350万元、甘蔗实现总产值260万元，农民人均纯收入达3516元，高出全县平均水平281元。村党支部书记字正华自豪地说：“目前，全村已有128户农民建起了砖混小洋楼，再过几年，随着全村核桃树全面进入盛果期，收入会越来越多，日子也会越来越好。”望着幢幢辉映在绿荫下的“农民别墅”，采访团由衷称赞，云县做活了林业这篇大文章。

在爱华镇黑马塘村、小忙兔村“林、草、畜、沼”项目区，采访团了解到世纪金源集团对云县荒山绿化和新农村建设的有力支持，连片的万亩核桃长势良好，农民发展绿色经济的路子越走越宽。采访团为云县积极探索循环农业模式，在山区走出了一条“林、草、畜、沼”的路子大为称赞。

采访团为深入了解云县大力实施山区农业综合开发，大力发展以核桃为主的高价值经济林，通过深加工使核桃产品升值，使核桃产业尽快成为富民富县的大产业等问题，走进了纪金源集团投资5.7亿元的云南智汇源食品有限公司。在这里，采访团看到了从德国进口，日生产能力为加工核桃原料30吨核桃系列食品生产线，此项目建设无疑对云县、临沧乃至云南核桃产业起到积极的带动作用。

通过走基层、访农户、进企业，采访团真切地感受云县科学发展所取得的成果，感受到世纪金源集团致富云县山区人民的那份情结。（本条摘自《云县》县讯）

【点燃似火激情演绎云酒辉煌】 “万众同欢山水云县，千杯共醉滇酒之乡”——中国·云县第六届澜沧江啤酒狂欢节主会场的巨幅对联，全面烘托出“激情澜沧江，和谐新云县”的狂欢节活动主题。2月26～28日，澜沧江啤酒狂欢节的一系列活动，在狂欢中多了一份打造“云酒”的睿智，将澜沧江酒产品打造“云南名酒”的战鼓擂得更响。

点燃的激情

2月26日晚8：00整，云县全城早已火树银花，当中共临沧市委常委、市委宣传部部长祁苑红，中共临沧市委常委、组织部部长贺国飞，中共云县委书记宋红临，云县人民政府县长杨世吉，澜沧江啤酒集团董事长刘光汉联手按下舞台中央的水晶球时，激越的音乐响起，五彩的礼花绽放，数万云县市民和数千外地客商尽情地享受了一场空前的文艺盛宴，现场直播同时将文艺盛宴送给了8县区200多万群众。26日的晚会，由台湾著名乐团信乐团乐队主唱信、享誉亚洲歌坛四小龙之一的黑龙、星光大道2009年年度总冠军旺姆、“彝人制造”知名歌手阿木、网络红歌手陈瑞联袂演出，将狂欢节一开始就推向了高潮。歌星的名气让数千在场的少男少女倾倒，歌手不遗余力的完美演唱，让那些追星的少男少女几近“疯狂”。特别是对信的“追捧”，在演员与观众的互动中，将这种气氛推到了极致。

2月27日，狂欢节晚会为“欢乐云州夜”，一批在省城崭露头角的歌坛新秀和澜沧江歌舞团一道倾力献艺，花灯、歌舞、独唱、杂技，雅俗共赏，数万观众在轻松愉悦的“欢乐云州夜”中尽享和谐。

从央视大舞台演到云县狂欢节

2月28日晚，狂欢节压轴好戏上演，国家一批知名歌手登台献艺，中国东方歌舞团青年歌唱家，国家一级演员张燕，以甜美的歌喉为云县父老乡亲献上了《好一朵茉莉花》《美丽神奇的地方》等歌曲，这位曾以专业第一的成绩考入中国音乐学院，师从著名声乐教育家金铁霖教授的青年演员，在“同一首歌”和央视春晚演唱达数十次。2010年，央视春节联欢晚会上与陈思思、郁钧剑合唱《盛世欢歌》。这次云县之行，让云县人零距离欣赏到国家歌坛腕级演员的歌唱艺术，她的演唱为云县啤酒狂欢节增添了一份艺术的厚重。

总政歌舞团青年独唱演员阿鲁阿卓，曾获中国声乐最高奖项“金钟奖”通俗唱法金奖，她以一身朴素大方的军旅装束，以《遇上你是我的缘》等成名歌曲“征服、感动了更多人的心灵”。有人这样评价她：既有天使般的美貌、又有天籁般的歌喉。有资料统计，《遇上你是我的缘》这曲高原情歌，在中国移动铃声下载量达到200多万。这只由贵州毕节飞出的美丽百灵纵情的歌唱，为狂欢节再添亮丽。

“明骏女子”组合，她们年轻、漂亮、热辣、活力四射，为狂欢节增添了狂欢的旋风，她们的演唱将时尚造型与火爆的舞蹈融入其中．备受年轻一代推崇。所演唱歌曲《今天是你的生日》，达到了声情舞并茂的效果。

王鹤铮《爱我就跟我走》，马郁《下辈子如果我还记得你》都将他们成名的情歌精品呈献给了狂欢节。

百家媒体澜沧江酒文化之旅呈亮点

2月27日，国内百家媒体澜沧江酒文化之旅记者见面会在在澜沧江集团总部会议大厅举行，媒体记者以自己独到的眼光和全新的思考进行采访提问。县人民政府常务副县长李尚清、澜沧江集团董事长刘光汉、副董事长段庆作了精彩的答记者问。

从百家媒体的澜沧江酒文化之旅采访中，众记者从乡镇酒基厂到总部车间，悟出了“老老实实做人，实实在在做事”是澜沧江人干事创业的真实写照，看到的是澜沧江集团为“云酒”崛起的基础已夯实，蓄势待发的“云酒”方兴未艾。

豪气十足的喝啤酒大赛

中国•云县第六届澜沧江啤酒狂欢节活动高潮一个接着一个，普通群众参与的积极性极为高涨。2月28日，由全县12个乡镇组成的喝啤酒大赛代表队闪亮登场，每个队10人，3女7男组成，姑娘小伙个个摩拳擦掌，准备一显自己的肚量和酒量。比赛计时5分钟，规则仅要求不泼不洒啤酒，喝下最多的队获胜。据组织者介绍，代表队中喝酒佼佼者在5分钟内能喝下5瓶啤酒。冠军队可观的奖品为500件啤酒和100件白酒，足够装一卡车。亚军、季军和组织奖获得者的奖品也十分可观。举行这一赛事当天，近万群众到场为各代表队助威呐喊，场面热烈，“狂”味十足。（本条摘自《云县》报）

（宣传部　提供资料）

群众团体

云县妇女联合会

【概述】 2010年，云县各级妇女组织以构建和谐云县为主题，服从服务于县委、政府工作大局，切实维护妇女儿童合法权益，促进男女平等。继续开展农村妇女技能培训、帮助妇女创业就业。做好第四届村级组织换届选举中的妇代会选举工作。做好“云南妇联参与建设绿色经济强省推进会”云县分会场工作，开展好“三八”国际劳动妇女节开展各类活动。

【“三个一百”目标任务】 2010年，在县委、政府“三个一百”的任务分解中，县妇联的任务为向上争取资金10万元，招商引资50万元。县妇联联合县人大办、县委统战部、县工商联、团县委、县残联、茂兰镇从四川、重庆引入招商引资项目一个，项目名称为“云县正友废旧再生物资回收有限责任公司”，一期项目协议总投资2100万元。完成向上争取资金10万元的任务。

【村妇代会换届选举】 为切实维护村“两委”换届选举中妇女的政治权利，实现女性进村“两委”的具体要求，同时，完成村妇代会换届选举工作。县妇联深入调研，下发了《云县妇女联合会关于做好村妇代会换届选举工作的实施方案》。县妇联领导班子多次到乡镇、村指导换届工作。此次换届妇女参选当选率均比上届有所提高，共选出女支书4人，女副书记7人，女主任3人，女副主任11人；选出女性村委委员174人，占28.1%；选出女性支委委员153人，占23.5%。全县190个村共选出妇代会主任191名（因茂兰镇茂兰村涉及移民，所以设2名妇代会主任），村妇代会主任进村“两委”委员127人，基本实现村妇代会主任与村“两委”交叉任职，提高了农村妇女参政参议率。

【做好“云南妇联参与建设绿色经济强省推进会”云县分会场工作】 8月12～13日，云南妇联参与建设绿色经济强省推进会在临沧召开，云县被定为分会场，为了完成省、市妇联安排的工作任务，确保推进会的顺利召开，同时展示云县妇女参与绿色经济建设及各项妇女工作所取得的成就。县妇联积极筹备、认真组织，做了大量的工作，组织与会人员参观了爱华镇“小忙兔村林·草·畜·沼一体化建设妇女示范基地”及云南澜沧江啤酒企业集团“巾帼文明岗”。

【维护妇女儿童合法权益】 2010年，县妇联充分发挥妇儿工委办公室职能，认真履行工作职责，始终坚持为妇女儿童服务，切实维护他们的合法权益。一是按时召开年度妇女儿童工作协调会。1月26日，组织召开了2010年度妇女儿童工作协调会，全县28个成员单位领导及专家评估组、统计监测组成员参加了会议。会议总结了2009年妇女儿童工作开展情况，对实施《妇女、儿童发展（2001～2010年）十年计划》几年来各项指标达标情况进行了通报，对目前未达标的几项指标进行了分析，查找出了在妇女儿童发展和工作中出现的一些新情况、新问题，为领导决策提供了依据。二是举办“给远方爸爸妈妈的一封信”留守儿童书信大赛。“三八”国际劳动妇女节100周年期间，联合县教育局开展了“给远方的爸爸妈妈的一封信”留守儿童书信大赛。全县共有780名留守儿童参赛。通过层层筛选及评审，共产生一等奖3名，二等奖5名，三等奖10名，优秀奖20名。同时把部分优秀作品推荐到县级各宣传媒体刊登。三是认真抓好来信来访工作。2010年，县妇联共接待来信来访26件，做到了件件抓落实，事事有回音，满意率达95%。

【开展各类活动】 一是召开纪念“三八”国际劳动妇女节100周年先进事迹报告暨表彰大会。3月8日上午，组织全县各族各界妇女代表400余人，召开了纪念“三八”国际劳动妇女节100周年先进事迹报告暨表彰大会。县四班子领导参加了会议。会上，表彰了妇女工作先进集体8个，市级“三八红旗手”5名，妇女工作先进个人17名，来自全县各行各业的8位“巾帼建功标兵”分别作了先进事迹报告。二是举行庆祝“三八”国际劳动妇女节100周年联欢晚会。3月8日晚，在三江半岛举行庆祝“三八”国际劳动妇女节100周年联欢晚会，全县各族各界300多名妇女同胞欢聚一堂，共同庆祝“三八”国际劳动妇女节100周年，县四班子领导及县委巡视组领导亲临现场，参与联欢。三是利用“六一”国际儿童节深入校园开展庆祝活动。5月28日，联合团县委到田心完小开展了“云县关爱农民工子女志愿服务行动”。为50名农民工子女送上了爱心书包。同时，组织志愿者们与50名农民工子女组成“一对一”帮扶“对子”，鼓励他们好好学习，健康成长。6月1日，协同县公安局在爱华完小开展了《关爱儿童，反对拐卖》宣传活动，共发放《未成年人保护法》200份，全国人大《关于严惩拐卖绑架妇女儿童犯罪分子的决定》材料300份，有600多名儿童和家长参加了宣传活动。

【农村妇女技能培训】 一是举办家庭教育知识讲座。为进一步深化平安和谐云县建设，提高妇联干部处理家庭矛盾的能力和水平，4月15日，云县妇联邀请云南财经大学教授、云南省著名家庭教育专家王玲玲到云县举办了“和谐社会与和谐家庭”知识讲座。共300余名妇女听取了讲座。10月18～21日，邀请云南省家庭教育研究会的家庭教育专家杨德军老师先后到云县民族中学、云县一中、云县爱华中学、云县茂兰中学举办家庭教育知识讲座5场，来自4所中学的1295名师生、家长聆听了讲座。二是开展绿色证书、农村女经纪人培训。为不断提高农村妇女依靠科技增收致富的能力，并帮助妇女增强自身的保健意识。6月12日，邀请县林业局、县计生局、县妇幼保健院的专业人士，到爱华镇小忙兔村开展绿色证书培训。培训内容有：“妇女健康”与“艾滋病防治”、核桃管护及病虫害防治等知识，并为前来参加活动的妇女们免费做身体检查，宣传计生知识。7月26～28日，联合有关部门到忙怀乡举办第四期农产品经纪人培训班。忙怀乡邦六村的种、养殖女能手、“贷免扶补”帮扶对象及农产品个体经营大户等53名妇女参与了培训。通过培训合格相应获得由劳动和社会保障部和中华供销合作总社颁发的（《农产品经纪人职业资格证书》初级证书）。三是开展乡（镇）、村（社区）妇女干部培训。村“两委”及村妇代会换届后，为提高乡（镇）、村（社区）两级妇联干部的履职能力，县妇联开展了乡（镇）、村（社区）妇女干部培训，结合现实案例培训了《妇女权益保障法》《婚姻法》《继承法》等法律法规，作了《基层妇女组织如何开展工作》、《艾滋病防治》等专题培训。共有乡（镇）、村（社区）妇联干部80余人参加了培训。四是加强法律法规及健康知识宣传。全县各妇女组织，利用县城街天、“三八”妇女节、“六一”儿童节、妇女维权周、“6.26禁毒宣传日”、“12.1”世界艾滋病日、“12.4”法制宣传日等活动为契机，配合综治委、司法、公安、教育、卫生等部门，通过上街设点咨询、发放宣传资料、送法下乡、知识讲座等多种形式，宣传《妇女权益保障法》、《婚姻法》、《未成年人保护法》等法律法规，不断提高妇女儿童依法维权的意识。并发出了“全县妇女积极行动起来，用实际行动抵御毒品，不让艾滋病进我家”的倡议。全年共印发宣传材料0.8万多份，展出展板9块，宣传画15幅，悬挂布标3条，受教育群众达1.35万多人。五是开展各类文明创建活动。2010年，共创建“五好文明家庭”135户、“学习型家庭”75户、“平安家庭”135户、“绿色家庭”75户、“巧女子”42人、“双学双比”女能手42人、“巾帼文明岗”17个。栗树乡养马村支书李建美被全国妇联表彰为“全国城乡妇女岗位建功先进个人”。

【促进妇女创业就业】 2010年，县妇联始终把帮助妇女发展作为工作的重中之重，积极向上争取信贷资金，加大帮扶力度，不断促进妇女创业就业。年内，向市妇联争取妇女发展循环金10万元，用于帮助农村妇女发展产业，增收致富；争取到云南省鼓励创业“贷免扶补”信贷资金450万元，用于帮助妇女创业，并以创业促就业。在项目实施过程中，县、乡妇联认真做好政策宣传、入户调查、部门协调、审核把关、贷后管理等工作，建立了创业导师结对帮扶机制，共扶持90名妇女成功创业，带动300多名妇女就业。

【自身建设】 县妇联继续深化“岗村联动共建云岭新农村”活动，有效整合城乡资源，城乡妇女组织互促共进，和谐发展。同时，县妇联抓住党群共建创先争优活动的契机，结合“新家园行动计划”，把创建“妇女之家”作为加强基层妇联组织建设与开展妇联工作的重要抓手和有效载体，不断加大创建力度，创新活动内容，2010年，全县190个村委会、4个社区已完成“妇女之家”的全覆盖。

【规范小额贷款资金管理】 云县妇联采取多项措施，在鼓励创业“贷免扶补”、妇女发展循环金等小额贷款的使用中，认真做好政策宣传、入户调查、部门协调、审核把关、贷后管理等工作，杜绝以权谋私、甲贷乙用等现象的发生。2010年，利用450万“贷免扶补”资金、10万妇女发展循环金共帮助90多名妇女成功创业，并带动300多人就业，同时贷款回收率100%，有效帮扶了农村妇女、下岗失业妇女等群体创业就业。一是建立创业妇女信息库。将有创业计划、创业能力、信誉较好的妇女纳入信息库，提前做好创业培训，优先予以资金帮扶。同时，要求各乡镇妇联建立数据库，并做好前期调查工作。二是就地选聘创业导师。结合各乡镇区位实际，从各乡镇农、林、畜牧等部门选聘出责任心强、技术过硬的干部职工担任乡镇创业妇女的创业导师，实现“一对一”帮扶，不仅“好指导”，还能“指导好”。共从全县各行各业聘请创业导师43名。三是协会提名做好创业人员推荐。结合农村协会掌握其会员的基本情况和当地经济发展状况的优势，以爱华镇河湾村为试点，让协会提名推荐具有偿还能力、诚实守信且创业项目有发展潜力的女性协会会员。通过协会提名推荐，既能使资金投入到当地有发展潜力的行业，又能保证资金运行的安全。四是风险共担保障资金回收。为保证资金安全回收，在项目实施过程中，云县妇联对每一位贷款对象的信誉度和创业项目都进行严格把关，对未通过农村信用社审核但创业项目较好的妇女，要求申请贷款人员必须有一位公职人员或者经济条件较好且信誉度高的亲友出任共同还款人，并签订共同还款协议，风险共担以此来保障资金回收。（本条摘自《纪检监察信息》13期）

【开展乡村妇女干部培训】 7月16日，县妇联对12乡（镇）妇联主席、部分村（社区）妇代会主任、村（社区）妇女干部等80人进行了培训。除了进行基层妇联如何开展工作的专题培训外，还特邀律师对基层妇联干部进行了相关法律培训，并开展了妇女健康知识、防艾知识讲座。通过培训，为参训人员搭建了一个相互学习和交流的平台，为今后更好地开展妇女工作打下了坚实的基础。（本条摘自《云县信息》）

（云县妇女联合会　提供资料）

共青团云县委员会

【概述】 2010年，全县共青团工作以科学发展观为指导，以求真务实的工作作风，立足云县县情，结合青年自身特点，服务全县经济发展、服务青少年成长成才，进一步深化青年就业创业行动、青少年文明创建活动、青少年维权行动，切实加强全县团的思想道德建设、组织建设、作风建设，各项工作得到进一步发展。

【青少年思想道德建设】 以建设学习型团组织、培养学习型团干部为目标开展德育工作。一是按照共青团临沧市委和县委的安排部署，在全团深入开展“创先争优”、“优化软环境、增强软实力”活动。二是分别组织12乡镇团委书记、15名村（社区）团组织负责人参加团省委、团市委举办的“青年马克思主义培训班”。三是开展“爱读书好读书善读书”活动，要求机关团员每天读书一小时，每月读一本书，每季度撰写一篇读书心得，建立学习长效机制，制定科学量化的学习考核制度，将年度考核，创先评优与述学、述职结合起来。四是深化我与祖国共奋进、青春建功新临沧、争当四个好少年等系列主题教育实践活动，大力实施“青年马克思主义者培养工程”，不断增强团员意识，提高团员队伍素质。五是抓实各种节庆活动开展德育教育，开展清明祭英烈，“向国旗敬礼、做一个有道德的人”网上签名寄语活动，组织参与“做一个有道德的人”主题班会电视大赛，进一步增强广大未成年人的爱国意识，激发他们对党、对祖国的朴素情感，引导他们努力做一个有道德的人。

【青年志愿者行动】 青年志愿者工作是共青团的一个品牌项目，也是团组织带领广大青年服务社会，展示青年蓬勃朝气、锻炼自我的有效途径。2月，开展了以助困服务进校园、进社区、进农家、关爱农民工子女为主题的“服务青少年月”活动。3月，举办了“我为城市添光彩—清除城市垃圾”活动，组织城区中小学部分学生志愿者，县级机关单位志愿者参加了活动，主要对城区主要街道垃圾和非法小广告进行清除。6月，开展了以服务农民工子女，尤其是留守儿童为主题的“关爱农民工子女志愿服务活动”，与农民工子女结成“一对一”帮扶300对，广大青年志愿者纷纷为农民工子女提供亲情陪伴、综合辅导、爱心捐赠等，让青少年感受到党的关怀和温暖，为青少年群体的稳定做出了应有的贡献。10月，组织开展了党团“共建创先争优、共创和谐村社”党员团员志愿服务活动，同时还组织开展了鲜花大道抗旱活动、参与头道水片区中低产林改造、云县安全生产月宣传活动。通过活动，弘扬“奉献、友爱、互助、进步”的志愿精神，营造了全民共建和谐云县的良好氛围，促进了全县青年志愿者活动深入开展。

【青年创业工作】 一是继续跟踪管理好2009年发放“贷免扶补”的25名青年创业工作，积极为符合条件的10名青年申报一次性创业补贴。积极做好70户创业青年的考察、培训、跟踪帮扶等日常工作，新发放青年“贷免扶补”扶持资金350万元，为创业青年聘请创业导师45名，选树青年“贷免扶补"创业典型2户。二是推荐2名创业青年参与“云南省青年创业省长奖”评选活动。

【大学生志愿者工作】 招募大学生志愿服务西部计划云南省地方项目志愿者55人，接收国家项目志愿者5名，累计在岗的大学生志愿者100人。年内，对新招募的大学生志愿者进行岗前培训1次，使他们初步掌握了一定的服务技能；召开了由县项目办、用人单位、大学生志愿者代表三方参与的座谈会1次，通过面对面的交流，进一步摸清志愿者的心理，有的放矢地进行教育、管理；组织开展大学生志愿者活动12场次，参与志愿者人数500多人次，使广大志愿者既服务了社会，又提升了自己。

【希望工程】 采取向香港苗圃行动组织、省青少年发展基金会及市希望办申请资助和与社会各界爱心人士沟通联系等多种方式，不断扩大希望工程的影响力。2010年，新争取到爱华镇黑马塘小学、茂兰镇岭茂小学、漫湾镇密竹林小学和后箐乡慢笼小学等希望小学4所，总投资380万元，争取勤工俭学项目2个，价值20万港币。共救助贫困学生843人次, 救助金额35.78万元。其中，开展爱心圆梦助学行动帮助60名大学生圆了大学梦。

【青少年维权工作】 积极探索维护青少年合法权益的有效途径和手段，不断创新服务工作载体，巩固和发展各类阵地，健全教育服务青少年的工作体系。进一步发挥青少年维权岗优势，条块结合，齐抓共管，形成全社会都来关心和促进青少年健康成长的工作格局。一是充分发挥预防作用，继续做好未成年人自护教育活动，广泛宣传《未成年人保护法》《预防未成年人犯罪法》，现场为青少年解决法律难题，为青少年提供司法保障。二是通过法制宣传教育、法律咨询，公开承诺服务形式、服务途径、热线电话等，帮助青少年接受侵权投诉，为青少年仗义执言，办实事、办好事，与县广播电视局共同制作的《放飞在峡谷里的风筝》在“走进云县”栏目播出后，广大市民深为石绍丽姐妹俩的不幸遭遇表示同情，对她们身处困境不忘求学的精神感动，纷纷为其提供各种帮助，晓街乡左宏春同学也缘于团县委的呼吁及时得到社会各界的帮助，使其重返校园。三是开展“共建平安和谐校园”创建活动。围绕创建平安和谐校园，与教育、公安等部门组成联合执法检查组，认真开展学校及周边治安隐患整治工作，对全县的所有中小学校园安全进行全面的督查和检查。四是结合两基迎国检，认真做好失学儿童重返校园工作，共有153名失学适龄儿童在各级团组织的动员、帮助下重返校园学习。

【团队活动】 以富有时代特色的青少年文化专题活动和节庆活动为载体，为青年成长搭建平台，4月15日，邀请云南省著名家庭教育专家、云南财经大学教授王玲玲为全县团干部作了“和谐社会•和谐家庭•和谐青年”知识讲座。五四青年节期间，举办了“向青春致敬”诗歌朗诵比赛，共有34个团组织参加。同时还组队参加团市委举办的“动感地带”青少年街舞表演赛，并荣获一等奖。选派2名青年参加团市委主办的“我与祖国共奋进、我与临沧同发展”演讲比赛。暑假期间与县电视台联合举办了MV才艺展示大赛，丰富了青年尤其是学生的暑期文化生活，陶冶了青年的道德情操，增强了青少年的团队意识，提升了团组织的吸引力和凝聚力。

【团组织建设】 深入贯彻共青团云南省委《关于做好农村基层团建基础工作的通知》精神，按照《在全县村级党组织和第四届村民委员会换届选举工作中开展村级团组织换届选举工作实施方案》的要求，多次对村级团组织换届工作进行调研。全面指导全县190个村团组织按期完成换届，换届后全县村级团组织负责人平均年龄27.9岁，团组织负责人中，女性73人，党员121人，大学生村官68人（其他村大学生村官兼任副书记），大专及以上学历79人，初、高中学历115人，与村两委成员交叉任职56人，将一批年轻有为、事业心强、能干事的人才选拔到村级团组织中来，进一步深化了“党建带团建”工作。各基层团组织积极争取各级党组织的支持，按照“不求所有，但求所用”的原则，整合建立了党、团员活动室，配备了各类学习、活动设备，进一步加大了各类阵地的建、管、用力度。认真贯彻落实全国企业共青团工作电视电话会议精神，进一步推进两新组织团建工程，新建企业团组织30个，新发展共青团员2500人。推优入党工作进一步规范，推优人数有所增加，85名团员青年被推优入党。

【加强指导、突出特色、促进团属事业再上新台阶】 坚持全团带队，对全县少先队工作进行了全面的调研，积极规范少先队内部建设与管理，规范队员发展与教育，完善小队、中队、大队建设，红领巾广播站、红领巾书屋等阵地作用得到充分发挥。为县内部分小学配备鼓号器材14套。在不同中队（班级）之间开展结对帮扶，由活动开展得好的中队带动活动开展得相对较差的中队，达到共同提高，共同进步的目的。充分利用烈士墓、临沧监狱、戒毒所等青少年思想道德建设教育基地加强未成年人思想道德教育。开展“三生教育”(生命、生存、生活)，正确引导学生珍爱生命，学会生存，学会生活。组织开展“少代会我们共同关注”全国统一主题队日活动。

【服务云县县委、县政府中心工作】 2010年，紧紧围绕云县县委、云县人民政府确定的“三个一百”目标任务，积极与曾对云县希望工程事业给予过支持的菲律宾恒昌国际集团有限公司等外商集团联系，两次邀请该集团公司总经理云县考察投资环境，积极向参加临沧投资项目推介会的云南省青年联合会的委员们推荐云县的重点投资项目及云县的投资环境。同时采取与其他部门联合招商的形式进行招商引资，完成招商引资项目2个，到位资金108万元。面对百年不遇干旱，团县委号召全县广大团员青年积极发扬“一方有难、八方支援”的精神，通过手机短信、特殊团费和现场捐助等形式为灾区开展献爱心活动，全县共募捐到共青团爱心款1.64万元。投资20万元在爱华镇独木村、幸福镇控抗村建设“共青团希望水窖”100口，解决了625人、300头大牲畜的人畜饮水困难。开展“润苗行动”为灾区160名学生每人提供500元资金帮助。争取爱心人士捐赠资金5300元在幸福镇掌龙小学建成爱心水池1个；争取江苏省徐州团市委抗旱救灾资金38万元。

【自身建设】 认真贯彻落实《关于进一步加强和改进新时期工会共青团妇联工作的意见》，紧紧围绕“创先争优”、“优化软环境增强软实力”等主题教育活动，在全县开展了创建“学习型组织、服务型机关、创新型团队、实干型队伍”的团组织活动，着重从制度建设入手，以制度规范工作，以制度约束干部，完善了学习制度、调研制度、决策制度以及机关管理制度。注重抓好外宣工作，制定了《共青团云县委员会信息报送奖励办法》，创办《云县青年》信息，确保团内信息交流的快捷畅通，生动展示了共青团的风采。

【举办“向青春致敬”诗歌朗诵比赛】 4月27～28日，团县委、县总工会共同举办了首届“向青春致敬”诗歌朗诵比赛，共有34个单位的共青团和工会组织参加。比赛分预赛和决赛两个阶段进行，经预赛18支参赛队进入决赛，通过角逐，澜沧江啤酒企业集团团委选送的选手在大赛中摘桂，临沧监狱团委、民族中学团总支荣获大赛第二名，职成教育中心团委、爱华镇团委、县城中心幼儿园团支部名列第三名，云县一中团委等12支代表队荣获大赛组织奖。（本条摘自《云县信息》）

（共青团云县委　提供资料）

红十字会

【概述】 2010年，云县红十字会认真遵循国际红十字运动“七项基本原则，以坚持发展为第一要务，认真履行《中国红十字会法》所赋予的职责，围绕保护人的生命健康主题，当好政府在人道救助领域的助手，发扬“人道、博爱、奉献”的红十字精神，积极做好宣传、备灾救灾、初级卫生救护培训等工作，为构建和谐云县做出贡献。

【基本情况】 云县红十字会于1991年5月成立，当时挂靠云县卫生局。2007年3月，机构独立设置，核定编制5名，其中：参公编制2名，事业编制2名，工勤编制1名。年内有工作人员6名。

【宣传】 在世界献血日期间，云县红十字会制定宣传活动方案，与县卫生局、临沧市中心血站配合，在云县城开展无偿献血宣传活动，共无偿采血87人次，采血2.40万毫升。9月14日，在爱华社区开展2010年世界急救日活动。活动传授了国际红十字与红新月运动基本知识，宣传了《中华人民共和国红十字会法》，介绍了云县红十字会成立以来所做的工作，对现场群众进行止血包扎、心肺复苏等急救知识培训，并邀请云县中医院医生为群众进行义诊。发放《中华人民共和国红十字会法》《国际红十字与红新月基本原则》《联合会2010年世界急救日倡议书》《云县博爱捐助港倡议书》宣传资料共224份。此次宣传活动让更多得群众了解了国际红十字运动基本知识和卫生救护基本技能，进一步增强了人民群众自我救护常识和能力，使他们真正意识到正确掌握救护知识在日常生活中的重要性，在突发事件中将死亡和伤残降到最低程度。

【备灾救灾】 针对云县持续的旱情，云县红十字会联合云县总工会、共青团云县委、云县妇女联合会、云县工商联合会、云县慈善会向社会发出抗旱救灾献爱心的倡议书。云县红十字会共接受中国海洋石油总公司"春雨行动"捐赠资金30万元，四川美德云海科技有限公司捐赠大米20吨，杭州娃哈哈慈善基金会饮用水1000件，接受江苏省泰州市泰兴市红十字会捐款4.7万元，用来援建茶房乡甸头山村平地组、团田组的人畜饮水工程。争取澳门红十字会对忘怀乡慢卡村委会沙田组、涌宝镇堂梨树大路边组2个饮水项目给予援建。共争取援建资金31万元。在玉树地震和舟曲泥石流发生后，云县红十字会积极向社会发出倡议，共接受捐款6.36万元。

【送温暖活动】 春节前夕，云县红十字会到大寨镇慢赖村和爱华镇安河村开展送温暖捐赠活动，对50户贫困农民和10名贫困学生进行了慰问，每户慰问1张棉被、2件衣服，共计价值9800元。

4月4日，云南省政协副主席、红十字会会长陈勋儒，临沧市人民政府副市长、红十字会会长马迎春，市红十字会党组书记、常务副会长王怀英及县相关领导到涌宝镇，慰问残疾人、孤儿、老人等困难家庭100户，每户慰问大米25千克、棉被1张、食用油1桶，价值2.67万元。

12月31日，在临沧市红十字会党组书记、常务副会长王怀英，副会长李本菊带领下，县人民政府副县长、云县红十字会会长韩树林，县政协副主席杨先琴等到爱华镇永胜村慰问特困户、残疾人、孤儿、老人等困难家庭70户，每户慰问大米7.5千克、毛毯1张、食用油1桶（10升），价值2万余元。

【初级卫生救护培训】 普及群众性卫生救护知识和技能是红十字会传统工作和法定职责。为了使广大群众掌握初级卫生救护知识和技能，在各种意外灾害和突发事件袭击人们脆弱生命的时候，能自救互救，提高伤病员抢救成功的机率，减少伤残和死亡。11月11～12日云县红十字会邀请云南省红十字会卫生救护培训中心教师在县委党校举办了为期2天的初级卫生救护培训。培训内容有现代救护新概念、心脏复苏术、包扎止血及搬运，县级各单位共84人参加培训。

（云县红十字会　提供资料）

云县工商业联合会（商会）

【概述】 2010年，云县工商联把贯彻落实《中共中央国务院关于加强和改进新形势下工商联工作的意见》精神与贯彻落实党的十七届五中全会、中央经济工作会议精神结合起来，紧紧围绕县委实施新家园行动计划和"三个一百"工作中心，坚持面向基层、重心下移，一手抓对非公有制经济的鼓励、支持和服务；一手抓对非公有制经济人士的培养、引导和教育，不断转变思想观念和工作方式，促进非公有制经济和工商联事业发展。

【学习、宣传】 以开展创先争优活动为契机，认真组织学习《国务院关于鼓励和引导民间投资健康发展的若干意见》《中共中央国务院关于加强和改进新形势下工商联工作的意见》《中共云南省委、云南省人民政府关于加快非公有制经济发展的决定》以及临沧市委优化软环境增强软实力电视电话会议、云县"三个一百"工作动员大会和临沧市工商联三届四次执委会等文件、会议精神。同时围绕"工商联牢牢把握做好非公有制经济人士思想政治工作，促进‘两个健康’，是贯穿工商联全部工作的生命线”这个主题，开展集中学习、党员交流、个别座谈、一对一交心谈心、组织生活同过等形式多样的学习活动22次。全年共编报《云县商会信息》9期，1620份。向《临沧日报》、《临沧市商会信息》、《云县》县讯、《云县信息》以及“沧江明珠云县网站”投稿宣传30余篇；深入企业交流座谈50余次，为企业提供政策、市场、人才等信息服务。

【组织建设】　一是成立了云县工商联（商会）茶房乡分会、大寨镇分会和涌宝镇分会等3个基层分会。二是加强指导基层分会、异地分会工作。指导临沧市川渝商会云县分会顺利召开第三次会员代表大会，举行中秋茶话会和分会成立两周年庆典活动；指导茶房乡分会召开中秋茶话会，增补了茶房乡分会第一届执行委员会委员4名，副会长1名。三是发展企业会员1个，个人会员110个。四是进一步规范基层分会、行业商会和异地商会的管理，实行统一指导、分级负责、属地管理的管理机制。五是加强派驻干部的管理。县委从工商联抽派3名干部分别到云南澜沧江酒业集团、甘化公司和凯达医院开展联络和党建工作，工商联加强对抽派干部的管理，认真做好沟通、协调、联系工作，取得了“围绕发展抓党建，抓好党建促发展”的实效。

【党建工作】　紧紧围绕廉政准则和党风廉政建设责任目标，一是实行“一岗双责”制度，领导干部既对所在岗位应当承担的具体业务工作负责，又对所在岗位党风廉政建设责任制负责。二是认真开展创先争优活动，机关各股室和党员进行了公开承诺。4月22日，云南省工商联主席杨焱平到云县调研非公经济发展情况，给予了“云县企业家们做事起点高，百年商会工作名不虚传”的高度评价。

【营造发展氛围】　积极发挥职能作用，主动向县委、政府领导汇报非公企业发展存在的问题和困难。加强与相关部门的沟通协调，为企业发展争取更多的重视、支持和帮助。一是春节前夕，县委、政府对有代表性的30户非公企业进行了慰问。二是县委、政府召开企业座谈会，问计于企业。三是加强与企业会员单位的横向沟通联系工作，特别是与执常委做到日常工作沟通联系经常化，听取加强工商联工作的意见和建议，通报地方经济社会发展情况，为非公经济发展营造了良好的发展氛围。四是积极做好县级各有关部门与非公企业的协调联系工作40余次。

【服务、培训】　一是认真开展维权服务。积极为川渝商会云县分会、和华汽车有限责任公司等非公企业协调关系、化解矛盾、调解纠纷9起。二是有效提供商事服务。积极帮助非公企业做好生产经营、宣传策划工作，年内组织策划了云县客运站综合服务商场、明兴科技有限公司等15户企业的开业庆典活动。三是在2010年云县澜沧江啤酒狂欢节期间，认真组织好名特小吃一条街的商贸活动；在云县招商引资项目推介会三奇光电科技有限公司奠基一周年暨投产庆典活动中顺利完成了后勤保障工作。四是重视培训工作。组织10户非公企业17人参加临沧市工商联举办的专题法律知识培训；选送县工商联干部职工参加了“两新组织”创先争优活动、全省工商联系统创业带动就业贷免扶补工作和工商联干部培训。五是举办云县2010年统一战线代表人士中秋茶话会。六是认真贯彻落实市委书记杨洪波的重要批示精神，加强政策宣传和信息交流，形成正确的舆论导向。

【对外联络】　一是与昆明市工商联义乌商会缔结为友好商会，有效搭建了对外联络、沟通交流平台。二是组织了凤糖集团、大寨建司、亚太公司、勇升汽修等4户企业14人到耿马、沧源考察学习非公经济发展情况；组织了13名非公经济代表人士到华东五市考察学习沿海地区发展非公有制经济经验。

【参政议政】　广大非公经济人士高度关注民生，积极调查了解经济社会生活中的热点问题，履行社会责任。如在政协云县第七届委员会第三次会议上，云县建筑公司总经理马光正、源盛供排水有限责任公司总经理卢顺钦、北河房地产开发公司总经理王富成等委员向大会提出提案6件，其中，马光正员会提出的《关于城乡一体化建设中对昔宜村规划建设发展的几点建议》列为重点提案办理。政府委托工商联征询非公经济人士意见，组织了13名非公经济代表人士讨论云县委十一届七次全体（扩大）会议上的《政府工作报告（讨论稿）》，针对营造制定云县良好的非公经济发展环境和政策，切实增强贯彻落实职能、职责力度等问题提出了19条建议和意见。

【光彩事业】 一是全面贯彻落实云县县委、县人民政府“抗大旱、保民生、促春耕”的指示精神，组织广大非公企业（人士）、工商联会员、基层分会、行业商会和异地商会积极响应号召，为家乡灾区群众捐款13.87万元。二是把昆明市工商联义乌商会爱心捐赠的15万元物资分别发往7个乡镇的7个村民小组、7所中小学校以及2个基层分会。三是筹资18.2万元（昆明市工商联义乌商会捐资7.4万元、新云洲实业公司捐资3.4万元、爱华建筑公司捐资3万元、县民政局补助2.5万元、村民自筹1.9万元），挖通了工商联扶贫挂钩村丙山村罗二组村组公路。四是大寨镇分会在大寨镇政府举行了“大寨镇2010年爱心助学捐赠仪式”，共捐赠人民币1.85万元，救助大学生25名。

【鼓励创业“贷免扶补”】 一是认真做好2009年8户鼓励创业“贷免扶补”的后续跟踪服务工作。目前8户创业者生产经营顺利，带动就业24人，无不良还款记录。二是认真完成2010年市工商联下达的42户任务。配合县劳动和社会保障局、县联社、县财政局，按照政策要求对42户创业人进行了严格审核，发放贷款210万元，实现带动就业146人。

【扶贫挂钩】 一是选派了1名副科级干部到扶贫挂钩村爱华镇丙山村驻村蹲点，配合村“两委”认真开展“抗大旱、保民生、促春耕”、林改和核桃“三率”建设工作。二是按照县委、政府“抗大旱、保民生、促春耕”指示精神，协调资金5.04万元，完成扶贫挂钩村爱华镇丙山村上丙山和平掌两个小组人畜饮水工程，解决了两个小组65户323人，870头大牲畜的饮水问题。

【新农村建设】 按照县委的要求，选派了一名干部到爱华镇水磨村任新农村建设工作指导员，参与新农村建设。帮助指导该村协调蔬菜产销合作社方面的项目资金15万元，协调办公经费1万元。

【临沧市川渝商会云县分会】 临沧市川渝商会云县分会成立于2008年10月11日，分会成立以来，牢记“发挥优势、服务云县、服务会员、共同发展”的宗旨，积极开展工作，取得了一定成绩。一是积极为会员提供法律援助。分会成立后，本着依法维护会员合法权益，聘请律师为分会法律顾问，向会员提供法律帮助。至2010年，分会共为会员调解案件54件。二是加强政企协调，帮助会员企业建立良好的政企关系。三是积极为会员单位做好相关协调工作，促使企业又好又快的发展。四、积极参与支持各项社会事业，回报社会，奉献爱心。至2010年，分会及会员共计向云县的贫困学生、残疾人事业、社会公益事业累计捐款1.05万元，捐物40件，价值3000元。五、积极发展会员，壮大会员队伍。共发展会员20多名，使分会在册会员由成立时66名增加到88名。会长王正友。（本条资料由黄凤桐提供）

【云县商会与昆明市工商联义乌商会缔结友好商会】 1月12日，云县商会与昆明市工商联义乌商会在三江半岛沧江明珠宴会厅隆重举行缔结友好商会暨扶贫济困送温暖活动仪式。义乌商会向云县赠送了价值15万元的“扶贫济困送温暖”捐赠物资。友好商会的缔结，为两地商会多渠道、多层次地联系与协作，充分发挥两地优势，以及加强市场开发、产品营销、文化交流等方面必将起到积极的助推作用。（本条摘自《云县信息》）

（李凤娥 供稿）

云县总工会

【概述】 2010年，云县总工会在县委、政府的领导下和上级工会部门指导下，以党的十七届四中、五中全会精神为指导，以贯彻实施《劳动合同法》为契机，围绕发展和谐劳动关系、维护职工合法权益这条主线，突出开展维权机制建设、困难职工帮扶、基层工会建设等工作，全面落实科学发展观，坚定不移地走中国特色社会主义工会发展道路，团结动员全县广大职工为建设和谐云县建功立业。

【成立云县奇石根艺协会】 9月28日，云县奇石根艺协会成立大会在云县职工培训中心举行。云县人大常委会副主任吴永斌、云县人民政府副县长韩树林、云县政协副主席杨仙琴、中共云县委巡视组组长刘宏胤，市、县有关部门和企事业单位的领导、临沧市观赏石协会、临沧市兰花协会观石协会俱乐部，奇石根艺爱好者及全体协会会员共120余人参加成立大会。

【云县总工会机关工会联合会职工大会】 根据云县总工会《关于撤消县委机关工会成立各单位工会的请示》(云工发〔2010〕41号) 的批复，成立了由县总工会、县妇联、团县委、科协等单位组成云县总工会机关工会联合会。7月29日，召开了云县总工会机关工会联合会第一次职工大会，会议由县人大副主任、县总工会主席吴永斌主持，会上选举产生了云县总工会机关工会联合会第一届工会委员会、经费审查委员会；协商产生了女职工委员会。

【组织建设】 年内新建工会组织9个，撤销1个，新增工会会员600人。即：云县公路路政管理大队工会小组12人；云县歌舞团工会委员会34人；云县民宗局工会小组7人；中共云县委办公室机关工会联合会（含县委办、发展研究中心、巡视组、机要局、保密局）54人；中共云县委组织部机关工会联合会（含组织部、党史办）26人；中共云县委宣传部工会委员会23人；云县档案局工会委员会15人；云县总工会机关工会联合会（含总工会机关、共青团、妇联、科协）34人；中共云县委政法委机关工会联合会（含政法委、统战部、工商联）28人。撤销原“云县县委机关工会委员会”。

【维权工作】 一是开展集体劳动合同签订情况调研。2010年，县总工会牵头联合相关部门组成调研组，对全县的有关企业集体合同、劳动合同的签订履行情况进行了认真调研。通过调研进一步掌握了全县集体合同和劳动合同的签订情况，为进一步加强维权机制建设提供了决策依据。二是完善与政府的联席会议制度，定期或不定期专题研究工会工作。三是借助帮扶中心平台广泛开展 “关爱农民工行动”，积极对农民工进行生活帮扶救助、职业技能培训、创业就业指导、法律援助等服务，并帮助他们实现再就业。四是积极配合司法部门建立法律援助机制，并配合劳动和社会保障局、法院等部门帮助职工维护合法权益31起。参与劳动争议仲裁调解29起。五是会同安监局、经济局等单位在全县范围内组织开展以“综合治理、保障安全”为主题的“安全生产月”宣传活动，开展群众性劳动保护监督检查活动4次，参与交通事故处理2起。参加工伤人员鉴定9起。

主动维护职工的合法权益。各级工会组织切实加强职工代表大会制度建设，并以此为载体，抓好厂务公开民主管理工作，畅通职工民主参与的渠道。全县企业共签订集体合同51户，建立厂务公开制度的单位（部门）51个，建立职代会制度的单位（部门）53个，建立劳动法律监督组织的单位（部门）5个，建立劳动争议调解组织的单位（部门）33个。集体合同和劳动合同的签订，各种制度的建立有效地维护了职工的合法权益。

【“送温暖”活动】 一、开展节日慰问。年内，各级工会组织认真开展了各种送温暖活动，以“真情送温暖，助困进万家”为主题，元旦、春节、国庆节期间组织慰问困难企业41户，慰问各类困难职工587人，发放慰问金15.33万元。其中，农民工32人，发放慰问金8100元；劳动模范4人，发放慰问金2000元；残疾职工12人，发放慰问金6000元；其他困难职工414人，83200元。在中秋、国庆节期间召开了零就业家庭慰问座谈会，慰问零就业家庭41户，发放慰问金4.05万元，切实把党和政府的温暖送到职工群众心上；认真做好困难劳模帮扶工作，在春节、“五•一”节、中秋节期间，分别对部分困难全国劳模、省部级劳模和市级劳模以走访、召开座谈会等形势进行慰问，发放困难劳模慰问金（“三金”）2.36万元。

二、关爱职工身体健康。随着近几年来各种常见病、多发病的增多，为使员工了解自身健康状况，发现疾病及时医治， 6月，甘化公司组织284名员工到县人民医院接受了体检。

三、为零就业家庭送温暖。9月29日，云县总工会召开零就业家庭人员慰问座谈会，对41户零就业家庭以每户600元的慰问金进行慰问。

【特殊困难职工帮扶联系制度】 在进一步广泛深入开展困难职工送温暖活动的基础上，建立了特殊困难职工帮扶联系制度，开展创业“贷免扶补”“小额借款”工作。按“贷免扶补”要求推荐了10户2010年“贷免扶补”对象，并为其办理“贷免扶补”资金50万元；为部分困难职工发放小额借款资金7万元，为特殊困难职工自主创业、自谋发展提供了一定的经济基础。

【救灾献爱心】 年内，县总工会捐资4.2万元，先后到爱华、晓街、幸福、后箐、大寨等旱情较严重的乡镇村寨帮助开展抗旱救灾工作，共帮助人、畜饮水困难农户266户，涉及490人。

【支持新农村建设】 积极捐资支持新农村建设，年内共为栗树乡崎岖笼村、漫湾镇漫湾村、栗树乡大平掌村、晓街乡昆顶村、爱华镇平掌村烂坝组、后箐乡勤山村等6个村组兑现了新农村建设资金1.2万元。教师节期间，深入挂钩村爱华镇昔汉村完小对10位教师进行了慰问。

【技术技能竞赛】 年内，积极组队参加由临沧劳动和社会保障局、临沧市总工会联合举办的临沧市机关事业单位技术工人职业技能竞赛，竞赛共开展3个工种即：汽车驾驶员、维修电工、焊工、设13个奖项即：个人单项奖9个、团体前三名奖3个、组织奖1个。云县参赛队获得“临沧市机关事业单位技术工人职业技能竞赛团体优秀组织奖”、“临沧市机关事业单位技术工人职业技能竞赛团体第二名”；云县县委党校高级工陈庆国获得汽车驾驶技能比赛第一名。

【宣教和培训】 在第15个“世界防治结核病宣传日”期间，配合云县疾控中心，在云县北河农贸市场街头开展宣传活动，设立的3·24世界防治结核病宣传日”咨询台，发放宣传单和宣传画。共接受群众咨询1000余人次、发放“防治结核，人人参与”宣传日历1000份，麻风病宣传单7000份，台历300本，挂历300本；预防碘盐缺乏病宣传画100份，学生作业本2000本，围裙400个，环保袋500个，安全套3000个。通过形式多样，贴近群众的宣传活动，使广大群众对结核病、麻风病、预防典盐缺乏病防治知识有了进一步的了解，让更多的人参与到“遏制结核，健康和谐”，为主题的宣传活动中来，使更多的人免受结核病、麻风病、碘盐缺乏病的危害，保障广大群众的身体健康。

全年编写《云县工会信息》18期，登载文字50篇，图片170幅，共印发3060份。职工编写的各类文章、摄影图片被省级工会刊物登载4篇、市级工会刊物登载21篇、《临沧日报》登载3篇、《沧江明珠—云县》网上登载8篇。

开展农民工职业技能培训。开展农民工技能培训2次，共培训261人，其中，开展农民工茶叶技能培训1次，培训农民工107人，并帮助50人实现就业。9月，与安监局联合组织培训电力登高作业、电焊作业人员安全生产知识和操作技能技术培训154人，其中电力登高作业人员（在职职工）57人，厂矿企业、乡镇街道修理点电焊作业人员（农民工）97人，并全部实现就业。

【劳模工作】 年内，组织评选了云县第一届县级劳动模范36名（其中，职工劳模21人，农民劳模15人），受到县委、县政府的表彰。在大力弘扬劳模精神的同时，县总工会认真做好各级劳模的服务工作，建立健全了劳模档案，对劳模的工作、生活情况进行跟踪了解，开展为劳模送温暖活动，及时帮助他们解决生活中的实际困难。县总工会积极向上级工会争取的低收入补助金、特殊困难帮扶金，全部用于慰问和帮扶生活困难的全国劳模和省级劳模。同时完善劳模疗休养管理制度，2010年组织了40名一线职工到省工人疗养院疗养。

【职工医疗互助】 在第七期职工医疗互助活动中，共组织了169个单位12751人参加，其中，在职职工9760人，退休人员2991人，比第六期增加48人，收取互助金共102.99万元。新参加单位4个，新参加互助活动的职工492人。同时，全面完成了第六期医疗互助活动补助工作，第六期共补助住院职工933人，补助资金71.67万元，最高个人一次补助2.35万元，其中，在职职工住院补助422人，补助金额36.69万元，退休职工住院补助511人，补助金额34.97万元，并做到资金管理科学、安全，补助审批工作及时、准确、无投诉。

【工会财务】 一是工会财务工作取得新突破，以税务代征为依托，不断加大地税代收工会经费和建会筹备金工作的力度，代收工作进展良好，为工会工作的开展提供了必要的物质基础。二是工会经审工作强化监督职能，突出实务审计、离任审计、任内审计，切实加强对工会经费收、管、用的监督检查。年初对2009年度工会经费收缴和上解及管理使用情况进行了审计，并对2010年的经费预算和执行情况进行审查审计。三是加强对基层工会经费的审查审计。在各基层工会自检自查的基础上，县总工会经审委聘请了三名特邀审计员，对啤酒集团、茅粮集团、幸福电站、大寨建筑公司、幸福镇、教育工会等6个单位2008～2010年度的工会经费进行了抽查审计。四是开展中央专项帮扶资金的审计工作。

全年共拨缴经费418.88万元（含自收直拨经费13.54万元），直接经过税务代收工会经费为40.53万元，按比例付代收手续费20.27万元，直接上划省级产业经费到省总工会82.07万元，返基层工会161.26万元，县总工会留成99.14万元。上解上级工会55.13万元，比上年增5.41万元。

【举行2010“金秋助学”活动】　8月23日，县总工会举行2010“金秋助学”活动，共资助贫困大学生62名，发放助学金7.4万元。县总工会已连续6年开展此项活动，共资助贫困大学生133人次，资助金额达15.44万元。（摘自《云县信息》44期）

（廖国良　供稿）

云县人民政府

【概述】　2010年，县人民政府坚持以邓小平理论、“三个代表”重要思想为指导，全面贯彻党的十七大精神，以科学发展观统领全局，在市委、市政府和县委的正确领导下，自觉接受县人大及其常委会的法律监督、工作监督和县政协的民主监督，紧紧围绕县委十一届七次全体（扩大）会议、县人大十四届三次会议确定的发展目标，牢牢抓住国家西部大开发战略和“扩内需、保增长、促发展”的机遇，团结和带领全县各族人民，加快推进农业产业化、新型工业化、城乡一体化，坚持“调优一产、调强二产、调快三产”的工作思路，按照突出主旋律、增强凝聚力、提高执行力的要求，深入开展优化软环境增强软实力活动，全力以赴抓“三个一百”目标任务，大力实施新家园行动计划，众志成城战胜了特大旱灾，全县经济社会保持了快速发展的态势。“十一五”确定的各项目标任务圆满完成，全县呈现经济加快发展、社会全面进步、民族团结稳定、人民生活水平不断提高的良好局面。

【重要会议】　2月5日，县委常委、县人民政府副县长罗原同志主持召开重大动物疫情防控工作会议。县人民政府办公室、宣传部、畜牧局、民政局、广电局、公安局、林业局、交通局、工商局、商务局、卫生局、疾控中心、食药监局等部门及12乡镇领导参加会议。会议就如何抓好我县重大动物疫病防控工作作了专题研究和安排部署。

3月7日，县委常委、县人民政府常务副县长李尚清同志主持召开“振清”（振兴桥—清水河）公路建设征地拆迁工作专题会议。云县高等级公路建设征地拆迁办公室、电信公司、移动公司、幸福镇、幸福电站等部门主要领导参加了会议，会议就幸福镇振兴桥至耿马清水河公路建设涉及群众农田地、经济林果、灌溉沟渠损毁覆盖及通讯光缆、输电线路迁改等问题进行了专题研究。

3月17日，县人民政府党组书记杨世吉同志主持召开县人民政府党组会议，县人民政府党组成员，非党副县长，国土局、建设局、环保局、安监局、工商局、旅游局、地税局、消防大队、财政局等部门主要领导及福建泛亚建设设计有限公司及福建龙翔投资公司相关负责人参加会议。会议就云县保障性住房规划方案作了专题研究。

4月21日，县人民政府县长杨世吉同志主持召开政府常务会议，县人民政府班子成员、有关部门主要领导参加了会议。会议专题研究分析了云县一季度经济运行和“三个一百”推进情况，安排部署了下步工作，明确相关工作要求。

4月22日，县人民政府县长杨世吉同志主持召开云县幸福镇石佛坡耕地水土综合治理项目建设现场会。省水利厅和静处长等领导出席指导会议。县人民政府副县长洪立云同志，县水利局、幸福镇领导参加了会议。会议就云县幸福镇石佛坡耕地水土综合治理项目前期工作有关问题作了安排部署。

5月4日，县人民政府副县长洪立云同志主持召开云县生猪屠宰有关问题专题会议，县发改局、公安局、商务局、环保局、卫生局、建设局、畜牧局、工商局等部门领导及爱华镇分管领导参加了会议。会议就云县生猪屠宰有关问题进行了专题研究和安排部署。

5月5日，县委常委、县人民政府副县长罗原同志主持召开关于关闭破产企业及濒临破产企业退休职工纳入城镇职工基本医疗保险工作会议。县人民政府办公室、宣传部、财政局、监察局、审计局、广电局、司法局、公安局、经济局、档案局、信访局、民政局、人事局、卫生局、社保局等部门领导参加会议。会议就云县关闭破产企业及濒临破产企业退休职工纳入城镇职工基本医疗保险有关问题进行了专题研究。

6月3日，县人民政府县长杨世吉同志主持召开政府常务会议，县人民政府副县长李尚清同志、罗原同志、韩树林同志及县政府办、武装部、财政局、监察局、审计局、建设局、发改局、农业局、林业局、水利局、国土局、交通局、环保局、旅游局、爱华镇、供电公司、供排水公司、电信云县分公司、老干部咨询团等有关单位和部门领导参加了会议。会议就县城草皮街至新兴街街道综合整治问题进行了专题研究和安排部署。

6月4日，县人民政府县长杨世吉同志主持召开专题会议，县新农办、财政局、建设局、交通局、水利局、林业局、农业局、畜牧局、移民局、电信公司、供电公司、广电网络公司、爱华镇、永胜村等单位领导参加会议。会议就爱华镇永胜村邦介河新农村项目建设有关问题进行了专题研究和安排部署。

同日，县委常委、县人民政府常务副县长李尚清同志主持召开云县人民医院大楼建设工作专题会议。县人民政府副县长韩树林同志，县人民医院、政府法制办、卫生局、国土局、云县运政管理所等部门领导参加会议。会议就云县人民医院大楼建设的二期拆迁工作进行了专题研究和安排部署。

6月11日，县人民政府县长杨世吉同志主持召开新家园行动计划专题会议，县人民政府党组成员、非党副县长、调研员、副调研员以及教育局、建设局、新农办、国土局、地震局、气象局、消防大队等单位领导参加会议。会议就实施新家园行动计划进行了专题研究和安排部署。

7月1日，县人民政府县长杨世吉同志主持召开旧城改造专题会议，县人民政府常务副县长李尚清同志、县委巡视组副组长杨廷军同志、县人大常委会副处级干部罗有荣同志及县人民政府办公室、建设局、项目办等部门领导参加会议，县委副书记郭洪同志、县人大常委会主任刘灿同志、县政协主席何春华同志、县巡视组组长刘宏胤同志应邀出席会议。会议听取了草皮街道路改造设计规划汇报，就旧城改造相关问题进行了专题研究和安排部署。

8月9日，县人民政府副县长韩树林同志主持召开县人民医院综合大楼外墙装饰建设专题会议。县人民政府办公室、卫生局、县纪委第四纪工委、建设局、工商局、检察院、县人民医院等有关部门领导参加会议。会议就县人民医院综合大楼外墙装饰建设等问题作了专题讨论研究。

9月1日，县委常委、县人民政府副县长罗原同志主持召开刘家箐水库管理达标改造协调会议。县发改局、水利局、农业局、财政局、环保局、广电局、国土局、刘家箐水库管理局、审计局、信访局、爱华镇主要领导参加会议。会议就刘家箐水库管理达标相关工作作了安排和部署。

10月11日，县人民政府县长杨世吉同志主持召开旧村旧房改造推进工作专题会议。县人民政府常务副县长李尚清同志、县人民政府副县长罗原同志，县政府办、建设局、新农办等部门领导及12乡镇党委政府主要领导参加了会议。会议就旧村旧房改造推进工作进行了专题研究部署。

10月20日，县人民政府县长杨世吉同志主持召开重点文物保护工作专题会议。县人民政府副县长韩树林同志、政府办公室、文体局、民宗局、建设局、国土局、爱华镇等部门和单位领导参加了会议。会议就我县重点文物的保护和修缮工作的有关问题进行了专题研究。

11月17日，县委常委、县人民政府副县长罗原同志主持召开云县旧村旧房改造工程领导小组专题会议。会议就云县旧村旧房改造（爱华镇下坝田及邦介河示范项目建设工作）有关问题进行了专题研究部署。

【报告、请示、通知、决定】 1月5日，云县人民政府向临沧市人民政府上报关于给予拨付祥临公路云县段建设征地拆迁资金的请示。

1月9日，云县人民政府发出关于墙体材料革新和推广节能建筑的实施意见。

1月14日，云县人民政府向临沧市人民政府上报云县土地利用总体规划大纲（2006—2020年）备案的请示。

1月16日，云县人民政府发出关于兑现2009年度烟叶工作责任奖的通知。

1月27日，云县人民政府向临沧市人民政府上报关于2010年现代烟草农业展示区建设规划的请示。

2月8日，云县人民政府发出关于兑现2009年度安全生产责任目标考核奖的决定。

同日，云县人民政府对云县2009年度安全生产责任状落实情况予以通报。

2月25日，云县人民政府作出表彰2009年度安全生产责任目标考评优秀企业的决定。

3月10日，云县人民政府向云县人大常委会提请依法任免李世典等十三人同志职务。

同日，云县人民政府发出关于郭亮等七位同志任免职的通知。

3月22日，云县人民政府向临沧市人民政府上报关于组织实施刘家箐水库竣工验收的请示。

3月31日，云县人民政府发出关于兑现2009年人口与计划生育工作责任目标考核奖励及表彰先进工作者的决定。

4月1日，云县人民政府上报临沧市人民政府关于请求帮助协调解决云县境内国、省道公路危险路段交通安全隐患整治有关问题的请示。

4月2日云县人民政府转发临沧市人民政府关于调整全市财政供养行政事业单位和职工住房公积金缴存比例的通知。

同日，云县人民政府作出关于表彰第二次全国经济普查先进集体和先进个人的决定。

4月19日，云县人民政府向临沧市人民政府上报关于核定2010年村民一事一议筹资酬劳上限标准和以资代劳工价标准的请示。

4月20日，云县人民政府印发《2010年云县人民政府重点工作任务分解方案》的通知。

同日，云县人民政府发出《关于建立云县银政企联系会议制度》和《关于建立云县政银挂钩企业制度》的通知。

同日，云县人民政府下发《云县2010年工业经济、非公经济乡镇企业发展计划目标》的通知。

4月22日，云县人民政府向临沧市人民政府上报关于云县幸福镇幸福村土地开发（省级占补平衡）项目未利用地进行开发的请示。

同日，云县人民政府向临沧市人民政府上报关于云县爱华镇德胜村土地开发（省级占补平衡）项目未利用地进行开发的请示。

5月7日，云县人民政府作出关于责令云县江天矿冶有限责任公司晓街乡月牙村矿粉转运站限期搬迁的决定。

5月17日，云县人民政府印发《云县城区客运三轮摩托车整治实施方案》的通知。

5月18日，云县人民政府下发《关于加强政府非税收入管理》的通知。

6月4日，云县人民政府印发《云县普通商品房项目中配建廉租住房实施方案》的通知。

6月9日，云县人民政府向云南省财政厅上报关于给予直拨云县移民后期扶持资金及库区基金的请示。

同日，云县人民政府转发《临沧市人民政府关于加强高等级公路路政管理文件》的通知。

6月17日，云县人民政府向云南省国土资源厅上报《关于云县2010年度第二批城镇建设用地征地补偿标准合法性安置途径、履行征地程序及新增建设用地有偿使用费准备情况的报告》。

6月25日，云县人民政府向临沧市人民政府上报关于给予解决大朝山水电站云县库区外迁移民安置点人畜饮水进户管道建设投资的请示。

7月7日，云县人民政府向临沧市人民政府上报《关于2010年森林防火目标管理责任状考核自检自查》的报告。

7月10日，云县人民政府发出《关于2010年异地扶贫搬迁转移安置工作的意见》。

7月12日，云县人民政府转发《云南省清理化解其他公益性乡村债务工作实施意见》的通知。

同日，云县人民政府向临沧市人民政府上报关于贯彻落实征地拆迁政策切实维护群众合法权益的情况报告。

7月20日，云县人民政府发出《关于2010年上半年“三个一百”完成情况》的通报。

7月30日，云县人民政府向临沧市人民政府上报关于给予批准2011年烟叶生产基础设施建设项目规划的请示。

8月3日，云县人民政府转发《临沧市人民政府关于开展第一次全国水利普查文件》的通知。

8月16日，云县人民政府向云南省发展和改革委员会上报关于云县县城污水处理厂建设项目地方配套拼盘资金的报告。

8月20日，云县人民政府印发《云县十二五保障性住房建设规划》的通知。

8月24日，云县人民政府转发《临沧市人民政府关于全面推行环境保护"一岗双责"制度的决定文件》的通知。

9月3日，云县人民政府向云县人大常委会提请依法任命陆伟同志职务。

9月4日，云县人民政府向云南省财政厅上报关于给予增加财力补助资金缓解县乡财政困难的请示。

9月10日，云县人民政府向临沧市人民政府上报关于给予审定云县中低产林改造总体规划的请示。

9月15日，云县人民政府向临沧市人民政府上报关于普及九年义务教育扫除青壮年文盲的自查报告。

9月25日，云县人民政府发出关于加强地方政府融资平台管理有关问题的通知。

10月12日，云县人民政府发出《关于印发云县村庄规划实施意见》的通知。

10月19日，云县人民政府向临沧市加强地方政府融资平台公司管理工作领导小组办公室上报《关于地方政府融资平台公司债务清理核实情况》的报告。

11月5日，云县人民政府转发临沧市人民政府《关于保留取消和调整临沧市级行政审批项目的决定》。

11月8日，云县人民政府向国家教育部上报关于给予补助县城义务教育资源整合项目建设资金的请示。

11月16日，云县人民政府向云南省国土资源厅上报关于给予提前转让探矿权的请示。

12月22日，云县人民政府发出《关于实施质量兴县战略》的意见。

【党组活动】 1月3日，县人民政府党组向中共云县县委报请关于给予审定云县东大街旧城改造项目规划设计方案的请示。

2月8日，县人民政府党组向中共云县县委报请关于拟提请县第十四届人民代表大会第三次会议审议的《政府工作报告》的请示。

同日，县人民政府党组向中共云县县委报请关于审定《云县2009年地方财政预算执行情况和2010年地方财政预算草案的报告（书面）》的请示

同日，县人民政府党组向中共云县县委报请关于审定《云县2009年国民经济和社会发展计划执行情况与2010年国民经济和社会发展计划草案报告（书面）》的请示。

2月9日，县人民政府党组向中共云县县委报请关于2010年财政预算收支计划安排意见的请示。

3月19日，县人民政府党组向中共云县县委报请关于审定云县2010年固定资产投资、财政支出、招商引资工作考核奖惩办法的请示。

4月21日，县人民政府党组向中共云县县委报告关于2010年1季度经济运行及"三个一百"工作推进情况。

6月11日，县人民政府党组向中共云县县委报请关于给予审定云县旧城改造工程实施方案的请示。

8月12日，县人民政府党组向中共云县县委报请关于给予审定云县招商引资优惠政策若干规定的请示。

8月17日，县人民政府党组向中共云县县委报请关于给予审定云县铜多金属矿等7个矿权转让方案的请示。

10月27日，县人民政府党组向中共云县县委报请关于给予审定云县东大街旧城改造方案的请示。

12月1日，县人民政府党组向中共云县县委报请关于云县2010年财政预算收支调整的请示。

【信访】 信访工作全面贯彻落实中央、省、市、县的一系列决策部署，紧紧围绕县委、县政府中心工作，按照标本兼治、重在源头、主动出击、层层负责的思路，坚持以人为本、事要解决、齐抓共管、依法规范原则，服务大局，综合施策、多措并举，维护群众合法权益、着力促进社会和谐稳定，努力把各种信访问题解决在基层，化解在萌芽状态。全年全县共受理群众信访总量3732件次，办结3501件次，办结率93.8%。其中受理来信1078件，

来访2655批次5982人次，认真组织开展县委书记（县长）接待日12次。全年，处级领导共接访82批次326人次，阅批群众来信来访324件。工作取得明显成效，为维护云县和谐稳定作出了积极贡献。

【信息】 信息工作紧密围绕县委、县政府的中心工作，努力践行科学发展观，拼搏进取，充分发挥“团结、务实、超前、高效”的优良作风，围绕电子政务建设，开拓创新。实行信息工作目标责任制，定期检查、总结。全面推动政府网站建设。不断提高信息质量，力求有高度、新度、深度，坚持深入调研，掌握第一手材料，及时提炼有价值的信息，为领导决策提供参考。结合县委、政府的中心工作、重点工作，认真组织上报信息，扎实推进政府信息公开，不断加大政务公开力度，全县12乡镇和主要县直部门的《政府信息公开指南》、《政府信息公开目录》编制完成并对外公布。全年，县人民政府主动公开政府信息269条，各乡镇及县直部门主动公开政府信息919条，累计达1188条。

【法制工作】 政府法制工作紧紧围绕大局，认真履行职责，积极探索创新，充分发挥政府法律顾问和参谋的作用。积极推进依法行政，大力推进政务公开；向社会公布现行有效的政府规范性文件目录及全文；对政府全部现行有效规范性文件进行全面清理；大力加强规范性文件审查制定工作，充分发挥县政府参谋助手作用。严格执行规范性文件备案审查制度，对县政府和县直部门发布的规范性文件进行审查，做到有备必审，有错必纠。健全和完善复议应诉调处机制，高效化解行政争议。积极做好法律服务咨询工作，积极组织办理人大代表、政协委员提案、建议的办理答复工作。

（查星明 供稿）

云县人大常委会

【概述】 2010年，云县人大工作在中共云县县委的正确领导和上级人大常委会的指导下，紧紧围绕“三个一百”目标任务和“扩内需、增投资、转方式、调结构、保民生”的各项政策措施要求，认真履行宪法和法律赋予的职权。全年共召开县人民代表大会1次、常委会8次、主任会9次，听取和审议各类报告27项、作出决议和决定29项、开展执法检查3项、组织视察3项、作出审议意见58条。在认真履行好宪法和法律赋予的各项职权的同时，自觉接受党的领导，服从和服务于县委的中心工作，认真抓好挂钩联系的蔗糖产业、参与澜沧江酒业集团20万吨啤酒生产线技改扩建项目建设等工作。

【县人民代表大会会议】 2月23～27日,召开云县第十四届人民代表大会第三次会议。应出席会议代表203名，实际出席会议代表195名，县委领导、县政府组成部门负责人、两院、县委各部委办局、各人民团体、企事业单位、省市驻云县各单位负责人177名及县七届政协委员列席了会议。会议进行了七项议程：一是听取和审议云县人民政府工作报告；二是审查和批准云县人民政府关于云县2009年国民经济和社会发展计划执行情况与2010年国民经济和社会发展计划草案的报告；批准了云县2010年国民经济和社会发展计划；三是审查和批准云县人民政府关于云县2009年地方财政预算执行情况和2010年地方财政预算草案的报告；批准了云县2010年县本级财政预算；四是听取和审议云县人民代表大会常务委员会工作报告；五是听取和审议云县人民法院工作报告；六是听取和审议云县人民检察院工作报告；七是选举出云县人民政府县长杨世吉。会议的召开，保证了人民当家做主的政治权利得以真正体现，把全县各族人民的思想和行动进一步统一到了加快发展、全面建设小康社会这个根本任务上来。

【县人大常委会会议】 2010年，县人大常委会共召开常委会8次、主任会9次，听取和审议各类报告27项、作出决议和决定29项、开展执法检查3项、组织视察3项、作出审议意见58条。

1月9日，举行云县第十四届人大常委会第十五次会议。会议共一项议程：补选云县出席临沧市第二届人民代表大会代表，即：补选杨晓茂、赵子杰为临沧市第二届人民代表大会代表。

1月28日，举行云县第十四届人大常委会第十六次会议。会议共三项议程：一是确定云县第十四届人民代表大会第三次会议时间及议程；二是听取云县人大常委会代表资格审查委员会关于云县第十四届人民代表大会代表资格审查情况的报告；三是听取云县人大常委会代表资格审查委员会关于代表变动情况的报告。

2月10日，举行云县第十四届人大常委会第十七次会议。会议共四项议程：一是讨论云县人大常委会工作报告，推定报告人，即：推定县人大常委会刘灿主任作为向县十四届人大三次会议报告常委会工作的报告人；二是决定云县第十四届人民代表大会第三次会议列席人员名单；三是讨论云县第十四届人民代表大会第三次会议相关材料；四是审议人事任免事项,即:免去邹震云县人民法院立案庭庭长、审判员、审判委员会委员职务，免去张学文云县人民法院大寨中心人民法庭庭长职务，免去周锐云县人民法院立案庭副庭长职务，免去计红萱云县人民法院民二庭副庭长职务；宋云任云县人民法院审判委员会专职委员，周锐任云县人民法院立案庭庭长，计红萱任云县人民法院民三庭庭长，黄伟任云县人民法院大寨中心人民法庭庭长，罗曙廷任云县人民检察院检察委员会专职委员。

3月11日，举行云县第十四届人大常委会第十八次会议。会议共三项议程：一是审议通过云县人大常委会2010年工作要点；二是听取和审议关于重点建议交办意见的报告；三是审议人事任免事项,即：免去金兰元云县人民政府发展和改革局局长职务，免去周天海云县人民政府农业局局长职务，免去罗耀武云县人民政府建设局局长职务，免去普廷和云县人民政府水利局局长职务，免去张传志云县人民政府财政局局长职务，免去张学应云县人民政府安全生产监督管理局局长职务，免去那曙光云县人民政府司法局局长职务，免去杨瑜浩云县人大常委会办公室副主任职务;李世典任云县人民政府办公室主任，李云和任云县人民政府财政局局长，王应森任云县人民政府发展和改革局局长，罗耀武任云县人民政府农业局局长，熊剑任云县人民政府水利局局长，赵红生任云县人民政府司法局局长，黄光胤任云县人民政府安全生产监督管理局局长。

5月28日，举行云县第十四届人大常委会第十九次会议。会议共八项议程：一是听取和审议云县人大常委会视察组关于中低产田地改造项目实施情况的视察报告；二是听取和审议云县人大常委会视察组关于中低产林改造项目实施情况的视察报告；三是听取和审议云县人大常委会检查组关于检查《中华人民共和国婚姻法》贯彻实施情况的报告；四是听取和审议云县人民政府关于“五五”普法和“三五”依法治县工作情况的报告；五是听取和审议云县人民政府关于人口和计划生育工作情况的报告；六是听取云县十四届人大三次会议代表建议、批评和意见交办情况的报告；七是听取和审议云县人民法院关于提请换届选任人民陪审员名额的报告，确定换届选任云县人民法院人民陪审员名额；八是审议人事任免事项,即：杨兴昌、梅学峰、曹志兰、段学兰、钟汝青、王泽富、李文军、李银、杨世梅、杨克富、马光正、郭丙云、黄载贵、杨学军、吴升远、罗有先任云县人民法院人民陪审员。

7月27日，举行云县第十四届人大常委会第二十次会议。会议共九项议程：一是听取和审议县人民政府关于2010年上半年国民经济和社会发展计划执行情况的报告；二是听取和审议县人民政府关于2010年上半年地方财政预算执行情况的报告；三是听取和审议县人民政府关于2009年地方财政决算的报告和2009年财政预算执行情况及其他财政收支情况的审计报告，决定批准云县2009年地方财政决算；四是听取县人民政府关于2009年审计结果整改情况的报告；五是听取和审议县人大常委会视察组关于县一中搬迁扩建项目实施情况的视察报告；六是听取和审议县人民政府关于中小学校舍安全工程建设情况的报告；七是听取县人民政府关于招商引资工作情况的报告；八是作云县人大常委会关于《云县人民政府关于贷款本息纳入财政预算的报告》的批复的说明；九是作《云县人大常委会关于批准对云县第十四届人大代表普廷和进行刑事审判的决定》的说明。

9月29日，举行云县第十四届人大常委会第二十一次会议。会议共七项议程：一是听取和审议云县人大常委会检查组关于检查《中华人民共和国审计法》贯彻实施情况的报告；二是听取有关部门落实2009年县人大常委会作出的审议意见情况的报告，即：（一）听取县人民检察院关于落实《查办和预防职务犯罪工作情况的报告的审议意见》的情况报告；（二）听取县公安局关于落实《基层派出所建设及工作情况的报告的审议意见》的情况报告；（三）听取县移民局关于落实《移民村组五个一工程实施情况的报告的审议意见》的情况报告。

三是听取县人民政府关于县十四届人大三次会议代表建议、批评和意见办理情况的报告；四是审议代表辞职事项，即：接受普廷和辞去县十四届人大代表职务；五是审议通过云县人大常委会关于补选县第十四届人民代表大会代表的决定（草案）；六是审议通过云县人大常委会关于成立补选县十四届人大代表选举委员会的决定（草案）；七是审议人事任职议案，即：陆伟任云县人民政府副县长，王家跃任云县人民法院审判委员会委员，李丕光、杨学艳、郑国波、周首亚、罗先昌、田春玲、李统、杨志军任云县人民法院审判员。

12月13日，举行云县第十四届人大常委会第二十二次会议。会议共七项议程：一是听取和审议云县人大常委会视察组关于新家园行动计划中旧村旧房改造工程实施情况的视察报告；二是听取和审议云县人大常委会检查组关于检查《中华人民共和国未成年人保护法》贯彻实施情况的报告；三是听取和审议县人民法院关于案件执行工作情况的报告；四是听取和审议县人民检察院关于人民监督员工作情况的报告；五是听取和审议县人民政府关于2010年地方财政部分预算收支指标调整情况的报告；六是作云县人大常委会关于《云县人民政府关于贷款本息纳入财政预算的报告》的批复的说明；七是审议人事任免议案，即：免去邱开宁云县人民政府副县长、公安局长职务，免去姜登荣云县人民政府经济局局长职务，免去陶明兰云县人民政府审计局局长职务，免去李世典云县人民政府办公室主任职务，免去李世顺云县人民政府人事局局长职务，免去李家谱云县人民政府民政局局长职务，免去徐鹏昇云县人民政府监察局局长职务；高明任云县人民政府副县长、公安局长，李迎斌任云县人民政府办公室主任，字贵祥任云县人民政府审计局局长，罗成贵任云县人民政府建设局局长，姜登荣任云县人民政府民政局局长，王建荣任云县人民政府经济局局长，徐鹏昇任云县人民政府环境保护局局长，陈维彬任云县人民政府监察局局长。

【重大事项决定权】 依法行使重大事项决定权，是宪法和法律赋予地方人大及其常委会的一项重要职权。2010年，常委会分别对地方财政决算、重点工程贷款、重点建议交办等涉及全县国民经济和社会发展等方面的29项重大事项作出了决议决定。实现了党的领导权和人大决定权的统一，为全县经济社会又好又快发展发挥了重要作用。如常委会作出决定将“着力消除市县广电节目覆盖盲区切实改善民生”的代表建议作为重点建议交县人民政府办理后，县人民政府及相关部门高度重视，认真办理，投资75万元，使忙怀、漫湾、栗树、后箐4乡镇政府驻地的4680户21660名群众收听收看到云县广播电台、云县电视台和临沧电视台1套节目，丰富了广大人民群众的文化生活。

【监督工作】 一、加强对宏观经济运行的监督。一是听取和审议了2010年上半年全县国民经济和社会发展计划执行情况报告，通过开展会前调研，走访相关部门了解掌握有关情况，明确工作重点，确保了会议的审议质量。二是听取和审议了2010年上半年地方财政预算执行情况和2010年地方财政预算收支调整情况等报告，适时作出决议决定，督促采取有力措施狠抓落实，确保各项经济社会发展目标的实现。

二、听取和审议“一府两院”专题报告。2010年，先后召开常委会听取和审议了县人民政府“五五”普法和“三五”依法治县、人口和计划生育、中小学校舍安全工程建设、招商引资、县人民法院案件执行和县人民检察院人民监督员等6项工作报告。通过听取和审议专项工作报告，共作出审议意见22条。为提高审议质量，在听取和审议报告前，都由常委会领导带队开展会前调研，为会议审议提供翔实的依据，使作出的审议意见更具有针对性和实效性。通过将审议意见交“一府两院”及相关部门办理后，推动了相关问题的解决，促进了工作。如在听取和审议“五五”普法和“三五”依法治县工作情况报告后,常委会作出了“要从落实科学发展观、贯彻依法治国方略、构建和谐社会的政治高度来充分认识普法和依法治县工作的重要性，切实加强组织领导，做好新一轮普法和依法治县规划的制定，确保‘六五’普法和‘四五’依法治县工作有效开展”等审议意见交县人民政府办理，有效推动了云县的普法和依法治县工作。

三、视察检查。先后组织对中低产田地、中低产林、旧村旧房改造项目和县一中搬迁扩建项目实施情况进行视察。如对中低产田地改造项目在给予充分肯定的同时，针对存在的“改造建设标准不高，综合配套设施不全，实施效果不够明显”等问题，作出了“要严格执行项目建设标准，科学改造，把项目实施与产业发展、生态建设和农民增收结合起来，变跑土、跑水、跑肥的‘三跑地’为保土、保水、保肥的‘三保地’”等审议意见交县人民政府及相关部门办理，为确保项目质量、改善农业基础设施和促进农民增收起到了积极的作用。

四、执法检查。先后组织对《中华人民共和国婚姻法》《中华人民共和国审计法》和《中华人民共和国未成年人保护法》进行执法检查，针对存在的问题，及时作出审议意见并跟踪落实办理情况，促进了法律法规的贯彻实施。如对未成年人保护法执法检查后，提出了“对法律的宣传深度和广度不够，宣传力度需进一步加大；网吧、游戏室、酒吧、歌舞厅等娱乐场所接纳未成年人现象不同程度存在，需强化监管；校园周边摆摊设点、交通混乱、闲杂人员随意出入等现象普遍存在，需进一步加强整治；未成年人活动场所和公共文化设施建设滞后，需纳入规划，加大投入，逐步改善；未成年人违法呈上升趋势，需更加重视和关注”等审议意见交县人民政府及相关部门办理，为维护未成年人合法权益，优化未成年人教育环境，营造未成年人健康成长的良好氛围起到了积极的促进作用。

五、司法监督。一是组织市、县人大代表12人次，旁听了县人民法院公开审判案件6件。二是依法任命了16名人民陪审员，使人民法院审判工作更广泛的接受社会监督，对促进司法公正具有重要作用。三是邀请知名法律工作者为270余名领导干部开展了预防职务犯罪专题法制讲座，进一步增强了领导干部廉洁从政意识。

六、工作调研。常委会结合县委的中心工作，采取多种形式开展调研。先后对民办教育工作、高优蔗园水利设施建设、民主法治村创建情况等三项工作进行调研。通过调研，指出了不足，提出了建议，推动了工作。

七、信访工作。始终把做好信访工作作为密切联系群众、体察社情民意的重要渠道，不断改进工作方法，完善办理制度，规范受理、交办、反馈和督办程序，坚持常委会领导阅批重要来信、接待重要来访和集体研究重要信访件制度。全年共受理人民群众来信来访201件（次），答复办结率达100%。在受理中，协调督办了一批与民生利益相关的问题，使一些容易激化的矛盾得到及时化解和处置。如对二十余名贵州、四川籍农民工反映的拖欠工资的信访件，常委会及时派员参与调处，并督促信访室联合政府相关部门多次深入有关部门进行协商。通过多方协调和努力，兑现了拖欠工资，切实维护了农民工的合法权益。

【人事任免及干部监督】 坚持党管干部原则与依法任免有机结合，充分发扬民主，严格依法行使人事任免权。2010年，共任免国家机关工作人员70人次。坚持任前法律知识考试制度，任后颁发任命书并作要求，被任命人员作履职表态、写出履职保证书等方式加强对被任命人员的监督，进一步增强被任命人员的公仆意识和依法履职意识。

【代表工作】 始终把发挥代表作用作为做好人大工作的基础和保证，努力改进服务保障工作，充分发挥代表作用。一是分别在栗树等六乡镇举办了六期共265人参加的县、乡（镇）人大代表培训班，进一步提高了代表的履职能力。二是对县十四届人大三次会议期间代表提出的58件建议意见进行认真整理，及时转交“一府两院”办理；通过督办，得到解决或正在解决的29件，占50%，已纳入计划解决的12件，占20.7%，暂时无法解决的17件，占29.3%，办复率达100%，切实解决了一批事关经济社会发展的问题。如代表提出的“关于加强社会治安综合治理工作”的建议，县人民政府及相关部门高度重视，公安机关开展了“百日整治”专项行动，侦破了大批案件，在重点地段增设了6个警务亭，并进行夜间巡逻，使城区治安得到好转，市民出行的安全感进一步增强。三是坚持和完善常委会组成人员分工联系代表、代表列席常委会制度，定期向代表通报“一府两院”工作情况，组织开展视察、调研和执法检查等活动，为代表履职创造条件。同时，加强对代表小组活动的指导，努力提高代表小组活动质量。四是依法补选市人大代表2名、县人大代表2名。五是落实代表活动经费，组织代表开展活动。

【重点工作】 常委会在认真履行好宪法和法律赋予的各项职权的同时，自觉接受党的领导，服从和服务于县委的中心工作。一是认真抓好挂钩联系的蔗糖产业，促进产业发展。二是积极参与澜沧江酒业集团20万吨啤酒生产线技改扩建项目建设。三是对旧城改造进行专题调研，为县委决策提供依据，得到县委的充分肯定。四是认真完成“三个一百”工作任务。五是抓好挂钩村抗旱救灾、核桃“三率”建设等工作，组织党员向灾区捐款18700元，并帮助修建村组公路1.2千米，解决了部分村民出行难问题；选派新农村指导员抓好新农村建设等工作。

【自身建设】 按照“政治坚定、业务精通、务实高效、作风过硬、团结协作、勤政廉政”的总要求，以提高科学履职水平为重点，努力加强自身建设。一是强化思想建设。通过抓好理论中心组、领导干部在线和参加时代前沿知识讲座等方式，认真学习中国特色社会主义理论体系、党的路线方针政策以及省、市、县委的重大决策部署，学习人大制度理论、基本知识和法律法规等，进一步增强大局意识、政治意识、法治意识和群众意识。二是加强制度建设。逐步形成用制度规范学习和工作，用制度管人管事的机制，提高机关工作效率和服务水平。三是加强作风建设。认真开展创先争优活动，以创建先进党支部和争当优秀共产党员为抓手，积极开展党员干部驻村蹲点促民生、四同一体等各项主题实践活动，深入基层调查研究，认真了解民情，充分反映民意，广泛集中民智，密切与人民群众的联系。四是加强党风廉政建设。认真贯彻执行廉政建设各项规定，不断提高拒腐防变、抵御各种不正之风的能力，自觉维护人大机关的良好形象。五是加强宣传工作。始终把宣传工作作为坚持和完善人民代表大会制度的重要工作来抓，加大《云县人大》简讯的创办力度，充分利用县讯、云县电视台、互联网等新闻媒体，切实加强对人大工作的宣传，先后在省、市、县各类新闻媒体刊登理论文章、信息80余篇。

(徐守霞 供稿)

安全生产监督管理

【概述】 2010年，云县安全生产监督管理工作，围绕年初制定的工作要点以及各类《目标责任状》要求，以科学发展观为统领，认真开展了非煤矿山、尾矿库、危险化学品、烟花爆竹、民爆器材的安全生产专项整治，有效预防各类安全生产事故的发生；开展了非煤矿山、危险化学品、烟花爆竹等行业重点时期的安全生产大检查。全县共发生各类生产安全事故25起，死亡19人（其中消防火灾4人），受伤31人，直接经济损失80.76万元。全年共检查经营场所376个（次），排查隐患495条，完成隐患整改470条，整改率达94.9%；积极开展安全生产宣传教育活动，全年共开展各类咨询活动40多场次，出动宣传车辆200多台次，人员600多人次，投入资金10多万元。

【安全生产事故】 全县共发生各类生产安全事故25起，死亡19人（其中消防火灾死亡4人），受伤31人，直接经济损失80.76万元。与上年同期相比，事故起数增加5起，上升25%；死亡人数增加8人，上升18.2%。其中道路交通事故发生15起，死亡14人，受伤31人，直接经济损失13.81万元；工矿商贸事故发生1起，死亡1人，直接经济损失24万元；消防火灾事故9起，与上年同期持平，死亡4人，直接经济损失42.95万元，上升280%。

【安全生产检查】 根据云县实际和季节性安全生产特点，在组织开展日常现场监察的同时，按照县安委会统一部署，认真开展非煤矿山、危险化学品、烟花爆竹等行业重点时期的安全生产大检查。全年共检查经营场所376个（次），排查隐患495条，完成隐患整改470条，整改率达94.9%。

【安全生产执法】 把“打非治违”作为2010年安全生产工作的重点任务，对非煤矿山、危险化学品、烟花爆竹、民爆物品等行业领域非法违法行为进行了严厉打击，对未进行“三同时”审查就私自动工兴建的加油站进行了查处，并要求按程序完善相关审批手续。对“三村”石厂进行了监管，并向新农村办、国土局发出告知书要求进一步落实主体责任。对江天公司官房铜矿“6·22”事故、幸福镇“4·21”和“11·14”道路交通事故进行了调查处理。通过安全生产执法行动，有力打击了安全生产非法违法行为，推动了全县安全生产经营活动有序开展。

【安全生产专项整治】 年内，认真开展了非煤矿山、尾矿库、危险化学品、烟花爆竹、民爆器材的专项整治，有效预防各类安全生产事故的发生。一是非煤矿山专项整治。2010年，全县非煤矿山企业有14户，已换发《安全生产许可证》的企业5户，正在申请办理《安全生产许可证》的9户。结合企业安全生产许可证换证工作，加大行政执法力度，严把准入关，未达要求的企业，一律不得核、换发安全生产许可证。二是危险化学品安全专项整治。全县共有危险化学品企业36户，其中：生产企业4户（酒精生产企业2户、松香生产企业2户），成品油经营32户。对全县36家危化学品生产经营企业进行重点整治，查出隐患48条，发出《责令改正指令书》14份，整改45条，整改率93.8%；完成30户加油站、4户生产企业《安全生产(经营)许可证》换证工作，完成1户新办加油站办证工作。三是烟花爆竹安全专项整治。全县共有烟花爆竹批发企业1户，零售经营230户。积极开展专项检查和隐患排查治理，共查出隐患26条，整改25条，整改率96.2%。全面清理整顿烟花爆竹零售网点，查处非法违法经营15户，没收非法运输、非法储存烟花爆竹产品210件。四是民爆器材安全专项整治。全县有民爆器材经营、运输企业1户。年内进行了安全专项检查2次，查出隐患1条，已整改1条，整改率100%。同时对非煤矿山炸药库进行了整治。

【安全生产宣传教育】 一是扎实有效地开展“安全生产月”活动。成立了安全生产月活动组织委员会，负责宏观指导、研究决定有关重大事项，指导各乡镇、各部门开展“安全生产月”宣传教育活动。县人民政府副县长、县安委会主任邱开宁通过云县电视台发表安全生产宣传教育电视动员讲话；在县城、乡镇、企业悬挂以“关爱生命、安全发展”为主题的安全宣传标语，大力营造活动氛围；组织开展“安全生产月”咨询日活动。由安监局牵头，交警、交通、农机、消防、卫生、供电、运输等部门全力参与，分别在县城、茂兰、茶房、涌宝等街天开展安全生产宣传咨询活动。全县共开展各类咨询活动40多场次，出动宣传车辆200多台次，人员600多人次，投入资金10多万元，发放宣传资料和宣传册2万多份，安全生产宣传图片近1000幅，悬挂标语条（横）幅5000幅（条），电视报道8次，受教育群众8多万人。二是组织开展安全培训。组织开展了公路养护安全管理、农药经营、危化品生产(经营）、非煤矿山、电力行业等企业负责人、管理人员安全培训，累计培训人数达522人，电工、焊工、登高等特种作业人员培训307人，企业从业人员培训464人。

【队伍建设】 严格按照党风廉政建设责任制的要求，认真贯彻执行效能政府四项制度，加强对干部职工的教育，不断提高干部职工的责任意识、服务意识、公仆意识、依法履行职责意识。坚持集体领导与个人分工负责相结合，局长分别和副局长、副局长与股室负责人、各股室负责人与其他人员签订了党风廉政建设责任状，一级抓一级，层层抓落实，形成了齐抓共管的良好态势。进一步加大政务公开力度，建立健全“四项”制度，认真接受社会监督。全局干部职工没有因违法违纪被查处或举报，全局营造了风清气正的好氛围，打造了一支“想干事、能干事、干好事”的安全监管队伍。

（安全生产监督管理局　提供资料）

人民防空

【概述】 2010年，云县人防工作在省、市人防部门的指导帮助下，在县委、县人民政府的正确领导下，认真贯彻落实省、市人防工作会议精神，依法行政，履行职责，重点抓好人防工作的组织领导、人防执法、指挥通信警报建设、人防宣传等重点工作落实，努力推进云县人民防空工作全面协调发展。

【组织领导】 为不断加强对人防工作的组织领导，年内，云县人民防空办公室及时报请云县县委、县人民政府调整充实了由县委书记任组长，县长任常务副组长，人武部政委、分管副县长任副组长，县委办、政府办、监察局、宣传部、财政局、发改局、建设局、广电局等部门和部分乡镇主要领导为成员的云县人民防空工作领导小组，下设指挥部，由分管副县长任指挥长，指挥部下设办公室在县人防办，由人防办主任兼任办公室主任，负责日常工作事务，全县人防各项工作进一步加强，人防各项事业顺利推进。

【人防工作宣传】 为认真贯彻落实人防法律法规和党的人防政策，切实提高各级各部门和广大人民群众对人民防空的认识。针对长期处于和平环境下，广大人民群众对人防工作的认识不足，国防观念不强，人防意识淡薄，还形不成良好的人防工作氛围等情况，云县人民防空办公室积极牵头，努力营造有利于人防事业发展的良好社会环境，人防宣传等各项工作有序开展。2010年，开展较大规模宣传1场次，发放人民防空宣传册等资料8000余份，投入宣传经费5万余元，并开展了纪念“9•18”人防警报鸣放等活动，受宣传教育人数达10余万人次。

【基础设施建设】 一是加大经费投入,加强对防空警报器的日常管理和维护，确保警报器运转正常。二是多方筹资建设云县人防应急指挥中心，该应急中心预计总投资200多万元，其中信息采集车120万元，指挥平台80万元，目前，各项工作正在积极筹措中。三是积极动员新建民用建筑单位建设人防设施，目前，云县在建人防地下室设施为1860平方米。四是投入资金10余万元，完成云县人防警报系统改造升级，其中改造4台，新装6台，城区警报音响覆盖率达100%。

【人防工程易地建设费征收】 按照《中华人民共和国人民防空法》的有关规定，云县人民防空办公室依法履行职责，热情上门服务，多次到三江半岛、名特产品交易中心、桂园小区等投资项目进行联系，通过广泛宣传协调，详细宣传、讲解人防法律法规，做了大量的工作。2010年办理人防工程易地建设项目9项，征收人防工程易地建设费20余万元。

（人防办 提供资料）

烟草产业管理

【概述】 2010年，云县烟草产业紧紧围绕市下达的指令性种植计划和每公斤烟叶收购价在上年的基础上增加1元的提质增效目标，立足本职，强化服务，努力协调相关部门和涉烟乡镇落实生产计划，群策群力战胜旱灾，完成了市下达的年度烤烟生产任务，实现了提质增效的目标。全县共种植烤烟1.66万亩，收购烟叶50270担，实现烟叶税793.9万元。

【烤烟种植计划】 2010年，市上下达云县的烤烟指令性收购计划为5万担，种植面积1.66万亩。根据任务，云县各涉烟部门和种烟乡（镇）积极开展宣传发动工作，认真落实种植计划。1.66万亩烤烟种植涉及爱华、茂兰、漫湾、忙怀、晓街、大寨、后箐7个乡镇58个村委会912户责任户（实际种植烟农为2978户），户均种植面积为18.2亩。其中爱华镇12200担（含新城农场2400担）4050亩，茂兰镇16000担5310亩，漫湾镇5600担1860亩，忙怀乡10800担3590亩，晓街乡3400担1130亩，大寨镇1000担330亩，后箐乡1000担330亩。

【烟叶收购】 2010年，全县共收购烟叶50270担，占任务5万担的100.54%；平均亩产3.03担，亩产值2183.12元；收购总值3621.95万元；担均价720.5元，较2009年提高54元；每公斤收购价14.41元，较2009年提高1.08元；种烟户平均种烟收入1.21万元；全县实现烟叶税793.9万元。

【烤烟生产措施及管理】 年内，面对百年一遇的特大旱灾，县委政府及各涉烟部门、乡镇积极应对，多方联系，整合资金，采取有效措施，全力抓好烤烟抗旱工作，共筹措抗旱资金160.83万元，组织1.63万人次投入抗旱救灾。其中修复烟用水利设施9件14260米；新建永久性砖砌水池247个，蓄水1460.08立方米；开挖临时性水池2624个，蓄水10699.3立方米，保证了全县烤烟移栽和保苗用水，实现了按节令完成大田移栽和移栽后无大面积烟苗死亡。

全县共建育苗点14个，育苗1826万株，全部实现100%的漂浮育苗，壮苗率达98%，坚持采用“拉线定位法”移栽。全县4月20日开始大田移栽，到5月7日大田移栽全面结束，提前3天完成大田移栽计划。移栽品种除2000亩KRK26外，其余均为云烟87；经清棵点塘，实际完成移栽面积1.66万亩，占任务的100%。

烤烟生产严格按照“深耕深翻高起垄，高茎壮苗深栽，适时揭膜促管理，适时封顶留足叶”四项技术要求，切实加强揭膜培土，病虫害防治，田间卫生管理，封顶抑芽为重点的中耕管理工作。围绕市委提出的每公斤烟叶增加1元钱的提质增效的目标，重点抓好预整地、明水深栽、塘土消毒、覆膜严实、揭膜培土、病虫害防治、田间卫生、封顶、抑芽、成熟采摘、科学烘烤、分级扎把等各项技术培训工作。全县全年共组织各类培训275场次，参加培训13699人次，基本实现一户烟农一个明白人的目标，大大提高了烟叶生产整体水平。2010年收购的50269.95万担烟叶中，中上等烟叶比例达83.5%，公斤价14.41元，比上年13.33元提高了1.08元，实现了每公斤烟叶增加1元钱的目标。

【基础设施建设】 完成了晓街慢来、后箐忙弄、大寨、茂兰拨还河及爱华永胜5个项目区的烟叶生产基础设施规划设计和申报，项目规划总投资5630万元，其中晓街慢来、后箐忙弄两个项目已通过省级专家评审，有望获得实施。

（烟办 提供资料）

政协云县委员会

【概述】 2010年，云县政协工作围绕全县工作大局，依靠广大政协委员，团结各界人士，把加快发展作为首要任务，把改善民生作为主要内容，把促进和谐作为重要职责，立足政协职能，尽心履职，在助推发展中献计出力，在抗旱救灾中主动作为，在关注民生中促进和谐，切实发挥了“维护核心、服务中心、凝聚人心”的作用，各项工作取得了新的进展。全年共召开政协七届三次会议1次、主席会议8次、政协常委会议6次、专题会议2次、组织调研视察12次，收到委员提案65件，参加提出提案委员达231人，占委员总数的119.7%。同时积极做好《云县文史资料》的收集编纂工作。

【政协七届三次会议】 2月23～25日，召开政协云县第七届委员会第三次会议，应参加会议的有17个界别的193名委员，实际出席会议的有178名，会议审议通过了县政协常务委员会工作报告，提案工作情况报告，列席了县十四届人大三次会议，采用联组会议的形式，协商讨论了政府工作报告和其他报告，并提出了意见和建议报县委、县政府。会议期间组织委员提出提案65件，经审查立案42件。

【常务委员会】 2月10日，召开县政协七届十次常委会议。会议对将提交政协云县第七届委员会第三次会议的相关材料进行了审定。通过与会政协的常委审议，原则同意《常委会工作报告》《提案工作报告》《会议议程（草案）》《会议日程》《邀请出席人员名单》《提案统计截止时间（草案）》和《编组、联组讨论名单》等相关会议材料。

2月25日，召开县政协七届十一次常委会议。通过审议，常委会原则同意《政协工作报告决议（草案）》《提案工作报告决议（草案）》、《七届三次会议决议（草案）》。

3月10日，召开县政协七届十二次常委会议。会议审议通过了《黄光胤同志辞去教科文卫体主任的辞呈》及人事任免事项。

4月2日，召开县政协七届十三次常委会议暨重点提案面商会议。会议对《关于城乡一体化建设中对昔宜村规划建设发展的几点建议》《关于加强出租汽车管理，提高服务水平的建议》《关于规范云县建材、装修装饰材料市场的建议》和《关于尽早规划环城大道扩大县城规范城区市场的建议》等4件重点提案进行面商。

8月13日，召开县政协七届十四次常委会议。专题协商2010年上半年国民经济运行情况。

12月17日，召开县政协七届十五次常委会议。会议通报了2010年工作情况。

【主席会议】 1月11日，召开县政协七届十五次主席会议。安排七届三次会议有关工作。

2月1日，召开县政协七届十六次主席会议。会议审定了县政协七届三次会议常委会工作报告、提案工作报告、会议日程、邀请出席人员名单。

3月4日，召开县政协七届十七次主席会议。一是通报政协七届三次会议委员协商《政府工作报告》和县法院、县检察院工作报告情况；二是通报讨论常委工作报告、提案工作报告的意见建议；三是确定重点提案。

3月30日，召开县政协七届十八次主席会议。

一是审议2010年工作要点任务分解；二是通报重点提案的答复情况；三是确定重点提案面商时间。

8月10日，召开县政协七届十九次主席会议。会议审定了对2010年云县国民经济运行情况进行协商讨论的有关事宜。

11月4日，召开县政协七届二十次主席会议。会议审议并通过了《关于对茶叶产业发展情况的调研报告》《关于对全县核桃“三率”建设情况的调研报告》《关于对保障性住房建设情况的视察报告》

11月19日，召开县政协七届二十一次主席会议。会议审议并通过了《对农村低保实施情况的调研报告》《关于对云县户籍放开问题的调研报告》《关于对县民政局进行民主评议的调研报告》《关于对全县编制“十二五”规划工作专题调研的报告》。

12月15日，召开县政协七届二十二次主席会议。一是通报2010年工作情况；二是审定2011年新春茶话会的方案。

【专题协商】 2月4日，召开专题会议，对政府工作报告进行协商，并提出意见。

8月13日，召开县政协七届十四次常委会议。专题协商2010年上半年国民经济运行情况，提出意见建议3条。

【调研视察】 3月25日，县政协主席何春华带领政协办公室领导深入幸福镇调研，检查指导抗旱工作。

4月16日，县政协副主席熊兴荣深入涌宝镇岔河村村委会、岔河街小学进行调研。

6月7日，县政协副主席钟汝菊深入幸福镇海东村对核桃“三率”建设情况进行调研。

7月6～8日，县政协副主席杨仙琴、熊兴荣带领的两个调研组，分别深入部分乡镇和企业对全县上半年经济运行情况进行专题调研。

7月9日，县政协钟汝菊副主席率调研组，深入大寨、茶房、涌宝等乡镇调研云县茶叶产业发展情况。

9月27～30日，县政协副主席刘绍云深入涌宝镇、幸福镇、忙怀乡3个乡镇开展核桃“三率”建设调研。

10月13～14日，县政协副主席杨仙琴，先后深入到县城黄山小区、滇西名特产商贸城、澜沧江开发中心一号地、三江半岛小区、滨江世纪城小区及后箐乡等，对云县保障性住房规划及建设情况进行视察。

10月19～21日，县政协副主席钟汝菊深入部分乡镇、县级单位，对云县“十二五”规划作协商前的专题调研。

10月26～28日，县政协副调研员曹志清带队深入到公安局、爱华派出所及部分企业和社区进行户籍管理情况调研。

11月2～5日，县政协副主席熊兴荣、调研员欧阳明英分别深入到爱华镇、忙怀乡、栗树乡、茶房乡、大朝山西镇、幸福镇和部分县级部门对农村低保实施情况和对县民政局工作民主评议进行调研。

11月2日，县政协主席何春华深入幸福镇幸福村东风组、白桦林新农村建设示范点、邦洪村高寨一、二组检查新家园建设工作。

11月18日，县政协副主席钟汝菊深入幸福镇检查指导新家园建设工作。

【委员提案】 政协七届三次会议以来，共收到委员提案65件，参加提出提案委员达231人，占委员总数的119.7%。根据省、市提案工作条例和县政协提案工作实施办法的规定，经提案法制委审查，同意立案42件，占提案总数的64.6%，并案处理10件。在立案的42件中，个人提案16件，联名提案23件，集体提案3件。从提案内容上看，属于经济建设方面的12件，占29%；属于教科文卫体方面的3件，占7%；属于社会事业方面的27件，占64%。12月底，42件提案已全部办结，办复率100%。面商率95%，，满意和基本满意率95%。提案所提问题已经解决或正在解决的30件，占总数的71.4%。

【史志工作】 2010年3月，县政协召开拟邀稿单位代表会议，研究编辑出版云县《文史资料》第十集事宜，成立了编撰领导小组，确定了编撰方案、范围及收录要素，并确定了工作班子，由县政协教科文卫体委负责编辑。年底完成了《文史资料》的编撰出版工作。《文史资料》共收集当事人、见证人和知情人亲历、亲见、亲闻的第一手资料39篇，全书约12.5万字。分为经济建设、革命足迹、文教花絮、风土人情、人物春秋、古今纵横六个部分。

【重要活动】 2月2日，县政协在政协小会议室组织全体干部职工收看了政协临沧市第二届委员会第二次会议开幕式盛况。

3月3日下午，县政协组织机关干部职工在小会议室集中收看了全国政协十一届三次会议开幕式盛况。

4月14日，市政协副主席杨仕俊、三胞和外事委主任唐现春深入云县汇智源天然食品有限公司进行调研。

6月14～16日，县政协副主席钟汝菊应邀参加保山市举办的澜沧江啤酒狂欢节。

7月1日，为庆祝建党89周年，县政协机关党支部结合“创先争优”活动，开展了一次特殊的党组织活动，给政协机关全体党员上党性课，并深入企业了解企业生产状况。

7月28～29日，市政协副主席杨鹏飞一行4人组成的调研组深入云县调研全市上半年经济运行情况。

9月8-10日，县政协主席何春华、副主席刘绍云，秘书长、办公室主任何明武，民族宗教港奥台侨委主任杨承林一行4人到镇康参加临沧市八县（区）政协第十六次会议。

10月14日，市政协在云县金汇源大酒店会议厅召开市政协委员座谈会。云县政协主席何春华，副主席刘绍云、熊兴荣等20余名市政协委员参加会议，市政协副主席陈新主持会议。

10月14日下午，市政协副主席杨鹏飞在云县政协大会议室主持了召开市政协评议市经济委工作座谈会。县人民政府副县长陆伟、县政协副主席熊兴荣出席会议。云县经济局、招商局、财政局等10个有关部门主要领导和云南澜沧江酒业集团、甘化公司等企业领导参加了会议。

11月11日，市政协提案工作座谈会在云县召开，云县政协提案法制委提交的《以质量为中心，全面提高提案工作水平》一文获得二等奖。

11月30日下午，县政协召开民主评议县民政局工作会议。县政协常委、县级有关部门负责人组成的评议组共37人参加会议。县人民政府副县长罗原、县纪委书记严波到会指导会议，县政协副主席钟汝菊主持会议。

12月10日，县政协组织驻云县的市政协委员共21人到凤庆县考察学习新家园建设情况。市政协委员先后考察了凤庆县洛党镇厚丰村小平地、凤山镇京竹林禾家庄、安石村的新家园建设和茶叶产业发展情况。

12月30日下午，县政协在三江半岛沧江明珠会议厅举行2011年新年茶话会。县四班子领导，离退休干部，市、县政协委员，乡镇政协小组长，部分非公有制企业主要负责人等出席了茶话会。会议由县政协副主席钟汝菊主持。茶话会上县委副书记郭洪、县政协主席何春华分别致辞，县委常委、县人民政府常务副县长李尚清通报了2010年云县经济社会发展情况。

（普兴荟　供稿）

法　制

1～5级法官续职资格云县—凤庆片区培训会在云县召开

政 法

【概述】 2010年，全县政法工作紧紧围绕“保增长、保民生、保稳定”的总要求和县委关于贯彻“三个一百”目标任务、社会主义新农村建设、实施新家园行动计划等重要工作部署，深入推进“社会矛盾化解、社会管理创新、公正廉洁执法”三项重点工作，从源头上解决了一批影响社会和谐稳定的问题。2010年，县公安局全年共立各类刑事案件1056起，破获573起，破案率54.26%，抓获各类犯罪嫌疑人511人，其中立命案10件，破11件（积案1件），实现“命案全破”。受理治安案件1297件，查处1188件，查处率达90.6%，查处违法人员1579人。县人民检察院共受理提请批准逮捕各类刑事案件150件273人，审查后向县法院提起公诉116件201人，报送市检察院审查起诉35件78人。县人民法院共受理刑事案件122件，审结121件；县森林公安局受理各类破坏森林资源的违法犯罪案件62 起，查处59 起59人，查处率为95.2%。全县政法工作水平不断提升，为促进全县经济社会平稳较快发展，全面完成“十一五”规划的目标任务作出了积极贡献。

【矛盾纠纷排查化解】 一是组织开展声势浩大的法制宣传活动。全年共开展法制宣传教育101场次，展出展板712板，宣传画600幅，悬挂布标87条幅，播放录音31场次，电视台播放法制专题讲座266期次，开展法律咨询2931人次，印发宣传资料11.96万份，受教育群众28.36万次。二是加大矛盾纠纷社会风险评估。对可能影响社会稳定的6件矛盾纠纷向18个单位进行提前预警，共发出《预警通知书》18份，有效预防矛盾升级，维护社会稳定。三是认真开展司法调解和矛盾纠纷排查工作。全县各级人民调解组织共排查社会矛盾纠纷1591件，调处成功1495件，成功率94%，共办理法律援助案件162件，办理公证案件346件，共受理群众来信来访3732件次，办结3501件次，结案率94%，有效维护了人民群众的合法权益。

【加强社会管理服务】 一是加强对刑释解教人员的管理，认真落实安置帮教措施，着力降低刑释解教人员重新违法犯罪率。二是加大社区矫正工作。综治维稳委印发了《云县社会矫正工作实施细则》，进一步建立健全社区服刑人员接收、管理、考核、奖惩、解除矫正等制度，严格执行各项管控措施，确保无脱管、漏管现象发生。三是加强流动人口的管理工作，做到底数清、情况明。四是强化对吸毒人员的管理工作，认真开展了社区戒毒康复工作，不断提高吸毒人员戒断巩固率，净化社会环境。五是强化对网络虚拟社会的管理，坚持正确的舆论导向，加大网络舆情预警，有效确保了网络安全。六是对境内外非政府组织的管理工作，通过排查，目前云县辖区内无境外非政府组织存在。

【队伍建设】 一是认真组织开展了优化软环境增强软实力暨纪律作风集中教育整顿活动，活动于6月开始，12月结束，通过活动的深入开展,有效解决了全县政法干警在执法办案中存在的突出问题，使全体政法干警进一步牢固树立社会主义法治理念，增强工作责任感和使命感，树立政法队伍良好形象。二是认真落实党风廉政建设责任制，严格执行首问责任制、限时办结制、责任追究制，严肃查处办事拖拉推诿、不作为、乱作为等行为。三是加大依法行政力度，不断提高执法水平。四是进一步弘扬正气，对幸福镇掌龙村人民调解员周天伟、晓街乡松坡村大学生村官普朝辉两名见义勇为先进个人进行表彰。五是持之以恒地抓好综治维稳基层基础建设，不断夯实综治维稳基础。以村级换届为契机，调整充实了村级治保会194个1398人、调委会194个3642人、群防群治队伍248个3280人、治安巡逻队35支345人。县综治维稳委组织宣讲团分别12乡镇对194个村（社区）1800名村两委干部、调委会成员进行了综治维稳、防邪反邪、矛盾纠纷排查化解、突发事件的应急处置等专题培训，进一步提高基层农村排查化解纠纷、维护农村稳定的能力和水平。

【社会治安综合治理】 一是进一步加强综治宣传，充分运用云县电视台、云县报社、沧江明珠云县网站等媒体进行广泛宣传。各乡镇、综治成员单位共开展综治宣传活动近60场次，出动宣传人员700余人次，展出展板350块，发放宣传资料7万多份，人民群众受教育面达90%以上。二是大力加强生产安全、消防安全、道路交通安全监管工作，有效预防和控制重特大安全生产事故发生。全年共发生一般程序处理道路交通事故9起，造成11人死亡，29人受伤，共发生火灾事故9起，造成4人死亡。三是深入开展校园及周边社会治安专项整治活动，共投资15万元，为全县中小学保安配备了警棍、警用钢叉等防护设备，在校园周边建立了6座治安警务亭，共排查整治火灾隐患21处，交通安全隐患12处，侦破涉校刑事案件1件，抓获吸毒人员2名，有效维护校园安全。四是坚持“严打”方针不动摇，严厉打击各类违法犯罪活动。2010年10月22日开始，全县组织开展了声势浩大的社会治安严打整治“百日攻势”行动，严厉打击恶势力犯罪、有组织的团伙犯罪、流窜犯罪，收到了良好的社会效果。

【禁毒斗争】 一是深入开展禁毒宣传教育工作。共开展禁毒宣传35场次，发放宣传材料3.2万余份，新闻媒体刊载135条，受教育群众9万余人；二是进一步健全完善涉毒重点人群整治工作机制，狠抓堵源截流工作。共管控吸毒成瘾人员709人。三是加强吸毒人员帮教，减少毒品的社会危害。坚持发现一个收戒一个、列管一个帮教一个的原则，不断巩固的扩大戒毒成果。全县共成立社区戒毒机构15个，共办理社区戒毒75名，责令社区康复326名，戒毒所强制戒毒83名。四是继续深化打零收戒专项行动，加大公开缉查，全面收戒吸毒人员。全年共侦破毒品刑事案件115起，破获零星贩毒案件51起，缴获毒品55.44千克，抓获犯罪嫌疑人142名，摧毁团伙13个46名，缴获贩毒车辆3辆，追缴毒资100余万元，收戒吸毒人员277名。

【深化对敌斗争，维护国家安全】 一是认真抓好“法轮功”分子的教育转化巩固和防范控制工作，对历年来冒用宗教名义邪教组织骨干进行“面对面”教育，对重点人员做到不脱管、不漏管。二是深入开展农村反邪教警示教育。开展学校反邪教专题讲座11次，发放防范“法轮功”宣传提纲240份，发放《云南省反邪教警示教育宣传手册》《识别冒用宗教名义邪教工作手册》3000多册，各乡镇、部门印发宣传教育资料1万余份，在爱华镇水磨村建立反邪教警示教育基地1个。三是各类非政府组织活动进行严密防范，防止“三股”黑势力的入侵、渗透。四是加强对重点地区和重点人员的排查和稳控工作，防止重点人员外出串联、煽动、聚集闹事、上昆进京上访等事件发生。

【云县爱华镇水磨村矛盾纠纷调解经验】 水磨村地处云县爱华镇南边，距云县县城4千米，辖7个村民小组，现有农户 389户，总人口1519人。农民收入主要以种植业和畜牧业为主。过去，由于该村地处城乡结合部，因山林、土地、邻里纠纷突出，严重制约了经济社会发展。近年来，水磨村成立了综治维稳领导小组，下设矛盾纠纷调解中心。由村委会主任担任调解中心主任，村委会副主任担任调解中心副主任，各村民小组长为成员。基层调解工作开展得扎实有效，近年来，全村实现了无矛盾纠纷出村、无上访事件、无群体性事件、无刑事案件发生的目标，并于2009年被命名为”全国民主法制示范村”。水磨村主要做法是：

一、抓好法制宣传教育。水磨村始终坚持把法制教育和道德教育结合起来放在首位来抓。一是加强宣传。利用会议、标语、发放资料的形式，广泛宣传有关政策和农村常用法律、法规，提高广大群众的法制观念，增强他们守法用法意识，同时结合全县“民主法治示范村” “平安村” “平安家庭”等创建活动，宣传遵纪守法的人和事，利用身边的典型教育身边的人，弘扬文明乡风，达到“宣传一件，教育一片”的作用。二是加强培训。村领导组织对人民调解员、组长、调解信息员进行多次培训，讲授有关调解业务，交流工作经验，提高其工作能力。三是以案说法。把纠纷调解与法制教育相结合，针对纠纷性质，在依照法规调解的同时，注重法律法规政策和道德教育，使当事人能够把自已的行为放在法律法规政策和道德的范围进行自我约束，增强遵纪守法的自觉性。

二、抓好调解纠纷阵地建设。一是加强矛盾纠纷调解场所建设。规范村调解室建设，村上设立了专门调解室，设立了调解员、记录员、当事人座席。加强调解队伍的培训，配备了政治素质好、业务能力强、文化水平高的调解员，全村配备调解员3人，信息员7人。保证村调解中心随时有人值班，做到村里发生矛盾第一时间得到调处，杜绝矛盾纠纷扩大升级。二是加强完善矛盾纠纷调解工作制度。结合本村工作实际，制定了《人民调解工作职责》《矛盾纠纷排查制度》《回访制度》《纠纷登记制度》《信息反馈制度》《纠纷讨论处理制度》等相关规章制度，使调解工作做到依法调解，有章可循。三是规范调解程序。把规范调解程序作为保证调解质量的有效手段，按照云县司法局相关要求，规定村调委会调解格式样本，规范制作调解协议书和整理案卷，使调解工作走上程序化、规范化运作的轨道，提高了调解工作质量。

三、探索新方法，提高调解效果。水磨村在矛盾纠纷调解工作中，打破传统，探索新方法，用“调解七法”提高调解社会效果。一是排忧解难法。有些矛盾纠纷发生是因当事人在生产生活中确实存在一定实际困难。水磨村在解决此类纠纷中，通过深入细致的调查，找出症结所在，切实帮助其解决困难。困难解决了，矛盾也就化解了。二是突击排查调解法。调解人员在农忙时节农民抢种抢收期间，深入到田边地角、沟渠、收种场地，及时排查矛盾，适时调解纠纷。三是真情触动法。就是在调解工作中，调解人员友善、平等对待当事人，用真心为他们解决问题，用真情拨动他们的心弦，让当事人产生信任感和依赖感。四是褒扬鞭策法。在调解过程中，对当事人的长处和做过的有益事情进行表扬，使其有自豪感，光荣感，再适时指出他的缺点和过错，鼓励他改正缺点，鼓励他做一个受人尊重的人，自觉接受调解。五是批评震慑法。就是对某些胡搅蛮缠的“法盲”，在调解中明确告知政府对其错误不会坐视不管，若再不听劝解承担法律后果和责任，使其矛盾化解。六是亲情感化法。就是发动当事人的亲朋好友进行劝说，这是解决农村纠纷最好的方法之一。七是群众抨击法。结合“平安家庭”和文明户年度评选，开展民主评议，使一些不知荣耻、不敬老尊贤的人无地自容，自我反省，自我鞭策。

四、做好回访，巩固调解成果。做好回访工作是巩固调解成果的保证。水磨村在矛盾纠纷调解工作中，坚持每一起纠纷调处结束后，都要进行回访，了解调解协议的履行情况，影响协议履行的隐患，了解当事人特别是重点人的思想状况，行为有无异常，有无新的纠纷苗头，对调解人员的意见、建议等，防止出现反复。对无正当理由不履行调解协议义务的，督促其履行到位。对拒不履行的，引导当事人一方向法院提起诉讼，同时，通过回访，听取当事人和群众的意见和要求，总结经验，纠正不足，改进工作，融洽了干群关系。不畏艰苦，克服困难，恪守全心全意为群众排忧解难，有效地化解了各类矛盾纠纷。

五、调解与精神文明建设相融合。矛盾纠纷的存在，很大程度上与村民精神文明程度发展密切相关，水磨村找准问题所在，注重加强对村民的思想文化教育和政策法规宣传，在源头上预防和减少矛盾纠纷的发生。村上成立了“水云间”文艺队、老年腰鼓队等民间团体，以多种形式的文艺节目融入群众乐于接受的法律法规宣传，积极探索新形势下开展农村精神文明建设的新路子，不断总结经验教训，切实把农村精神文明建设抓紧、抓实。通过各种载体和有效途径，在农村大力宣传社会主义的新思想、新观念、新风尚，宣传农村改革开放的新成就，弘扬健康向上的民族文化和传统美德，加大执法力度，打击农村各类违法犯罪活动，净化社会风气，不断强化村民的文明意识。通过以上措施的落实，水磨村从三年前每年发生近15件矛盾纠纷，下降至2009年仅发生3件，而且全部得到妥善处理。全村呈现和谐共处，共同致力于新农村建设的良好发展环境中，实现了贫困村跃升为全县有名的新农村建设典范村。（本条摘自《云县》县讯）

(杨仕平 供稿)

公 安

【概述】 2010年，云县公安局在云县县委、云县人民政府和上级公安机关的领导下，以科学发展观为统领，以上海世博会、广州亚运会等重大活动安保为重点，深入推进社会矛盾化解工作、社会管理创新工作、公正廉洁执法工作以及公安信息化建设、执法规范化建设、构建和谐警民关系，改进工作作风，提升警务效能，为云县经济社会发展提供了安全稳定的社会治安环境，续写了公安事业发展的新篇章。

【队伍建设】 坚持正确的用人导向。年内被提拔为副处级1人、正科级22人、副科级18人，对33名民警进行了轮岗。认真开展各项活动。围绕“推动科学发展、构建和谐云县、维护社会稳定、服务人民群众、加强基层组织”的总目标，进一步增强党委核心作用，发挥党支部战斗堡垒作用和党员先锋模范作用，扎实开展创先争优活动、优化软环境增强软实力暨纪律作风教育整顿等活动。对局属和涉案车辆进行彻底排查清理，逐一建立档案，签订警车和涉案车辆违规专项治理责任书，完善管理措施，接受公安部督察组的检查验收；排查执法中存在的安全隐患和苗头性、倾向性问题，解决候问室、讯问室、询问室及监控设施的建设问题，避免了涉案人员非正常死亡案事件的发生。坚持从严治警和从优待警。建立健全民警诫勉谈话、督察跟踪、通报批评等工作制度，定期对队伍思想和内部管理等情况进行分析，预防和减少队伍中违法违纪问题的发生。强化警察协会、工会、妇委会工作，想方设法帮助民警解决工作、生活中的实际问题和困难。年内组织了对生病住院、生日及困难民警慰问316人次，组织全局民警向抗旱救灾和青海玉树地震灾区捐款4.26万元；对履职不到位的17名民警进行了诫勉谈话，12人报请县纪委、县监察局予以政纪处分，6人予以党纪处分。年内1个部门荣立集体三等功，2名民警荣立个人二等功，18名民警荣立个人三等功；1个部门被市公安局评为先进集体，3名民警评为先进个人，2名民警评为劳模，1名民警评为巾帼建功标兵，2名民警受到嘉奖。

【三项重点工作】 一、社会矛盾化解。坚持对可能引发的社会矛盾纠纷进行全面排查，落实化解责任，年内排查出矛盾纠纷656起，发挥16个调解室47名调解员作用，对645起矛盾纠纷、499起交通事故、507起治安案件进行调解，将矛盾化解在基层；开展公安信访积案清理化解工作，确保公安信访积案化解，涉法涉诉案件减少。年内开展局长接待日20次，接待来信来访49件次。

二、社会管理创新。以公安派出所和警务室为主体，推动人口服务管理，探索实践流动人口服务管理新模式，加强肇事肇祸精神病人、违法犯罪人员、吸毒人员等重点人群的常态化管理。推进在云县外国人的服务管理，积极开展抵御境外非政府组织渗透专项行动。完成高清视频抓拍机动车辆信息系统建设，为实现预知、预警、预防和取证工作打下基础。强化对虚拟人和虚拟社会管理，杜绝网络上有害、涉黄、影响社会稳定等信息出现。

三、公正廉洁执法。建立健全各项执法制度并认真抓落实，建立案件审核档案，执法活动得到进一步规范，全局执法能力和水平明显提升；排查监管场所安全隐患，规范派出所候问室建设，严格执行执法过错问责，从源头上预防违法违纪问题发生；开展执法示范单位创建工作，年内创建了禁毒大队、幸福派出所、经侦大队3个执法示范单位。

【三项建设】 一、公安信息化建设。年内投入资金213.6万元购买信息化设备及视频会议系统、机动车视频抓拍系统等建设。采集源头信息23.76万条，发布信息2624条，上报情报信息547条，编报预警信息184期，组织撰写研判材料22篇，编发简报26期，利用信息化成果抓获违法犯罪嫌疑人156人，破案175起，其中潜逃13年之久的犯罪嫌疑人周某某被抓获。

二、执法规范化建设。建立健全《云县公安局执法责任制》等各项执法制度，严格执行《云南省公安机关案件法律审核规定》，建立案件审核档案，强化民警执法培训，全局执法进一步规范化。年内共审核刑事案件647卷次、行政案件116卷次、治安案件128卷次、提请批准逮捕230人，执行逮捕208人。

三、构建和谐警民关系。开展“公安民警大走访”爱民实践活动，组织民警走访人民群众7992人次，走访获取信息526条，征求到意见建议593条，化解矛盾纠纷199件，解决信访问题34件，整治治安隐患30个，侦破群众关注的案件148件，推出便民服务举措161条；强化公安宣传，年内民警采写的对外宣传稿件被国家级采用1篇，省部级采用89篇，地厅级采用237篇，县报社采用150篇。8月与县电视台共同开办了《云县警方》电视新闻栏目，播出专题片11期，新闻30条。

【维护稳定】 以落实上海世博会、广州亚运会等重大活动、敏感节日安保工作为契机，对电站移民、企业改制、城市拆迁扩建等问题可能引发的社会矛盾纠纷进行全面排查，及时发现不稳定、不确定因素，完善预警机制，强化责任落实，为党委、政府决策服务的能力不断提高。年内排查出影响社会政治稳定热点焦点56件5460人，化解21件，上报预警信息86条，研判信息3条，确保了全县未发生影响社会稳定的群体性事件，完成“云南澜沧江啤酒狂欢节”、省委领导视察云县等大型活动的警卫任务和安全保卫任务。

【严打整治专项行动】 年内组织开展了“2010严打整治”、“百日攻势”等10个专项行动，采取强有力的措施，坚决遏制刑事案件的发案势头，取得了阶段性的战果。特别是从2010年10月22日开始，在全县范围内组织开展的声势浩大的社会治安严打整治“百日攻势”专项行动，全县社会治安状况有了明显好转，人民群众的安全感大幅增强，人民群众对公安机关和社会治安的满意度大幅度提升，得到了市委、市政府、市公安局有关领导及县委、政府的高度评价和充分肯定，得到了人民群众的高度认可。期间，侦破刑事案件271起，抓获犯罪嫌疑人238名；查处治安案件206起，抓获各类违法人员624人；抓获吸毒人员140人，调解纠纷79起，救助群众131人；纠正各类交通违法行为568起595人，查处醉酒驾驶机动车案件50起；查获被盗抢机动车22辆，查获无牌无证车辆125辆。

【重点工作】 年内全县立刑事案件1056起，破获573起，破案率54.26%，抓获犯罪嫌疑人511人。与上年同期相比，立案数上升50.64%，破案数上升17.42%，抓获犯罪嫌疑人数下降2.67%。其中，刑侦部门及派出所立刑事案件893起，破案412起，抓获各类犯罪嫌疑人328人，实现年内发生的10起命案全破，并破年前命案1起；禁毒部门侦破毒品犯罪案件115起、易制毒化学品犯罪案件1起，抓获犯罪嫌疑人144名，缴获毒品55.437千克、易制毒化学品2.85吨、仿六四军用手枪1支、仿五四军用手枪1支、手枪子弹67发；经侦部门立经济犯罪案件48起，破46起，抓获犯罪嫌疑人47，挽回经济损失123.24万元；发现受理治安案件1297起，查处1188起，处理违法人员1579人；发生一般程序处理道路交通事故9起，查处各类交通违法行为为2180起；发生火灾9起，死亡4人，直接财产损失47.44万元；年内收押犯罪嫌疑人562人，民警通过对在押人员的谈话教育，从中获取线索150余条，破获案件58件。

【典型案例】

云县钰源矿产品开发有限公司虚报注册资本、合同诈骗案。

2009年9月8日，冯××到云县公安局经济犯罪侦查大队报案称：云县钰源矿产品开发有限公司于2008年12月1日与我签订《采矿合同书》，后该公司收取5万元施工安全保证金后，发给我一份矿山开采进场通知书，由于没有进场施工条件，至今未能进场施工。我可能被该公司骗了,请经济犯罪侦查大队调查。云县公安局审核后立刑事案件进行侦查。经侦查查明：犯罪嫌疑人胡××、杜××伪造云南中庆会计师事务所有限公司验资报告及相关材料，2008年7月31日，在云县工商行政管理局虚报注册资本680万元成立云县钰源矿产品开发有限公司。公司成立后，杜××、胡××与云南永昌铅锌永德有色金属有限责任公司于2008年11月10日签订《云南永昌铅锌永德有色金属有限责任公司铅锌矿探（采）矿工程总承包合同》，私自把云县幸福镇杨梅树沟、山头街后山，永德县大雪山乡蚂蟥箐、铅场沟几个矿点纳入该公司的矿石开采范围。2008年12月12日，又成立云县钰源矿产品开发有限公司矿山建设指挥部，伪造雕刻云县钰源矿产品开发有限公司矿山建设指挥部行政用章和财务专用章，杜××委任王××为云县钰源矿产品开发有限公司法人委托代理人，任命赵××为矿山建设指挥部指挥长，组成了以胡××、杜××、王××、赵××为首的诈骗集团。胡某某等人利用虚假工程总承包合同，假印章及中华人民共和国采矿许可证复印件、中华人民共和国矿产资源勘查许可证复印件等，在云县幸福镇杨梅树沟、山头街后山，永德县大雪山乡蚂蟥箐和铅场沟几个矿点以挖矿为幌子，先后骗取冯××、严××等8人的合同保证金计277.43万元。

“2•12”故意杀人案。

2010年2月12日，云县茶房乡黄沙河村村民刘××（男，20岁）将本村村民刘×（男，55岁）及其妻李××（女，47岁）杀死后潜逃。案发后，云县公安局成立专案组全力开展案件侦破工作。经侦查查明，2月12日，刘××经过熊家出到山上挖龙胆草根时，看到堂叔刘×和堂婶李××在与其家有争执的山上砍树，遂要求停止砍伐，等待有关部门的处理，刘×不予理会。当刘××回家时，见两人仍在砍树，便上前理论。刘×不但不予理会，反而声称刘××有本事就来杀他。刘××回到家中后，越想越生气，从家里拿了一把尖刀和一根柴棒返回到熊家田，与准备回家的刘×和李××两人发生争执。争执中，刘××用尖刀和柴棒将两人杀死后回到家中，并电话向茶房派出所报警。因怕到看守所过年等原因，在民警到达前刘××潜逃。在山上躲藏两天后，刘××逃到孟定镇，经过思想斗争后选择了投案自首。至此，发生在春节前夕的云县“2.12”故意杀人案成功告破。罪犯刘××于2010年8月18日被依法判处死缓。

“3•03”云县文体局体育用枪被盗案。

2010年3月3日11时46分，云县公安局爱华派出所接县文体局工作人员电话报案称：云县文体局档案室被盗，其中被盗的可能有四五支体育射击用枪，具体数量和枪型不详，请调查。案件发生后，市县两级领导高度重视，先后做出批示，要求尽快破案，消除社会危害性。为及时侦破该案，市县两级公安机关成立有46名民警组成的3·03云县文体局体育用枪被盗专案组。经全体参战民警的连续奋战，于3月5日成功抓获作案人员李××（男，14岁，云县爱华镇人，在校学生）、李×（男，13岁，云县爱华镇人，辍学，有入室盗窃前科记录）、陶×（男，14岁，云南省大理白族自治州弥渡县人，辍学，有入室盗窃前科记录），并在云县爱华镇瓶罐窑原食品公司废弃的空房里内提取了被盗的五支小口径运动步枪及两台金正牌DVD。经侦查查明：2010年2月27日22时许，李××、李×、陶×窜到“红星”大药房楼内藏匿，待楼内的人走后，三人爬入云县文化体育局（租房办公）档案室内盗得三支小口径运动步枪，在文化馆办公室内盗得两台金正牌DVD后逃离现场。次日凌晨3时许，李××又邀约李×、陶×再次窜到到云县文化体育局档案室内，盗得两支小口径运动步枪。李××将盗窃的五支小口径运动步枪藏匿于云县爱华镇瓶罐窑原食品公司废弃的空房内。因李××、李×、陶×作案时未满16周岁，不予刑事处罚，云县公安局责令其家长加以管教。

云县干坝山系列蒙面持刀持械系列抢劫案。

2010年9月24日、27日20时至次日凌晨2时许，云县干坝山景观台及附近连续发生四起恶性蒙面持刀持械抢劫案。案发后，云县公安局高度重视，迅速成立专案组对案件展开侦破。9月30日凌晨6时许，云县公安局组织36名民警将犯罪嫌疑人龚××（男，40岁，云县爱华镇人），祝××（男，45岁，云县爱华镇人）、龚×（男，22岁，云县爱华镇勐勐村下牙组人）抓获，并从龚××、祝××、龚×家中搜出手机、香烟、管制刀具等大量可疑物品。经侦查查实：从龚某某家中搜查出的一部OPPO手机，系9月27日23时50分许受害人在干坝山观景台被抢手机；从龚×家中搜出的诺基亚5800手机系9月24日凌晨2时许受害人在干坝山观景台被抢手机；从祝××家中搜出的索尼爱立信手机系9月27日21时许受害人在干坝山观景台被抢手机。犯罪嫌疑人龚××和龚×到案后，对实施的犯罪活动拒不认罪，对从家中查获的被抢物品百般抵赖。审讯中，祝××交代了伙同龚××和龚×在干坝山观景台及干坝山移民村岔路口共抢劫四次的犯罪事实。该案已移送云县人民检察院审查起诉。

“9•13”非法买卖制毒物品案。

2010年9月13日，云县公安局强制戒毒所民警在对新入所的戒毒学员字××教育谈话时获悉，字××认识的一名自称王明的河南籍男子欲出售一批醋酸酐和黄碱注射液，正在联系买主。在其他警种的配合下，证实字××提供的线索具有真实性，云县公安局将此线索立为“2010.9.13”非法买卖易制毒化学品案专案并成立专案组开展侦查。经工作，专案组于9月20日在昆明将犯罪嫌疑人郑××（化名王明，男，26岁，河南省郑州市人）、范××（男，28岁，河南省焦作市人）抓获，缴获醋酸酐72件计重2吨，麻黄碱注射液57件计重0.85吨。此案的告破，为减少制毒物品从云南边境一线走私出境，萎缩境外制贩毒分子制毒能力做出了努力。为此，公安部禁毒局专门发来贺电，对案件的成功告破表示祝贺，同时对云县公安局创新工作思路，广扩线索来源，相关警种密切配合的成功做法给予了充分的肯定和高度的评价。

云县“4•21”道路交通事故。

2010年4月21日，潘××驾驶云S. 06798号中型普通客车（核载30人，实载14人）由永德驶往临翔区方向，14时29分许，当车辆行驶至羊耿线K1+500米处时，在超越前方行驶的由李××驾驶的云0937309号大中型拖拉机（共载2人）时，与对面驶来的由张×驾驶的云S06678号中型普通货车

（实载2人）相撞，造成云S06798号车的乘车上一人当场死亡、一人送医院抢救无效死亡、三车驾驶人和乘车人共13人不同程度受伤及三车受损的死亡道路交通事故。潘××承担事故的主要责任，张×承担事故的次要责任，李××及三辆车上16名乘车人在此事故中无责任。

云县“8•2”一次死亡3人特大道路交通事故。

2010年8月2日，查××驾驶云SM4216号普通二轮摩托车带着妻子李××和儿子查×由晓街乡驶往茶房乡方向，11时35分许，当车辆行驶至晓大线K20+400米处时与对向驶来的由龚××驾驶的云S07936号中型普通客车正面相撞，造成查××和查×当场死亡，李××经医院抢救无效死亡，两车受损的死亡道路交通事故。查××承担事故的主要责任，龚××承担事故的次要责任。10月20日，云县公安局交通警察大队召集当事双方及客运公司进行损害赔偿调解并达成赔偿协议，予以结案。

【云县警方举行被盗抢财物公开认领发还仪式】 近年来，云县城区摩托车被盗案件频发，直接影响了人民群众的财产安全。为严厉打击犯罪分子的嚣张气焰和整治突出治安问题，切实维护社会治安稳定，云县公安局以社会治安严打整治“百日攻势”专项行为契机，充分发挥职能作用和优势，办案民警经过艰苦奋战，辗转全县各乡镇的边远村寨以及周边市县等地，发动和依靠广大群众，积极开展案件侦查，为群众追回了被盗的摩托车、电脑、电视机等一批案值30多万元财物。

11月29日上午，云县公安局在县城滨河公园广场举行被盗抢财物公开认领发还仪式，依法对社会治安严打整治“百日攻势”专项行动以来追缴的66辆摩托车、7台电脑、2台电视机、5万余元现金及电磁炉、音响等一批被盗抢财物公开进行认领，当场发还。

现场，群众将一面面书写着“人民卫士，一心为民”、“雷霆出击，破案神速”、“神勇机智，尽显警威”的锦旗送到民警手中，表达了公安干警的感激和赞扬之情。

在认领现场，为提高了群众的安全防范意识和自我防范能力，云县公安干警还在现场对群众进行了安全防范宣传教育。（本条摘自《云县》县讯）

（质焕科　供稿）

检　察

【概述】 2010年，云县人民检察院紧紧围绕党委政府中心工作，以“社会矛盾化解、社会管理创新、公正廉洁执法”三项工作为重点，认真履行宪法和法律赋予的法律监督职责，深入推进检察改革，切实加强队伍建设，把维护社会稳定作为首要任务，依法严厉打击各类严重刑事犯罪活动，始终保持对严重暴力犯罪、有组织犯罪、毒品犯罪、“两抢一盗”多发性侵财犯罪活动的高压态势，全力维护社会治安稳定。

【维稳工作】 全年共受理侦查机关提请批准逮捕各类刑事案件150件273人，经审查，依法批准和决定逮捕各类刑事犯罪案件142件238人；受理移送审查起诉173件322人，经审查，依法向云县人民法院提起公诉116件201人，报送临沧市人民检察院审查起诉35件78人。

【查办和预防职务犯罪】 坚持“保持办案规模、提高办案质量、注重办案效果、重视办案效率、确保办案安全”并重的要求，不断加大查办和预防职务犯罪工作力度。2010年，立案侦查国家工作人员职务犯罪案件9件10人，侦查终结9件10人，其中，贪污贿赂案件7件8人，渎职侵权案件2件2人；移送审查起诉10件11人（含上年积存1件1人），依法向云县人民法院提起公诉8件8人，被法院作有罪判决8件8人，为国家直接挽回经济损失172万元。在认真查办职务犯罪的同时，针对新时期职务犯罪的新特点和新规律，按照“侦防一体化”工作要求，不断探索预防职务犯罪新方法，积极开展个案预防、重点预防、系统预防和预防调查分析，努力从源头上预防和减少职务犯罪。全年共开展预防立项4件次，预防调查18件次，参与重大工程招标监督18次，开展职务犯罪案例分析18次，开展预防警示教育39场次，开展预防职务犯罪知识讲座7场次，开展预防咨询70次。

【诉讼监督】 积极开展刑事诉讼监督，做到打击犯罪与保护人权并重。2010年，共对26件重大案件进行了提前介入，对47件事实不清、证据不足的案件退回侦查机关补充侦查；依法监督立案36人，监督撤案27人，追捕13人，追诉漏犯11人，追诉漏罪41条；对不符合逮捕条件的不批准逮捕35人，对不符合起诉条件的决定不起诉9人；对认为确有错误的刑事裁判提出抗诉2件6人，已全部改判；检察长列席人民法院审判委员会4次。积极开展民事审判和行政诉讼监督，做到维护审判权威与保护当事人合法权益并重。共受理民事行政申诉案件31件，立案27件；向临沧市人民检察院建议提请抗诉2件，提请抗诉1件，向人民法院发出再审检察建议3件，提出改进工作建议10件。加强刑罚执行监督和监管活动的监督，保证刑罚的正确执行。共对看守所羁押的569名在押人犯、1538份各类法律文书进行检查；对140名在押人员的身体健康状况进行集中检查；深入全县12乡镇对208名监外罪犯进行检查；对在押人员进行法制教育4次，进行个别谈话教育50人次；开展安全防范检查10次。

【队伍建设】 牢固树立人本理念，坚定不移地走政治建检、从严治检、人才兴检、素质强检之路。以执法能力建设为主线，以教育活动为契机，以业务技能培训为平台，按照内强素质、外树形象的要求，全面加强检察队伍建设。深入开展“恪守检察职业道德，促进公正廉洁执法”主题实践活动和“反特权思想、反霸道作风”专项教育活动。年内，5名干警参加“专升本”学历教育；3名干警通过司法考试；组织各类培训58人次，其中，选派到省院组织培训16人，中国政法大学培训3人，西南政法大学培训11人。严格执行党风廉政建设责任制，组织全院干警学习正反两方面的典型材料，促进反腐倡廉教育，进一步增强廉洁自律意识，全院党风廉政建设连续四年被县委评为“先进单位”。

【检务保障】 完成办案工作区改造、同步录音录像系统建设；建成党建宣传专栏和检察文化长廊；完成微机中心机房改造，全面使用三级专线网、局域网和因特网；搭建行政执法与刑事司法信息共享平台，开通商用密码邮件通道；安装新版办公自动化应用系统和执法业绩档案。

【制度建设】 深化对内部执法活动的监督制约，全面建立干警执法档案，推行自侦案件讯问犯罪嫌疑人全程同步录音录像制度。共对1件以撤销案件和1件拟不起诉案件启动人民监督员监督评议程序。

【宣传工作】 坚持文化育检，营造良好氛围，深化检务公开，拓展检察调研、宣传渠道，增加检察工作透明度。共编发简报85期，被云南法制报采用11篇，检察日报采用2篇，临沧日报采用4篇、市院办公室采用13篇，临沧检察采用3篇，被云县报社、县委信息、县电视台采用9篇，宣传工作质量明显提高。在推动检察文化建设过程中，着眼于检察事业的科学发展，以提高检察人员政治素质、业务素质和职业道德素质为目标，把文化建设作为“灵魂工程”，大力实施“文化育检”战略，积极开展“五个一”创建活动，加强党建专栏宣传，建成了检察文化长廊，创先争优活动开展扎实。

（杨莎莎　供稿）

审　判

【概述】 2010年，云县人民法院紧紧围绕“为大局服务，为人民司法”工作主题，深入贯彻落实科学发展观，深入推进社会矛盾化解、社会管理创新、公正廉洁执法三项重点工作，深入开展创先争优活动，认真履行宪法和法律赋予的职责，各项工作取得了新的进展。全年，共受理刑事、民商事、行政、执行等各类案件908件，审（执）结833件，结案率为92%。

【刑事审判】 一是把维护稳定置于各项工作的首位，继续坚持“严打”方针不动摇，充分发挥刑事审判的职能作用，依法严惩各类刑事犯罪活动。二是贯彻宽严相济的刑事政策，对一些偶犯、从犯和一些主观恶性不大的一般青少年犯罪案件，注意依法区别，从轻判处。三是运用司法调解手段处理刑事附带民事诉讼案件，对一般伤害案件、侵财案件，在依法判处较轻刑罚的同时，力促刑事被害人与被告人达成附带民事赔偿协议，以消除社会不稳定、不和谐因素，进一步扩大审判的社会效果。四是参加社会治安综合治理，到乡镇巡回审理宣判刑事案件，震慑罪犯、教育群众。全年共收刑事案件123件（含旧存1件），审结122件，结案率为99.2%。其中，刑事附带民事诉讼案件35件（含自诉案件10件），占收案总数的28.68%，调解结案20件，调解率为80%，调解结案后自动履行19件，履行率为95%。

【民事审判】 按照“公正司法，一心为民”的要求，牢固树立“群众利益无小事”的观念，积极推进审判方式改革。一是加大简易程序的适用范围，方便当事人诉讼，加快办案节奏，提高办案效率，及时化解矛盾纠纷。二是围绕和谐主题，做大调解文章。加强对调解方式方法、当事人不服判决的心理研究，不断总结开展调解工作的成功经验，进一步建立完善委托调解等制度，积极探索建立健全多元纠纷解决机制，切实达到定纷止争、案结事了的效果。三是克服就案办案思想，实行判后答疑制度，着力提高服判息诉率，增强裁判的公信力。全年，共受理民商事案件565件，结案539件，未结26件，结案率为95.4%。已结的案件中采用简易程序审理310件，普通程序审理187件（其中，判决199件，占结案总数的36.92%，调解结案169件，撤诉118件，调撤率为53.24%，调解后自动履行84件，调解履行率49.7%，裁定不予受理11件），采用督促程序处理19件，诉前财产保全23件。

【行政审判】 一是加强对行政案件的研究，切实做好对行政机关的司法建议工作。二是充分发挥行政审判职能，把握好行政审判监督和维护行政管理相对人合法权益的平衡点。三是积极探索行政诉讼案件协调工作机制，和谐化解行政主体与行政管理相对人的矛盾。办案中，对发现被诉违法行为的及时向被诉机关提出意见和建议，促使其撤销或变更违法行政行为，这一做法已成为云县人民法院解决行政争议的主要方式，90%的行政争议都能运用该机制予以化解，2010年云县人民法院依法作出行政判决2件。

【执行工作】 大胆改革创新执行工作方式，不断完善执行工作机制，进一步强化执行工作，提高执行水平。一是完善管理促执行。对执行案件落实定承办人员、定督办领导、定执行措施、定执行期限、定目标责任，重点案件领导包案的“五定一包”工作机制，用严格的工作机制保证执行工作实效。二是讲究方法重和谐。把思想政治工作贯穿执行工作始终，对不是故意逃避执行的被执行人，采用以说教为主，动员被执行人主动履行义务，慎用和尽量少采取强制措施，积极促成和解，最大限度地减少执行矛盾。三是穷尽措施求实效。对于逃避执行、抗拒执行的案件，除采用常规的扣押、冻结、划拨、拍卖等强制执行措施外，以限制高消费、限制出境、向社会公告名单等措施，迫使义务人履行法定义务。四是强化监督抓规范。加强流程管理监督，发挥网络优势和审判管理软件的作用，对案件的执行过程跟踪督办，全程监管。五是大胆创新找突破。加强与司法所和村“两委”沟通联系，争取协助配合，探索基层执行联络员制度，找到和解结案的契机。全年共受理执行案件218件（其中受理新案件164件，去年旧存54件），现已执结170件，执结率为78%，执结标的336.7万元。

【审判监督】 一是深入开展案件质量自查、抽查和监督检查活动。每季度对全院年内审理生效的刑事、民事、行政、执行案件进行质量评查，并按上级法院确定抽查的案件进行重点检查。二是各业务庭自行成立检查小组，对近两年来上诉后发回、改判案件、涉诉信访案件、再审案件及群众反映强烈的案件进行自检自查，对存在的问题进行剖析、讨论和学习，以便找出审判工作中存在的共性问题，加以落实整改。三是强化分管副院长和庭长对裁判文书的审核把关责任，发现案件事实和适用法律存在问题的及时建议合议庭复议，意见不被接受时及时提交审判委员会讨论。

【人民陪审员制度】 实行人民陪审员制度，让群众以人民陪审员的身份参与案件审判，与法官共同行使国家审判权。2005年5月，云县人民法院选任了第一届人民陪审员8名，2009年增选两名，2010年5月换届选任第二届人民陪审员16名，8月份正式上岗。全年人民陪审员参与案件审理96件，陪审率达到35%。

【落实司法救助】 坚持把实现和维护群众的根本

利益作为践行司法为民宗旨的重要内容，依法保护妇女、儿童、老年人等弱势群体的合法权益。年内为经济困难的当事人办理减免诉讼费9件4.37万元；为未成年犯罪的被告人指定辩护人13件17人；向市、县两级财政争取司法救助资金10万元，解决部分特困申请执行人的生活困难。

【开展巡回审理】 严格巡回审判的案件范围，确保运行效果。选择诸如赡养纠纷、相邻关系纠纷、土地承包经营权、林权纠纷等比较典型，在当地有一定影响的案件进行巡回审理。全年巡回审判案件136件，其中，刑事34件，民商事102件。

【队伍建设】 一是加强思想政治建设。组织全院干警学习领会马克思主义基本理论和中国特色社会主义理论，提升干警对马克思主义法律思想中国化、时代化、大众化的认识；学习领会社会主义法治理念，自觉抵制各种错误思潮影响，确保执法办案、司法改革等工作健康发展；学习领会社会主义核心价值体系，加强法官职业道德建设，牢固树立公正、廉洁、为民的司法核心价值观。

二是加强司法能力建设。围绕学习型党组织和学习型法院建设，积极鼓励干警岗位成才，参加司法考试和晋级考试，继续坚持每周一次集中学习制度；赴外地先进法院,学习先进的审判理念、办案方式和管理经验；结合工作实际，开展审判调研、业务研讨、交叉培训等活动，及时总结推广审判执行工作中行之有效的方法，着力提升法官的司法能力。全年组织全院干警学习党的政治理论40余次，派出28人次参加最高人民法院、省高级人民法院、市中级人民法院和省委组织部组织的各类学习培训。

三是开展创先争优活动。响应上级号召开展学习陈燕萍同志先进事迹活动和岗位练兵、庭审观摩活动，组织全院干警到烈士陵园开展庆祝中国共产党成立89周年暨“一面旗、一团火、一盘棋”主题实践系列活动。11名干警被院党组评为党员先锋岗，4名法官被县委提拔任用为科级领导干部。

四是强化廉政建设。建立和完善内外监督机制，制定党风廉政建设目标考核办法，聘请执法监督员，建立诫勉谈话、廉政档案、案件跟踪回访、违纪一票否决、重大事项报告等制度。开展观看贪污贿赂案专题教育片和旁听职务犯罪案件审理等多种形式的警示教育活动，进一步增强全院干警遵纪守法的意识和自觉抵御各种诱惑的能力。

五是加强司法作风建设。扎实开展“人民法官为人民”主题实践教育活动和“优化软环境增强软实力暨纪律作风教育整顿”活动，着力解决“权从何来、为谁司法、靠谁司法”的问题，切实增强对人民群众的感情。通过规范着装、规范开庭和重视司法礼仪以及实行上下班考勤制度等措施，强化细节管理，改善服务态度，加强文明创建。

（法院 提供资料）

司法行政

【概述】 2010年，云县司法局在县委、政府和市司法局的正确领导下，在县人大、政协的监督下，在各有关部门特别是各政法机关的大力支持下，始终坚持以邓小平理论和“三个代表”重要思想为指导，紧紧围绕县委、县政府中心工作，充分发挥司法行政职能作用，全面夯实基层基础、筑牢维稳根基，努力开拓法律服务领域，普法、依法治理、人民调解、法律服务、法律援助等各项工作不断取得新成就，为努力维护全县社会稳定、建设“平安云县”和构建和谐社会做出了积极的贡献。

【机构设置】 2010年，云县司法局内设办公室、基层工作股、法制宣传股、法律援助中心（含社会矛盾调处中心和12348法律服务中心）、公证处、依法治县办、12个乡镇司法所、13个法律服务所，辖3个律师事务所。县委依法治县和法制宣传教育工作领导小组办公室设在司法局，有在职干部54人。

【法制宣传】 以“法律六进”、“民主法治示范村（社区）”建设和“依法治县示范单位”等创建活动为载体，推进普法依法治理工作进程。全面落实“五五”普法规划。一是认真组织开展法制教育活动。整合法、检、公等政法单位及行政执法单位和乡镇的普法人力财力资源。积极开展“3•15”“6•5”“6•26”“10•26”“11•9”“12•4”等法制宣传日、宣传周、宣传月的宣传活动，“送法下乡”活动，“法律六进（法律进机关、进乡村、单位、社区、学校、企业）”活动，充分利用广播电视等媒体进行法制教育、法律知识等专题讲座。全年共开展法制宣传教育108场次，参加人员1103人次，出动宣传车辆133辆次，展出展板712板，宣传画600幅，布标87条，播放录音31场次，电视专题讲座266期次，开展法律咨询2931人次，印发宣传资料11.96万份，受教育群众283626人次。二是认真落实“三五”依法治县规划，在全市率先实现“民主法治示范村（社区）”创建率达100%的基础上，不断巩固和推进依法治县进程，2010年有13个村被市司法局、市民政局命名表彰为市级“民主法治示范村”；有35个村（社区）被云县县委、县人民政府命名表彰为第三批“民主法治示范村（社区）”。三是认真组织干部职工学法考试活动，编印学法汇编1万余册，组织全县111个单位9881人参加全省统一学法考试；组织9920人参加全县年度学法考试；参考率、合格率均达100%。全县机关、农村、企业、学校学法、知法、守法、用法的氛围良好。

【“五五”普法】 2010年是实施“五五”普法和“三五”依法治县工作的最后一年，在前四年扎实有效全面落实“五五”普法和“三五”依法治县规划的基础上。认真做好查缺补漏、收集、整理资料归档工作，并对全县111个学法责任单位进行全面的检查考核验收，各学法责任单位均达到合格以上等次。做好五年“五五”普法和“三五”依法治县工作总结，顺利通过了省市检查验收。

【基层司法行政】 以保障社会和谐稳定为己任，抓好基层司法行政工作。一是积极推进司法所规范化建设，全县12个司法所已完成9个所房建项目。全部配备了电脑、多功能一体机和照相机；2辆业务专用车和3辆摩托车。二是强化人民调解组织建设，注重信访，排查化解矛盾纠纷。全县有社会矛盾调处中心13个，人民调解委员会208个，专兼职工作人员2355人。培训人民调解员1377人次，全年共排查矛盾纠纷107次，调解各类矛盾纠纷12339件，成功1.15万件，成功率达93.2%，防止群体性上访10起，制止群体性械斗7件。为基层政府提出建议18条，被采纳15条。有效地化解矛盾，确保社会稳定。三是抓刑释解教人员安置帮教和社区矫正。全县共有专兼职帮教工作人员120人，全年共接收刑释解教人员34人，落实责任田方式安置30人，其他方式安置4人，有社区矫正对象157人，建立档案信息库落实帮教，全年无一人重新犯罪。

【法律援助】 认真贯彻第五次全国法律援助工作会议精神，深入开展“法律援助便民服务”主题活动。全县共有法律援助工作站19个，工作点198个，专兼职人员219人，共办理援助案件230件，其中刑事41件，民事187件，行政2件。为因工伤亡的民工和亲属挽回经济损失180余万元。有效地维护了援助对象的合法权益。

【公证】 围绕“充分履责、规范履责、廉洁履责”的要求，积极拓展服务领域。全年共收案399件，办结399件，其中民事307件，经济92件，拒绝办理不真实、不合法的办证请求9件。

【律师工作】 加强管理，规范执业，不断提高律师队伍水平，积极为构建“和谐平安云县”服务。三个律师事务所共代理案件251件，其中民事148件，刑事84件，行政2件，法律援助17件，担任法律顾问14家。

（那曙光　供稿）

道路交通安全管理

【概述】 2010年，云县公安局交通警察大队，以服务全县经济建设为出发点，以“建一流队伍，创一流业绩，树优良警风，让人民满意”为工作目标，以树立“优质、高效、廉洁、公正、文明”的工作作风为根本，以营造良好的道路交通环境、预防道路交通事故和提高道路通行效率为工作中心，以创建“平安畅通县区”活动为载体，全面落实“优化软环境,增强软实力”等工作措施，不断提升执法管理和服务水平，圆满地完成了2010年的各项工作任务。2010年全县共发生死亡道路交通事故9起，造成11人死亡，29人受伤，直接经济损失16.28万元，“四项”指标全面下降，为云县的经济建设、社会发展创造了一个良好的道路交通环境。

【安全宣传】 2010年是全国实施交通文明行动计划的第一年，大队充分发挥舆论导向作用，切实抓好交通安全宣传教育。发挥“四支队伍”力量，在措施的落实上狠下功夫，构架多层次、多渠道、多方面、多角度、多形式的交通安全宣传教育网络，立足于“五进”宣传；发挥交警中队的作用，落实责任，对道路交通不便，地理位置偏僻的村庄，采取真正走进去，搞好宣传教育；同时，注重对弱势群体的宣传教育，开展“进企业、进集市、进工地”活动，体现人文关怀，扩大宣传覆盖面，增强宣传效果；开拓新渠道、新手段，以国、省沿线作为重点，建立交警、派出所和学校教育联动机制，以中小学生“小手拉大手”的方式，通过一个学生，影响一个家庭，带动一个社会的安全教育，产生由点带面，辐射全社会的效应；突出抓好“六类重点驾驶人”、农村地区驾驶人、云县境内行驶的外州市、外省籍大货车、客运车驾驶人、驾驶员培训学校、农机培训站等驾驶人的安全教育，在交警部门车管所办证大厅进行交通安全集中教育活动。年内，深入机关、学校、社区、农村，开展交通安全宣传340场次，播放宣传光碟2000多场次，摆放宣传展板3000块次，发放宣传材料5多万份，举办法律法规知识讲座120课时，悬挂横幅布标200多条幅，受教育驾驶人6万人次，切实抓好“交通安全文明村（学校、企业、社区）”的创建活动。5月份，大队联合县歌舞团组建了一支16人组成的平安交通“你我共同做起”交通安全下乡演出宣传小分队，借助街天人员集中、宣传范围广的实际，巡回12乡镇演出13场次，县人民政府办公室向各乡镇印发了《云县人民政府办公室关于在各乡镇开展平安交通“你我共同做起”文艺下乡演出的通知》，要求组织乡镇干部职工、学校师生、广大群众和机动车驾驶员观看。演出节目分独唱、舞蹈、交通安全知识有奖问答、小品等12个节目，演出过程中还穿插了交通安全知识有奖问答现场互动，采取当场兑现奖品，期间受宣传人民群众和驾驶人共5万多人，发放了8000份图文并茂的宣传材料，全方面覆盖安全宣传面。

【信息化建设】 强力推进公安信息化建设，按要求配齐了各种设备。7－8月份分两批对民警进行“警综信息平台”培训，并利用工作之余，对民警进行计算机应用培训，重点是交警应用信息平台、道路交通事故处理信息系统、违法处罚系统的运用和操作培训，要求每位民警做到“六会”，即：会打字、会浏览、会查询、会收发邮件、会公文承办、会使用本部门业务应用系统，通过培训，全体民警能熟练掌握应用程序和操作技能。大队已经达到了交通事故数据上报、交警队信息平台录入、查询、大队中队连通公安网、非现场违法查询、交通事故数据信息全项录入，交通违法信息采集、案卷文书、文件传阅电子化的目标。

【开门评警】 大队紧紧围绕建设一支高素质公安队伍这一目标，深入推进社会矛盾化解、社会管理创新、公正廉洁执法三项重点工作，全面加强公安信息化、执法规范化、和谐警民关系、素质能力“四大建设”，以“五进”和“大走访”为契机，构建和谐警民关系，“开门评警”广纳群言、倾听民意，进一步提高执法水平和服务质量。结合云县政法系统优化软环境增强软实力暨纪律作风教育大整顿活动要求，大队邀请县人大代表、县政协委员、县妇联、团县委、重点企业、县客运公司、县委宣传部、县广电局、摩托车经销商等主要领导和驾驶人代表、特邀监督员、媒体记者召开“开门评警”座谈会，与会期间代表就大队“三项重点工作（社会矛盾化解、社会管理创新、公正廉洁执法）”、“三项建设（公安信息化建设、执法规范化建设、构建和谐警民关系）”、“交通管理业务工作”等三个方面进行测评，共梳理意见建议34条，大队根据反馈的情况制定相应的措施，切实解决人民群众关注的困难。更好地为云县经济发展提供优质高效服务，构建和谐警民关系。

【事故处理】 认真践行执法为民理念，切实推进社会矛盾化解工作，大队始终把容易产生社会矛盾的事故处理工作放在首要的位置上，在整个事故处理工作中，全体民警都力争在事故发生后人民群众易引发矛盾的初期分析问题和解决问题，积极化解社会矛盾化解工程。大队还与人民法院协商建立“道路交通事故巡回法庭”，使在交警部门未达成调解协议的事故快速被人民法院受理，减少诉讼环节，着力解决“民怕告状”的困难。并在大队建立了“人民调解室”，使当事人不愿在交警部门调解的事故由人民调解员进行调解；从而方便群众、服务群众，力争在事故发生后人民群众易引发矛盾的初期分析问题和解决问题，真正落实社会矛盾化解工程。同时，规范接处警工作，严格落实值班民警工作制度，交通事故处理实行24小时值班备勤，做到有警必接、出警迅速，白天5分钟内出警，夜晚10分钟内出警；适用简易程序处理的财产损失事故，当日内结案，当日为当事人提供办清保险理赔相关业务的资料；一般以上的伤人、财产损失以及死亡事故，严格在《道路交通事故处理程序》规定的时限内结案；不超时扣押肇事车辆、违反规定扣留机动车驾驶证、行驶证；严禁指定厂家修理事故损坏车辆；实行大队领导每日接访制度，及时解决事故处理工作中存在的问题，充分发挥基层领导在解决重大、疑难、复杂信访案件中的主导作用。年内，大队共受理各类道路交通事故报案共1093起，只有2起案件申请复核，无一起信访案件。

【车管服务】 在2009年获得省级优秀车管所称号的基础上，按照《车管所正规化建设》和《车管等级评定办法》要求，认真履行便民利民服务措施，做好业务办理服务零距离，坚持以“群众满意”为最高标准，以“优化业务流程”为基点，做到“单位围着窗口转、窗口围着群众转”，按照“十六项便民措施”等系列便民利民的举措，积极开展“流动车管所”下乡服务，有效地缓解了农村地区群众办证难、审验难的问题，得到了辖区群众的广泛好评。2010年，车管所共办理注册登记车辆10426辆、转移变更登记549辆、申请合格标志18654份、变更登记68份、补登记证书511份、档案更正40份；上线检测新车落户摩托车6994辆，年度检验上线摩托车8050辆次，人工检测机动车71辆；监督销毁报废机动车252辆；办理驾驶证申领8415人、补证换证1616本，录入身体条件证明4660份。面对繁重的业务，车管所在人少事多的情况下，主动放弃节假日休息时间，积极开展了方便、快捷、优质的车管服务工作，一年来，车管所为群众办理证件邮寄服务120次，延时服务150个工作日，上门服务82次，查询服务201次；走访摩托车经销商108次；车管所派出驻站民警360个工作日。

【秩序管理】 集中开展各种专项整治行动，切实加强路面监管力度。2010年按照上级公安机关的要求和布置，结合大队的实际情况，分别开展了严厉整治酒后驾驶违法行为专项行动、2010年春运道路交通安全管理、公路客运交通安全教育整治集中行动、机动车涉牌涉证违法行为集中整治、学校幼儿园及周边道路交通安全保卫工作、集中整治严重交通违法行为、预防重特大道路交通事故统一行动、市容市貌整治“百日攻势”等多个专项行动，在每个专项行动中大队认真落实部门联动的联勤机制，组织公安派出所、运政、市政、农机等部门采取统一部署、统一指挥、统一时间、统一整治的办法，上下联动、集中力量、突出重点、全力开展有针对性、时效性的“短、平、快”的集中整治行动。使得每个行动都取得了较好的成绩，同时，大队根据城区秩序混乱、夜间酒驾、飙车违法行为突出的问题，及时改革勤务制度并制定每周至少一次开展夜查酒驾长效机制，切实加强城区道路交通安全管理工作，大力推进勤务信息化、动态化、科技化，针对城区人流、物流、车流状况及路况，适时调配警力，采取错时错位的巡逻勤务，缓解交通拥堵、车辆乱停乱放问题，严厉打击无牌无证、酒驾、飙车等违法行为，确保道路安全、有序、畅通。年内共查处各类道路交通违法行为2180起，拘留11人。

【警卫开道】 大队认真做好各项交通警卫工作和安保任务。一年来共完成40多次警卫开道任务和安保工作，圆满完成国防部、全国妇联和省委、省政府主要领导等到云县调研期间和全国、省、市、县“两会”期间的道路交通安全保卫任务，圆满完成广州亚运会、亚残运会 和“云南省非公有制经济组织创先争优活动现场推进会”、招商引资项目洽谈会等交通安全保卫任务，重大节庆期间交通秩序维护和管理，积极加强春节、清明节、五一、端午节、十一、中秋等节日和第42届物资交易会、第六届啤酒狂欢节、学生高考等各类庆典期间交通安全保卫工作。期间，大队都认真制定警卫开道和安保工作方案，进行人、车调集，线路勘察，交通安保、分流、应急、转场、线路警卫等工作，确保万无一失，为各类活动营造了安全、畅通、有序的交通环境，受到了各级领导、广大人民群众及来宾的肯定和好评。

（布学功　供稿）

云南省临沧监狱

【概述】　2010年，临沧监狱始终认真贯彻执行“惩罚与改造相结合，以改造人为宗旨”的监狱工作方针，从严治警，依法治监，以确保监狱安全稳定为首要责任，降低刑释人员重新犯罪率为首要标准，不断加强监狱正规化建设，努力提高罪犯教育改造质量，监狱警察严格公正文明廉洁执法，为维护地方社会稳定做出了积极贡献。

【队伍建设】　2010年，临沧监狱以监狱人民警察执法大培训、岗位大练兵等活动为契机，全面加强队伍建设，队伍素质不断提高，监狱领导班子团结干事，警察职工思想稳定，无违法违纪、无越级和群体上访事件发生，确保了队伍的和谐稳定。一是认真贯彻落实司法部、省司法厅、省监狱管理局关于开展执法大培训岗位大练兵活动的意见，高标准严要求扎实抓好执法大培训岗位大练兵活动，共培训14期484人次，队伍的综合素质得到进一步提高。二是认真组织开展好“创先争优”“忠诚教育”、禁毒教育等主题教育实践活动，不断提高队伍忠于职守，争创一流的能力和水平。三是加大培训力度，队伍专业素质和学历层次明显提高。完成各类业务培训171人次，完成87名警察警衔培训，64名涉密人员保密技术知识培训及竞赛，22名专科学员和55名本科学员获得毕业证书。四是坚持“抓根本、抓特色、抓品牌、抓基础、抓载体、抓阵地”的总体思路，不断加强监狱文化建设，监狱软实力建设不断推进。组织开展了“优秀女职工”、“文明家庭”评比表彰、“三八”节游园庆祝、“传承五四精神，共建和谐监狱”、职工运动会等系列活动，组织向旱灾灾区捐款2次，共计4.34万元，组织向贫困大学生捐款5520元。五是加强人事警务管理，完成39名警察的非领导职务晋升手续，237名警察的执法业绩档案建立完善工作，25名公务员的招录培训工作。六是档案规范化管理工作成效明显，顺利通过“四星级”考评验收，成为全省监狱系统第二家跃星级、第四家通过档案工作“四星级”验收的单位；经省委组织部考核，人事档案工作目标管理达二级标准。七是抓从优待警，落实警察职工福利待遇。依法依规及时办理兑现警察职工的工资奖金，无拖欠职工工资情况，离退休老同志的政治、经济待遇较好落实，职工医疗互助活动扎实开展；认真做好“暖心工程”，元旦、春节、中秋共慰问困难职工、劳模、困难遗属、离退休职工及退养人员291人次，发放慰问金14.23万元，组织75名警察职工进行疗养；全力抓好170套经济适用房建设，交付使用后，警察职工住房困难问题基本得到解决。八是围绕“管好监狱、改造好罪犯、带好队伍”的工作目标，进一步加强组织建设，着力推动班子队伍思想观念转变、工作转型，切实把班子队伍的思想和行动统一到“安全第一、改造罪犯”等重要要求上来，班子队伍保安全保稳定能力进一步增强。2010年，荣获司法部表彰“全国监狱工作先进个人”1名、“全国监狱工作模范个人”1名，荣获省“五一劳动奖章”1名，监狱党委表彰先进集体27个次，先进个人360人次，发展党员4名，“七一”建党节评比表彰先进党支部3个、优秀党务工作者8名、优秀共产党员52名；严格按照组织程序，配合省监狱管理局党委完成1名副处级领导的试用期满考核工作，3名正处级领导的推荐考察工作。

【监管改造】　2010年，监狱始终认真贯彻落实安全稳定这个首要责任，实现了无罪犯脱逃、无重大狱内案件，无重大疫情、无非正常死亡、无重大安全生产事故的监管改造工作目标，监管秩序稳定。一是继续深化和巩固“安全稳定隐患专项排查整治”等专项活动成果，以防逃、防重特大案件、防重大疫情、防非正常死亡为重点，不断健全完善防控、排查、应急处置和领导责任“四项机制”，不断提高监狱物防、技防、人防、联防水平。二是认真开展集中整治非正常死亡问题专项督察，认真做好执法业绩档案建立和管理，监狱执法规范化建设不断推进。三是罪犯收押、减刑、假释、释放和保外就医工作准确无误。四是确定警醒日，加强节假日、特殊时期的安全保卫工作，完成了上海世博会、广州亚运会等节假日和特殊时期的安全保卫任务。五是认真抓好应急处突工作，制定和完善应急处突预案，与驻监武警部队开展应急处突演练1次。六是依法严格执行罪犯“五费”标准，罪犯伙食费、被服费、日用品补助费、杂支费、医药费足额到位。七是食品安全管理工作规范有序，杜绝了食源性疾患和食物中毒事件的发生。八是对传染病的防治和各类疾病的诊治工作及时有效，防止了传染病的交叉感染，没有发生罪犯传染病大面暴发流行等事件。

【教育改造】 2010年，监狱认真贯彻落实党的监狱工作方针，按照“首要标准”（把降低刑释人员重新犯罪率作为衡量监管工作的首要标准）的要求，积极转变观念，不断加大对教育改造工作的投入，教育改造工作成效明显，较好实现了“管好监狱、改造好罪犯、带好队伍”的工作目标。一是认真践行“坚持党的监狱工作方针和首要标准”“以提高教育改造质量为中心”等监狱执法理念，进一步把思想和行动转到“安全第一、改造罪犯”等要求上来。二是以《禁毒法》颁布2周年为契机，在“6.26”国际禁毒日期间，认真抓好以禁毒防艾为主要内容的法制教育活动，提高罪犯拒毒防艾的意识和能力。三是社会帮教、个别教育、“三课”教育（思想、文化、技术教育）和罪犯心理矫治工作进一步加强，监区文化活动深入开展，较好地发挥了监区文化的引导、熏陶和激励功能。开展监区文化活动7次，春节期间举办了服刑人员篮球运动会、羽毛球比赛、乒乓球比赛等文体活动；认真组织抓好服刑人员“复苏”艺术团春节巡回演出和建团五周年庆祝演出，编排节目50余个，演出8场次；组织好首届服刑人员书法、绘画才艺作品展，收集展出作品191件。四是着力加强职业技能教育，完成罪犯职业技能鉴定337名。五是认真做好出监教育及评估工作，与地方安置帮教部门的无缝对接工作稳步推进。六是做好优秀教师的评选工作，评选出省级优秀教师4名（其中警察2名，服刑人员2名），狱级优秀教师77名（其中警察30名，服刑人员47名），狱级办学先进单位1个。七是不断加大对教育专业人才的培养力度，与云南司法警官职业学院合作开办国家心理咨询师资格考试培训班，培训37名。八是设立了“罪犯特困家庭帮教扶助基金”，并于2月4日启动首批罪犯特困家庭帮扶基金。

【劳动改造】 2010年，临沧监狱企业生产经济工作在注重发挥监狱企业的改造功能的同时，着力在调整产业结构，转变发展方式上下工夫，监狱产业结构调整有了新进展，监狱企业经济稳步发展。8月，监狱引进室内加工项目1个；12月，监狱1200头种猪场被农业部命名为“生猪标准化示范场”（2010～2012）。

【稳步推进监狱布局调整】 为尽快实现罪犯关押改造由分散向集中、罪犯劳动改造由室外向室内的根本性转变，临沧监狱牢牢把握转变发展方式这条主线，紧紧抓住监狱体制改革、监狱布局调整、监狱信息化建设这“三大机遇”，按照《临沧监狱贯彻落实司法部关于加强监狱安全管理工作若干规定建设规划设计方案》要求，积极做好监狱布局调整二期改扩建项目各项筹备工作。2010年11月4日，省局审查通过了《临沧监狱贯彻落实司法部关于加强监狱安全管理工作若干规定建设规划设计方案》，12月24日，监狱二期改扩建项目正式开工建设，计划一年完成。

【第六次全国人口普查工作】 根据《云南省监狱管理局关于开展第六次全国人口普查工作的实施意见》（云狱发〔2010〕34号）及市县人口普查工作的安排部署，监狱制定实施方案，加强组织领导，按时、按质、按量完成了人口普查任务。

（沈嗣发　供稿）

军　事

50名进藏新兵启程

人民武装

【概述】 2010年，云县人民武装部严格按照临沧军分区的统一部署和县委、政府的工作安排，认真贯彻落实科学发展观，不断加强思想政治建设，以各级干部、民兵骨干训练为重点，狠抓以实用性科目为主要内容的军事训练。全年共开展民兵训练6次，完成民兵训练229名。以全面建设为牵引，突出以质量建设为核心的人武部达标建设；以后备力量建设为关键，调整完善民兵队伍的编组布局。全县共有民兵1.55万人（基干民兵1234人，普通民兵1.43万人），编为12个混合营、12个基干民兵连；应急民兵一个连94人。全县建有“青年民兵之家”15个。强化国防意识，认真做好征兵工作，完成征兵工作任务85人。组织民兵参建参治，支持地方经济建设。

【基本情况】 2010年，人武部有干部职工18人，其中干部8人，职工10人。党员16人，县人武部下辖12个乡镇武装部，编制专武干部28人，现有22人。全县共有民兵1.55万人。

【党委班子和干部队伍建设】 人武部始终坚持把党委自身建设作为各项工作的重点来抓，把抓学习作为加强班子建设的根本措施，自觉用“十六”字方针规范党委工作。认真贯彻落实上级党委关于《进一步规范团以上党委领导工作有关问题的指示》、军分区党委关于《加党委班子能力建设的实施意见》，在研究工作、安排任务、谋求发展上，在决定和处理全面建设的大事上，严格按照民主集中制原则和程序开展党委工作，坚持集体领导谋大事，严格标准程序用干部，大项经费党委研究决定，实行归口管理和三人签字制度，加强车辆管理使用，注重党委形象，使班子始终保持了内部的团结，增强了凝聚力、战斗力和感召力。年初在党委主要成员变动的情况下，对党委成员进行业务培训，做到分工不分家，加强传帮带，使新成员尽快熟悉情况，展开工作。认真落实“双重领导”制度和党管武装的根本要求，牢固树立紧紧依靠地方狠抓全面建设的思想，自觉接受云县党委、政府的领导，做到主动请示汇报工作、主动受领任务、主动接受人民群众的监督，对人武干部、专武干部常教育、勤检查、多要求，整个武装系统内外关系融洽，工作热情高涨，工作秩序正规，有力地促进了各项工作的落实。党委班子在各项工作中发挥了核心领导作用。

【创新理论学习】 始终把深化党的创新理论的学习作为全年理论学习的根本任务，以党委中心组带机关的方式推动理论学习，把科学发展观的学习作为贯穿全年的主线。认真开展“培育当代革命军人核心价值观”主题教育，积极贯彻党的十七大精神，树牢以人为本的科学发展观，努力增强创建和谐社会的新理念。把开展“重事业、强素质、树形象”教育作为当前和今后一个时期政治工作的首要任务。在学习中注重区分层次，突出党员干部这个重点。采取专题理论辅导，进行心得体会交流，营造了一个学习型的班子，学习型的单位。通过一系列的教育学习活动，进一步增强了干部职工的责任感，转变了工作作风和工作态度，激发了集体荣誉感，提高了明辨是非的能力，确保了干部职工政治上的坚定性和思想道德上的纯洁性。

【战备和军事训练】 坚持以新时期军事战略方针为指导，着眼“双应”能力的提升，突出以中印和中缅边防为背景的战备方案修订演练，掀起大抓军事训练热潮着力规范训练秩序，提高训练质量。紧贴新世纪新阶段人民解放军肩负的历史使命，针对连锁反应条件下维护边境和社会稳定云县可能担负的任务，突出抓民兵应急分队和民兵干部训练，完善县乡两级应急处突方（预）案。1月，组织全县专武干部集训，传达学习各级党委全会精神，明确了工作要点，规范了基层武装工作。5月17～26日，组织新入队人员进行了条令、队列、民兵常识、射击、战术基础、防护与救护等训练。6月21～30日，组织应急民兵连共94人进行了训练，7月14～23日，组织森林防火专业分队进行训练，8月17日至9月3日，组织警戒专业分队进行训练，9月4日，组织卫勤专业分队进行训练。9月3日，抽调专武干部对县一中700余名学生进行了军训，通过军训，进一步提高了广大师生的国防意识。12月2日，在军分区组织的年终军事达标考核中，人武部全体干部职工除两名职工未合格外，其余全部合格。同时按照计划完成了年内民兵整组工作，进一步摸清了云县民兵预备役人员的底数，为全年军事训练、战备执勤和征兵工作打下了基础。

【后勤装备管理】 严格落实财经管理制度，按照“两总两控、开源节流、领导双签”的原则，加强经费管理，把有限的经费用在必需用的地方，提高了经费保障的效益。全年先后投入经费2万余元对人武部分管的鲜花大道实施了精心维护。同时筹集资金30余万元，修建了民兵武器仓库脉冲电网、购置安全监控设施、规范并整修各类库室。

【安全管理】 部党委严格按照上级首长提出的“头脑中安全这根弦要绷得紧而又紧，工作中安全的措施要细而又细，监管上的力度要强而又强”指示要求，始终把安全管理工作摆到讲政治的高度，纳入党委议事日程。按照“六个管好”的要求，坚持“两个经常性”及“三防”工作的各项制度。一是坚持教育为主。采取有效措施，大力加强经常性的思想政治工作，广泛开展谈心交心活动。二是狠抓制度落实。坚持每月一次党委安全形势分析会，每周交班会强调一次安全工作，每天上下班实行人员签到。三是突出仓库重点。加强仓库管理人员的职责意识，提高警戒管理的自觉性。同时加强对干部职工八小时以外和双休日的跟踪管理，筑牢“我管谁、谁管我、如何管”的意识，切实做到管住思想不放松，管住行为不失控。年终被上级表彰为“安全稳定工作先进单位”。

【征兵工作】 针对上年征兵工作中出现的复杂情况， 2010年，人武部征兵工作做到着手早、准备早、发动早，严把体检、政审关，确保了征兵工作任务的完成。在开始阶段加强对《兵役法》和《国防法》的宣传，并在云县电子政务网上开辟征兵宣传网页，详细解答征兵工作有关政策规定。利用“农信通”普发征兵宣传短信，以人武部主官的名义发给每个适龄青年一封公开信，把征兵政策送上门、传到人。充分发挥复退军人的优势，组织复退军人现身谈体会、谈感受，激发广大适龄青年依法服兵役的自觉性和爱国报国热情。通过广泛深入的宣传动员，共有468名适龄青年踊跃报名征兵。在具体工作中推行封闭式体检，组织专武干部维持现场秩序，体检医生挂牌上岗，应征青年编号受检，专人传递表格，防止弄虚作假。采取三级政审、横向联审、重点突审等措施，落实联审“一条龙”，推行“两对照”（乡与村户口对照，以核实年龄；毕业证与学生档案对照，以核实文化程度），实行“三见面”（单位领导、邻居、本人及家长），做到“四清楚”（现实表现、家庭状况、社会关系、年龄文化），严格落实“谁主管、谁签字、谁负责”的征兵工作责任追究制，从严把好体检、政审、文化关。坚持集体定兵、择优定兵、公开定兵的原则，做到“四优先”(文化程度高的优先、政治思想和身体素质好的优先、有专业技能和专业特长的优先、同等条件下少数民族优先)，以对部队建设高度负责的态度，全面提高新兵质量。同时对初定兵员进行张榜公布，接受群众监督。2010年完成征兵工作任务85人。

【宣传工作】 部党委从健全激励机制入手，鼓励广大干部职工和基层武装部的同志写稿投稿，加大宣传广大民兵预备役人员先进事迹的力度，在分区制定的《新闻报道奖惩办法》的基础上，根据人武部自身情况，制定了适合本部的《新闻报道奖惩办法》，在部长、政委带头写稿下，全部掀起了写稿、投稿的热潮。全年共被军分区采用稿件6篇。

【采取多种手段加大征兵工作力度】 为高标准完成2010年冬征兵任务，人武部深刻剖析了上年征兵中存在的新兵思想不牢固，兵员质量不高，报名应征不积极，适龄青年外出打工难追回和市场经济条件下“参军冷”等问题根源，结合今冬征兵工作特点和辖区实际，采取多种手段，加大了征兵工作力度，收到了良好效果。主要做法：一是深入乡镇抓宣传。县征兵工作会议结束后，人武部迅速组成三个工作组深入乡镇一线指导工作，进一步明确质量标准和目标责任，突出抓好乡、村、组责任制落实，确保适龄青年报名底数清，优抚政策清，兵役形势清。二是严格责任抓督查。围绕征兵工作目标责任制，要求各乡镇党委政府层层落实征兵所需人力、财力、物力保障，做到村支书、村民小组长入户调查走访。各乡镇均出台应征优抚保障相关政策，对外出打工返乡报名青年实行报销路费等优惠政策。同时，对目标任务不完成的单位实行责任追究。三是明确要求抓落实。深挖“参军冷”根源，要求各乡镇无论入伍人员多与少，必须组织举行欢送会，在全社会广泛营造“一人参军、全家光荣”的浓厚氛围，确保兵源持续不断。

【参加县中低产林地改造及核桃管护大会战】 为积极推进全县核桃“三率”建设，做好夏季核桃抚育管护工作，5月28日至6月3日，人武部组织100余名民兵到爱华镇头道水片区5000亩中低产林改造基地对泡核桃进行铲薅、除杂、培土等抚育管护，经过6天奋战，管护300余亩，做到了优质、高效，受到县委、政府一致好评。

（人武部　提供资料）

公安消防

【概述】 云县公安消防大队为正营职单位（大队军政主官高配为副团），下辖1个正连职中队（中队军政主官高配为副营）。2010年，大队实有官兵28人，其中干部8人，士官14人，义务兵7人，官兵平均年龄23岁。

2010年，云县公安消防大队在市公安消防支队、县委、县政府和县公安局的正确领导下，坚持以科学发展观为统领，努力践行胡锦涛总书记“三句话”总要求，以全面推进部队建设与发展三年规划为主线，以打造“佤山消防铁军”和筑牢“防火墙”工程为抓手，不断巩固完善“政治工作、事故防控、灭火救援、后勤保障、火灾防控”五大目标体系建设， 出色完成了各项消防安全保卫和灭火救援任务，实现了全县消防工作和部队建设的又好又快发展。

【思想政治建设】 抓牢领导班子建设。深入开展“云岭消防党旗红”争先创优活动，党员的先锋模范作用、支部的战斗堡垒作用和党委的核心领导作用明显增强。大队按照“领导当楷模、基层树形象”的要求，着重抓好大队党委领导班子的思想、作风和制度建设，强化监督制约机制，不断加强党委班子的团结，班子成员之间经常交心通气，工作上互相配合支持，做到了政治上同德，思想上同心，性格上相容，能力上互补，行动上一致，保持了领导班子建设的健康发展，增强了班子的活力，树立了党委班子的良好形象。抓实思想政治教育。以胡总书记“三句话”总要求主题教育活动为重点，创新教育模式、丰富教育内容，紧紧围绕部队的中心工作，始终坚持以提高部队战斗力为出发点和落脚点，坚持着眼长远、抓住根本、打造亮点的思路，采取整体规划、分步实施、逐步完善的方法，努力拓展警营文化工作的教育、凝聚、导向和激励功能，着力打造时代特点和云县特色兼有的警营文化；加强政治工作规范化建设，全面学习贯彻《公安消防部队思想政治教育大纲》。新《大纲》颁布后，及时通过思想发动，逐条细学等方式对新《大纲》进行了系统的学习，力求使每一名官兵都清楚具体内容，用《大纲》来规范大队的思想政治教育工作；深化争先创优活动，按照“一区一优势、一队一特色”的要求，积极推动业务工作创新，培育先进典型。大队被省公安消防总队评为“基层建设达标先进单位”、“消防监督管理一级单位”，被临沧公安消防支队评为“消防监督工作优秀奖”，1人被总队评为“优秀消防卫士”，1人被评为“云岭消防攻坚标兵”，1人被评为“双争先进个人”，1人荣立“三等功”，5人被评为优秀士兵。综合运用示范教育、警示教育等多种手段，切实抓好廉洁从警教育，组织开展了“查思想、查执法、查纪律、查作风”教育整顿活动，筑牢拒腐防变思想防线。

【队伍建设】 认真落实公安消防部队大、中队建设标准和总队实施细则。强化精细化管理，把“两个标准”的内在要求转化成为官兵的自觉行动，做到了一室一物抓规范，一点一滴抓养成。加强“两个经常性”工作，把安全工作贯穿于部队建设的始终，落实安全管理风险抵押金和安全管理监督员报告制度，严格落实每月一次“安全日”活动，保证大队主官、中队长每月组织大队、中队开展一次单位安全工作分析，按质按量落实“八个一”措施。深入扎实开展五月、十月“安全月”活动，制定了“安全月”活动细则，组织召开动员部署会，开展安全知识教育、到看守所参观、观看警示教育片、出黑板报、讨论等形式多样的学习教育活动，用鲜活的事例来教育和引导全体官兵，增强官兵自觉抵制各种腐朽思想的侵蚀和防事故的能力。重视官兵心理健康，加强心理工作，组织开展心理健康教育和心理行为训练，依托心理咨询室互联网设备及社会资源，积极开展心理咨询和疏导工作，加强警营文化建设，开展形式多样的文体活动，培养官兵健康向上的生活情趣，调节官兵身心状态，确保了官兵的健康。通过一系列举措，2010年，大队无大小事故（案件）发生，确保了部队的高度安全稳定。

【灭火救援能力建设】 积极推动综合性应急救援队伍建设，促成县人民政府和有关部门按照上级要求，依托消防大队完成了云县应急救援大队组建挂牌。建立了4人的中队灭火救援攻坚组，并严格按照《临沧市公安消防支队打造“佤山消防铁军”练兵方案》的要求，扎实开展体能、技能、装备操作应用、战斗编成训练和六熟悉工作，2010年共开展技、战术训练80天，开展六熟悉71次，对41个消防安全重点单位开展了42次演练，圆满完成辖区大跨度大空间建筑灭火救援准备工作，更新完善了重大危险源数据库，部队战斗力得到明显提高。2010年，大共接警出动78次，出动消防车108辆次，消防官兵609人次，抢救被困人员13人，疏散人员24人，抢救财产价值1496.2万元。充分展示了“消防铁军”形象，受到了各级党委、政府和人民群众的高度赞誉。

【构筑“防火墙”工程】 云县公安消防大队认真履行监管职能，积极当好党委、政府的参谋助手，加强组织协调，强力推动“防火墙”工程实施，全县消防工作呈现出各方参与、系统推进的良好态势，发展质量和效益不断增强，消防安全环境持续改善，在经济社会快速发展及罕见干旱不利气候的条件下，有效遏制了重特大火灾事故的发生，确保了火灾形势总体平稳。2010年，全市共发生火灾26起，死亡4人，直接财产损失197.4万元,未发生群死群伤重特大火灾事故。

政府部门消防安全责任进一步落实。健全消防安全责任体系，将年度消防工作目标任务层层分解，逐级签订责任状，实现了县、乡(镇)消防安全责任“全覆盖”。建立完善安全生产、道路交通、消防安全委员会联合监管机制，严格落实每季度“三个一”制度，即每季度召开1次“三委办”联席会议、召开1次“三委”扩大会议、开展1次“三委”联合检查。联合工商、安监、文化等部门制定实施部门联合监管文件，建立消防安全联审联控制度；综治、公安、旅游等部门将消防工作作为对基层行政管理考评的重要内容，形成了消防工作齐抓共管的局面。县政府将消防安全纳入效能政府建设的重要内容，对消防目标责任制实行严考严奖严惩。

单位消防“四个能力”建设整体推进。坚持典型引路、分类指导，针对公共娱乐场所、宾馆饭店、商场市场、学校、医院、劳动密集型企业6类场所，分门别类培育示范单位、打造样板，并及时召开现场会推广经验做法，专门制作光盘、编印指导手册下发社会单位，有效推动了单位消防“四个能力”的广泛开展，全县16家属于人员密集场所的重点单位完成了“四个能力”建设。加强单位消防安全“明白人”培训，先后组织商场市场、宾馆饭店、公共娱乐场所消防安全“明白人”培训班16期，培训700余人，为社会单位培养了一批合格的消防安全管理人。建立落实消防监督员与社会单位定期指导服务机制，有效促进了社会单位消防安全“四个能力”的提高。

农村社区火灾防控基础进一步夯实。加快推进“乡乡、村村有消防队”工程，全县共有企业专职消防队4支、队员24人、消防车5辆；志愿消防队12支、队员60人；义务消防队190支，队员1982人，初步形成了覆盖城乡的消防网络。加强农村房屋火灾保险工作，全县共投保9.16万户，投保金额76.89万元，覆盖率达100%。持续开展“零火灾”创建活动，全面开展全县社会主义新农村建设消防工作专项检查，评比表彰了一批农村、社区消防工作先进典型，有效推动了农村社区消防工作深入开展。

火灾隐患排查整治力度空前加大。先后组织开展了建筑消防设施、学校及其周边、“九小场所”、消防产品、“冬季防火攻坚行动”等多项专项整治。2010年，共出动消防监督检查组128个、检查人员462人次、检查单位541家、发现火灾隐患375条、整改火灾隐患366条；圆满完成了“两会”、第六届中国云县澜沧江啤酒狂欢节、第四十二届商品展销会等多项大型活动消防安全保卫任务。

建立健全公安派出所消防监督管理机制。年

初，县公安局发文对公安派出所消防监督职责和监管范围进行了明确并将消防工作纳入了县公安局对公安派出所的考核内容，促进了公安派出所消防工作责任的落实。将消防业务纳入公安民警晋职晋衔培训、民警轮训内容，建立落实消防监督员按月指导和帮扶公安派出所机制。2010年，共举办公安派出所民警培训班3期，培训68人次，实地帮扶指导12次，有效提升了公安派出所民警消防业务水平。

【消防宣传教育】 抓好消防宣传主渠道、主阵地建设，坚持把消防宣传教育作为社会宣传、公益宣传的重要内容，着力推动各级、各部门把消防宣传教育纳入精神文明建设和“五五普法”内容，把消防知识纳入义务教育和职业教育培训计划，组织开展了“防灾减灾日”宣传周、综治维稳宣传月、冬防消防知识讲座等主题宣传活动。2010年，大队消防（队）站对外开放接待市民6000余人次，发放消防宣传资料3万余份，举办各类消防培训班21期，培训1000多人，有效拓展了消防宣传覆盖面，人民群众消防安全意识得到进一步提升。

（消防大队 提供资料）

经济管理

“以商招商”，三奇光电同江苏客商签约（吴逵峰　摄）

发展和改革

【概述】 2010年，在县委、政府的坚强领导下和上级发改委的关心支持下，云县发展和改革局积极主动了解国家政策投资导向，积极向上争取资金，强化固定资产投资管理，引导资金投向，调整投资结构，逐步建立和完善确保社会经济可持续发展、良性循环的投资体系，全局上下凝心聚力、克难攻坚、开拓奋进，较好地完成了各项工作任务，促进了云县经济平稳较快发展和社会的和谐稳定。2010年，全县实现生产总值44.6亿元。全社会固定资产投资38.36亿元。财政总收入6.5亿元，财政总支出12.93亿元。招商引资实际到位资金15.07亿元。社会消费品零售总额11.8亿元，城镇居民人均可支配收入13141元，农村居民人均纯收入3759元。粮食总产量达16.48万吨。人口自然增长率控制在7‰以内。城镇登记失业率低于4.5%的控制目标。居民消费价格总水平涨幅控制在3.5%以内。

【“三个一百”目标任务】 2010年全县共完成固定资产投资38.36亿元，比去年同期增19亿元；完成财政总支出12.93亿元，较上年增3.45亿元；完成招商引资到位资金15.07亿元，同比增长234% 。“三个一百”目标任务超额完成。

【“十二五”规划】 2010年，在总结“十一五”全县经济社会发展状况的基础上，通过认真分析云县“十二五”期间经济社会发展所面临的形势，与中介机构共同编制了《云县国民经济和社会发展第十二个五年规划》（草案），独立编制完成“十二五”期间的重点前期、新建、在建项目支撑体系，编制完成《云县2011年国民经济和社会发展计划》（草案），并通过县人代会审议通过。同时，加强经济运行情况分析，做好国民经济动员工作，综合各方面情况定期开展经济运行情况分析工作，科学分析全县经济社会发展的内在潜力，找准经济运行中存在的问题及原因，提出加快全县经济社会发展的建议性对策与措施，提供县委、县人民政府决策参考。

【向上争取项目资金】 把握国家投资导向，积极争取国家、省、市发改委对云县项目建设的支持。2010年，上报争取资金支持的建设项目75个，得到国家支持42个，项目计划总投资1.47亿，其中中央预算内资金7926万元，省级配套资金980万元，市、县配套资金3766万元，其他投资2055万元。争取到以工代赈、易地扶贫搬迁建设项目5个，总投资1495万元，其中中央、省级预算内投资1094万元。办理固定资产投资项目核准、备案29项，总投资概算11.86亿元（其中，核准政府投资项目4项，总投资概算8110.74万元）。批复28项，总投资2.19亿元。

【价格监管】 围绕党和政府重视、群众关注、社会反映强烈的价格收费热点和焦点问题，开展了涉企收费、医疗服务收费和教育收费、客运票价执行情况等专项检查；组织开展了2010年《收费许可证》年审工作，共审137件，注销60件；接受群众“12358”价格举报电话投诉3起；受理县公安局、县法院价格认证64起委托，涉案金额87万元；加强成品油市场监测预报。开展了每周一次的肉类、蔬菜、鲜活农产品和煤电油运价格监测、调查工作。通过价格的监督管理，有效遏制了各种乱收费现象，为进一步清理收费、治乱、减轻企业负担和社会负担，对云县经济的繁荣和社会的稳定发挥了重要作用。

【“创先争优”活动】 通过开展创先争优和优化软环境增强软实力活动切实转变了工作作风。广大干部职工逐步树立了“发展环境就是政治环境，抓软环境建设就是促进发展”的理念，切实将思想建设统一到“一切着眼于发展、一切服务于发展，用发展凝聚人心、用发展破解难题、用发展创建事业”上来，优化服务质量，提高工作效率，工作作风不断转变。结合发改工作实际，推行了“党员示范岗”、公开承诺、并联并行服务、现场办公等多项工作举措，树立了发改部门的“五种精神”，即：齐心协力的团队精神、真抓实干的务实精神、破除陈规的创新精神、开发进取的学习精神、时不我待的超越精神。有力地推动了各项工作，展示了新时期发改工作的良好形象。

【行政审批制度改革】 按照市县各级党委政府的总体要求，对行政审批事项取消、保留、精减情况作出明确规定，原有行政审批事项12项（类）基础上决定取消行政审批事项7项（类），取消率达58.33%。承接市发改委下放的企业投资项目备案权、企业投资项目核准权（水电站除外）、县（区）级政府投资及以县（区）级政府投资为主的项目审批权。精减审批项目建议书、审核（规划、国土、环保）前置条件、组织项目可行性研究报告和项目申请报告评审等三个环节。

（赵熙鸿 供稿）

招商发展研究

【概述】 云县发展研究中心（招商局）始终紧紧围绕全县经济、社会发展中带有长远性、全局性、战略性和综合性的问题进行深入调查研究，以思路项目化为理念，加强项目前期研究。2010年编印《招商动态》6期，参与起草了《县委十一届七次全体（扩大）会议工作报告》，草拟了《中共云县委关于实施城乡居民收入倍增计划的决定》《云县招商引资优惠政策若干规定（试行）》《云县招商引资考核奖励办法》《云县2010年完成招商引资13亿元工作方案》及各类招商引资项目协议书等重大、重要文稿，为县委、县政府当好建设参谋，出好发展主意。围绕“三个一百”目标任务，县发展研究中心（招商局）进一步转变观念，及时调整工作思路，把精力集中到招商引资工作中，一切工作以招商引资为中心、所有工作为招商引资让路，超前谋划，超常规运作。一是成立了招商引资项目推介组和项目服务组，切实加强对招商引资工作力度。二是实行招商引资项目跟踪服务制度和上门服务制度，切实以招商引资推动“三个一百”工作全面进展。招商引资工作实现历史性飞跃。2010年全县招商引资实际到位资金达15.07亿元。

【招商引资】 2010年全县招商引资实际到位资金比上年同期增长234.89%,完成年度目标任务的115.92%，超过“十一五”前四年的总和（14.55亿元）。年内共实施招商引资项目74项，其中2009年结转11项，2010年新签约项目63 项，签约资金82.7亿元。2010年，云县太阳能光伏产业投资开发合作建设项目、云县日产30吨食用核桃系列产品开发项目相继投产。云县太阳能光伏产业投资开发合作建设项目从奠基到投产仅用259天，项目的建设创造了云县亿元以上工业项目最快建设记录。云县南河－罗扎河综合开发建设项目、云县旧城改造三江半岛建设项目、云县滨江世纪城建设项目等招商引资重大项目建设全面进展，云县大寨河流域梯级电站开发项目、云县云顶蓝水湾房地产开发建设项目、云县商业码头建设项目等重点项目顺利开工，拿鱼河流域水电开发建设项目前期工作有序推进。

制造业成为招商引资主力军。招商引资实现了资源招商到环境招商的过渡，招商引资产业结构明显优化。在云县日产30吨的食用核桃系列产品开发项目和云县太阳能光伏产业投资开发合作建设项目等大项目拉动下，制造业年内到位资金5.38亿元，超过采矿业（年内到位资金1.72亿元）和水电业（年内到位资金1.56亿元），与房地产（年内到位资金5.43亿元）并列成为招商引资主力军。

二、“走出去、请进来”工作取得实质性进展。精心组织，积极参加临沧市招商引资推介会、第六届世界云南同乡会、第十八届昆交会、第八届东盟华商投资项目推介会、昆明临沧招商引资推介会等重大展会，着力实施“走出去”战略，走出家门、宣传云县。在昆明举行临沧招商引资推介会期间重点走访驻滇异地商会36家。2010年，通过各展会、推介会累计发放招商引资项目册2000多册，在第六届世界云南同乡会上实现招商引资项目签约资金6.6亿元，第十八届昆交会上实现招商引资项目签约资金13亿元。

配合云南三奇光电科技有限公司举办周年庆典活动，成功举办了云县首次、乃至临沧市首次县级招商引资项目推介会暨签约仪式，共有5家驻滇异地商会、17家省属国有企业及省市金融、媒体等相关部门参加，县人民政府分别与龙翔国际投资（澳门）有限公司、华能澜沧江水电有限公司、楚雄耀阳实业有限公司、云南昆钢水泥建材集团有限公司、云南盛和投资有限公司等实力雄厚的大企业、大集团签订了云县云州新城建设项目框架协议、云县白莺山风力发电场开发项目意向协议、云县龙胆草开发项目合作框架协议、云县日产2000吨水泥项目合作意向协议、云县草皮街环城南路旧城改造项目协议等5个招商引资重大项目，签约资金总额63.2亿元。

【项目储备】 不断完善和调整充实招商引资项目储备库，招商引资工作基础进一步夯实。全年更新编制了100个涉及能源、工业、农业、城市建设、旅游、商贸和基础设施建设等方面的储备项目，优选了60 个成熟度较高的项目，编制成云县招商引资项目指南。

【帮扶挂钩】 选派了1名优秀干部到涌宝镇龙马塘村担任村党组织第一支书兼新农村建设指导员，帮助解决新农村建设资金2000元。按照县委、县政府“抗大旱、保民生、促春耕”指示精神，帮助挂钩村涌宝镇木瓜河村解决抗旱工作经费1000元、教师节慰问挂钩村教师3000元。

【云县隆重举行招商引资和“三奇光电”周年庆典活动】 云县在主动融入全省“两强一堡”建设战略、承接东部企业向西部转移工作中迈出了实质性的步伐，新能源材料单晶硅生产企业的顺利投产是云县新型工业化建设的又一成果。为扩大招商成果，12月16日，由县委、县人民政府主办，云南三奇光电科技有限公司承办的招商引资和公司成立周年投产庆典活动在县城隆重举行。

“三奇”庆典，展创业豪情

云县此次庆典和招商引资活动，国家新能源材料开发业内知名人士和省、市有关领导莅临指导，大批省内外客商以及三奇光电的合作伙伴云集云县进行商贸洽谈和项目签约。县四班子领导，省、市驻云县有关单位、县直各部门、各乡镇主要负责人以及企业家人士出席“三奇光电”周年庆典活动，省、市多家权威媒体记者进行了专题采访报道。庆典仪式上，中国可再生能源学会光伏专委会主任赵玉文站在国际、国内新能源新材料工业发展高度，发表了重要演讲；云南省投资控股集团有限公司副总裁杨槐璋就新型工业化发展投资导向和云县新型工业化发展前景发表讲话；中共临沧市委常委、市人民政府副市长杨军就云县工业化进程和三奇光电的顺利投产作祝贺讲话；县委书记宋红临作了热情洋溢的欢迎和祝贺致辞；县委副书记、县人民政府县长杨世吉主持庆典仪式。受云南三奇光电科技有限公司董事长夏天委托，该公司总经理卜庆宝介绍了公司建设、投产和产品销售情况：公司一年建成投产，投产短短几个月，产品销售供不应求，产值近4000万元。庆典仪式上，云南澜沧江酒业集团董事长刘光汉，云南智汇源食品有限公司总经理黄世勇，北京七星华创电子有限公司总经理丁文革在庆典仪式上交流发言。企业家的交流发言，在盛赞云县创业软环境的同时，展示了企业家干事创业的激情。

商界名流云集，喜迎无限商机

出席云县招商引资和云南三奇光电科技有限公司周年庆典活动的有云南物流产业集团、云南省投资控股有限公司、华能澜沧江水电有限公司、云南省铁路投资有限公司、云南省林业投资有限公司、云南省旅游投资有限公司、云南省电力投资实业公司、云南省新储物流有限公司、云南省新源再生产业有限公司、昆钢水泥建材集团有限公司、富滇银行、华能大理水电有限公司、云南盛和投资有限公司、楚雄耀阳实业有限公司、云南省浙江商会、云南正飞建工集团、昆明市工商联、云南省湛江商会、湖北商会有关领导。来自北京、江西、浙江、安徽、甘肃、湖南、深圳、江苏、四川、贵州以及省内各州市87家与云南三奇光电的合作伙伴也派出要员出席庆典仪式并同三奇光电进行了全方位的业务洽谈。此间，大批客商和嘉宾还参观了云南三奇光电科技有限公司、云南澜沧江酒业集团、云南智汇源食品有限公司生产线。

达共识、谋双赢，投资商签下大单60亿

此次县委、县人民政府的招商洽谈，一批有实力的投资商看好云县投资兴业的软环境以及资源和区位优势。通过洽谈，云县人民政府与省内外投资商签约项目5个，即与龙翔国际投资有限公司签订了投资38亿元的云县云州新城建设项目框架协议；与华能澜沧江水电有限公司签订了投资10亿元的云县白莺山风力发电场建设项目意向协议；与楚雄耀阳实业公司签订了投资9.69亿元的云县龙胆草开发项目合作框架协议；与云南昆钢水泥建材集团有限公司签订了投资4亿元的云县日产2000吨水泥项目合作意向协议；与云南盛和投资有限公司签订了投资1.5亿元的云县草皮街环城南路旧城改造项目协议。5个项目协议投资金额为63.19亿元。

坦诚交流，实力商家盛赞云县发展前景

项目签约仪式结束后，县委书记宋红临在云南澜沧江酒业集团总部会议厅同部分商界人士进行了商贸会谈；县委副书记、县人民政府县长杨世吉在三江半岛会议厅同商会人士进行了商贸会谈。

县委书记宋红临，县委副书记郭洪，县委常委、县委办公室主任刘绍军，县人民政府副县长陆伟以及县发改局、国投公司主要负责人同云南省投资控股集团有限公司副总裁杨槐璋、云南省铁路投资公司副总经理王文军、云南省林业投资公司总会计师关成、云南省旅游投资有限公司副总经理张新晖、云南省电力投资实业公司副总经理陈江同县进行了会谈。宋红临书记向商界人士介绍了云县经济社会发展情况和县委、政府引领发展的思路。参加座谈的商界人士一致认为云县未来5年经济发展将会迅速跃入全省先进市、县行列。杨槐璋谈到：云县的工业发展给客商带来一种震撼与激情，尤其是新能源材料的开发，将会对云县未来工业的发展带来重大影响。目前云县的发展最令人欣喜的是规避了浮躁，体现了厚重。公司看好云县的创业环境，相信未来的合作前景会更加广阔；王文军谈到，云南铁路交通发展步伐将不断加快，未来几年，云南铁路投资公司将会涉足云县的开发与建设，实现资源共享、强强联合；陈江谈到，云南电力投资实业公司看好云县工业发展前景，公司将考虑同三奇光电进行合作；张新晖谈到，云县旅游发展前景好，县委领导能考虑从常规的旅游观光向休闲度假旅游发展，把握了旅游产业发展的趋势；关成也就云县林纸产业发展谈了未来的合作意向。

县委副书记、县人民政府县长杨世吉，县委常委、县人民政府副县长罗原，县政协副主席、县工商联合会会长杨仙琴及县财政局、招商局负责人与驻滇的上海商会、湛江商会、四川商会代表进行了商贸会谈。杨世吉县长介绍了云县社会经济发展情况：云县培育了酒业集团、水电能源基地，抓实了糖、茶、核桃农业产业，畜牧业也得到了快速发展。“十二五”期间，云县的发展思路是建立“一中心、两基地”，“一中心”即，物流中心，“两基地”即，水电能源基地、加工基地。云县的工业基础较好，将走工业强县之路。商会代表们通过听取杨世吉的云县情况介绍，参观了三奇光电科技有限公司、云南澜沧江酒业集团生绿茶生产线和白酒生产线、云南智汇源食品有限公司，认为投资环境好，并对适合本商会投资项目进行了详细的咨询。商会人士看好云县旧城改造项目、畜产品加工项目和旅游开发项目，他们表示，今后将加强联络，争取到云县投资兴业。（本条摘自《云县》县讯）

（李家万　供稿）

经济贸易

【概述】 2010年，云县经济贸易工作认真贯彻落实中央、省、市、县经济工作会议精神，紧紧围绕“三个一百”及年度责任目标工作要求，以创先争优及优化软环境增强软实力建设为契机，以“调结构，转方式，促发展”为主线，落实责任，强化服务，狠抓工业投资，加强工业经济运行监测分析，工业经济呈现出良好的增长态势。

【工业经济】 全县工业完成总产值28.90亿万元，同比增长15.5%；实现工业销售产值27.07亿万元，同比增长19.9%。规模以上工业完成总产值23.54亿元，同比增长16.3%；实现工业销售产值22.51亿元，同比增长19.4%。

全县工业实现增加值16.19亿元（含大朝山电站4.50亿万元），比上年同期18.02亿万元（含大朝山电站3.84亿元）减1.83亿元，下降10.1%，完成市政府21.70亿元考核目标的74.6%；全县工业实际上交税金2.57亿元（含大朝山电站10116万元），比上年同期2.38亿元（含大朝山电站9796万元）增1885万元，增长7.9%，完成市政府3.56亿元考核目标的72.1%。

规模以上（12户）工业企业实现增加值10.28亿元，比上年同期12.83亿元减2.55亿万元，下降19.9%，完成责任目标1.45亿万元的70.9%；实现主营业务收入25.39亿元(含华能漫湾水电厂143773万元)，比上年同期24.29亿元(含华能漫湾水电厂)增1.10亿元，增长4.5%，完成责任目标29.50亿元的86.1%；实现利税总额6.54亿元（含华能漫湾水电厂应交税金1.50亿元），比上年同期8.05亿元（含华能漫湾水电厂）减1.50亿元，下降18.8%，完成责任目标8.50亿元的76.9%；实现利润总额4.37亿元(含华能漫湾水电厂2.86亿元)，比上年同期5.88亿元(含华能漫湾水电厂）减1.51亿元，下降

25.7%，完成责任目标5.02亿元的87.1%。

【非公经济】 全县共有非公经济户数7315户，同比增长22.3%；实现非公经济增加值17.49亿元，同比增长5.1%，完成市下达考核目标19.5亿元的89.7%；上交税金(按非公办要求统计五项税之和)8247.19万元，同比增长40.5%，完成市下达考核目标0.68 亿元的121.3%；从业人员2.04人，同比增长9%，完成市下达考核目标2.04万人的100%。

【乡镇企业】 全县乡镇企业完成现价总产值244937万元，同比增长10%；实现增加值8.84亿元，同比增长17.9%，完成市下达考核目标8.54亿元的103.5%；完成企业营业收入23.02亿元，同比增长11%；上交税金15283万元，同比增长27%；实现农产品加工业产值14.04亿元，同比增长24%，完成市政府下达任务13.34亿的105%。

【“工业倍增”计划】 贯彻落实“工业强县”的发展战略，紧紧围绕加快发展的主题，一是不断加大宣传力度，筹备组织召开了全县工业经济工作会，进一步深化工业经济对加快云县发展重要性的认识，增强推进新型工业发展的坚定性和紧迫感，努力营造全县合力兴工的良好氛围。二是将年度“工业倍增”计划目标细化，报政府审定后，分解到相关单位和企业。三是做好对企业的协调、指导服务，形成左右互动，相互推进的工作局面。四是按照巩固和提升传统产业，积极发展特色新兴产业的思路，加强电、糖、酒、茶等传统产业的指导，引导优势产业向规模型、科技型发展。

【工业项目建设】 按照市委、市政府“三个一百”的工作要求，积极推进项目实施。年内，云南智汇源公司30吨/天食用核桃系列产品开发项目、云南三奇光电科技有限公司年产1800吨单晶硅棒项目及云南澜沧江啤酒企业集团有限公司年产20万吨啤酒生产线技改项目等一批重点工业项目已投入生产。工业投资项目的顺利建成将进一步促进云县工业经济持续增长。

【节能降耗】 一是加强高耗能企业监管，将节能降耗目标任务分解到12户规模以上企业，并与企业签订了责任书。二是积极引导和鼓励企业加强节能技术改造和技术创新，及时淘汰高耗能设备和落后工艺，不断提高能源利用率。抓住云县被列为全省发展工业循环经济试点县的机遇，加快发展工业循环经济。三是加强企业清洁生产工作。年内县供电公司完成了清洁生产审核验收。四是配合统计部门做好能耗分析和能源统计，加强能源统计监管和培训，督促企业真实反映生产经营情况和能源利用状况，确保节能目标的完成；五是加强节能宣传工作力度。深入推进全民节能行动，贯彻《节能法》，宣传节能先进典型，进一步提高对节能减排的认识，营造节能减排的舆论环境。六是积极推广高效照明产品和新型墙体材料工作。七是进一步推进能源审计。完成了啤酒集团、凤糖集团、云县水泥公司、茅粮集团能源审计工作，江天公司、优势硅业正组织审计。全县12户规模以上工业企业能源消费总量5.19万吨标准煤，控制在市政府下达52000吨能耗总量的范围；规模以上工业企业单位工业总产值综合能耗为0.1354 吨标煤，单位产值能耗下降22.4%；规模以上工业企业单位可比价工业增加值综合能耗为 0.3535吨标煤，单位可比价增加值能耗下降18.3%。工业企业能耗有效控制，确保全县GDP单位能耗预计下降2.32%，完成市政府下达云县单位GDP能耗下降2.2%责任目标的105%。

【服务中小企业】 着力培育供排水、家盟茶叶酒业有限责任公司、亚太置业投资有限责任公司、云南智汇源公司及三奇光电科技有限公司的发展。5户企业的经营管理明显好转，运转正常。

【维稳工作】 一是积极妥善处理企业改制遗留问题,对企业改制问题，经济局做到耐心、细致，深入基层调查核实。年内主要是协助市、县调查组做好原红砖一厂改制遗留问题的核实工作，协调相关部门为红砖一厂职工办理了集资房土地、房产使用权证；对原糖厂漏转债务问题进行清理核实，并将清理情况上报政府后得到了圆满解决；对原茶厂职工提出的问题进行了梳理，形成意见报政府；对云县木材公司等企业职工上访问题进行调查了解，耐心做好职工思想工作；对失业职工办理医疗、退休等问题，耐心给予办理，共为失业职工出具证明1000多份。二是做好单位内保工作，严禁黄、赌、毒，推行平安机关建设。三是做好防邪教工作，做好重点人员的监控。四是切实抓好重大节日及重大活动的维稳工作，做到预案到位、人员到位。

【安全管理】　作为生产加工企业安全专委会成员牵头单位，制定了《云县加工企业安全专业委员会工作方案》，认真贯彻落实国家、省、市、县安全生产工作会议精神，坚持"安全第一、预防为主、综合治理"方针，突出"治大隐患、防大事故"，强化落实两个主体责任，重点抓好隐患排查治理工作。根据县安委会的要求，组织做好安全检查，监督加工企业落实安全责任，特别是做好"元旦""春节""五一"、临沧同乡会、"国庆节"等重大节日、重大活动的安全检查及安全隐患排查工作，发现隐患做到及时整改。全年共开展安全大检查60次，检查存在隐患46项，提出整改意见建议21条。

【食盐市场整治】　一是进一步加大盐业法规和规章的宣传力度。围绕"科学补碘，持续消除碘缺乏病"主题，开展"5•15防治碘缺乏病"宣传，利用电视台播放、广播、宣传车、横幅、标语、咨询、发放传单等宣传方式，开展宣传活动，形成了全方位、广覆盖的宣传阵势，做到家喻户晓、人人明白，营造自觉食用碘盐，不买、不吃非碘盐、工业盐、劣质私盐的良好氛围。二是加强执法检查。坚决打击和取缔无证从事碘盐的购销活动和制售劣质私盐等违法行为。全年开展检查24次，出动执法人员356人次，发放宣传资料134960份，查办各类盐业案件26件，查处非法盐产品61.51吨，罚款9.5万元。净化了食盐市场秩序，维护食盐市场稳定。

【自身建设】　一是认真落实党风廉政建设责任制。局长与副局长、副局长与分管股室、局党委与局属各（总）支部签订了党风廉政建设责任书。认真组织干部职工学习党风廉政相关规定、政策，组织党风廉政建设专题教育、警示教育等多种形式的教育活动，使全局职工进一步认识了党风廉政建设的重要性和必要性，有效打牢了反腐倡廉的思想基础，增强拒腐防变的思想防线。二是切实抓好作风建设，认真开展创先争优、优化软环境增强软实力活动，推进效能政府四项制度建设，巩固实施阳光政府四项制度的工作成效，深入落实政务公开，切实加强自身建设。

【存在问题】　一是旱灾严重和小湾电站水库蓄水，对全县工业生产影响较大。澜沧江流域来水量减少，拉动云县工业经济增长支撑作用最大的漫湾、大朝山电站发电量不足。甘蔗产业产量比上年减少21万吨，甘蔗入榨量和产糖量同比减少35%。

二是调整使用新的增加值率导致工业增加值减少。目前使用调整后的工业增加值率，导致云县规模以上工业增加值数据变化波动大。其中：调整幅度最大的是制糖企业和电力生产企业。制糖企业的增加值率由原来的49.1%下调到22.89%，下降了53.38%；电力生产的增加值率由原来的84.24%下调到53%，下降了37.09%。由于使用新的增加值率，影响云县年度工业增加值减少4.8亿元。

三是茶叶产业的实力不够强。茶叶产业是云县的老传统产业，目前种植面积15.9万亩，可采摘面积13.08万亩。2010年精制茶产量4341吨。规模以上茶叶企业实现的增加值1844 万元，上缴税收334万元。无论从经济总量还是从对财政的贡献上都充分说明云县茶叶加工龙头企业尚未真正形成，茶叶产业的实力不够强，带动作用不够明显。

四是融资困难。资金"瓶颈"仍然是当前工业发展的制约因素。

五是工业产业结构单一。工业企业产品单一，对市场依赖性高，抗市场风险能力弱，不能有效支撑工业经济的发展。

（经济局　提供资料）

商　务

【概述】　云县商务局于2008年7月22日从云县经济局分设成立，属正科级单位，加挂"云县商务综合执法大队"牌子，是负责全县国内外贸易、国际经济合作和外商投资管理的政府职能部门。内设办公室、市场贸易股、对外经济贸易股和外商投资管理股四个职能股室。有干部职工16名（含聘用的商务执法协管员3名，打字员1名）。2010年云县商贸工作认真抓好"万村千乡市场工程"及集贸市场升级改造建设，全县社会消费品零售总额稳步增长，成品油市场运行平稳。认真实施好“走出去，引进来”战略，组织企业成功举办了云县第四十二届商品展销会，并组织企业参加了第十八届昆明进出口商品交易会，取得可观的贸易成交额。外贸工作也取得了可喜成绩，进出口总额比上年有了较大增幅。2010年，商贸局完成固定资产投资2.11亿元，完成目标任务的101.6%；完成招商引资361万元，完成目标任务120.33%；完成财政支出228万元，完成目标任务108.57%。

【内贸工作】 一、社会消费品零售总额稳步增长。2010年，全县实现社会消费品零售总额11.83亿元，增长20.5%。其中：批发业2.84万元，同比增长19%；零售业5.68万元，同比增长18.6%；住宿业9393.4万元，同比增长15%；餐饮业2.38万元，同比增长30%。

二、“家电下乡”“汽车、摩托车下乡”工作稳步推进。2010年，全县已通过审核备案登记的销售网点有60个。共销售家电11649台（件），其中：彩电3374台，冰箱（含冰柜）3165台，洗衣机2090台，电脑274台，热水器2588台，电磁炉133台，微波炉25台，销售金额1973万元；已办理补贴手续10854台（件），补贴资金256.2万元。汽车、摩托车销售数量为2118辆，销售金额1872万元，已办理补贴手续1799辆，补贴资金168.6万元。为进一步推进“家电下乡”工作，2010年10月中旬召开了有全县12乡镇政府分管领导、194个行政村（社区）支部书记或主任、县级相关部门共220多人参加的“云县家电下乡销售工作会议”。会上，TCL集团、星星集团领导向参会的12乡镇、194个村委会（社区）颁发了6000张，价值180万元的“惠农卡”。据初步估算，两个集团发放的180万元“惠农卡”，将给我县家电下乡销售网点带来近2000多万元的销售收入。

三、“万村千乡市场工程”及集贸市场升级改造建设工作圆满完成。一是共完成“农家店”建设、加盟店改造120户，其中乡级店1户，村级店119户，在120户农家店中日用品农家店105户，农资农家店15户，新增营业面积7500平方米，拉动社会就业人员255人，实现交易额3320万元，实现利税232万元，同时带动农民增收200多万元，完成市局下达建设“农家店”120户的100%。同时为进一步提高“农家店”商品配送率，巩固全县“万村千乡市场工程”，实施主体县二轻公司于6月20日开工建设县城日用百货配送中心，项目预计总投资2006万元，其中：项目用地781万元，建筑投资600万元，其他设备投资125万元，流动资金500万元。截至年底，已完成配送中心主楼建设工程1200平方米，共投入建设资金130万元，预计主楼建设于2011年2月底建成投入使用，建成后的配送中心主楼建筑面积1800平方米。二是为改善和提升云县乡村集贸市场购物环节和管理水平，进一步规范市场秩序，繁荣市场经济，确保农副产品市场供应和人民群众消费安全，方便群众购买生活所需。年初商贸局积极向省、市商务主管部门申报乡村集贸市场升级改造建设项目，并得到了省商务厅、财政厅审核批准云县晓街乡集贸市场升级改造。该项目总投资156万元，其中：项目用地93.81万元，建设彩钢瓦大棚2294.1平方米，投资34.4万元，新建摊位水泥桌290张，投11.89万元，新建公厕1间，投资2万元，建设硬板路185.13立方米，投资6.6万元，建设普通地面2294.16平方米，投资7.3万元。该项目已完成投资124.8万元，完成投资总额的80%，上级对该项目扶持的30万元资金已全部到位。

四、生猪定点屠宰工作卓有成效。截至年底，全县实行生猪定点（进点）屠宰点有9个，其中：生猪定点屠宰点1个（富华屠宰厂），乡镇进点屠宰点8个（晓街、幸福、茂兰、涌宝、大寨、漫湾、忙怀、新城坝盛兴牛羊屠宰点）。2010年，县城定点屠宰生猪3.65万头，年内在畜牧部门宰前宰后检疫过程中，检疫出不合格生猪127头，高温处理69头，焚烧58头。商贸局及相关部门共查处私屠滥宰生猪产品2头，价值5100元，帮教违法人员12人。全县生猪定点屠宰及鲜肉经营市场运行正常，秩序良好，遏制了私屠滥宰和非法制售病死猪肉、注水猪肉等违法行为，有效地防止了疾病的传播，保证了市民吃上放心肉。

五、成品油市场运行平稳。云县辖区内现有建成使用的加油站29座。其中：中石化8座，中石油2座，社会加油站19座。按照有关规定，商贸局主要对全县社会加油站及中石油加油站进行年检。2010年，全县销售成品油7.18万吨。其中，汽油3.40万吨，柴油3.78万吨。通过认真的整顿规范，云县成品油市场正朝着规范化、制度化方向发展，为推动云县经济社会发展发挥了重要的作用。

六、认真实施好“走出去，引进来”战略。一是组织企业成功举办好2010年1月13～22日的“云县第四十二届商品展销会”。展会期间，参展客商573户，展销商品上市5大类1200多个品种，实现成交贸易额达1760万元。其中：参展外商113户，成交贸易额572万元；来自国内各省市的客商484户，成交贸易额1188万元。二是认真做好2010年6月6～10日第十八届昆明进出口商品交易会的组织、筹备、参展等工作。历时5天的商贸活动，云县参展团完成贸易成交总额1.75亿元，完成市下达任务的102.9%，其中：一般贸易3845万元，完成市下达任务的101.2%；边境贸易3215万元，完成市下达任务的100.2%；国内贸易1.04亿元，完成市下达任务的104.4%。三户参展企业成交贸易具体情况是：云南澜沧江酒业集团完成贸易总额9535万元，其中：一般贸易1610万元，边境贸易3215万元，国内贸易4710万元；云南茅粮酒业集团完成贸易总额6170万元，其中：一般贸易1520万元，国内贸易4650万元；云县国汉生态茶业有限责任公司完成贸易总额1785万元，其中：一般贸易715万元，国内贸易1070万元。

【外贸工作】　云县共有进出口企业5户，分别是：云南澜沧江啤酒企业集团、云南茅粮酒业集团、云县嘉木茶业制品有限公司、天龙生态茶厂、卫氏红生态茶厂。在5户出口企业中，目前只有澜沧江啤酒企业集团有出口工作业绩，其余企业因仍受金融危机的影响，暂没有开展出口工作。2010年，全县进出口总额2000万元，比去年同期增800万元。

【狂欢节——商贸活动增色添辉】　2月26～28日，中国云县第六届澜沧江啤酒狂欢节期间，云县城内人潮如织，万人空巷，邀八方来客，交天下朋友。在中国云县澜沧江啤酒狂欢节大会组委会精心组织筹备下，名特食品小吃一条街、农特产品一条街、科技服务文化一条街、商品交易交流一条街亮点频现，吸引着数以万计的人们驻足观看、欣赏、品尝、询问。人们面带笑容，在喜庆的大红灯笼丛中，喝着淳美的澜沧江啤酒、品尝着云州小吃、欣赏着乡镇的民族歌舞，悦耳动听的古筝、小号、大筒声不绝于耳，处处洋溢着浓浓的狂欢与和谐的节庆味道。

十二乡镇显特色　农特产品引游人

狂欢节期间，在滨河公园公路一侧一字排开的十二乡镇展室，以农特产品为主，各具乡镇民族特色，彰显本土农特产品，各乡镇党委书记和乡镇长热情地向游客介绍着本土特色产品产地、制作和发展前景。活力爱华，魅力云州—爱华，推出了鲜牛奶、普洱茶、烤茶等特色产品。游客在展室内品着浓香四溢的烤茶，喝着纯天然的鲜牛奶，听着古筝弹奏出的高山流水之音，真是惬意万千，温馨浓浓。东南重镇、生态要镇—涌宝，以苦荞酒、玉米酒、油鸡枞、保鲜干巴菌、葛根粉、竹虫、冬蜂蜜、火腿、树花、蜂蛹、萝卜等特色产品吸引宾朋好友。和谐之乡—晓街，又以铜矿、铁矿、铅矿、泡核桃、红米、人头芋、紫胶、芝麻香蕉、手工艺品、普洱茶等特色产品，让游客叹为观止。茶马古镇—茂兰，推出了油鸡枞、火腿、松茸酒、陀螺、何首乌、木香、烤烟、紫胶、温泉煮鸡蛋、美国山核桃、木香等特色产品，吸引游客驻足观赏。忙怀型新石器文化之乡—忙怀，向游客展示了布朗族先人的生活用具和农耕文化，让游客在布朗族渊源文化和生活习俗中徜徉，特别是精制的“瓦房帽”“一嘎咕酒盅”更是让游客爱不释手。漫湾镇推出的以白莺古茶为主的茶系列产品，柑橘、江鱼等特色产品，引得无数的新闻记者镁光灯频闪。茶之故乡，革命老区—茶房，以嘉木、家盟和刘家坡等制茶企业为依托，数百个精制茶叶产品、龙胆草、菜籽油等亮相展室。文化摇篮，文明之邦，礼仪之乡，建筑之乡—大寨，以茶叶、核桃泡木瓜、泡梨、红茶、普洱茶、米花茶等宴请宾客，精致的竹器、根雕使展室增辉不少。水电之镇—大朝山西镇，展室内郁郁葱葱、绿意盎然，“石萝卜”、“山乌龟”等一盆盆野生药材让游客赞叹不止，纸山箐的手工造纸，又让人们怀念起祖先的伟大发明。彝族情调浓厚的后箐乡，以一壶淳美回味的青蒿子酒醉了八方来访游客，动听小号声、优美的彝族打歌舞、壮观的舂粑粑场面更让游客流连。边陲重镇—栗树，以铜矿石、苦荞、藏红花、无烟煤、紫糯米、青毛茶、网箱养鱼等彰显特色，一杯杯回味无穷的“栗树茅台酒”让游客赞不绝口，几条重达13千克的大鱼又让游客赞叹不已。热带植物富集地一幸福，脱毒香蕉、甘蔗、杨桃、番荔枝、澳洲坚果、白砂糖、傣族烤崩等特色产品把展室布置得精致大方，让游客交口称赞。

在三天的布展中，让客商充分领略了全县十二乡镇的农特产品。期间，民族服饰展览、歌舞表演、习俗演示赢得了游客掌声不断，如，茂兰镇的打歌，后箐乡歌舞声中舂粑粑等活动不断掀起现场欢乐气氛。

科普宣传好热闹 游人驻足看展板

狂欢节期间，大会组委组织开展了科普一条街宣传活动。在滨河公园入口处，县科技局、卫生局、人口与计划生育局、县科协、职成教育中心、农业局、林业局等单位共同以展板和实物形式展示了近年来云县各条战线所取得的科技成果。同时，以播放科教片、印发科普资等形式宣传预防艾滋病、结核病、优生优育及化肥、农药、沼气使用管理知识，在为期三天的狂欢节期间，掀起了科普宣传热潮。其间，各部门展出展板52块，印发各类科普宣传资料2万余份，接受科技咨询1万余人次。内容丰富、醒目易懂的展板及宣传资料向群众宣传展示了龙胆草种植技术、核桃嫁接技术、烤烟栽培主、养猪技术、茶树栽培技术、甘蔗栽培技术、核桃病虫害综合防治措施等农村实用科技。许多群众聚在科普一条街详细听取科技人员的讲解，并不断向科技人员咨询一些相关科技知识。在现场，来自爱华镇箐口村的杨华激动地对记者说“啤酒狂欢节不仅让我参与、感受了狂欢，更大的收获是听取了科技人员讲解龙胆草种植与管护知识。根据宣传材料上的介绍，我们村具有种植龙胆草的海拔、气候、土质条件，回去后，我要在自己家的地块试种，如果试种成功后，我要带动村里人也来种植龙胆草，也算为我们村寻找一条致富路”。

风味小吃一条街 云州美食宾客赞

在狂欢节期间，名特食品一条街天天火爆、夜夜热闹，百余个摊点个个都宾客爆满，让市民和八方来客尝尽了云州美食。特别是各种风味小吃摊前被宾客围得水汇不能。各种风味小吃应有尽有，猪血米线、鸡肉米线、稀豆粉、烧烤牛肉、烧烤羊肉、沙锅饭、香草烧鱼等让人目不暇接，就连缅甸鸡蛋粑粑、牛干巴、竹筒饭、糯米酒、酸肉、酸菜糕、烤饵丝等也加入到风味小吃大盛会中。宾客在白天或在灯火辉煌的夜幕下，有的邀约亲朋好友，有的举家出动围坐在风味小吃摊位的方桌旁，听着柔美的音乐、品着沁人心脾的啤酒、尝着风味十足的小吃、畅谈着幸福的今天、憧憬着美好的明天，欢笑声不绝于耳，人们陶醉在欢快的节日气氛中。记者对一姓张的保山游客问及狂欢节感受时，他激动地说：“今年我是第一次来参加狂欢节，万万想不到办这么好，明年，我将带家人及亲朋好友来参加狂欢节，让他们也到云县来感受什么是真正的节日气氛。”狂欢节的四条街，各具特色、交相辉映，营造出了狂欢和无限的商机。（本条摘自《云县》县讯）

（商务局办公室 供稿）

国有资本投资经营有限责任公司

【概述】 云县国有资本投资经营有限责任公司于2007年8月14日挂牌成立，是具有独立法人地位、直属云县国有资产监督管理委员会的国有独资公司。2010年是推进“十二五”规划顺利实施的关键一年，在2010年的工作开展中，云县国有资本投资经营有限责任公司按照年初制定的工作计划，结合县委、政府的工作重点和公司工作实际，扎实开展好国有资产经营管理、融资贷款、公益性事业工程代建等各项职能工作。

【经营范围】 1. 资本性投资经营。2. 债权性投资经营。3. 经县国有资产监督管理委员会授权，对部分资源性国有资产进行专门经营；4. 经县国有资产监督管理委员会授权，代表县国有资产监督管理委员会持有县级国有资产所有权；对占有使用国有资产单位的资产新建、重建、处置的管理；经县国有资产监督管理委员会批准，依法转让和交易（股权）。5. 经县国有资产监督管理委员会授权，对县级财政资金债权转股权、国有控股和参股企业所得税部分返回转入股本的经营和管理。6. 负责经批准的国有股权出售转让业务以及经批准兼并破产处置的净资产收益、行政事业单位处置资产收益及“非转经”资产占用费的收缴和监管。7. 经县国有资产监督管理委员会授权会同有关部门依法对土地和其他特批权进行经营；8. 承担政府性举债和融资。9. 其他法律、法规允许经营的业务。10. 县人民政府或县国有资产监督管理委员会授权办理的其他事项。

【工程代建】 由公司建设的云县两中心和云县三角地钢结构篮球场现已投入使用。该项目投资900多万元，两中心已交付教育局和县总工会使用。篮球场采用钢模结构，建有两块标准篮球场，篮球场占地总面积1425平方米，篮球场地面采用丙烯酸塑胶，三角地钢结构篮球场的建成，为广大人民群众提供一个良好的健身活动场所，为发展云县文化体育事业提供了阵地保证。

【融资工作】 年内，云县国有资本投资经营有限责任公司作为政府授权的融资平台，创新融资方式，积极做好融资工作，主动加强与各大商业银行的联系、衔接，拓宽融资渠道，扩大融资规模，进一步规范投融资行为，提升融资效益，务实政府投融资基础工作。同时，整合盘活政府各类资产，发挥资本应有效益，提高国有资产的使用效率，实现高效融资。2010年共完成贷款5920万元，其中，向云县信用联社贷款720万元，向中国建设银行云县支行贷款2250万元，向中国农业银行云县支行贷款2100万元，向市国资公司借款850万元。

【矿产资源整合】 根据国家、省、市矿产资源整合文件精神和县委、政府安排，以公司为整合主体，对我县境内的部分探矿权、采矿权进行了整合，并取得了新进展。截至目前，整合的5个探矿权已经进入评估公示阶段；2个采矿权已经进入转让程序，下步将进入变更阶段。接下来将对部分矿点探矿权进一步洽谈整合。

【服务新农村】 结合学习实践活动的开展，加大对挂钩的新农村建设力度，年内公司共扶持新农村建设资金4.15万元（后箐乡后箐村1.2万元、晓街乡慢笼村1.25万元、晓街乡昆顶村0.2万元、幸福镇干坡村0.3万元、幸福镇帮洪村0.3万元、爱华镇毛家村0.9万元）。同时按照上级要求，认真开展扶贫挂钩村核桃管护工作，完成对扶贫挂钩村核桃的普查和秋冬管护工作，建立了公司领导挂组、职工挂户的扶持制度，核桃管护得到了有效的开展。

【国有资产处置】 经县人民政府的授权，按照公开、公平、公正的国有资产处置原则，对云县第四十三届至四十七届商品展销会承办权进行公开竞价出让，最后以460万元进行出让；对云县妇幼保健院国有资产进行公开竞价出让，最后以420万元进行出让；澜沧江1号地最后以1970多万元协议出让；黄薯山5宗零星国有土地以130万元协议出让。通过国有资产公开竞价出让，进一步盘活了闲置国有资产，确保了国有资产保值、增值。

【国有资产管理】 国有资产管理坚持以规范管理为主，通过政府推动、市场运作、科学经营，优化国有资产资源配置，确保国有资产保值增值和效益最大化。经县国资委授权，云县人民政府行政中心国有土地、云县爱华镇云州新区瓦窑坝片区部分国有土地、云县人民会场片区国有资产、原云县糖厂农机厂国有土地、原红砖一厂国有土地、原公安局爱华派出所社区中队国有资产已划转并办证到云县国投公司。

【党建工作】 加强党内制度建设，建立党员结对帮困制度，认真组织召开好党员会议，进行交流学习，对存在的问题及时解决和整改，使各项工作不断完善和提高。在“七一”期间，我公司对挂钩村晓街乡团山村和新农村挂钩村后箐乡后箐村的25位贫困老党员进行了慰问，给每位党员送上慰问金100元，共计2500元。

把党风廉政责任分解到每个部室和每个党员干部中，做到层层分解，层层落实，明确责任，不断提高领导干部以身作则、廉洁自律能力，不断拓宽民主监督渠道，切实落实党风廉政建设责任制，履行好公司在党风廉政建设中的职责。深入开展创先争优工作，发挥公司党员的先锋模范作用，打造和谐团队。深入学习和贯彻科学发展观，团结务实，开拓创新，勤政廉政，带领全体干部深入开展创先争优活动，全面加强对党员政治思想业务和业务技能技术培训，积极开展“党员示范岗”评比活动，弘扬进取争优精神，切实发挥党员先锋模范作用，使党员做勤于学习，创新破难的表率。抓好消防维稳工作。在县委、政府的正确领导下，在县综治委的指导和帮助下，我公司始终把消防和综治维稳工作作为公司的一项重要工作来抓。采取有效措施，积极排查、防范、化解各种矛盾和安全问题，公司综治工作取得了一定的成绩。进一步完善工作责任制，不断增强排查化解矛盾纠纷、维护社会稳定，全力从源头上预防和减少社会矛盾纠纷和群体性事件的发生。

（国投公司　提供资料）

供　销

【概述】　2010年，云县供销合作社认真宣传贯彻落实《关于加快供销合作社改革发展的若干意见》（国发〔2009〕40号），全面贯彻落实科学发展观，紧紧围绕市供销社年初下达的年度工作任务指标和县委、政府安排的中心工作，坚持供销社为 “三农”服务的宗旨，充分发挥部门职能作用，遵循改革是为了更好地发展理念，不断开拓创新求发展，始终正确处理好改革、发展和稳定的关系，克服了供销系统改革、改制过程中资产处置、人员安置、后续发展等改革难题，积极有序地开展各项工作。

【各项指标完成情况】　全年实现经营总额10281万元，占任务指标9500万元的108.22%；实现利润89万元，占全年指标81万元的109.8%；发展“两社一会”39个，其中农民专业合作社26个、综合服务社12个、协会（云县新城农场蔬菜种植协会）1个，其占全年任务指标39个的100%；全年销售各种化肥19800吨，占全年任务指标19000吨的104.2%，农民专业合作社理事长培训10人，占全年任务指标的100%；完成“乡村流通工程”人才培训553人，占任务指标550人的101%。其中农产品经纪人证书培训93人，占任务指标90人的103%；建设、提升、改造配送中心2个（大寨镇农资配送中心，幸福镇农资配送中心），占任务2个的100%；改造和新建集贸市场（忙怀乡新街农村集贸市场，涌宝镇糯洒村农村集贸市场）2个，占任务指标2个的100%；完成引进合作项目1个，现已与云南盛和投资公司签订土地开发合作意向协议，占任务指标1个的100%；发展乡村信息采集点（头道水戴兴红综合服务店、茂兰哨街毕占武综合服务店、涌宝石合坤综合服务店）3个，占任务指标3个的100%。

【“千社千品”农特产品展示展销】　根据省、市供销社关于“千社千品”暨农特产品展示展销筹备及策划方案相关精神，供销社及时成立了由主要领导挂帅的领导小组，并认真组织“两社一会”参加单位和筛选参加展示展销品种。通过筛选，云县爱华镇河中村沁园春茶叶专业合作社生产的茶叶系列产品3类18种（绿茶类7种、红茶类6种、普洱茶类5种）和云县茶房乡响水中草药种植专业合作社龙胆草系列产品12种被选送（云南省科技馆）参加全省供销社首届“千社千品”暨农特产品的展示展销。展销会上，所筛选推介的产品得到广大消费者的青睐，吸引了大量的市民和客商购买和洽谈，其中，龙胆草系列产品以优良的品质吸引着消费者和商家，与云南白药厂达成了50吨（每吨3万元）意向性合约，与嵩明县和勐海县分别达成了100亩和200亩的龙胆草籽种供应和技术协作意向性合约。云县爱华镇河中村沁园春茶叶专业合作社推出的以野生茶为原料制作的“野金螺”红茶，品味醇香、回味无穷，被客商誉为“云南的大红袍”，更引来了云南日报记者的采访，其茶叶系列产品与广州客商达成了24万元的供求意向性合约。

【服务三农】　根据中共云县县委办《关于开展夏季核桃“三率”建设工作的通知》（云办发〔2010〕56号）精神，积极响应并主动协调乡镇及相关部门，千方百计搞好化肥调运，按时按质按量组织调供各乡镇核桃“三率”建设所需复合肥3161吨，保证了不同地块的核桃树及时地得到了施肥，有力地促进了全县的核桃“三率”建设。

结合云县水涝干旱等灾害实际，积极主动协调有关部门的支持和配合，向上争取救灾化肥350吨，对全县进行及时供给。同时筹资7000元（后箐菠罗村5000元、茂兰哨街2000元），帮助挂钩村部分群众解决了通达工程和饮水困难问题。

【“两社一会”发展】　为切实加强云县农村流通服务网络建设，大力发展“两社一会”（专业合作社、综合服务社、行业协会），促进社会主义新农村建设服务网络，不断在城乡增大覆盖面。2010年，发展“两会一会”39个，其中农民专业合作社26个，综合服务社12个，协会（云县新城农场蔬菜种植协会）1个。并于1月13日，对全县2009年度按“五个一”（即有一个产业、选好一个带头人、建立一个章程、有一个营业执照、有一块牌子）标准注册成立的17个“两社一会”进行现金补助，共支付补助资金4.2万元。

【供销社改革】 供销社改革改制已基本结束，原下属企业自1999～2005年间尚不同程度欠交的160位原在职职工养老保险费115.33万元，通过县社积极向上反映，多方协调，并与县社保局联合行文争取，在市供销社的帮助下，争取到了省财政专项补助资金115.33万元。

【效能政府】 效能政府四项制度工作有效开展。为深入贯彻落实科学发展观，进一步加强供销合作社的自身建设，确保供销合作事业科学发展、实现二次创业的目标。根据《云县人民政府关于印发云县推行行政效能政府四项制度实施方案的通知》（云政发〔2010〕50号）、《云县人民政府办公室关于印发云县行政机关推行效能政府四项实施细则的通知》（云政办发〔2010〕81号）和《云县供销社关于印发行政能力提升制度实施方案的通知》（云供发〔2010〕22号）精神，按照《云县监察局关于对全县实施效能政府四项制度工作进行督查的通知》（云监发〔2010〕27号）要求，以建设人民满意机关为目标，不断提高工作效率和服务水平，县社成立了效能政府四项制度领导小组，制定下发了《工作方案》《实施细则》和工作计划，明确了兼职工作人员。效能政府四项制度建设工作做到了领导重视、组织机构健全，人员、思想到位、措施具体。通过开展效能政府四项制度，干部职工的工作效率明显提高，服务质量明显改善，工作的积极性、主动性和责任感明显增强。

【党风廉政建设】 认真抓好党风廉政建设工作。根据党风廉政建设的有关规定，面对复杂多变的新形势，供销社班子始终把党风廉政建设作为重中之重的工作抓紧抓实。一是认真落实党风廉政建设目标任务，努力做好廉洁自律工作，要求职工做到的，领导干部首先做到；二是加强对“八荣八耻”、《公务员八条禁令》《党员纪律处分条例》《中国共产党领导干部廉洁自律有关规定》学习和宣传，做到警钟长鸣；三是积极开展学法、用法、普法活动，组织全体干部职工积极参与法律法规的学习和考试，使其法律意识和观念逐步增强，真正形成学法、知法、守法、依法行政，参照法律办事的局面；四是认真组织召开民主生活会，开展批评与自我批评。

【政务公开】 进一步完善政务公开，确保“阳光政府”四项制度有效落实。县社进一步完善政务公开制度，把云南省行政机关八项制度工作承诺、公务员八条禁令、廉政文化进机关、进家庭、“三力”建设、职工身份等制度作为长久性贯彻内容，打造了公开、公平、公正和透明的“阳光”供销政务。严格执行“阳光政府”四项制度。一是印制了《云县供销社综合服务指南》和《云县供销社单项服务指南》，为服务对象提供查阅和咨询；二是实行公示制度，全体干部职工公示牌上墙，并统一制作胸牌，亮出身份，实行挂牌上岗，接受监督，在办公楼入口处墙上设置机构布局图；三是完善痕迹管理，建立了“阳光政府”四项制度专门卷宗、会议记录和首问责任登记本；四是设立了举报箱、公开了举报电话及举报邮箱，实行外出留言、告知制度；五是建立健全96128政务信息沟通平台，进一步完善电子政务平台建设，提高政务工作效率；六是加强宣传及信息报送制度。

【制度建设】 抓好制度建设，坚持用制度管权、用制度管事、用制度管人。县供销社根据县委的要求，在四项制度实施的基础上，修订完善了机关工作制度等11项制度。通过实施各项制度，县社机关的工作作风明显好转，服务质量不断提升，办事效率明显提高，机关作风明显改善，逐步向风清、气正、心齐的方向发展。

【安全维稳】 认真抓好维稳安全工作。一是努力做好下岗职工的思想稳定工作，随时掌握他们的思想动态，尽量为困难职工排忧解难，对干部职工反映的情况、问题和要求，不搞矛盾上交，及时研究和梳理，参照法律法规及相关政策，根据不同情况，耐心、认真地做思想工作或书面回复解答，能帮助解决困难及时伸出援手，杜绝了下岗职工5人以上集体上访；二是加强机关内部管理，督促安保人员认真履行职责，并实行24小时值班制度，确保机关办公场所安全；三是积极配合有关部门做好安全检查工作，尽量消除相关区域安全隐患，确保人民群众生命财产安全，保护消费者利益不受侵犯；四是认真做好干部职工的安全意识教育工作，特别是对兼职驾驶员的安全意识问题，县社始终把安全生产、安全意识作为一项经常性的工作认真抓好，经常对所辖范围的安全隐患进行排查，并作相应整改防范，以确保人民群众生命财产安全，最大限度地减少损失。

【开展创先争优活动】 根据《中共云县委 关于在全县党的组织和党员中深入开展创先争优活动的实施意见》（云发〔2010〕17号）精神，为切实加强对党组织和党员中深入开展创先争优活动的领导，县社成立了由党总支书记为组长的创先争优活动领导小组，制定下发了《云县供销合作社党总支关于成立在党的组织和党员中深入开发创先争优活动领导小组的通知》和《云县供销合作社党总支关于在党组织和党员中深入开展创先争优活动实施方案》（云供发〔2010〕21号）文件。结合县供销社党总支的实际，围绕“五个好”“五带头和振兴供销合作事业实现“二次创业”目标这个主题，着力解决影响和制约供销合作事业科学发展的突出问题和群众反映的突出问题，亮出党员身份，党组织和党员作公开承诺，广泛听取社会各方面建议意见，虚心接受职工群众的监督，认真落实“一卡二簿三评”。通过有效开展创先争优活动，为巩固和拓展深入学习科学发展观活动成果，提高供销社的创造力、凝聚力和战斗力，促进党组织和党员不断保持和发展党的先进性，充分发挥战斗堡垒作用和先锋模范作用，起了积极的促进作用。

【扶贫挂钩】 一是继续关心支持原挂钩村（糯洒村）的市场建设和项目发展。二是积极派出新农村指导员服从地方党委政府安排，驻村调研并从各方面帮助开展工作。三是按照县委、政府在核桃管护工作相关要求，筹资3万元帮助南茂河村解决了办公经费及核桃产业发展资金。四是筹资7000元帮助解决后箐菠萝村通达工程建设和茂兰哨街村饮水工程建设。

【举办首期少、小、特民族农产品经纪人培训班】 7月26～28日，县供销社在县妇联、县民宗局、县劳动保障局等部门配合下，在忙怀乡举办首期少、小、特民族农产品经纪人培训班，共有93人参加了培训。（摘自《云县信息》39期）

（阮耀明　供稿）

粮食管理

【概述】 2010年，云县粮食局以《粮食流通条例》为准则，做好粮食市场宏光调控工作，搞好社会粮食流通统计，强化职政策性用粮供应保障机制，保证服务做好赈灾救济以及军粮粮供应工作。全年供应政策性用粮541吨，其中：民政赈灾救济粮大米502吨；军供供应大米、面粉合计39吨。

【市场宏观调控】 围绕“发展产业壮实力、加强调控保安全”的基本思路，按照“抓好收购促农增收，保证供应稳定市场，统筹发展保障安全”的工作目标强化和改善粮食宏观调控，推动粮食宏观调控工作科学发展。加大宣传力度，开展以“关注食品安全、保障群众健康”“强化粮食流通管理、确保粮食流通安全”以及“节约粮食、反对铺张浪费”为主题的粮食科技宣传周和政策法规宣传月活动，营造良好的调控氛围。牵头开展粮食监督大检查活动，在政府分管领导的统一领导下，部门联动形成活力，从粮食调、销、储、运、生产和加工环节实施监督，有力保障县域粮食安全。

【社会粮食流通统计】 贯彻落实云南省《社会粮食流通统计制度》，安排专门股室专人负责指导粮食经营者建立粮食购销统计台帐，定期对粮食市场价格、农户存粮、企业用粮、市场供需平衡等信息收集，第一时间准确掌握市场动态，客观、公正的分析市场供需形势，采取相应措施积极应对。按照月报、旬报、季报信息上报制度，及时、全面、客观、准确、规范的上报相关数据，为上级粮食主管部门制定出台粮食政策提供可靠依据。

【国有粮企改革】 继续深化国有粮食企业改革，按照国有粮食企业改革各项目标任务，切实开展好扫尾工作，在国有粮食企业改革资金筹措难等问题上再寻突破，全年筹措改革经费22.42万元，在职职工安置全面结束，遗属补助、历史拖欠债务全部兑现，遗留问题得到妥善解决，企业改革基本完成。加大新公司组建工作组织领导，新公司组建《方案》、《章程》向部门及社会广泛征求意见工作已全面结束并上报县人民政府审定，新公司组建筹备工作有序开展。

【储备粮管理】 完善和落实粮食库存“在地检查”原则，坚持例行检查与专项检查、账务检查和实物检查相结合，开展县级250万千克储备粮监督核查工作，储备粮数量真实质量安全。加强企业领导，督促企业细化仓储管理制度，完善监管机制，严格内部管理，加强日常管理，逐步实现粮食仓储管理的规范化、精细化。加强储备粮管理，按照储备粮存储年限研究制定储备粮轮换实施方案上报县人民政府申请轮换，并积极做好储备粮源、价格调研工作。

【固定资产投资】 加强粮食物流基础设施、放心粮油交易、农产品深加工等项目上报衔接工作，积极争取上级资金支持。全年完成固定资产投资43万元，其中：自筹35万元；市级补助8万元。投资35万元完成了晓街乡月牙地粮点、爱华镇粮点仓库防漏、防渗、防潮修缮，投资8万元对原金穗公司归并资产进行改造，建成首个云县军粮供应点。

【帮扶挂钩】 继续实施帮扶挂钩、新农村指导工作，牢固树立部门“工作在基层、服务在农村”的服务“三农”意识，充分发挥涉农部门作用，为帮扶挂钩群众献爱心、办好事，切实解决生产生活中的困难和问题。全年捐赠各类物资现金总计5万余元，其中：大米7吨、矿泉水100件，办公桌椅五套，档案柜两个，现金5000元。

(张文云　供稿)

统　计

【概述】 2010年，云县统计工作坚持以邓小平理论、“三个代表”重要思想和科学发展观为指导，围绕服务科学发展和统计工作科学发展，坚持依法统计，规范统计行为，牢固树立政府统计综合性、全局性的理念。以“统计机构网络化，报表台账标准化，统计管理法制化，统计信息自动化，统计资料档案化”为目标，开展统计基础规范化工作，狠抓统计机构和统计队伍建设，健全统计调查网络，加强统计执法检查，推进统计信息化建设，使统计基层基础工作走向规范化、正规化的轨道。同时围绕“三个一百”和县委、政府年初目标任务，强化政府综合统计管理、监督和指导职能，深化统计体制机制改革。

【机构人员】 云县统计局是主管全县统计和国民经济核算工作的政府职能部门。内设7个股室（中心）、下属股所级事业单位，12个乡镇统计站。其中：6个行政股室，即办公室、综合股、业务股、法规股、信息中心、社会经济调查队；1个事业股室，即：普查中心。总编制46人，其中：行政编制12人（含机关工人1人），事业编制34人。年末共有干部职工33人，其中：行政人员26人（含机关工人1人），事业7人。

【国情国力调查】 按照国务院的统一部署，2010年全力做好第六次全国人口普工作。一是建立健全普查机构。成立了由县委常委、县人民政府常务副县长为组长的云县人口普查领导小组。二是建立健全各项普查工作制度。根据相关要求，制定了《云县第六次全国人口普查工作实施方案》《云县第六次全国人口普查成员单位部门职责》等7个方案及职责。三是人口普查工作做到“四落实”。即落实人口普查经费100万元，实际拨付到位资金100万元；建立健全12乡镇194个村（社区）基层普查机构；落实县人口普查办公室人员22人，12乡镇普查办公室人员84人；规范村级普查机构，统一制作了“人口普查办公室”牌子，此举属临沧首创。四是积极组织“两员”培训，共培训指导员510名，普查员1659名。

【统计专项调查】 认真组织县、乡村领导班子和主要领导干部群众公信度调查。一是协助临沧市调查队，认真做好县级领导班子和主要领导干部群众公信度调查。二是组织开展爱华镇等5个乡镇91个全村（社区）的领导班子和主要领导干部群众公信度调查。

积极做好常规统计调查专项调查。2010年全面完成了农村贫困监测调查，农村经济住户调查，城市住户调查，退耕还林（草）监测，农村人口、劳动力和就业三项专项调查工作，规模以下工业抽样调查，服务业抽样调查，旅游业抽样调查，规模以上工业企业成本费用调查和科技调查等专项调查工作任务。

【统计服务】 优化统计服务，不断提升统计服务水平。一是及时做好月度经济运行监测。坚持按月提供《国民经济主要指标运行情况》500余册和月度经济运行情况通报、季度运行情况分析，及时反映全县经济社会发展进度，年度编印《国民经济和社会发展统计资料》260册，努力为各级党政领导和社会各界提供及时服务。二是认真开展调研活动。围绕全县经济和社会发展情况等领导关心、群众关注的问题组织开展工作调研，撰写出调研报告，满足地方党政领导和社会各界的信息需求。三是加强统计分析和统计信息工作。统计局充分利用资源优势，加大分析研究力度，不断提高优质服务水平。共撰写各类分析报告10余篇，各类信息20余篇。同时利用统计网络平台及时发布各类统计信息，受到社会各界的欢迎。

全年为社会各界提供统计信息、咨询数据3万多笔，为服务领导决策，服务社会发展、服务经济主体发挥了积极的作用。为“两会”提供《云县统计公报》450册、《云县“十一五”国民经济和社会发展成就辉煌》450册，为“两会”代表和委员们讨论审议政府工作报告，参政议政提供了翔实的统计数据。

【队伍建设】 建立健全统计机构，充实配备具有相应统计专业知识的统计人员，严格实行统计人员持证上岗制度。县级各部门配备与统计工作任务相适应的专职或兼职统计人员，负责本部门综合统计工作；“三上”企业（规模以上工业企业、限额以上批发零售及住宿餐饮企业、建筑业和房地产企业）均配备专兼职统计人员，负责企业的各项统计工作。

加强统计人员的继续教育和业务培训。县统计局采取短训、轮训、以会代训等方式，分期分批对各部门、各乡镇和各企事业单位统计人员进行业务培训。全年培训“三上”企业统计人员3次，乡镇统计站工作人员2次，企事业单位统计人员1次，通过培训考试42人取得了统计从业资格证，统计局干部职工5人通过考核，获统计师资格证。

【廉政建设】 抓好廉洁自律，严格监督管理。工作中始终把遵守“四大纪律、八项要求”，严格执行政府采购制度，严禁“三乱”，杜绝“小金库”，切实管好用好每一笔经费。开好民主生活会，生活会上，大家都能畅所欲言，认真开展批评和自我批评，并能从思想深处找原因，提出整改措施。

【新农村建设】 2010年选派2名干部职工参与新农村建设工作，全年为挂钩村协调资金0.8万元，教师节慰问挂钩村教师1000元，新农村建设挂钩村解决资金2000元。

（施泽拥　供稿）

审　计

【概述】 2010年，云县审计工作按照“依法审计，服务大局，围绕中心，突出重点，求真务实”的方针，通过对各项审计工作的有效开展，推动了党风廉政建设，维护了地方经济秩序，促进了县域经济健康持续快速发展和社会和谐。

年内完成审计项目、审计调查31项，查处违纪违规行为资金3083万元，管理不规范992万元（固定资产管理不规范），应调账处理182万元，应上缴财政资金217万元，已缴财政99万元，应归还原渠道资金2108万元，送审投资额6408万元，审定投资额6191万元，核减工程投资217万元。强化审计决定的跟踪检查和督促落实，加大对审计决定的整改工作力度。2009年至2010年审计决定应缴财政资金210万元，实际上缴财政资金164万元，整改率78%。上报审计信息16篇，向被审计单位提出合理化意见和建议43条。

【经济责任审计】 2010年，根据县委组织部委托，要求对驻昆办、交通局（任中审计）和林业局南汀河林场防护林建设项目负责人的经济责任审计。根据审前调查情况，驻昆办和南汀河林场建设项目不具备经济责任审计条件，分别改为财务清理和审计调查，两项工作分别向县委、县政府提交了报告，提出了完善意见和建议。特别是南汀河林场防护林项目县政府领导对调查报告高度重视，作出了重要指示，要求责任单位限期对审计提出的问题进行整改。主要查出：借用农村公路扩大内需项目资金300万元；固定资产账实不符415万元；非税收入未实行专户管理78万元；单位之间相互借用现金30万元；坐收坐支预算外资金29万元；用现金购买专控商品35万元；应缴未缴税费3万元。通过审计，进一步加大干部监督力度，拓宽干部监督渠道，增强了领导干部责任意识，为党委、政府考核使用干部提供了参考依据。

【投资审计】 2010年，审计局及时加强对政府投资建设项目的审计监督力度，特别是对云县中心敬老院工程、库区移民工程、通达工程等项目进行严格审计，揭露了项目建设过程中存在的问题，深入分析体制性、机制性的原因，提出建设性意见和建议，对云县规范政府投资资金管理，完善制度，提高效益，更好的实现“拉内需、保增长”的目标提供了保障。审计局组织实施投资审计项目17项，审结15项，在完成的审计项目中送审投资额6408万元，审定投资额6191万元，核减工程投资217万元，超计划超标准超规模投资722万元，应上缴财政30万元。通过审计，有效遏制了政府资金损失浪费现象，为营造良好的投资管理环境作出了积极的贡献。

【绩效审计】 以效能政府四项制度为契机，积极开展绩效审计。按照省、市、县的统一部署，为提高政府重大投资项目效率、财政资金使用效益和行政机关工作效能，提升政府服务的能力和水平，由云县审计局牵头组织实施行政机关绩效管理制度日常事务和工作推进。认真组织相关部门开展好2010年政府确定的重大项目、重点工作和重点民生专项资金绩效审计、稽查和专项督查工作。2010年，确定重大建设项目5项，重点民生专项资金4项共9个项的绩效审计工作任务，完成绩效审计项目任务12项。协助财政局、发改局和监察局分别完成民生专项资金绩效评价12项、稽查工作7项和工作督查10项。

【完成其他交办任务】 一是2010年云县审计局认真贯彻县委县政府“三个一百”工作目标任务，努力完成了招商引资50万元和争取上级资金80万元的工作任务。二是根据政府的统一安排，抽出两名领导参加2009年度整村推进项目县级初验工作。三是认真协助做好我县新农村建设工作，积极抽调1名干部派驻茶房乡文雅村担任新农村指导员，共扶持资金3000元用于村两委换届和指导员工作经费。四是各派出1名领导和工作队员参加县监察局组织的对“两污”工程项目和农村中小学校舍安全工程项目进行专项督查。五是按照县委统一部署，积极开展头道水核桃“三率”建设大会战。六是抽调业务骨干和领导协助做好“小金库”检查、教育收费检查和建设领域突出问题专项治理。七是广泛开展“献爱心、送温暖”活动，组织干部职工向抗旱救灾捐款4000多元，青海玉树地震捐款1000多元。

【内部审计】 2010年，全县设有内审机构9个，内审人员29人，其中：专职7人，兼职22人。其中：财务审计4项，经济责任审计3项，其他审计1项，提出审计意见和建议14条。

（杨卫　供稿）

质量技术监督

【概述】 2010年，云县质监工作按照市局“统筹兼顾、全面履职、突出重点、整体推进”的总体要求，贯彻把握“三条线”、力求“三突破”、抓好“三落实”、实现“三提高”的工作思路，树立“大局为重、民生为本、质量为基、安全为先、监管为要、服务为荣”的六为思想，确立

"法制立局、科技兴局、素质强局、创新活局、和谐稳局"的五局目标，进一步明确思路，突出重点，抓好落实。

【基本情况】 云县质量技术监督局为临沧市质量技术监督局垂直管理的正科级派出机构，加挂云县质量技术监督稽查队牌子。云县质量技术监督局内设办公室、业务科、稽查科3个科室。核定编制11人，现有干部职工10人，其中女2人，中共党员5人。有车辆2辆，计算机7台，笔记本电脑1台，照相机2台，摄像机1台，打印机3台，复印机1台，扫描仪2台，截至2010年末，云县质监局固定资产为187.26万元。

【工作思路】 认真贯彻落实市局"4个3"总体思路，结合云县实际，提出了"突出一个主题、确保两个安全、抓好三个基础、加强六个建设、实现五个提高"的工作思路，即突出科学发展，确保食品和特种设备两个安全，抓好标准化、认证认可、计量管理三个基础，加强设施装备、干部队伍、体制机制、党风廉政、质监文化、基层党建六个建设，实现质量总体水平、质量安全水平、依法行政水平、检验检测水平、促进发展水平五个提高，以新思路引领质监事业新发展。

【产品质量】 把实施"质量兴县"战略、促进科学发展作为年内工作的"主线"，制定了质量兴县工作联席会议制度，为质量兴县工作有效推进奠定了基础。质量兴县战略全面启动，围绕产品质量、工程质量、服务质量和环境质量"四个提升"，开展了质量兴业、质量兴企、质量兴品、质量兴基活动，全县产品质量逐年提升，质量总体水平有了新提高。

【质量管理】 把保障质量安全作为年内工作的"底线"，树立"大安全"理念，以食品和特种设备两个安全为重点，按照"一个目标、三个机制、六个重点"的要求，着重抓好"质量提升"活动，全面加强食品和特种设备安全监管。年内受理换证和年审食品生产许可证企业37家，工业产品生产许可企业8 家，全县共有4 个产品获云南省名牌称号。认真开展企业主体责任落实，对全县36家食品生产企业进行监督检查。加强云南龙润茶业生产的上海世博会特许供博食品以及"澜沧江"云南老窖及"茅粮"司岗里木瓜发酵果酒云南省接待用酒的监管。邀请县人大、政协以及各部门领导和代表50余人参加"食品安全邀你"进企业活动。上报政府产品质量分析报告3次和抗旱救灾水源水专项抽查分析报告1次。抓好特种设备"三覆盖"工作，特种设备安全监察覆盖达95%，检验检测覆盖达96%，规范管理覆盖达91%。检查68家特种设备使用单位的561台设备。到目前为止已培训120余人次，做到从业人100%持证上岗，制定《云县质量技术监督系统特种设备安全"一岗双责"制度》。开展特种设备应急演练活动，推进企业主体责任、部门监管责任、政府总体责任"三落实"，质量安全水平有了新提高。

【打假治劣】 高举打假治劣旗帜，建设"大稽查"格局，坚持正确指导思想、坚持打假机制创新、坚持抓好专项整治、坚持产品质量监督、坚持文明规范执法、坚持执法方式创新 "六个坚持"，在全局推行使用说理式执法文书，开展执法大比武活动，建立12位专家组成的"开门审案"专家库，组织开展农资、食品、建材、电器、抗旱救灾物资等专项检查和重点整治，查处各类案件45起。按照省、市局的部署，组织"双打"行动，做到"六个到位"，打假治劣和依法行政水平有了新提高。

【标准计量】 认真实施标准化战略，下发了《云县人民政府推进标准化发展战略贯彻实施意见》，明确今后五年云县标准化工作的目标和工作重点。认真抓好标准化、认证认可，计量管理三个基础工作，积极开展农业标准化示范区和地理标志产品保护。开展检测工作整顿活动，制定实施方案，成立领导小组，对辖区内的10家通过质量管理体系认证的企事业单位进行管理体系有效性检查，其中环境检测计量器具4台（件），汽车安检站1家、摩托车安检1家。全县强制检定计量器具建档 627台（件）。开展"推进诚信计量、建设和谐城乡"主题活动，完成集贸市场4家，医院12家，加油站18家诚信计量自我承诺书的签订。开展农资计量专项整治，检查农资批发经营企业及个体经营户28户，检查在用计量器具总数435台（件），对10个批次的化肥和8个批次的种子等其他农资类定量包装商品进行净含量计量抽检，合格率分别为82%和61%。

【开展“质量月进企业服务”活动】　围绕中心，服务大局，整合质量、计量、标准化、特种设备、食品安全、打假治劣等资源优势，推行现场办公会服务模式，形成质监工作推进和服务发展的强势，开展规模化服务，服务发展的水平有了新提高。在全县开展“质量月进企业服务”活动，抽调科室业务骨干组成服务工作组，对全县企业的质量、计量、标准化、特种设备、食品安全等工作进行指导。严格执行“一窗式受理、一次性告知、一条龙服务、一站式办结”制度，规范办事程序，提高工作效率、提升服务水平。

【自身建设】　一是加强基础设施建设。以办公信息化、执法现代化、检验科学化、环境和谐化为目标，争取省、市局的支持，继续加强了设施装备建设。二是加强素质队伍建设。按照建设一支“政治强、业务精、纪律严、形象好”的精良队伍的要求，制定班子建设和队伍建设发展规划，以班子建设为重点，坚持培养一批、选拔一批、招录一批，加强领导班子、公务员队伍建设，提高全局干部职工综合素质和整体质量。年内全局科级以上干部先后到四川、昆明、楚雄、大理、外出考察等各类培训学习10人次，内部举办培训班2期及组织集中学习12次。三是加强体制机制建设。创新体制机制，实施以行政绩效管理、行政成本控制、行政行为监督、行政能力提升为主要内容的效能政府“四项制度”，完善学习、会议、工作、计财为主要内容的行政管理“四项制度”，推行“5S管理”，逐步建立一套科学、规范、实用的管理制度，提升管理水平和服务质量。四是加强党风廉政建设。按照贯穿“一条主线”、落实“一个责任”、建立“一套制度”、建立“一个窗口”、加大“一个督察”、创建“一个阵地”、做到“一个自觉”的“七个一”要求，以实施《党员领导干部廉洁从政若干准则》为主线，以落实“一岗双责”为重点，实施廉政督查，健全廉洁自律各项制度，创建“廉政文化走廊”，认真落实教育、制度、监督和惩防体系建设，把责任、制度、要求转化为党员和干部职工的自觉行为，自觉遵守党的政治纪律、国家法律法规、廉洁自律规定、单位的各项制度，加强了党风廉政建设、行业作风建设和反腐倡廉建设。开展云县质量技术监督局涉企收费问卷调查工作，主要针对收费是否合理、服务是否到位等工作进行了调查，在52份调查问卷中，认为收费偏高的有2份，合理的有49份，较低的有1份，对服务水平满意的有52份，群众反映投诉情况为0，为领导决策提供了可靠依据。五是加强文化质监建设。按照国家质检总局和省局提出的“大质量工作机制建设、大质检文化建设”构想和市局加强质监文化建设要求，以“文化兴局”为目标，抓好“一个创建、一项活动、一种精神、一个构建、一批成果”的“五个一”建设，加强文明行业创建，以“质量月”活动为载体，开展质量宣传文化活动；培育以“勤奋兢业、团结和谐、务实创新、追求卓越”为核心的当代质监精神；加强质检“两局”大质检文化建设，签订合作备忘录；创建“质监文化大厅”、“质量之家”、“廉政走廊”，打造质监服务大厅。六是加强党组织建设。根据中央、省委、市委的部署以及市局关于加强和改进新形势下全局党组织建设的要求，落实“一个主题、两个目标、三个作用”的质监基层党建思路，以“创先争优”活动为主题，以建设“五好、五带头”为目标，深入开展“创先争优活动，全面推进党组织的思想、组织、制度、纪律、作风建设，使党组织在服务中心工作中、在实现目标任务中、在推进自身建设中发挥了先锋模范作用。

同时，发挥基层党组织的政治核心作用，重视和支持群团组织的工作，以党建带工建、党建带团建、党建带妇建，充分发挥好工、青、妇、各自的职能作用，加强扶贫工作，促进质监事业全面发展。年内，全局干部职工和单位共向遭受旱灾的灾区捐款2750.00元，响应“共产党员抗旱先锋行动”活动捐款550.00元。开展“献爱心送温暖”活动，实行党员一对一扶贫结对，为挂钩村20户困难户每户送去2包农用化肥。

【工作措施】　一是统筹兼顾抓落实。按照市局“统筹兼顾、全面履职、突出重点、整体推进”的总体要求，始终抓好各类学习、各种会议、各项工作三个统筹，全面完成年内各项工作任务。二是强化学习抓落实。以党组中心组学习、“一月一讲”学习等为重点，强化学习培训，建设学习型机关、学习型党组织，不断提高干部职工的理论素养和业务素质，在学习中创新理念、在学习中创新思路、在学习中创新举措.

三是突出重点抓落实。把质量兴县、标准化战略实施、机构改革、效能政府“四项制度”、编制“十二五”规划作为年内的工作重点，突出重点抓好落实。四是争创亮点抓落实。把文化质监建设、推行“5S”管理、特殊食品安全监管、文明规范执法、抓“三个覆盖”作为今年工作的亮点，争创亮点抓好落实。五是营造环境抓落实。实施“软环境”建设行动计划，争取各级党委政府的领导重视，加强部门协调，加强企业沟通，加强对外宣传，协调好各方关系，努力营造良好的工作环境。六是围绕目标抓落实。围绕“一个总目标、两个法定指标、三个工作目标”，一是盯住一个总体目标，就是质量安全，包括产品质量安全、食品质量安全、特种设备安全抓落实；二是盯住两个法定指标，就是产品质量指标和财政预算指标抓落实；三是盯住三个工作目标，就是领导班子建设100分、党风廉政建设100分和工作目标100分“3个100”工作目标抓落实，努力“保好、争优”。

（赵秀瑛　供稿）

工商行政管理

【概述】　2010年，临沧市云县工商行政管理工作继续搞好企业监督管理，市场规范管理进一步增强。强化流通环节食品安全监管，农村市场监管，加大不正当竞争、注册商标专用权、虚假违法广告整治力度，加大执法力度，为维护公平公正的市场经济秩序做出了积极努力。2011年工商五项指标、六项重点工作任务全面完成。年内发展个体工商户1264户，发展私营企业35户，农村经纪人9户，农民专业合作社23户。新申请茅粮（图形）、司岗里2件云南省著名商标，重新申报认定“刘家坡”云南省著名商标。服务指导“李恒记”、“云塑”“老猛稿”，“滇一龙”、“玉带云”、“著缘”6件商标申请注册。全年查办各类违法违章案件525件。创建4个社区投诉站，5个大型超市、1个商场、5个集贸市场建立投诉站；调解消费者投诉27起，为消费者挽回经济损失7.51万元。在“3.15”保护消费者权益日和“4.26”世界知识产权日宣传周，集中宣传消费者权益保护和世界博览会标志的相关知识；邀请县司法局、县公安局、县安监局、县质监局、县食药管局等6家监管部门及8家企业和个体工商户围绕“消费与服务”主题宣传活动，出动人员45人次，发放宣传资料1020余份，宣传栏23块，现场咨询450人次，受服务人达1000多人次。

【机构人员】　2010年云县工商局有在职工作人员65人，其中公务员58人，机关工人（事业）7人，党员37名。云县工商局内设办公室（含计划财务股）、法规股、企业注册监督管理股、市场规范管理股（含食品流通监督管理股）、消费者权益保护股、反不正当竞争法股（经检大队）、监察室7个内设机构；下设爱华分局、涌宝分局、大寨工商所、漫湾工商所、幸福工商所5个派出机构。总支委员会下辖机关党支部、爱华分局党支部、涌宝分局党支部、大寨工商所党支部、幸福工商所党支部、离退休党支部6个支部。群团组织设云县消费者协会、云县个体经济协会、局工会。2010年云县工商局被省工商局授予“红盾护农保春耕”先进集体称号，董有先同志被省工商局表彰为“红盾护农保春耕”先进个人。

【法制建设】　1.规范执法行为。坚持基层法制员初审制、大要案领导小组核审制度，全面落实执法责任制、错案责任追究制、全面提高法制化规范化水平。2.强化执法监督。建立健全和完善执法责任制，对案件全过程继续监督，规范案件核审，严把案件质量关，2010年均无行政复议案件和行政诉讼案件。3.强化法制宣传。继续推进“五五”普法宣传教育，全年共组织各类法律培训6期500余人次，组织全局执法办案岗位练兵竞赛考试2次，提高队伍执法水平，增强守法经营的自觉性，为依法行政依法管理营造良好的法制环境。

【企业监督管理】　1.抓好企业网上年检工作。2010年全县应年检企业600户，实检559户，年检率93%，网上年检490户，年检率82%；2.营造发展环境，确保市场主体增长。充分发挥工商部门职能作用，进一步放宽市场准入、简化审批手续、提高办事效率。发展私营企业35户，年末实有数376户，增10.26%。发展个体工商户1264户，年末实数6906户，增22.40 %。发展农村经纪人9户，增长率15%。培育发展农民专业合作社23户，年末实有数56户，增长率70%。3.严格执行产业结构调整政策。配合有关部门严格限制“两高一剩”产业，“关、停、并、转”一批相关企业，严格执行对9大行业的关闭令，建立经济户口21户。4.认真落实企业联系制度。确定云县沁园春茶叶专业合作社、云县茶房乡响水村中草药种植农民专业合作社、云县爱华镇水磨蔬菜产销专业合作社作为联系点，定期回访。

【市场规范管理】 1.开展建材市场秩序专项整治。坚持“打扶结合、标本兼治”方法，出动执法人员38人次，执法车辆12台次，共查处案件12件，案值9万元，收缴罚款0.9万元。2.开展家电下乡等市场专项整治。制定了《云县打击借“家电下下乡”制售假劣产品专项整治工作实施方案》，建立了部门联席会议、督查、报告等工作制度。3.“诚信市场”创建工作。完成4个2A级、1个3A级、1个4A级“诚信市场”创建工作。4.农资市场监管。按照“四清”要求，开展“四查四看”，完善“两账、两票，一书一卡”制度，签订农资商品质量承诺书230份，对230户农资经营户全部进行信用等级分类和认定、公示， 对26户C级农资经营户纳入日常重点监管；联合厂家打假，邀请先正达（中国）公司、海禾种业公司技术人员进行辨别和鉴定，查处假冒“先正达”农药158瓶、假“海禾一号”种子3685千克；落实种子留样备查和化肥抽样检测工作，留样备查水稻、玉米种子118份，代表数量336255千克，抽检20个样品化肥（不合格样品1个）。5.开展 “红盾护农保春耕”专项执法行动。举行动启动仪式，出动执法人员551人次，车辆176台次，检查782户次，查办案件172件，案值165.34万元，没收假种子3685千克，假农药158瓶，过期农药2686瓶，收缴罚款20.57万元。发放宣传资料3000余份，《临沧日报》等媒体宣传报道“红盾护农”工作信息4篇，沧江明珠云县网站和政务信息专刊报道“红盾护农”监管信息5篇，接受当地电视台采访一次。

【食品流通监督管理】 组织开展《食品安全法》实施一周年知识竞赛活动。认真抓好《食品流通许可证》核发工作，加强市场主体资格的准入管理。全年培育发展“星级食品安全示范店”8户。其中爱华分局4户，大寨工商所2户，幸福工商所1户，涌宝分局1户。

【反垄断与反不正当竞争工作】 紧紧围绕人民群众关注的热点难点问题，强化流通环节食品安全监管，农村市场监管，加大不正当竞争、注册商标专用权、虚假违法广告整治力度，查办各类违法违章案件525件。其中食品安全91件，农资监管175件，商标侵权3件，广告违法28件，无照经营198件，抽逃出资2件，不按规定年检4件，擅自改变登记事项4件，销售不合格产品13件，短尺少秤6件，不正当竞争1件。

【广告监督管理】 1.严把广告经营主体准入。全县有广告经营单位1户，从事广告经营的企业2户，个体工商户16户。2.加强广告经营监管。共查办广告违法案件28件，收缴罚没款2.32元。其中发布虚假广告1件，擅自发布27件。

【商标监督管理】 全面推进商标战略实施工作，“一所一标”和“一所多标”创建工作取得实效。爱华分局协助申报“李恒记”“云塑”商标2件，涌宝分局协助申请“老猛稿”商标1件，大寨工商所协助申报“滇一龙”“玉带云”“著缘”商标3件，完成市局下达6件指标任务。

【基本建设】 在继续巩固提高爱华分局、涌宝分局基层规范化建设的基础上，按照“五个规范”要求，以丰富提升“十个一”工程为抓手，投入资金6.79万元，改造修缮大寨工商所办公楼和完善办公办案设备，完成大寨工商所规范化建设达标。

【人事教育】 以推进学习型、效能型、服务型、责任型、阳光型工商为抓手，强化干部队伍建设。1.班子建设。发挥领导班子核心领导和模范带头作用，认真召开民主生活会，贯彻落实民主集中制，形成“向我看齐、跟我干、对我监督”的良好氛围；围绕领导干部能力建设、学习型机关建设、干部整体素质提高和业务建设，积极开展岗位练兵，采取每日学习例会制度，落实学法抽讲制度，开展好“忠诚”教育、“感恩”教育和“三读”系列活动。2.强化党员干部教育管理。组织党员认真学习党的路线、方针、政策和党纪、党规，实践科学发展观；落实支部和党员“三会一课”制度、承诺、点评活动制度，开展党员创先争优活动情况考核，评选表彰先进支部和优秀共产党员；强化队伍建设，努力打造“三个过硬”优秀团队，利用工商调研专刊、工商信息和网上学习园地、廉政论坛等深入开展廉政教育。3.工商文化建设。积极倡导“健康生活，快乐工作，学会感恩，和谐发展”的临沧工商精神文化；组建工商文艺演出队，编排宣传展示工商形象的节目；组建职工文化娱乐兴趣小组，开展爬山竞赛活动、篮球竞赛活动；组织干部职工忠诚教育演讲活动，每人熟唱1–3首临沧本土民族歌曲，展示工商良好精神风貌。

【机关党总支工作】 云县工商局成立党总支1个，下设县局机关、老干部、爱华分局、涌宝分局、大寨工商所、幸福工商所、个私经济协会7个党支部。1.抓实个私经济组织开展党建工作。积极发展非公经济党员，统计在册非经济党员达305人。2.抓好党组织创先争优活动。组织广大党员认真学习党的路线、方针、政策和党纪、党规，实践科学发展观；落实支部和党员承诺、群众评议、领导点评、评星活动制度，开展党员创先争优活动情况考核；在服务窗口和岗位设立“党员示范窗口”和“党员先锋岗”，创建“五好”、“五带头”、“五比五创”的先进典型；及时总结推广“创先争优”活动先进事迹，形成创先进，争优秀的良好氛围；强化对党员的教育培训和管理工作，不断提高党员的素质，使党员干部做到政治思想优、业务素质优。

【离退老干工作】 加强老干部管理，落实老干部政治生活待遇。主要领导听取老干部管理工作4次。召开3次老干部专题会议，党组织成员统一走访老干部1次。在“七一”建党节组织老干部活动，在“八一”节组织退休老兵活动，组织老干部政治学习2次，阅文和通报工作2次，县局大型会议均有老干部参加。统一对老干部慰问1次，组织老干部到小湾电站等地参观学习，组织老干部体检，对生病住院的老干部适时慰问，积极帮助老干部解决困难。

【纪检监察】 1.开展反腐倡廉学习教育。组织全体人员到电影院观看反腐倡廉教育、典型教育、警示教育6次；组织全局干部进行“廉洁从政”知识测试；组织学习“十七届四中全会精神”、《中国共产党党员领导干部廉洁从政若干准则》、《临沧市反腐倡廉警示教育案例实录》等，撰写心得体会和调研文章40篇。2.落实党风廉政建设责任制。党组书记与党组成员签订责任书4份，党组成员与分管股（所）签订责任书11份，各股（所）负责人与干部职工签订责任书48份，党组书记与分管领导、股（所）负责人签订《云县工商局家庭助廉承诺书》15份，签订《家庭助廉倡议书》64份；3.丰富廉政文化内涵。努力做到廉政文化“五进”和“五上”。丰富廉政文化走廊，设立“廉政承诺桌牌”和“风险防范提示”，设置廉政屏保桌面、“廉政书柜”，提醒干部廉洁自律。4.落实行风监督员制度。邀请新一轮义务行风监督员22名，采取“请进来，走出去”的办法，定期召开行风监督员座谈会，听取意见或建议访了解征求意见，改进工作方法。发放征求意见表48份，收回46份，征求到意见建议127条。开展廉政风险点和监管风险点排查，签订《部门廉政风险防范承诺书》11份，签订《个人廉政风险防范承诺书》64份。

【消协工作】 1. 加强“一会两站”建设。2010年，在云县爱华镇爱华社区、草皮待社区、毛家村社区、新云洲社区4个社区建立投诉站，在县城5个大型超市场、1个商场、5个集贸市建立投诉站。消费维权网络基本覆盖县城主要街道社区、商场超市。2. 认真做好消费者投诉、举报工作，对市“12315”申诉举报中心转办的投诉和本局现场投诉，做到咨询准确、处理及时。受理调解消费者投诉27起，调解率100%，为消费者挽回经济损失7.51万元；

【个私协工作】 截至12月25日，协会登记在册的个私会员达5791户，单位会员347户，投资者768人，从业人员19238人，雇工人员7206人，注册资本63295万元，安置下岗职工再就业558人。1.认真抓好会员入会登记工作和会费收缴工作。会员入会率达到98%以上，入会的会员登记率达到100%。2.开展普法教育。借助工商机关开展年检、换照工作等机会，宣传法律、法规和政策。3.引导个私会员积极参与社会慈善活动。以“我服务，我光彩”为主题，开展“光彩服务日”活动。2010年，云县个私协对7位大学生进行资助，共捐资5900元。协会组织6户会员到茂兰、德胜敬老院对30位孤寡老人进行慰问，送去慰问品价值0.8万元。4.积极为会员排忧解难。看望遇洪涝灾害的会员12户，慰问金2400元；对生病住院6户会员，4名生病去世会员的家属进行看望慰问，为会员解决经营难题10个；为个体户跨县追回货款1.8万元。5.高质量完成贷免扶补工作任务。协会确定9户创业人员都获得创业贷款，大学生占3户，每户5万元，共计45万元，吸纳就业人员27人，创业导师26名。6.积极开展协会活动。5月协会文艺队组建成立，5月24日组织20余名协会理事赴省内（腾冲、瑞丽、芒市）进行学习考察；7月份协会篮球队参加由云南三江腾龙旅游地产开发有限公司举办的“三江半岛杯”篮球邀请赛，荣获第一名。

【信息化建设】 积极运用“临沧市工商12315执法监管平台”、“工商行政管理信息系统”、“工商12315申（投）诉举报系统”和“工商行政处罚案件管理系统”等4个信息化系统，新配备手提电脑2台，微机10台，扫描仪5台，摄影机2台，推动信息化运用水平和监管能力，有效形成了履行工商职能过程中对任务安排、责任落实、履职到位、工作进度、完成质量、工作绩效等从流程到结果的全程记录、全程跟踪、全程监督、全程督查。

（杨文彬　供稿）

财税·金融

2010年5月26日，人行云县支行召开人民币反假暨征信管理工作联席会议（人行办公室　提供）

财 政

【概述】 2011年，云县财政局坚持以科学发展观为统领，全面落实促进经济发展系列政策，充分发挥财政职能作用，进一步强化收入征管、优化支出结构，深化财政改革，有效应对金融危机冲击。全年财政运行平稳，预算执行较好，财政收支再创新高，取得了一般预算收入完成46142万元、支出完成129268万元的历史最好成绩。服务县域经济能力不断增强，并圆满完成了市委、市人民政府确定的“三个一百”财政支出目标，为全县经济社会又好又快发展作出了新的贡献。

【财政收入】 全年财政总收入完成65351万元（一般预算收入46142万元、政府性基金收入19209万元），完成年度收入任务65088万元的100.40%，同比增收25055万元，增长62.18%。具体收入情况为：全县一般预算收入完成46142万元，同比增收6876万元，增长17.51%。其中：地方一般预算收入完成21709万元，同比增收2204万元，增长11.30%；上划中央税收完成22701万元，同比增收3932万元，增长20.95%；上划省级税收完成1624万元，同比增收633万元，增长63.87%；上划市级耕地占用税108万元。政府性基金收入完成19209万元，同比增收18179万元，增长17.65%。一般预算分部门完成情况：国税部门组织收入27733万元（地方完成收入6462万元），同比增收5345万元，增长23.87%；地税部门组织收入13533万元（地方完成收入10371万元），同比增收2061万元，增长17.97%；财政部门组织收入4876万元（地方完成收入4876万元），同比减收529万元，下降9.79%。

【财政支出】 全县财政总支出完成129268万元（一般预算支出105247、政府性基金支出24021万元），完成“三个一百”财政支出目标127000万元的101.79%，同比增支34469万元，增长36.36%。分类支出情况：一般预算支出完成105247万元，完成年度预算105247万元的100%，同比增支16482万元，增长18.57%。其中：一般公共服务支出8921万元，同比增支2275万元，增幅34.23%；国防支出323万元，同比增支240万元，增幅289.16%；公共安全支出4506万元，同比减支564万元，下降11.12%；教育支出26082万元，同比增支3286万元，增幅14.41%；科学技术支出233万元，同比增支66万元，增长39.52%；文化体育与传媒支出538万元，同比减支63万元，下降10.48%；社会保障和就业支出13350万元，同比增支2060万元，增幅18.25%；医疗卫生支出9728万元，同比增支1435万元，增幅17.30%；节能环境支出2894万元，同比增支1141万元，增幅65.09%；城乡社区事务支出1584万元，同比减支1224万元，下降43.59%；农林水事务支出17525万元，同比增支3282万元，增幅23.04%；交通运输支出8278万元，同比减支942万元，下降10.22%；资源勘察电力信息等事务支出206万元，同比减支1272万元，下降86.06%；商业服务业等事务支出1808万元，同比增支767万元，增幅73.68%；金融监管等事务支出125万元，同比增支124万元，增长12400%；土地资源气象等事务支出238万元，同比增支132万元，增幅67.35%；粮食物资管理事务111万元，同比增支7万元，增长6073%；其他支出158万元，同比增支33万元，增长26.40%。政府性基金支出完成24021万元，完成年度预算24021的100%，同比增支17987万元，增长298.09%。

【财政收支平衡结果】 地方一般预算收入平衡结果：全县年度地方预算收入21709万元，上级体制性财力补助资金35271万元，专项补助资金48324万元，上年结余586万元，调入资金940万元，债务转贷资金收入1619万元,全年可用财力总计108449万元；一般预算支出105247万元，上解市级支出3099万元，支出合计108346万元。收支相抵，结余103万元。实现当年财政收支平衡并略有结余的目标。政府性基金预算收支平衡结果：全年县本级基金收入19209万元，加上级专项补助收入4832万元，上年结余14万元，全年基金收入总计24055万元。本年基金支出24021万元，结余34万元。

【市对县困难奖补资金使用】 全年市财政共下达我县均衡性转移支付资金2426万元，其中省对县均衡性转移支付资金1798万元，生态功能区转移支付资金428万元,新家园建设旧房改造资金200万元;下达缓解县乡财政困难资金778万元;县级基本财力保障资金923万元。以上资金用于支付机关和事业单位在职职工和离退休人员工资发放2254万元、机关和事业单位保障机构正常运转支出742万元、农林水和环境保护等社会事业发展支出1131万元。

【组织收入】 为确保完成预算收入任务,云县财政局创新工作机制,一是强化协调配合,形成工作合力。注重财政、国税、地税三家的工作联系,密切跟踪收入形势,及时分析收入进度,有针对性的采取措施及时协调解决收入征管中的问题。各征收部门齐心协力、密切配合,集中人力、物力、财力积极为征收工作创造良好环境,努力形成抓收入的合力。二是加强税源监控,依法强化税收征管。对重点企业、重点行业、重点领域的税源,强化征管措施,促进主体税收与经济协调增长。采取积极措施,加强房地产业、建筑安装、专业市场、个体工商业户和重点企业的税收管理,挖掘小税种的增收潜力,确保应收尽收。三是细化目标,完善收入责任制。坚持早动手、早谋划、早安排,及早将各阶段征收任务和完成时限予以下达。各征收部门将各自的目标任务分解到股、所,细化到人,做到任务、责任、人员、时限"四落实",促进了征管工作顺利开展。四是规范管理,强化非税收入征管。对收费项目实施动态管理,强化源头管控、以票控收,严格实施"购前审批、限量发售、验旧领新、票款同步、年终审验"的票据管理办法,加强对执收执罚单位财政票据使用情况和收入入库情况进行监督,确保非税收入及时足额入库。

【财政改革】 一是不断完善乡镇财政预算管理方式改革,对乡镇财政实行"预算县编、账户统设、集中收付、采购统办、票据统管"的预算管理方式,在资金所有权和使用权不变的前提下,由县级财政部门直接管理乡镇财政收支,规范乡镇财政预算管理。二是推进预算管理,完善政府收支分类改革。在2008年全面推行部门预算改革的基础上,进一步完善乡镇项目库的建立,科学合理制订公用支出标准,人员经费全额纳入预算,专项资金在财力允许范围内全部细化到项目,增强了预算的透明度和部门工作的计划性、主动性,方便了监督机关的审查和监督,强化了预算管理和预算约束。三是深化国库集中支付改革。按照"纵向到底,横向到边"的要求进一步深化推进国库集中支付改革,完善了国库集中支付流程和国库单一账户体系,进一步规范了财政资金专户管理。全县财政供养人员工资、医保和住房公积金等由国库直接支付,单位清算,减少了报账程序,提高了办事效率。建成国库集中收付信息平台,对全县68个一级预算单位全面推行国库集中支付制度改革(其中2008年推行4个、2009年推行30个,2010年推行34个)。同时,以"金财工程"平台为依托,为"财税库银"网的构设、实施提供了必要的保证。四是切实加强政府采购管理。做好政府采购预算的编制工作,健全约束机制,强化监督管理,严把"采购方式审批、专家抽取、评标、验收、资金支付"五关,规范采购行为。不断拓宽政府采购的规模和范围,全年共完成采购16批次,金额达3540万元,与上年同期相比,采购规模增加1864万元,增幅为111%,共节约资金404万元,节约率达到10.24%。五是推进财政一体化业务系统建设。启用了乡镇财政业务软件和县级财政资金操作平台,使财政管理真正延伸到乡镇,保证了财政资金的安全高效运行,提升了科学化精细化理财水平。六是加强专项资金管理。进一步完善专项资金基础工作台账,强化动态管理。整理并编印了《云县财政局党风廉政制度建设文本汇编》(汇编中编辑了社会保障与资金管理、财政经济建设资金相关文件),进一步夯实了专项资金管理基础。规范农业综合开发土地治理项目工程建设,全面推行了招投标制度,严格执行财政资金县级报账制,对项目工程主要物资实行政府统一采购招标办法,节约了资金,保证了质量。切实做到监督跟着资金走,提升了精细化理财水平,提高了资金使用效益。七是加强财政监督。一方面,按照依法行政、科学理财的要求,云县财政从财政资金的管理、审核、分配、使用、监督等方面,明确了5个关键岗位17个重点环节;结合财政资金来源渠道、审核和拨付程序等风险安全情况,排查出22种风险主要表现形式,并从加强学习、提高素质、精通业务、把握政策、完善制度、强化监管等方面采取了32条监督防范措施,落实每项财政工作。另一方面,开展财政资金管理使用情况大检查。年内,云县人民政府派出了由财政、监察和审计等部门工作人员组成的八个工作组，对全县涉及财政资金拨款的50多个部门财政资金管理使用等情况进行了全面检查，对在财政财务管理中存在的问题和不足进行处理和纠正，进一步提高了全县财政财务工作规范化管理水平。此次检查共涉及财政资金71149.25万元。同时对全县收费项目进行了清理，全县涉及收费单位38个，共清理收费项目147 个，建立了收费项目动态管理信息库，加强和监控各执收单位收入情况。再是，根据云南省纪委、省监察厅、省民政厅、省审计厅、省国资委、省财政厅和临沧市国资委对开展社会团体、国有及国有控股企业"小金库"专项治理工作的部署和要求，开展了各相关企业单位自查，县纪委、财政部门重点抽查的方式，对3户国有企业"小金库"重点检查，重点检查面达100%。八是加强会计事务管理。开展《会计法》、《云南省会计条例》等宣传工作，组织会计专业技术职称、会计从业资格和注册会计师的报考工作。发挥会计函授站作用，抓好联合办学和教学管理工作，建立无纸化考试平台，积极开展各项会计业务培训活动。九是加强国有资产管理。根据《行政单位国有资产管理暂行办法》和《云南省国有资本收益管理办法》，做好全县国有资产管理和处置工作。推行全县公务用车挂牌出让制度，盘活国有资产，防止国有资产流失。全年公开挂牌出让公务用车7 辆，单位自行评估价26.8万元，实际出让价为28.96万元，增值2.16万元，增值率为8.06%。十是严格预算，厉行节俭。严控公务用车、会议、公务接待支出，压缩一般性开支，对预算单位公用经费硬性压减20%，最大限度地降低行政成本。

【落实惠民政策】 财政部门按照公共财政管理的原则和要求，以关注民生、维护社会和谐稳定为重点，积极调度和拨付资金，落实各项惠民政策。一是教育事业稳步发展。全年教育支出完成2.61亿元，同比增长14.41%。进一步健全义务教育阶段经费保障机制，全部免除义务教育阶段学生杂费和提供免费教科书，提高农村中小学公用经费补助标准，扩大寄宿制贫困生生活费补助范围，对 23188名寄宿制贫困学生提供生活费补助，农村中小学校舍安全工程有序推进，排除中小学D级危房10.33万平方米，落实兑现中小学绩效工资改革政策。二是社会保障能力不断提高。全县社会保障和就业支出完成1.44亿元，同比增长26.26%。增加对城乡困难对象的特别照顾，提高农村五保户供养水平和发放城乡困难群众一次性生活救助资金。累计下达城乡最低生活保障资金3142万元，同时扩大和提高农村低保救助范围和标准，实现对全县32559名城乡低保对象的应保尽保。发放高龄长寿补贴5188人128万元。安排下达城乡医疗救助资金520万元，资助城乡困难对象参加新型农村合作医疗和城镇居民基本医疗保险。落实就业再就业各项优惠政策，下达再就业补助资金549万元，新增就业 2114人，城镇登记失业率控制在2.65%以内。下达廉租住房建设资金5032万元，确保完成5.25万平方米、1050套保障性住房建设任务，全县基本形成覆盖广、保基本、多层次、可持续的社会保障体系。三是医疗卫生体系不断完善。全县医疗卫生支出完成9728万元，同比增长17.30%。全年云县新型农村合作医疗筹资水平和参合率进一步提高，人均年筹资达到20元，参合农民达37万人，参合率为96.15%，共筹集新型农村合作医疗资金5554万元，其中，财政补助4440万元，参合农民个人缴费1114万元，减免补偿参合农民医疗费3406万元。城镇居民基本医疗保险稳步推进，参合人数达12088人，参保率达80.63%。加快基层和公共卫生服务体系建设，下达建设资金1331万元，用于支持乡镇卫生院和计划生育服务站、社区卫生服务中心、村卫生室建设。四是其他社会事业协调发展。科技、文化、体育、传媒和计划生育支出完成1319万元，重点支持了广播电视"村村通"、乡镇综合文化站等工程建设，改善了城乡群众文化生活条件。继续实行农村人口独生子女家庭"奖优免补"政策。

【支持"三农"建设】 继续优化财政支出结构，财政资金重点向"三农"倾斜，着力解决了一批农业最关键、农村最薄弱、农民最急需的问题。全县农林水事务支出1.81亿元，同比增长20.02%。一是农村基础设施建设得到加强。重点加强农村高稳产农田和中低产田建设，实施病险水库除险加固等水利工程，提高农业综合生产能力，巩固农业基础地位，精心组织实施新家园行动计划，改善农村生产条件和人居环境。二是支持农村产业发展。积极支持发展泡核桃、烤烟、茶叶、甘蔗等产业，重点扶持有规模、效益好的基地建设，支持龙头企业提质增效，大力推广农业科技，支持农业转变增长方式，提高农业效益和竞争力，增强农村经济发展后劲，促进农民增收致富。三是农业综合开发力度进一步加大。2010年云县被列为全省农业开发县后，全县多个项目列入国家和省开发计划，项目总投资为473万元，其中财政补助资金368万元。四是认真落实兑现惠农补贴。继续实施粮食直补、良种、农机具购置、农资综合、退耕还林等促进农业生产发展的补贴政策，并采取措施及时足额兑现资金，充分调动农民发展生产的积极性，增加农民收入。全年累计兑现粮食直补、农资综合直补、良种补贴、农机具购置补贴和退耕还林补贴等各项资金5181万元。累计兑现家电、汽车摩托车下乡补贴资金1165万元。五是扶贫开发工作取得明显成效。累计拨付财政扶贫专户资金2317万元，实施了整村推进、贫困人口易地搬迁、劳动力转移培训和改造茅草房、危房、扶贫安居工程项目等建设，全县贫困人口比2009年减少4505人，受益人数达到4万人。六是村级公益事业建设“一事一议”财政奖补试点工作进展顺利，共完成“一事一议”财政奖补项目125个，受益农户2.56人。全年下达财政奖补资金2276万元，其中：中央和省、市拨付奖补资金1874万元，县级财政配套整合资金402万元。

【服务县域经济】 围绕县委、县政府中心工作，全力支持县域经济发展。一是积极争取项目资金。认真研究分析国家和省出台的拉动内需加大投资政策，精心谋划符合云县实际的项目，进一步加大争跑力度。年内配合相关部门有望争取67个项目，争取资金1.34亿元，为全县经济社会的更好更快发展提供了财力保障。二是全力支持县域重点工程建设。配合金融、国投公司等部门，争取融资借款5751.6万元，支持云县爱华镇三角地拆迁、祥临二级路等县域重点工程建设。

【队伍建设】 以“三提升”、“创先争优”、建设“学习型党组织”和创建“六型机关”等活动为契机，切实加强财政队伍和机关自身建设。一是完善办公服务运行机制。二是加强财政干部和全县会计队伍建设。把每周五定为财政干部学习日。形成“局党组全面抓、分管领导具体抓、责任明确、协调配合”的学习制度。并采取自学、会议培训、股室集中等多种形式开展“四项制度”专题学习，增强机关落实四项制度的主动性和自觉性，为促进机关政务公开，履行服务承诺奠定了基础。与此同时，注重全县会计队伍建设。一方面，组织开展全县行政事业单位会计人员和村级会计委托代理中心工作人员培训1期，乡镇分管领导、行政事业单位会计机构负责人、会计、乡镇财政所全体工作人员和村级会计委托代理服务中心工作人员共279人参加培训。另一方面，开展学历教育，采取与云南财经大学联合办学的方式招收专科和本科会计学专业函授生，为会计人员提供学历教育服务，至2010年止，已有136人取得了专科学历，54人取得了本科学历，现有本、专科在校生60人。再是，按照省财政厅开展会计人员远程网络继续教育的精神，做好会计人员网络远程继续教育学习卡订购及售卡工作，共订购学习卡1087张。四方面，根据省中华会计函授学校和临沧分校的要求，结合云县全面推行村级会计委托代理服务工作的具体情况和要求制定了《云县农村财会人员财政支农政策培训具体实施方案》，按照“分步实施，稳步推进，确保培训质量”的原则，制定年度培训计划，采取了集中组织培训和到各乡镇培训相结合的方式，组织开展培训工作，年内共培训8期472人次，其中深入乡镇开展培训4期259人次。

【扶贫济困】 财政局对扶贫挂钩村，实行局长挂钩联系行政村，领导班子其他成员挂钩联系小组，全局干部职工挂钩到户的制度。年内，在全局干部职工捐款的基础上，单位筹集一部分资金，为全村每户农户购买1袋泡核桃专用肥，共计12吨，并投入泡核桃管护经费9000元；为村委会和学校捐赠桌椅板凳50套、电脑1台、修建水池1个。此外，全局干部职工为玉树地震灾区“献爱心”捐款2210元，为我县抗旱救灾保民生促春耕捐款12840元。

（杨林　供稿）

地方税务

【概述】 2010年，云县地方税务局坚持“聚财为国、执法为民”的税务宗旨，紧扣组织收入这一中心工作，严格执行税收政策，以户籍管理和税源管理为基础，以纳税评估和参数定税为重点，以推进征管改革和优化纳税服务为支撑，紧紧抓住“企业、个体户及重点工程项目的税收管理”三条主线，按照“管户清、税源明”和“管住大户、管好中户、管活小户”的要求，大力组织税费收入，全县地税征管工作的质量和效率得到提高，税费收入随着经济发展而稳步较快增长。2010年，共组织地方税费收入1.98亿元，比上年同期增收2997.9万元。

【机构设置】　云县地方税务局内设8个股室和1个稽查局，下设4个分局2个税务所。全县共有在职干部93名，有退休退养干部11人（已办理退休手续7人，提前退休4人）。在职干部中，有中共党员47人，共青团员1人；本科11人，专科54人，中专以下文化28人。

【税收计划执行情况】　2010年，全县共组织地方税费收入1.98亿万元(不含划跨区域税费1565.3万元)，比上年同期收入1.68亿万元，（不含水资源费）增收2997.9万元，增长17.8%。其中：组织地方税收收入1.41亿元，比上年同期收入1.20万元，增收2 057.5万元，增长17.1%，占市局调整收入计划1.41亿元的100%，占县人民政府2010年税收计划目标1.28亿元（不含金融保险营业税收入542.4万元）的105.8%；组织省级涉费收入288.2万元，比上年同期收入250.7万元增收37.5万元，增长15%；组织规费收入5412.8万元，比上年同期收入4509.9万元，增收902.9万元，增长20%。

地方税收分级次收入情况是：中央级收入2 114.7万元，省级收入1480.9万元，市级收入133.6万元，县级地方一般预算收入1.04亿万元，比上年同期收入8795.1万元增收1576.3万元，增长17.9%，占县人民政府2010年县级地方一般预算收入计划9919万元的104.6%。

【税费收入特点】　一是2010年全县完成固定资产投资38.35亿元，比上年同期增加19亿，增长98.1%，建筑业加快发展，社会消费加大，居民收入增加，使地税收入持续稳定增长。尤其营业税的增幅最大，营业税增收775.4万元，增长17.7%；其次是个人所得税增收659.7万元，增长44.7%；再次是契税增收350.6万元，增长1.4倍。企业所得税减收311.6万元，减收的主要原因是云南田坝水电站在漫湾电厂区域内的1×105MW机组已有偿转让给云南华能澜沧江水电有限公司，从2009年开始每年减少两个所得税700万元左右（其中:企业所得税300万元，个人所得税400多万元）。二是社会保险费收入同比增收829.23万元，增长20.25%。其增收的主要原因：1. 重点费源大户和新增费源户缴费积极，7户重点费源大户全年共缴纳社会保险费1078.81万元，占社会保险费总收入数的21%，同比增收103.57万元，增长11%。2.清欠效果显著，全县全年共征收社会保险费以前年度欠费414.05万元，同比增收230.61万元，增长126%。3.财政能按时、足额拨付其供养人员的医疗保险费，2010年县财政共拨入医疗保险费1318.79万元，占医疗保险费收入的58%，同比增收73.35万元，增长5.89%。4.由于缴费基数提高，2010年征收个体养老保险费532.01万元，同比增收68.36万元，增长14.74%。

【税收征管】　一是制定下发《云县地方税务局关于2010年税收征管工作实施意见的通知》，切实抓实抓牢抓透税收征管基础工作。二是巩固和强化对重点税源和固定税源的税收监管。认真抓好重点工程建设项目税源监控管理工作，全年纳入重点税源监控管理投资额在100万元以上的建筑安装工程项目31户，比上年同期增加9户，全年累计完成投资额5.11亿元，占本年投资计划11.32亿元的45.1%，征收税款1758.4万元，占计划3 842万元的45.8%，比上年同期累计征收1146万元增收612.4万元,增长53.4%；做好固定纳税户税源监控管理工作，纳税额在5万元以上固定纳税户纳入监控管理的企业有72户，按其性质分为12个行业进行细化监控，全年累计征收税款8 910.9万元，比上年同期征收税款7 268.1万元增收1642.8万元，增22.6%。三是做好地方税收发票换版工作。认真制定并及时上报发票换版工作计划，确保发票使用不脱节；通过政务信息网、办税服务厅、电子触摸屏、电子显示屏等载体和管理员深入纳税户“零距离”宣传的方式，广泛发布发票换版信息；在新版发票启用后，按时间进度全面、认真清理、缴销旧版发票，严防纳税人留存和使用旧版发票。四是重新核实掌握管户基本情况，对系统数据进行严格认真清理，共清理数据

2737户次，对需要修改的152户次全面进行了修改完善。至年末，MIS2.0系统统计，共登记管户3166户，其中：正常管户2803户，非正常管户46户，注销户317户；国地税共管户1845户，地税纯管户1283户。五是开展发票专项检查。成立了由37人组成的工作检查组，开展对辖区253户使用地税发票的纳税人进行发票专项检查。六是开展房产税城镇土地使用税困难性减免自查工作，按照检查的内容及重点，对困难减免税工作中贯彻执行相关税收政策规定和规范审批相关要求进行了全面自查。七是加强个体税收征管，开展个体税收专项清理工作，对32户逾期办理税务登记的纳税人，按照《税收征管法》规定进行了处罚，对生产经营情况较好，定额偏低的43户重新进行了核定。八是抓好所得税汇算清缴工作。组织32名企业财务人员和22名地税干部开展所得税汇算清缴辅导培训会。2009年共汇算清缴户数32户，应缴纳所得税额387.30万元，应补缴所得税228.66万元。九是做好12万元以上所得税自行申报政策宣传工作，全年共有42个纳税人自行申报，申报应纳税所得额1084.14万元，应纳税额217.31万元。十是按照县委确定的“三个一百”任务，通过深入调研和组织协调，落实并到位200万元的招商引资项目。

【税收宣传】 紧紧围绕“税收•发展•民生”的宣传主题，多渠道、多形式地开展了丰富多彩的税收宣传活动。一是与国税、公安部门联合开展税收政策咨询活动，共出动宣传人员20多人，宣传车5辆，发放宣传资料1500多份，宣传册100多本，咨询人数达50多人次。二是整理编印出最常用的《云县地税局税收政策宣传资料》宣传单，在征税大厅向纳税人发放。三是在城镇和乡镇集贸市场、车站、主要街道、机关、学校、办税大厅、地税宣传栏张贴《2010年全国税收宣传月宣传画》、《2010年全国税收宣传月宣传册》，利用办税服务厅显示屏滚动播放宣传标语。四是积极开展税收征文投稿评选活动，选定出两篇上报《云南经济日报》参加评选，并报市局备案。五是在2010年理论宣讲活动中，1名税务业务骨干到县委礼堂开展税收知识讲座活动。六是举办1期40户纳税人参加的座谈会，与纳税人进行沟通交流。

【税收政策】 2010年1–10月共办理税收优惠政策减免1727户，减免税款562.79万元。其中再就业减免优惠61户，减免税款20.05万元；西部开发税收优惠减免17户，减免税款348.41万元；享受起征点以下免税政策1340户，减免税款60.1万元；企业困难性减免3户，减免土地使用税和房产税17.49万元；其他政策性减免306户，减免税款116.74万元。

【规费征收】 一是认真执行《云南省社会保险费征缴条例》，加强与各经办机构相互沟通联系，积极采取各种有效措施，确保社会保险费征收工作的顺利开展。二是认真落实滞纳金加收制度，规范社会保险费的征收管理工作。三是加强对重点费源及欠费大户的监控，认真做好欠费追缴工作，指定专人负责重点费源及欠费大户台账的登录工作，确保数据的准确性。同时加大欠费追缴力度，扎实做好欠费追缴工作。四是对社会保险费的不实数据和无效欠费数据进行处理，确保V2.0系统数据的真实性。4月16日统一核销了22户单位和个人的不实欠费26.38万元。五是做好2010年困难企业认定工作，共认定困难企业13户。五是做好工会经费和建会筹备金代征工作，继续采取2009年确定的原则进行征收，对财政供养单位继续采取由财政统一预算、按季分户拨入工会经费专户、再由地税征收机关分户开具缴款书的方式进行征收。六是做好取消旅游宣传促销费相关工作，及时清理2010年以前的旅游宣传促销费，同时做好取消征收工作。

【税务稽查】 按照“以查促收、以查促管、以查促查”的税收稽查工作思路和2010年税收专项检查工作的总体要求，成立了云县地税局2010年税收专项检查领导小组。年内应稽查9户，实际共实施稽查10户（受理举报1起），查补税款593万元，加收滞纳金211元，罚款2.3万元，办案率100%。对全市开展的房地产业及建筑安装业、药品经销行业、交通运输业、年所得额12万元以上个人所得税自行申报、发票比对检查等五个方面作了税收专项检查，查补税款10.5万元。同时，与公安部门密切配合，开展打击制售假发票和非法代开发票专项整治行动，查实案件1起，查补税款3352.5元，罚款2万元。受理群众举报案件1起，处罚200元，查处未按规定使用发票3户，处罚600元，营造了公平公正的税收环境。

【信息化建设】 一是按规定每日备份数据，对公文处理系统、数据大集中系统、触控系统及各类信息化设备进行维护，及时排除故障，确保全局信息系统正常运转。二是加大资金投入购买信息设备，共投资10多万元采购17台计算机和7台打印机。三是加强安全防护，按期升级杀毒软件，按要求设置服务器密码，保证内外网物理隔离。四是做好计算机保密日常和专项检查，对网络状况及3台服务器、110台客户工作机、39个U盘、5个移动硬盘进行了安全检查，共检查机房51次，全年发现计算机问题并及时处理39次。五是按照县委政府统一安排部署，安装并运用商用密码网络系统，成功接收县委系统信息。

【税收执法和目标管理责任制考核】 2010年，云县地税局共设执法岗位76人，行政工作目标管理岗位16人，在考核中，有1人因软环境建设征收厅整改时间过长1项，考核扣分10分，整改1项，经济惩戒24元。

【“六好”考核】 一是健全组织，加强领导。根据省局再次修订的“六好”（即：领导班子好、队伍素质好、管理机制好、执法质量好、社会形象好、廉政建设好）考核办法，调整充实了云县地方税务局“六好”创建活动考核领导小组成员及办公室工作人员，明确党组书记、局长为总责任人，党组成员、副局长及纪检组长为分管工作的直接责任人。二是加强学习，细化考核目标责任。组织学习新修订的考核内容，掌握和了解考核办法中33条281个具体考核指标；按分解考核指标，责任到单位，落实到个人的考核工作原则，把考核办法中33条考核项目和281个具体指标进行分解细化，明确到部门，考核责任落实到个人。三是强化考核、注重痕迹管理。加强日常自评、自查、自检工作，对考核内容逐条逐项作全面的对照检查，查缺补漏，对存在的问题及时进行完善；加强“六好”考核痕迹管理工作。对2008年度的“六好”考核档案资料按要求进行了整理，同时编制档案目录，并作归档入盒，确保“六好”考核档案的规范。四是2009年度“六好”考核自评情况，全局“六好”考核自查自评共计扣分13分。其中：领导班子好扣3分，队伍素质好扣4分，管理机制好扣2.5分，执法质量好扣0.5分，社会形象好扣1分，廉政建设好扣2分。

【党风廉政建设】 一是按照“谁主管，谁负责”的原则和“一岗双责”的要求，层层分解、细化党风廉政建设责任制，及时印发了云县地方税务局党风廉政建设和反腐败主要工作分解意见，分解落实党风廉政建设和反腐败重点工作任务，将全年工作分解到11个工作部门，一级抓一级，一级对一级负责，层层抓落实。二是县局党组成员分别与党组书记签订党风廉政建设责任书，分局、县局各股室、稽查局与分管领导签订党风廉政建设责任书，所有干部职工（个人）向县局党组进行廉政承诺。三是结合“六好”工作目标管理考核办法，认真抓好各项制度的贯彻落实，用制度规范权力运行、约束干部。四是坚持特邀监察员座谈联系制度，了解社会各界对税风税纪的反映，及时整顿行业作风。

【综治维稳工作】 一是建立健全综治维稳领导机构，充实完善领导机构工作人员。二是根据综治工作计划和目标，制定下发《云县地方税务局综治维稳工作要点》。三是县局与机关各部门、分局签订了《社会治安综合治理目标责任书》。与涉密人员签定《保密承诺书》，与专（兼）职驾驶员签定《交通安全责任书》。四是认真执行24小时值班制度、节假日车辆管理制度和重大事项请示报告制度，确保了人、车、票款和财产的安全。

【增强地税软实力 优化地税软环境】 一是成立优化税收软环境增强地税软实力活动领导小组，负责全县地税系统开展优化税收软环境增强地税软实力活动具体工作事项的组织实施、办理和落实。二是召开优化税收软环境增强地税软实力活动动员会，传达学习上级文件精神，领会文件精神和实质，提高认识，并要求全体干部职工共91人撰写个人心得体会。三是按照县委政府关于开展优化软环境增强软实力实施意见的安排部署，根据部门的工作职责、工作任务、服务承诺、工作效率、四项制度、效能政府等事项，在广播电视公开郑重作出承诺。四是进一步优化纳税服务，加强对征收厅的建设，投资5万多元对办税厅进行全面改造装修。五是积极开展问卷调查工作，共计发放问卷调查表250份，有效收回235份，回收率94%，总体满意度达到98.7%，基本满意占1.3%，不满意为0。对纳税人提出的意见和建议制定出具体措施进行了整改。

【效能政府和四项制度建设】 推进效能政府四项制度建设和“96128”政务信息查询专线。按照县人民政府和市局关于实施效能政府四项制度的安排部署，结合实际，认真开展组织实施。一是召开局务会议，及时传达学习省政府效能政府四项制度视频会议精神。二是成立领导机构，明确了配合部门和工作职责。三是认真开展学习市局和政府关于实施效能政府四项制度的相关精神。四是制定下发《云县地税系统行政绩效管理制度工作实施方案》、《云县地税系统行政成本控制工作实施方案》、《云县地方税务局行政能力提升制度实施方案》及《云县地方税务系统推行行政行为监督制度实施方案》。五是具体抓实行政行为监督制度的落实，加大监督力度，突出监督重点，前移监督关口，加强对领导干部行使权力和执行制度的监督，实现对重点人员、关键岗位、重点环节、重要职能、重要事项的全方位全过程监督，切实增强监督的权威性和有效性。六是分局、稽查局认真查找、分析、确定3个以上的关键岗位和重点环节，认真组织实施对关键岗位和重点环节行政权力运行的监督管理，加大预防力度。七是对关键岗位、重点环节、风险表现形式、防范措施在本系统范围内公示和征求意见，提出改进监督、加强监督的防范措施，并在单位内部进行公示，同时报当地监察机关备案，接受社会监督。八是进一步规范96128政务信息查询专线查询工作，明确具体业务股室、具体业务电话和具体业务人员，实行专线专人管理，实行24小时接听、办理回复为纳税人提供服务，及时、准确解答或转接纳税人提出的问题，全年共接听、办理回复4次。

【教育培训】 一是加强业务培训工作。根据“缺什么、补什么，需要什么、培训什么”的原则，由业务部门分别上报培训计划，采取多种形式，适时加强对所有干部的业务培训工作。全年共举办培训班4期，参训人数达205人次。二是按照省、市局学习培训要求，组织9名骨干到高等院校进修培训和函授学习。选送5名骨干分二批到省内、省外参观学习。三是按季度开展理论中心组学习制度，针对存在的困难和问题，进行科学研判，进行整改落实完善。四是组织全体干部收看全省地税系统深入学习《廉政准则》视频专题讲座。五是党组书记、局长杨子成为全县地税干部职工作了题为《强化税收执法权监督管理 确保地税纯洁和谐稳定》的《廉政准则》知识专题讲座。六是人手购买1本《中国共产党党员领导干部廉洁从政准则》开展自学。

【队伍建设】 围绕市局党组关于全面加强干部队伍建设工作要求，大力开展有利于提高干部队伍的综合素质的各项活动。一是按照县委和市局的要求，制定了《云县地方税局关于在党的基层组织和党员中深入开展创先争优活动的实施方案》，紧密联系云县地税实际，认真组织开展以推动科学发展、构建和谐云县、维护社会稳定、服务人民群众、加强基层组织为目的，以创建基层党组织、争做优秀共产党员为主要内容的基层党组织和党员创先争优活动，进一步加强党的基层组织建设，不断提高党员干部的政治素质，以点带面，全面推进地税队伍建设。二是按照省、市地税局以“忠诚教育”为核心的“公共服务职业道德与技术方法”培训教育活动的统一安排和具体要求，结合云县地税实际，积极抓好以“忠诚于祖国的税收事业”为主题的征文活动和“忠诚教育”演讲比比赛及公务员宣誓活动。三是制定《云县地方税务局学习型党组织建设工作实施方案》，按照以“突出主旋律、增强凝聚力、提高执行力”和 “具有世界眼观、善于把握规律、富有创新精神”的要求，围绕“聚财为国、执法为民”的宗旨，紧密联系地税工作的现状和职能，以不断提高党员干部的学习能力，不断增强党员干部的理论知识水平、执法水平、管理水平为目的，组织开展云县地税局学习型党组织建设活动。四是本着相互学习、相互交流的目的，与南涧、景东两县地税局联合举办了第二届“澜沧江地税杯”运动会。

【精神文明建设】 为配合全省地税系统文明行业创建检查验收工作，根据省局和市局关于进一步加强和筑固全省地税系统文明行业创建工作的统一部署和具体要求，结合云县地税实际，紧扣组织收入中心工作，把文明行业创建与地税各项工作、精神文明建设有机的统筹起来抓好抓落实。一是利用多种文化元素，建立文化走廊，绿化美化环境。二是加强精神文明建设台账和档案管理健全完善工作。三是利用办税服务厅电子触摸屏、电子显示屏滚动播出文明创建宣传标语，营造浓厚的创建氛围，自觉接受社会监督，确保创建工作落实到位，更好的促进精神文明建设的提升提级。四是按照四个功能区要求重新改造修缮了办税服务厅。

（钟履芳　供稿）

国家税务

【概述】　2010年，云县国税局紧紧围绕省国税局"和谐发展年"各项工作要求，坚持以组织收入为中心，进一步推进依法治税、信息管税、服务协税、科技兴税、人才强税战略。面对复杂多变的经济形势，严格按照经济税收发展的规律，正确处理好组织收入和经济发展的关系，坚持"依法征税、应收尽收，坚决不收过头税，坚决防止和制止越权减免税"的组织收入原则，加强经济税收分析，深入开展收入进度和结构分析，科学分析税源发展变化趋势，及时掌握影响收入增长的主要因素。全年共组织各项税收收入2.83亿元，比2009年增5524万元，完成市局下达计划任务2.43亿元的116.5%。

【机构人员】　云县国税局内设行政机构8个，直属机构1个，事业机构1个，派出机构1个。至年末，全局有在册公务员105人，其中在职85人，离退休20人。有局领导6人（含市局副调研员1人）

【税收宣传】　一是围绕全国第十九个税收宣传月"税收、发展、民生"宣传主题为重点，会同地税、公安、广播电视等有关部门，在全县范围内开展税务咨询、发放宣传材料和宣传画、张贴宣传标语、出动宣传车辆等多种形式的税法宣传活动。二是巩固宣传阵地，借助《云县》县讯、《云县人民广播电台》、《临沧人民广播电台》、《临沧日报》、《云南国税》、《中国税务报》、《云南日报》以及各级党委政府公众信息网络等媒体，开展各种宣传报道活动。三是有针对性抓好宣传服务工作。采取送税法进企业、面对面宣讲税法知识和开展纳税辅导、税务提醒等多种形式，将税收宣传贯穿于税收征管工作的全过程。

【税收政策】　一是贯彻落实流转税优惠政策。开展对福利企业、国有粮食企业综合资源利用企业、简易办法征收、化肥、农药、种子、种苗等政策执行情况的检查工作，涉及执行税收优惠政策5户企业,减免税销售额926.93万元。二是贯彻落实所得税政策和各项管理制度。抓好企业所得税法和实施条例以及相关配套政策的贯彻落实，贯彻落实好中央为实施宏观调控出台的涉及所得税方面结构性减免税政策，做好2009年度企业所得税汇算清缴及税源分析工作；严格企业所得税税前扣除审批手续，对企业报批的税前扣除申请严格把关，严格按照《企业所得税税前扣除管理办法》的规定做好财产损失税前扣除审批管理，全年涉及财产损失税前扣除审批3户，涉及金额521.48万元。三是开展税收优惠政策执行情况检查工作。在企业所得税方面：2008年至2009年共有12户企业享受所得税优惠政策，共减免企业所得税 244.93万元，其中2008年度减免151.93万元，2009年度减免93万元。在增值税方面：2008年至2009年共有3户企业享受增值税优惠政策，共减免增值税268.99万元，其中2008年减免增值税211.46万元，2009年减免增值税57.53万元。备案类税收优惠政策执行情况：2008年至2009年共有16户企业享受减免销售额或所得额类的备案税收优惠政策。减免增值税销售额的企业12户，增值税销售额共计4026.02万元。

【组织收入】　2010年，共组织各项税收收入2.83亿元（含车辆购置税、不含税务行政收入），比上年增5524万元，增长24.27%。完成市国税局税收收入任务2.43亿万元的116.5%;完成"三税"（增值税、消费税、企业所得税）收入27781万元，占云县人民政府"三税"任务2.56亿元的108.6%。其中，增值税收入2.41亿元，同比增收3406万元，增长16.5%；消费税收入858万元，同比增收31万元,增长4%；企业所得税收入2855万元，同比增收1954万元，增长216%。利息所得税收入30万元，同比减收

12万元；车辆购置税收入472万元，比上年同期300万元增收172万元，增长57.33%；税务行政性收入7.5万元，罚没收入1.1万元。

【税收征管】 一是加强户籍管理。完善工商登记信息与税务登记信息交换制度。全年共采集工商信息649条，其中：个体工商业户开业登记428条，企业开业登记15条。对206户鲜肉个体工商业户进行了信息补采，辖区内纳税户登记率达100%。采取以税收综合征管软件与外部管理相结合，通过对各片区进行定期检查的方法全面清理纳税户底子，至年末，全县国税征管户共2517户(其中：按一般纳税人管理131户，按小规模纳税企业92户)；个体工商业户2294户（其中达到起征点户657户，占28.6%）。二是加强纳税申报管理。全年个体工商业户应申报947户次，实际申报946户次，准期申报率99.89%；企业应申报160户次，实际申报156户次，准期申报率达97.5%。三是加强延期缴纳税款和延期纳税申报的管理，坚持凡需申请延期缴纳税款的纳税人，涉及重要指标必须经征管部门调查核实，县局领导审核后才能录入系统上报的原则。全年办理24户（次）延期申报，核定税款161.20万元。四是贯彻落实税收管理员制度。严格工作纪律要求，落实相关制度，抓好工作痕迹管理，对重要的税收政策送达、召开纳税人会议、对纳税人进行的辅导等实行记录制度，最大限度地减少执法风险；落实纳税服务承诺制、限时办结制、首问责任制，牢固树立"信息管税"工作理念。强化税收管理员培训，解决《综合软件常见问题》；同时组织税收管理员进行"数据分发系统""数据监控分析系统""CTAIS综合征管软件"三个专题应用系统的培训。五是落实领导管户工作制度。结合实际制定了《云县国税领导干部管户工作制度》，对领导管户工作提出具体要求，对实施管户的县局班子成员、税源管理部门负责人及税收管理员，建立AB角度工作制度，做到职责清楚。进一步强化领导对重点企业的管理。

【发票换版】 一是加强组织领导。成立了由党组书记、局长为组长，其他党组成员为副组长，各部门主要负责人为成员的普通发祟简并换版工作领导办公室，明确职责任务。二是抓好宣传培训工作。及时召开了全县企业用票户普通发票简并换版业务培训会，参加培训企业82户169人（次），局领导对普通发票简并换版工作的重要性、换版的目的和意义作了动员讲话，业务人员对普通发票换版业务（网络版、单机版和手工版）进行操作培训。同时在电视新闻、报刊进行广泛宣传，并组成3个工作组到乡镇开展宣传，得到了纳税人的支持和理解。三是清理落实用票户底子。通过深入纳税业户进行逐户核实，全县共有用票户340户，其中：企业用票户91户，全部推广使用普通发票网络版，个体用票户249户，推广使用普通发票网络版122户。

【税务稽查】 为打击涉税违法行为，优化云县税收执法环境，年内主要强化对药品经销、房地产、成品油和商业零售等行业税务稽查工作。共组织分级分类稽查、专项检查并结案16户（其中专项检查2户，分级分类稽查14户），共查补税款76.89万元，其中税款64.94万元、滞纳金9.35万元、罚款2.60万元。全年通过国税稽查模块入库滞罚补收入共计117.6万元。

【廉政公约】 本着自愿、平等、公开的原则，年内与3户企业、17户个体户共20户纳税人签订了《廉政公约》，云县国税局自2005年12月至2010年底已签订《廉政公约》582户，其中，企业130户，个体户452户。对19户纳税企业和67户个体工商业纳税人进行回访问卷调查，占已签订户582户的14.8%。

【班子建设】 一是健全领导班子。年初市局对云县局领导班子进行了调整充实，配齐了班子成员。配备局长1人，副局长2人，纪检组长1人。二是结合工作实际，对局领导班子进行了合理分工。三是配齐部门领导班子,对部分人员工作岗位进行了合理调整，进一步优化人力资源。

【干部教育】 按照建设学习型国税的有关要求，为全面提升国税干部综合业务素质，年内采取选送干部参加总局、省、市局举办的各类培训26期74人次，其中：参加总局培训1期1人次，省局培训12期15人次，市局培训13期58人次。同时县局举办各类培训22期1141人次，并组织员工参加市局第八届业务能手竞赛，1人获得“业务能手”称号。

【“三读”活动】 一是成立“三读”活动领导小组和办公室。二是制订《云县国家税务局“爱读书、读好书、善读书”活动责任分解方案》。三是通过县局内网“爱读书读好书善读书”活动专栏等载体，为干部职工搭建更加全面、系统、便捷的学习平台。全年干部共撰写心得体会文章246篇，报送市局62篇，被市局网站采用4篇，省局网站采用1篇；《临沧日报》采用3篇，在县局内刊《沧江国税》刊载25篇。报送信息简报13期，市局采用4篇。“三读”动态图片新闻被市局网站采用3篇，推荐好书和好文章15本（篇），参与《云南日报》征文投稿13篇，参与云南网交流120人次。

【创先争优】 结合实际，制定了《中共云县国家税务局在党组织和党员中深入开展创先争优活动实施方案》。要求各部门负责人要在创先争优活动中发挥模范带头作用，时时处处走在前，做在先，要立足税收工作实际，带领本部门党员干部争创先进党支部，争当优秀共产党员，同时以党支部和党员创先争优活动带动群众开展创建先进集体、争当先进个人的活动，在县局机关股室和分局形成一个学习先进、崇尚先进、争当先进的良好风气。把培养典型、树立典型、宣传典型作为实施创先争优活动的重要措施。年内5名党员和1个党支部先后被省、市局表彰为创先争优活动“优秀共产党”、“先进党支部”。

【国税文化】 一是成立国税文化建设领导小组及办公室,加强对国税文化建设工作的领导。二是抓好省、市局《关于加强国税文化建设的意见》贯彻落实工作，结合实际制定行之有效的措施，形成建设的长效机制。三是深入抓好文化素养教育培训，坚持“以国为根、以税为业、以人为本、以学为乐、以绩为真、以廉为荣”的云南国税文化理念，开展丰富多彩的国税文化活动，搭建国税文化交流平台。年内参加县上组织的“五一”劳动者之歌合唱比赛，获优秀奖；组织干部开展登山、拔河、排球、象棋、跳棋、扑克比赛；组织干部开展书法、美术、摄影等活动，同时完成《沧江国税》的编辑出版发行工作。四是加强精神文明建设工作，完成了省局级文明单位申报工作，并通过检查组的考评验收。

【税务信息】 围绕局党组各项决策和重点工作安排，把强化税源监控、组织收入措施、纳税评估和纳税辅导、服务招商引资企业、强化干部管理、发票管理及换版等工作作为信息调研和信息反馈的重点，深入开展调查研究，撰写调研报告，收集整理上报各类信息，为上级领导提供准确可靠的决策依据，发挥信息“对上服务、对下引导”的作用。一是开展信息调研工作，局党组班子到各股室、分局带头撰写调研报告。全年编写《云县国税经济调研》22期。二是抓好各种信息及时上报工作，全年编发上报各种信息151条。其中：《税收专报》131期131条，“三读”简报4期4条，创先争优“简报”10期10条，《国税情况通报》6期6条。三是抓质量，重效果。上报的信息受到上级各部门关注，被省、市、县委、政府和省、市国税采用106条。其中：云南信息港采用9条，省国税局采用4条，临沧市政府公众信息采用9条，市国税局采用33条（其中：专报6条，简报23条，“三读”专栏采用4篇），中共云县县委《云县信息》采用19条，云县人民政府公众信息采用32条，云县妇联采用1条。

（沈家昌 供稿）

中国人民银行云县支行

【概述】 2010年，中国人民银行云县支行在中心支行党委的领导下，结合辖区工作实际，切实履行基层人民银行工作职能，以各阶段货币政策为导向，按照调整结构优化、节奏均衡平稳、有效防范风险、理清信贷政策的总体工作思路，严格把握好各项信贷投放节奏，不断提高金融监管水平。围绕云县委、政府“三个一百”的工作要求，努力实现货币信贷总量适度增长。并积极引导辖区金融机构主动拓展业务范围，创新业务品种，为云县各经济实体的发展不断注入活力。至年末，云县辖区8家金融机构各项存款余额达26.5亿元，各项贷款余额18.6亿元，较年初增4.1亿元，超过全年贷款总量增长计划，其中在信用社新增贷款中，支农贷款的占比超过80%以上。

【金融运行情况】 年末，云县辖内金融机构各项存款余额26.5亿元，较年初增5.6亿元，增幅27.06%。各项贷款余额18.6亿元，较年初增4.1亿元，超过了全年贷款总量增长计划，增幅达28.5%，全年人民银行共办理财政入库10亿元，比上年增加4.66亿元，增幅为87%，办理财政拨款13.22亿元，比上年增加3.81亿元，增幅为40.53%。

【金融服务】 做好信贷工作的指导，引导辖区金融机构围绕县政府关于固定资产投资新增36亿元的工作目标，全年各项贷款余额18.6亿元，较年初增4.1亿元，超过了全年贷款总量增长计划，增幅达28.5%。加大对重点项目、基础设施、基本建设项目，以及“三农”、民生领域的信贷投放力度。发放抗旱救灾小额信用贷款7000多万元，在信用社新增贷款中，支农贷款的占比超过80%以上，为抗旱救灾，恢复生产提供了有力的信贷资金支持。扶持茶叶个体加工业1600万元，扶持农村客运贷款500万元。大力拓展消费信贷，与汽车销售公司达成汽车消费贷款协议，授信300万元，推行公务卡，共发放3500多张，同时配合“家电下乡”、“农机具下乡”等财政补贴政策，做好农村消费信贷服务，激活农村消费市场。

至年末，共办理财政资金入库19536笔10亿元，办理资金划拨1843笔13亿元。抓好会计核算和账户管理工作，共清理核准人民币结算账户542户。同时加强会计核算、大额支付系统、小额支付系统、支票影像交换系统等资金清算系统的建设和应用工作，全面提高会计核算质量，办理支票影像交换业务3笔，实现了支票影像交换系统运行“零”的突破。

金融服务功能显著增强，至年末，云县辖区8家金融机构（含人民银行）设对外服务窗口30个，在经济较发达、人口较密集的7个乡镇、社区增设ATM机7台，发展特约商户114户，安装POS机114台，发放农民工银行卡17259余张，非现金支付结算工具在农村地区得以推广。

【货币信贷政策】 一是紧密结合形势发展和地区实际，围绕重点、难点和热点问题，针对辖区内对经济有重要影响的行业和企业，进一步建立完善行业监测分析制度。年内完成了电力发展状况对云县经济影响的调研，建立了对糖业、茶叶、酒业、房地产业的监测、分析制度，及时反馈行业动态；二是加强对金融机构业务经营情况的监测分析，及时反馈适度宽松货币政策在金融业务中的实际传导效应。

【宣传工作】 2010年的宣传工作重点放在金融知识下乡，先后到大朝山、忙怀、栗树、后箐、幸福等乡镇开展宣传，填补了人民银行宣传工作未完全到乡镇的空白。一是开展人民币反假知识宣传，依托农村信用社12乡镇网点以及县城2个社区建立了义务反假宣传工作站，打击防范假币非法流通工作取得了明显成效，云县贩卖和使用假人民币犯罪活动比上年同期呈现了递减的态势，尤其是贫困山区农村的假币非法流通的生存空间得到控制。 全年收缴假币75150元。二是开展好征信知识宣传，通过开展宣传，社会公众的信用意识明显得到提高，取得了较好的效果。三是开展好银行卡、反洗钱、人民币结算账户等宣传工作，配合公安机关“2010年打击银行卡犯罪专项行动”，净化银行卡使用市场，组织金融系统干部职工280人参加反洗钱知识考试。四是开展好外汇业务的宣传工作。

【执法检查】 年内，云县支行对辖区内金融机构开展了金融统计工作、征信管理工作、人民币结算账户、人民币现金管理一系列执法检查活动。

【安全生产工作】 一是抓好计算机信息和系统安全。二是抓好网络安全。三是加强支行安全管理和综治维稳工作，四是健全完善各项处置突发事件应急预案，强化演练，五是充分发动群众，深入矛盾纠纷排查调处，防止事态升级。六是加强内部管理和制度建设。七是严厉打击各种金融违法犯罪行为，推进综治维稳工作目标责任的进一步落实，为构建和谐社会创造良好的治安环境。

【党风廉政建设】 云县支行党组始终把党风廉政建设工作列入重要议事日程，按照中支纪检监察会议的工作安排部署。坚持党组统一领导，党政齐抓共管，纪检组织协调，部门各负其责，依靠群众支持参与的工作格局。把党风廉政建设作为加强党的执政能力建设的重要内容，纳入总体工作目标管理，与“三个文明”建设和“创新金融服务、支持经济发展”工作紧密结合起来，不断提高全行干部职工的依法行政自觉性和廉洁从政能力，促进各项工作健康发展。

（人行云县支行　供稿）

中国农业银行云县支行

【概述】　2010年，中国农业银行云县支行继续抓好优质客户营销，积极拓展市场份额。同时认真探索县域"三农"、中小企业担保、下岗工人再就业等领域金融支持的途径，开展了农行的“农户小额扶贫贷款、下岗失业人员小额担保贷款、惠农卡贷款”等特色贷款业务，积极帮助解决县域经济发展中的经济社会瓶颈问题。2010年末，各项存款余额7.80亿元，比年初净增1.61亿元，存款存量市场份额占比29.75%，全县排名第二；贷款余额8.01亿元，比上年末增加2.63亿元，存量市场份额占比43.19%，全县排名第一；不良贷款余额3856万元，占比4.81%，比上年末下降0.97个百分点。

【机构设置】　全行内设4部4网点，4部即综合管理部、公司业务部、个人金融部和财会运营部；4网点即支行营业室、云兴街分理处、云城分理处和丙票分理处。有职工58人，其中年内新录用2人。

【存款】　至年末，各项存款余额为7.80亿元，比年初净增1.61亿元，完成市分行下达1.02亿元计划的158%。其中：储蓄存款余额为5.05亿元，较年初净增8057万元，完成市分行下达6500万元计划的124%；公司客户存款7901万元，较年初增加237万元，完成市分行下达1600万元计划的14.8%；机构客户存款1.97亿元，较年初增加7841万元，完成市分行下达2100万元计划的373%，增量市场份额占比82.89%，全县排名第一。同业存款155万元，较年初减少41万元，存款旬平均余额68298万元。存款存量市场份额占比29.75%，全县排名第二；增量市场份额占比28.84%，全县排名第二。

【信贷】　至年末，各项贷款余额8.01亿元（不含剥离2.03亿万元），比上年末增加2.63亿元，存量市场份额占比43.19%，全县排名第一，增量市场份额占比63.92%，全县排名第一。公司类贷款主要投向：一是云南汇智源食品有限公司（新客户）2.3亿元；二是云南三奇光电有限公司（新客户）3000万元；三是晨光产业有限公司增投1100万元；四是甘化有限公司增投2500万元。累计发放个人贷款436户（不含小额农户贷款）6957万元，其中：自营贷款243户4469万元，委托贷款193户2488万元。发放个人住房贷款191户3648万元，助业贷款15户876万元，下岗失业人员小额担保贷款36户130万元。

【不良贷款】　全年自营不良贷款实际清收1797.53万元,加权后为1445.74万元，完成市分行下达计划1010万元的143.14%,委托资产清收499.5万元，完成市分行下达计划900万元的55.5%,年末不良贷款余额3856万元，比上年末增加746万元,占比4.81%，较上年末下降0.97个百分点。

【经营效益】　全年实现拨备前利润2629万元，完成市分行下达2800万元计划的93.8%；拨备后利润1754万元，完成市分行下达2000万元计划的87.7%。

【中间业务】　全年完成个人自主理财产品销售量886万元，完成计划1100万元的80.55%；个人贵宾客户增量525户，完成计划60户的875%；信用卡客户数增量853张，完成计划150张的568.7%；基金累计销售量856万元。新增POS机39台，借记卡5654张，个人网银客户1714户，企业网银17户，短消息5386户。全年实现中间业务手续费收入636万元，完成市分行下达500万元计划的127%。

【惠农卡工作】　累计发行惠农卡9170张，其中年内新增2413张，有效发卡数5588张。授信总额度累计12069万元，年内新增1223万元；授信户累计5780户，年内新增2169户，授信率63.03%，惠农卡存款余额170万元。

【工作措施】　一是加大内控管理力度，依法合规经营，不断提高干部队伍的综合素质。加强对员工的案件危害、违规危害教育，切实提高全员的案防意识、合规意识，控制和防范各种经营风险的发生。二是创造宽松、和谐、公平的用人机制，实行“能上能下”的动态管理模式。采取竞聘上岗、任前公示，任贤唯用的用人制度和“公开、公平、公正”的选人机制。让想干事的人有机会、能干事的人有职位、会干事的人有地位、干好事的人得实惠。三是实行民主集中决策，加大透明力度，不断提高班子的影响力。采取行务公开的民主管理机制，营造“同志加兄弟”的干群关系。四是主动加强学习，不断提高自身的管理能力和职业道德修养。开展新业务、新知识的培训，增强班子的领导能力和号召力，努力打造一支战斗力强、敢于拼搏的精英团队。五是采取有力措施，齐心协力，保证全行党风廉政建设工作的顺利开展。成立了党风廉政建设领导小组，实行“一岗双责”制，坚持“谁主管、谁负责”的原则，落实责任、分解任务，积极组织全行员工接受警示教育，把云县支行的党风廉政建设开展好，在全县金融行业中树立廉洁自律和清风正气的典范。六是加强《银行业金融机构从业人员职业操守指引》和《员工行为守则》的学习，把《指引》和《守则》作为日常工作的标尺，并要求员工自觉遵守。七是认真落实经营目标责任制绩效综合考核办法和零售计价产品奖励机制，充分调动员工的工作热情和积极性，让干了事的人得到实惠，打破了以往“平均主义”和“大锅饭”的原则，真正体现了多劳多得、不劳不得的按劳分配原则。八是注重党员队伍建设，积极开展“创先争优”、“五个一”、“五好”和“五带头”活动，要求在活动中做出承诺，定期总结活动中取得的成果、不足和经验，并通过简报、宣传栏等方式公开，有效达到了监督，进一步增强了基层党组织的战斗堡垒作用。

（罗正奇　供稿）

中国建设银行云县支行

【概述】 2010年，中国建设银行云县支行围绕省分行提出的“发展、管理、改革”三条主线，以“存款立行、效益兴行、合规护行”为基本原则，以“固化网点转型措施，持续提升产品核心竞争力”为主题，努力打造“流程一致性、服务一致性”的营业网点。建立以市场为导向的管理机制和以客户为中心的经营理念，不断提高服务质量和水平。同时加强内部管理，从规范化、制度化、标准化入手，走合法经营和按规操作的路子，通过内部管理水平的提高来促进业务的发展，从而保证业务的合法合规性，实现全年无事故。各项业务得到快速、健康、协调发展。至年末，一般性存款余额4.59亿元，比年初增加9135万元；信贷资金贷款余额2.3亿元，比年初增551万元；实现账面利润767万元，净利润290万元。

【存款】 年末，一般性存款4.59亿元，比年初增加 9135万元，其中：对公存款2.97亿元，比年初增加 6064万元,增长25.7%,完成市分行下达计划新增2359万元的257%；个人存款 1.63亿元，比年初增加3070万元,增长23.3%,完成市分行下达计划新增3000万元的102%；全年共开立基本户21户、专用

2010年建行同其他金融机构存款增减对比表

单位：万元

行名	一般性存款				对公存款				储蓄存款			
	余额	比年初+、−	增减率%	市场占比%	余额	比年初+、−	增减率%	市场占比%	余额	比年初+、−	增减率%	市场占比%
云县建行	45926	9135	26.81	18.67	29655	6064	25.70	35.71	16270	3070	23.25	9.99
云县农行	78016	16135	26.07	31.72	27555	8078	41.47	33.18	50461	8057	19.00	30.96
信用社	122031	31008	34.07	49.61	25825	9163	54.99	31.09	96206	21845	29.38	59.04
合　计	245973	56278		100	83035	23305		100	162937	32972		100

户3户、一般户7户、临时户7户。

由上表分析得出，建行云县支行一般性存款增长率为26.81%，市场份额为18.67%，位列农行、信用社之后。对公存款全年新增3337万元，但增长率仅为25.70%，低于农行、信用社；市场份额为35.71%，稍微领先农行、信用社。储蓄存款全年新增3070万元，但由于网点与人员较少，在竞争中处于较为被动的地位，年末市场份额仅占9.99%，较上年有所下滑，并且新增额、绝对额远远低于农行、信用社。

【贷款】 至年末，全行信贷资金贷款余额2.03亿元，较年初增加551万元，其中公司及机构类贷款8398万元，较年初下降7552万元，发放5448万，公司类不良贷款为0；个人贷款余额1.19亿元，较年初新增加8103万元，其中：正常贷款11848.46万元，逾期和非应计贷款44.54万元，不良率为0.37%。完成市分行下达计划新增 4000 万元的202.6 %,新发放 9323 万，收回1161 万。

一、公司及机构类贷款的变化情况。新发放3笔260万，其中：云县白莺山生态农产品开发有限公司90万元、云县富华牲畜定点屠宰有限责任公司50万元、云县爱华丕忠百货批发部120万元。老客户续贷5笔5188万元，其中:云县永建机械租赁有限责任公司128万元、云县川银竹木业有限责任公司100万元、云南澜沧江啤酒企业（集团）有限公司2000万元、云县供电有限责任公司710万元、云县国有资本投资经营有限责任公司2250万元。回收8笔5655万元,其中:云县江天矿冶有限责任公司流动资金贷款3000万元、云南澜沧江啤酒企业（集团）有限公司2000万元、云县国有资本投资经营有限责任公司225万元，云县川银竹木业有限责任公司小企业贷款170万元、永德懒堆山矿业有限责任公司小企业贷款 100万元、云县银光矿业有限责任公司小企业贷款 50 万元、爱华建筑公司小企业贷款100万元，中医院不良贷款10万元。

二、个人类贷款变化情况。年内继续加大个人住房贷款发放力度，采取切实有效措施：一是加大营销力度，做足、做实楼盘储备，为业务快速发展打下基础。其次是创新思路，拓宽业务渠道。做大做实二手房贷款业务。三是完善考核激励机制，调动员工积极性，促进业务发展。四是梳理业务流程，提升办理效率，以优质服务赢客户，以快捷效率赢市场。重点加大对三江半岛、滨江世纪城楼盘贷款发放力度，同时抓住有利时机及时申报滇西名特交易中心二期楼盘准入，全年发放个人贷款613笔9323万元。

三、不良贷款情况。至年末，全行五级分类口径不良贷款余额53万元，较年初89万元下降36万元，其中公司类五级不良贷款全部回收，比年初下降10万元，不良率为零；个人类五级不良52.85万元（次级2.87万元、可疑39.21万元、损失10.7万元），较年初减少13万元。

【财务收支】 全年实现营业收入1314万元，其中：贷款利息收入1103万元，比上年同期增加70万元；系统内往来利息收入971万元，比上年同期增加121万元；中间业务收入216万元，比上年同期减少24万元，完成市分行下达计划272万元的78.41%，比计划差 56万，其中：完成个人类中间业务收入129万元，完成市分行下达计划137万元的94.16%,公司类中间业务收入87万元，完成市分行下达计划134万元64.92%，造成公司类中间业务收入减少和未完成任务的因素有：由于江天矿冶公司

2010年云县金融机构贷款增减情况表

单位：万元

指标 行名	报告期止贷款余额（万元）	比年初+、-	增减率%	市场占比%
云县建行	20294	550	2.79	11.80
云县农行	80132	26300	48.86	46.60
信用社	71513	15497	27.67	41.59
合　计	171939	42347		100

贷款退出5000万元，减少财务顾问费27.5万，江天矿冶公司停做期货减少8万元，澜沧江啤酒企业集团500万元银行承兑汇票停办，减少20.7万元，市分行下达对公账户不动户管理费收入5万元，由于没有客户,只收取0.2万元，以上几项合计减少收入61万元。2010年我行较好完成代理保险任务，支出852.9万元，其中利息支出297万元，比上年同期减少542万元；手续费支出6.9万元，同增1.9万元；营业税金及附加支出72万元，同增3万元；业务及管理费477万元，同增70万元。账面利润767万元，实现净利润290万元。

全年核销不良贷款13.46万元，计提坏账准备8377元，年末坏帐准备余额为22393.50元。

【其他指标完成情况】 年内全行累计销售基金48.2万元。完成电子银行签约2160户，其中：网上银行675户，短信通1253户，手机银行55户，电话银行177户。累计发放借计卡4402张，贷计卡（含公务卡）772张。销售实物黄金10360克，国债19万元，“大丰收”理财产品218万元。累计销售代理保险214.62万元，其中：完成代理财产保险24.92万元，实现收入2.84万元，完成代理人身保险189.57万元，实现代理手续费收入14.34万元。

【案件防控】 根据银监会关于印发《银行业“内控和案防制度执行年”活动指导方案》的通知以及总行《关于开展“内控和案防制度执行年”活动的通知》（建总函〔2010〕406号）要求，为切实提高内控和案防工作水平，召开专门会议部署“内控和案防制度执行年”工作，要求各部门确实履行职责，安排部门员工认真梳理岗位职责，自查面与互查面都达到100%，并做好学习记录、写出心得，增强执行制度的主动性和自觉性，不断提高经营管理水平。同时积极开展案件防控专项治理和员工行为排查工作，以《中国建设银行员工从业禁止若干规定》作为重点排查内容，加强员工行为动态管理，教育和引导员工形成良好的职业操守，有效预防和及早揭露、化解案件风险，进一步加强全行风险防控能力，巩固案件访查工作成果，确保全行安全运行。

【“三防一保”】 建行将安全工作作为工作重点之一，成立“三防一保”领导小组，制定了安全岗位责任制，签订安全责任合同，加强员工的“三防一保”的意识，定期组织学习有关案例，并组织防抢演习，防患于未然，实现全年无事故，以97分的高分，通过云县社会治安综合治理委员会考核。内部管理从规范化、制度化、标准化入手，走合法经营和按规操作的路子，通过内部管理水平的提高来促进业务的发展。并严格执行国家金融法规，按总、分行的有关业务章程来规范和完善操作程序，使业务操作既规范又高效。由于事前防范，事中控制，事后监督的有力保障，使建行内部管理水平上了一个新台阶，业务差错率逐渐降低，促进了建行业务的发展，也保证了业务的合法合规性。

【党建工作】 按照中央和省市分行党委的统一部署,以“抓机遇、谋发展，求创新、促转型，强合规、树形象”为主题，积极开展创先争优活动，充分发挥党员在党内生活中的主体作用，增强党员队伍生机活力，激发广大党员坚定信念、牢记宗旨、爱岗敬业、勇于进取的自觉性，至年末，共有党员8人，占全部职工人数的42%，在各项业务工作开展中，党员起到了模范带头作用。

【存在问题】 一是公司类贷款逐步减少，最大的公司类贷款客户江天矿冶公司5000万元流动资金贷款于一季度退出，可开办的个人信贷产品单一，准入门槛高，客户群体单一，严重制约建行的业务发展，至年末，机关团体存款18824万元，占对公存款的63.18%，从结构看明显不合理，没有一个稳定的企业客户群体作为支撑，存款增长乏力，网点分布不足，个人存款基础薄弱。二是前台柜员间柜面服务质量、服务水平差异很大，个别柜员业务不熟、操作缓慢，客户办理业务等候时间较长，为大客户提供差别化服务意识不强。全行职工平均年龄较大，特别是营业室前台服务人员，40岁以上员工有5人，30至40岁有3人，30岁以下只有3人，远远适应不了岗位技能要求，加之个别员工缺乏工作责任感及服务意识，主动性差，对各项制度和操作要求掌握不足，对银行业务的风险没有充分认识，导致出现基础性差错屡查屡犯。

（建设银行云县支行 供稿）

中国农业发展银行云县支行

【概述】 2010年，云县支行在“管理年、学习年”中，紧紧围绕“六个并重”，以业务发展为核心，基础管理和风险防范为重点，抓好粮油信贷和商业信贷管理，切实发挥好农发行“支农、惠农、富农”的职能作用。至年末，各项存款余额2.47亿元，各项贷款余额1.36亿元，各项收入924万元，各项支出667万元，实现利润257万元。各项经营绩效指标完成情况为：资产利润率1.73%，成本收入比为42.12%，人均利润21.4万元，人均日均存款1079万元，人均中间业务收入9432万元，不良贷款比例为零，不良贷款实现零增长。各项工作稳健、有效发展。经市分行考核在全市排名第三。

【机构设置】 内设二部一室，即办公室、客户业务部、会计结算部（下辖营业室）。年末有在职工12人，其中：男6人，女6人；大专以上10人，中专及以下2人；专业技术职务有中师1人，助师及以下11人。有党员9人（包括退休党员2人）。

【经营成果】 年末，各项贷款余额1.36亿元，各项存款余额2.47亿元，各项收入924万元，各项支出667万元，实现利润257万元。各项经营绩效指标完成情况为：不良贷款下降额为零（支行无不良贷款），不良贷款比例为零，资产利润率1.73%，成本收入比为42.12%，人均利润21.4万元，人均日均存款1079万元，人均中间业务收入9432元，不良贷款实现零增长，各项业务得到了稳步推进。经市分行考核在全市排名第三。

【粮油信贷业务】 云县支行坚持政策性办行方向不动摇，以认真抓好抓落实国家粮油调控政策和收购政策为方向，按照“一保、一控、一择优”的要求，切实抓好粮食收购资金供应与管理工作。全年累计发放粮油购销贷款700万元，累计收回粮油购销贷款1200万元，年末余额700万元。

【商业信贷业务】 坚持“区别对待、有保有压、择优扶持、严控风险”的原则，审慎积极地做好农、林、牧、副、渔业务范围内的产业化龙头企业、农业小企业贷款等商业性业务，切实发挥好农发行“支农、惠农、富农”的职能作用。全年累计发放产业化龙头及农业小企业短期贷款1.17亿元，累计收回1.24亿元，年末余额1.03亿元。

【资金组织和中间业务】 按信贷资金监督拨付和信贷相关管理规定和要求，加强业务范围内的企事业资金账户款项以及金融同业存款的组织与管理工作。同时，坚持综合营销，稳步发展代理保险业务。至年末，各项存款余额2.47亿元，其中同业存款年末余额2.1亿元，全年实现中间业务收入11.32万元。

【管理年建设】 一是信贷基础管理。首先是抓好总行16项信贷制度和信贷业务操作手册以及银监会“三法一指引”的学习和落实；其次是抓好抓落实人民银行《人民币现金管理条例》以及上级行的有关现金和利率管理要求。二是加强财会基础管理工作。首先是强化经营意识和经营核算意识，努力增收节支；其次是抓好会计制度、出纳制度和综合业务核算操作规程等规章制度的贯彻落实。第三是进一步加强对IC卡、编押机、密码、重要物品和重要单证的授权管理。

【队伍建设】 一是按上级行的统一安排部署完成员工聘用合同签订工作。二是继续抓好违规积分管理工作和岗位绩效考核工作。

【党风廉政建设和安全保卫工作】 党风廉政建设：一是加强理想信念和廉洁从业教育，认真落实好党风廉政建设责任制；二是进一步抓好《廉洁办贷十不准》等廉洁自律相关规章制度的贯彻落实；三是及时与贷款客户签订《银企廉政共建协议书》。

落实安全保卫工作：一是抓好总分行内控和案防“制度执行年”活动实施方案的组织实施；二是抓好营业场所、库款交接、枪支弹药、电视监控报警系统等重要环节、要害岗位安全防范工作。

【企业文化建设】 围绕“至诚服务、有效发展、以人为本、构建和谐”的企业文化核心理念，通过抓好职工大会制度、行务公开制度的落实以及银企座谈会的召开等工作，切实把企业文化建设融入到具体工作中。在认真抓好金融服务工作的同时，组织职工积极参与县委、政府组织的扶贫挂钩、新农村建设等工作，为促进地方经济和谐发展和云县新农村建设作出应有的贡献。

（龚先华　供稿）

云县农村信用合作联社

【概述】　2010年云县农村信用合作联社坚持以科学发展观为统领，以改革发展和风险防控为目标，以支持“三农”和中小企业为重点，不断转变发展方式，创新服务理念，全面实现了“十一五”发展目标规划，县联社改革发展与风险防控取得了跨越式发展，综合竞争实力不断增强，社会形象进一步提高，支持“三农”和县域经济发展工作成效显著。至年末，各项存款余额达12.2亿元，各项贷款余额71513，其中累计发放支农贷款5.82亿元。实现各项财务收入5995万元，资产质量显著提高，按四级分类全县不良贷款余额2976万元，比年初下降365万元，占比4.16%，下降1.44个百分点。

【组织机构】　云县农村信用合作联社内设7个部室，下辖1个营业部、11各信用社、8个信用分社。年末有在职职工135人。

【吸收存款】　年末，各项存款余额达12.20亿元，比年初净增3.10亿元，增长34.07%。其中：储蓄存款9.62亿元，比年初增2.18亿元；集体存款2.58亿元，比年初增9163万元。

【贷款发放】　年末，各项贷款余额71513万元，比上年增1.55亿元，增长27.67%。累计发放贷款5.82亿元。其中：发放种植业贷款1.06亿元，养殖业贷款1.02亿元，建房贷款2142万元，中小企业贷款9584万元，贷免扶补贷款1185万元，小额信用贷款7538万元，其他贷款1.70亿万元。

【经营效益】　全年，实现各项财务收入5995万元，比上年增755万元；财务支出4890万元，比上年增1772万元；实现利润1105万元。

【资产质量评估】　年末，按四级分类全县不良贷款余额2976万元，比年初下降365万元，占比4.16%，比年初下降1.44个百分点，完成目标计划绝对额下降100万元的365%；按五级分类全县不良贷款余额3319 万元，比年初减1750 万元，减幅34.52 %，占比4.64 %，比年初减4.41 个百分点，完成目标计划绝对额下降300万元的250%。

【服务三农】　坚持服务“三农”宗旨不动摇，努力提升支农服务水平，满足“三农”多元化发展资金需求，实现当年新增贷款农户贷款面达68.3%，农户申贷有效率达90%以上目标计划。

【信贷管理】　一是加大贯彻执行“三个办法一个指引”贷款新规力度，严格执行县联社制定的个人贷款、流动资金贷款、固定资产贷款发放与支付操作流程及贷款面谈面签制度，优化信贷管理流程，强化流程运作，提高运行效率，避免操作漏洞。二是建立借款人实际还款能力的贷款审批流程和贷后监控流程。三是完善适应优质信贷业务竞争的利率定价模型，增强了风险定价能力。

【防控金融风险】　一是建立长效机制，制定了《云县农村信用合作联社2010年—2012年案件防控治理工作规划》、《云县农村信用合作联社案件风险排查实施方案》、《云县农村信用合作联社案件治理“活动年”方案》等制度办法。开展好案件“活动年”工作，巩固案件专项治理成果，确保案件专项治理目标的实现，进一步消除案件风险隐患，有效防范大要案发生。

二是加强对基层信用社主任、部室经理、会计、信贷、出纳等要害岗位人员的教育、监督和管理。开展对全县在职员工的高风险排查，对排查出的高风险员工进行重点监控，进行造册登记管理，并对高风险员工进行谈话帮助教育，消除隐患。

三是严格执行“四项制度”，加大稽核检查和处罚力度。突出对信贷、会计、计算机、出纳等执行法规制度情况的全面和专项稽核检查，共投入198个工作日，对全辖20个营业网点会计制度执行情况进行专项检查。加大对违规违纪责任人员的处罚力度，年内共处理各类违规违纪责任人63人，其中：开除留用1人，警告处分1人，经济处罚61人，罚金7.21万元。同时加大轮岗交流力度，解聘不称职社主任职务1人，交流社主任3人，提拔聘用社主任4人，重要岗位轮换23人，调整安排亲属回避1人。

四是建立符合监管要求的信贷管理机制。制定了《云县农村信用合作联社流动资金贷款发放与支付流程（试行）》《云县农村信用合作联社贷固定资产贷款发放与支付流程（试行）》《云县农村信用合作联社个人贷款发放与支付流程（试行）》《云县农村信用合作联社林权抵押贷款实施细则（试行）》和《云县农村信用合作联社贷款面谈面签制度》等制度办法，有效防范了信贷管理过程中的操作风险和道德风险。

【服务创优工程】 一是从服务规范、服务质量考核、服务创优等方面入手，健全服务管理相关制度。二是改善硬件服务设施，按照现代零售型银行的要求和金融产品创新的需要，针对日益严峻的竞争形势，积极推广金碧惠农卡系列产品，加大自助服务设备的投入力度，坚持科学合理布放。三是完善服务质量监督检查体系，加强对服务工作的督查和考核，年内对县联社机关及全辖20个营业网点进行综合考核考评，有3个信用社被评为“服务创优工程”先进集体，14名员工被评为先进个人。

【基础设施建设】 年内，共投入10.9万元完成了20个营业网点的一米线、利率显示牌的安装，更换了部分营业网点的互锁联动门；投入7.9万元完成了基层信用社围墙厕所改造；同时加大科技投入，减少柜面压力，共投入46.8万元布放ATM机2台，累计达11台，新增POS机59台，累计达71台。通过科技建设的全面推进和基础设施建设，有效提升了县联社的社会形象和同业竞争实力，实现安全防范工作基本达标，

【队伍建设】 一是采取集中学习方式。组织集中学习4次，参加学习人员达234人次。二是采取集中培训方式，举办中层干部和信贷管理人员共72人参加的学习贯彻“三个办法一个指引”培训1期；举办会计培训3期，参训员工68人次；信贷培训3期，参训员工127人次；安全保卫应急演练1次，参训人员47人。

（赵开庆 供稿）

建设银行漫湾电站支行

【概述】 2010年，中国建设银行漫湾电站支行在上级党委的正确领导下，围绕“发展、管理、改革”三条主线，以抢市场、争份额、提速度为目标，大力开展各种金融产品营销活动，群策群力抓存款。同时转变发展方式，加快发展步伐，夯实管理基础，强化合规文化建设，不断提升精细化管理水平，促进各项工作新突破。

【机构设置】 支行内设两室一部。即行长办公室、会计营业室和市场营销部。年末在职员工5人，其中，男4人，女1人；本科1人，专科4人；35岁以下2人，36~40岁2人，41岁以上1人。

【存款】 年末一般性存款余额5188万元,较年初下降1494万元。其中，企业存款1944万元，较年初下降1572万元；个人储蓄存款3244万元，较年初新增78万元。

【信贷】 出于岗位制约和内控管理的考虑，近年来已停止发放任何贷款。年末存量贷款1笔，余额3万元，全年贷款本金及利息回收率达100%，无不良信贷资产余额。

【中间业务】 全年实现中间业务收入26万元,完成计划任务的102%。其中，个人类中间业务收入23万元，公司机构类中间业务收入3万元。

【经营效益】 全年各项营业收入116万元，较上年减少20万元；营业支出119万元，增加17万元；全年账面利润亏损3万元。

【其他经营指标完成情况】 全年发放借记卡487张，完成计划任务的121.75%。VIP客户新增9户,完成计划任务的 180%。新增个人电子银行活动客户74户,完成计划任务的148%。新增短信通签约客户

294户，完成计划任务的490%。销售基金59万元，完成计划任务的59.37%。基金定额定投客户数新增11户，完成计划任务的55%。销售纸黄金2975克，完成全计划任务的297.50%。实物黄金销售32克，完成计划任务的10.67%。柜面代理保险销售31万元。

【工作措施】 一、存款立行，群策群力抓存款。支行领导班子顺市而为，主动采取措施扼制存款下滑。把个人存款业务作为首要任务目标，坚持以存款业务促进个人银行业务全面发展的战略，围绕市政府“三个一百”发展机遇，想方设法从源头上抓资金。维护好企业存款工作，防止企业存款进一步“失血”。在各种不利因素“集结”的情况下，支行并没有等待观望，而是积极主动做好企业存款客户维护工作，加强与各单位的联系沟通，进一步巩固银企合作关系，有效扼制了企业存款下滑势头，为下年企业存款工作创造了有利条件。

二、拼抢市场，强化金融产品营销。以“抢市场、争份额、提速度”为目标,大力开展各种金融产品营销活动。利用自助设备渠道加大储蓄卡营销力度，并结合实际向客户推荐“短信小管家”进行同步营销，从而实现了储蓄卡开卡与短信通签约同步发展的良好局面。按照上级“两个渠道办银行、两个渠道做业务”的要求，加强电子银行产品营销。针对2010年资本市场运行特点，及时调整理财产品营销策略。抓住客户“保本增值”的传统理财心理，重点向客户推介纸黄金、国债、柜面代理保险和利得盈等投资风险相对较低的产品。

三、确保安全，加强案件防控。加大问题整改问责力度。按月开展员工行为排查和加强基层机构关键风险点监控检查。严格查库制度。并坚持“案件防查”工作例会制度。

四、筑牢防线，加强员工教育。开展员工职业道德教育和员工警示教育，防范道德风险。同时结合人民银行“三办法一指引”认真对照检查，深入反思，吸取教训，进一步筑牢思想道德防线，切实防范道德风险。

五、提升素质，加大学习培训力度。加强规章制度的学习，重点学习《员工从业禁止若干规定》、《员工职业操守》和《工作人员违规失职行为处理办法》等从业行为规范，以及人民银行《流动资金贷款管理办法》、《固定资产贷款管理办法》、《个人贷款管理办法》和《项目融资指引》的学习，让员工清楚自己所处的业务条线能做什么、什么不能做，避免违规。同时加强业务和产品知识的培训学习，不断提升员工自身业务水平。

六、构建和谐，加强企业文化建设。一是鼓励员工积极参加成人函授教育学习和专业技术职称等各种资格考试，进一步提升专业文化知识水平。二是丰富员工业余生活，支行工会积极开展各种丰富多彩的文体娱乐活动，进一步增进员工之间的情感沟通和交流，激发员工工作热情。三是加强团队合作，增强团队精神，引导员工树立正确的人生观、价值观和业绩观，努力构建和谐的企业文化。

七、履行责任，服务社会。积极开展反假人民币、反洗钱和征信知识宣传工作，并通过开展银行业公众教育日活动，有针对性地向公众普及金融知识，提升公众金融安全意识，改进和提高支行服务水平和质量，营造良好金融环境和秩序，为当地社会经济与金融协调发展做出更大的贡献。

（杨明彪　供稿）

建设银行大朝山电站支行

【概述】 大朝山建设银行紧紧围绕市分行党委确定的年度经营目标和各项经营任务，群策群力，全力以赴，努力克服各种不利因数和经营被动局面，进一步转变思想观念和经营理念，稳步推进转型，积极筹集资金，加强各种产品营销，不断开拓业务领域，各项工作均取得了一定成绩。全年一般性存款2936万元，实现营业收入72.3万元。

【存款】 至年底一般性存款余额2936万元，比年初减少304万元；其中人民币对公存款余额1834万元，比年初减少401万元；个人存款余额1102万元，比年初增加97万元，完成年新增计划80万霞的121%。

【各项业务产品营销】 全年共办理储蓄卡149张，完成年计划100张的149%；网上银行签约45个，完成年计划35个的129%；短信小管家签约44户，完成年计划40户的110%；信用卡客户增长2

户；销售基金37万元；基金定投签约4户；柜面代理保险销售3万元；实物黄金销售30克；募集资金总量145万元。

【经营效益】　全年实现营业收入72.3万元，其中利息收入65万元，利息支出15万元；实现中间业务净收入22万元，营业支出87.2万元，全年共实现利润-15万元。

【主要措施】　一是准确定位，抓住重点，积极营销。二是推进业务品种营销创新和服务创新，多方位发展个人银行和中间业务。三是努力开拓业务领域，积极开展代理保险业务。四是加强培训，强化管理，提升服务品质。五是扎实抓好会计基础管理工作。六是强化安全防范意识。

【存在问题】　一是员工综合业务素质有待于进一步提高，金融业务产品知识亟须进一步加强学习和培训。二是银行服务的对公和对私客户极少，客源有限，所以限制了大朝山建设银行的可持续发展。

（大朝山建设银行　提供资料）

企　业

三江半岛大酒店（吴逵峰　摄）

云县粮食收储经销有限责任公司

【基本情况】 全年共完成销售收入776.4万元，费用支出62.7万元，实现利税6.9万元。

【粮食经营】 一、粮食收购。搞好粮食收购，充分掌握粮源，是搞活粮食经营，稳定市场，确保粮食安全和维护社会稳定的重要物质基础。本着“购得进，销得出，有利润”的原则。在通过市场调研的基础上合理制定粮食收购价格，积极组织 收购，到12月31日止共收购粮食358万千克，其中玉米290万千克，大米64万千克，高粱4万千克。

二、粮食销售。根据库存粮食成本价为市场经济充分结合，按顺价销售的原则积极组织粮食销售，全年共销售原粮3639吨，分品种销售情况为，稻谷1044吨，玉米2547吨、高粱40吨、面粉8吨。

三、政策性粮食供应。在百年一遇的旱灾中积极配合相关部门做好粮食供应工作，全年共发放民政救灾救济大米722.5吨，确保大灾之年社会稳定。按总后勤部、财政部、国家粮食局有关通知精神，国家为确保军粮供应，积极筹措粮源，使云县驻军能吃上安全、优质的粮食尽力做好军粮供应工作，全年共供应大米3.10万千克，面粉8000千克，为巩固国防，促进部队建设发挥主渠道作用。

四、粮食储存。在仓库、仓容条件不断下降的情况下，严格执行储备粮食管理制度，坚持“以防为主，综合防治”的方针，做到勤防、勤检、勤治，按现有250万千克县级储备粮储备年限，7月份送样品通过权威部门检验无发现异常现象。商品粮管理全年月均库存512吨，无出现重大损失、损耗，为提高公司效益创造良好条件。

【固定资产投资】 公司为了能持续健康发展，在保证国有资产保值的情况下，自筹共投资32万元对月牙粮食收购站的仓库及烘干机大棚进行维修改造；为军粮供应创造了更好的条件，在爱华收购站修建军粮供应站，2010年8月12日通过市、县有关部门验收。

【自身建设】 组织职工认真学习国家发展和改革委员会(第5号)《粮油仓库办法》，国家粮食局公告(2010年第1号)《粮油仓储业仓房(油罐)编号暂行办法》，国家粮食局发布《粮油仓储业规范化管理水平评价暂行办法》，继续巩固学习《粮食流通办法》，通过学习专业法规，使职工业务素质不断得到提高。派出1名职工到宁波参加 第十届中国国际粮油产品及设备技术展览会；13人次到云南省商务信息工程学校学习粮油保管检验。经过学习考试，8人获国家粮食职业技能鉴定中心颁发中级保管员资格证书，3人获初级检验员证书。

【扶贫挂钩】 公司领导率相关人员共8次21人到按县委安排挂钩村爱华镇独木村指导产业发展 、养殖种植。帮助解决资金1.6万元，通过相关部门协调解决8万多元物资。

（字光祥　供稿）

云县广电网络公司

【基本情况】 按照云县人民政府办公室《关于做好草皮街片区三线入地工程配合工作的通知》的要求，积极展开广电线路入地工程工作，在规定的时间内全面完成了草皮街、瓦窑坝、琴山路、黄薯山和红旗街公路主线的地埋管道工程，共穿埋光缆11.4千米。按照云县县委、政府的部署，2010年，公司先后在城区完成了红旗街和云居、瓦窑坝桂圆小区和三江半岛的有线电视开通工作，并对新建啤酒厂、临沧监狱开发小区以及三奇光电公司完成了地埋工程和主杆线架设；9月，兴泽园小区试点EOC互联网成功开通；11月完成了茂兰镇小茂兰光缆架设工程，并开通了歇凉山和栅山林村的有线电视；同时完成了新城坝隔界河新农村主杆线架设和小丙弄漫湾二期移民村的主杆线架设和改道工程；12月底，大河口核桃厂数字电视已全部开通联网。

【安全播出】 2010年云县网络支公司加强有线电视安全播出管理工作，强化安全播出监控，特别是在3月召开的十一届全国人大三次会议和广州亚运会期间，群策群力，保证了安全播出率100%。在全体干部和员工的努力下，2010年云县支公司实行了安全播出和人身安全“零”事故的好成绩。

【经营管理】 3月24日完成支公司“全员竞聘上岗”，实行了“以岗定员”工作，员工找到了适合自己的工作岗位。12月完成了系统作风建设和创先争优活动。

继续加快数字电视转换工作。截至年底，云县支公司已转换数字电视共11137户，其中2010年转换数字电视4379台。

努力打造服务环境，制定了服务计划和用户回访制度，规定了服务时限，提高了服务质量。经过一系列的完善，2010年共维护有线电视、数字电视5137次，完成安装有线电视户数 925户，进家回访用户618户，电话回访用户312户。努力打造快速反应机制，把城区用户求助维护时间，从原来1个小时内完成维护，缩短到40分钟内完成；把乡镇用户求助维护时间，从原来2个小时内完成维护，缩短到1个小时内完成。真正做到了用户至上和服务为先的服务理念，增强了公司的核心竞争力，为公司的发展创造了条件。

全年完成营业收入528.86万元，其中：付费节目收入16.50万元。

（公司办公室　提供资料）

云南省烟草公司云县分公司

【基本情况】 年内销售卷烟1.52万箱，占年计划的100.65%,与上年同期相比增加313.25箱；其中一类烟完成1273.67箱，同期比增加834.15箱；二类烟完成258.11箱，增加192.88箱；三类烟完成3807.7箱，同期比增加149.63箱；四类烟完成4207.66箱，同期比减少764.94箱；五类烟完成5631.19箱，同比减少98.47箱。

完成销售金额2.34亿元，比上年增加4895.06万元；单箱销售收入1.54万元，同期比增加2968.33元；毛利率25.62%，同期比增加1.08个百分点；销售毛利5990.53万元，同期比增加1454.01万元；单箱含税毛利3946.76元，同期比增加894.96元。

【烤烟种植】 2010年，市政府下达云县烟叶收购计划5.96万担，抵扣2009年丰产烟叶0.96万担，实际种植收购烟叶计划为5万担，烤烟种植面积1.66万亩。全县涉及7个乡镇，48个村民委员会，其中爱华镇1.22万担0.405万亩，茂兰镇1.6万担0.531万亩，漫湾镇0.56万担0.186万亩，忙怀乡1.18万担0.392万亩，晓街乡0.44万担0.146万亩。合同签订工作于3月25日全面结束，落实责任户912户，签定合同912份，户均种烟面积18.2亩。从品种布局上看，云县年内种植KRK26和云烟87两个品种。其中KRK26品种布局在爱华镇新城坝低热河谷片区，面积0.2万亩，云烟87品种布局在其他片区，面积1.46万亩。

【烟叶收购】 年内，全县共收购烟叶4.748万担，总产值3539.62万元，均价14.91元/千克，担均价745.497元/担，上等烟比例51.34%，中等烟比例47.06%，单产2.86担，亩均产值2132.3元，完成市政府提出的每千克均价提升1元以上的目标。

【科技推广】 全面按照《临沧烤烟生产综合标准》组织烤烟生产，进一步强化科技措施，落实科技措施到位率，稳步推进现代烟草农业建设。2010年，云县新建卧式密集烤房100座，烟草补贴资金260万元，新建小水池建设250座，容量1459.185立方米，烟草补助资金8.99万元。烟叶生产工作上做到了100%漂浮育苗、预整地规范移栽、农家肥堆捂、平衡施肥、病虫害联防联治、中耕揭膜培土、封顶打杈、合理留叶、成熟采收、入户预检、平稳收购、及“四项”适用技术措施的推广使用。

年内，继续与湖南中烟、省烟科院深度合作，以“提高质量水平、突出风格特色”为重点，结合不同地域的自然环境，积极开展了特色烟叶开发，实现了“差异化原料生产”、绿色烟叶开发、有机烟叶开发的目标，开创了“基地共建、生产共抓、品牌共创、发展共赢”良好局面，促使原料保障工作上了新水平。2010年，云县生产的特色、优质烟叶，特别是中上部烟叶，已成为湖南中烟用得起、丢不掉的重点骨干品牌原料。

【抗旱保产】 2010年，云县遭遇了百年不遇的特大干旱灾害，给烤烟生产造成了严重的影响。公司积极采取各种措施，将旱灾造成的损失降到最低。

一是成立抗旱领导组和工作组，制定抗旱保苗、抗旱移栽工作方案；二是投入抗旱资金104.44万元（其中烟草投入68.85万元），确保抗旱工作取得实效；三是及时组织开挖蓄水池2646个，蓄水1.07万立方米，保证了抗旱移栽；四是科学合理地调整了种植规划；五是培育壮苗，增强了烟株的抗逆性。通过早行动、早落实，抗大旱、保民生任务得以完成，为烟叶提质增效打下了良好的基础。

【队伍建设】 一是抓烟叶科技队伍，保证了优质、特色烟叶生产；二是抓烟叶烘烤队伍、保证了烟叶烘烤质量；三是抓预检队伍，保证了烟叶等级合格率；四是抓烟叶定级员队伍，保证了国家、企业、烟农"三者"利益。年内共开展生产培训275次，参训人次达1.37万人次，邀请资深专家授课32人次，同时制定和完善了考核机制，加强了科技队伍的考核力度，为实现优质、特色烟叶的生产，发展壮大烤烟产业打下了坚实的基础。

同时，公司还通过销售例会、客户经理论坛等形式让营销队伍相互交流学习营销政策，学习相关的业务知识，从而提高客户经理服务市场、培育品牌能力，掌握市场动态等综合分析能力。

【网建情况】 全县共有持证零售户1767户，全部入网销售，入网率达100%，电话订货率达98.4%以上，电子结算率达64.24%，物流配送率达100%。

【规范经营】 客户经理加强客户管理，专卖管理人员加强市场日常监管，专销结合，着力提高辖区内市场净化率，适时召开专销联席会，相互通报情况，找准问题，对症下药，专卖人员与客户经理一一对应，明确各片区管理服务责任，并落实到人。

加强客户信息管理，所有客户通过专卖管理系统导入营销管理系统，专卖管理系统客户数量和基本信息与营销管理系统一致，入网率达100%，无虚拟客户、拆单分摊等任何形式的套购卷烟行为。

紧俏品牌按客户类别合理限量投放，顺销品牌由客户自由选择，无拿预订单和客户最低订货量、捆绑或变相捆绑销售以及任何形式的强买强卖行为，严格执行卷烟销售"六不准"。

加强对卷烟零售户资料规范管理。为了规范客户经理痕迹管理，方便卷烟零售户资料保管，健全零售户记录信息，分公司对全县零售户发放资料盒、记事本，进一步规范了零售客户单据管理。

【品牌培育和维护】 加强品牌培育和维护，特别是省内重点一二类烟的培育和维护工作。结合市场实际，确定目标品牌，明确品牌培育重点，一类烟重点维护的品牌是印象、玉溪、软珍品；二类烟是99红河；三类烟是紫云、新势力红塔山。以城网客户和乡镇经营能力强的客户为重点，进行培育和维护。农网在五类烟供货不足的情况下，帮助客户分析市场，指导客户订购适销对路的四类烟品牌，引导消费，不断提升卷烟销售结构。

加强品牌宣传促销。根据市公司节前卷烟促销方案，结合品牌积分奖励活动，对零售户进行全面宣传，增强了零售户经营高、中端品牌的信心。公司根据《临沧市烟草公司2010年"感恩客户、真情回馈"品牌积分活动方案》及"迎中秋、庆国庆，订好烟、送好礼"品牌积分促销活动方案进行品牌积分活动的宣传推广，答谢卷烟零售客户对企业的配合、支持与理解。

针对春节、啤酒狂欢节、中秋节、婚庆喜事开展机会营销。进行认真策划，拉动卷烟销量的增长和结构的提升。

【客户服务】 加强卷烟物流配送管理。加强与邮政局合作，优化送货路线，不断扩大物流配送覆盖面，提高直配到户率，缩短送货周期。

加强以对零售终端维护和客户经营指导为重点的客户服务工作。根据市公司下发的《店面形象建设实施方案》和《店面形象建设管理办法》，客户经理根据客户的实际情况，到零售客户店内，指导零售客户做好店面形象建设，并按要求分片区对店面形象进行整治，使云县的店面形象有了较大的改观。

加强卷烟明码标价工作及零售终端标价签的维护，按卷烟零售指导价标注卷烟零售价格，城网卷烟明码标价100%，农网卷烟明码标价达95%。

加强市场价格管理，确保市场价格稳定。客户经理建立样本客户动销台账，加强对样本客户的经营能力和经营毛利的预算，为卷烟品牌经营指导提供数据支持。

加强推广网上订货。根据客户的自身条件，按照客户自愿的原则稳步推进网上订货，云县全年网上订货的客户数达788户，客户经理利用网吧、烟站等场所对客户进行网上订货培训指导，提高客户对网上订货优越性的知晓率。从而降低订单成本，为客户节约订货时间。

加强提升电子结算率。为全面推进云县烟邮合作，建设快捷、高效、安全、低成本的现代物流，加大宣传，争取配合。通过向零售客户详细介绍参加电子结算是降低零售户资金风险，提高客户对电子结算工作的认识度和配合度。逐步提高电子结算率。

为进一步提高客户的经营能力和对《烟草专卖法》及相关的法律、法规的认识和了解，公司年初制定了客户培训会议计划，并按计划认真地开展工作，全年开展18场次，1700人次的培训。投入培训经费3.15万元。

【市场监管】 充分发挥政府领导下的“两烟”打假打私长效工作机制，着力整合执法资源，充分调动公安、工商、警务站、乡镇派出所等执法部门的积极性，特别是加强与工商管理部门的密切合作，签订长期性合作协议，建立市场监管协作长效机制，加大对市场非法摆卖“假、私、非”烟和无证经营违法行为的整治力度，坚决取缔无证经营，切实履行卷烟市场日常监管的职责。

以清市场、破案件、打网络为工作重点，组织开展了“春节期间市场清理专项行动”、“清理窜货经营专项行动”“清理整顿无证经营专项行动”“卷烟市场专项检查”“百日执法专项行动”，严厉打击涉烟违法犯罪行为。全年共查获涉烟案件125起，其中行政处罚案件115起，刑事立案10起，查获各类卷烟670.25万支（其中，假冒卷烟216.87万支，真品卷烟453.38万支），查获烟丝1.11吨，烟叶1.03吨，查获总案值138万元。查获的涉烟行政案件中，已结案101起，行政处罚60人。涉烟刑事案件拘留涉案人员15人，批捕2人，判刑1人。全年共上缴财政罚没款22.4万元，支付举报费和协办费17.97万元。

进一步加大法律法规的宣传力度，不断提高卷烟经营户的守法经营意识，促使广大消费者自觉形成拒假氛围。日常工作中采取召开零售户、烟农座谈会、街头法律咨询、发放宣传材料、张贴宣传标语等措施，广泛宣传烟草专卖法律法规和烟叶收购相关政策规定，制作了12个《中华人民共和烟草专卖法》和《真假卷烟识别》宣传栏装订在各烟站（点）醒目的地方。向烟农和群众发放《烟叶收购专卖管理规定》3200份、《真假卷烟识别》1000份、《吸食假烟的危害》宣传资料1000份。

严格规范证件管理工作。全县共有有效零售户1767户。新办许可证220户，变更1户，停业许可证7户，歇业许可证8户，注销许可证105户。云县烟草专卖局（分公司）有烟叶收购资格证件6个，烟草专卖批发企业许可证件1个，行政执法证件9个，烟草专卖执法检查证件12个，全部是合法有效证件。专卖管理人员在市场清理检查的同时加强对零售许可证使用情况进行检查，证件管理人员对行政执法证、检查证、烟叶收购资格证的使用情况进行定期检查，确保证件的规范和安全有效。

按照相关法律程序召开了卷烟零售点合理布局听会，对2009年制定的《云县卷烟零售点合理布局规定》作出进一步修改和完善，新的卷烟零售点布局规定更加符合云县社会经济的发展，符合新的法规要求，卷烟零售点的分布更趋合理，更加有利于加强卷烟市场专卖管理，营造良好的卷烟市场经营秩序。

【内部监管】 通过对卷烟销售和烟叶生产一线人员开展内部监管方面的知识培训，进一步提高了从业人员对内部监督管理工作内涵的认识，全面抓好专卖内部管理监督工作的贯彻落实。按照《云南省烟草行业内部专卖管理监督工作流程规范》，对2010年卷烟销售、烟叶生产开展了内部专卖管理监督，内管人员深入各烟叶收购站（点）、烟农、卷烟零售户中调查核实情况，掌握第一手资料；同时通过烟叶收购系统、卷烟营销系统、内管系统进行相关数据查询、分析、比对，重点检查与日常检查相结合，发现问题及时按相关要求进行整改。

（烟草公司云县分公司办公室　提供资料）

中国移动公司云县分公司

【基本情况】 中国移动通信集团云南有限公司云

县分公司，属国有控股上市公司。2010年，云县公司积极响应三农政策，实施以“信息到户，农民致富”为中心，以搭建服务、网络和信息三个平台，推行全县农村 “移动惠农网” 。全年客户规模、话务量和净增通话客户都有明显增长。

【经营状况】 全年业务收入完成4527万元，移动电话新增8214户，总用户数达12.64万户。年内新建移动通信基站12个，共有128个移动通信基站，主要城镇移动通信覆盖率达100%，乡镇移动电话网络覆盖率达100%。

（中国移动公司云县分公司　提供）

中国联通云县分公司

【基本情况】 中国联合网络通信有限公司云县分公司，是一家以全业务经营的大型国有通信运营企业的分支机构。2010年，中国联通云县分公司（简称）以2G移动业务、3G移动业务、互联网业务等全业务经营为主，以满足不同用户的需求，为广大用户提供方便、快捷的服务。

【网络建设】 中国联通云县分公司高度重视并大力提升网络运行质量。2009年公司加大预算投资，重点实施网络工程建设与运维达标工程。完成、建成并开通了云县县城的3G网络全面覆盖，持续进行2G移动业务的网络优化，客户对网络质量的投诉大幅下降，运营质量和覆盖效果明显得以改善。

【经营发展】 深入贯彻落实科学发展观，扎实推进惩治和预防腐败体系建设，把党风建设和反腐倡廉工作纳入本单位领导班子及其成员的目标管理，融入企业生产、经营、管理全过程，与其他工作一起部署、一起落实、一起检查、一起考核。切实加强领导，认真履行职责。带好班子，管好队伍。以领导班子及其成员为重点，切实加强和改进队伍作风建设，带头遵纪守法，坚持诚信经营。认真落实公司有关改革发展的重大决策、部署，保守党和国家机密及公司商业秘密，做到令行禁止，确保政令畅通；自觉遵守国家财经法律法规和公司各项财务管理制度，认真清理“小金库”，严防发生各种侵害公司资产的行为，和完整，禁止弄虚作假、虚报浮夸，确保财务会计信息和统计信息质量；加强投资、工程建设、物资采购和市场营销等生产经营活动管理，严格执行公司有关规定，严肃组织人事纪律，在管理人员选拔任用、调配、招聘和员工岗位调整、考核等工作中，做到公平、公正、公开，防止用人上的不正之风。坚持民主集中制，实现科学、民主决策。健全完善企业生产经营的重大决策、重大项目安排、重要人事任免及大额资金运作等“三重一大”事项决策制度，并切实加以贯彻执行。云县分公司重点以发展为路线，采取不同的营销政策来拓展云县市场，确保完成全年公司下达的任务指标，不断拓展新用户，维系老用户，使客户规模、净增客户通话数取得很好发展。在上年发展的基础上不断增加服务网点，解决用户缴费难问题，同时做好公司内部管理，强化服务意识，重点发展3G用户，让更多用户享受到3G所带来的快感和无穷乐趣。不断做好固话与互联网业务的接入工作，加大对互联网业务的发展，出现障碍及时给用户进行修复，开展净化网络内容专项工作。一是开展了短信息群发服务清理整顿工作。针对行业类应用短信息端口，广告类信息，网间垃圾短信等问题开展清理整理工作，完善企业对信息业务合作商（SP/CP）管理技术支撑手段，加大对移动信息业务资费和收费行为的管理力度；二是开展网上清理、整治，依法打击网络淫秽色情、诈骗等违法犯罪活动，净化网络环境。

【安全生产】 重点抓好人员，车辆、资金、设备安全，年内未发生人身及重大通信事故，确保通信企业稳定发展。

（中国联通云县分公司　供稿）

中国人民财产保险股份有限公司云县支公司

【基本情况】 2010年公司实现实收保费3120万元，完成年计划数的104%，同比增长率18.63%，综合赔付率为59.79%。

【拓展业务】 年内，公司把稳固车险和企业财产保险，拓展新车市场和新工程新项目作为业务工作的重中之重，在抓业务数量的基础上，坚决的丢弃屡保屡亏的“垃圾业务”。一是确保业务及时回笼，公司要求各业务部门按月上报续保业务台账，由经理室督促考核，并要求提前介入公关。一旦出现脱保，马上在公司公布，其他人员可以参与竞争，从而巩固了原有业务，大大减少了业务的流失，保证了主要险种的市场份额占有率。二是与政府有关部门建立联系网络，提前获悉新上项目、新上工程名录，并与交警部门、汽车销售商建立友好合作关系，请他们帮助收集、提供新车信息，对潜在的新业务、新市场做到心中有数，充分把握市场主动，填补了因竞争等客观原因带来的业务不稳定因素。三是做好与云县各大单位的公关工作，在工作中创新、在业务上创新。四是已失业务不放弃。不仅对2010年业务台账做到笔笔清晰，还要求业务内勤把2010年展业过程中流失的业务列出明细，分解到相关部门，要求加大公关力度，找出脱保原因，确保停产企业、转卖报废车辆的，由经办人提供确切证明；属竞争流失的，不能消极退出，而是主动进攻，上门听取意见和建议，改善服务手段，逐个突破，全面争取回流。五是大小齐抓，能保则保。由于企业改制、转产等因素对企业财产保险形成了较大的冲击，加之竞争激烈等因素，使的展业难度和展业成本大大增加。针对这些情况，全公司充分动员，统一思想，上下合力，迎难而上。做到责任到人，对保费在万元以上的实行分管领导介入，共同公关。

面对激烈的市场竞争，公司积极寻求对策，与竞争对手们展开了一场品牌战、服务战。一是争取地方政府支持。公司经理室多次向县委、县政府主要领导汇报工作，强调公司是如何加大地方经济建设支持力度，是如何围绕地方知府中心开展工作，让县委、县政府感到保险公司是真心为地方政府服务，是值得扶持、信赖和帮助的，从而对公司工作给予了很大的倾斜。二是深入老客户企业，在企业中聘请信息员、联络员，并从其他保险企业抢挖业务尖子加盟公司，赢得“回流”业务，使其他保险公司的工作处于被动状态。三是服务更加人性化、亲密化。对于云县的企事业单位及华能漫湾电厂、大朝山电站等大客户，公司进行人员分配做到专人专项服务，实行零距离接触，只要客户需要必须随叫随到，提供各方面优质的服务。四是按照向社会服务承诺和行业禁止，严格内部管控，以理赔和承保两大服务部门为切入口，全面提高公司整体服务水平。

【寻求突破口，加大市场占有面】 根据云县当前阶段的保源情况，年初，经理室经过仔细的分析研究，明确年内把摩托车保险、家庭财产保险、学生以及人身意外险作为2010年零散性险种突击，首先与交警、城市执法部门联系，请他们帮助公司代理摩托车保险业务；与县教育局取得联系，班子成员多次与分管教育部门的领导协调，最终取得保护的信任，使公司的学平险业务有所突破。

【开拓电销市场】 9月份以来，公司开通了电销业务，为使广大私家车用户使用购买。公司在街道悬挂电销宣传标语、粘贴电销宣传画，并在云县电视台连续播放电销广告1个月。公司内部专人负责办理电销业务、登记电销台账。经过努力公司完成电销业务69.4万元。

【劳动竞赛】 年内，县公司根据上级公司有关竞赛要求，积极配合开展了“泰达出行”、“金锁家财”、“家财一卡通”等保险销售的竞赛活动，并组织摩托车、责任险、意外险等突击活动，从而营造一种健康活泼、你追我赶、团结奋进的业务发展氛围。

【理赔工作】 公司从狠抓第一现场的查勘率入手，坚持实事求是，“迅速、及时、准确、合理”的原则。只要接到报案，无论事故大小，无论白天黑夜，始终坚持赶到第一现场，掌握第一手资料，严格按照快速赔付流程，为客户提供力所能及的服务。一是坚持双人查勘，限时赔付，不断提高服务质量。二是坚持24小时值班制度，并进一步提高服务水平。三是公司查勘人员还与交警队值班人员保持紧密联系，发生交通事故共同查勘，对可疑案件力查到底，杜绝假报案的发生。四是加强考核、加大督查力度。对理赔过程中出现各种问题一经查实，轻者批评教育，重者严肃处理，决不姑息。

【管理创新】 公司在抓好效益型险种业务的同时，认真梳理“垃圾”业务，对往年赔付率高于100%的劣势险种坚决予以放弃，对赔付率较高但存在一点利润空间的险种选择性承保。在管理上公司除了继续巩固和采用过去行之有效的办法外，逐步建立起全县企事业单位、各学校的信息网络，加强与保户的接触和沟通，提升公司管理水平。在日常管理中能够认真严格地按照上级公司的《财务管理规定》、《单证管理规定》和承保相关规定，积极有效的开展工作，严格遵守《财经纪律“十五条”禁令》《理赔纪律“八条”禁令》。

年初，公司经理室就下达了全年任务计划，实行从规模型发展向效益型发展的转变，加大了对赔付率考核与承保质量挂钩，彻底打破“只重保费、不重质量”的老套思想，实行新的考核机制，拿出个人30%的工资做绩效工资，做到有奖有罚，在公司全员中树立注重经营效益的观念，确保了资源的有效配置，提升了盈利空间。

【文明单位创建活动】 年内，公司多次到乡镇举行“农房保险”“甘蔗保险”“能繁母猪保险”赔款兑现大会，并把赔款送下乡、送到老百姓、养殖户手中。活动中邀请电视台的记者一同前往进行全过程的拍摄录制，在云县电视台的“新视窗”栏目播放。做到真正的广而告之，让“人保”的形象深深印入百姓的心中。

（公司办公室　提供资料）

中国人寿保险股份有限公司云县支公司

【基本情况】 全年实现总保费 1688.16 万元，比上年同期增长 8 %。其中：长期首年新单保费计划数 172 万元，实际完成数125.72万元；长期寿险首年期交计划数520万元，实际完成数270.54万元，比上年同期321.86万元，计划完成率52%，同比增长 -16 %。个险首年期交计划数 370 万元，实际完成数201.49万元；短险个险渠道计划数 42万元，实际完成数47.33万元；短险团险渠道计划数85万元（含学平险），实际完成数69.08万元；股份公司长期寿险续期保费计划数780万元，实际完成数933.55万元，比上年同期增长19 %。股份公司短险赔款意外险赔款13.33万元，赔付率11%；健康险赔款34.40万元，赔付率72%，综合赔付率29%。

【管理】 财务管理发挥杠杆作用，合理配置佣金，费用等资源。严格控制成本支出，定期分析财务执行情况，及时提出财务管控意见、建议。认真贯彻“一保两控”政策，在提高公司经营效益和资产安全等方面取得了明显的成效，业务管理发挥省级集中管理优势，优化业务流程，加大考核力度，全面推行承诺服务。以核保，核赔为中心，以柜面风险为重点，把有效降低赔付率贯彻年度工作始终。

开展了“依法经营，合规经营自纠自查”活动。检查内容涵盖销售，进一步强化了风险管理和风险防范；客户服务以“95519”省级集中管理为基础，以客户服务工作质量考核为重点，提升客户服务品质，信息技术充分发挥在公司经营管理、服务，改革，发展和创新中，不断提高技术含量；优化资源配置，推进精确管理，改善信息结构，维护核心管理系统数据和设备安全，保持高效运行，为业务快速发展提供了技术保障，为实现下一个跨越发展打下坚实的基础。

（郭云慧　供稿）

云南澜沧江酒业集团有限公司

【基本情况】 2010年，云南澜沧江酒业集团公司经历了重大挑战和考验，面对激烈的市场竞争，传统营销模式受到严峻挑战，面对消费需求的变化，给产品结构带来了必须优化的考验，面对流动资金的不足，给生产环节带来了重重困难，在严峻的局势面前，集团公司董事会围绕“强化大集团、树立大品牌、建设大市场”三大战略目标，准确判断、沉着应对，与全体职工迎难而上、共克时艰，努力化挑战为机遇，变压力为动力，使面临的各种危机、矛盾、困难都迎刃而解。年内，啤酒、茶叶生产继续保持增长势头，白酒、麦芽生产求稳，但由于受市冲击较大，产量有所下降。2010年，经过全体职工的艰苦创业，集团公司调货、出口和回款都比上年有所增长。

全年生产啤酒16.72万吨，比上年的14.33万吨增16.63%。生产白酒7089.05吨，比上年的8227.68吨下降13.84%。生产麦芽2146.37吨，比上年的4095.6吨下降47.59 %。生产茶叶890.42吨，比上年的476.96吨增长86.7%。

2010年，全集团调货6.38元，比上年的5.97亿万元增长6.87%。全集团回款64047.09万元（含第三产业612.8万元），回款率100.5 %，比上年的56531.01万元（含第三产业489.13万元）增长13.3%。

全集团出口2155.16万元，比上年的1525.67万元增长41.26%；创汇289.24万美元，比上年的209.44万美元增长38.1%。

【基础建设】 2010年，全集团产业建设投资4.26亿元，其中：投资3.2亿元建设云县20万吨啤酒生产线技改项目。投资2300万元的头道水酒谷已经建成，年可生产酱香型白酒240吨。

2010年，茶叶产业明确了产业发展的方向，制定了发展目标，已逐步走出了困境，拟投资3000万元在耿马县建设年产3000吨的ctc红碎茶生产线和年产800吨的红条茶生产线，已投入资金800多万元，预计在2011年3月底建成投产。投资建玻璃制品有限公司，并投资3100万元资金对不相匹配的生产工艺进行技术改造。

为延伸“两酒”产业链，在发展啤酒、白酒、茶业三大主导产业的同时，公司兼顾和主产业相关的惠民产业的发展。投资2000多万元在云县晓街建成了滇西最大的“良种猪培育、推广中心”和年产1万吨饲料加工生产线，年可出栏优质种猪7000多头，商品仔猪2万头。形成了酒糟配制饲料用于养殖业，养殖业废物用于生产沼气，沼气用于发电，沼渣沼液用于生产有机肥扶持种植业发展的循环经济体系。

【管理创新】 企业管理是企业发展的客观要求和必然产物，2010年4月6日，董事长主持召开管理干部工作会议，分析了澜沧江治理机制问题和管理问题，会议提出集团员工心理须看清、吸取、总结以往的经验教训，澜沧江必须成为一个学习型的企业，一个创新型的企业，一个开放型的企业。

为了适应企业发展需要，对董事会进行了充实，改组了经理会。人事管理方面逐步建立了奖惩考核激励制度，改革了薪酬考核制度，进一步改善了广大员工利益。生产管理组织方面统一采购管理方式，降低了原材料的采购价格，降低了生产成本，增加了企业利润。财务融资方面改进了思路，扩宽了融资渠道，融资能力得到增强。有力支持了企业的各个项目建设。市场销售管理方面逐步规范了以我为主的市场营销管理体系，使市场销售业绩稳中有升。

【泰皇国华联国际投资集团有限公司与云南澜沧江啤酒企业集团举行双边贸易投资协议签字仪式】 1月27日，泰皇国华联国际投资集团有限公司与云南澜沧江酒业集团有限公司在云南澜沧江酒业集团总部举行了《双边贸易投资协议》、《代理合同》、《借款合同》签字仪式。云南澜沧江酒业集团同意泰皇国华联国际投资集团有限公司作为澜沧江啤酒、白酒、茶叶、茶饮料、旅游以及其他农副产品在泰国、文莱、马来西亚、柬埔寨、新加坡等周边国家的代理商，年代理销售总额为1000万美元左右，即2010年4月1日至2017年六年总销售额为6000万美元。泰方同意支持澜沧江酒业集团实施20万吨啤酒生产线建设项目，提前预付6000万美元代理产品货款。（本条摘自《云县信息》）

（集团公司办公室 供稿）

云南凤庆糖业集团有限责任公司

【基本情况】 云南省凤庆糖业集团有限责任公司（简称凤糖集团）前身为凤庆县营盘糖厂，始建于1984年12月，建厂规模为日处理甘蔗500吨，是凤糖集团的发源地。1997年11月，凤庆县委、政府本着“盘活国有资产、扩大对外开放”的原则，以当时效益最好的营盘糖厂招商引资，与广西阳光糖业公司强强联合，成立了云南省凤庆糖业集团有限责任公司，成为云南省第一家跨地区、跨所有制的制糖企业，并于2002年、2003年先后兼并和重组了云南省云县糖厂、云南省云县幸福糖厂。集团下辖云南省凤庆糖业集团营盘有限责任公司、云南云县甘化有限公司、云南省云县幸福糖业有限公司3个生产实体。集团以食糖加工为主，同时开展食用酒精、复混肥生产等业务，主要产品有白砂糖、食用酒精、光合菌肥、复合肥等，是临沧市工业发展十强企业、云南省100强企业和云南省农业产业化龙头企业之一。

【生产情况】 集团公司2009/2010榨季由幸福公司2010年1月3日开榨开始（甘化和营盘分别于2010年1月16日、21日开榨），到4月24日幸福公司收尾结束，历时112天，累计入榨甘蔗63.08万吨，实现产糖率12.99%，实现生产安全率99.9%。

除甘蔗入榨量因受霜冻和旱灾影响，与上个榨季相比减少29.44万吨外，其余各生产指标与上个榨季相比均有所提升。

2010年，集团公司累计完成工业总产值42459万元、工业增加值21557万元，实现税收4022万元。2009/2010榨季，集团公司累计支付甘蔗款和甘蔗种苗款17778万元。

【原料生产】 集团公司2009/2010年秋冬春种植工作于2010年6月10日全面结束，累计发展新植蔗65271.72亩，比上个榨季多种植38374.26亩；累计投入原料发展有偿扶持资金4582.25万元，无偿补助给农户1593.48万元。

【抗旱救灾】 2010年的特大旱灾，给集团和广大蔗农造成巨大经济损失，面对严峻而罕见的干旱形势，为帮助蔗农减少因干旱造成的损失，凤糖集团为抗旱保苗、生产自救采取了一系列措施：一是人、财、物全力向抗旱保苗工作倾斜。集团公司逐级明确了抗旱保苗责任主体，并抽调人力全力以赴配合；核拨27.5万元专项资金购置储水罐、抽水机、水管等设施无偿提供各蔗区农户拉运水和液体肥对受灾蔗苗进行灌溉，并给予农户灌溉施工费补助5元/亩；在有水源的地方修复或者新挖简易沟渠、池塘进行引水放水和蓄水浇灌；同时指导农户选用耐旱性较强的甘蔗品种，以提高种植质量、降低种植风险。二是向全体员工发出了倡议，要求大家增强节水意识，传播节水理念，积极行动起来，从我做起，从小事做起，节约每一滴水，节约每一度电，为抗旱保收作出应有的贡献。三是倡议全体员工树立“保住蔗苗就是保住饭碗”的理念，积极参加抗旱救灾捐款，为受灾蔗农献出自己的一份爱心，帮助蔗农度过难关，最大限度减少旱灾损失。捐款倡议发出后，集团公司及各子公司纷纷组织了抗旱救灾的捐款仪式，共收到捐款7.06万元，所收到的捐款已全部用于集团蔗区抗旱救灾及受灾蔗农的救助。四是积极参加了临沧市组织的市级抗旱救灾现场捐款活动，集团公司共向灾区捐款2.50万元。

【荣誉】 3月，集团下属幸福公司工会被临沧市总工会授予“临沧市2005年至2009年度工会工作先进集体”和“临沧市劳动关系和谐企业”称号，甘化公司制炼处被授予“临沧市工人先锋号”称号。

4月28日，集团公司被云南省农业产业化经营与农产品加工领导小组认定为云南省第五批农业产业化经营与农产品加工省级重点龙头企业。

7月，集团公司2009/2010榨季生产的“晶菱”牌食用酒精再次被国家糖业质量监督检验中心授予“产品质量优秀奖”荣誉称号。

8月，集团公司下属营盘、甘化和幸福公司2009/2010榨季生产的白砂糖再次被国家糖业质量监督检验中心授予“产品质量优秀奖”荣誉称号。

9月26日，集团公司被省工信委认定为第一批500户云南省省级成长型中小企业。

11月8日，集团公司“晶菱”注册商标再次被评为“云南省著名商标”，此商标自2004年来连续三次荣获该项殊荣。

11月26日，集团公司被云南省科技厅、省国资委、省工信委、省总工会四部门确定为云南省第五批创新型试点企业。

（凤糖集团办公室 供稿）

云县甘化有限公司

【基本情况】 云南云县甘化有限公司位于国道214线祥临二级路和云保线交汇点的云县城北，

其前身为“云南省云县糖厂”，始建于1958年。1960/1961年榨季投产，建厂规模为日处理甘蔗250吨的亚硫酸法制糖企业，经过50年的改造和发展，历经350吨、500吨、650吨、1500吨多次技改，现已具备日处理甘蔗2400吨及配套日产食用酒精3万公升的生产能力。公司占地面积为50386平方米，资产总额1.52亿元，净资产为5071万元，是集农、工、贸和产、供、销为一体的综合性食品生产加工企业。

公司2009/2010榨季于2010年1月16日8:16分落蔗开榨，4月12日凌晨3:56分结束，历时86天，共入榨甘蔗18.26万吨，产白砂糖2.34万吨，累计完成产糖率12.81%，与上榨季相比增加0.1百分点；完成优一级品率97.38%,与上榨季相比下降0.39百分点，完成安全率99.91%,与上榨季相比提升0.17个百分点；产食用酒精1687.63吨，万吨蔗产酒92.42吨，与上榨季相比增加19.88吨。整个榨季共兑现蔗农蔗款4557.03万元。

公司分别于2002年、2006年顺利通过了IS09001：2000标准质量管理体系认证和GBT/22000食品安全管理体系认证。所产产品白砂糖、食用酒精均符合GB317—2006《白砂糖》及GBl0343—2002《食用酒精》国家标准。

【原料生产】 甘化公司所属蔗区覆盖云风两县7个乡镇（云县爱华镇、茂兰镇、漫湾镇、忙怀乡、晓街乡，凤庆县雪山镇、洛党镇）的57个村、339个组、7224户农户、2.9万人。5月20日，公司2009/2010年度甘蔗种植工作全面结束，整个秋、冬、春原料发展中共完成新植面积2.16万亩，比计划种植任务2.5万亩少3374万亩，完成种植计划的86.5%。其中，爱华镇完成7233.72亩，完成种植任务67.92%，茂兰镇完成8357.6亩，完成种植任务的94.43%，晓街乡完成5093.1亩，完成种植任务的124.22%。临沧监狱、忙怀乡、凤庆雪山镇、凤庆洛党镇以及凤庆三岔河乡共完成种植面积941.6亩，占种植面积的4.35%。

【抗旱救灾】 2009/2010榨季是甘化公司最艰难的一年，由于遭受百年一遇的干旱，给公司蔗区种植和生产带来了前所未有考验和困难，近6.7万亩植蔗面积遭遇干旱，宿根蔗受灾面积达5.48万亩，其中轻微受灾面积2.10万亩，成灾面积达3.84万亩，绝收面积达7067.6亩。新植蔗受灾面积达1.22万亩，成灾面积占新种植面积的56.2%，其中轻微受灾面积5518亩，成灾面积6317，绝收面积8000多亩。“种下甘蔗就是种下希望，保苗就是保饭碗”成为公司抗旱救灾指导思想。一是慷慨解囊，实施抗旱保苗生产自救活动。2010年3月1日上午，公司组织全体员工进行了“抗旱保苗，生产自救”活动中来。公司共有303人参加捐款，共收到捐款2.61万元；集团总部、晶菱公司、大有公司共计78人捐款1.26万元，集团水果基金专项拨付用于公司抗旱资金2万元；云县民政局支持公司抗旱捐助资金累计8.40万元，所有资金全部用于购买抗旱设备。二是增加投入，千方百计做好抗旱救蔗工作。灾情发生后，公司立刻成立抗旱救灾领导小组。先后利用120万元抗旱救灾资金用于沟渠修复、浇灌设施投入、液体肥浇灌、浇灌补助，购进48台抽水泵，购买17个运水罐子、7410米钢丝塑料管进行救灾；同时公司对进行蔗地浇灌的农户每亩给予5元的浇灌补助，实际完成保苗灌水面积8640亩，其中新植蔗灌水1819亩，宿根蔗灌水6821亩。

【企业文化建设】 组织开展各项文娱活动，促进公司精神文明建设和物质文明建设协调健康发展。一是组织参与全县建国六十周歌咏大合唱比赛及参与全县“劳动者之歌”比赛；二组织参加集团“弘扬新主人翁精神”演讲选拔赛；三是组织参加云县“滨江世纪城杯”篮球友谊赛。通过各种活动的开展增加公司凝聚力，陶冶广大员工的情操，增进交流，促进公司两个文明建设同步发展。

（袁忠诚 供稿）

幸福糖业有限公司

【基本情况】 云南省云县幸福糖业有限公司位于临沧市云县县城西南50公里，羊耿线12公里处。公司前身为云县幸福糖厂，始建于1981年，是云县的龙头企业，建厂设计规模为日处理甘蔗350吨。2003年按照临沧市委、市政府做强做大临沧糖业的整体部署，由凤庆糖业集团公司承接整合，并于2004年12月20日变更注册为云南省云县幸福糖业有限公司。2010年10月，广东恒福糖业集团进驻凤糖集团，形成了制糖企业的强强联合。经过20多年的改革和发展，历经多次技术改造，公司现已建成一条设计规模为日处理甘蔗2400吨、年产白砂糖4万吨、普通食用酒精3000吨、甘蔗专用复混肥2万吨及光合菌肥5万吨的生产线，是集农、工、贸和产、供、销为一体的省中二型企业。

【生产经营】 公司2009/2010榨季于2010年1月3日9:36开榨，至4月24日23:50全面结束生产，历时112天。榨季累计入榨甘蔗21.58万吨，比2008/2009榨季减少8.58万吨；生产白砂糖2.82万吨，上年减少1.11万吨；生产酒精2300.738吨，与上年度相比减少199.85吨；实现产糖率13.08%，比上年提升0.03%，居临沧市第5名；完成白砂糖一级品率99.38%，比上年度提升9.49%；完成万吨蔗产酒精106.61吨，比上年增加23.71吨。

【原料发展】 2010年，公司累计发展秋冬春原料种植2.51万亩，其中田蔗面积2945.5亩，地蔗面积2.22万亩。与上年度相比原料种植面积增加1.13万亩。

【抗旱自救】 2010年，云县幸福镇蔗区遭受了历史以来罕见的秋冬春连旱，干旱导致甘蔗原料总产量大幅度减产，2009/2010榨季比原计划减少入榨量3.4万吨，直接造成损失2178.29万元。幸福蔗区8万亩宿根蔗平均每亩减产500千克，且有大部分地上的宿根已发生坏死，下种的1.69万亩秋冬植蔗不通同程度成灾和绝收。为尽可能地减少因干旱给公司和蔗农造成的损失，公司提出了“保苗就是保生存，保甘蔗就是保饭碗”的抗旱救灾理念，本着“能保一株是一株 能保一吨是一吨”的原则，投入抗旱资金100余万元，多举措助蔗农抗旱保蔗。一是帮助蔗农对有水源，且水源较大的甘蔗地块修复灌溉沟11条40千米；二是帮助蔗农对有水源，但水源比较小的甘蔗地块购买胶水管6100米，由蔗农自己进行人工灌溉；三是公司购买了14台抽水机，提供蔗农轮流抽水灌溉；四是充分利用液体肥进行对蔗地浇灌。公司每天运出液体肥70车，每天浇灌新植蔗30亩；五是在扶持蔗农种植甘蔗过程中，优先安排抗旱品种进行种植，对那些抗旱性较差的品种下令禁止种植，以确保种植成功率；六是对那些土地比较干燥无水的甘蔗地块，采取先开挖沟暂时不下种，等待有雨水时再下种的方法以降低蔗农种植风险。

【款项支付】 2010年，累计结算甘蔗21.58万吨，综合平均收购价242.52元/吨蔗，共支付蔗款5233.75万元。综合平均运价22.79元/吨蔗，累计支付甘蔗运费496.34万元。年内共向蔗农投入有偿扶持资金1500.47万元，无偿给予蔗农的扶持资金199.1万元。年内实现税收1420万元，比上年增347万元。

【产品质量】 公司产品主要有“幸舞牌”白砂糖、食用酒精及“大朝山”牌复混肥。公司始终坚持“质量第一、信誉第一、顾客至上”的原则，产品白砂糖符合GB317—2006《白砂糖》国家标准，食用酒精符合GB10343—2008《食用酒精》国家标准，复混肥料符合GB15063—2009《复混肥料》国家标准。公司严格按照《质量管理体系认证》及《食品安全管理体系认证》进行加工、生产，产品合格率100%，产品质量顾客投诉、抽查不合格率为零。

【设备改造】 为满足原料发展现状，改善各项工艺设备，通过设备的填平补齐等方式来抓好生产，提升企业效益，公司年内共投入资金235.94万元对生产设备进行检修改造。

【安全生产】 2010年，公司严格按照“安全第一、预防为主、综合治理全员参与、关爱生命、和谐发展”的安全生产管理方针进行生产。年内死亡率、重伤率为零，轻伤率≤1%，较大违章操作设备事故零起；员工安全培训率100%，特种作业人员持证上岗率100%，隐患治理完成率100%，重大火灾事故为零。为防止和减少生产安全事故发生，实现公司安全生产方针和目标，公司总经理特向全体员工和社会作了郑重的安全管理承诺。

【污染减排】 为认真贯彻落实党中央、国务院关于开展节能降耗、污染减排治理工作的重要精神，根据临沧市“十一五”污染物减排目标任务，公司结合生产实际从全局和战略的高度出发，于2010年1月投资28万元在总排口安装一套COD在线监测装置，实现对外排水进行时时监测。近6年来，公司在节能减排及环境保护方面的投入累计已达2186万余元。下步，公司将继续以科学发展观为指导，走新型工业化道路为方向，以“减量化、再利用、资源化”为原则，认真做好污染防治及节能减排治理工作，遵循生态、经济规律，依托循环经济理论，构建新型的资源循环利用、经济发展模式，加强车间班组管理，严格执行外排水管理制度，杜绝一切污染物外排，保证达标排放。

【党政建设】 中共云县幸福糖业有限公司委员会下设4个支部，即动力支部、制炼支部、后勤支部、云县印刷支部。有党员94人，其中男党员77人，女党员17人。设立了6个党员责任区、6个党员示范车间、4个党员先锋岗、3个党员示范岗、2个先锋管理点、2个先锋机台、3个质量管理岗；建立了2个党员突击队、2个党员科技攻关小组、3个党员应急小分队，让党员在本职岗位和急难任务中勇挑重担，使党员在创先争优活动中做到目标看得见、工作能落实、党员好参加。2010年，公司党委围绕“五个好”，创建先进基层党组织。党委和党支部提出具体目标和做法，作了公开承诺。

【光彩事业】 2010年，公司累计向挂钩扶持自然村、职工子女激励、新农村建设等捐款捐物达18.24万元。年内新推蔗区道路30千米，修复2152千米，共投入资金176万元。2005～2010年，公司累计新推蔗区道路406千米，修复9550千米，共投入资金1033万元。五年内完成水利设施、灌溉沟渠及桥梁建设点多达23处，共投入资金33.83万元。有效带动了当地的运输业、种植业的快速发展，真正发挥了龙头产业和支柱产业的作用。

【荣誉】 公司生产的“幸舞牌”白砂糖、食用酒精荣获国家糖业质量监督检验中心颁发的“产品质量优良奖”。

（杜林超　供稿）

云南茅粮酒业集团有限责任公司

【基本情况】 2010年，茅粮集团内抓管理，从非公经济发展的实际出发，建立健全各岗位的管理责任制，从严把好产品质量关，不让一滴劣酒流入市场，确保茅粮系列酒品牌的质量信誉度。注重科技创新，拓展司岗里木瓜发酵果酒品牌的研究，在保障第一阵地品牌生产质量和数量的前提下，自推自销和寻找合作伙伴相结合，扩大营销范围，做长企农互惠互利的产业链，做强做大“三大产业”。

一、做好司岗里木瓜发酵果酒产业的开发，除巩固“司岗里木瓜发酵果酒（干纯）”“和谐”、“百益”“醉爽”四大品牌外，组织科研人员，进行“木瓜饮料”“木瓜醋”等新品牌的科技开发。加大与昆明奇花异果经贸有限公司联营销售“醉爽”品牌的力度，提升果酒系列品牌的经济效益。

二、2010年茅粮集团在上年续建酒基厂建设的基础上，全面完成了内部设施安装工程，在白酒经营上，除巩固原有的高、中、低档品牌外，新开发出了“福稻”、“醇粹”、“喜福”3个品牌投放市场，产品受到了新老消费者的欢迎。

三、良种猪扩繁养殖，主要是做好“大约克”“杜洛克”“长白原”美国原系品种的扩繁和培育推广，做好售后跟踪服务。2010年茅粮集团良种猪扩繁场的良种猪除销往临沧全市、大理、思茅、保山、德宏等部份县市外，首次远销缅甸国边民，同时商品猪销售也因猪价上扬取得了较好的效益。

【光彩事业】 2010年集团公司共计为山区捐赠优良品种猪80头，折合人民币6万多元。集团公司和近千名员工二次为地震灾区和其他自然灾害及个人患特殊疾病捐款20余万元。为2010年度新录取的20名贫困山区大学捐款4万元。

【荣誉】 茅粮集团被省科技厅、省工信委、省政府国资监督委、省总工会列为《云南省创新型试点企业》单位。茅粮白酒和司岗里木瓜发酵果酒二大品牌商标，被省工商局评为“全省著名商标”。公司被省工商局评为“2008年至2009年度云南省守合同重信用”企业。公司被国家农业部授予云南10家第二批“全国农产品加工业示范企业”，是临沧市唯一一家获此殊荣的企业。在开展创先争优活动中，集团公司取得的成绩和经验被中央创先争优办收集后，编印成简讯。

（公司办公室　提供资料）

云南云塑企业集团有限公司

【基本情况】 企业户数情况：企业总户数8户，按国民经济行业分类工业制造业6户，电力企业1户，宾馆及餐饮业1户。职工人数情况：年末从业人员数365人；其中男200人，女165人；中共党员52人，共青团员86人。

【生产经营情况】 主要产品产量：生产塑料制品1248吨，同比增长2.97%；天然橡胶2241吨，同比增长2.70%；发电量3887.5万度，同比增长25.72%；工业硅2290吨，同比增长24.59%。主要经济指标情况：按现行价格计算工业总产值1.02亿元，同比增长21.67%；按收入法计算工业增加值2560万元，同比增长22.90%；营业收入1.07亿元，同比增长33.12%；利润总额737万元，同比增长46.52%；上交税金422万元，同比增长5.23%；资产总额1.50亿元，同比增长9.84%；固定资产原值8050万元，同比增长16.16%；固定资产净值6100万元，同比增长8.08%；负债总额5600万元；资产负债率59.06%；所有者权益6146万元。

【盘河金属电力有限公司360吨冶炼硅“三废”综合利用项目】 计划总投资600万元（银行贷款400万元，政府补助100万元，企业自筹100万元）云县盘河金属电力有限公司360吨冶炼硅“三废”综合利用项目，年内完成购置安装除尘环保设备一套，建成收集废水处理循环池一个。通过安装除尘环保设备和建成废水处理循环池，使污染物粉尘达到国家和地区所规定的排放标准，而且做到治理污染物和综合利用相结合，化害为利，变废为宝，工业废渣做到零排放；工业废水循环利用，澄清后的尾水符合农用灌溉水质标准，可直接排入盘河，不再增加新的污染源。

（集团办公室　供稿）

云南汇智源食品有限公司

【基本情况】 云南汇智源食品有限公司系世纪金源集团著名实业家、旅菲爱国华侨黄如论先生投资创办的，是世纪金源集团旗下的一个全资子公司。公司建于2009年2月，注册资金1000万元，项目总投资5.70亿元，占地面积194.16亩，是一家集科研、种植、加工、生产、销售为一体，致力于研究、加工有机绿色食品、保健食品的开发与生产的企业。公司始终遵循“科学技术是第一生产力”的原则，坚持走企业自主研发的道路，充分发掘当地丰富的资源，保证了产品的安全性、有效性和可靠性。公司从德国、瑞典、美国等地引进高端油脂、饮料生产设备，将依靠当地资源优势和自主研发先进的工艺技术，生产出高营养价值的纯天然核桃油、核桃调和油、优质的核桃粉，富含各种营养元素的核桃乳，以及利用核桃果外壳提炼出日化系列产品等。

2010年4月，公司被列为云南省第五批农业产业化经营与农产品加工省级重点龙头企业，并被列为临沧市重点建设项目。

【生产经营】 2010年7月28日公司正式投产试运营，核桃油和核桃混合油已经成功生产，产品已经通过QS生产许可认证，ISO9001质量管理体系、ISO22000食品安全体系及有机食品认证。自产品投产后，实现了首年投产销售1500多万元骄人业绩，上缴各项利税370多万元，共吸纳当地社会就业人员100余人，公司共有员工160余名。

（公司办公室　提供资料）

云南三奇光电科技有限公司

【基本情况】 云南三奇光电科技有限公司是云县重点招商引资企业，主要从事单晶硅棒生产及切片、组装，是目前云南省首家单晶硅生产企业。

为充分发挥云县电力资源优势和江苏太阳能光伏产业发展的成功经验优势，通过云县委、县政府招商引资，2009年11月24日，由江苏客商夏学宏、夏学军等4人在云县注册成立云南三奇光电科技有限公司，注册资金1.2亿元，项目总投资6.6亿元，总建筑面积3.97万平方米。项目计划建设期5年，分三期实施：一期年产1800吨单晶硅棒建设项目计划投资3.2亿元（建成后年产值18亿元），二期单晶硅切片生产线项目计划投资1.8亿元（建成后年产值15亿元），三期单晶硅组装生产线项目计划投资1.6亿元（建成后年产值28亿元）。项目建成后年可实现总产值61亿元，税收10.3亿元，可安置就业948人（其中车间员工848人，管理和科研人员100人），将拉动相关配套产品生产企业8个，将产生较大的经济效益和社会效益，实现财政增收、经济发展、企业增效三赢格局。

【生产工艺】 公司生产用的主要原料为多晶硅、废旧硅料和边皮料，原料通过分选、清洗后按一定配比投入单晶炉进行熔融，投入单晶炉的原料用将近40个小时的时间通过熔融、拉晶和冷却后就能生产出单晶硅棒，原料的投入产出率目前约在80%-85%之间。项目采用的生产工艺（直拉法）具有节能、环保的优势，生产线实现智能化、自动化、节能化，建设了循环用水池、污水处理设施和高纯净水设备，生产中使用全软水密闭冷却，全部循环使用，所产生的废水、废气、固体废弃物等，经处理均达到零排放，做到能源开发与节约并举，统筹规划、厉行节约。同时项目产品经后续加工，成为利用太阳能的光伏产品，从而为节约能源和环境保护做出贡献。2010年9月，公司生产的单晶硅系列产品被云南工信委认定为新能源、新材料产品。

【生产情况】 太阳能光伏产业建设项目于2009年12月9日开工奠基，2010年8月24日单晶硅棒生产线一次投料试生产成功，从奠基到正式生产仅用260天，项目的建设创造了云县亿元以上工业项目最快建设记录。

截至2010年12月底，公司共有员工180名（技术员40名，均为省外招聘；本地员工140名），完成项目总投资2.04亿元，销售单晶棒43吨，产值4116万元。1号厂房20台成套拉晶设备已于2010年8月份投入生产；2号厂房30台拉晶炉正在安装调试；3号厂房钢架结构已焊接完工。投产以来，生产、销售情况正常，产品各项指标均达优等，三奇品牌的单晶棒无一退货，产品供不应求，市场前景看好。

（公司办公室　提供资料）

江天矿冶有限责任公司

【基本情况】 公司成立于2003年11月20日，注册资本为1117万元，2005年5月注册资本增至4117万元，经营范围主要为矿产开采、选矿、冶炼、加工（除黄金），重点对云县栗树乡官房矿区8平方千米的采矿权范围进行多种金属综合开发，官房矿区已经形成日采选1000吨的综合生产规模。

公司已累计投资2.4亿多人民币，总资产逾2.7亿多人民币。公司投产至2010年12月，累计生产铜金属：1.55万吨，银金属3.60万千克；实现销售收入7.1亿元、实现利润2.2亿元，上缴国家税金1.52亿元，上缴利税1.49亿元，每年为当地和周边地区提供1000多个劳动就业岗位，取得了较好的经济效益和社会效益。2006年度获“临沧市优强中小（非公）企业”；2007、2010年获“临沧市工业发展十强企业”荣誉称号。六年多来，公司经过不断努力，已经从小规模、小生产发展到了大规模、大生产，构建了安全高效、快速发展的模式。同时，根据探矿成果和前景，本公司规划将扩大规模，建成一个3000吨/日处理能力，预计可实现年销售收入5亿元、年实现利润1.5亿元的中型铜资源开发企业。

（公司办公室　提供资料）

云南云县亚太投资置业有限公司

【基本情况】 云南云县亚太投资置业有限公司（以下简称“亚太公司”）成立于2004年，注册资本人民币1亿元，其中伟星集团及其子公司深圳市恒盛道投资发展有限公司共持股90%，自然人股东陶东国先生持股10%。亚太公司是伟星集团下属水电产业的项目公司之一。

【投资云县情况】 亚太公司拥有南河——罗扎河流域的水能资源开发权，根据审批的流域规划，该流域共分四个梯级进行开发，即南河一级、南河二级、罗扎河一级和罗扎河二级电站，总装机规模为

145Mw(兆瓦)，项目总投资约为10亿元人民币。

亚太公司首期开发项目南河一级水电站于2009年9月19日投产发电。虽经历了云南百年一遇的大旱，但在全体员工共同努力下，2010年度完成上网电量14107.67万度，零安全事故。

罗扎河二级水电站作为亚太公司的第二个开发项目，前期审批工作进展顺利，目前各专项报告均已得到省相关部门的审批，正准备向省发改委申请项目最后核准。前期的临建工程，如导流洞、施工线路、施工营区、挡墙渣场、施工道路等工作已经相继完工。

【职工】 公司拥有员工50人，其中大中专毕业生30人，拥有高级职称者5人。

（云南云县亚太投资置业有限公司 供稿）

四个电站基本参数表

项目名称	单位	南河一级水电站	南河二级水电站	罗闸河一级水电站	罗闸河二级水电站
装机容量	兆瓦	2×20	2×12	2×15	2×25
多年平均发电量	千瓦时	16900万	11764万	13512万	22653万
年利用小时数	小时	4225	4902	4548	4530
总投资	万元	28000	13881	20515	40000

云县供电有限公司

【基本情况】 2010年，云县供电有限公司认真推进“抓安全、促工程、强管理、降线损、顺体制、重培训”的工作重点，售电量首次突破1亿千瓦时大关。

至年末，公司固定资产达4914.51万元，有小水电站2座，装机容量2810千瓦，有35千伏变电站8座，总变电容量2.32万千伏安，供电营业区覆盖全县12个乡镇。行政机构设办公室、党群工作部、财务部、生产技术部、安全监察部、规划建设部、电力调度中心、电力营销部、电力营销稽查中心、运行检修管理所等10个部门，有职工268人。

【供电工作】 面对百年一遇的特大干旱，制定电网运行5大风险和15项防范措施，加强运行维护管理，落实各项保供电措施，顺利完成春节、“两会”、国庆节、亚运会等重要时期的保供电工作，深得社会各界的好评。开展“万人下乡，抗旱救灾”活动，优先保证抗旱电力供应，投入抗旱资金23.62万元，员工捐款0.7万元，为抗旱救灾提供用电保障，尽了企业的一份社会责任。

【安全生产】 签订安全生产目标责任书221份，开展安全生产“责任落实年”活动和“农电安全生产专项整治月”活动，加强安全教育培训、安全知识宣传和应急演练，确保人身、电网和设备的安全。投入安措资金30.7万元，实施23项安措计划。开展现场巡监308次，发出隐患整改通知书7份，有效遏制不安全行为。完成缺陷、隐患整改552处，整改率达94%，提高电网安全运行水平。

【经营管理】 按云南电网公司电网体制改革的要求，2010年6月份，公司国有产权全面划转云南电网公司成为全资子公司，实现了“在股改中融合、在融合中发展”的目标。完善公司法人治理，落实了4项重大决策。加强资金管理，制定5年还贷计划，归还银行借款50万元，规避经营风险。开展“小金库”专项治理工作，确保公司经营管理合规、合法。

【优质服务】 抓住新增电力用户的机遇，开辟新的用电市场，确保云南汇智源食品有限公司、云南三奇光电科技有限公司、云南澜沧江酒业集团20万吨生产线建设等项目的用电。办理业扩报装1953户，报装容量2.30万千伏安，无超时情况。扎实推进优质服务工作，“95598”呼叫中心接听电话8780次，故障抢修737次，故障抢修无超时情况。

【线损管理】 以“节能降耗”为重点，清洁生产通过审核认证，不断提高公司的经营效益。绘制输配电线路地理接线图和交叉跨越图，完善线损管理基础资料，公司综合线损率同比降低3.36个百分点，有效促进线损管理工作。加大营销稽查和用电检查工作，追补损失电量20.72万千瓦时，追缴电费12.85万元，挽回了电费损失。

【电网建设】 编制“十二五”电网规划上报云

云县供电有限公司主要经济技术指标表

指标名称	单位	本年完成	上年完成	同期相比%	备注
供电量	万千瓦时	12570.29	10828.65	16.08	
售电量	万千瓦时	11189.69	9276.06	20.63	
售电收入	万元	5157.28	4114.28	25.35	
售电平均单价	元/千千瓦时	540.10	514.50	4.98	
供电总成本	万元	5282.28	4262.61	23.92	
供电单位成本	元/千千瓦时	211.48	203.85	3.74	
最高日供电量	万千瓦时	35.16	26.12	34.61	
最高日负荷	万千瓦	2.65	2.06	28.64	
线损率	%	10.98	14.34	优于3.36个百分点	
综合电压合格率	%	96.02	97.43	降低1.41个百分点	
城市供电可靠率	%	99.84	99.91	降低0.07个百分点	
农村供电可靠率	%	99.60	99.41	提高0.19个百分点	
负荷率	%	59.6	58	提高1.6个百分点	
电费回收率	%	100	100	持平	
企业总资产	万元	4854.54	4873.43	–0.39	
固定资产原值	万元	4854.54	4584.07	5.90	
固定资产净值	万元	3266.78	3351.73	–2.53	
销售收入	万元	5157.28	4188.84	23.12	
实现利润	万元	–96.23	–153.41	减亏57.18万元	
上缴税金	万元	378.53	320.99	17.93	
全员劳动生产率	万元/人年	25.69	16.87	52.28	

南电网公司审定，规划总投资4.95亿元，建设110千伏变电站2座，35千伏变电站7座，改造一户一表6.46万户。完成35千伏后箐输变电工程项目的可研编制，做好35千伏茂兰镇输变电工程建设工作。完成无电人口通电工程10千伏线路40千米，0.4/0.22千伏线路45千米，安装配变41台，一户一表1092户。中西部农网完善工程完成投资1083万元，架设10千伏线路12.2千米，0.4/0.22千伏线路12.5千米，安装配变5台，一户一表252户。

【大修技改】 完成大修项目16个，投资200.07万元，重点实施变电站、电站、35千伏及以下线路设施缺陷整改工程、昔汉电站引水渠修理。完成技改项目15个，投资204.69万元，重点实施35千伏头道水变T接改∏接输变电工程及一、二次设备完善工程、35千伏栗树乡变10千伏出线完善工程，进一步提高供电可靠率。

【科技推广】 完成变电设备管理、运行管理、缺陷管理、工作票管理等4个变电模块的上线运行工作。完成办公自动化系统上线运行，提高工作效率。完成线路生产管理信息数据和配网GIS数据采集工作。

【基础管理】 加大“1149”战略实施工程推进力度，实施“创先”提升计划，重点推进安全生产和节能降耗工作。深入推进农电组织绩效管理，分解细化农电绩效考核指标，促进各项工作上水平。加大绩效考核力度，考核扣款9.26万元，奖励2.96万元，执行力进一步提升，重点工作有效推进。

【班子建设】 坚持重大事项集体商定的原则，提高班子的领导能力和决策能力，召开党政联席会13次，集体商定事项25项。贯彻落实“一线工作法”，上报跟班记录136份，撰写调研报告22篇，重点做好乡镇供电所上划人员的合同转签工作。加强中层干部的锻炼和培养，调整7人，提拔2人，免职2人，优化人力资源配置，调动和挖掘公司内部人力资源。

【教育培训】 制定下发教育培训计划和52项员工素质工程建设推进项目，举办内部培训145期，外送培训60期，2324人次参加培训，培训积分11010分，重点开展了供电所长、业扩报装、抄核收三个岗位普考培训和调考工作。开展城农网建设与改造工程立功竞赛活动，确保2009年投资任务顺利完成。

【党建工作】 做好党员的组织发展工作，发展入党积极分子7名，预备党员3名，增强公司支部建设的力量。组织210人次参加的“三会一课”及中心组学习，制作“廉洁自律教育月”活动展板1期。以创先争优暨艰苦奋斗作风教育为主题，组织召开领导班子民主生活会，认真开展评先争优活动，评出年度先进集体和个人52个，在公司树立起学先进、争当先进的良好氛围。

（罗应活 供稿）

临沧交通运输集团公司云县分公司

【基本情况】 分公司有在岗职工272人，退休人员228人，下设综合办公室、安技科、财会科、保卫科、物业管理部等5个科室；设客车队、客运站、修理厂、驾培学校、综合服务商场等5个产业单位；有农村客运站11个，拥有车辆439辆，教练车40辆。客运车辆399辆，客运车辆中大卧23辆，大客11辆，中客118辆，微型小客21辆，城市出租车205辆，城市公共车8辆，城郊公共车13辆。有市际班线10条；县际班线11条；县内班线29条。总资产2224.60万元。

【经营情况】 2010年完成客运量83.40万人次，旅客周转量15.39万人/千米，实现总收入5195.30万元，同比增加1258.74万元，上缴税金178.34万元，同比增加44.07万元，缴纳社会统筹及住房公积金45.42万元，同比增加7.34万元。在完成集团公司下达的2010年生产经营任务335.44万元的基础上实现了生产经营利润65.27万元，同比增加64.81万元（冲减2006－2008年税收及罚款60.24万元，报表利润为5.03万元）。2010年职工月平均工资1819.21元，同比增加247.52元。2010年共发生上报事故8

起，其中特大事故1起，重大事故2起（1起重大事故无责），死亡5人，受伤2人，经损35.4万元。事故责任率53%，百车事故率0.96次，死亡率0.22人，伤人率0.22人，经损率7.96万元，同比百车事故率下降0.74次，百车受伤人数下降0.51人，百车死亡人数上升0.06人，百车经损下降2.14万元。

全年旅客运输安全有序，“元旦”“春运”“五一”“国庆”黄金周实现站不压客，做到了使旅客走得安全、走得及时、走得有序、走得满意，确保了客运生产持续稳步发展。

（公司办公室　提供资料）

云县源盛供排水物资有限公司

【基本情况】　云南省云县源盛供排水物资有限公司是承担云县县城及城郊6万余人自来水供给及消防、绿化、卫生用水供给的民营供水企业。拥有水处理厂3座，日供水能力1.6万立方米，供水主支干管网130多千米，供水覆盖面积为主城区、大河口片区、河湾片区、田心片区、平掌片区、水磨片区、德胜片区等。用水户6000多户。公司总资产3000多万元，员工80多人，其中专业技术人员30多人。公司党、政、工、青、妇等组织机构健全，下设行政办公室、计财部、供排水分公司、奥白沙水业分公司等生产管理运作机构。

【生产经营】　2010年公司共计售水234.28万立方米，比上年增加18.9万立方米。其中：居民生活用水103.30万立方米；行政事业用水45.58万立方米；工商业用水83万立方米；特种行业用水2.4万立方米。实现销售收入552万元，全年共计新安装DN15-DN65供水管10.09千米，解决用水户620户，用水人口3000多人。

【项目建设】　2010年县城供水改扩建项目得到如期实施，全年共计安装DN100-DN300供水主支干管9.65千米，其中DN100供水管2.6千米；DN150供水管2.6千米；DN200供水管0.85千米，DN300供水管3.6千米，解决了县城至大河口沿线和河湾片区企业及居民用水需求，全年完成投资300多万元。

【光彩事业】　2010年公司支持大朝山西镇昔元村道路修缮资金2.97万元；抗旱救灾8180元；支持晓街乡松坡村新农村建设5000元；爱华社区巡防队1000元；爱华镇平掌村委会1000元；爱华镇刘家箐村委会陡坡小组新农村建设1000元。

（公司办公室　供稿）

云县凯达医院

【基本情况】　云县凯达医院是云县社区卫生服务站，是云县城镇职工医疗保险定点医院，新型农村合作医疗定点医疗机构，临沧卫校教学实习医院，临沧市艾滋病检测点，临沧市人民医院医疗业务技术定点帮扶医院，云县高校毕业生就业见习基地。临沧市中医药协会团体会员单位。临沧市第一家县委派驻党建指导员的社会组织。

云县凯达医院始终围绕“以人为本，构建和谐医患关系”为主题，结合行业特点和实际，突出抓好本院的中医、骨伤、颅脑、肝肠（痣漏）等科的特长技术和服务品牌。全年医院继续保持了“无争议、无纠纷、无事故、无投诉”的良好局面，为云县卫生事业健康发展做出积极的努力。

至年末，全院有在职职工56人,其中男职工22人，女职工34人；最大年龄79岁，最小年龄18岁；有医护人员46人；有副主任医师3人，主治医师6人；大专以上学历14人，中专以上学历36人；职业护士(师)6人，占医护人员数的13%，占护士人数的40%；其他各类人员10人；有中共党员23人，其中女党员7人，预备党员5人，有共青团员20人。

医院有工作用房4000余平方米，其中医疗业务用房3500余平方米，行政工作用房500余平方米。2010年共批准开放病床99张，比上年增加55张，年内实际开放病床45张。主要开展内科、儿科、耳鼻喉科、口腔科、妇产科、外科、传染科、医学影像科、骨伤科、中医科、医学检验科等医疗业务。其中:中医科、骨伤科、颅脑外科、肝肠(痔漏)科仍然是医院的特长技术和服务品牌。

【业务开展】　2010年，共诊疗门诊病人2.93万人次，其中中医患者2016人次。收住入院741人次。成功开展各种手术 446 例，实施化验检查 6397人次，进行X光透视、拍片5099人次5977张，开展超声影像检查3892人次，震波碎石158例。完成县疾控中心下达2010年度脊髓灰质炎疫苗强化免疫儿童服药任务300份，完成孕产妇HIV自愿检查55例。

【实习生带教】 2009～2010年度，临沧卫校安排到凯达医院实习的学生共14名，实际到院实习10名，分别是护理专业6名，检验专业2名，药剂专业2名。中途转院实习2名，实际在医院实习结束8名。根据双向选择，8名实习生实习结束后在医院就业5名，占在院实习人数的63%。

【学习培训】 云县凯达医院始终坚持以岗位职业道德、岗位职责、岗位操作技能和医疗安全及业务理论为主要内容开展政治学习和业务培训，采取选送培训、医院岗位培训等方式搞好培训工作。年内，医院先后共派出近百人次，分别参加了省、市、县级举办的各种培训班17期。

【深化医疗卫生体制改革】 为进一步深化医疗卫生体制改革，充分发挥上级医院人才、技术、设备、教学、科研优势，加强上下级医疗机构与医务人员之间专业技术交流，更好地为广大人民群众提供客观、科学、优质的基本医疗服务，提高医院全体医护人员的整体医疗诊治护理水平，营造“送出去进修学习，请进来帮扶指导”的交流平台，在不断聘请国家医疗卫生单位离退休高级职称医务人员的基础上，与临沧市人民医院签定了《医疗业务技术帮扶协议》。临沧市人民医院将以甲方的名誉长期作为医院医疗业务技术定点帮扶医院，定期不定期地派出医疗专家到凯达医院指导工作。

【开展创先争优活动】 一是成立领导小组，制订实施方案。根据中共云县委深入开展创先争优活动领导小组（云创组〔2010〕3号）《云县非公有制经济组织深入开展创先争优活动的指导意见》文件和中共云县卫生局委员会（云卫党发〔2010〕13号）《中共云县卫生局委员会关于印发〈在党的基层组织和党员中深入开展创先争优活动的实施方案〉》文件的通知，云县凯达医院成立了以党支部书记为组长，党建指导员为副组长，支部委员为成员的创先争优活动领导小组，根据上级的总体要求，结合行业特点和凯达医院的实际，制定了凯达医院开展创先争优活动实施方案，并召开支部全体党员大会进行表决通过。二是抓宣传，充分认识开展创先争优活动的重要性。根据实施方案，党支部及时召开全体党员会议学习了胡锦涛总书记在学习实践科学发展观总结大会上的讲话精神，党支部书记和党建指导员分别参加了省卫生厅、省民政厅、县委、县卫生局组织召开的创先争优活动安排部署会议和经验交流会。在院内同时将创先争优活动的核心内容“五好、五带头”，党支部公开承诺和卫生系统开展创先争优的实施方案制作成展版宣传到全体党员和职工。三是抓落实，凝聚人心，促进医院发展再上新台阶。活动开展以来，凯达医院主要做了以下工作：（一）党支部进行了换届，修订完善了党建工作十三项长效制度和深化党员示范窗口、党员先锋岗活动。（二）党员挂牌上岗，接受群众的监督。（三）党支部书记、院长定期不定期查房，并即时进行点评制度。（四）按党章规定办理了5名预备党员的转正手续，同时发展了5名预备党员，确定了2名入党积极分子，并安排到县委党校参加了入党积极分子培训。（五）继续深化人事制度改革，再次进行了竞聘，17人成功竞聘了19个岗位。（六）聘请3位县人民医院、妇幼保健院退休的高职称医生，并与临沧市人民医院签订了长期业务技术定点帮扶协议，使整个医院的诊疗技术有了更进一步的提高。（七）积极开展双培养工作，党支部成立以来，先后将2名党员培养为技术骨干，13名技术骨干培养为党员，双培养工作取得了突出成绩。（八）凝聚人心，积极开展和参加各种节庆活动，五一节组织全院干部职工参加了县总工会组织的“劳动者之歌”歌咏比赛。

【基础设施建设】 云县凯达医院社区卫生服务站（综合楼）和多功能综合楼，于2009年12月11日正式开工兴建，总建筑面积为2500.41平方米，工程预算投资310万元，由爱华建筑工程公司负责承建。在改善硬件基础设施的同时注重加强医院的软件建设。积极向县、市、省三级卫生行政主管部门申请配置0.35T型磁共振成像系统(MRI)等一批大型先进医疗设备，各项申报、审批工作正在有序进行之中。

【光彩事业】 2010年云县凯达医院为抗旱救灾捐款4700元人民币，其中医院集体捐款2000元，全体党员捐款1700元，团支部捐款1000元，在参加抗旱救灾捐款活动中，党支部书记、院长王凯个人荣获了中共云南省委组织部授予的云南省“共产党员抗旱先锋行动”特别捐献证书。

春节前夕，向县“送温暖、献爱心”捐赠办公室捐助了2000元人民币；支持云县发展改革局2000元人民币为挂钩村幸福红岗小学建设篮球场；配合云县审计局到云县茶房乡文雅村进行春节慰问贫困户10户，发放慰问品折合人民币1600元；资助中国人民解放军武装警察部队云县消防大队部队建设资金2万元；“八一”期间向中国人民解放军武警云县中队、武警农场二中队、云县消防大队赠送了节日慰问金。

【内务管理】 根据云县凯达医院云凯发〔2010〕3号《云县凯达医院关于2010年度科室主任、科长竞聘上岗有关事项的通知》通知，云县凯达医院2010年度科室主任、科长竞聘上岗工作在全院干部职工的积极参与和支持下，经竞聘考评领导小组按各项竞聘流程考评，有17人竞聘了19个科室主任岗位。

【领导名录】 院长：王凯。院务管理委员会主任：查学康。

（黄凤桐 供稿）

农林水电

大寨河一、二、三级电站举行开工庆典（吴逵峰　摄）

农业生产

【概述】 2010年云县农业工作继续搞好重大农业科技推广，开展好农业农机技术培训，不断提高农业劳动生产率。在抓好冬季农业开发，搞好甘蔗种植工作，巩固退耕还林成果基本口粮田项目上取得了新突破。以种子执法年活动为契机，在做好杂交玉米种子生产同时，从源头上进一步规范“两杂”种子营销行为，保证了种子质量。全县共完成大小春粮食作物种植78.18万亩，实现粮食总产量16.48万吨，比上年增5167吨，继2004年起实现连续七年增产，再创历史新高。其中：完成大春粮食生产49.08万亩,比上年增2.08万亩，实现大春粮食产量14.72万吨，比上年增1.42万吨；小春粮食生产因百年一遇干旱完成29.09万亩，同比减2%，实现小春粮食产量1.76万吨，同比减33.9%。

【惠农补贴】 落实中央油菜良种补贴、农资综合补贴、以水稻为主农作物良种补贴3426.71万元，受益群众194个村（办）、2个农场、9.6万户38.6万人，人均受益88.78元。落实甘蔗政策性保险19万亩，保费总额484.5万元。完成中央财政农机具购置补贴120.40万元，补贴农机具1429台（套），受益农户1408户，带动农民投入380.09万元。为76只机动渔船和1户网箱养殖户兑现渔业燃油补贴6.62万元。

【甘蔗生产】 紧紧围绕“新植甘蔗4.5万亩”的目标任务，积极配合2个制糖企业和涉蔗乡镇完成2009年/2010年榨季秋冬春甘蔗种植4.66万亩，占任务4.5万亩的103.6%。其中：完成秋冬蔗种植3.29万亩，占任务的90.5%；完成春蔗种植1.37万亩，占任务的138.1%。由于受百年一遇干旱灾害的影响，云县2009年/2010年榨季甘蔗产业受灾损失严重。甘化、幸福2个制糖企业仅组织入榨甘蔗39.84万吨，同比减21.85万吨。新植蔗绝收面积达1.37万亩，占新植面积的29.4%。面对甘蔗产业严重受灾的不利形势，云县采取有力措施加快恢复发展甘蔗产业，对可恢复的绝收甘蔗进行补植补造2.63万亩，积极争取实施云县5500亩（其中良种扩繁园500亩，“双高”甘蔗生产基地5000亩）国家糖料基地项目，认真组织抓好2010年/2011年榨季7.6万亩新植甘蔗生产，尽快恢复发展甘蔗产业。2010年，云县甘蔗生产面积14.03万亩，其中高优蔗园8.25万亩，产量56.16万吨。

【冬季农业开发】 冬季农业开发按照“突出重点、体现特色、形成规模、讲求效益”的原则，抓好优质冬小麦、优质饲用大麦、优质冬油菜、优质冬马铃薯、优质冬玉米为主的冬季作物开发，主攻良种良法综合配套技术措施推广，认真组织落实抗旱保苗措施，最大限度地减少小春生产和冬季农业因灾造成的损失。全县共完成小春农作物种植34.39万亩，占计划的104.2%，同比增8096亩。其中：完成冬季农业开发14.67万亩，占计划的101%，同比增6364亩；实现冬季农业开发总产值7250万元，同比减1270万元。

【农业农机技术培训】 结合实施重点农业项目和科技推广项目，云县农业局共组织完成农业适用技术培训14.31万人（次）；举办“绿色证书”培训班5班，受训558人，其中获证211人。组织农机驾驶操作人员技术技能培训6期，培训合格农机技术技能人员（农民工）1624人，其中：拖拉机驾驶员479人，农村机械维修人员（农民工）165人，农副产品加工操作手（农民工）450人，农田作业操作手（农民工）530人。

【重大农业科技推广】 引进水稻精确定量栽培技术试验示范200亩。完成省部级水稻高产创建3片，创建面积3.071万亩，示范区平均单产 689.3千克，比上年该区域平均亩增103.96千克。配合县科技部门完成创建玉米高产示范2.06万亩，平均单产658.6千克，项目区比上年平均亩增86.2千克。实施果树（核桃）+粮豆示范8.09万亩，辐射带动36.09万亩，示范区平均单产354.55千克，比非示范区平均亩增产粮食69.25千克。组织完成“3414”田间肥效试验13组（其中玉米7组，水稻4组，甘蔗2组）。实施测土配方施肥示范点8个，示范面积1.66万亩。实施测土配方施肥监测点36个。制定田间施肥配方14个，制作并印发配方施肥建议卡5万份，制作发放测土配方施肥技术挂历4.5万份，推广大春农作物测土配方施肥技术27.58万亩。

【杂交玉米种子生产】 年内，组织完成优质杂交玉米种子生产2958.8亩，生产合格种子33.43万千克，分别由北京奥瑞金种业股份有限公司、云南田瑞种业有限公司生产。其中：北京奥瑞金种业股份有限公司在爱华镇新城坝完成玉米种子生产组合1个，生产面积836亩，生产合格种子10.6万千克；云南田瑞种业股份有限公司在茂兰镇忙卓村完成玉米种子生产组合4个，面积2122.8亩，生产合格种子22.83万千克。

【“三个一百”目标任务】 2010年，县农业局累计争取到上级资金2302万元（不含种粮农民补贴4757万元），占县人民政府下达任务的48.4%；完成农业固定资产投资6258万元，占任务的46.1%；完成农业招引资到位资金1597.73万元（含畜牧局），占任务的163.2%。

【巩固退耕还林成果基本口粮田项目】 一是启动并全面完成云县爱华镇永胜村2009年重点退耕还林地区5000亩基本口粮田项目建设，改造修复农田灌溉沟渠1.01万米，其中三面光沟8489米，修建坝头1座，建设机耕路1100米，完成坡改梯982.3亩，完成土地平整491亩，永胜村17个村民小组、1006户4498人受益，改善灌溉3700亩，恢复灌溉800亩。二是启动并全面完成幸福镇2008年巩固退耕还林成果5900亩基本口粮田项目建设，改造修复农田排灌沟渠7条1.59万米，其中三面光沟9715.9米，修建坝头5座，建设农耕路4150米，完成坡改梯605.7亩，幸福镇邦洪、勐底2个村3925人受益，改善灌溉4200亩。

【沼气建设】 组织完成了2009年3000户农村沼气国债项目和10户国债沼气村级服务网点建设扫尾工作。争取实施农村沼气国债项目两批，新增“一池三改”1400户，新增沼气村级服务网点15个，新增养殖小区和联户沼气100户。启动2010年农村沼气国债项目实施工作。年内，共完成农村沼气池建设3000户，完成养殖小区和联户沼气24户，建成沼气村级服务站14个，配备兼职服务人员14人。

【农村劳动力转移培训】 围绕“强化职业技能培训和劳动力证书培训，新增转移农村富余劳动力1万人”的目标任务，认真贯彻落实“农民因灾损失劳务补”的工作措施，积极争取实施2010年中央农村劳动力转移培训“阳光工程”项目，助推农村劳动力转移培训和创业培训。以“绿色证书”培训和“农机技能培训”为依托，推进农村劳动力技能培训和证书培训。以中央“阳光工程”项目、能人带动和用工信息收集传输服务等方式，推进农村富余劳动力转移。年内，共完成农村富余劳动力转移和技能培训2.52万人，占市下达任务的 100.7%；新增转移农村富余劳动力2.23万人，占市下达任务的101.3%，占县人民政府下达任务的223%；实现农民外出务工收入 1.38亿元，同比增 2331 万元，农民人均 357 元。

【种子“执法年”活动】 2010年，共组织召开14户种子经销户参加的种子营销座谈会，举办种子营销人员培训班2期，受训人员31人，从源头上规范“两杂”种子营销行为；完成种子经营备案94户，同比增加36户，登记经营品种108个。发放禁止销售散装种子和未审定种子通告400份，印发禁止私自制种的通告100份，印发引导购种资料4400份；出动执法人员321人（次），制作悬挂“种子执法年活动”标语12条。出动种子执法人员321人（次），车辆55辆（次），先后对全县12乡镇19个集贸市场的116个种子经营门市进行检查。累计检查粮食作物种子895个品种，检查出未审先推品种51个，发放整改通知书59份；共没收、销毁未审先推种子290千克，涉及品种20个。立案调查2起，并已结案，处以罚金1500元。共检查种子标签106个，其中基本合格70个，不合格36个。共扦取种子样品106个，涉及“两杂”品种79个，分别对水分、发芽率、净度进行检测，根据检测结果，要求经营质量不合格“两杂”种子的经营户进行限期整改，停止销售不合格种子。

协调种子经销商与农户调解处理种子纠纷7起，积极妥善协调处理好中种集团2千克装“农大68”种子异常问题，协调结果云县凡种植由中种集团委托代销2千克装 “农大68”种子的农户，每亩由中种集团负责补偿200元，共核实兑现补偿资金220.63万元，涉及全县11乡镇、94个村、289个村民小组、2893户农户，从而弥补了农户种植2千克装“农大68”种子造成的损失。

加大秋冬种子市场监管。在县公安局永胜警务站的支持、配合下，查获违法贩运散装杂交玉米种子33起，涉案种子5.24万千克，教育违法人员103人，其中：按相关法规予以处罚23起，没收种子4.11万千克；扣押种子待处理10起，涉及种子1.13万千克。

【省级重点建设村项目工程通过初验】 7月29～30日，由县农业、财政、监察、发展和改革等部门组成2009年社会主义新农村省级重点建设村项目工程验收组，对农业局在爱华、茂兰、幸福、大朝山、大寨、茶房、晓街等乡镇实施的新农村省级重点建设村项目工程进行县级初验。

项目主要建设内容：完成15个重点村硬板路建设，共建成村内硬板路15千米，5.20万平方米；完成新建房51户，旧房改造174户；完成改厕98间，改厩8间，修建公厕2间，整治排水沟5800米，建成沼气池149口。受益农户达1461户，5568人。

通过听、看、查、访，初验组对农业局实施的项目给予了肯定，要求各项目点在项目实施方案的要求下，进一步完善项目，制定管理方案，加强督察，使实施的项目发挥应有的效益。

项目的建成，加快推进了农村绿化、美化、亮化工程建设，人居环境得到明显改善，切实解决了贫困群众住房问题；改善了村容村貌，一些地方长期存在的脏、乱、差得到了有效治理；着力推进小康、文明、生态、和谐的社会主义新农村建设，为营造文明乡风，促进农村的稳定与和谐发展奠定好基础。（本条摘自《云县》县讯）

【做好2万亩玉米高产创建工作】 一是成立项目工作领导小组，制订实施方案，组建由农业技术人员组成的专家技术指导组。二是在爱华镇和幸福镇分别确定“百亩核心区、千亩展示区、万亩示范区”的具体实施地点，2个百亩核心区在爱华镇德胜村和幸福镇幸福村，共涉及农户126户，示范面积223亩。三是积极落实各项扶持政策，对百亩核心区每亩补助优良玉米种子2.5千克，补助复合肥40千克，尿素20千克及部分农药；对千亩展示区补助部分优良种子及化肥；在万亩展示区，由县农业局、乡镇农业综合服务中心对项目实施村及农户做好优良种子推荐、并负责规范种植、中后期科学管理技术培训等工作。（本条摘自《云县信息》12期）

（李子鸿　供稿）

农村经济管理

【概述】 2010年，云县农经工作紧紧围绕建设农村和谐社会和社会主义新农村建设的战略目标，以服务“三农”为工作宗旨，以增加农民收入为中心，不断强化农村土地承包、农民负担及农村集体资产、资金、资源“三资”管理工作。为搞好农村“三资”管理，县、乡农经干部积极配合财政局对全县乡、村公益性债务进行全面清理。向上级申报的农经项目有三种类型，共17个，上报扶持资金250万元。认真做好农经统计工作，2010年，云县被省农业厅列为农产品成本核算县，并已开展了甘蔗成本核算工作。做好农业成本核算工作，对各级政府研究和制定农产品价格与流通政策，加强宏观调控，科学组织生产，为优化种植结构提供了科学依据。

【农村“三资”管理】 严格按照统一的政策口径，采取乡村自查、逐项逐笔清查核实的方法，有计划、有步骤地开展债务清理工作，切实做到债权人、债务人、债务形成时间、债务金额、债务期“五个明确”，为逐步逐年化解乡村债务打基础，是进一步加强农村“三资”管理的重要手段。按照临沧市农村综合改革领导小组《转发云南省农村综合改革领导小组转发国务院农村综合改革工作领导小组关于开展清理化解其他公益性乡村债务工作的意见的通知》临农发〔2010〕1号文件的要求，县、乡农经干部积极配合财政局对全县乡、村公益性债务进行全面清理，结果为：

一、2005年12月31日以前乡村公益性债务318笔，债务总额2689万元（本金2624万元，利息65万元），其中乡镇债务135笔，债务总额2235万元（本金2189万元，利息46万元），村级债务183笔，债务总额454万元（本金435万元，利息19万元）。

二、2006～2009年，新增加乡村公益性债务198笔，债务总额2140万元（本金2096万元，利息44万元），其中乡镇债务69笔，债务总额1666万元（本金1625万元，利息41万元），村级债务129笔，债务总额474万元（本金471万元，利息3万元）。

【农村土地承包管理】 一、进一步强化农村土地承包纠纷调处工作。随着《农村土地承包法》的实施，特别是国家取消农业税的同时，对种粮农民实行政府补贴以后，农民珍惜土地，保护承包田地的意识进一步增强，农村土地承包纠纷出现上升的趋势。2010年，全县共发生土地纠纷153起（土地承包纠纷），通过采取分级调解，经乡村两级调解，已达成协议的有150起，调处率95%。

二、认真做好土地承包经营权流转情况调查工作。按照云南省农业厅《关于上报农村土地承包经营权流转有关情况的通知》要求，及时组织业务人员对全县农村土地承包经营权流转有关情况进行了全面的调查和分析，全县农村土地承包经营权流转农户716户，占总承包农户0.8%，流转面积7859亩，占总承包面积的1.4%，在全面掌握全县农村土地承包经营权流转的基础上，对流转特点、流转方向、流转形式等进行了研究和分析。

三、认真组织学习《中华人民共和国农村土地承包纠纷仲裁法》。通过采取以自学为主，统一学习为辅，学习《中华人民共和国农村土地承包纠纷仲裁法》为主，学习其他有关土地承包法律法规为辅，学习与宣传相结合的方法，对《中华人民共和国农村土地承包纠纷仲裁法》进行了全面地学习和宣传，不断提高工作人员业务素质，使他们能够严格按照仲裁法的规定调解和仲裁土地承包纠纷。

【农民负担监督管理】 一、健全和完善农民负担管理制度。在进一步完善农民负担监督管理“四项制度”和党政领导负责制的基础上，把有关减轻农民负担工作细化分解到各个减负职能部门，确定牵头单位和配合单位，明确了责任范围和工作期限，建立了各职能部门权责明确、密切配合、各负其责、齐抓共管的机制。

二、及时兑现各级政府惠农政策。全县共兑现支农惠农资金8220.95万元。比上年减少2462.34万元。其中：发放粮种补贴1792.81万元，退耕还林补贴1921.32万元，其他补贴4506.82万元。

三、农民负担控制在政策允许的范围内。全县一事一议筹资253.58万元，筹劳41.2万个，农业生产性收费6.74万元，行政事业性收费194.82万元。

【农经项目】 2010年向上级申报的农经项目有三种类型，共17个，共计上报扶持资金250万元，具体是：

一、发展农村集体经济项目2个。共计资金30万元，分别是爱华镇河湾村委会商铺建设，扶持资金10万元；茂兰镇温平村委会泡核桃基地建设，扶持资金20万元（此项目是省农业厅落实省委书记白恩培到温平村调研安排的扶持资金）。以上2个项目已经启动，施工合同书已经签订，建筑材料已到位。

二、村容村貌整治项目4个。建设内容是村内硬板路建设，每个项目扶持资金10万元，共计40万元。4个项目于9月10前全面开工建设，已完成村内硬板路建设2810米，均宽3.5米，完成项目计划的90.6%。其中：爱华镇草皮街社区丙票新农村点，已完成硬板路建设960米，均宽4米，完成计划的160%，超额完成了项目计划；爱华镇永胜村委会杨家寨自然村，已完成硬板路建设500米，均宽3.5米，已完成项目计划的42%；茶房乡大垭口村委会沈家自然村，已完成村内硬板路建设550米，已完成项目计划的60%；涌宝镇涌宝村委会团山自然村，已完成村内硬板路建设800米，均宽3米，占计划的114%。

三、2010年云南省社会主义新农村重点建设村项目共计12个。每个项目点扶持资金15万元，共计180万元。项目建设内容主要是村内硬板路和群众活动场所建设，项目于11月前全面启动，已完成硬板路建设4600米，支砌挡墙2060立方米，路基整平8000米。具体是：爱华镇毛家村社区毛家村自然村，支砌石挡墙70立方米，群众投工投劳整平路基800米；爱华镇毛家村社区下桤木林自然村，支砌石挡墙260立方米，群众投工投劳整平路基1200米；爱华镇永胜村委会小丙弄自然村，群众投工投劳支砌石挡墙1500立方米，路基正在整平中；爱华镇丫口田村委会赵家自然村，群众积极性高，投工投劳整平路基500米，准备沙石料；爱华镇德胜村委会五碓箐自然村，已建成入村硬板路2200

米，建成群众文体活动场所1个，250平方米，已完成了项目建设内容；幸福镇幸福村委会下丙凤自然村，已建成村内硬板路500米，完成项目计划的60%；幸福镇哨山村委会大寨子自然村，群众投工投劳开挖整平路基2000米，整平群众活动场所300平方米；茶房乡南挖河村委会丫口自然村，已发动群众，投工投劳整平群众活动场所200平方米，准备支砌挡墙石料400立方米；茶房乡马街村委会鸭子塘自然村，群众投工投劳整平群众活动场300平方米，硬板路基正在整平中；大寨镇箐门口村委会下村山自然村，群众投工投劳整平路基800平方米，沙石正在准备中；涌宝镇胜利村委会老许自然村，已完成硬板路建设500米，均宽4米，其余正在建设中；漫湾镇昔宜村委会陆箐自然村，已完成硬板路建设1400米，均宽3米，支砌石挡墙230立方米。

【农经统计】 一、继续健全和完善原粮、成品粮、经济作物、养殖产品以及农业生产资料价格四套定期报表制度。开展农产品物价调查工作，为粮、棉、油、糖等分品种月度市场监测预警工作和农产品流通价格政策的制定以及宏观决策提供了重要的参考依据。云县以爱华镇农贸市场、茂兰镇农贸市场、幸福镇农贸市场作为主要农产品价格采集调查点，以种子管理站、农用物资销售大户为主要农用物资价格采集调查点，此项工作由专人负责。通过定期的对比分析以后，按要求按时上报上级业务主管部门和县级有关部门。

二、继续健全和完善农民收入情况预测调查季报制度。以涌宝镇木瓜河村丫口村民小组、爱华镇小忙兔村小忙兔村民小组、茶房乡大河边村大河边村民小组、晓街乡老许村大村村民小组和幸福镇幸福村丙凤村民小组为调查点，由专人负责，每个季度分别深入5个调查点对农民的收入情况进行调查。通过调查、统计、分析、汇总，推算全县农民收入情况，按季上报上级业务主管部门，同时，把每个季度的农村经济运行情况报送县委、政府和各有关部门。

三、认真做好农经统计年报工作。

【培训】 2010年全县共培训农经政策和业务20期，培训364人次，其中：县级培训4期，125人次，乡级培训16期、239人次。主要培训内容：农村资产及财务管理、村级会计委托代理服务业务、村务公开、农经统计年报和农经项目管理。

（黄光和　供稿）

农　机

【概述】 2010年，云县农机工作继续抓好技术培训工作，加大农机安全监理力度，认真落实中央财政资金农机购置补贴，农机拥有量不断加大。全县农业机械总动力达1.63亿瓦特，拥有拖拉机3570台，其中：大中型拖拉机3499台，小型拖拉机71台；拥有农副产品初加工动力机械6028台；农产品初加工作业机械7544台；拥有联合收割机8台，耕整地机械452台，农用排灌机械412台（套），机动脱粒机械432台（套），农业机械总值达1.43亿元。农机社会化服务得到加强，全县有农机社会化服务组织有8192个，乡村农机从业人员达11497人。

【农机社会化服务】 联合收割机完成稻麦收割面积4200亩（含跨区作业收割面积2350亩）；机耕机耙面积8.79万亩，核桃林、茶园等机械植保8.99万亩，机电灌溉1.78万亩；农机运输量1.10万吨/千米；农副产品加工量15.48万吨。

【农机经营产值】 农机经营总收入实现1.37亿元。其中：农机作业收入1.22亿元；农机维修收入743.50万元；其他收入745.30万元。

【农机技术培训】 组织农机驾驶操作人员技术技能培训班6期，培训合格农机技术技能人员1624（农民工）人，期中：拖拉机驾驶员479人，农村机械维修人员（农民工）165人，农副产品加工操作手（农民工）450人，农田作业操作手（农民工）530人；开展农机实用技术送教下乡12场次，受教育860多人次。

【农机安全监理】 新车落户数达446台，检验拖拉机2289台，占应检数 2411台的95%。办理拖拉机过户手续520台，转出手续115台，转入手续102台，报废31台，注销拖拉机31台，遗失补办行驶证

54本；遗失补办登记证129本；驾驶证审验换证278本；驾驶证遗失补办70本，换证47本。在全县拖拉机货箱两侧喷涂“严禁违法载人”警示语3314台，与全县拖拉机驾驶员签订农机安全生产责任书3314份，发放限期整改告知书290份。

【中央财政资金农机购置补贴】 完成中央财政农机购置补贴资金120.39万元，带动农民投入使用资金280.91万元。补贴机具1429台（套），受益农户1408户。

【道路交通安全监管】 公安交通管理部门委托农机监理部门实施拖拉机道路交通安全监管工作，共出动执法车辆550辆，出动执法人员1838人，检查车辆2147台，查处无牌行驶车辆35台，查处无证驾驶157人，查处违法载人161次，查处客货混装17台，扣留拖拉机49台，扣留拖拉机驾驶证22本，发放宣传材料6428份，查处违法行为1443次，简易程序处罚1290人，进入一般程序152人；实施违法记分997人，记1785分，违法人员受教育1443人，未随车携带驾驶证、行车证226人（次），上道路行驶的机动车未放置保险标志425台，其他违法行为447次。

【农业生产燃油消耗】 农业生产燃油消耗8542.58吨，其中：柴油8479.43吨。

（李菊先 供稿）

畜 牧

【概述】 2010年，云县畜牧工作认真落实好各项惠农政策，群众养殖基础设施不断得到夯实，养殖科技含量和生产水平不断提高，全县畜牧生产实现了快速发展。全县存栏大牲畜16.31万头(其中，牛存栏14.14万头)，与上年同比增长2.07%；出栏大牲畜2.34万头，同比增长5.42%。存栏生猪56.06万头（其中，能繁母猪5.66万头），同比增长3.39%；肥猪出栏61.39万头，同比增长2.18%。存栏山绵羊18.15万只，同比增长4.97%；出栏山绵羊9.21万只，同比增长31.38%。存栏家禽231万只，同比增长4.52%；家禽出栏295万只，同比增长5.6%。全县实现肉类总产4.82万吨，同比增长6.23%；禽蛋产量965.3吨，同比减少7.52%；奶产量244.8吨，同比增长8.7%。人均占有肉蛋奶113.87千克，同比增长4.37%。全县实现畜牧业总产值预计9.47亿元（现行价），占农业总产值的38.0%，同比增长13.14%。

【机构设置】 云县畜牧局为农业局二级局。内设办公室、财务股两个股室；下设畜牧兽医站、动物卫生监督所、动物疫病预防控制中心、种畜场、漫湾公路动物防疫监督检查站5个机构。三薯办与畜牧局合署办公。

【项目建设】 投资162万元，在大朝山西镇、涌宝镇、栗树乡和后箐乡实施了2009年度的“巩固退耕还林成果后续产业养殖业建设项目”。投资70万元，在鑫旺生猪养殖公司实施了“生猪标准化规模养殖场（区）建设项目”。投资60万元，在爱华镇永胜村邦界河实施了生猪养殖小区建设项目。年内对2009年开展的“云县生猪技术体系区域推广站建设项目”“云县科学养牛综试区项目”“动物标识及疫病可追溯体系建设专项资金”“能繁母猪保险”等实施情况进行了绩效考核评价。

【品种改良】 发挥好生猪人工授精网点作用，着力推广二元和三元杂生猪，2010年全县共开展生猪改良9.06万窝，其中猪人工授精改良3.08万窝，生猪良种覆盖率达85%以上；完成牛的品种改良1360头，其中肉牛冻精改良552头。同时，畜牧局引进发放了一批种猪（243头），分别发放到项目扶持户和养殖大户手中，有效地促进了山区牲畜品种改良工作。

【动物防疫】 做好常规免疫工作，全县共开展猪瘟免疫注射52.38万头，免疫密度为95.3%；猪肺疫免疫注射17.75万头；牛出败免疫注射10.13万头；鸡瘟免疫126.2万只；禽霍乱免疫36.76万只；鸡痘免疫0.16万只。重大疫病免疫：全县共开展牲畜口蹄疫疫苗免疫注射猪86.6万头，密度为80%；牛27.75万头，密度为100%；羊33.5万只，密度为97%。生猪蓝耳病注射49.84万头，密度为46%。其次，注射预防高致病性禽流感疫苗270.4万只，注射密度为63%。

由于外源性疫情的传入，1至3月分别在爱华、茂兰、晓街、大寨、大朝山西镇、栗树、后箐等乡镇发生了9次重大动物（W）疫情。为此，县畜牧局和相关部门采取有强力措施，有力、有序地开展疫情防控工作，疫情得到有效控制。9次疫情共有发病牲畜 1096头只（其中：牛174头、猪786头、羊136只）；组织强制扑杀患畜及同群畜1096头只。

【检疫工作】 在12个乡镇都设立了动物防疫申报点，县城设立了2个出县境换证点。全县共开展产地检疫生猪5.30万头，牛1.35万头，羊0.66万只，禽类21.63万羽；开展屠宰检疫生猪4.76万头，牛、羊3.32万头，禽类16.11万羽 动物产品0.47万吨。共检出病害猪106头，病害牛羊30余头只，病害禽类900余羽，都作了无害化处理。其中，动物防疫监督检查站共补检生猪0.98万头，牛0.17万头，羊1.35万只，禽肉5吨；屠宰场共检疫肥猪3.12万头。

【行政执法】 一是加强动物卫生监管力度，特别是屠宰场严格把关，加强了鲜活动物产品的源头监管和治理。二是抓好了兽药饲料市场的整治工作。加强了鲜活动物产品的源头治理。2010年共出动执法车辆42车次、执法人员153人次，在全县范围内开展专项查处整治活动。共检查整治兽药经营单位（含个体门市、摊点）32家，查处假、劣兽药及过期兽药31种，共1338盒/袋。没收的所有假劣兽药及过期兽药全部销毁。

【畜牧科普】 一是紧紧围绕项目建设，坚持标准化、规模化、规范化的规划和建设，建立了一批又一批标准化的规模养殖龙头企业和养殖大户，有力地推进了云县现代畜牧产业的发展。二是组织技术人员开展技术培训、指导和服务工作，年内共开展养殖实用技术培训11期1314人次，组织19个人工授精点人员集中培训5天，受训人数19人。三是建立生猪疫病预警机制，全县建立6个动物疫情预警点，长期对生猪疫病进监测。

【能繁母猪保险】 能繁母猪保险工作，通过县乡村畜牧部门的努力，全县共收取承保能繁母猪53792头，参保率达91.65%。农户应缴纳的保险资金已全部收取，各级需配套的能繁母猪保险补贴资金已经得到落实。

（施泽志 供稿）

幸福农场

【概述】 2010年，幸福农场以耕地租赁形式引进项目、技术和资金为着力点，搞好农业生产，促进耕地增收、农场发展。至12月底，共计出租耕地585亩，收入23万元。农场基础设施建设得到加强，职工住房条件不断改善；职工养老保险和基本医疗保障体系不断完善，为农场构建和谐社会起到了积极推动作用。

【工程建设】 2010年1月5日，幸福农场职工危住房改造工程开工建设，根据资金配置数额，完成职工危住房改造631.5平方米，解决了11户职工30人住房问题，共计投入资金68.03万元；完善了农场公共卫生、生产资料储备用房、职工文化娱乐活动中心及农场办公室等公共基础设施建设，投入资金合计72.80万元。临沧市幸福农场新家园建设于5月开工，至年底完成总工程量45%，该工程基础设施部分资金（预算60万元）由农场筹资建设，用于商业开发。新家园建设资金（预算550.56万元）采取职工自筹、政府补助相结合的方式，届时将建成2720平方米农贸市场1个，职工新家园区商住房4588平方米。

【社会保障维稳工作】 2010年，共计缴纳职工养老保险、医疗保险30万元，确保达到退休年龄职工能按时办理退休手续，享受退休养老待遇，为职工老有所养、病有所医提供建成保障。农场所有家属、子女纳入城镇居民医疗保险工作正常开展。经过农场行政班子进行摸底调查，把确实存在困难的职工给予建立困难职工档案并及时上报云县总工会，从多层次使职工得到社会保障和救助。

（李正清 供稿）

茶叶生产暨生物产业

【概述】 2010年末，全县茶园总面积16.13万亩，与上年同比增长1.26%；有机茶园认证面积累计2.40万亩，占总面积的14.88%；无性系茶园良种面积稳定在3.54万亩，占总面积的21.95%；投采茶园14.71万亩，同比增长16.67%；茶叶农业总产量8264.5吨，同比增长39.8%，完成市下达计划任务的137.7%，完成县下达任务的109.4%，实现农业产值1.32亿元。继续搞好低产茶园改造，有机茶园认证面积不断增加，茶叶生产获质量管理体系认证企业不断增多。药材种植面积有所增加，并引一些新药材种植；花卉种植业面积、产值比上年有所提升。全县生物产业发展出现健康有序发展态势。3月4日，云县人民政府在视频会议室召开“云县生物产业统计培训会”，标志着全县生物产业发展正式纳入生物产业创新开发部门收集统计的重点工作。

【茶叶生产经营】 全年完成毛茶销售7702.9吨，占农业总产量93.2%；毛茶销售平均价每千克16元，比上年增长51.4%；实现销售收入1.23亿元，增长96.4%，人均收入421.4元，人均增收96元。茶叶精深加工产量5681.3吨，与上年同比增6.36%；产值1.62亿元，同比增加2303.5万元，增长16.6%；销售精制茶5111.89吨，同比增长36.58%，完成市级的131.1%，完成县级下达计划的130.1%；销售金额1.41亿元，其中出口227.67万美元（直接出口117.1万美元），实现利税3166.3万元，上缴税金741.05万元，同比增长998.06%。

【有机茶园认证】 全县获得有机茶园认证面积累计2.49万亩，批准有机产量1510吨。其中，云县嘉木茶业制品有限责任公司认证产品为红茶、绿茶、普洱茶，认证面积为1.34万亩，认证产品产量为230吨。云县国汉生态茶业有限责任公司认证面积4000亩，认证产品为国汉牌普洱茶，认证产量250吨。云南龙润茶业集团云县天龙生态茶业有限责任公司认证面积535亩，认证产品种类为茶叶，认证产量为10吨。临沧澜沧江茶业有限公司认证茶叶基地7000亩，产品数量为1020吨，其中凤庆县大寺乡1000亩，产品数量100吨；茶房乡文乃村3000亩，产品数量480吨；茶房乡桥街村3000亩，产品数量为480吨。

【花卉种植】 花卉种植面积11.1公顷，与上年同比增0.57公顷；产量18.6万株（盆），同比增1万株（盆）；产值896.4万元，同比产值增268.4万元；增加值537.84万元，同比增161.04万元。

【药材生产】 药材种植面积13.69万亩（其中土参种植面积19.95亩，石斛种植面积30亩，重楼种植面积220.05亩，红花种植面积1143亩，龙胆草种植面积13.56万亩）。龙胆草产量7174.73吨（根5504.46吨，茎秆1650吨，籽种20.27吨），产值2.03亿元（根产值1.98亿元，茎秆产值82.5万元，籽种405.45万元）。

【茶企业对外交流合作】 组织临沧澜沧江茶业公司、国汉茶业公司和森野高山生态茶业公司3户企业参加第五届中国云南普洱茶国际博览交易会。在4天的展洽中，临沧澜沧江茶业公司在主会场签订了360万元的红茶生产供货协议，同时现场销售绿茶、普洱茶、茶饮料共18万余元；国汉茶业公司现场销售普洱茶5万余元，同时达成供货订单3个，15.2吨，价值为76万元；森野公司现场销售竹筒茶、沱茶、团茶等普洱茶系列产品450千克，价值10.7万元，并与曲靖客户签订供给沱茶3.4吨的协议，价值为12.24万元。

【企业管理体系认证】 云县先后有一批茶企业获得了企业管理体系认证。澜沧江茶业有限责任公司于2000年通过ISO9001质量管理体系认证。云县天龙生态茶业有限责任公司，2008年8月28日获中国质量认证中心颁发《食品安全管理体系认证证书》，符合HACCP—EC—01（ISO/DIS2200），认证范围为普洱茶加工，此次发证为首发证，有效期至2011年8月27日，证书编号为：00108H150060ROM/5300。2006年10月17日公司获环通认证中心有限公司（深圳质量认证中心）颁发的《质量管理体系认证证书》，符合GB/T19001—2000—ISO9001：2000标准，体系履盖茶叶（黑茶、紧压茶）的生产和销售服务，证书编号为

02406Q11959ROS。云县嘉木茶业制品有限责任公司，2004年9月1日获北京新世纪认证有限公司颁发《质量管理体系认证证书》，质量管理符合GB/T19001—2000IISO9001：2000标准，管理体系适用于CTC红碎茶、CTC绿碎茶、工夫红茶、儒香红茶、蒸清绿茶、普洱茶（生茶）、紧压茶、普洱茶散茶（熟茶）、普洱茶（熟茶）、紧压茶的生产和销售。注册号为01607Q11289RIS。云南省云县博超茶业有限责任公司刘家坡茶厂，2009年7月28日获北京五洲恒通认证有限公司颁发《食品安全管理体系认证证书》，产品的加工符合GB/T22000—2006/ISO22000：2005和CNCA/CTS—0027—2008要求，认证范围为绿茶、红茶、紧压茶（生普、熟普）、普洱茶的生产的食品安全管理活动，证书编号为10609H10126ROS。2009年9月18日该公司获环通认证中心有限公司颁发《环境管理体系认证证书》，符合GB/T24001—2004IISO14001:2004标准。体系覆盖范围为茶叶（绿茶、红茶、黑茶、紧压茶）的生产和服务及相关管理活动。编号为02409E10362ROS。云县国汉生态茶业有限责任公司，2008年7月9日获环通认证中心有限公司颁发《质量管理体系认证证书》，2009年6月19日通过年检，符合GB/T19001—2000—ISO9001:2000标准，体系覆盖范围为绿茶、红茶、黑茶、坚压茶的生产加工和服务。ISO9001:2000标准有效期至2010年11月14日。证书编号为02408Q10958ROS。2009年5月12日公司获环通认证中心有限公司颁发《食品安全管理体系认证证书》，食品安全体系符合（GB/T22000—2006）IISO22000：2005标准，体系覆盖范围为绿茶、红茶、黑茶、紧压茶的生产及相关管理活动，证书编号为UCS09H1007ROS。2009年7月24日该公司获国际穆斯林Halal产品认证，认证覆盖茶（绿茶、红茶、普洱茶、袋泡茶等）。证书编号为YWETICL—CH•08/014（2）。适合所有的穆斯林消费。云南临沧双银茶叶制品有限公司，2006年6月22日该公司获得中国检验认证集团质量认证有限公司颁发的《质量管理体系认证证书》，质量管理体系符合ISO9001:2000标准，证书覆盖为CTC红碎茶、CTC绿碎茶的加工及售后服务体系。证书注册号为04006Q12715RIS。同时获得《食品安全管理体系认证证书》，产品建立HACCP计算并运行，符合HACCP—EC—01标准，等同ISO/DIS22000要求。证书覆盖范围为CTC红碎茶、CTC绿碎茶的加工。

【茶企业QS认证】 2010年末全县获得《全国工业产品生产许可证》（QS认证）的茶叶精制茶企业累计达21户，分别是：临沧澜沧江茶业有限公司、云县国汉生态茶业有限公司、云县惠民茶厂、云县金寨精制茶厂、云县嘉木茶业有限公司、云南临沧双银茶业制品有限公司、云县耀康茶厂、云县龙凤茶厂、云县家盟茶叶酒业有限公司、云县旭云精制茶厂、云南龙润茶业集团云县天龙茶业有限公司、云县云海茶厂、云县漫湾茶厂、云县森野高山有限公司、云县文雅茶厂、云县沁园春茶厂、云县刘家坡茶厂、云县天龙生态茶叶制品有限公司、云县兆源茶叶有限公司、云县云州茶厂、云县涌宝大绿园茶厂。

【低产茶园改造】 年内，完成中低产茶园改造1.96万亩，占县下达计划任务的97.81%，其中，爱华镇2430亩、茂兰镇850亩、漫湾镇620亩、忙怀乡300亩、后箐乡500亩、栗树乡1000亩、涌宝镇620亩、大朝山西镇1035亩、大寨镇540亩、茶房乡4800亩、晓街乡1500亩、幸福镇506亩。

【组团参加第五届中国云南普洱茶国际博览交易会】 4月12～15日，云县组织临沧澜沧江茶业公司、国汉茶业公司和森野高山生态茶业公司3户企业参与第五届中国云南普洱茶国际博览交易会展洽活动。在此期间，3企业完成普洱茶系列产品现场销售额33.7万元。同时，临沧澜沧江茶业公司签订了360万元的红茶生产供货协议，国汉茶业公司达成供货订单3个，15.2吨，价值76万元，森野公司与曲靖客户签订供给沱茶3.4吨的协议1个，价值12.24万元。（本条摘自《云县信息》）

【“茶酒制作工艺研究及系列产品开发”项目通过验收】 6月7日，受省科技厅委托，临沧市科技局、临沧市财政局邀请有关专家组成项目验收委员会，对云县家盟茶叶酒业有限责任公司实施的“茶酒制作工艺研究及系列产品开发”项目进行验收，验收委员会通过深入公司实地检查项目实施情况、听取项目实施情况汇报、审阅项目相关材料后，认

为“茶酒制作工艺研究及系列产品开发”项目达标，并通过验收。（摘自《云县信息》27期）

（杨世升　供稿）

林　业

【概述】　2010年云县林业工作按照“生态建设产业化，产业发展生态化”要求，以“林-草-畜-沼”一体化发展模式，全力提高林业产业化发展，提高林业科技服务水平。圆满完成了年度中低产林改造任务，县中低产林改造做法和经验得到上级部门的高度肯定，中央、港台、省市27家新闻媒体到云县就中低产林改造进行集中采访宣传报道。集体林权制度整改工作进入整改阶段，并建立了一批林业服务窗口。省委省政府和市委市政府分别授予云县林业局“林权制度改革先进集体”荣誉称号。年内，县城近山面山绿化7300亩，县城大树移植3931多株，县城绿化品位得到提升。全县核桃、澳洲坚果、红花油茶等特色经济林建设成为农民经济收入的一个增长点，沼气建设作为农村的新能源建设，有效地保护了森林植被。通过近年来的不懈努力，云县的森林资源总量得到明显增加，林业用地从239.1万亩增加到348.25万亩，有林地面积由156.7万亩增加到257.97万亩，活立木蓄积量由562万立方米增长到1041.44万立方米，森林覆盖率由34.1%增加到54.99%。

【“三个一百”目标任务】　林业局2010年共完成固定资产投资目标任务1.18亿元，占目标任务数1.17亿元的100.88%；争取上级资金支持3880.81万元，占目标任务数3681万元的105.4%；完成招商引资实际到位资金1475万元，占目标任务数800万元的184.3%。

【中低产林改造】　2009年12月2日全县林业工作会议，对十一五末及十二五期间的中低产林改造工作做重点安排部署，根据《云县加快推进中低产林改造的实施意见》（云办发〔2009〕151号），确定了用10年时间完成250万亩中低产林改造的目标任务。其中：2010年完成5万亩改造任务，“十二五”期间完成120万亩改造任务，其余到2020年全面完成。为切实推进中低产林地改造，云县采取“试点先行，稳步推进，示范带动、全面推开”的办法，于2010年3月份，在爱华镇头道水、丫口田、昔汉、新寨、箐口5个村实施完成了5000亩中低产林改造样板林，共投入资金350万元，种植泡核桃大苗2.56万株。8月，全面完成5万亩中低产林改造任务，项目主要布局在幸福镇的邦挖、哨山和爱华镇的长坡岭、大邦卡、黑马塘、田心、头道水等18个村，共种植泡核桃3.78万亩、巨尾桉1.12万亩、云南山核桃662亩、麻竹种植抚育349亩。为满足国民经济和社会持续发展对林产品日益增长需求，调整农村经济结构和产业结构，发展现代林业，建设生态文明，推动科学发展，大力以培育用材为目标，生长快、产量高、质量好、轮伐期短的集约经营人工速生丰产林建设成为云县通过集体林权制度主体改革后加快发展现代林业的必然选择。以速生丰产林巨尾桉种植为主，以龙头企业作支撑，大力推进林浆纸一体化产业发展将成为云县中低产林改造的重点之一。

在巨尾桉苗木供给上，云县通过招投标由临沧凤凰林业科技有限公司在幸福镇建成现代化苗圃基地采用组培进行统一育苗，每年可提供合格苗1500多万株。在巨尾桉种植上，云县主要采取由临沧凤凰林业科技有限公司以每亩12元(其中林业局为使公司及农户达成林地流转协议给予每亩地价差补助2元)30年一次性流转林地后,规模化、标准化、规范化、产业化、公司化、现代化、集约化经营方式运作。根据中低产林改造作业设计，强化种植技术措施，对规划地块进行全面清理整地，坑塘开挖规格为穴状50×40×30厘米，种植密度为每亩100株，株行距为1.67×4米，苗木规格为省标Ⅰ、Ⅱ巨尾桉袋苗，种植后施入复合肥0.5千克。在公司化运作模式取得成功经验后，将在全县适宜种植的乡镇大面积推广,使广大林农群众受益，使云县粮农经济向林农经济转变，进而实现传统林业向现代林业的根本转变。

【集体林权制度整改】　根据《中共云县委办公室、云县人民政府办公室关于印发云县深化集体林权制度主体改革整改工作的实施意见》（云办发〔2009〕153号）文件精神和县委、县政府关于开展集体林权制度改革“回头看”工作的要求，县林业局对全县林改内外业中存在的问题进行拉网式排查和整改。此项工作除聘请云南省林业职业技术学院200名大学生技术员外，县林业局还抽调了44名工程技术人员一起进驻各乡镇开展林改整改外业调查工作。截至年底，全县12个乡镇、194个村民委员会(社区)、2229个村民小组已完成整改171村1929组7.61万户农户，涉及宗地20.2宗，共完成面积150万亩。林改以来，全县共发生各类林权纠纷1361起，涉及集体林面积2.32万亩。目前已成功调处1350起，调处面积2.29万亩。纠纷调处率按面积为98.6%，按起数为99.2%。

在配套改革方面，“云县林权流转服务中心”设置了采伐办证、检疫办证、种苗办证、林权管理、法律服务、科技服务、规划设计等多个对外服务窗口。配置了电子显示大屏，构建信息交流平台，发布林权流转信息、最新林业科技知识、森林病虫害防治知识、林产品供求信息等，实现了审批提速、服务提质、形象提升、群众满意度提高的目标。

【特色经济林建设】 年内根据市委、市政府核桃成活率、成长率、挂果率“三率”建设要求，云县及时安排部署，提前开展核桃专用肥的采购和调运工作，订购了75吨核桃专用肥，并抽调县、乡工作队进村入户开展宣传发动工作。核桃专用肥主要使用在爱华镇的黑马塘、小忙兔、头道水、昔汉等村。施入核桃专业肥后，核桃树生长优势比较明显，效果比较好。主要表现在：核桃新枝条萌发力强、核桃叶子回绿快，没有泛黄的颜色（缺营养），核桃树整棵生长较快，在相同条件、相同树高、相同植株下，施入核桃专用肥的核桃树要比未施入的高出20到30公分，植株较为粗壮，群众反映良好。2010年度云县分别进行了两次核桃“三率”管护大会战，全县化肥到位8322吨，农家肥准备9.10万吨，分别对140.3万亩泡核桃种植地块进行“三率”建设管护。其中：完成除杂除草138.6万亩，完成施肥135.5万亩，追施农家肥及化肥2.98万吨，病虫害防治85.1万亩，开挖排水沟64.8万亩，参与管护人员达1.25万人。在全面全力抓好云县核桃主导产业发展的同时，在不同区位、不同海拔地区还着力发展了云南山核桃、澳洲坚果、红花油茶等特色经济林。2010年度，全县共完成云南山核桃种植1200亩、澳洲坚果种植10000亩、红花油茶种植300亩,为山区、半山区和低热河谷地区农民多元化多渠道增收致富奠定了基础。

【县城近山面山绿化】 云县林业局以开展优化软环境增强软实力为契机，不断强化县城近山面山美化绿化。2010年，全局共完成县城周边的爱华社区罗医生坟山、新云洲社区象山、干坝山、水磨村老君山、田心村独木河与祥临二级路交界处、草皮街社区祥临二级路边、河湾村土锅村山头造林绿化7300亩。

【绿色园林城市建设】 根据新家园建设行动计划和大树进城行动的有关要求,云县从2010年开始，将用3年的时间在云县范围内移植2万株大树进城美化绿化,为切实完成工作任务，县林业局认真分析研究，及时成立工作领导小组,安排部署工作任务，积极与造林绿化公司和县城建局协调、多方寻找适宜树源,为公司提供优质服务。年内，完成大树移植进城云南松2500多株,垂柳1431株, 主要布局在县城沿河两岸、街道主干线 滨河公园等。通过大树移植进城,大大提高了城市绿化率，美化绿化了城市，改善了县城生活环境，提升了城市品位优化了投资软环境，使云县向绿色园林城市目标进一步迈进。

【退耕还林工作】 2002~2009年，云县共争取退耕还林实施任务29.15万亩。其中耕地退耕还林9万亩，宜林荒山荒地造林18.15万亩，封山育林1万亩。林业局在加强历年退耕还林后续管理的同时，积极争取2010年退耕还林项目和完善退耕还林成果巩固项目。2010年，云县争取到1万亩荒山造林和1万亩封山育林项目，至年底封山育林1万亩已基本完成，1万亩荒山造林项目正在实施中，预计2011年初能全面完成。8月，云县2002~2003年到期经济林5910.8亩，顺利通过国家林业局退耕还林检查组的核查验收。

【抗旱救灾】 2009年入冬以来,云县遭受到百年一遇的严重旱灾，12乡镇林业均不同程度受灾。核桃因干旱受灾报废11万亩、云南山核桃受灾0.64万亩，膏桐受灾8.62万亩、林地活立木共受灾6.24万亩、合计造成经济损失2861.6万元。为了切实加强抗旱保苗工作，县林业局及时派出抗旱救灾工作组，宣传抗旱保苗技术，推广使用遮阴、保水剂等抗旱实用技术，同时积极组织和发动群众，采用人工运水的方式进行灌溉。全县共投入抗旱资金2559.2万元。其中：投入497万元资金兴建林业灌溉蓄水池及组织群众进行人工浇灌，投入资金606.2万元修建灌溉沟507.6千米，云县林业局先期投入抗旱资金533万元用购买保水剂、薄膜，并下拨各乡镇、林场和自然保护区15万元经费进行抗旱救灾。

【林政资源保护】　2010年全县森林公安共出动警力672人次，车辆290辆次，受理各类破坏森林资源的违法犯罪案件62起，查处59起（刑事案件12起，未破3起；林业行政案 50 起），打击处理各类毁林违法犯罪人员59人（其中：行政处罚50人，刑事处罚9人），收缴木材立方38.31立方米，收缴大叶榕树2棵。收缴罚款18.5万元。共批准商品材采伐量1.08万立方米，出材量6816.4立方米，涉及105个伐区、747户农户，收取育林基金25.27万元。审批办理林地征占用手续6件，涉及林地面积71.82亩。调查核实野生动物肇事事件75起，赔偿补偿资金5万元。加大林区治安稽查工作，全年共查处各类行政案件11起，收缴木材12.3立方米，活树7株罚款2.14万元，变价处理0.95万元。兑现历年所欠森林生态效益补偿基金428.2万元，其中兑现集体部分122.62万元、个体部分305.58万元。2010年云县遭遇了百年一遇的历史性旱灾，森林防火工作异常严峻，林业局及时组建了由30人组成的森林防火专业队。全县进入防火期以来，共发生各类森林火灾13起，其中一般森林火灾2起，荒火11起，过火面积共1410亩，出动扑火队1703人次，出动车辆74辆次，投入森林火灾扑救经费11.25万元。开展泡核桃种植地块病虫害防治150.1万亩，重点除治9.9万亩，投入农药、施工、劳保等防治经费25.3万元。

【农村能源建设】　2010年，省市下达云县沼气池建设任务共1005口。经各级各部门共同努力，2010年共完成沼气池建设1005口，兑现补助资金100.5万元，全面完成省市下达工作任务。在全面完成建池任务的同时，林业局积极协调、多方筹措资金，兑现历年拖欠的2779口沼气池补助资金277.9万元。补助资金的全面兑现，极大鼓舞了农村群众建池的热情，推动了云县农村沼气池建设的步伐。

【云县2002年实施的退耕还林工程通过国家林业局核查验收】　由国家林业局昆明勘察设计院领导、专家组成的退耕还林工程核查验收组，对云县2002年实施的退耕还林工程进行了为期4天的实地核查，并于8月11日召开反馈会议。反馈会议由县委常委、县人民政府副县长罗原主持，县巡视督查组组长刘宏胤，县人大常委会副主任吴永斌，县政协副主席熊兴荣，以及县退耕还林领导小组成员单位领导，被验收的8个乡镇的主要领导、乡镇林业工作站站长等参加会议。

云县上报2002年退耕还林面积16296.4亩，全面核查验收生态林保存面积15866.7亩，生态林转变为经济林429.7亩，涉及12个乡镇54个村民委员会207个小班，按50%的原则，实际抽查面积8314.3亩，共抽到爱华、漫湾、晓街等8个乡镇31个村民委员会97个小班。核查验收的结果是：抽查8814.3亩，保存面积8814.3亩，保存率100%。在管理上，机构健全、档案齐全，管理规范，重点核查面积中，林权证发证发放面积7884.6亩，发证率94.8%，管理面积7855亩，占94.5%,政策补助资金的发放率100%，成林5283.4亩，成林率78.8%，5厘米胸径达5310.3亩，达78.8%，树冠2米以上达5283.4亩，造林质量比较高，生态效益、经济效益、社会效益得以发挥。核查验收组认为，云县退耕还林工程建设领导重视、责任落实；宣传广泛、发动深入；科学规划、精心设计；及时兑付退耕政策和补助，切实保证了退耕群众的利益；强化管理、明确权责；结合产业、巩固成果；重视档案，科学管理。会上，云县2002实施的退耕还林工程顺利通过验收，同时，核查验收组客观地指出了云县退耕还林工程在作业设计、地块检查、思想认识、基层管护等方面存在的不足。对此云县人民政府表示，将认真梳理验收组提出的意见和建议，对存在不足限期整改完善，对履行职责不力的单位，将启动问责程序，确保云县退耕还林取得实效。（本条摘自《云县》县讯）

（张世强　供稿）

水 利

【概述】 “十一五”以来，云县水利工作紧紧围绕提升“现代、民生、阳光、法制、生态、效能”6个水利发展思路，不断提高防洪保安全、水资源保障、水环境保护和服务民生能力。全县累计完成水利水电投资26.88亿元，其中水利基建7.71亿元、水电11.86亿元、农水7.31亿元；累计解决了10.12万人的饮水安全问题。水利工程有效地发挥了防洪、除涝、灌溉、供水、发电、以及改善生态环境等综合效益，水资源综合利用水平不断提高，水利工程建设和管理体制改革不断深入，为我县经济社会的可持续发展提供了有力保障。一是完成刘家箐中型水库、刺坝林小（一）型水库新建及绿荫塘水库、小坝子水库等9件病险小（一）型水库除险加固工作。二是有效实施农村饮水安全工程，建成农村饮水安全工程538件，解决12乡镇532个村民小组10.12万人7.84万头牲畜饮水安全。三是完成潘家地水库、田心水库干支渠配套，歇凉山大沟，河湾、大丫口、余家铺山等骨干水利工程的建设。四是实施分水岭、忙峨河、马街河等小流域综合治理，累计治理水土流失面积59.2千公顷，净增治理面积9千公顷。五是重点对南北河县城段及罗扎河县城段河道进行治理，净增堤防长6.0千米。六是新建新塘房、南河一级、新合、盘河等电站，净增4座6.9万千瓦，通电农户103851户，农户通电率达到99%。

2010年云县水利重点工程项目建设稳步推进，病险水库除险加固工程进一步加强，基本农田水利建设力度加大，农村饮水安全迈出新步伐。全年完成各类新建水利工程368件，修复水利工程4893件，新建沟渠19条54千米，修复沟渠4578条5580千米，库塘蓄水3633万立方米，改善灌溉面积8.66万亩，新增灌溉面积0.36万亩，完成水土流失治理面积2660.65公顷。开工建设电站9座，计划新增地方电力装机容量17.46万千瓦。完成水利水电固定资产投资32346万元。水利建设工程招商引资签约2.6亿。

【主要指标完成情况】 一、病险水库除险加固。全面完成田心、小竹箐、沙坝河、多依树、转水箐、长浪坝、潘家地7件小（一）型病险水库除险加固工程项目建设。工程2010年1月开工，12月底竣工下闸蓄水，完成投资4171万元。

二、水电开发建设。为深入贯彻落实市委关于优化软环境增强软实力的会议精神，水利局切实落实各项措施，加强扩大水利水电招商引资、增加固定资产投资工作。与5家企业签订招商引资承诺书，签约资金2.6亿元。启动实施大寨河一、二、三级电站，南龙河零级、二级电站，忙甩河一、二级电站，拿鱼河梯级电站，罗扎河二级电站建设，计划总装机容量17.46万千瓦,年内完成水电开发固定资产投资2.17亿元。

三、城区河堤建设。完成北河河湾段堤防建设600米,投资350万元；完成罗扎河右岸黑箐段污水处理厂堤防建设440米, 投资240万元；完成罗扎河左岸旧村段三奇光电厂堤防建设410米, 投资225.5万元；完成罗扎河左岸旧村段三奇光电厂至三奇光电厂岔口堤防建设400米, 投资232万元; 完成南汀河右岸旱谷田段河堤建设360米, 投资110万元；累计建成城域河道防洪河堤2210米，累计完成投资1157.5万元。

四、刺坝林小（一）型水库建设。水库径流面积为4.26平方千米，土地使用面积280亩，设计总库容136.8万立方米，工程于2010年12月25日完工验收，完成投资1127.7万元。

五、新家园行动计划中人饮困难建设。河湾人饮安全工程建设完成主管道安装1.75千米，进组支管道2.35千米，安装进户配水管网8.14千米，完成投资120.56万元。解决新家园行动计划中河湾、窑洞等7个村民小组243户946人饮水困难。德胜片区人饮安全建设完成主管道安装5.9千米，进组支管道13.4千米，计划完成投资364.8万元，解决9个村民小组805户2996人饮水困难。项目建设在建中。

六、中梁子水库建设。项目已列入2010年全省40件骨干工程之一，水库设计总库容166.90万立方米, 最大坝高47m,设计灌溉面积4795亩。工程总投资2836.52万元，其中枢纽工程投资2617.03万元，渠系工程投资219.48万元。工程于2010年12月20日开工建设，云县人民政府已配套到位建设资金500万元，并成立以了分管副县长为指挥长，水利局局长为常务副指挥长，项目建设所在乡镇主要领导为副指挥长，相关部门主要负责人为成员的指挥部，以确保工程项目建设顺利进行。截止2010年12月底，工程完成三通一平，完成投资84万元。

七、平河小（一）型水库除险加固。工程于2010年12月10日开工建设，计划投资680.87万元。至2010年12月底，完成道路等部分前期配套工程建设，完成投资52万元。

八、幸福镇石佛山小流域坡耕地整治项目。幸福镇石佛山小流域坡耕地治理总面积403.24公顷，其中坡改梯325.51公顷，退耕还林76.25公顷，在有滑坡隐患的耕地上退耕种植水保林1.48公顷；工程计划投资1275.77万元，其中：中央投资1000万元，省市配套250万元，自筹25.77万元。工程于2010年12月1日开工，为确保项目建设顺利进行，云县人民政府已成立以了分管副县长为指挥长，水利局局长为常务副指挥长，项目建设所在乡镇主要领导为副指挥长，相关部门主要负责人为成员的指挥部。至2010年12月底，完成坡改梯150亩，渠道浇筑130米，C20砼管安装200米，渠道平台开挖580米，完成投资155万元。

九、田心水库干支渠防渗工程。渠道防渗总长10.6千米。工程计划投资396.61万元。申请中央补助260万元，市、县级配套和群众自筹（包括投劳折资）136.61万元。工程于2010年11月22日开工，至2010年12月底，已完成沟渠淤泥清理350立方米，M7.5浆砌块石422立方米，C20混凝土现浇126立方米，完成沟渠三面光防渗1183米，完成投资96万元。

十、中央财政小型农田水利建设工程（新城大沟尾段防渗工程）。已完成建设方案编制上报并通过云南省水利水电工程技术评审中心评审。工程项目拟建设内容为渠道三面光防渗9.34千米，渡洪槽12座，分水闸4套（座），挡土墙9段98米。工程概算总投资682.61万元，工程将于2011年1月15日开标。

【项目库建设】 切实做好近期、中长期项目的前期规划与申报工作，建立项目库，为多上项目、上大项目、上好项目创造条件。项目库主要为：一是水源工程新建项目；二是小（二）型病险水库除险加固项目；三是农村饮水安全项目；四是小流域综合治理项目；五小型农田水利项目。重点做好大转水较大小（一）水库、岔河中型水库、晓街河中型水库以及撒马坝、冷水箐、永正河、石板桥、杨家村5件小（一）型水库和三角腔水库、大炉厂水库等12件小（二）型水库前期工作，力争尽快立项实施；抓实全县23件小（二）型水库的除险加固前期工作，完成上报14件水库大坝安全评价报告和大坝安全鉴定报告书。做好农村饮水安全项目建设规划。“十二五”期间，全面完成2010–2013年农村饮水安全规划任务，解决饮水安全人口14.44万人。

【基本农田水利建设】 冬春修期间，全县共完成整复修各类水利工程4646件，其中重点水毁工程修复110件。投入工日624万个，劳均28个。累计完成土石方530万立方米；新增防渗渠道79.82千米，其中干渠66.74千米，河堤加固6.6千米，疏浚河道19.4千米，实现新增灌溉面积0.36万亩，改善灌溉面积8.66万亩，新增节水灌溉面积0.36万亩，改造中低产田1.5万亩，修复完善饮水工程106件，改善人畜饮水困难1.8万人1.2万头牲畜。累计完成投资、投劳折资5530万元（不含小水电建设投资），其中中央1021万元，省级2064万元，市、县级1621万元，乡镇集体群众自筹383万元,其他资金441万元。

整合国土、烟草等多个部门项目资源，按“一事一议” 组织群众投工投劳大干农田水利基本建设，建成农田水利工程856件，完成投资1486.75万元。累计完成基本农田水利建设投资、投劳折资7016.75万元。

【农村饮水安全工程建设】 2010年，紧紧围绕社会主义新农村建设，按照农村饮水安全项目建设安排部署，以“先急后缓，突出重点”的原则，进一步加强领导，全面攻坚，加快推进农村饮水安全工程建设，上半年着力实施好2009年1.5万人农村安全饮水项目，建成自流引水工程58件，项目涉及12个乡镇78个村民小组，管道开挖安装658千米，供水规模1834立方米/天，完成投资745.05万元，实现解决1.61万人、1.13万头牲畜饮水安全困难。下半年重点抓好2010年4.1187万人建设任务，项目涉及12个乡镇98个村民委员会197个村民小组，新建饮水工程166件，供水规模3489立方米/天，投资2037.93万元，其中中央资金1630.35万元，省级配套203.79万元，市县群众自筹203.79万元。

【抗旱防汛】 2009年9月以来，云县遭受了百年一遇的特大干旱，造成全县10.22万人，7.53万头大牲畜饮水困难；全县50.8356万亩农作物受灾，占播种面积的90.5%，成灾23.6424万亩，绝收10.57万亩，产量损失24.3197万吨，经济损失1.54亿元（其中粮豆等作物经济总损失6889.38万元；甘蔗、茶叶等经济作物经济总损失8473万元）；林业、地方小水电、工业等经济总损失12.6亿元。因旱造成全县直接经济总损失2.80亿元。

灾情发生后，水利局及时研究安排部署，从重民生、促和谐的高度，全力以赴抗旱救灾。一是派出技术人员赴各乡镇指导抗旱救灾工作，并积极参加组织广大群众抗灾自救。二是预测分析旱灾发展趋势，制定应对措施。三是积极向上级水利行政主管部门争取抗旱救灾物资、资金，共争取抗旱救灾捷式转运水袋150个、抗旱供水车2辆、抽水设备4套、抗旱资金320万元。四是及时启动实施修复因旱干涸坝塘、水库和灌溉沟渠，完成投资97万元。五是加大对水库、塘坝、人饮安全工程管理力度，制定调度方案，严格控制，做到计划用水，厉行节约用水。通过全县上下共同努力，共临时性解决7.65万人、5.353万头牲畜饮水困难。

【小型水利工程管理体制改革】 根据《云南省人民政府关于农村小型水利工程管理体制改革的意见》（云政发〔2009〕87号）文件精神，云县于2009年9月启动实施农村小型水利工程管理体制改革工作。通过承包、租赁、股份合作、拍卖、用水合作组织管理和委托管理等6种管理方式，完成6897件农村小型水利工程的管理体制改革。其中：小塘坝245件、小水池612件、小水窖5件、1立方米/秒以下引水沟渠5426件、小型泵站18件、输水管道3件、小型河道治理工程40件。乡（镇）村集中供水工程 12件、农村人畜饮水工程536件。本次改革发放产权证书5476本，其中按产权分：国有（乡镇）8本、用水户协会438本、村委会（办事处）72本、组（自然村）4950本，个人 8本；按类别分：承包18本、拍卖20本、租赁4本、用水户协会438本、委托管理4996本；签订管理责任合同5476份，其中：承包合同18份，拍卖合同20份，用水户协会管理合同438份，委托管理合同4996份；建立工程档案5476份；共投入改革经费93.85万元。

【水土保持】 重点配合市水利局水土流失监测站搞好监测，并以小流域治理为主,充分调动群众的积极性，认真开展泡核桃产业的发展。通过采取不同形式流治理，完成水土流失治理面积2660.65公顷，其中，基本农田833.33建设公顷，种植水保林425.64公顷，种植经济林925.45公顷，种草120公顷，其他356.23公顷。完成投资253.48万元，投入劳动工日11.25万个。

【水资源管理】 全面实施取水许可和水资源费征收制度，依法办理取水许可证、审批水土保持方案，依法行政，营造合法的水利环境。积极做好水资源费、水保“两费”征收，对新投产的企业督促办理取水许可证，进一步对取水户用水量的核实，确定收费数额，共征收水资源费128万元（未含漫湾、大朝山两大电站水资源费，两大电站水资源费由省直接征收），占市下达104万元的123%；水保“两费”4.12万元，占市下达任务4万元的103%；

【水政执法】 一是切实开展水利法律法规宣传。进一步贯彻落实“五五”普法工作，积极开展“世界水日”“中国水周”宣传，共发放水法宣传画100余幅，悬挂水法宣传布标2幅，在云县电视台宣传水法规2次，举办水法规宣传咨询活动，共接待咨询群众1600多人次，发放水法规宣传画100多幅，水法规宣传资料6200多份。二是加强监督执法，加强水事违法案件巡查力度，严肃查处涉水违法案件，重点对河道倾倒施工弃渣，在河道违章建筑、违法采砂等违法行为进行依法查处，责令业主对违法行为进行限期整改。全年查办水事违法案件16起。

【水利普查】 成立了水利普查工作领导小组和办公室，编制完成水利普查工作实施方案，积极争取水利普查工作经费，派出水利普查工作人员参加国家级培训1人次，参加省级培训10人28人次，选聘水利普查指导员和普查员234人。为保障水利普查工作按期按质完成，积极开展水利普查县级培训工作。

【云县大寨河3座梯级电站开工】 4月25日，大寨河谷大石一级电站厂房前的大院上彩旗飘扬，氢气球下的巨幅标语装点出庆典大会的祥和与隆重。时值中午，大雨刚停，大寨河一、二、三级电站开工庆典大会隆重举行。市委常委、市人民政府副市长杨军宣布电站建设正式开工，县委书记宋红临作了热情洋溢的祝贺致辞，项目实施单位临沧润达水电有限公司董事长杨维民介绍项目情况，工程承建单位国家水电14局工程专家介绍施工队伍技术力量，开工庆典由县人民政府副县长洪立云主持。

宋红临书记在致辞中指出：大寨河一、二、三级电站建设是我县招商引资重点项目之一，也是云县落实“三个一百”的重点工程之一，项目的实施标志着我县“工业强县”和“工业倍增计划”战略又迈出的历史性一步。项目的实施，对推进城乡一体化进程、促进县域经济发展具有深远意义，是一项功在当代、利在千秋的惠民工程。宋红临书记要求全县各级各部门、项目落地镇、村广大群众进一步更新发展理念，为项目建设提供优质、高效、方便、快捷的服务，确保项目早日建成投产。希望临沧润达水电有限公司强化投入保障，确保工程质量，把电站建设成投资者盈利、老百姓满意的精品工程，为云县经济社会发展做出贡献。

临沧润达公司董事长杨维民在介绍工程情况时提出：三座电站建设工期两年，项目建成以后将有效缓解云县电力供应不足的问题，将对云县工业的发展起到积极促进作用，将为电站所在地群众致富创造条件，为地方创造更多的财税收入。

省中行、市发改委、市国土局、市林业局、市水利局、市安监局、市国税局、市地税局、市工业园区管委会、市中行、市供电局、昆明市供电局、个旧市绿水河电力实业有限公司、金平县勐桥大滩电力有限公司有关领导，以及我县四班子领导、县直有关部门主要负责人、水电14局部分工程技术人员、临沧润达水电有限公司部分员工、大寨镇、大朝山西镇领导和有关村委干部出席开工典礼。

链接：大寨河是云县水能资源蕴藏量十分丰富的重要河流之一，河段从大寨至澜沧江一段，落差大，水量丰沛，属于水电开发的黄金河段，开发投资占地少、成本低。此河段在上世纪计划经济年代就建有一座电站，进入新世纪以后，陆续建成了三座梯级电站。随着水电建设的技术力量和投资实力的增强，大寨河再度开发的优越性充分显现出来。在云县招商引资环境的吸引下，临沧润达公司抓住了新的开发机遇，决定在大寨至大朝山河段再开发3座梯级电站（装机5.4万千瓦投资4.05亿元）。其中一级电站地处大寨镇团结村和大朝山西镇昔元村、文物村辖区，设计装机容量1.8万千瓦，年均发电量9949万度，属径流引水式开发，水头落差150米，每秒流量14.5立方米。二级电站位于大朝山西镇大石村、昔元村辖区，设计装机容量2万千瓦，年均发电量1.33亿度，属径流引水式开发，水头落差175.5米，每秒流量13.8立方米。三级电站位于大朝山西镇蒿子坝村辖区，设计装机容量1.6万千瓦，年均发电量8372万度，属径流引水式开发，水头落差111.8米，每秒流量17.3立方米。三座电站总装机5.4万千瓦，年均发电量3.16亿度。由于工程以暗隧洞引水，三座电站建设用地仅3.67公顷。电站的建成，将发挥可观经济效益和良好的社会效益。（本条摘自《云县》县讯）

（卿志宏 供稿）

刘家箐水库管理局

【概述】 2010年刘家箐水库建设工程顺利通过云南省水利厅、云南省发展和改革委员会验收。从此水库工作重点从工程建设转向管理使用上。年内水库管理局制定了一系列水利管理规定，为水库运行管理的规范化、程序化、制度化提供了保证。2010年，刘家箐水库管理局被评定为省一级水利工程管理单位，10月9日，渠道防渗工程（一期）开工.

2009年下半年至2010年上半年，云县遭受百年不遇的旱灾，水库加强调度，向受益区供水638.2万方，积极发挥了水库防汛抗旱功能。

【组织机构】 云县刘家箐水库管理局为纯公益型事业单位，下设办公室、财务股、技术股、综合股和保卫股。2010年县编委核定人员编制13人，实有干部职工15人，其中管理人员2人，工程师6人，助理工程师3人，技术员3人，工勤人员1人。

【工程建设】 一、工程顺利通过竣工验收。3月26日，在澜沧江酒业集团办公楼会议室召开刘家箐水库工程竣工验收会议。验收委员会在认真听取建设单位、设计单位、监理单位、质监单位、施工单位的汇报后，察看了相关资料，并分组进行了讨论，认为刘家箐水库工程建设已按批准初步设计完成主要建设内容；建设征地、移民安置、库区清理工作也全面完成，水土保持、环境保护、档案、移民均已通过专项验收；工程档案资料齐全；工程质量经监理单位复核、质监单位核定为合格；工程投产两年试运行状况良好。会议评定工程质量评定为合格，同意通过验收。会议对工程提出了建议和意见：一是工程运行管理单位要根据工程实际，制定和完善工程观测和巡查制度，加强大坝安全观测和渠道巡查，进一步完善水库调度运行方案和应急抢险预案确保水库效益的发挥和防洪安全。二是为保证工程管理安全，建议在坝顶下游增设防护栏。8月15日，云南省水利厅、云南省发展和改革委员会《关于印发云县刘家箐水库工程竣工验收鉴定书的通知》（云水规计〔2010〕176号）正式下文批准同意刘家箐水库工程通过竣工验收。刘家箐水库是云县迄今为止建成的第二个中型水库，坝址距县城24.5千米，总径流面积20.4平方千米。水库设计总库容1213.2万立方米，兴利库容1083.4万立方米，主要建设任务为灌溉，设计灌溉面积3.46万亩。大坝按2级建筑物设计，输水隧洞及溢洪道按3级建筑物设计，引水渠、灌溉渠按4级建筑物设计。水库防洪标准为50年一遇洪水，1000年一遇校核。工程于1999年5月省发改委立项，同年12月28日正式开工，由枢纽工程、渠系配套工程和移民安置工程构成。2009年4月底，水库工程全部完工，完成工程总投资16261.6万元。

二、渠道防渗工程（一期）开工完建。通过多方争取，干坝山支渠、头道水东支渠防渗工程被列为2010年省级干支渠防渗工程项目盘子。10月9日，临沧市水利局批准《刘家箐水库干坝山支渠、头道水东支渠防渗工程初步设计报告》，经省发改委、水利厅组织了复审，10月26日云南省发改委、水利厅、财政厅批准下达刘家箐水库干坝山支渠、头道水东支渠防渗工程一期工程投资220万元，投资计划列入2010年建设项目。工程于12月8日正式动工建设，12月30日完工。完成土石方1.83万立方米，钢筋混凝土0.3万立方米，累计完成工程投资267.6万元，其中：省级专项资金217.6万元，县级自筹30万元，群众投工投劳20万元。

【运行管理】 一、抓好创建省一级水利工程管理单位是水库管理局2010的一项重要工作。在做足前期准备工作的基础上，对照《云南省水利工程管理考核暂行办法》（云水工管〔2007〕4号）要求，管理局将考核项目逐项分解，细化落实，不断改进水库管理中存在的问题和不足，进一步规范管理，从而提高管理水平。同时切实做好工程管理考核自查报告和申报书，争取项目申报工作，为水库创建验收工作做好各项准备，11月11日，由县水利局向市水利局转报了《关于请求给予刘家箐水库管理局申报省一级水利工程管理单位进行初步验收的请示》（云水发〔2010〕197号），11月30日，通过市水利局组织的初步验收，12月6日，省水利厅主持对刘家箐水库管理局申报省一级水利工程管理单位进行考核。通过现场踏勘、听取汇报、查阅资料，验收组召开会议进行评议，逐项量分：组织管理总分150分，扣分13分，得分137分，占总分的91.3%；安全管理总分250分，扣分27分，得分223分，占总分的89.2%；运行管理总分400分，扣分83分，得分317分，占总分的79.3%；经济管理总分200分，扣分38分，得分162分，占总分的81%。考核评分结果，刘家箐水库管理局被评定为为省一级水利工程管理单位。

二、按照防汛责任制的要求，认真做好防汛各项准备工作。着力完善防汛预案，实行24小时值班和巡察制度，提高应急处置能力。对输水隧洞闸门和备用机组进行了维修养护，备足防汛物资。同时组织汛前自查，及时查缺补漏，确保防汛工作不留死角。2009年下半年至2010年上半年，云县遭受百年一遇的旱灾，灾情就是命令，刘家箐水库加强调度管理，积极投入到抗旱救灾当中，向受益区供水638.2万方，有效缓解了受益区的旱情，为当地农民抗旱保苗、按时栽插作出了应有的贡献。

三、制定制度，完善管理。修订完善了《云县刘家箐水库管理局规章制度》，形成了《云县刘家箐水库防汛抗旱值班实施细则》，制订了《云县刘家箐水库管理局人事劳动制度》等十项工作制度。6月22日，云县人民政府办公室印发了《刘家箐水库运行管理办法（试行）》（云政办发〔2010〕99号），为水库运行管理的规范化、程序化、制度化提供了保证。

【社会主义新农村建设】 认真做好挂钩村刘家箐村社会主义新农村建设帮扶指导工作。一是出资2万元支持沼气建设；二是投资2万余元修复村内主要灌溉渠道；三是根据村委会办公设备不足的情况，支持了部分办公桌椅；四是出资1.3万元支持大团山组硬板路建设；五是出资0.4万元修复陡坡组对外公路。

（刘子琦 供稿）

正觉庵水库管理局

【概述】 2011年，正觉庵水库管理局在围绕搞好水库安全中心工作的同时，继续发展壮大供水、发电、林果种植三大经济主体，积极开展综合经营，巩固水管单位体制改革成果，全年综合经营部水费收入73 万元，向上争取资金160万元。积极投入抗旱保生产行动，《云南日报》《临沧日报》和水利部、云南水利厅等媒体网站对水库抗旱保生产发挥的积极作用进行了宣传报道。年内，在继续保持“市级文明单位” “云南省一级水利工程管理单位”基础上， 3月，正觉庵水库被水利部授予“全国水利工程管理体制改革先进集体”荣誉。

【机构人员】 云县正觉庵水库管理局设办公室、工程技术股、安全保卫股、供水管理股，有职工24人，其中自收自支人员15人。

【生产经营】 全年综合经营部水费收入73 万元，其中水资源费12 万元（从5月份开始由水利局直接收取）。全年广佛寺电站发电量 365万千瓦时，比去年减少 34万千瓦时。自荔枝园经营承包后，承包人补植补造了1.10万多株芒果、橘子等苗木；种植铁篱笆树5千米，形成管护围栏；由于承包人对果园进行除草、施肥、浇水等有效的管理，果园产生了明显的效益，足额收取了承包费。

【抗旱和防汛】 面对云县遭遇秋冬春连旱，正觉庵水库管理局早调度、早谋划，把增加蓄水量作为工作的重中之重，多措并举，做到了县城供水保证率达100%的同时，保障了水库干支渠覆盖的农田地冬季农业和春耕生产用水需求。为保证蓄水，管理局采取加密对河道径流量的测量、预测，水库蓄供水一日一报制，限制下游广佛寺电站用水，严格水库用水调度，抓好水利工程的建设和抢修维护等多项措施，保证城镇供水和农业生产用水。3月7日，正觉庵水库蓄水量887万立方米，比上年同日多80万立方米，在严峻旱情下，水库的抗旱效益得到明显发挥。水库南干渠沿线的水磨村种植洋芋实现了大旱之年大丰收。

自进入汛期，水库管理局实行24小时值班制度，定时不定时组织对水库主要建筑物进行了巡查监测，确保了水库的安全。

【水源地保护】 正觉庵水库管理局把水库水资源作为云县可持续发展的一项重要工作来抓，编报了《云县正觉庵水库饮用水水源地保护工程项目规划报告》争取列入“十二五”规划；完成了《云县正觉庵水库饮用水源地保护项目初步设计》和补助资金申报工作；增设了水质水源保护标识，定专人清除库区污染物；清理了库区内一户养殖户；在水库辖区地表裸露地段组织绿化，认真管护好原有的生态林、水源林和经济林。

【工程建设】 云县正觉庵水库北干渠防渗工程于2009年11月6日开工，2010年1月31日完工。用省级水利专项贷款投资120万元，完成北干渠渠道防渗工程4122.3米，其中改造主干渠2083.3 米，渠首流量为每秒3立方米，渠尾流量为每秒2.2立方米；新建杜家凹沟484米，流量为每秒0.3立方米；新建临时供水渠道1555米，流量为每秒0.5立方米。共完成土方开挖7029立方米，浆砌石方188立方米，砂浆抹面1848平方米，回填土方3652立方米，C20混凝土1410立方米，C混凝土管13米，钢筋制安34.5吨。

云县正觉庵水库白砂沟防渗工程于2010年10月经云南省发展和改革委员会、云南省水利厅、云南省财政厅《关于下达2010年省级水利投资计划的通知》云发改农经〔2010〕2077号核准建设。工程批准投资306万元，其中省补资金120万元，其余市县自筹部分由当地群众投工投劳和其他部门投资实施。该工程于12月20 日开工，计划2011年1月底完工。

【检查、观测和设备维修】 搞好水库检查和观测工作。通过两次对坝体沉降、位移、渗透流量的观测检查后，观测值均在允许范围内。编制了各项管理制度规程，并编辑印成册。

（杨彦晓　供稿）

交通邮电　城建环保　土地管理

云河楼（卢原　摄）

交　通

【概述】 2010年，云县道路交通工作牢固树立科学发展观，按照县委、政府确定的“三个一百”工作目标任务，切实加强交通项目固定资产投资建设和“通达”“通畅”工程项目建设，进一步加大农村公路的管理养护力度，做到“明职责、强管理、见实效”，不断探索符合云县农村客运发展的新路子，农村客运发展有序推进。强化交通安全生产宣传和教育，不断提高交通安全生产水平和防控能力。全年累计完成交通项目固定资产投资57184万元，开通农村客运班线17条，乡镇通班车率达100%，建制村通班车率达59%。

【“十一五”交通成效】 “十一五”期间，云县抓住国家加大农村交通基础设施建设投资力度的机遇，掀起了新一轮交通建设高潮，5年累计完成交通项目固定资产投资1.01亿元，实现了新的飞跃。改造建设农村公路97条路段、1361.1千米，实现了所有建制村通村公路“通达”化，改造县道5条路段、125.4千米，实现了所有乡镇通乡公路“通畅”化；县城中心客运站进行了晋级（一级）搬迁建设，并建成乡镇四级农村客运站11个；改造建设农村渡口4个；同时，还借助社会主义新农村建设的机遇，不断加强村组道路硬化的建设，建成水泥路面、弹石路面等硬板路381.8千米。

【固定资产】 2010年，累计完成交通项目固定资产投资5.72亿元。其中：耿马振兴桥至清水河二级公路2.59亿元，2009年通达工程项目完成投资6980万元，2009年通畅工程项目完成投资5550万元，2010年通达工程项目完成投资71.21亿元，新农村建设硬板路完成投资2830万元，其他公路建设完成投资3220万元，农村渡口改造完成投资150万元，大朝山电站对外公路建设完成投资500万元。

【通达、通畅工程项目建设】 全面完成了2009年通达、通畅工程项目扫尾，并通过了市交通局组织的验收。2010年新启动建设的23条路段、258.86千米通达工程项目于8月全面完成招投标，比上年提前3个月开展工作。

【养护工作】 按照“全面养护、积极改善、防治结合、预防为主”的工作方针，切实加大工作力度，做到建养并重。为在农村公路管理养护工作中进一步“明职责、强管理、见实效”，经请示县委、政府主要领导后，得到了县委、政府的重视，安排县委巡视组对全县农村公路管理养护工作开展了一次巡视督查，通过巡视督查，增强了各级各部门对农村公路管理养护工作的责任意识，加大了工作力度，有效保障了农村公路的通行能力和通行质量。

【运输事业】 坚持以“政府推动、企业主动、部门联动、城乡互动”为发展理念，围绕“路、站、运、管、安”一体化的发展思路，与相关单位、部门一道，不断探索符合云县农村客运发展的新路子，农村客运发展有序推进。至年底，全县新开通农村客运班线3条，累计达17条，新增农村客运班车6辆，总数达108辆，乡镇通班车率达100%，155个行政村通班车，建制村通班车率59%。农村客运逐步向村级延伸，广大农民群众出行走向了便捷、安全、实惠。

【交通安全工作】 树立“安全第一，责任重于泰山”的思想，从小事着手，注重加强防范，强化安全生产宣传和教育，认真组织和落实安全隐患排查和整治工作，正确处理安全与生产、安全与效益间的关系，切实把客运、水运、道路和工程建设的安全工作抓细抓实抓好，不断提高交通安全生产水平和防控能力，确保了整个行业无重特大安全责任事故发生。

【召开农村公路“两通工程”竣(交)工暨交接管护会】 7月30日,云县农村公路“两通工程”竣(交)工暨交接管护会议在县交通局会议室召开。市交通局副局长刘国柱，县委常委、县人民政府常务副县长、云县农村公路通畅工程建设指挥部指挥长李尚清，涉及“两通工程”乡镇主要领导，“两通工程”设计、施工、监理单位代表参加了会议。

期间，会议宣布了云县“两通工程”验收委员会组成人员名单，县交通局局长杨波作了“两通工程”建设项目执行情况汇报，监理、设计、施工单位代表作了总结报告，市交通局质量监测站长施义清宣读了工程质量检测报告、总工办副主任王世宏宣读了建设项目竣（交）工验收鉴定书。会上，云县“两通工程”验收委员会一致通过了云县“两通工程”竣（交）工，县委常委、县人民政府常务副县长、云县农村公路通畅工程建设指挥部指挥长李尚清与县交通局及乡、镇主要领导签订了管护责任书。李尚清要求“两通工程”主管部门及乡镇要在接收管养后认真落实管护责任，落实管护人员，真正使建设好后的通达、通畅公路成为广大人民群众的致富路、小康路。

云县“两通工程”为2008年农村公路通畅工程和2009年农村公路通达工程。通畅工程由北京武交工程勘察设计院设计，建设里程114.3千米，涉及四个项目五个合同段。通过公开招标，分别由云南公大公路工程技术有限公司、大理道路桥梁工程公司、云南联合铁路工程股份有限公司、西南交通建设集团有限公司、云南交通建设工程公司负责施工，由北京华路捷公路工程技术咨询有限公司进行工程监理。工程于2008年9月开工，2010年4月完工，历时20个月，总计完成投资7480万元。通达工程通过招标，分为30个合同段，监理单位为云南公路建设监理公司临沧分公司。设计标准为山岭重丘四级公路，路基宽4.5米至6.5米、路面宽3.5米至4. 5米，路面为沙石、手摆片石、弹石、混泥土路面四种类型，实际实施里程为326.74千米，其中示范路43.52米超计划里程28.74千米。在工程管理上，云县健全机构、强化措施、狠抓工程质量管理，积极协调做好服务，狠抓安全生产管理和资金管理，确保了工程建设项目的顺利完工。（本条摘自《云县》县讯）

（饶用良　供稿）

交通运政管理

【概述】 2010年，云县交通运政管理工作以科学发展观为统领，全面贯彻省、市交通和运管工作会议精神，着力抓好客运管理和货运管理，大胆探索“路、站、运、管、安”五位一体区域化承包经营新模式，稳步推进云县农村客运发展。加强对客运企业、汽车维修企业、从业人员和汽车综合性能检测站的日常监管，建立健全安全生产责任制和落实质量保证体系。严格按照机动车驾驶员培训教学大纲要求，加强对机动车驾驶员培训学校的管理。积极开展“平安春运行动”等专项行动。联合交警、农机部门，开展安全检查，重点打击“黑车”载客、旅游车超越许可范围经营、客运班车私自组客、不按规定线路行驶等违章行为。积极开展道路运输行业年度审验。以创先争优活动为载体，积极开展优化软环境增强软实力活动，提高干部职工整体素质。

【客运管理】 积极开展农村客运管理工作。一是加强农村客运站（点）建设。已建成四级农村客运站11个，农村客运招呼站6个，全面完成农村客运站建设任务。二是积极配合县人民政府做好农村公路鉴定，2010年共鉴定农村公路3条，新开通（延长）农村客运班线2条，新增农村客运车辆6辆，乡镇通班车率100%，已通达行政村107个，行政村通班车率55%。三是按照云县农村客运发展规划，在“路、站、运、管、安”一体化区域性承包经营模式的大原则下，对已进行区域性承包的8个片区进行深入分析研究，探索区域内自由组合、单线承包方式、客货兼营的发展模式。幸福片区进行自由组合经营，涌宝镇分水岭片区进行客货兼营，后箐片区云县至上台班线正进行单线承包前期准备。城市公共交通客运管理方面，联合相关部门做好县城规划区三轮摩托车取缔和规范出租车服务、收费等整治工作。年内新投入出租车75辆，至年底共有出租车205辆，公交车8辆，基本满足市内交通需求。客运企业管理方面。鼓励支持临交集团云县分公司调整经营结构，深化车辆产权制度改革。云县至昆明、保山、祥云共11辆客车以公司和经营者按51%与49%的股份入股经营，有1辆客车完全实现公车公营。

【货运管理】 加强政策引导，鼓励厢式货车、专用罐体车和大吨位多轴车的发展，优化运力结构，促进传统道路货运融入现代物流业，提高货运经营者的组织化和网络化水平。强化对普通货运、危货运输车辆的日常监管，抓好绿色通行证发放管理，同时对货运站场、仓储、汽车租赁实行报备制。按照职责分工，加强对货物配载的源头监管，与3户货运配载单位签订超限超载目标责任书。

【汽车维修管理】　一是对二类维修企业、三类维修企业、检测站进行质量信誉考核，建立健全安全生产责任制和落实质量保证体系。同时认真做好汽车综合性能检测站站长、质量、技术负责、检测人员送培考核考试工作和检测设备年度标定工作。二是加强对维修企业和汽车综合性能检测站的日常监管，严厉打击超类别维修，占道修理，使用伪劣配件的违法行为，提高二维上线合格率；严格要求按检测程序项目进行，不得缺项漏项，不得将检测不合格的车辆签发检测报告单，不断提高检测质量和服务水平，稳步推进货运车辆二维上线检测工作。三是加强对汽车维修业从业人员的监管，清查无证从业人员，积极与劳动部门配合，做好集中培训前期工作。四是积极倡导诚信经营理念，督促二类汽车修理厂严格按照车辆二级维护要求对车辆进行维护和检测，按照全市统一价格标准进行收费。五是进一步规范有关修理单证的使用，严格修理技术标准，工艺流程和作业规范，严厉查处买卖“单证”行为。六是认真开展道路运输车辆燃油消耗核查工作。对新进入道路运输市场的总质量在3500千克以上的客货运输车辆按照省局统一要求进行核查。截止2010年12月6日，已核查客货运输车辆254辆，其中：未符合达标车辆2辆，符合达标车辆203辆，符合达标转籍车辆49辆。

【驾培管理】　一是严格按照《云南省实施中华人民共和国机动车驾驶员培训教学大纲》规定的时间、里程、人车配比进行审核把关，加强对教学计划、教学日志、培训记录的审核。二是严把教学源头关，严格执行教学计划审批制度，督促驾校建立健全管理制度，建立驾校培训质量排行榜制度。加强对教练员自身的管理，强化自身学习总结，不断提高教练员的综合素质，逐步实行规范化教学，努力提高整体培训水平，保证教学培训质量。三是加强安全、教风、学风学习教育，落实安全生产责任。按照要求规范教学，树立安全文明的职业责任理念，为社会培养合格过硬的驾驶人才，预防和减少交通事故的发生。四是按照《临沧市发展和改革委员会、临沧市交通局关于对临沧市机动车辆驾驶员培训收费标准的批复》，做好对驾校调整收费标准的监管工作。

【稽查管理】一是积极开展“平安春运行动”等专项行动。联合交警、农机部门，开展安全检查，重点打击“黑车”载客、旅游车超越许可范围经营、客运班车私自组客、不按规定线路行驶等违章行为。二是深化“打黑治非”专项整治活动。针对云县至临沧、云县至凤庆、县城至大朝山等重点客运线路上出现的“黑车”、双排座货车载客等现象，联合交警、农机等职能部门，采取源头检查、流动检查、联合检查、明察暗访等方法和手段，进行长期整治。三是根据云县人民政府开展预防重特大道路交通事故专项整治部署要求，与交警、农机部门设立三个稽查组，开展了为期四个月的整治行动，整治本着“打防”并举的原则，充分依靠和发动群众，疏通举报信息渠道，采取24小时受理方式，做到有报必查，有查必果，通过整治，客运班线尤其是云县至临沧线上的“黑车”明显减少，市场得到净化。四是整合公安、交警、市政执法资源，与公安局共同出资建设值班岗亭，联合开展客运站周边交通秩序治理，坚持早8时至下午5时工作制度，对客运站及周边不间断巡查。五是认真做好稽查日常工作，进一步规范执法行为、法律文书，按时报送稽查报表、专项活动信息材料。至年底，运管所出动稽查人员2514人次、执法车辆1900辆次，检查运输车辆3558余辆，查处各类道路运输违法行为1187次。

【安全管理】　一是开展春节、“五一”、安全生产月、“十一”安全生产大检查，对客运企业、维修企业、驾培学校、汽车综合性能检测站等进行安全生产专项检查，排查安全隐患。二是落实安全生产主体，分解安全生产责任。三是继续深化“安全生产年”活动和“三项行动”“三项建设”的工作。四是落实专项整治工作。根据《云南省交通运输厅关于道路客运实行计算机管理的通知》，督促客运企业认真做好推广应用工作。云县分公司及客运站8月完成计算机车卡、人卡的登录发放工作，9月正式进入使用阶段。

【审验工作】　根据开展2010年道路运输业质量

信誉考核及营运车辆审验工作的要求，运管所统一思想，强化宣传，增强服务，有序开展审验。全年全县应审客运车辆313辆，实审313辆，实审率为100%；货物运输车应审1591辆，实审1292辆，实审率81.2%；教练车应审26辆,实审26辆，实审率100%；维修业户应审139户，实审139户，实审率100%；拖拉机应审1934辆，实审1399辆，实审率72.3%；应审驾驶员培训1户，实审1户，实审率100%；应审相关业务9户，实审9户，实审率100%；应审客运站6个，实审6个，实审率100%。

【党建工作】 一是强化支委班子建设。按照党章的规定要求，认真组织召开党员大会，按时进行支部换届选举，选举产生新一届支部委员。强化党员发展，管理所共有党员7人，入党积极分子3人。二是认真执行“三会一课”制度。召开党员民主生活会和班子专题民主生活会，严格支部议事会议制度，充分维护党员民主权力。同时邀请县委党校老师，就运政部门如何围绕中心、服务大局、奉献社会进行专题辅导。三是强化创先争优和优化软环境增强软实力活动，引导全所干部职工从新定位角色，找准出发点、立足点、归宿点，自觉优化软环境增强软实力。在服务大厅设立党员示范岗、领导值班岗、服务岗。通过党员示范，加快运政角色转变，规范窗口服务，提高服务质量和工作效率。四是抓好精神文明创建工作。加强办公楼走廊文化建设，制作警示标语，制作精神文明、创先争优、软环境建设宣传栏；积极开展抗震、抗旱、金秋助学捐款活动；积极做好省级文明示范窗口和文明班车复查申报工作。8月，管理所市级文明单位经市文明委考核验收合格。

【队伍建设】 以创先争优活动为载体，结合运政管理职能实际，深入开展“七个一”活动、红色教育活动和一线工作实践教育活动。以加强和提高运政队伍建设为切入点，认真组织干部职工进行政治理论、业务知识和执法培训学习，做到理论与实际结合，岗位与全局结合。同时深入开展运政价值理念教育活动，突出主旋律，明确运政价值理念和共同远景。

（交通运政管理所　供稿）

公路路政管理

【概述】 2010年，云县路政管理工作坚持以邓小平理论和“三个代表”重要思想为指导，认真贯彻落实十七届四中、五中精神，解放思想，开拓创新，认真学习实践科学发展观，从思想上与党中央保持高度一致。紧紧围绕维护路产路权、确保公路畅通这一中心工作，认真贯彻落实全省路政管理工作会议精神，努力开创路政管理工作新局面。

【基本情况】 2009年7月1日，根据《云南省机构编制委员会关于调整云南省交通厅所属事业单位机构编制的通知》（云编（2009）2号文）、《云南省机构编制委员会办公室关于云南省公路路政管理总队机构编制方案的批复》（云编办（2009）50号文）及云南省交通运输厅《云南省交通运输厅关于印发云南省公路路政管理总队主要职责内设机构和人员编制规定的通知》（云交人（2009）613号文）、云南省交通运输厅《关于印发省公路路政管理总队组建工作方案的通知》和《关于认真做好省路政管理总队工作交接的通知》，成立云县公路路政管理大队，为副科级机构。2010年有职工10人，其中男7人，女3人；中共党员4人；大专9人，高中1人；具有中级技术职称1人，初级技术职称1人。

【工作职责】 一、宣传公路路政管理的法律、法规和规章。二、保护公路路产，实施公路巡查，依法制止和查处各种违法利用、侵占、破坏公路路产的行为。三、控制公路两侧建筑红线，依法取缔违章建筑。四、维护公路标志、标线的完好。五、维护公路养护施工的正常秩序；检查、督促公路养护单位正常养护、及时排除路障和抢险、修复公路，确保公路畅通、安全，做好公路行道树的栽培和修整工作，使其不影响交通及周围工农业设施的安全使用。六、对公路沿线群众进行爱路、护路和安全教育。七、法律、法规和规章规定的其他职责。

【加强领导、健全机制】 一、加强领导，落实责任。路政大队建立健全领导体制，做到有组织、有领导、有机构，职责清楚，分工明确；严格按照民主集中制原则，重大问题实行集体讨论，民主决策；班子团结务实、廉洁自律，有力地保证了各项工作的顺利开展。

二、明确分工，完善机制。为进一步增强路政管理力度，规范工作流程，认真落实值班备勤和路政巡查等工作制度，根据工作实际情况进行工作分工，将大队人员分为一个内业组和两个外业组，并将责任明确到岗、落实到人，做到工作有部署，有计划，有检查，有总结，保证了各项工作的顺利开展。

【迎部检准备工作】 一、统一思想，提高认识。大队根据《临沧公路路政管理支队2010年交通运输部干线公路养护与管理检查路政迎检工作方案》要求，统一思想，认清形势，明确职责，成立了大队迎检工作领导小组，明确大队迎检工作任务，指定专人负责，让全体路政人员了解此次迎检工作的意义和重要性，认真对照检查标准建立健全大队各项规章制度，进一步规范路政执法行为及办案程序，认真进行自检自查，发现问题及时整改，确保迎检工作如期推进。

二、明确重点，狠抓环节，认真做好迎检工作。加大路政案件查处力度，认真对所辖路段进行排查，对存在问题及时进行整改，制定了优化重点路段路域环境专项治理工作方案，对违章道口、违章建筑、违章加水点以及占道摆摊经营等违法行为进行了专项治理。全年共开展路域环境治理专项行动3次，路域环境有了明显改善。

三、加强管理，确保内业管理统一规范。在做好外业工作的同时，加强内业的管理，指定专人负责，完善内业资料，建立规范化内业档案，对各种路政档案分类设置、统一规范，做到档卡资料齐全、分类清楚、编目登记、装订归档；按照上级考核细则，搜集整理资料，搞好综合汇报材料。

【路政管理宣传】 一、做好爱路护路法制宣传教育。大队结合实际情况，在路巡及处理路政案件过程中，认真做好沿线群众及当事人的宣传教育工作，以《公路法》《路政管理条例》《超限运输车辆行驶公路管理规定》等法律、法规、规章制度为主要宣传内容，提高了公路沿线群众的爱路护路意识，为法律法规的实施和路政管理工作的开展，营造了一个良好的社会氛围。

二、利用报刊、杂志等媒体宣传公路法律法规和各项工作开展情况，增强全社会爱路护路意识。年内大队共在《临沧路政简报》发表文章7篇。

【路政巡查和路政案件查处】 一、全面贯彻执行《公路法》《行政许可法》《云南省公路路政许可审批规范》及路政许可相关规定，完善路政管理许可事项公开制度、行政许可责任追究制度，严格按照路政管理许可事项、权限、条件、程序、期限进行行政受理、上报，严格执法路政许可事项集体研究制度。同时，针对历年的路产占用审批事项，认真开展公路路产占用费收取工作，确保路产占用费不流失、不漏收，使公路发挥出最大的社会效益和经济效益。

二、结合自身的管理工作环境，加大巡查力度。大队坚持上路巡查制度，保证了良好的出勤率，将动态管理与静态管理结合起来，发现问题及时处理，把查处侵占公路路产及破坏、损坏、污染公路及公路设施，公路两侧红线控制，违法超限运输治理作为重点，依法及时查处各类路政案件，在处理案件时把教育、宣传与警告、处罚结合起来，有效地维护了路产路权。

全年大队共上路巡查500余次，查处路政赔补偿案件4起，查处路政处罚案件118起，办理、受理几何超限运输车辆通行证58辆次，立案率、结案率均为100%，为国家挽回经济损失28.72万元。

【党风廉政建设】 一、加强领导，明确分工，确保党风廉政建设责任制落实到位。把党风廉政建设责任制工作纳入年度各项工作目标考核的议事日程。同时经常性开展督导工作。

二、加强政治理论学习和党风党纪教育，提高全体干部的廉洁自律意识。根据路政工作涉及面广的特点，把党风廉政建设作为经常性的工作来抓，制定了各项工作规章制度和程序，坚持重大事项由队务会集体决定。在原则问题上不乱开口子，不讲情面，严格按照业务政策办事，坚决杜绝利用工作之便“吃、拿、卡、要”现象的发生。

三、围绕中心任务，强化监督检查，保证各项重要工作贯彻落实。抓好廉洁自律、搞好廉洁从政、扎实推进干部队伍作风建设。健全制度规范，坚持机制创新，注重加大源头反腐工作力度。

【安全生产管理】 一、层层签订安全生产责任书，全面落实安全生产责任目标。结合单位实际，制定有关安全措施，认真贯彻落实、建立健全大队安全生产管理机制，设置安全生产管理人员，负责大队安全生产工作及各类报表的上报及档案归档工作。

二、围绕开展"安全生产年"活动总体部署，认真开展安全生产活动。一是开展安全生产宣传教育活动，大力开展"安全生产月"的各项活动，组织大队路政人员学习观看安全生产教育警示片，悬挂安全宣传横幅；二是组织开展消防安全演练一次，提高了职工的应急能力及安全防范意识；三是定期对辖区公路及办公区、车库、职工住宿区等重点部位进行安全隐患排查，对排查到的安全隐患问题，及时进行了整改。全年大队共开展安全生产专项检查4次，有效的防范和遏制了重大事故发生，确保安全生产工作顺利开展。

【队伍建设】一、文明执法、规范执法，推进队伍建设。大队坚持高标准、严要求，严格办案程序，严格执行路政员着装规定和路政员行为规范，文明执法，树立了交通行政执法人员的良好外在形象，在工作中路政人员服从安排，不推诿、不扯皮，讲团结、讲奉献，遵纪守法，进一步提升了路政队伍规范化建设水平。

二、抓学习。制定并严格实施学习制度，重点学习了《公路法》《行政许可法》《行政处罚法》《路政管理条例》《超限运输车辆行驶公路管理规定》等与路政管理有密切联系的法律法规和《云南省公路路政管理总队路政管理规范（试行）》《云南省公路路政管理总队路产业务范本》、"云南省公路路政业务管理系统"应用及路政案件处理、法律文书制作、票据填写等业务知识进行了认真、透彻的学习，切实做到领会、理解和掌握，从而提高了大队路政执法人员的法律素质、修养及业务技能。全年大队共组织集中学习活动10次。

三、强军训。2010年，大队请退伍军人为教官，对全体路政人员进行了为期4天的军事化训练，对列队、立正、稍息、停止间转法、齐步走、齐跑步、敬礼等科目进行严格的训练，进一步提高了路政执法人员的纪律意识、规范意识和服从意识，凝聚了团队精神，树立了良好的路政执法队伍形象。

（云县公路路政管理大队　提供资料）

公路养护

【概述】 2010年，云县公路管理段以党的十七届四中、五中全会精神为指导，深入贯彻落实科学发展观，坚持以"养好公路，保障畅通"为工作目标，以强化养护目标责任制管理为手段，狠抓公路全面养护和工程建设，2010年，云县公路管理段管养着2条线路，公路里程140.8千米，其中省道保大线83.5千米、县道云漫线57.3千米。全年共完成沥青表处6252.06平方米，刮油封裂1.57万平方米，热油灌封2.56万米，加筋刮油封裂3528.14平方米，修补面层145.72平方米，灌入式4350.64平方米。以开展创先争优活动为契机，全面加强队伍建设，树立良好的公路队伍形象，提升文明单位创建质量。年内，云县公路管理段被临沧公路管理总段评为文明先进单位。

【机构设置】 管理段内设书记室、副段长室、办公室、工计股、安技科、材机科、综治办、劳工、离退办及基层养护的小罗扎机化站等部门。

【养护生产】 一是以养好公路为中心，进一步强化"三个养护"。云县公路管理段继续开展预防性养护为主的劳动竞赛活动，落实科学养护观，制定科学的养护计划，加强领导，把广大干部职工的思想认识统一到落实"三个服务"的总要求上。把《沥青路面预防性劳动知识竞赛应知应会手册》《公路养护技术规范》《公路技术状况评定标准》复印分发到站所职工手中，在职工中掀起了积极学习预防性养护知识和规范化养护知识，踊跃参与预防性养护知识竞赛、沥青路面预防养护劳动竞赛的高潮。5月，3名职工参加临沧总段举办的预防性养护知识竞赛，取得了第三名。11月，站所3名职工参加总段举办的公路养护工职业技能大赛活动，因表现出色，其中1名职工被抽往公路局惨赛并取得优异成绩。

二是始终坚持“预防为主，防治结合”的方针，重点推广应用热油灌封、加筋刮油封裂、沥青路面强基薄面、科宁冷补等技术。坚持以“养好公路，保障畅通”为工作目标，以强化养护目标责任制管理为手段，狠抓全面养护，实行保质保量为核心的项目计量工程费制。

三是加强桥梁管养，实现隐患防范能力的有效提高。全面加强桥梁管理工作，按照桥梁养护技术规范要求，开展经常检查、定期检查和特殊检测，对桥梁技术状况进行评估，及时准确掌握桥梁运行状况，为合理确定加固、改造方案提供第一手资料，建立健全桥梁技术档案，加强桥梁日常养护，全面提高桥梁管护水平。

四是在汛期到来之前，段做好水毁防抢保通预案并及时成立了防汛领导小组，提前对辖区经常发生坍塌、沉陷、滚石地段进行检查疏通，全面清通侧沟、桥涵等排水系统，使路面纵横向排水良好，认真落实雨季“三查”制度，推行“无休息日值班”，除法定上班时间外，双休日职工轮流值班。

【迎国检准备工作】 一是根据总段的要求，云县公路管理段严格落实工作责任，加强对迎检工作的组织领导。认真对照国检要求，制定具体的实施方案，确定所辖区内重点路段要强化全面养护、及时养护、预防性养护和精细化养护，努力保持良好的路容路貌。

二是认真组织实施养护维修工程，着力解决路面损坏和平整度问题。加大对迎检路线的养护力度，段认真做好路面病害处治及水毁修复工程，进一步完善安保设施，6月底前完成所辖区内的公路标志、标牌、标线等附属设施缺损情况的排查工作，确保了路况质量优良、标志齐全鲜明、路容路貌整洁，实现了公路“通、平、美、绿、安”的目标。

三是加强养护巡查力度，严格考核养护质量。养护管理人员每月进行不少于两次的不定期检查考核，每月进行一次定期检查考核，考核与支付挂钩，每月检查形成通报道段部。

四是做好迎“国检”内业资料的整理归档工作。段成立了“迎国检”内业资料整理小组，并购买300个档案盒分发给小组成员；小组成员严格按照资料整理的标准，做好自己部门的内业资料收集、归类、存放工作。

【工地建设】 一是切实加强施工组织。为抓好工地建设的各个环节，形成平安、有序的工地环境。成立以副段长为主的，具有丰富经验的施工、管理人员组成施工领导小组进驻工地，并组织工地人员学习和掌握有关工程建设的质量和要求，对工地施工人员进行明确分工，责任落实到人。

二是抓好廉政建设。云县公路管理段从一开始就高度重视工程廉政工作，严格执行《临沧总段工程廉政管理制度》，把廉政建设纳入整个施工过程，做到“工程不完工，廉政不放松”，廉政工作和工程质量同步进行，通过在建设工地公布监督电话、规范制度、强化监督等方式严格对施工人员廉政行为加以规范和约束，杜绝了以权、以职谋私的现象发生。

三是做好施工现场的组织管理工作。施工作业时，及时做好便道维护，减少施工中的扬尘和噪音污染。对需要长时间占用车道、中断交通的施工，合理确定绕行方案，并采取适当方式告知群众。其次是提高突发事件应急处置能力，以解决各种原因造成的堵车、恶劣天气下交通组织、水毁断道的及时修复等突发情况为重点，进一步完善公路突发事件应急预案。

【安全综治工作】 一是积极开展安全教育。坚持“安全第一、预防为主，综合治理”的方针，加强《公路法》《道路交通安全法》的学习和宣传，各站所把每周五定为安全生产活动日，总结一周的安全生产，并做到学有记录，每月把学习情况报到段部。通过不断地学习，进一步强化职工个人安全防范工作，增强了职工自觉遵守各项安全、法律、法规的责任感和使命感。8月，段派4名职工参加临沧总段举办的安全卫生救护培训，学习掌握一些自救和互救的基础知识。

二是提高安全保障能力，加大安全监管力度。坚持“安全第一、预防为主、综合治理”的方针，全面落实安全生产责任制。按照总段“一岗双责”要求，进一步推行标准化作业和精细化管理，严格按照安全操作规程作业，不断提高职工自我保护意识和安全防范意识。强化安全生产源头监管，进一步加强以养护作业现场、工地建设等为重点领域，施工机械、桥梁为重点部位，重大节假日、恶劣天气为重点时段，机械设备操作人员为重点人员的安全监管力度，坚决防范重特大安全事故发生，真正做到思想上警钟长鸣、制度上严密有效、检查上严格细致、处理上严肃认真。年初，段长与各站所长、一线职工、机驾人员等签订《安全生产目标责任书》40份，落实安全生产责任制，加强安全现场管理，加强事故隐患整治，加强事故救援应急落实，建立健全隐患排查整治工作的长效机制，加强安全生产源头管理，突出重点部位和关键环节，杜绝各类安全生产责任事故发生，年安全生产检查不少于4次，由“要我安全”转变成了“我要安全”。

三是认真开展好“春运”“五一”“安全生产月”等安全活动，加强检查监督，全力整改。加强对道路安全的巡查次数，查制度、查责任是否落实；查隐患，防患于未然；查整改，对查出的隐患按要求及时进行整改，上半年，段购买了安全标志服150套、安全标志帽150顶个下发到各站所，并要求职工上路作业时一定要穿戴齐全，以示安全警示。凡发现道班职工上路作业没有穿安戴全标志服帽，作业时未设置安全标志牌，危桥险路未及时治理或未设置醒目标志的都进行了及时纠正。加强高危行道树的管理。5月，段完成了对临清线和云保线高危行道树断尖处治，真正切断了隐患的源头，在处治过程中无一人发生伤亡。

四加强社会治安综合治理及平安创建工作。年初，重新调整和充实了综合治理工作领导小组，制定工作计划，与各站所签订《社会治安综合治理工作目标责任书》，层层落实相关责任；积极做好“两会”期间信访工作，并且在日常工作中及时处理职工来信来访人员，尽心尽力做好来人来访的思想稳定工作，把不稳定因素努力消除在萌芽状态，主动排查消除重点信访隐患，切实解决群众关心的“热点”问题，每月认真开展本单位内部矛盾纠纷排查工作；同时，积极做好“五五”普法宣传学习，职工参加学习人数达100%。

【精神文明建设】 一是加强干部职工的政治理论教育。云县公路管理段始终把政治理论学习作为统一思想,武装头脑，提高素质的重要措施，认真坚持每月2次的职工集体政治理论和业务技术学习制度，始终坚持集体学习和个人自学相结合的方式，把学习的重点放在了党和国家的方针政策、相关的法律法规和党的十七大精神、邓小平理论、“三个代表”重要思想、科学发展观等先进的理论知识和全省交公路工作、总段的会议精神上，通过扎实的理论学习，职工的学习积极性进一步增强，理想信念、民主意识和业务技能进一步提升，学习效果显著。下半年段图书阅览室新添一千余元的书籍，类别涵盖了公文应用写作、计算机、小说等多个方面，丰富了全段职工的业余阅读生活。此外，充分利用各种教育途径，安排并鼓励干部职工参加省公路局、临沧总段组织的各种培训活动。据统计，2010全段干部共参加各类讲座、专业培训达40人，获得中级工等级的有1人。通过自学考试，取得大专学历18人，本科学历2人。

二是加强干部队伍建设。从提高养护队伍整体素质入手，加强队伍建设，提高养护队伍的战斗力，保障公路养护好路率，基本达到“通、畅、美、绿、安”的要求，组织全体干部职工深入开展创先争优活动，切实加强党员干部党性修养，转变党员干部作风，达到党政领导班子的创造力、凝聚力和战斗力得到明显增强，努力建设一支尽职尽责、忠诚于党、开拓进取、执政为民、清正廉洁的干部队伍，为实现单位又好又快发展提供坚强的政治和组织保障。

三是积极开展反腐倡廉宣传教育。积极组织全体领导干部、党员学习《中国共产党党员领导干部廉洁从政若干准则》、党纪政纪等法律法规知识。8月开展了以“严守纪律、廉洁从政、树优良作风”为主题的为期一个月的廉政教育月活动，并组织职工观看了电影《村官普发兴》，看后要求段部成员每人写下自己的心得体会，从中择优选取2篇心得体会上报给总段。这些活动的开展积极引导全段干部职工牢固树立公仆意识，加强廉洁自律，不断提高拒腐防变能力，树立为民、务实、清廉的良好形象。

四是做好领导干部述廉述职情况评议工作。根据临沧总段的要求，2010年上半年，在职代会上全段参加会议的37名代表完成了对段部领导述廉述职情况评议工作。

五是积极完成云县县委、县人民政府安排的各项工作任务，开展警民共建活动、扶贫挂钩和支援新农村建设，发挥文明单位的示范作用。继续为挂钩村茶房乡南挖河村提供20吨水泥改善基础设施建设；在全县遭遇大旱灾之后，全段职工共向旱灾严重地区捐款6000多元，段领导也第一时间赶往受灾地南挖河村看望村民，及时送上慰问金5000元，此外资助毛家村社区沙坝田组2万元人畜饮水款，及时缓解了人畜饮水困难的难题。

【创先争优工作】 6月，云县公路管理段以“筑坚强堡垒、树先锋形象、促科学发展”为主线，以“促进社会和谐、服务职工群众、加强基层组织”为目标，全面深入地开展了创先争优活动。

一是成立了创先争优活动领导小组，领导小组下设办公室，并制定《云县公路管理段关于在党的基层组织和党员深入开展创先争优活动实施方案》，并组织全体党员进行宣读学习。

二是段党支部和全段36名党员结合实际工作进行创先争优公开承诺。

三是采取多种方式开展好创先争优活动。开展“党性教育”活动；开展“共产党员示范路”活动。段在G214线k2609-k2611处设立主题突出、新颖别致的“共产党员示范路”形象标志牌，采取定人、定责的“二定”措施，使这项活动落到实处；开展好“岗位奉献”活动。围绕公路养护中心任务,组织全段党员、职工开展业务练兵、劳动竞赛等活动；树立交通系统爱岗敬业，无私奉献、优秀共产党员典型，引导全段广大党员、职工从身边人学起，从身边的事做起，积极创先，自觉争优。

（公路管理段　提供资料）

邮　政

【概述】 2010年，云县邮政工作坚持“人民邮政为人民”的服务宗旨，以人为本，顺民意，创新服务手段，积极开展国际函件业务，国内函件、包件、特快专递、汇兑、报刊发行、集邮、机要、储蓄、邮政储蓄小额质押贷款、邮政礼仪、中邮专递广告、物流配送、代理保险等项目服务工作。全年完成邮政业务收入514.63万元，完成年计划541.92万元的94.96%，比上年同期增加13.13万元。邮储总余额达到6409万元，新增余额1262万元 。在做好经营服务的同时，坚持以构建和谐邮政、加强企业文化建设为核心，切实加强精神文明创建工作和工会工作。

【邮政经营项目】 云县邮政局开办的业务有：国际函件业务，国内函件、包件、特快专递、汇兑、报刊发行、集邮、机要、储蓄、邮政储蓄小额质押贷款、邮政礼仪、中邮专递广告、物流配送、代理保险、经济快递及中小学教材发行、代发工资、代办电信等业务和服务“三农”农资产品配送、烟草物流配送、与公安部门联合开展居民第二代身份证寄递业务，与计生部门联合代发农业人口养补金和计划生育一次性奖励金业务。

【邮政业务收入】 2010年全局邮政业务收入514.63万元，完成年计划541.92万元的94.96%，比上年同期增加13.13万元。其中：邮类业务收入累计完成165.25万元，占总收入的32.11%；代理金融类业务收入完成139.31万元，占总收入的27.07%；速递物流业务收入累计完成200.66万元，占全局总收入的38.99%；其他收入完成9.41万元。全局邮储总余额达到6409万元，新增余额1262万元 。

【精神文明建设】 云县邮政局始终坚持以构建和谐邮政、加强企事业文化建设为核心，紧紧围绕“规范服务、创建文明行业、争创文明单位、巩固文明成果”的总体目标，切实加强文明创建工作的领导，把精神文明建设工作落到实处，常抓不懈、不断创新，取得成果。先后被省邮政公司和市局命名为“合格职工之家” “先进职工之家”，全省邮政系统云邮双先“先进集体” “优质服务先进集体”和“巾帼文明示范岗”，以及市级“青年文明号”。云县邮政局继续保持了省、市级文明单位荣誉称号。

【工会工作】 一是认真做好2010春节送温暖活动，建立困难职工档案，把市局、市邮政工会对困难职工的关心送到，使他们过一个温馨、祥和的春节。年内共看望慰问住院、特困职工15人次，发放困难补助金1.26万元；组织开展荣誉性疗休活动，共安排4名在岗职工到省外考察学习。同时做好女职工特殊权益的保护工作，继续与行政签订《女职工权益保护专项合同》，维护女职工的特殊利益。为提高广大邮政女职工的社会保障水平，抵御疾病风险防线，在全省邮政系统开展的第三期“女性安康重大疾病保险”活动中，帮助女职工和部分男职工配偶参加了保险。同时认真做好云南省第六期职工互助医疗活动和云南省邮政团体补充医疗保险活动，全局共有85人参加。年内有14人得到职工医疗互助补助，补助金额1.16万元，邮政团体医疗保险理赔金额1.76万元，使职工切实感受到企业的关心和温暖。

二是结合单位实际，开展集体广场舞、文艺晚会、扑克、象棋、乒乓球、篮球赛等各种文体活动。年初和三八节期间参加全市邮政系统职工文艺表演和云县庆祝“三八”国际劳动妇女节100周年文艺晚会表演，节目受到了市局领导和当地县委政府好评。通过开展各种活动，让广大职工有一个宽松的环境、心情舒畅地投入到生产经营中。

三是把依法维护职工合法权益作为工会工作的重中之重。各级工会认真贯彻“组织起来、切实维权”的工作方针，切实履行维护职工权益的职责。围绕《劳动合同法》《职工带薪休假》《企业带薪年休假实施办法》的学习贯彻，督促企业依法办事、工会参与、积极配合，全面落实和保障职工休假的权利，通过工会组织的依法办事，增强了维权意识，完善了维权机制，提高了维权水平。年内共安排35人进行了年休。

四是加强和注重企业的精神文明建设工作，做到两手抓两手都硬，两个成果一起要。工会围绕市、县局的整体部署，积极参与，争创争优，在精神文明建设痕迹管理上做了大量工作，通过全局干部职工的共同努力，继续保持了省级文明单位荣誉。

五是努力创建劳动关系和谐企业。建立和谐劳动关系是工会促进社会和谐的主要着力点，也是构建和谐邮政企业的关键。结合云南邮政分营十年后的大好时机，进一步完善利益协调机制、诉求表达机制、矛盾调处机制、利益保障机制，让职工共建共享，推进劳动关系和谐企业的创建，以劳动关系和谐促进社会和谐稳定和邮政企业长足的发展。

（郭云军　供稿）

中国电信股份公司云县分公司

【概述】　2010年，中国电信股份有限公司云县分公司紧紧围绕“全业务有效益规模发展”这一中心任务，全力推进聚集客户信息化新战略，按照年初制定的经营目标，着力解决工作中存在的差距、困难和问题，坚持统筹协调固移融合的发展方向，推动了全业务有效益的规模发展。通过全体从业人员的共同努力，全业务取得了新的突破，呈现了良好的发展态势，完成全年收入计划，排名位居全市第二，企业管理、运营，精神文明建设、文化建设等方面工作得到稳步提高。

【通信建设】　完成第一、二批10个点村通、千村通信工程，10个C网基站建设，55个ONU点建设。公安三所及公安局设备安装。草皮街电影院至红绿灯，分公司总机房至瓦窑坝城域网光缆扩容。

【企业管理】　强化班子建设，加强党的建设和党风廉政建设，发挥表率作用。一方面按照《“四好一建设”领导班子创建活动实施规划》，加强领导班子基础学习，不断提高班子的带班能力和学习能力，修改完善了《党支部工作责任制（试行）》和《党支部考核办法》以及《学习制度》《内部管理制度》，积极开展以“树党员形象，为党旗增辉”为主要内容的“创先争优”活动，向县直机关党委申报了云县分公司党支部委员会先进基层党组织先进事迹材料，以落实“三个一百”“建设新家园行动计划”“优化软环境，增强软实力”和“十二五规划”等工作目标为争创主题，扎实开展各类实践活动，深入推进了党群共建创先争先活动。另一方面加强党风廉政和勤政建设，认真组织学习《廉政责任管理办法》《廉政准则》的52个“不准”、《国有企业廉洁从业若干规定》39项廉洁从业行为规范以及有关厉行节约制止奢侈浪费的规定和《节能减排专项实施规划》，层层签订《2010年度廉政建设责任书》。

狠抓员工队伍素质建设，加大员工队伍的培训力度，建立了前后端的周二、周五培训学习制度，以传、帮、带为基础，积极派员参加省市的培训学习，为企业发展创造良好发展基础。关心关爱员工，加强员工沟通制度的执行力，引导员工树立正确的发展方向，认真解决与员工沟通中反映的最关心、最直接、最现实的利益问题。

持续加强安全生产，推动社会治安综合治理，维护企业平安和稳定。调整充实了安全生产领导小组、保密工作领导小组，全体员工签订了《安全生产责任书》《特殊工种岗位安全生产责任书》《保密责任书》。对车辆管理制度执行、车辆运行安全、消防报警系统运行、资金安全、安全保卫人员值守、员工严禁酒后驾车、设备安全、三线交越以及安全防护用品的使用情况等进行了全方位的安全生产大检查，整治了存在的安全隐患。以“安全发展、预防为主”为主题，围绕日常三大安全（设备安全、资金安全、人身安全）、保密制度执行、外勤作业安全防护管理、车辆管理、三线交越整治、汛期通信保障等六个方面，认真开展了“安全生产月”活动，参加了《全国安全生产知识竞赛》的学习和答题，普及安全生产法律法规和安全生产知识，有效预防了安全生产的发生。重视保密工作，对涉及企业秘密的各类资料、文件和计算机终端进行了严格的保密检查，杜绝了失密、泄密事件发生。

【精神文明建设】　2010年，云县分公司按照《中国电信股份有限公司临沧分公司巩固和创建精神文明建设三年规划实施意见》的要求，以省级文明单位巩固为契机，深入开展文明班组、文明家庭、文明楼院和文明员工的创建活动，重新调整充实了精神文明建设领导小组，成立了创建三个文明建设活动领导小组。强化软硬件设施建设，设置了学习园地和光荣榜，制作安装了企业文化、社会公德规范、家庭美德规范、营业厅岗位职责等创文明行业宣传广告牌，制定了统一着装管理制度，公开全体员工的照片、编号、职责，全部实行挂牌上岗，做到着装整齐、举止端庄。组织参加了县文明委组织“五好文明家庭”评选。通过开展精神文明创建活动，分公司全体员工工作作风显著转变，管理水平显著提升，队伍素质显著增强，服务质量逐步改善，实现了企业物质文明、政治文明和精神文明三丰收，得到县委、县人民政府及县文明办的充分肯定，使企业创文明建设上了一个新台阶。

【企业综治】　完成“五五”普法教育工作，“五五”普法参学率、参考率和合格率达100%。修订和完善《中国电信云县分公司实施综合治理管理规定（暂行）》《中国电信云县分公司维护社会稳定预警机制》，综治维稳工作得到稳步推进，企业内部无治安案件、无刑事案件发生，无各类矛盾纠纷发生，无邪教活动，无突发事件、聚集滋事、上访事件和群体性事件发生，在年度综治维稳自检自查考评中未发生“一票否决”的事项，综治维稳工作得到了保持和提高，并通过了县综治委的检查和考评。

（张琳　供稿）

城乡建设

【概述】　2010年，云县城乡规划建设工作紧紧围绕市委提出的新家园行动计划，着力实施旧城改造和大树移植进城，打造国家级园林化城市；加大城市建设和城市管理，完善城市功能；稳步推进云县县城供水改扩建工程、云县污水处理厂及排水管网工程等一批城市重点工程建设；抓好保障性住房和农村危房改造等惠民工程建设，城乡规划建设事业健康发展。

【规划管理】　做好城市总规和片区详规管理。完成了县城总体规划修改前期地形图修测工作，测绘面积由原来的25平方千米扩大至60.79平方千米，并已验收，完成投资240万元；完成了云县官庄河、田心片区修建性详细规划，详规面积230万平方米。

做好工程项目规划管理。规划审批严格执行“两证一书”制度，办理建设工程规划许可证247份，核发建设用地规划许可证和选址意见书各36份，进行现场踏勘并审批建设用地34户，审批房地产转让31户；开展规划效能监察25次，查出违章建筑37件，下发建设行政停工、拆除、改正通知单37份，查处违规建设面积1726.2 平方米；完成云县污水处理厂440米的河堤工程规划设计，云县新兴街富民路、福兴路的投资概算，草皮街新建路施工图纸设计。继续做好永胜新农村、田心新家园规划设计，参与永胜邦界河新农村建设控制、测量、放线，完成县城单位及个人建设控制、测量、放线28户，完成涌宝镇二期供水建设项目初步设计评审。

【建筑业管理】 开展好建设工程质量监督管理。依据《建设工程质量管理条例》《工程质量监督导则》及其他建设工程强制性标准和有关规范，加强审查合格施工图文件在施工现场落实情况，以原材料、地基基础、主体结构和影响安全的关键部位为监督重点，认真贯彻执行检测标准和规程，用先进的检测仪器辅助监督检查，做好工程项目竣工验收备案工作。加强建设项目监督管理，无地质勘察资料的设计部门不设计，设计图不合格的消防、防雷部门不审查，未取得施工许可证的施工、监理、质监部门不参与不认可，全年共监督工程项目19项，其中跨年度工程8项，新开工项目12个。完成竣工验收备案工程项目5项，竣工工程验收合格率100%，一次验收合格率100%，全年未发生重大质量事故。加强建筑材料质量检测工作，全年共检测钢筋试件2133组，混凝土试件1560组，砂浆试件1200组，砌体试件985组，收取检测费16万元。

做好项目报建及招投标管理。预防和纠正工程项目越级承包、转包和违法分包，严把工程项目报建和施工许可关。办理工程建设项目报建审批36项，核发建设工程施工许可证31套；办理建设工程项目施工招标审批手续36项，其中：公开招标工程22项，公开招标率35%；邀请招标工程6项，邀请招标率8%；直接包发工程8项，直接包发率57%。

做好建筑工程设计。完成了荒山绿化及民居改造项目的部分方案效果图，年内完成单位设计项目30个，设计面积5万平方米。工程监理项目30个，监理面积7.5万平方米。

抓好建筑安全生产管理。与县属及外地驻云县施工企业签订《2010年建设系统安全生产责任书》，制定"安全生产年"活动实施方案，进行建筑施工现场安全检查5次，检查施工现场23个，下发行政责令改正通知书1份，下发限期整改通知书9份，提出整改意见56条，施工现场悬挂安全警示标语20条幅，全年未发生重大工程质量安全事故。

【房物产权产籍管理】 履行“窗口服务创一流”业务宗旨，及时、高效办理产权产籍登记工作，办理房屋登记总件数1826件（面积62.87万平方米）。其中：初始登记256件（面积13.78万平方米）；转移登记710件（面积9.69万平方米）；变更登记61件（面积1.48万平方米）；它项权利登记675件（面积36.31万平方米）。共发证1744本，其中房屋所有权证1069本，房屋它项权证675本。存量房交易81件（面积2.38万平方米）。商品房合同备案975件，备案房屋总面积10.55万平方米；备案房屋总金额3.04亿元。

【城市管理】 加强市容市貌的综合整治。结合县城市市容市貌百日整治活动目标任务，树立整治活动一盘棋思想，完善街道“门前三包”责任制管理，规范市场管理，控制建筑垃圾"滴、洒、漏"运输，查处沿河两岸乱倾倒垃圾和弃土等行为。全年共清理垃圾25处，清理占道经营1850人次，查处占道经营200多人次，处理乱画、乱贴、乱拴、乱挂标语及广告牌2456幅（处），处理沿街泼洒48人次，批评教育违章人员4500多人次，没收占道经营水果、蔬菜400担，没收各类违规宣传广告牌300块，下发建设行政责令改正通知书及告知书100余份，上缴财政非税收入24.64万元。

抓好环境卫生管理。环卫站共有环卫职工84人（其中正式职工19名），环卫车辆15辆，保洁街道路面32.99万平方米，管理公厕4座。定车、定路、定时进行清运垃圾1.5万吨（日清运垃圾42吨），收取垃圾清运处理费17.8万元。

做好园林绿化工作。2010年完成了部分地方的大树移植共3700多株。其中，民中移栽松树164株，丙票边坡移栽松树36株，滨河东路移栽松树505株，云凤路口移栽松树141株，各单位（厂）移栽榕树、羊蹄甲、灯台树等计2001株。管理各类绿地总面积130.4公顷，绿地率29.7%；公共绿地37.42公顷，人均公共绿地面积6.53平方米，绿化覆盖面积153公顷，绿化覆盖率34.9%。年内清除影响大树生长废土1.85万立方米，新拉红土3.087万立方米。维护象山公园绿地面积180亩，维护公共绿地面积10.26万平方米，管护行道树、名木古树4092株（其中名木古树60株）；管护绿色通道责任区1000米、叶子花250株。

抓好城市亮化美化。管理维护城市路灯1008组、2717盏，定期巡查与维护，更换安装高效节能灯泡500只，出动作业车辆120天/次，确保了县城亮灯率达98%以上。据季节变换调整路灯控制时间，合理调配路灯、LED熄亮时间，避免不必要的损耗。

加强对城市燃气经营和安全管理。云县有燃气公司2个（云县燃气公司和华灵工贸公司）、13个瓶装燃气供应门市，从业人员21人。年初签订安全生产责任书，完成了云县燃气公司扩建改造和燃气充装站的整改以及燃气公司经营许可资质的审查上报工作。全年进行安全检查2次，提出安全隐患整改意见4条。

【旧城改造】 围绕市委提出的新家园行动计划，从2010年开始，用10年时间，改造城中村，拆一片、建一栋、绿一块、亮一片。2010年目标任务以实施城镇廉租房、公租房和城镇棚户区改造为重点，完成旧城区房屋改造13万平方米，城镇化水平达29.17%，建成区面积达10.4平方千米，建成区绿化率达27.5%的指标。

年内旧城改造稳步推进，各片区改造进展顺利。东大街片区改造项目完成行政中心片区拆迁工作，共拆除各类建筑物约2.5万平方米，行政中心、图书馆、文化馆、会展中心工程进入扫尾阶段，中心广场主体工程正加快实施，累计完成工程投资8900万元，2011年初可投入使用。县一中对面片区开发建设规划设计方案再进一步优化，以开发商为运作拆迁方式全面启动。三江半岛片区改造拆除建筑面积1.19万平方米，完成了三江半岛大酒店一期工程，进入商业区建设，建成房屋建筑面积3.1万平方米，完成投资3.4亿元。客运站片区改造项目中，原红砖一厂片拆除建筑面积4689.8 平方米，21.5亩土地已进入公开竞价出让招拍挂程序，待确定项目开发主体后即可按规划启动该片区建设。滇西名特产交易中心开片区共拆除建筑面积6534.23 平方米，一、二期工程累计完成投资2.20亿元；县医院建设片拆除建筑物1.21万平方米，综合门诊楼累计完成投资7480万元；瓶罐窑片区改造项目累计征用宅基地面积1.01万平方米，企业用地112.068亩，拆除建筑面积1.24万平方米，滨江世纪城一期完成投资4.1亿元，B组团、廉租房、一级客运站、酒店及市民广场3.00万平方米等二期工程完成地勘。草皮街环城南路改造项目建设规划设计方案进入评审阶段；草皮街街道景观综合整治项目概算总投资2600万元，电信、移动、联通、广电、网络线等系统已完成全部入地工作，街道景观综合整治规划设计方案已初步审查通过，共完成投资456万元；晨光大厦建设项目总投资1.2亿元，建设规模19层、建筑面积2.60万平方米，年内完成投资8279万元，计划2011年竣工；东岳宫山片区改造项目共完成拆迁建筑面积4.03万平方米（含简易房），建成初中部教学楼1.23万平方米，累计完成投资5279万元；南河闸景观改造项目已完工投入使用，完成投资500万元；云顶•蓝水湾建设项目完成了征地、地勘、规划设计、“三通一平”工作，于12月举行开工典礼，进行基槽施工。

【实施大树移植进城工程】 围绕市委提出的新家园行动计划，从2010年起，用3年时间，进行大树移植工作，着力打造“百米有绿地、千米有公园、路旁树成荫”的城市绿地景观，着力打造国家级园林化城市。3年计划移植大树2万株，概算投资7380余万元，其中：2010年完成4000株；2011年完成8000株，2012年完成8000株。移植树种以云南松为主，其他常绿乔木为辅，移植树胸径不低于35公分。工程实施范围主为：县城沿河两岸，祥临二级路云县收费站至警务站，云凤公路云县段路两边，市民活动广场，机关、学校、医院等公众聚集活动广场，县城建成区内的慌山边坡、空闲地块等。年内完成大树移植3700余株，完成投资约1600余万元。

【污水处理厂及排水管网工程建设】 投资7900万元（污水管网工程3000万元，雨水管工程2800万元，污水处理厂2100万元）污水处理厂及排水管网工程于2009年12月开工建设。至2010年末，污水处理厂完成了配电室、污泥脱水机房砖砌体、储泥池、消毒池砼、二沉池池壁砼、综合楼砖砌体，所有设备全部进场，设备安装完成90%，工艺管线及给排水管网安装完成95%；排水管网工程累计铺筑污水管网4516米，支砌毛石基础8160方，填充泡石2250方，土方开挖2.88万方，土方回填1.2万方，浇灌混凝土垫层920方，建设检查井65个。污水处理厂及排水管理网工程建设累计完成总投资3447万元，2011年3月底可竣工试运营。

【云县县城供水改扩建工程】 项目总投资2486

万元，其中：申请上级补助1500万元，贷款500万元，企业自筹286万元，其他渠道200万元。主要是进行水厂改造、城区配套水管网改扩建共计50余千米，规模日处理2.5万吨。年内完成了爱华水厂扩建，配套水管网铺设30余千米，累计完成投资2002万元。

【保障性住房建设】　依据临沧市人民政府办公室《关于印发临沧市2009年至2011年廉租住房保障规划的通知》(临政办发〔2009〕46号)，下达云县2010年保障性住房1050套、5.25万平方米。年内建设情况为：晓街乡集中建设2000平方米、40套，投资240万元，已进行基础施工，完成投资100万元；滨江世纪城小区代建3万平方米、600套，于6月签订代建协议并开工建设，年内完成一幢一层砼柱浇筑，两幢一层板浇筑，两幢基础施工，完成投资3540万元；三江半岛小区代建9000平方米、180套，于6月签订协议并开工建设，年内已完成前期工作，正进行基础工程施工，完成投资650万元；滇西名特产交易中心代建4900平方米、98套，工程于6月开工建设，完成投资1380万元；澜开发1号地片区代建2.50万平方米、500套，计划总投资3000万元（申请中央预算投资1250万元、省级补助250万元、市级补助125万元，县级自筹1375万元），年内已开工建设，完成前期工作和建设投资1510万元。年内保障性住房累计完成建设工程总投资2300万元，占总投资6300万元的31%。

做好住房租赁补贴发放工作。通过云县财政局、云县建设局组成复核小组层层审核、严密把关、严格实行“四道门槛，三榜定案”的程序，审核出2010年1至3月住房租赁补贴补助对象1638户，发放资金69.432万元，结余资金58.556万元；2010年4至12月到位资金649万元，发放207.702万元（其中：4-6月符合享受1661户，发放68.748万元；7-9月符合享受1676户，发放69.45万元；10-12月符合享受1667户，发放69.504万元），结余资金441.298万元，计划全部购买公共租赁住房。

加强农村危房改造工程。年内上级下达云县拆除重建1000户（含省级任务100户），中央预算内资金补助1000万元（含省级补助100万元）；省级指标下达修缮加固1000户，资金补助200万元；下达贫困残疾人拆除重建指标50户，中央预算内资金补助50万元。结合云县实际，将任务分解到爱华、幸福、茂兰和漫湾镇完成。即爱华镇拆除重建500户，修缮加固300户；幸福镇拆除重建200户，修缮加固400户；茂兰镇拆除重建150户，修缮加固150户；漫湾镇拆除重建150户，修缮加固150户。2010年全县共完成拆除重建800户，占任务的80%；修缮加固900户，占任务的90%。

【机关作风建设】　一是加强党风廉政建设。按照年度党风廉政建设目标责任制，年初与下属部门签订了《党风廉政建设责任书》，将党风廉政工作落实到部门和个人。组织学习贯彻中央纪委四次、五次全会精神、《中国共产党党员领导干部廉洁从政准则》、《干部选拔任用工作四项监督制度》及中央、省、市、县领导干部廉洁自律的有关规定，积极抓好了干部职工政治思想教育，筑牢了思想防线；二是加强制度建设。扎实开展创先争优活动，继续贯彻落实责任政府、法制政府、阳光政府及效能政府四项制度，优化行政软环境，增强软实力，提升行能力。

（郑有春　供稿）

国土资源管理

【概述】　2010年，云县国土资源管理工作认真落实国土资源管理法律法规和各项方针、政策，以“保发展、保红线工程”为抓手，围绕中心，服务大局，全面履行资源保障职责，确保项目落地；全面履行耕地保护职责，确保耕地总量不减少质量不降低；全面履行矿产资源保护职责，完成第二轮矿产资源规划编修、矿业权实地核查、矿产资源利用现状调查等工作；同时抓实地质灾害防治、土地登记发证、土地执法监察等基础工作，保障国土资源事业健康发展。

【耕地保护】　市政府下达云县2010年耕地保有量为7.26万公顷，二调结果耕地面积8.19万公顷，耕地面积增加9250.92公顷。认真落实责任，确保耕地数量，签订县、乡、村、组耕地保护目标责任书2440份，其中：县人民政府与乡（镇）人民政府签订12份，乡（镇）人民政府与村（社区）签订194份，村（社区）与村民小组签订2234份。

【用地保障】 2010年，云县共获批准农用地征转用3件，面积46.13公顷；具体项目用地供地9宗，面积43.16公顷。工作中认真履行用地保障职责，确保20万吨啤酒生产线、云县县城污水处理厂、三奇光电建设项目、巨鹏华德燃气公司等重大招商引资项目落地。

【实施云南省“三年找矿行动计划”】 年内，云县忙怀高井槽地区被列入全省实施“三年地质找矿计划”整装勘查区，云县积极做好整装勘查区的协调配合工作，与整装勘查区矿业权人签订整装勘查协议，督促勘查单位按勘查方案投入。

【完成“两规一调一整合”】 年内，云县矿产资源规划修编已通过省国土资源厅评审。县级土地利用总体规划修编通过省级评审，并经云南省人民政府云政复〔2011〕27号文件批准，乡镇规划文本、基本农田调整分析图、建设用地管制图和基本农田保护图、土地利用总体规划图、利用现状图、土地整治规划图等乡级土地利用总体规划修编成果已上报市修编办。第二次全国土地调查工作农村部分调查成果已报送国务院二调办，城镇部分县城外业通过了省、市验收，完成数据库建库，六个一般建制镇完成权属调查和测量工作已转入内业建库。积极推进矿产资源整合工作。云县列入省、市重点整合区2个，共涉及30个矿权，其中已注销矿权2个，已过期未申请延期未参加2009年矿业权实地核查1个，有效矿权27个，确定整合给云南世纪金源集团下属临沧嘉鸿矿业有限公司11个，云县江天矿冶有限责任公司4个，云南龙润集团下属云县正兴矿业有限公司1个，其余11个矿权签订整装勘查承诺书参加整装勘察。

【长坡岭荒山绿化新农村建设国土整治项目】 云县爱华镇土地开发整理项目，是省委白恩培书记2008年5月18日在临沧市召开扶贫现场办公会议提出的云县荒山绿化社会主义新农村建设示范项目的配套项目。项目分三期实施，2010年作为第一期实施。项目经《云南省国土资源厅关于2008年第四批省级投资土地整理复垦开发项目入库的通知》（云国土资耕〔2008〕243号）批准入库，项目区位于云县爱华镇田心、忙回、大树等村委会境内，涉及5个村委会23个村民小组1347户5453人。整个项目由土地平整、农田水利、田间道路、村庄基础设施建设四个部分组成。项目预算总投资4632.75万元，建设规模1029.52公顷，平整土地面积1006.37公顷，规划新增耕地面积275.49公顷，新增耕地率26.76%。年内，共完成土地平整1.50亩，新增耕地4125亩，新增耕地率26.76%。完成大小沟渠80条，5.17万米；完成取水坝5座、调节水池4座；完成支管安装3条，长3312米；完成平面钢闸门安装53道；完成阀门井11个、渡槽1座，长20米。完成田间道20条，长3.57万米；完成生产道2条，长930米；完成新农村硬板路2.16万米；完成农桥6座、涵洞8座、涵管安装1090米；完成河道治理3487米（两侧）。

【基层国土所建设】 年内完成省国土资源厅下达的大寨、大朝山国土所规范化基础设施建设。建成大寨、大朝山国土所办公楼各一栋及厨房厕所等配套设施。大寨国土所办公楼建筑面积241平方米，占地面积275平方米，厨房、厕所等附属工程建筑面积26.22平方面积，总投资42.99万元；大朝山国土所办公楼建筑面积240平方米，占地面积227.5平方米，厨房、厕所等附属工程建筑面积18平方米，总投资36.84万元。

【地质灾害防治】 召开年度地质灾害防治工作会议，对地质灾害防治工作进行安排部署，共进行地质灾害巡查排查85次。抓好抗旱救灾，完成12口探采井的打井，总计出水量414.4立方米/每天，共解困人口2525人。

【测绘管理和土地登记发证】 加强基础测绘和测绘统一监管，完成辖区内有资质的测绘单位的年检。加强土地登记发证工作，共办理土地使用权登记1308宗，其中国有1296宗，集体12宗。完成乡镇农村宅基地土地使用权登记地籍调查12000宗。完成国有土地使用权转让登记107宗。完成抵押贷款登记676宗，其中个人551宗、单位125宗，为经济社会发展实现融资12.11亿元。

【国土资源执法监察】 以国家卫片执法检查工作为契机，加大案件查处力度。对国家卫片执法检查中反映出的临沧监狱占用13.01亩国有农用地建房进行立案查处，罚款26.02万元，并督促其尽快办理用地手续。查处了矿产资源违法案件3件，其中越界开采两件、非法开采1件，罚款11万元。

【加强财务管理】 严格执行“收支两条线”管理，专项资金使用及监管规范，所有资金支出实行主要领导一支笔审签。土地开发整理项目资金支付实行施工队伍根据进度提出拨付施工费申请，监理单位进行审核，项目指挥部、县整理中心提出意见，国土资源局主要领导提出拨付意见，报县人民政府审批后拨付。按时报送土地出让收支报表，应收尽收土地、矿产出让收入并全额缴入国库。积极推行公务卡结算管理制度，制定了管理办法。

【干部队伍建设】 积极参加国土资源系统举办的各类培训，全年共培训15期420人次，其中，参加上级培训9期24人次，本局组织培训7期396人次，其中：地质灾害培训1期77人次，十七届五中全会精神培训1期54人次，划清“四个重大界限”读本培训1期54人次，乡镇国土资源管理2期108人次，矿产资源利用现状调查1期96人次，低碳经济培训1期7人次。

【党风廉政建设】 成立由局长任组长的党风廉政建设工作领导小组，召开云县国土系统2010年党风廉政建设工作会议，对党风廉政建设工作作全面安排部署，局长与班子成员、各国土所长和分管股室负责人，班子成员与分管股室签订了党风廉政建设责任书。抓好依法行政，做好审批事项和收费项目的清理，确保权力规范运行。对班子成员和各股、室、中心、所的党风廉政建设进行考核，并评出优秀单位给予表彰。

【“三个一百”工作任务】 年内，国土资源局将“三个一百”工作任务，分解到领导、股室所及工作人员。全年完成招商引资9597万元，占县委政府下达任务数的132.56%；完成固定资产投资7218万元，占任务数的155.33%；完成向上争取资金2876万元,占任务数的65.22%。

【着力热区土地开发整理 力促农村经济社会跨越发展】 在上级国土部门的大力支持下，云县国土资源局2002年至今共组织实施土地开发整理项目8个，完成投资7214万元，建设规模为2110.893公顷，其中新增耕地735.4公顷，建成永久性机耕道路83.1千米，建成三面光灌溉渠84.6千米、输水管道59.2千米、蓄水池76座，铺筑混凝土路面22.4千米，建成桥梁6座。项目的实施，不仅极大地改善了项目区域广大居民的生产条件，而且有效地撬动和引导了项目区域民间资金的投入方向，促进了项目区域广大群众生产方式与生活方式的转变，在临沧市各县、区进行新农村建设实施新家园行动计划工作中率先做出了有益的尝试。

一、启动了项目区居民资金的投入。8年来，云县国土局组织实施国家对项目建设的直接资金投入达7200多万元，这在云县土地开发整理中历史中属前所未有，而这种投入的第一效应就是调动了农民参与项目建设的积极性和提高居住质量、改善生产生活条件的积极性。据县国土局、统计局会同乡镇调查测算，项目区的4个乡镇14个建制村65个村民小组，居民投工投劳参与项目建设以及与项目配套的民居改造、硬板路铺筑、村容村貌整治的资金投入超过5000万元。项目区域村民看着昔日沟壑纵横、耕地破碎的荒滩和山坡变成千顷良田，耕作机械在田间作业的景象，由衷地感叹：广大山区，只有通过大规模的土地开发整理，才能真正实现农业产业化和耕作机械化，而只有加大民居改造的投入和村容村貌的整治，新农村建设才能落到实处。

二、转变了项目区居民的生产方式。耕地向大户集中，种植大户与村民实现双赢。通过整理开发的耕地，真正达到了“渠成网、田成方、路相连、树成行、旱能灌、涝能排、田园化、生态化”的标准，为机械化耕作创造了条件。项目的实施，一些有经济实力和种植技术的大户开始了以租赁村民土地的方式进行规模化种植。如幸福镇土地开发整理项目，是对已弃耕多年、乱石嶙峋的荒滩进行开垦整理，开垦整理土地5250亩，这些耕地原属220多户居民所有，整理后被4个大户承包。所建成的高优蔗园，平均单产6吨，最高单产10吨，产值比农户分散经营提高一倍，仅此一个项目，总产值就达到了885万元。220多户居民既减少了农事拖累，又得到了租赁收入和进城务工收入。土地向大户集中的双赢效益在项目实施区域得到了充分体现。

耕作向机械化发展，木犁和老牛逐步淡出田园。整理后的耕地，在向大户集中过程中，也就向机械化大大迈进了一步，在爱华镇的烤烟产业展示区，烟田的耕耙、起垄全部实现机械作业；在幸福镇高优蔗园示范区，蔗田的耕耙、开沟全部实现了机械化。农民从事农事活动的劳动强度明显降低，劳动生产效率明显提高，生产成本的降低和收益的提高使项目区农民年均纯收入增幅超过15%。

规模化种植，项目区种植业成为加工企业的第一车间。由于云县土地开发整理项目选择了亚热河谷粮、蔗、烟主产区，所开发整理的土地成为云县高优蔗园示范基地和现代烟草农业展示区，千亩连片的蔗园和烟田成为云县农业产业化的一大典范。尤其是促进甘蔗下田，不仅稳定了蔗糖企业的原料，而且保护了蔗区的生态环境。幸福镇土地开发整理项目区的镇、村干部反映，山坡种蔗产量低、劳动强度大、生产成本高，水土流失严重，甘蔗下田，实现了经济与生态效益双赢。

三、促动了项目区城乡一体化进程 土地开发整理项目的实施，一改项目区居民千百年来那种一条扁担两只筐，木犁老牛加锄头的耕作方式，以及日出而作、日暮而息生活方式，在现代生活方式逐步融入农村的现实生活中，项目区居民更多了一层思考和一份实干。

产业在山上，居住在集镇成为项目区居民的一种追求。在爱华镇忙回土地开发整理片区，按云南省国土资源厅批准的实施方案，二期工程将有近1000万资金计划用于新农村建设的基础设施投入。为更好地察民情、听民声、解民意，县国土局和县新农村办联合对900余户居民作了一次入户调查，调查结果，有320户村民有能力建盖新房，其中有95%要求到城郊交通便利、就医就学条件好的地方建房，其土地耕种，则打算租赁给大户，或自己开上农用车辆去耕种管理。县国土部门因势利导，为项目区居民能充分享受社会公共资源拟定项目实施方案报县委、政府批准。

就业向企业转移，成为项目区居民择业的一大趋势。随着项目区土地向大户集中和耕作机械化的实现，项目区更多剩余劳力流向企业，加之云县在实施工业强县战略中，工业企业的规模和效益迅速走到临沧市各县、区前列，为农村剩余劳力提供了更多的就业门路。在项目区，大批青壮劳力纷纷进入企业当上了产业工人，部分劳力则长年外出务工。务工收益加土地收益，项目区居民经济实力有了明显提升。由于耕作机械化进程加快，项目区改变了以往农忙时节难请工，农闲时节青年人酗酒打牌、无所事事的状况，项目区和谐稳定的基础条件更加坚实。

几年来，云县的土地开发整理项目效果明显，牵动了项目区经济社会的跨越发展，山区农民新民居建设的档次不断向县城近郊农户看齐，手机、摩托车全面普及，轿车、电脑也开始进入寻常百姓家，项目区农村经济社会跨越发展的态势开始形成。展望全县土地开发整理前景，云县国土局感到工作依然任重道远，一是待开发整理的区域广、面积大，投入仍然不足，全县农业生产整体条件还比较差。二是土地开发整理项目如何惠及温凉山区农民是一个新的课题，即非粮、蔗主产区土地开发整理与种植业结构调整、产业化发展的路子有待进一步探索。在下步工作中，云县国土部门将加大工作力度，在新的土地开发整理项目实施中与全县扶贫开发工作紧密结合，把热区土地开发整理与贫困山区农民易地扶贫工作挂起钩来，把全县的土地开发整理工作作为推进城乡一体化发展的系统工程抓出新的工作实效。（本条摘自《云县信息》）

（张天放　供稿）

移　民

【概述】　2010年，云县移民开发工作在县委、政府的正确领导下，坚持以邓小平理论和“三个代表”重要思想为指导，深入贯彻落实科学发展观，以漫湾水电站、大朝山水电站、糯扎渡水电站移民搬迁安置和大朝山水电站、小湾水电站移民后期扶持为重点，以维护和促进库区和移民安置区社会稳定发展为主线，以解决库区移民群众最关心、最突出的困难和问题为着力点，开拓创新、负重奋进、克服困难、扎实工作，移民搬迁安置和各项工作稳步推进，取得明显成效。

【漫湾水电站云县田坝组移民搬迁安置基本完成】　根据省政府《关于处理漫湾水电站移民有关

问题的第三次会议纪要》决定，云县漫湾镇田坝组92户335人纳入漫湾水电站二次搬迁，批准安置投资1285万元。按照县委、县政府《漫湾水电站云县田坝移民搬迁安置实施方案》，通过核实公示后并签订了搬迁协议共103户278人，其中：投亲靠友36户86人，集中安置57户190人。

集中安置点完成场地平整4.08万平方米，开挖土方7.67万立方米，回填土方6.07万立方米，完成居民点挡护体建设4436立方米，建成村庄主管道人畜饮水一件，铺筑混泥土村庄道路408米，砂石路460米，购安50厘米排水管408米，完成钢筋混凝土浇筑村庄排水沟全长1650米，恢复重建农灌沟一件400米，以上各项基础设施建设投资总计444.7万元。移民房屋建设采取资金包干，移民自建的方式进行，集中安置57户190人按新农村建设标准，共建房屋54幢（其中有3户并户建房）。移民的生产用地采取自行流转，已全部完成，共流转生产用地475亩。投亲靠友36户86人已全部搬离库区，集中安置点大部分农户已迁入新居，基本完成田坝组搬迁安置工作。

【大朝山水电站打黑组移民搬迁工作启动实施】 大朝山水电站打黑组移民搬迁核准投资510万元，搬迁134人。县委已出台了实施意见。为整合项目资金及资源，安置点选为下坝田点与田坝组一起统一安置，场地平整已完成，投资完成175万元。房建和土地流转采取移民自建和自行流转，政府补助资金并进行指导和帮助协调的方式进行。目前，正在进行动迁人口二榜公示。

【完成糯扎渡水电站移民安置方案上报审批】 糯扎渡水电站云县库区涉及两个村、8个组，共32户132人，年内，与涉及的镇、村、组、户主通过一起到糯扎渡水电站云县库区开展淹没实物指标到户工作，实物指标分解细化，进行了两榜公示和移民安置方式上报工作。

【罗扎河一、二级水电站实物指标调查】 根据县委政府统一安排，县移民局抽调有关工作人员配合相关乡镇和云南亚太投资置业有限公司、昆明水利水电勘测设计院做好罗扎河一二级水电站建设工作，通过乡镇村组及工作组的配合和群众的支持，年内完成忙怀乡、晓街乡、茂兰镇3个乡镇的水库淹没实物指标调查工作，同时配合有关部门及业主积极做好拿鱼河水电开发建设项目的报批。

【大中型水库移民后期扶持工作】 一、大朝山水电站移民安置遗留问题处理工作通过初验。大朝山水电站云县库区遗留问题处理项目，是解决投资不足而未实施的移民安置规划项目。主要是实施总投资1618万元的刺坝林水库枢纽工程建设；完成总长为28.285千米的橄榄箐、红豆箐、莲花塘灌溉及人饮供水工程，完成投资1110.3万元；分别在库区和安置区实施了55件农田水利、人畜饮水、道路交通等单体项目建设，完成投资1050万元，其中：忙怀乡4件，完成投资140万元；大朝山西镇9件，完成投资185万元；栗树乡19件，完成投资330万元；后箐乡17件，完成投资195万元；爱华镇4件，完成投资100万元。实施项目12月通过了市级验收。

二、直补资金得到足额发放。认真贯彻落实《国务院关于完善大中型水库移民后期扶持政策的意见》（国发〔2006〕17号）和省政府办公厅（云政办发〔2007〕8号）文件精神，认真做好移民扶持人口动态管理，完成移民后期扶持信息管理数据库的建立及相关工作。严把政策业务关，做到不重不漏，兑现扶持资金，核实扶持人口4658人。完成小湾水电站在云县后期扶持人口的核定登记和上报工作。2006～2010年，全县大中型水库库区和移民安置区累计支付后期扶持资金1761万元。

三、项目扶持年度计划顺利完成。年内后期扶持项目在库区和安置区开展，主要是实施新建和修复沟渠、道路硬化、铺设饮水管道等，通过项目扶持，库区和安置区基础设施建设得到加强。

四、移民村组“五个一”工程全面推进。移民村组“五个一”工程即：人均发展1亩以上高价值经济林；人均每年出栏1头肥猪；户均1口能长期使用的沼气池；每个村（组）有1条通达的入村（组）主干道路；每个村（组）有1件能够长期解决人畜饮水困难的水利工程。高价值经济林重点在爱华、茂兰、晓街、幸福4个乡镇的外迁点安置中实施，已种植发展高价值经济林3264亩（美国山核桃2764亩，澳洲坚果500亩），人均达1.4亩。库区后靠安置共涉及群众6362户26572人，以茶叶、紫胶、泡核桃、木瓜等为主，人均拥有经济林达

1.8亩。外迁移民点共出栏肥猪2316头，已基本达人均一年出栏1头肥猪的目标。外迁集中安置点建沼气池638口，已基本达到户均一口沼气池。红豆箐一组、二组、三组、丫口组、安援组、田心组、梅贤组、回营新寨组和后靠安置点平掌组、沙坝组、松山组、忙甩组入村（组）道路及进户路已改建成硬板路；红岩组、马道子组入组道路沙石化，进户道路已硬板化。外迁移民点除上下橄榄箐组和良子田组的入组主干道由于已建的塘石路面受损严重，对部分路段需作修复外，其余各外迁移民组入组主干道已通畅，库区已有14个村得到实施，还有13个村已纳入规划。晓街乡小罗扎组，爱华镇新民组，田心组、茂兰镇马道子组在安置过程中采取一步到位，饮水管道已全部入户，供水畅通。幸福镇勐底村红岩组的饮水改造工程已能正常供水。茂兰新寨组人畜饮水建成入户，橄榄箐、良子田、红豆箐饮水主管道工程已完工。爱华镇瓦窑箐已改造并入户。大朝山库区饮水困难问题纳入大朝山库区遗留问题处理中已基本解决，漫湾库区人畜饮水近年来通过水利部门的人饮项目也一直在不断修复完善。

【移民村组维稳工作】　一、群众来信来访工作办结率100%。对来访群众热情接待，反映的问题认真记录，不符合政策的给予解释，暂时不能解决请群众给予谅解，能解决的尽快向上汇报帮助解决，反映问题件件有答复，由于注重此项工作，群众集体性上访有所减少。全年共接待来信来访14件，办结14件，办结率达100%。

二、信息工作得到加强。通过加强移民村组基层建设以及组织干部下访，建立了与有关乡镇、部门实现信息联动机制，及时掌握移民生产生活情况和思想动态，确保群众的合理诉求得到及时解决和疏导。

三、联系蹲点形成制度。移民村组和安置点都指派工作人员联系蹲点，每月深入二至三次，每天对负责的联系点情况进行排查掌握，对有上访迹象的及时汇报并进行处理。

四、不稳定因素逐步得到化解。大力宣传移民安置和后期扶持政策，深入落实移民工作十项制度，加强基础设施建设，为移民生产发展和稳定创造了条件。化解矛盾纠纷，消除矛盾隐患，移民越级上访和集体上访大幅减少。

（左金华　供稿）

环境保护

【概述】　2010年，云县环境保护工作认真贯彻中央、省、市环境保护工作会议精神，强化管理，认真执法，加大环保宣传、环境监察、污染治理和生态保护力度，以抓好工业二氧化硫污染控制和幸福糖业公司、茅粮酒业集团公司、甘化公司、再生纸厂、水泥厂等一批重点企业污染减排为重点，在环保综合整治等方面取得了显著成绩。年内，经市、县环保部门检查验收，工业污染已核定化学需氧量（COD）减排量1676.2吨，二氧化硫（SO2）减排量50吨，提前完成“十一五”主要污染物排放削减量目标任务。

【环评管理】　积极推进建设项目环境管理工作。既积极作为，又防止“保增长、上项目、环保让路”的错误倾向，即着重抓好环评服务，又继续认真贯彻落实国家“污染物排放总量控制”和“区域限批、行业限批”政策，严格执行环境影响评价和“三同时”制度，严禁审批淘汰工艺和落后产能项目，限批“三高一底”行业，严把建设项目市场准入关。2010年度，依法服务环评审批符合政策项目共241个，其中编制环境影响报告书项目6个，报告表10个，登记表225个，新建项目环评执行率达到100%，特别是对其中179所小学校D级危房改造项目的环评服务。对符合条件的57个建设项目进行“三同时”竣工验收，“三同时”执行率100%。同时开展了工程建设领域突出环境保护问题专项治理排查工作。对2008年以来规模以上投资项目的环境保护有关情况进行全面排查，在工程建设领域存在突出环境保护问题。

【环境监察】　严格环境执法是确保环境安全的保障，维护人民群众环境权益的基本要求。一是加强环境安全监管制度建设。为及时掌握全县环境安全动态，采取措施尽早处置环境安全隐患和环境违法行为，对环境质量和环境监管工作进行分析研判，及时排查环境安全隐患，实现防患于未然的目的，建立了云县环境安全和安全生产监管应急联动工作机制及县环保局环境安全状况会商制度，进一步强化环境安全监管工作。二是加大现场环境执法监察力度。坚持采取定期、不定期对全县污染源进行监督执法检查，严厉打击偷排、漏排、闲置设施等环境违法行为，打造环境安全氛围。2010年，积极组织下到基层企业执法检查400多人次，共查处环境违法行为为8起。三是依法调处环境污染纠纷，维护群众环境权益。依法调查处理环境污染纠纷共35起。四是扎实开展2010年“整治违法排污企业，保障群众健康”环保专项行动。召开部门联席会议2次，出动执法人员246人次，检查乡镇、企业厂矿、个体经营户91家次，以全力整治重金属排放企业环境违法问题、巩固污染减排成效的监管、打击未批先建项目、排污费征收为重点，对设施闲置不用、设施带病运行、项目未批先建、环评审批竣工不落实、污染物超标排放、重金属无序排放、噪声扰民等环境违法行为重拳出击、严厉打击，共发出环境违法行为改正通知书4份。五是继续开展中、高考期间专项执法检查。加强环境噪声监管，确保考生安静的学习、生活、考试环境。六是严格执行排污收费制度，确保完成征缴任务。严格执行《排污费征收使用管理条例》等规定，依法征缴排污费工作，全年共依法征收上解财政排污费100万元。七是按照省市统一安排部署，积极开展重点行业企业环境风险及化学品检查、2010年二恶英重点排放行业更新调查及饮用水水源地基础环境调查和评估工作。对8家重点行业企业环境风险及化学品进行了检查和填报相关表格数据，对县人民医院进行了二恶英排放更新调查和填报相关数据，对县城集中饮用水源地进行基础环境调查和评估工作。八是积极开展建设项目环保“三同时”环境监察工作。根据《临沧市环保局转发省环保厅关于加强建设项目环保“三同时”环境监察工作的通知》要求，对辖区内的建设项目现场环境监察，对省、市、县审批的20家“环保“三同时”落实不到位企事业单位进行填报。九是开展全县污染源普查动态更新工作。按照省市统一安排部署，进一步完善第一次污染源普查数据，及时新增和注销相关企业，更新确定全县工业源46家，农业源3家，集中式污染治理设施1家。同时接受省市检查组的检查指导工作。十是进一步加强医疗废物环境监管工作。开展了全县各医疗卫生单位医疗废物调查工作，掌握医疗废物产生和处理情况，为今后集中处理奠定基础。十一是加强放射源和射线装置的监督管理。配合省市对两糖厂、水泥厂的放射源及医疗卫生机构射线装置进行监督检查，加强放射源和射线装置的监督和跟踪管理。

【环境污染控制】　切实加强污染减排工作，继续以工程减排、结构减排和监管减排为抓手，强化污染防治，减排工作成效显著。2010年污染减排工作，是继“十一五”以来，通过工程减排、结构减排和管理减排，强化工业污染防治，经市、县环保局检查验收，已核定化学需氧量（COD）减排量1676.2吨，二氧化硫（SO2）减排量50吨，提前完成“十一五”主要污染物排放削减量目标任务，污染减排成效十分显著的基础上，重抓减排监管，积极巩固工业污染防治工作成果。2010年，在结构减排上，继续积极推进产业结构调整，严把淘汰落后产能建设关，严控“两高一资”行业，缓解结构性污染，促进循环经济发展，推进清洁生产，引导产业结构的调整和不断优化。同时，按照年度污染减排目标任务，继续积极采取有效措施，抓好污染减排工作，在大部分重点企业已完成污染减排工程前提下，着重加强减排监管工作，督促检查幸福糖业公司、茅粮酒业集团公司、甘化公司、再生纸厂、水泥厂等重点责任企业进一步完善减排工程和正常运行，确保完成年度目标任务和巩固减排成果。多次组织人员或配合市检查组到相关企业就污染减排工作进行现场监督检查，确保减排设施正常运行，督促企业进一步完善减排工程和强化管理，重点加强两家国控企业幸福糖业公司和甘化公司污染减排工作，两家企业减排工作通过市环保局考核审查，对两家企业审查出的问题，环保局加强督促整改落实。云县污水处理厂及配套管网工程作为年度省市级减排工程，环保局定期督促检查该工程进展情况，并组织监察、国土、建设等相关部门进行现场检查工程进展。3月，召开了2010年全县重点企业污染减排工作会议，安排部署2010年度污染减排暨“十一五”末污染减排工作，进一步加强污染减排工作，确保完成年度目标任务，同时通过“十一五”末污染减排终期核查。严格执行排污许可证制度，加强污染物总量控制。认真对符合排污许可要求的企业进行年检，年内新核发排污许可证16家。

【生态建设与环境综合治理】　针对上年底以来云县遭遇了历史罕见的特大旱灾，给群众生产生活造成严重影响的情况下，按照“抗大旱、保民生、抓春耕、促发展”的指导思想，着重抓好城镇集中饮用水源地保护工作，深入推进城镇环境综合整治。一是及时对云县旱灾期间饮用水源地环境保护工作作出部署，多次召开抗旱救灾暨饮用水源地环境保护工作专题会议和发出通知文件，要求进一步完善集中式饮用水源地突发环境安全事件应急预案，建立健全应急指挥系统，完善应急措施。二是进一步加强集中式饮用水源地水环境安全监测工作。按照市环保局的统一要求，加强水质监测频次。3月起，多次组织县级集中式饮用水源地管理单位正觉庵水库管理局和刘家箐水库管理局的两个水库水质进行送样检测，及时掌握饮用水源地水环境状况，县城饮用水源水质总体保持不变，均符合《国家饮用水卫生标准》和《地表水环境质量标准》。三是对县城集中式饮用水源地保护区开展拉网式排查。先后两次会同正觉庵水库管理局、刘家箐水库管理局对两个水源保护区、水库周边、水库水源头地进行实地检查，对存在水源安全隐患的问题进行排查，对水库管理单位值班制度、业务完善、巡查频次、自身水库环境安全监管等方面进行督促。同时积极参与县委巡视组、人大、纪委组织的集中式饮用水源地保护监督检查，进一步加强饮用水源地保护，强化饮用水安全。四是进一步加大环境执法力度，严肃查处影响城乡集中式饮用水源地水环境安全的各种环境违法行为，切实做好饮用水源地的环境监管工作。先后取缔搬迁养鸡场1个，关闭1个养牛和养猪户，加大排污企业环境监察频次，确保污染治理设施正常运行和达标排放，减轻生产废水排放对过境河流水体的影响。五是加强挂钩村饮用水源环境保护和综合整治工作。积极深入挂钩村栗树乡沙坝村调研指导工作，支持1.5万元资金就该村饮用水工程建设等加强环境综合治理。投资9000元加强晓街乡四家村基础设施建设，进一步推进该村环境综合整治工作。支持资金3000元加强晓街乡箐门口组公路建设等基础设施建设。支持涌宝镇糯洒中学“两基迎国检”工作经费3000元。支持资金1000元加强德胜村东门外组老龄活动中心建设。六是着力推进城镇环保基础设施建设。云县污水处理厂及配套管网工程列为2010年省级建成投运减排项目，在该项目上继续给予积极配合和服务，加强督促和监管工作，努力推进该工程建设。七是强化生态文明建设。紧紧围绕生态意识、生态行为、生态制度三大领域，推进生态意识、生态经济、生态安全、生态社会、生态制度五大建设，进一步强化生态环境保护与治理，切实推动生态文明建设。积极开展生态示范创建工作。按照生态文明建设要求，确保云县顺利开展生态文明建设工作，县政府成立生态文明建设工作领导小组，明确职责，并委托市环保局统一进行生态文明建设规划编制工作，把生态文明建设纳入“十二五”规划。为加快推进云县生态文明“十大工程”建设，拟报了《云县贯彻落实七彩云南生态文明建设10大重点工程目标任务的工作实施方案》，明确了各职能部门职责和目标任务。按照《云县生态示范县建设规划》，进一步推进云县国家级生态示范区建设和生态示范乡镇、生态示范村建设，向上申报了涌宝镇为生态乡镇。加强环境教育基地建设，强化保护区建设管理。上报和命名了云县澜沧江百里长湖风景区为“云县环境教育基地”。

【环保宣传】　加大环境宣传教育力度，倡导“生态文明”，弘扬环境文化，践行绿色生活，切实增强全民环保意识，动员全社会参与环保的良好氛围。一是认真开展2010年“六•五”世界环境日宣传周活动。结合宣传周活动主题，利用县城街天开展法律宣传和咨询，发放宣传资料、图片、画册资料展，发放宣传材料共1000多份、图画100多份。在县城明显位置悬挂宣传标语，悬挂“低碳减排•绿色生活”“沧江明珠创和谐•绿色生活促减排”“科学发展•生态文明•绿色生活”“多样的物种•唯一的星球•共同的未来”等宣传布标，进行广泛宣传，切实丰富和提高广大人民群众环保知识和意识，动员全民行动起来，参与生态文明建设，践行绿色生活，营造全社会参与环保氛围。二是召开纪念2010年“六•五”世界环境日座谈会。倡导绿色生活，牢固树立“科学发展、生态文明、绿色生活”的理念，推进低碳减排和生态文明建设。三是加强环保信息宣传报道。及时在电视、报纸、沧江明珠—云县网站、云县人民政府公开信息网站等宣传报道环保信息和工作动态。7月，参与了2010年市级政风行风热线，进行现场直播，现场进行了互动交流，宣传环保政策法规。

【环保专项资金】 紧紧围绕市委提出“三个一百”的目标任务，积极抓好专项资金项目和招商引资项目，切实加强污染减排、农村环境综合整治、饮用水源地保护、能力建设等环保工作。积极向省环保厅争取项目支持，加强专项资金投入，特别是为重点企业向上争取项目专项资金。年内按照省、市申报项目专项资金的要求，积极申报了项目13个。云县江天矿冶公司、云县海福铜业公司等2家作为省第五批强制性清洁生产审核企业，已向省环保厅申报重金属污染防治示范项目，争取省级排污费环保专项资金支持，积极推进清洁生产和重金属污染防治。

【队伍建设】 强化全局干部职工培训学习。积极派人参加环境执法、环境监测行政管理系统、污染源普查动态更新调查和环境统计等环保业务培训5批15人次，进一步提高队伍业务知识和能力；组织参加效能政府“四项制度”、电子政务、救护知识、低碳经济、新家园建设等知识培训11批14人次，切实增强了相关专项工作能力；积极组织参加“五五”普法干部法律知识、干部职工法律知识、廉洁从政知识、领导干部选拔任用工作相关文件等知识培训学习和考试，强化干部职工的法制和依法行政意识；组织观看《村官普发兴》等教育电影及组织学习“优秀共产党员”郑垧靖等优秀干部的先进事迹，进一步提升了干部职工政治思想素质；积极征订《环境保护》《党风廉政建设》等杂志和报刊，进一步加强干部职工学习。强化培养团结协作能力，积极组织全局干部职工参与县总工会组织的云县2010年“劳动者之歌”歌咏比赛，以此加强全局干部职工团结协作能力，激发工作热情。

【党风廉政建设】 严格贯彻执行党风廉政建设责任制和廉洁自律规定，认真落实党风廉政建设各项工作。2010年度被中共云县委评为党风廉政建设先进单位。一是认真贯彻执行党风廉政建设责任制。积极贯彻落实与县人民政府签订的《云县党风廉政建设责任书（2010）》，认真落实责任书中的各项内容，严格履行责任书中的各项规定，局主要领导、股室长、股室人员层层签订责任书，狠抓落实，认真履行“一岗双责”，强化内部管理。制定年度党风廉政建设工作计划，明确责任。二是争创党风廉政建设责任制落实示范单位。根据《云县纪委监察局关于在县乡党政机关中创建党风廉政建设示范单位的通知》的要求，积极创建党风廉政建设责任制落实示范单位，建立健全党风廉政建设领导体制和工作机制，制订实施方案，明确目标责任，进一步完善各项制度，按照“四个一”标准要求，进一步加强公示栏、廉政标语等硬件建设。三是开展创先争优活动。为积极争创先进党支部，激发全局党员争当优秀共产党员，增强服务效能，实现新突破，根据《中共云县委关于在全县党组织和党员中深入开展创先争优活动的实施意见》的要求，强化了组织领导，制订实施方案，积极承诺党支部争创先进新突破、党员争当优秀树典型、强化服务促和谐等事项，促进党支部做到“五个好”，激励党员做到“五带头”，进一步推进党支部及党员队伍建设。四是多措并举优化软环境增强软实力。全县优化软环境增强软实力活动开展以来，环保局紧紧围绕“三个一百”目标任务，坚持环保工作与软环境建设并重，积极开展优化软环境增强软实力活动，在努力改善全县环境质量的同时，不断加强软环境建设，全力为全县经济又好又快发展提供高效优质的服务。在优化建设项目审批服务，强化信息公开；积极为乡镇、企业做好项目申报，争取环保专项资金；强化环境执法，维护群众环境权益；重抓饮用水安全，深入推进环境综合整治等工作上，不断优化服务环境，切实增强服务能力。五是积极推行“效能政府”四项制度。按照统一安排和部署，结合环保工作实际，精心组织、扎实开展行政绩效管理制度、行政成本控制制度、行政行为监督制度和行政能力提升制度等效能政府四项制度各项工作，在做好强化组织领导、制订实施方案和细则、增强专题培训学习的同时，就重点工作实行目标倒逼管理，责任到股室和责任人；强化行政行为，接受社会监督，单位和股室及局各领导和股室负责人公开接受监督承诺事项，确定关键岗位和重点环节及监督防范措施；强化行政成本控制，按要求报送行政成本控制情况。六是践行“五个一”

学习教育活动。为全面提高党员干部素质，加强党性修养，树立良好的环保形象，大力开展廉政文化建设和反腐倡建设，认真组织党员干部开展“五个一”学习教育活动，丰富党员干部廉政知识，筑牢党员干部执政为民、廉政为民的思想观念，引导党员干部以良好的精神状态，增强廉洁自律意识，进一步加大从源头上防治腐败工作的力度，营造全局廉洁从政的浓郁氛围。七是加强廉政教育，筑牢思想防线。积极采取多种形式，组织党员干部深入学习《党内监督条例》《中国共产党党员领导干部廉洁从政若干准则》《党政领导干部选拔任用工作责任追究办法（试行）》等廉政法律法规，组织干部职工参加廉洁从政培训考试，考试成绩纳入党员干部考核内容，进一步提高全局党员干部拒腐防变的能力。八是强化监督检查，开展行政事业收费项目检查。九是开好民主生活会，积极开展批评与自我批评。十是认真贯彻执行廉洁自律的规定。自觉遵守廉政建设的各项规定，增强全心全意为人民服务的宗旨意识。

【新农村建设与扶贫帮困】　继续参与第四批社会主义新农村建设。一名副局长派驻晓街乡四家村为新农村建设工作指导员；一名干部下派到栗树乡沙坝村为新农村建设工作指导员，按照新一轮干部驻村蹲点帮扶新农村建设工作要求，认真落实《云县社会主义新农村建设工作队及指导员管理规定》，到挂钩村栗树乡沙坝村调研指导工作，支持资金1.5万元就该村饮用水工程建设等加强环境综合治理，腾出一台电脑支持沙坝村业务办公；投资9000元加强晓街乡四家村基础设施建设。

（俞锦元　供稿）

教科文卫体

受表彰教师与县领导合影留念

教 育

【概述】 2010年，云县教育局以“三个代表”重要思想为指导，全面贯彻党的教育方针，紧紧围绕“办人民满意教育，做人民满意教育工作者”的工作目标，全面深化教育改革，整体推进素质教育。充分发挥宏观管理、统筹规划、协调指导的职能作用。狠抓学校管理，重视教育科学研究，同时加强基础设施和学校信息化建设，不断改善办学条件。“两基”成果得到巩固提升。全县形成了以基础教育为主，拥有幼教、普教、职教、成教、继续教育等布局合理、规模适当的多方位教育体系。教育事业取得了长足进步。2010年“两基”工作顺利通过国检；师资水平不断提高，全县共有440名教师在省、市、县级教学设计评选、论文评比、优质课等比赛中获奖；教育质量稳步提升，中考、高考质量比上年有大幅提升，中考600分以上61人，高考一本上线54人，二本上线193人，三本上线149人，总上线率96.27%，比上年增14.74%。

【教育现状】年末全县有幼儿园15所（其中民办3所，集体办1所），在园幼儿7233人；小学215所，教学点80个，在校学生35983人，小学入学率99.64%；初级中学14所，在校初中生17260人，初中阶段入学率100.01%；小学和初中在校学生巩固率分别达99.43%和98.06%；7～15周岁“三残”儿童少年入学率81.21%，15周岁人口初等教育完成率99.96%，17周岁初级中等教育完成率93.57%；普通高中2所，在校学生2798人，高中阶段入学率79.7%；中等职业学校1所，在校学生5889人，独立成人文化技术学校2所。现有小学专任教师2497人，初中专任教师930人。全县人均受教育年限7.18年。

【开展创先争优活动】 一是教育局党委以“云岭先锋”工程、学习实践科学发展观活动为载体，全面加强学校党的基层组织建设。二是创建云县一中、田心完小、县城中心幼儿园为党建工作示范点，建立健全深入学习实践科学发展观的长效机制。三是切实加强党的基层组织建设，积极发展党员。四是认真落实党风廉政建设责任制，狠抓中小学领导干部廉政从政、预防职务犯罪、开展警示教育活动。五是深入开展优化软环境增强软实力活动，在教育局设立了软环境监测点，加强对教育行政部门关键岗位和重点环节的行政监督，制定了云县教育局规范行政处罚自由裁量权标准，为全县教育科学发展提供了有力保证。六是在局机关精心组织开展效能政府四项制度建设活动，机关全体工作人员精神面貌明显改观，组织纪律明显增强，工作作风明显改进，服务水平明显提高，政务环境明显优化，办事效率明显提高。

【“两基”迎国检工作】 一是健全机构，加强领导，为“两基”工作的开展提供组织保障。二是部门配合、上下联动，履行职责，营造环境。三是完善机制，坚持不懈地抓好“控辍保学”工作。着力强化政府行为，对组织入学和控辍保学实行双线目标管理，进一步增强“两基”的责任感和紧迫感。与团县委、县妇联等部门开展了“爱心圆梦”、“金秋助学”等捐资助学活动，积极开展贫困学生救助活动，帮助贫困学生完成学业。认真落实国家“两免一补”和特少民族生补助等惠民政策，实施好市、县关于漫湾电站、大朝山电站移民子女教育培训扶助政策。建立和完善关爱留守儿童和农民工子女工作制度，对留守儿童和农民工子女坚持优先帮扶，优先教育。四是强化扫盲工作，有效提高非文盲率。在狠抓“普九”工作的同时，高度重视扫除青壮年文盲工作，坚持“一堵二扫三提高”的方针，采取注重过程、注重质量、分步实施，积极扫除新增和剩余青壮年文盲。

【改善办学条件】 2009～2010年，中小学校舍安全工程共开工172个校点（新建137校，拆除一师一校点危房35栋），整合资金新建安全工程134个校点，新建扩大内需安全工程3所学校，建筑面积117948平方米，拆除撤并教学点危房35个点，总投资17692.2万元（含附属工程）。新建137校的117948平方米校舍建设已全面开工，完工面积88953平方米（107校），在建面积28995平方米（30校），完成投资1.67亿元。其中：2009年完成交付使用47校，面积4.92万平方米，拆除撤并教学点危房15个点，完成投资6151.5万元；2010年按计划开工新校园建设任务109个校点（实际110个点），建筑面积68736平方米，110个校点全面动工（含增加的忙怀中学）。至年底，已初验使用60个校点，面积3.97万平方米，在建30个校点，面积2.87万平方米，撤并学校拆除危房20个点，完成投资1.06万元。至年末，2008年锁定的D级危房14.19万平方米已全部拆除清库。

【**教育科研**】　狠抓学校管理，重视教育科学研究，做好“以人为本，以德立教，以研兴教，依法治教”工作，走内涵发展之路。一是着力加强教师队伍建设，实施好教师继续教育工程，搞好新教师、骨干班主任、信息技术、教研、校本、学历提升等培训工作，全面提高教师素质。其中：县级培训教办主任、中学校长、分管教学副校长及中小学部分骨干教师198人，培训“知行中国——小学班主任”200人，培训乡镇师训员、小学片校长、中学教导主任、特岗教师、“云南省第二期骨干教师”等242人，组织中小学、幼儿园教师参加省、市级培训836人。二是全县中小学全年开展省、市课题研究101项。其中有8个课题已结题，有3项教研成果在临沧市“十一五”优秀教育科研成果评选中获奖，其中云县一中、爱华完小开展的“中美合作公民教育——学生社会实践活动”课题研究成绩明显。三是全县共有440名教师在各级教学设计评选、论文评比、优质课等比赛中获奖，其中：有6位教师在省级优质课竞赛中获奖，有8位教师在市级优质课竞赛中获奖，有47位中小学教师在县级优质课竞赛中获奖，有26位幼儿教师在县级教学技能竞赛中获奖；有41位教师在省级论文、教学设计竞赛中获奖，有165位教师在市级论文、教学设计竞赛中获奖，有147位教师在县级论文、教学设计竞赛获奖。四是全县中小学生有260人在“全县中小学生作文竞赛”中获奖，有42名教师获指导奖。五是开展“优秀教师先进事迹报告会”活动，共有1146名教师参加了活动，促进了全县课堂教学改革的进程。六是以县民族中学为初中推广杜郎口中学“三三六”教学模式县级示范学校、爱华完小为小学推广“以学习者为中心•参与式教学”模式县级示范学校，在全县着力推广运用“三三六”教学模式、“以学习者为中心•参与式教学”模式，注重加强学校管理，以教学管理和教学质量为监控，改进教学方法，提高课堂教学效益，全面提高教育质量。七是全县有1人被评为国家级骨干教师、37人被评为省级骨干教师。2010年中考质量比上一年有大幅度的提升，其中：实考2455人，600分以上纯文化分61人，不含照顾分332人，含照顾分374人。高考质量稳步提高，其中：实考人数991人，一本上线54人，二本上线193人，三本上线149人，一专上线165人，二专上线393人，总上线率96.27%，比上年增14.74%。

【**学校安全工作**】　一是建立健全安全工作领导机构，落实安全工作责任制。二是与政法委、公安、工商、卫生、教育、财政、城建等部门联合组成检查组，开展校园安全工作拉网式排查整治。三是认真抓好传染、流行病的防治工作，加强对学校食堂的监管。四是积极开展安全教育宣传活动，开展各种安全教育活动。五是加强对安全工作的过程管理，对学校交通安全、消防安全、饮食卫生安全工作作出了系统的安排部署。六是切实加强对“西部三省农村中小学安全管理与安全教育长效机制建设研究项目临沧实验区云县实验点”的工作领导，制订工作方案，严格管理，拓宽思路，全面推动项目工作顺利开展。

【**抗旱保教**】　一是成立抗旱工作领导组，负责统筹、协调教育系统抗旱保教工作。二是加大抗旱保教工作宣传，进行节约用水和消防知识教育，加大节约用水的宣传力度，引导师生节约用水。三是广泛发动局机关、中小学校（园）干部职工和学生进行抗旱捐款。四是投入277.695万元用于改善部分饮水困难学校的饮水工程，确保每一所学校师生饮水得到保障，不因饮水困难出现学生辍学，不因饮水困难而影响“普九”的巩固和提高，不因饮水困难而影响学校的安全稳定和正常教学秩序，切实做好抗旱保教工作。

【**学校信息化建设**】　加强教育信息化建设，按照全省统一部署，努力推进教育信息化工作，扎实有效地开展项目培训，完成了校长远程培训小学10人，中学3人的培训要求。10月完成教师教育技术能力培训300人。参训教师在线培训，接收了全新的教学方法的指导，提高了现代教学设备的运用能力。举办全县中小学远程教育课堂竞赛活动，通过课赛，提高了学校使用远程教育资源的热情，促进了远教资源走进课堂，走进学生，给教师和学生都接触到优质的教育教学资源。

（吴云　供稿）

云县第一中学

【概述】 2010年云县一中紧紧围绕县委、政府确定的科教兴县战略目标，坚持“突出重点，打牢基础，强化管理，提高质量，深化改革，加快发展”的方针，依法治校、民主治校。加强学校的德育工作，重点抓好学生的素质教育，将“三生”教育作为推进素质教育的切入点，在初一、高一、高二年级中开展“三生”（生存、生活、生命）教育活动。同时推进高中新课程改革，并积极探索高中分层教学的有效途径，实施因材施教。学校教育工作得到持续、稳定、健康向前发展。教学质量不断提高，年内，云县一中在规模扩大、生源基础总体较差、高考试题难度偏大的情况下，852人参加高考，一本上线54人，本科上线357人，专科以上总上线率为97%。

【办学规模】 云县一中创建于1958年，1995年被认定为省二级一等完中。学校占地面积40687平方米，校舍建筑面积33344平方米，其中框架结构28732平方米，砖混结构4612平方米，校舍建筑面积中危房占1.28万平方米；有教职工编制196人，实有教职工192人，其中专任教师180人；硕士研究生1人，本科167人，专科11人；有特级教师2人，高级教师28人，一级教师60人。有教学班45个，学生2483人，其中高中教学班39个2152人；初中教学班6个，学生331人。

【班子建设】 加强学习，不断提高领导班子的管理能力和水平。一是加强政治理论学习，认真组织学习邓小平理论和“三个代表”重要思想，深入学习实践科学发展观，坚定不移地贯彻党的教育方针，坚持社会主义办学方向。二是组织学习党和国家的路线、方针、政策，保证党和国家政策在学校工作中贯彻落实。三是组织学习教育法律法规，坚持依法治校，规范学校办学行为，切实维护广大人民群众接受教育的权益。四是不断加强教育教学管理理论的学习，提高教育教学管理水平。

淡泊名利，防微杜渐，树立清正廉洁、严格自律的作风。一是认真执行党和国家对领导干部廉洁从政的各项制度和要求，筑牢拒腐防变的思想防线。二是坚持民主集中制原则，严格执行集体议事决策制度，凡学校重大问题和重要支出交由校务会研究决定。三是坚决实施“政务公开”、“教务公开”“财务公开”的“三公开”制度，领导班子带头主动工作，带头甘于奉献，带头自觉接受监督。四是规范教学行为，提高教学效益，完善素质教育目标和教学质量考核评价制度。

【依法治校】 一是认真贯彻落实《教育法》《义务教育法》《教师法》等法律法规，落实中央、省市县关于教育方面的一系列决策、制度、规定，保证教育方针、教育政策在学校的执行。二是进一步加强学校行风建设，严格规范学校招生、收费、人事调配、干部任免、物品采购等行为，严格执行学校财务公开制度。认真落实《云县一中教学辅助资料征订使用规定》，规范教材、教辅资料的征订行为。三是认真做好义务教育阶段的控辍保学工作，提高“两基”水平。严格执行国家“两免一补”政策，认真做好义务教育阶段寄宿生生活补助的管理工作，做好初中免费教科书的循环使用和管理工作。四是坚持民主集中制原则，学校重大事项集体研究、集体决策，充分发扬民主，进一步健全和完善教职工代表大会制度，组织召开了云县一中第七届教职工代表大会，讨论并通过了《云县一中岗位设置实施办法》《云县一中教科研成果奖励办法》等制度，着力推进民主治校进程。五是充分发挥学校党总支对学校工作的监督保障作用和学校工会的民主监督作用，保障学校各项工作依法规范开展。

【德育工作】 一是树立“育人为本、德育为先”的理念，加强和改进未成年人思想道德建设，将社会主义核心价值体系融入学校教育工作全过程。针对不同年龄学生的特点，调整和充实德育内容，创新德育途径，增强了德育工作的针对性、实效性、主动性。二是以“养成教育”为主线，全面加强学生管理，提高学生自制力。认真落实《中学生守则》《中学生日常行为规范》《云县一中学生操行量化制度》等一系列规章制度，规范学生学习、生活行为，为提高教学质量提供纪律保障。三是健全德育网络，形成德育合力。努力构建学校、班级、家庭三位一体的德育网络，形成德育合力，促进学生健康成长。四是抓好新生入学教育和初一高一新生的军训工作。五是切实加强班主任队伍建设，定期召开班主任工作会议和过好一年一次的班主任节。组织召开云县一中德育工作研讨会，积极探索新时期德育工作的特点、规律、方法和途径。六是将学风建设摆在更加突出的位置，狠抓学风转变，学校各部门、各年级组把学风建设列为工作重点，采取积极有效措施，切实加强学生管理，逐步实现学风的良好转变。

【学校管理】 一是进一步理顺学校管理体制，实施分级负责，分层管理，明确部门职责，强化责任落实，细化工作措施，不断提高执行力。二是对各职能部门实行年度工作目标管理，根据各职能部门的工作特点，制定部门年度工作目标，校长与部门负责人签订责任书，学年末或年度末组织考核，对完成目标好的部门进行表彰奖励，对完成目标较差的部门实行通报批评。继续实行毕业年级升学目标管理和升学目标奖励制度，充分调动各部门职工和教师的积极性、创造性。三是实行“挂钩式”管理。建立学校领导联系年级、联系教研组和备课组的长效机制，学校各级领导到年级组，到教研组、备课组，蹲好点、管好片。四是深化学校分配制度改革，认真做好事业单位设岗定编工作和绩效工资改革工作。按照“定编、定岗、定责、定薪”的要求，坚持“效益优先、兼顾公平”的原则，建立新绩效分配机制，激发学校内在动力，促进学校各项工作的发展。

【教学质量】 一是坚持教学常规检查制度，掌握和监控教师备课、上课、辅导、批改作业、考试等基本教学环节情况，规范教学行为，保证教学秩序。年内共组织了教学常规检查5次。二是聚焦课堂，关注课堂，经常到学科课堂听课，了解掌握课堂教学的基本情况，为教学管理决策提供依据。三是积极探索高中分层教学的有效途径，遵循“分层指导、分类要求”的教学原则，将高一、高二年级班分为三个层次，以第一层次保一本，第二层次保二本，第三层次保专科为教学目标，实施因材施教。四是积极稳妥地推进普通高中新课程改革实验，制定并实施《云县一中普通高中新课程改革实施方案》。稳步推进高中新课程改革。五是高度重视毕业班教学管理工作，制定并组织实施《云县一中2010年高考备考方案》、《云县一中2010年中考备考方案》，同时制定《云县一中2010年高考、中考质量奖励办法》。2010年共有852人参加高考，在规模扩大，生源基础总体较差，高考试题难度偏大的情况下，云县一中一本上线54人，本科上线357人，专科以上总上线率为97%。中考共有117人参加，600分（含体育分）以上有57人，名列全县第一。上云县一中高中录取分数线97人，上线率85.1%。高考教学获全市高考二等奖，高三年级组、初中部获全县办学先进集体奖。

【队伍建设】 一是以作风建设为重点，锤炼干部队伍，不断提高领导班子的综合素质。要求学校班子成员要讲团结、讲政治、讲正气、讲奉献，要立足本职，明确责任，淡化权力，带头执行决议，带头维护纪律，带头增进团结，带头务实工作，在教职工中树立良好形象。进一步健全班子学习制度、议事制度、问责制度等，努力把一中班子建设成团结、协调、务实、廉洁、高效的领导集体。二是将教风建设摆在更加重要的位置，进一步加强师德师风建设，增强教师责任心，提升教师敬业精神，严格执行《中小学教师职业道德规范》《云县一中教师职业道德规范十不准》、《云县一中教职工管理规定》等。三是执行《云县中小学教师队伍素质提升行动计划》，组织教师业务考试和教学基本功考核，提高教师学科专业化水平。四是鼓励教师报考在职硕士学位研究生，提高学历层次。五是实施“名师工程”和“培青工程”，加强青年教师的培养，扎实有效开展“一帮一导师制”活动，定期举行中青年教师课堂教学竞赛。组织中、高考研讨，参加高中新课程改革培训160多人次。

【教研师训】 一是修改完善了《云县一中教研成果奖励办法》，激发广大教师教育科研的热情，营造良好的教科研氛围。将教科研成果作为教师评价的重要内容，与教师晋升职称、评优、评先等密切挂钩。二是要求每位教师每学年必须完成一篇高质量的教育教学论文，并将其作为年度履职考核优秀的必备条件，认真组织论文评选活动。三是组织青年教师教学研讨会，上学期末召开青年教师教学经验交流会，有20位交流了教学技能及班主任工作经验下学期组织青年教师提高有效课堂教学竞赛，严格按高中新课程标准规范课堂教学，提高有效教学，对优秀者给予表彰。四是加强课题研究的管理工作，对申报课题进行全程跟踪管理，保证研究质量并按期结题。化学教师石定柱课题组的四项研究性教学学习活动，获国家专利。五是办好《南河文苑》，发表学生习作，拓展内容，提高教育教学质量，增强对教学的指导性。

【素质教育】 一是将“三生”教育作为推进素质教育的切入点，在初一年级、高一、高二年级中开展生存教育、生活教育、生命教育。帮助学生理解生命的意义和价值，学会生存，提高生活质量。二是恢复了云县一中课外办好宣传栏兴趣小组，组织开展第二课堂活动。各教研组结合本学科特点组建了兴趣小组，发展学生个性特长，满足不同学生的需求，并为开发校本教学资源打基础。三是落实《学校体育工作条例》，切实加强“三操一课”。组织召开2010年冬季田径运动会和“五一”“五四”及“国庆”球类、拔河比赛和歌咏比赛晚会及书画展。

【基础设施建设】 一是修建羽毛球场1个、乒乓球桌四个。二是多渠道筹措资金60多万元，增添配备了多媒体教室，实现教学手段现代化。三是更换了部分教师办公桌和配备了办公电脑，改善了教师的办公条件。四是投资5万元改善教室照明及解决学生饮用热水问题。

【后勤保障】 坚持“为教学服务，为师生服务”的宗旨，加强后勤服务工作，增强服务意识，提高服务质量。进一步加强学校后勤职工的思想作风、工作作风建设，严格考勤、考核制度，提高工作效率。增强经济意识，严格财务制度，坚持勤俭办学，杜绝浪费，努力开源节流，制定节水节电措施，加强用水用电管理。严把物品采购质量关、价格观，努力提高资金的使用效率。切实加强校园环境的绿化管理、卫生管理工作，加大卫生监管力度，提高卫生保洁水平，为广大师生创造整洁优美的工作学习环境。进一步加强对食堂的管理，认真落实《中小学卫生工作条例》，加强对食堂的服务质量、食品质量、价格、营业时间的监管，提高师生的满意度。

【安全工作】 一是坚持“安全工作，预防为主”的方针，切实加强学校安全工作，投资15万元安装校园监控网络，对学校进行全天候监控管理，确保了本年度无重大安全事故发生。二是加强学校安全保卫工作，健全学校安全保卫工作机制，严格执行安全值班制度和责任追究制度，确保了学校财产安全和师生安全，保障学校正常教育教学秩序。三是认真开展校舍安全检查工作，及时排查学校安全隐患。组织开展地震应急演习工作，增强师生防震减灾意识，提高师生应急技能。四是切实做好流行病预防控制工作，每学期煮服两次大锅药。加强食品安全检查，健全三检报告制度，严防传染性疾病在学校大面积发生。

【党建工作】 坚持“围绕教育抓党建，抓好党建促教育”的工作思路，着力抓好思想政治建设、领导班子建设和党风廉政建设，充分发挥学校党总支的战斗堡垒、保证监督和先锋模范作用。一是加强党员思想教育，丰富学习形式，提升党员素质。二是加强党员管理和党员发展工作，严格党建工作程序，发展优秀学生党员和教师党员。三是加强党风廉政建设，为云县一中发展保驾护航。四是加强校园文化建设，拓展党建工作的外延。

【“创先争优”活动】 按照县委和教育党委的安排部署，结合学校工作实际，认真制定了《云县一中党总支关于深入开展创先争优活动的实施方案》，切实开展创先争优活动，不断提高党员队伍素质，增强党组织的凝聚力、战斗力。

【工青妇工作】 一是加强学校工会的领导，充分发挥工会参政、监督、维权职能，积极组织教职工参加文体活动；关心教师身体健康，每年组织教职工体检，同时关心离退休职工生活，帮助老同志排忧解难。二是加强学校共青团工作的领导，充分发挥团组织在学生自我管理、自我教育中的作用，指导学校团组织开展丰富多彩的校园文化活动。三是加强学校妇女工作的领导，积极组织妇女参加各种知识竞赛，开展各种活动。

（李朝阳 供稿）

职成教育中心

【概述】 2010年，云县职成教育中心在各级党委、政府的重视和教育主管部门的直接领导下，坚持以发展为主题，以教学改革为动力，以强化学校内部管理为根本。深入实施中等职业学校教学质量与教学改革工程，不断优化专业设置，形成自己的办学特色。着重加强学生的专业技能培养及毕业生就业指导和服务，同时抓实教师的培训及教研工作。综合办学实力进一增强。全年共完成转移培训鉴定3382人，毕业生就业率达95%以上，教研工作成效显著，共有23篇论文获省、市级奖，同时完成1147名中、小学班主任、非师范类及特岗教师的培训。

【专业建设】 学校本着为社会培养所需的应用型人才，深入实施中等职业学校教学质量与教学改革工程，开辟校园文化建设新天地，同时继续巩固计算机应用与家电维修专业。用专业技能吸引学生，用就业质量成就学生。不断完善管理，优化专业设置，调整课程结构，积极创造条件开发、增设新专业，改造老专业，形成自己的专业特色优势，专业建设水平稳固提升。

【管理体制】 根据学校建设发展的需要，围绕强化内部管理，增强学校的生存能力开展工作：一是加强对学校常规学生的民主管理。二是对教师的德、能、勤、绩全面考核，加强师德师风建设，做到了教书育人常抓不懈，努力提高师资队伍建设。三是严谨教学纪律，积极进行课堂教学改革。四是深化岗位设置管理工作，完成岗位设置管理首次岗位聘用工作。五是进一步明确学校功能定位，优化资源配置，完成教学资源调配。六是关心和解决教职工学习、工作、生活等切身利益问题，切实提高教职员工校内津贴和离退休老同志的福利待遇。

【学生工作】 学校坚持学生思想动态调查、汇报制度，使班主任能及时掌握学生的思想动态，积极开展主题班会教育、学生心理健康与生存能力教育、毕业生就业指导和服务工作，使毕业生就业率达95%以上。组织学生参加临沧市计算机应用技能竞赛、云县中小学作文竞赛及学生进企业见习等活动。

【德育工作】 学校根据新形势下德育工作的特点，在继承的基础上不断创新，狠抓制度建设，继续巩固学校—党支部—政教处（团委）—班主任（家长）—学生会—学生完整的德育教育网络体系，层层抓落实。做到“认识、制度建设、监督检查、责任追究”四个到位，突出学生的出勤、仪表、举止、言行之效果，用制度管理人，形成了科学、规范、适用的管理体系，使学校管理步入了科学的轨道。

【党建和思想政治工作】 按照上级党委的要求和部署，学校党支部深入开展了学习实践科学发展观和创先争优活动。通过充分准备，精心组织，扎实推进，圆满完成了学习调研、分析检查、整改落实等各阶段的工作任务。同时，加强班干部队伍建设，对校级领导班干部进行民主测平，认真开展反腐倡廉宣传教育和校园廉政文化建设，进一步完善反腐倡廉制度，落实党风廉政建设责任制，加强监督检查，保证了各项业务活动合法依规开展。

【工作成绩】 一是办学规模不断扩大， 全年，长班在校生进入国家招生助学系统注册1808人。二是对外交流与合作日益活跃。学校充分依靠125鉴定所职能，实现了“培训一期，学到一技，就业一人，带动一片”的目标。2010年共完成转移培训鉴定3382人，95%以上的学员到广东、上海、江苏、浙江等地就业，形成了招生、就业一条龙的发展趋势。三是教研工作，开展了关于《经济社会发展与职业教业教育办学模式研究》的课题研究，共有23篇论文获省市级奖。四是小教培训成效显著，完成了第三期全县中小学班主任，非师范类、特岗省级骨干教师等培训1147人。为普遍提高云县小学教师的业务能力作出了突出贡献。

（阮进芹 供稿）

涌宝中学

【概　述】 2010年，涌宝中学全面贯彻党的教育方针，以“办好人民满意的教育”为出发点，积极创新。抓实学校的教学工作，以高尚的师德影响人，以扎实的能力教育人。学校师资水平不断提高，教育质量稳步提升。年内，学校荣获临沧市高考质量优秀奖、高考质量进步奖等荣誉，并被临沧市教育局、云县人民政府授予办学先进集体称号。

【基本情况】 2010年学校有教职工125，其中专任教师122人，工勤人员3人；高级教师18人，一级教师36人。有教学班42个，在校学生1765人。其中，高中12个班，学生536人；初中30个班，学生1229人。学校党总支有党员62人，设有高中、初中、行政后勤和离退休教职工、糯洒中学（分校）5个支部。

【教学成绩】 年内，学校高考成绩大幅度提升，高考本科上线43人，其中二本上线28人，三本上线15人，专科上线78人，总上线率达89.9%。学校荣获临沧市高考质量优秀奖，高考质量进步奖；并被临沧市教育局、云县人民政府授予办学先进集体称号。

（涌宝中学　提供资料）

科学技术

【概述】 2010年，云县科技局在县委、县人民政府的正确领导下，认真贯彻落实“自主创新、重点跨越、支撑发展、引领未来”的科技工作指导方针。紧紧围绕企业技术创新和县委、政府产业发展战略，不断健全科技服务体系。积极做好省、市科技计划项目的申报和储备工作，同时抓好科技项目及科技成果的管理工作。全县科技工作有序发展。2010年，完成8项省级科技计划项目的申报，得到支持6项，落实扶持资金174万元；完成3项市级科技计划项目的申报，落实扶持资金12万元。

【创新型试点企业认定】 根据云南省科技厅《关于申报第五批云南省创新型试点企业的通知》要求，帮助云南茅粮酒业集团公司完成第五批云南省创新型试点企业认定申报工作。经省科技厅、省国资委、省工信委、省总工会四部门研究决定，11月26日，云南茅粮酒业集团有限公司被认定为云南省第五批创新型试点企业。并获得50万元“创新型企业研发平台建设”资金补助。

【科技型农村经济合作组织认定】 根据云南省科技厅《云南省科技型农村经济合作组织认定管理暂行办法》，县科技局、县科协帮助云县茶房乡响水村中草药种植协会、云县幸福镇幸福村张毕山生猪养殖专业合作社完成云南省科技型农村经济合作组织认定及补助项目申报工作。

【科技宣传】 一是认真组织中国云县2010年第七届澜沧江啤酒狂欢节科技宣传活动。2月26～28日啤酒狂欢节期间，由县科技局牵头，组织县直15个单位，开展了为期3天的科技文化服务一条街宣传活动。期间，以播放科教片、印发科普资料、宣传预防艾滋病、结核病、优生优育及泡核桃种植管护、龙胆草种植、化肥、农药、沼气使用管理等知识。活动共参加服务人员70人，展出宣传展板46块，发放泡核桃种植管护、龙胆草种植、艾滋病防治等科普宣传资料2.50万余份，播放科普宣传片30碟，服务群众3.60万多人次，接受科技咨询1万余人次。二是认真组织开展科技周、科普月活动。5月15日～21日科技活动周期间，县科技局牵头，开展了以“坚持科学发展观，携手共建创新型云县”为主题的科技活动周科普宣传活动。共组织科技人员开展科技抗旱培训18场次，共展出宣传展板86块，发放科普资料2.58万份，发放科技抗旱手册1000本，服务群众2.96万人次。

【科技培训】 以服务产业建设和服务新农村建设为目标，重点以新农村建设示范村为主，开展科学养猪、养鸡技术，泡核桃、蔬菜、龙胆草等规范种植及科学管护技术，沼气池日常管理技术等农村实用技术证书式培训，共开展农村实用技术培训46期次，培训群众3160人次。

【科技信息宣传】 重视科技信息宣传工作，干部职工积极撰写科技宣传信息43条，其中：云南省科技厅网站采用2条，《临沧市公众信息网》采用2条，《临沧科技》采用4条，《临沧科技信息网》采用25条，《云县》县讯采用5条，云县人民政府网上发布7条。

【科技项目管理】 抓好国家级、省级科技计划续建项目的管理工作。一是监督茅粮酒业集团公司实施好国家级"优质白花木瓜精深产品开发及丰产栽培示范"项目的实施工作，并顺利通过了验收。二是监督实施好省科技厅立项支持的科技计划"茶酒制作工艺及系列产品开发"项目，该项目已顺利通过验收。三是监督实施好省科技厅立项支持的科技计划"云南忙怀林化厂紫胶丰产林种植示范及系列产品开发"项目，并顺利通过验收。

【科技成果管理】 科技成果管理工作取得较好成绩。积极做好2009～2010年度市级科技成果奖励推荐工作，云县组织申请鉴定科技成果3项，分别为云县人民医院申报的《微创颅内血肿清除治疗脑出血的临床应用》《经膈肌胸膜外前入路在脊柱胸腰段病变治疗中的临床应用》《闭合复位PFN内固定治疗股骨粗隆间骨折的临床应用》三项科技成果，均通过市级专家组鉴定。其中"经膈肌胸膜外前入路在脊柱胸腰段病变治疗中的临床应用"获2009～2010年度临沧市科学技术奖三等奖。

【科技项目储备】 在积极做好科技项目申报的同时，注重抓好项目库的储备工作。结合县委、政府重大招商引资项目，即云南智汇源核桃加工厂、云南三奇光电科技有限公司、云南澜沧江酒业集团项目建设，在深入企业同企业座谈调研，了解企业需求的同时，向企业宣传科技项目申报的条件、程序，并将申报云南省创新型试点企业、高新技术企业、知识产权保护等一系列文件等印送给企业，为企业谋划建成投产后申报科技项目的相关问题。年内通过调研，共建立科技项目储备8项。

【知识产权管理】 抓好知识产权管理工作，企业知识产权保护意识明显增强。年内组织5户企业参加了以专利申请、保护、利用为主的知识产权培训，共申请专利15项，占市科技局年度考核任务4项的3.75倍，其中：发明专利5项，实用新型10项；代办专利申请费用资助申请13项。

【新农村挂钩】 抓好新农村挂钩村工作。局领导5次到新农村挂钩村进行调研，指导挂钩村党员干部发展泡核桃、烤烟等特色产业的发展及沼气建设，并筹集资金1800元对部分贫困党员、贫困户开展了慰问活动。年内，扶持挂钩村产业发展、基础设施物资共计8000余元。

（何丽　供稿）

科　协

【概述】 2010年，云县科学技术协会在县委、县政府的正确领导下和省、市科协的指导下，团结和带领全县广大科技工作者，以《科普法》为依据，以实施《全民科学素质行动计划纲要》为主线，全面提升科协"为经济社会全面协调可持续发展服务，为科技工作者服务"的能力，围绕全县产业布局和产业发展需要，探索发展科普事业的新思路。重点抓好科普宣传和农村实用技术培训及推广，不断提高全民科技素质。同时加强对农村产业协会的组织推进、指导服务和典型创建，提升农村产业协会效能。科普试验示范基地建设不断增强，科普惠农工程有序实施。年内成功申报云县为2011–2015年度全国科普示范县创建单位，并在云南澜沧江酒业集团组建临沧市第一个院士工作站。

【"三个一百"完成情况】 根据《中共云县委办公室 云县人民政府办公室关于印发云县2010年固定资产投资财政支出招商引资工作方案的通知》（云办发〔2010〕1号）要求，县科协以完成"三个一百"为中心任务，一是找准突破口，超前做好项目编制和申报。二是主动到中国、省、市科协、省科技厅、省环保局等上级部门争取项目，力争完成县委、县政府下达的指标任务。三是积极做好明年的项目储备，与省级相关部门和中国科协做好协调。至年末，完成向上争取资金58万元（通过财政拨付40万元），完成任务数的107%；完成招商引资118万元，完成任务的236%。

【申报2011-2015年度创建全国科普示范县工作】 根据中国科协《关于开展2011-2015年度全国科普示范县（市、区）创建工作的通知》（科协办发普字〔2009〕38号）、《全国科普示范县（市、区）创建工作手册（2011-2015年）》和《云南省科学技术协会关于申报2011—2015年度全国科普示范县（市、区）的通知》（云科协办〔2009〕14号）精神，县科协积极开展自查，制定了工作方案，报经县委同意后，上报了相关的申报材料。经过公开申报和严格审核等程序，在中国科协《关于公布的2011—2015年度全国科普示范县（市、区）创建单位名单的通知》（科协办函普字〔2010〕65号）中，全国共有920个县（市、区）被列创建单位，云县名列其中，是临沧市唯一被批准的创建单位，使云县“全国科普示范县”这块牌子永不褪色。

【科普宣传】 以科普日、科技活动周、科技文化卫生三下乡、啤酒狂欢节科普一条街等科普活动主题为重点，结合全县开展12·4全国法制宣传日、安全生产月、社会主义新农村法制宣传教育、世界环境日等活动，结合城区、乡（镇）、村组的不同特点，有针对性地采取措施，既强调面上总体效应，又注重点上具体效果，因地制宜，最大限度地调动广大人民群众参与科普的积极性。在县城、乡镇、村组深入开展以科技赶场、科技讲座、义诊、发送科技资料、放科技影片、举办科普图片展及为农民发放生产资料、药品等为内容的科普宣传活动。全县共开展科普宣传36场次，展出挂图500张、展出展板200块，举办专题讲座11场次，听众7600多人，印发各类科技资料4万多份，接待技术咨询2.50万多人次，技术服务5000多人次，推出新技术3项，推广新品种2个，受众达10多万人次。轮回播放科普专题片8部60多场次。与县电视台合作播放《科普大篷车》节目96期，更换科普宣传栏内容6期。

【全民科学素质行动】 云县科协充分发挥领导小组办公室的职能作用，调动成员单位和乡（镇）科协等社会力量共同参与，广泛开展群众性、社会性、经常性的科普宣传教育活动，以未成年人、农民、城镇劳动人口、领导干部四个重点人群科学素质行动为突破口，全面推进《全民科学素质行动计划纲要》的实施。一是联合县委组织部、县委党校等部门聘请专家、学者举办了10余次科技知识讲座，从科技创新、科学决策等角度进行深入讲解，进一步提升了领导干部的科技意识和创新思维水平。二是以科普主题活动为载体，以科普进社区活动、《科普大篷车》专栏、科普画廊、科普宣传栏为平台，积极开展以预防疾病、防震救灾知识、节能减排、保护生态环境、构建和谐社会等为内容的科普宣传，在城镇居民中倡导文明、健康、向上的生活方式，努力提升他们的科技文化素质。三是根据农村产业发展的实际需求，积极与县职成教中心、农广校等办学机构合作，坚持“需要什么，就培训什么”的原则，分期、分批开展农村实用技术培训，在充分利用省、市农函大所提供教材的基础上，及时组织编写印制了农作物种植、中草药种植、家禽家畜疾病防治等农村科普知识并免费发放，同时，邀请和组织县内的“土专家”、“田秀才”及科技致富带头人到乡村、田间地头开展巡回培训，通过集中统一培训和现场技术指导相结合的方式，切实发挥“小课堂、大学校”的优势，有针对性地提升农民的科技素质和科技技能，使农民足不出村就能够学到最新的实用技术。四是充分发挥科技、教育、团县委、社区等部门的科普管理组织资源优势，采取双向联系、双向服务、双向反馈等多种措施，深入挖掘青少年科技教育工作的潜力，以儿童节、五四青年节、教师节等为载体，通过开展“青少年创新大赛”、“科普知识竞赛”、“小发明、小制作”等内容丰富、形式多样的科普活动，培养了青少年从小动手动脑的能力，增强青少年的安全意识、节约意识和环保意识，全面提升青少年的科学文化素质。

【科技培训】 以农函大和云县少数民族科普工作队为主力军，充分发挥农函大培训基地和科普示范基地的作用，以新农村建设和特色产业发展较好的村为重点，与职成教中心、烟草公司、扶贫办、林业局等部门合作，整合县域资源，拓展农村科技培训渠道，保障培训经费来源。努力抓好农村党员、基层干部的“素质教育工程”、科技明白人、新型农民的培训和农民工劳动技能培训工作。全年共开展培训124场次，培训人数达1.22万人，内容涵盖了养猪、核桃、甘蔗、茶叶、烤烟、中草药种植管理等6个专业。农函大招收了4100名学员，在8个乡镇的46个村委会分46教学班开展教学，已全面完成教学培训任务。通过培训，农村党员、基层干部、协会会员科学素质进一步提高，运用科技的能力进一步加强，促进了当地经济的发展，大批学员真正得到了实惠。

【农村产业协会】 充分发挥部门职能作用，始终坚持“引导、服务、扶持”的方针，大力加强对农村产业协会的组织推进、指导服务和典型创建工作，云县农村产业协会得到蓬勃健康发展。一是积极宣传发展农村产业协会的目的意义及相关政策，对农村产业协会的组建发展进行引导和指导，帮助农村产业协会制定发展规划、开展业务培训、咨询及有关协调工作，给予必要的政策和资金扶持。年内全县共有农村专业技术协会147个会员1.01万人，有农民专业合作社6个社员406人，经过民政社团法人登记的协会和合作社共有12个，它们在农村经济社会发展中起到了积极的作用。二是在整体推动全县农村产业协会积极开展活动、规范内部管理的基础上，按照“发展一个农技协，建立一个基地，连接一个市场（或企业），带动一方农民致富”的工作目标，针对推进农业产业化经营、农村产业结构调整和云县产业发展的特点，年内在继续巩固茶房乡响水中草药种植协会、幸福中草药种植分会、张毕山养猪协会和云县中草药种植联合会的同时，重点提升大寨镇花木协会、涌宝镇福山魔芋种植加工协会和东兴中草药种植协会，努力打造一批全市一流农技协，带动全县农村产业协会的健康发展。三是积极引导农村产业协会招商引资发展壮大，通过努力，涌宝镇福山魔芋种植加工协会与楚雄耀阳实业有限公司、河南省兴香市丰秋县贾庄金银花种植合作社合作开展龙胆草、金银花、黑牡丹、魔芋和白芷根种植，东兴中草药种植协会与楚雄耀阳实业有限公司合作种植红花。云县中草药联合会与楚雄耀阳实业有限公司合作，公司计划在云县建设35.36万亩龙胆草基地，建设一个以龙胆草为主的中药材交易大厅，建一个中药材加工厂，并出资对云县龙胆草进行GAP认证，此项目预计总投资9.68亿元。

【科普试验示范】 科普工作要取得实效，助推经济社会的发展，必须重视试验、示范、推广和科普基地建设工作。云县科协按照“建一个基地、成一片产业、富一方百姓”的工作目标，通过招商引资解决经费不足的难题，努力加强科普示范基地建设，强化其技术辐射和带动功能，不仅带动了周边镇、村，而且还有效地辐射了省、市内外，为推动新的实用技术培训进村入户以及区域经济新发展打下了坚实的基础。年内在巩固龙胆草、核桃、烤烟、养猪、养鸡、茶山鸡养殖、草乌、山药等科普示范基地的基础上，重点开展种植红花2167亩、金银花152亩、黑牡丹20亩、白芷根50亩、魔芋50亩，龙胆草大棚育苗13.4亩、移栽20亩、撒播1500亩。至年底，全县种植龙胆草的面积达19.36万亩，龙胆草已成为云县山区半山区群众的致富草，并逐步向全市、全省辐射。

【青少年科技教育活动】 一是充分利用儿童节、五四青年节、教师节等节日，积极开展青少年科普活动，为青少年营造健康向上的成长环境。二是举办云县第五届青少年科技创新大赛活动，为青少年搭建展示自我的平台，云县第五届青少年创新大赛，云县一中和云县爱华完小参加了活动，共收到作品42件，经过大赛评委认真评选，评出获奖作品23件，选送参加第二十二届临沧市青少年科技创新大赛作品16件。三是积极开展校外青少年科普教育活动，不断巩固、提升和扩大非正规教育项目工作成果，进一步挖掘和完善项目工作经验和活动方式，为提高校外青少年生产、生活技能水平，进一步改善生存环境和提高生活质量服务。四是为推动全县青少年科技创新活动的蓬勃发展，在全县29所中小学组建了一支由29名教师组成的相对稳定的科技教师队伍，并以教师节为契机，对58名校长和科技辅导教师进行了青少年科技创新教育工作培训。

【服务科技工作者】 科协是科技工作者之家，为科技工作者服务，是科协工作的重要职责。年内，云县科协主要从管理、指导和建言献策等方面抓好服务。一是对所属学会进行规范化、制度化管理，并指导学会结合实际积极组织开展学术交流、科普活动和联谊活动等，全年召开学（协）会业务会议2次，8个县属学会累计组织科技工作者开展学术交流8次，开展“科教进社区活动”3次，参加科普宣传活动36次、联谊活动2次。二是组织专家（科技人员）向党委、政府建言献策，结合开展创先争优和优化软环境增强软实力活动，通过调研、座谈、走访等形式，广泛征求科技人员和专家的意见和建议，全年共提出意见建议27条，梳理上报县委政府12条，被县委政府采纳5条，建言献策5篇，被采纳2篇，完成调研报告1篇。三是组织推荐优秀学术论文，为科技工作者提供施展才华的平台。四是组织开展自然科学类科技工作者状况调查，建立健全科技工作者人才库，为科技工作者展示才华奠定了坚实的基础。

【建立院士工作站】 在县委、县政府的高度重视下及中国科协和省、市科协的大力支持、帮助下，经过努力，云县科协以云南澜沧江酒业集团为载体，组建全市第一家“院士工作站”。于11月9日在云南澜沧江酒业集团总部正式挂牌成立，聘请了中国工程院陈宗懋院士为院士工作站的领衔科学家，院士工作站由19名专家、学者组成，确定了8个研究课题。院士工作站这个高层次科技支撑平台的建立，标志着云县，乃至临沧市和云南省在推进产学研合作、引进培养高层次人才方面迈出了新的步伐，拉开了加快科技成果转化，培养企业创新人才，提高企业自主创新能力和市场竞争力的序幕。

【信息宣传】 以提高科协的社会影响力，争取社会各界对科协工作的支持和参与为目的，云县科协非常重视宣传科协各个时期的工作，鼓励干部职工及社会各界，向各类报纸杂志及网站投稿，全年云县科协干部职工共向各类报纸杂志和临沧科协信息提供稿件26篇，被采用24篇，其中：云县科协干部投稿被采用21篇（《云南科坛》1篇，《云南广播电视报临沧声屏》1篇，《临沧日报》2篇，《临沧科协信息》10篇，《云县》县讯3篇，《云县信息》4篇）。云县科协工作被云县电视台报道9次。向沧江明珠云县网站、市科协网站等提供信息11条。

【自身建设】 根据县委的统一部署，县科协积极开展创先争优和优化软环境增强软实力活动，按质按量完成了各阶段规定的各项任务。通过开展学习先进、查找问题、制定措施、公开承诺、下村调研、民情恳谈、形势宣讲、读书修身、服务惠民、示范引导、岗位竞赛、送科技下乡现场咨询等活动，干部职工学习更强劲，工作更卖力，作风更扎实，信念更坚定，思维更创新，领导班子思想更坚强，作风更务实，能力更提高，形成了搞好工作的整体合力，有力地促进科协工作的全面发展。

【云县被批准创建全国科普示范县】 中国科协公布2011～2015年度全国科普示范县（市、区）创建单位名单，全国有920个县（市、区）被列为创建单位，云县名列其中，是临沧市唯一被批准的创建单位。（本条摘自《云县信息》）

（张毅　供稿）

气　象

【概述】 2010年，云县气象局认真做好行政区域内天气预报、灾害性天气警报和其他气象信息的发布，以及滇缅气象观测、气象灾害的调查评估及分析工作。2010年，云县年平均气温偏高，年降水量正常，年日照时数偏多。雨季开始期和结束期均较常年偏晚。年内无明显的“倒春寒”和“八月低温”冷害，但有多年不遇的“秋季连阴雨天气”出现，冬、春、初夏连旱十分严重。全年的气候条件属中等年景。

【气温】 2010年年平均气温20.8℃，较历年同期均值偏高1.2℃，与2009年同期相等。年内极端最低气温2.4℃，出现在12月26日。极端最高气温35.2℃，出现在5月6日。

图1：云县2010年各月温度柱形图

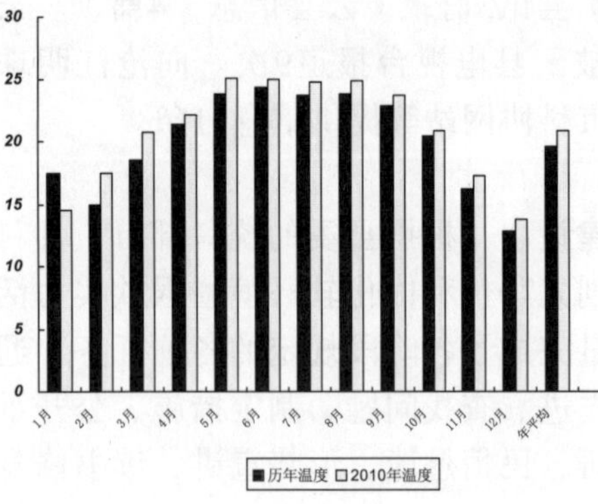

【降水】 2010年年总降水量948.3毫米，较历年同期均值偏多39.9毫米，比2009年同期偏多328.5毫米。年内最长连续降水日数15天，出现在6月18日到7月2日。最长连续无降水日数36天，出现了2次，分别是2009年12月25日至1月21日和4月6日至30日。一日最大降雨量51.5毫米，共出现过2次，分别是7月20日和10月9日。雨季于6月13日开始，结束于10月19日。年内共出现雨日171天，出现大雨（≥25.0毫米）9次，暴雨（≥50.0毫米）3次。

图2：云县2010年各月降水柱形图

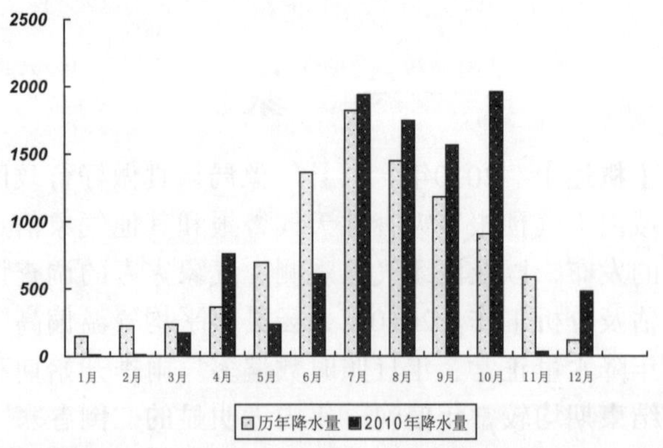

【日照】 2010年总日照时数2395.9小时，较历年均值偏多153.0小时，比2009年偏多214.8小时。其中6月、7月、10月正常略偏少外，其余各月均偏多。

图3：2010年云县日照时数柱形图

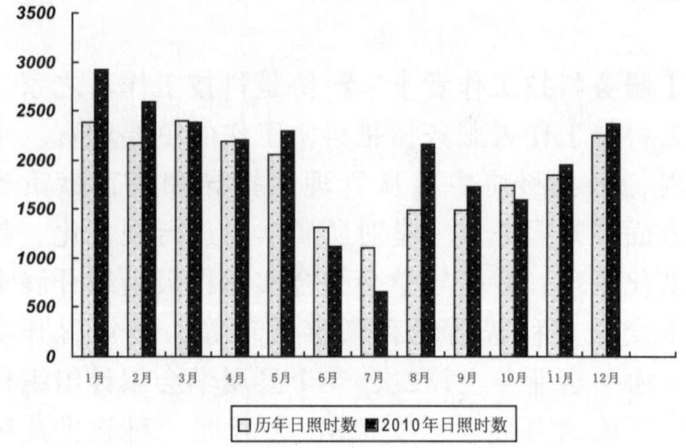

【主要气象灾害事件】 一、干旱。根据2009年10月至2010年2月降水量实况分析，依据干旱标准，云县已达到特旱标准，是云县有气象资料（1957年）以来第一旱年，属百年一遇（省气台统一标准）。因旱灾造成全县农作物受灾23737公顷，成灾17130公顷，绝收7270公顷，直接经济损失16742万元。造成75085人、50611头大牲畜饮水困难。

二、大风。进入4月份，雷电、大风等强对流灾害天气频繁出现。造成风灾较为严重的是：4月18日15时至18时，云县爱华、漫湾、涌宝、晓街、幸福、栗树等乡镇7695人遭受大风灾害，损坏民房2092间。幸福镇、晓街乡、爱华镇中梁子等村造成茶叶、核桃、松树等经济林果受灾276公顷。爱华镇中梁子村歇厂坡组张××因抢修房子被风从房顶吹下，受伤住院。此次风灾造成直接经济损失49037万元，家庭财产损失327.07万元。

三、洪涝、滑坡、泥石流。7月13日，因受南支槽影响，云县境内普遍降雨，局部地方出现单点性暴雨。造成栗树、后箐、茂兰、大寨等乡镇遭受暴雨洪涝灾害，因灾造成4860人受灾，造成民房倒塌1幢3间，损坏房屋28间。紧急转移安置2户7人。玉米等农作物受灾579公顷、成灾401公顷，因灾造成直接经济损失155.1万元。

8月11日，因受副高外围强对流天气影响，县境内普降阵雨，局部地方出现单点性暴雨，全县12个乡镇不同程度遭受暴雨洪涝灾害，因灾造成27247人受灾。造成直接经济损失1136.5万元。

8月27日，受强热带风暴“蒲公英”登陆减弱西移影响，全县出现了一次强降水，局部地区出现大到暴雨。造成4个乡镇遭受暴雨、滑坡、泥石流灾害，受灾875人。造成直接经济损失39万元。

9月22日，受登陆减弱台风西移影响，我县12个乡镇遭受暴风雨和洪涝灾害。农作物受灾712公顷，成灾484公顷，绝收17公顷；房屋倒塌2间，受损149间；因灾损坏灌溉沟渠22条，冲毁沟坝头8座；造成直接经济损失370.8万元。

10月9日，受冷空气和切变线的共同影响，全县普降大雨，造成云县12个乡镇不同程度遭受暴风雨洪涝灾害。全县受灾人口13，475人，农作物受灾1059公顷，成灾793公顷；房屋倒塌49间，受损271间，紧急转移安置71人。造成直接经济损失422.5万元。

2010年的主要气象要素记录：气温除1月份较历年同期平均值偏低1.8摄氏度外，2—12月气温均偏高。降雨量1—2月和11月特少，3月、5月、6月较历年同期平均值偏偏少，其它月份较正常年份偏多（其中10月份偏多87%），故出现了多年不遇的秋季连阴雨天气。光照时数除6月、7月、10月正常偏少外，其它各月均为正常偏多。所以2010年度的气候条件属中等年景。

（杨永富　供　稿）

二〇一〇年主要气象要素统计对比一览表

单位：气温（℃）、降雨量（毫米）、日照（小时）

项目	月份	1	2	3	4	5	6	7	8	9	10	11	12	合计平均
气温	2010年	14.5	17.5	20.7	22.1	25.1	24.9	24.7	24.8	23.7	20.8	17.3	13.8	20.8
	与常年值比	-1.8	+2.5	+2.2	+0.7	+1.3	+0.6	+1.0	+1.0	+0.9	+0.4	+1.1	+1.0	+1.2
	与去年比	+0.6	+0.7	+1.3	-0.2	+0.2	-0.1	-0.2	+0.2	-0.1	-1.4	-0.2	-0.5	0.0
降雨量	2010年	0.6	0.6	16.6	75.5	23.2	60.8	193.2	174.9	156.7	195.5	3.3	47.4	948.3
	与常年值比	-14.2	-21.9	-6.9	+39.7	-46.3	-75.2	+11.1	+30.1	+38.7	+104.6	-55.6	+35.2	+39.9
	与去年比	-16.0	+0.6	+7.7	+25.9	-72.2	-4.4	+81.7	-14.6	+100.0	+185.4	-2.6	+41.5	+328.5
日照	2010年	291.4	259.2	238.1	220.4	229.5	111.3	65.9	215.3	173.2	159.7	195.0	236.9	2395.9
	与常年值比	+52.8	+42.3	-2.2	+1.2	+23.6	-19.5	-44.3	+66.4	+24.7	-14.1	+10.6	+11.8	+153.0
	与去年比	+95.9	+5.5	+22.4	+41.8	+42.7	-27.7	-22.3	+69.0	+32.7	-24.0	+23.7	-37.1	+214.8

注：“+”表示偏高（多），“–”表示偏低（少）。

地　震

【概述】 2010年，云县地震台在上级地震监测部门的领导下，结合实际，切实加强数字化观测技术的学习研究及数字化资料的分析应用，努力提高观测质量。完成全年日常监测和震情跟踪工作，同时认真做好台站的“五防”、保密工作和台站绿化美化工作，

【基本情况】 年内台站三套形变仪器（DSQ水管仪、SS—Y伸缩仪、SQ—70B水平摆倾斜仪）均获2010年云南省地震观测质量评比三等奖。

（地震台　提供资料）

2010年云县周边地区地震活动情况

发生时间	经度	纬度	震中位置	震级
2010.06.26 10:37:38	99.27	23.28	耿马	3.3

党史研究

【概述】 2010年，党史研究室在中共云县委的正确领导下，在上级党史部门的指导下，围绕年初工作计划，以修史存史和资政育人为根本任务，认真开展好党史资料征集、编写和党史研究、党史宣传、党史教育等工作。至年末，《中共云县委执政纪要》（2009）出版发行，《中国共产党云县组织史资料》完成篇目、提纲的拟定工作，同时完成云县革命遗址普查工作，共普查登记革命遗址13处。

【主要工作】 一是继续抓好《中共云县地方史》（第一卷）编写、打印、校对和送审评审工作，到目前，已完成初稿撰写、打印、校对、统稿等工作，并进行征求意见和送审。二是认真做好中共云县委纪实性年刊《中共云县委执政纪要》（2009）的资料征集、编写，并于年末出版发行。三是抓好云县革命遗址普查工作。根据《中共云南省委办公厅转发<省委党史研究室关于全省革命遗址普查工作的实施意见>的通知》（云厅字〔2010〕1号）、《中共临沧市委办公室印发<市委党史研究室关于临沧市革命遗址普查工作实施方案>的通知》（临办发〔2010〕29号）文件精神，结合云县实际，党史办认真制定了《云县革命遗址普查工作实施方案》，安排部署了普查工作，对云县范围内的革命遗址（遗迹）等进行全面普查。范围包括爱华、茂兰、晓街、茶房、大寨、涌宝等凡是存在革命遗址（遗迹）的乡（镇）。内容包括党的重要机构旧址，重要党史人物的故居、旧居、活动地，重要事件、重大战役战斗遗址，具有重要影响的革命烈士事迹发生地或墓地，能够反映重要历史活动、进程、思想、文化的各种遗迹等，同时包括新中国成立以来特别是近年来兴建的各类纪念馆、展览馆等内容涉及新民主主义革命时期的纪念设施。普查共登记革命遗址13处，其他遗址2处，填报表册17份，收集革命背景资料12份，拍摄革命遗址照片13个点，撰写普查报告1份。四是抓好《中国共产党云县组织史资料》编写的准备工作，完成编写篇目、提纲的拟定工作，并送县委审定。五是做好临沧市委党史研究室交办的其他工作。

【其他工作】 一是抓好县委、政府安排部署的“三个一百”任务的落实。二是抓好社会主义新农村建设工作。抽派一名干部任新农村指导员进驻茶房乡甸头山村民委员会，协助抓好新农村工作。三是按照县委召开的全县核桃产业工作会议要求，认真贯彻落实会议精神，由主要领导带队到扶贫挂钩村对春夏核桃产业“三率”建设和核桃产业发展工作进行指导。同时，完成分配到爱华镇昔汉村的中低产林地改造任务。四是支持扶贫挂钩村工作。重视扶贫挂钩村的发展，指导好挂钩村的新农村建设和村两委换届工作。在旱灾严重的情况下，多次深入挂钩村，为村委会想办法、出点子，共同商讨，寻找解决旱情的有效途径，力争做到在大旱之下确保老百姓的收成。同时，关注大坟村村级活动场所建设，协调资金9000余元为挂钩村购买新的办公桌椅，改善办公条件。五是做好“绿色通道”建设和管护工作。与责任区单位一道，对所管护的三角梅进行浇水、施肥、修剪、铲薅、补植，确保三角梅的成活率及保持良好的长势。

（张清兰　供稿）

地方志编纂

【概述】 2010年，云县地方志办公室继续加强对国务院颁布《地方志工作条例》和云南省颁布的《地方志工作规定》的学习宣传贯彻，按照《条例》和《规定》依法修志。认真履行地方志工作职责，以《云县年鉴》的编纂工作为重点，积极组织、指导部门志（专业志）编纂和开展其他地情资料的收集整理和编辑出版工作，同时积极探索地方志成果转化和开发利用的有效途径。2010年版《云县年鉴》于12月出版发行，连续4年实现当年收资编纂、当年出版发行，在临沧尚属首家。指导完成《云县工会志》、《云县民政工作纪实》（2003～2008）和《大寨镇历史文化》等专业志的编纂出书。

【《云县年鉴》编辑、发行】 年内，共组织发行2009年版《云县年鉴》800 余册。同时做好2010年版《云县年鉴》的收资编纂工作。2010年，县委办、政府办下发了《关于做好2011年＜云县年鉴＞

编纂工作的通知》（云办发电〔2010〕32号），要求各单位按时上报年鉴资料。根据文件要求，各单位、部门对年鉴工作高度重视，指定专人负责撰稿，并经单位领导审核后再报，确保了年鉴资料质量。在编辑工作中，县志办采取边编纂，边催收资料的办法，进一步加快了工作进度。并注重在年鉴的框架结构、内容选择和编排、彩页和封面设计等方面不断突出创新二字，力求使《云县年鉴》做到内容丰富而适用、结构科学而合理、形象质朴而大气。由于县委、政府高度重视，各撰稿单位积极支持，编辑人员辛苦努力，12月，2010年《云县年鉴》顺利出版发行。

【其他编辑工作】 加强对部门志（专业志）编纂工作的指导。为县纪委和县人大编纂的《云县纪检监察史》和《云县人大志》篇目拟定提出建设性的意见，并参与了两书的修改完善工作以及永德县地方志办编纂的《永德县志》、临翔区地方志办编纂的《临翔区志》评审稿的修改。年内，《云县民政工作纪实》（2003～2008）、《云县工会志》编辑出版，《大寨镇历史文化》的编纂出书，进一步丰富了地方史料库。《云县民政工作纪实》（2003～2008）共38万字，小16K本，配有插图16幅；《云县工会志》共43万字，小16K本，配有插图100余幅，均由云县志办担任责任编辑。年内，分别向《云南年鉴》《云南小康年鉴》《临沧市年鉴》和《临沧市志》等上级部门报送县情资料4份，累计完成撰稿4.5万字。完成省志办小康年鉴调研组到云县调研时的汇报材料1份。

【推进效能政府四项制度】 按照县政府的安排，县志办认真学习贯彻实施效能政府四项制度，全面推行“四项制度”。一是成立领导小组。成立以主要领导为组长的领导机构，把效能政府四项制度的推行纳入重要工作来抓。二是制定了县志办推行效能政府四项制度的工作措施，优化了政务环境，提高了服务意识。三是结合实际，开展承诺服务，提高干部职工的工作效率。三是加强组织领导，狠抓工作落实，在工作中消除推、拖、不负责任的情况，具体落实到人和事。四是上半年完成公务卡推行工作。通过开展效能政府四项制度的贯彻实施，提高了干部职工的责任意识、服务意识，提高了工作效率。

【开展创先争优活动】 一是成立创先争优领导小组，加强对创先争优活动的领导。二是拟定实施方案，制定出计划，创先争优活动得到有序开展。三是认真部署，周密安排，使创先争优活动成为干部职工提高政治意识、思想意识，人人争当先进的动力和平台。四是认真学习，统一思想，以自己的业务工作为起点，按质按量完成年鉴编纂任务。

【其他工作】 一是努力完成“三个一百”目标任务。根据云县人民政府《云县2010年争取上级补助资金招商引资目标任务责任书》，县志办积极向省、市系统领导汇报，争取资金支持。想方设法争取和其他部门协作完成招商引资任务。通过努力，完成了50万元的招商引资金任务。二是积极做好扶贫挂钩联系点工作。两名领导干部多次到挂钩村（爱华镇夏家箐村）协助村两委搞好核桃产业“三率”建设管护工作，指导农村产业建设，帮助该村协调水利抗旱资金3000元（此资金落实主要由政府调研员刘银良牵头）和禁毒宣传资金5000元。教师节期间，县志办共筹措资金近4000余元对村小学全体教师进行了慰问和看望。同时积极做好、帮助挂钩爱华镇田心村小田心组李子媛户旧房改造建设工作。三是切实加强党风廉政建设、社会治安综合治理和五五普法等工作，按照县委的有关规定，严格遵守党纪政纪，年内全体职工没有发现违法乱纪的现象。

【存在的困难和问题】 一是落实“三个一百”目标任务存在较大困难。由于县志办是一个业务部门，工作比较特殊，每年仅靠财政拨款编印《云县年鉴》，业务单一，没有向外、向上联系项目，没有任何对应的省、市系统项目资金，向上争取系统资金成了最实际的困难。二是少数单位、部门对年鉴工作重视程度还不够高，不能按时供稿，影响整体编纂进度。三是经费不足，工作条件差，设备落后，适应不了新时期地方志编纂工作的需要。四是读志用志服务工作和县志工作密切联系群众，深入群众、深入基层调查研究及上下级之间、部门与部门之间联系等方面有待于进一步加强。五是对地方志工作在经济建设中的地位和作用的宣传力度有待于进一步加大。

（县志办　供稿）

广播电视

【概述】 年内新修订完善《云县广播电视局工作制度》《新闻采编制作管理制度》《稿件审核制度》《重要新闻播出报批制度》《播出机房安全管理制度》《安全播出管理制度》和《事业建设管理制度》。为规范运作程序，实行以制度管人，以制度管事机制奠定了基础。广播电视局被县纪委确定为全县“规范权力运行示范点”。

【新闻宣传】 2010年新开办了《落实三个一百推动科学发展》《齐心协力，抗旱救灾》《基层党建巡礼》《建设新家园共享新生活》《优化软环境增强软实力》、《城市广角》等专栏。对全县34个单位（包括12乡镇在内）进行了落实“三个一百”专访。《走进云县》栏目自2009年推出以来得到较好的巩固和发展，已打造成了一档极具地方特色的精品栏目，制作播出了《走不出澜沧江》《峡谷里的风筝》等10余部专题片。

云县电视台全年播出新闻1873条，上送新闻被中央电视台采用播出2条，被省台播出6条，市台采用播出235条。《走进云县》栏目播出专题片29部。云县广播电台播出新闻1746条。其中：上送临沧市人民广播电台播出34条。《正觉庵水库灌溉渠系配套工程在抗旱中发挥重要作用》和《旱灾致使春茶大面积减产》两条新闻在中央电视台2套财经频道，《经济信息联播》栏目播出，实现了云县电视节目自办台以来在央视新闻栏目采用播出零的突破。《漫湾电站抓住枯水季节进行检修》《水磨洋芋丰收见效益》《我省各地踊跃捐款支援灾区》《人民调解员周天伟的一份谅解申请》《云县打掉地下赌博窝点》《普洱回归故里》等节目被云南电视台采用播出，进一步扩大了云县对外宣传力度。

县广播电台新开播了一档《悦动心情》栏目，相应制播了《抗旱救灾》《十七届五中全会解读》《五个坚定不移》《新农村指导员风采》《大众访谈》等栏目。引进播出了《今古荣耻谈》《亮剑》《红楼梦》等评书，较好的丰富了广播电台的节目，提高了收听率。

【基础设施建设】 重点工程建设情况。广播电视直播卫星村村通覆盖工程建设是2010年中央和省、市下达云县广播电视事业建设的重大项目，按“十一五”规划要求，需完成20户以上50户以下已通电自然村广播电视村村通直播卫星覆盖工程建设任务是400个村（组）、12147户农户。由于卫星推迟发射，整个“十一五”建设任务需集中在短短几个月内完成。至8月20日，云县实际完成532个村（组）、1.79万户农户村村通直播卫星接收设备的安装调试、信息上传等各项工作，比“十一五”规划数增加了132个村（组）6139户，共完成投资609.6万元。此项工程的完工，使全县17856户山区半山区群众通过直播卫星能收听收看到高质量的4套广播、47套电视节目，年底全县广播电视覆盖率比上年提高了1.5个百分点，分别达到95.76%和96.67%。同时完成了茂兰镇牛圈箐村示范点打造工作。

（罗汝升　供稿）

文化体育

【概述】 2010年，云县文体局在县委、县政府的领导和上级主管部门的指导下，结合实际，充分发挥文化系统工作优势，广泛开展一系列群众喜闻乐见的文化活动和体育活动。同时坚持繁荣与管理并举，大力整顿和规范文体市场秩序，不断完善文化市场管理机制，进一步加强对文化市场的培育和文化基础设施建设。全年城乡文化、体育活动开展有声有色，共组织城乡各类文化活动60多场次、体育活动12场次、放映公益性电影4200场次。云县5个乡镇文化站被云南省文化厅评定为云南省三级文化站，1个社区被国家体育总局表彰为全国群众体育先进单位。

【城区、乡镇文化】 2010年，文化活动以开展节日文艺演出、慰问演出、团体比赛、文艺下乡等形式为主，组织开展一系列喜闻乐见的群众性文化活动，极大地丰富了城乡干部群众的节日文化生活。一是城区文化活动。先后开展了广场文艺演出、广场游园等春节文化系列活动，成功举办“第七届中国云县澜沧江啤酒狂欢节”系列文化活动，协助云县总工会举办“劳动者之歌”歌咏比赛，协助团县委举办“向青春献礼”诗歌朗诵比赛，与中心幼儿园联合组织举办“庆六一”文艺演出，同时组织开展庆祝建国61周年暨云县城区第十一届歌咏比赛等群众性文化活动共计27场次。二是乡镇文化活动。各乡镇文化站采取寓教于乐的形式，利用辖内文化广场举办和开展各种节日庆祝活动和各类文化活动共计32次，乡镇文化体育和文化活动繁荣发展。年内，大朝山西镇、大寨镇、茶房乡、漫湾镇、晓街乡5个文化站被云南省文化厅评定为云南省三级文化站。

【城乡体育】 文体局作为体育的主管部门，在搞好竞赛训练的同时，认真做好辅导、培养社会体育指导员和业余运动员登记工作。加强对中老年健身团体的监管和联系。年内，组织开展云县中老年人的气排球、拳剑、歌舞、门球、乒乓球、竞技麻将、中国象棋等项目的比赛，配合县总工会、县教育局共同举办云县职工中国象棋赛和乒乓球赛，与县地税局联合举办“澜沧江地税杯”体育运动会。举办云县2010年“三江半岛杯”男子篮球邀请赛、全市老年人体育运动会、云县第二届“滨江世纪城杯”男子篮球联赛等各类体育活动12次。积极配合乡镇和学校开展体育工作，进乡入校指导5次，抓好业余体育人才训练工作，健全档案资料。举办篮球、排球等项目的裁判员培训班6期，参加培训人员126人次。为确保健身气功站点健康活动，到站点检查指导4次。选派2人参加云南省老体协举办的“一级健身气功辅导员培训”均获得证书。组队参加云南省“第二届妇女门球运动会”获三等奖。爱华镇爱华社区被国家体育总局表彰为全国群众体育先进单位。

【演出】 文化馆、歌舞团积极发挥群众文化活动的龙头作用，组织和协助县直各部门开展各类文化活动30余次，按照县委、县政府安排的“百场演出进百村”的工作任务，年内开展下乡文艺演出85场。在重大节庆活动中，指导编排各类文艺节目32个，同时深入县直各部门、军队、学校、乡镇、社区进行辅导50余人次。

【图书借阅】 图书馆利用图书外借、阅览、图片、标语等形式做好重大节日和“服务周”的读者看书学习活动。改变单一的“借借还还”的办馆方式，开展“读书、爱书、用书”活动，广泛宣传看书学习的重要性，批判封建迷信思想，远离黄、赌、毒，牢固占领党的书刊文化阵地。年内在馆内举办中老年读者看书阅报活动2次，提供适合中老年养心、健身、休闲、娱乐等方面的报刊资料115种2510册以及适用于青少年身心健康发展需要的部分图书5大类2800册，服务面达4000多人次。同时为方便读者看书学习，在社区街道建立图书服务点4个。2010年1月云县图书馆被国家文化部命名为“三级图书馆”。

【电影放映】 县电影管理站以改善、丰富农民群众文化生活，服务农民、农业为主题，围绕年初的农村电影放映宣传工作任务，积极、主动开展工作。截止12月底，全县7个电影放映小队，在全县农村共放映公益性电影4200场（故事片放映1400场，科教片放映2808场），观众达119.2万人次。结合创先争优活动的深入开展，8月起在云县12乡镇190个村放映《村官普发兴》210场，观众4.99万人次。

【文化市场管理】 坚持繁荣与管理并举理念，整顿和规范文体市场秩序，不断完善文化市场管理机制，加强对文化市场的培育，使云县的文化市场呈现出健康有序的发展态势。一是加强经营许可证的管理，完成了各类经营许可证的年度审验工作。进一步规范审批和经营管理。二是与文化市场经营场所法人、负责人签订安全生产、禁毒防艾责任书。共有19家网吧，16家电子游戏室，13家歌厅，2家迪高厅签订了安全责任书。三是共出动检查人员142人次，先后开展以演出场所、图书、音像制品、网吧等互联网上网服务营业场所为重点的执法检查活动，收缴非法盗版、低俗音像制品1200多张。四是建立网吧行业协会和社会义务监督员队伍，建章立制，加强日常督查，严格限制网吧电脑台数，合理布局网吧的开办位置，严禁在学校周边开设网吧。年内对网吧业主规范经营培训4次。

【文物普查】 云县文物普查取得阶段性成果。

全县12个乡镇普查率为100%，190个行政村和4个社区普查率为100%，2226个自然村完成2053个，完成率为92%。普查点完成率100%，其中，复查单位20个，实际调查登记20个；认定的新线索点56个，实际调查登记56个。

【基础设施建设】 一是加快两馆一站建设。2008年10月29日，云县文化馆、图书馆建设项目正式破土动工，建筑面积4200平方米，计划投资1012万元。其中，云县图书馆建筑面积2200平方米，主要建有公共图书阅览区、电子图书阅览室、少儿阅览厅、书库、科技图书阅览室、图书借阅室、文化信息资源共享数据库和管理用房；云县文化馆建筑面积2000平方米，主要建有舞蹈练功房、老年活动室、教室、工艺制作室、琴房、音乐创作制作室、学术报告厅、小型演播厅、书画创作室、道具室和管理用房等。至年底，云县文化馆、图书馆基础建设已结束。二是积极争取上级资金，加大基层文化站建设。列入2009第四批国家扩大内需中央投资项目的涌宝镇、幸福镇和栗树乡文化站项目已基本完成主体工程建设，年内3个文化站建设可全面结束并投入使用，现已完成投资203万元。新一批列入扩大内需中央投资项目的茂兰镇、后箐乡文化站于2010年10月15日开工建设，计划投资90万元。三是文化信息资源共享工程和农家书屋建设工程。按照“上级赠送一点、社会捐助一点、挂点单位投入一点、乡村弥补一点”的办法，新建文化资源共享工程县支中心1个（建设中），计划2011年年初可建设完成并投入使用。建成文化资源共享工程基层网点5个，配置文化共享工程设备共计价值85万元。新建成农家书屋21个，配置图书1.8万多册，价值42多万元。四是群众体育健身场所建设工程。新建成农民体育健身工程20个，共计投资10万元；建成健身路径3套。五是加强村级文化体育活动广场建设试点项目建设。向上争取项目建设资金60万元，在涌宝镇石龙村、茶房乡茶房村、忙怀乡帮六村、晓街乡晓街村、大朝山西镇文物村、后箐乡菠萝村建设村级文化体育活动广场建设试点项目，所有项目已开工建设。六是积极向上争取地方文化体育与传媒事业发展专项资金10万元。

【“三个一百”工作】 2010年县委、政府下达文体局“三个一百”任务是486万元，其中固定资产投资186万元，招商引资200万元，向上级争取资金100万元。至年末，共完成“三个一百”任务719.00万元（其中“三个一百”办认定545万元，其中固定资产203万元，招商引资200万元，争取上级资金142万元）。一是完成固定资产投资377.01万元，其中3个乡镇文化站建设203万元，文化资源共享工程85万元，农家书屋建设42万元，农民健身工程10万元，上级配送音响、数码设备37.01万元，上报后统计局认定203万元。完成招商引资200万元，与三江瑞隆娱乐有限公司达成招商协议，上报后招商局认定进度200万元。完成争取上级资金142万元，其中村级文化体育活动场地建设60万元，文化传媒经费10万元，文物保护经费和非物质文化遗产保护费5万元，新建乡镇文化站2个62万元，体育培训费5万元。

（李自荣 供稿）

云县文学艺术界联合会

【概述】 2010年，云县文联紧紧围绕全县宣传思想文化工作会议精神，在县委、县政府的领导和市文联、市社科联的指导下，组织协会会员开展各类文艺活动，展示自己的实力。加强对民族民间文化的挖掘和整理工作，并积极做好涉及文化产业发展及文化项目申报的调研报告。充分发挥了文联的协调、联系、服务文艺工作的工作职能。

【机构人员】 云县文联下属7个协会，有会员194名。其中：作协50人，影协37人，音协30人，书协29人，美协25人，舞协18人，戏协5人。共推荐27名会员成为市级各艺术协会会员，并有国家级、省级会员12人。

【文艺活动】 年内，在文联7个协会负责人和会员的支持下，一是参加2010年中国云县澜沧江啤酒狂欢节的书法美术摄影有奖赛的筹备、布展、评奖工作，共展出书法作品71件、美术作品48件、摄影作品116件。二是组织开展“放歌佤山·跳欢临沧”自创歌曲舞蹈大赛的动员和节目挑选工作，组织8首歌曲、1个舞蹈参加预赛，其中《喝酒的汉子》《朋友来了啊吠吠》《土俚阿妹赶朝山》《水车圆舞曲》等4首歌曲入围决赛。最终，刘光汉词、杨天龙谱曲的《喝酒的汉子》被组委会评为创作三等奖，王世雄词、杨楷谱曲的《土俚阿妹赶朝山》和王世雄词、杨天龙谱曲《朋友来了啊吠吠》荣获创作二等奖。宋荣坤词、杨楷谱曲的《水车圆舞曲》获得创作优秀奖，《土俚阿妹赶朝山》、《水车圆舞曲》获得表演优秀奖。三是撰写《云县文化产业发展十二五规划（草案）》、《云县茂兰镇哨街土俚人古吹文化项目扶持报告》和《云县进一步深化文化体制改革推进经营性文化事业单位转企改制的实施意见（草案）》。四是完成文联2009年年鉴文字撰写、图片收集上报工作。五是组织云县美术、摄影协会部分会员到永德乌木龙采风活动和8月市美协云县8名会员赴耿马、孟定、镇康南伞、沧源等地采风。六是做好云县文联美术协会、摄影协会会员作品参加省、市展览，其中参加2月10日临沧市摄影家协会会员作品展作品14件，参加临沧市美术家协会会员作品24件，展示了云县美术、摄影方面的实力。七是在民间文化收集整理方面，打印完成由退休教师李寿朝收集整理，民间艺人祁世龙吹奏传承的《云县民间小调集》对云县民族民间音乐是一次抢救性的挖掘。八是协助美协会员在兴泽园筹建了一个集少儿美术培训、摄影、陶器展览、销售为一体的画廊，使云县文艺作品走向市场作出了有益的尝试。九是组织云县酒歌创作采风活动，省、市、县的音乐家参加了此次活动。

【编辑《澜沧江》季刊】 完成编辑《澜沧江》文艺4期，共刊载小说、诗歌、散文、民间故事120余篇30余万字，音乐作品4首，摄影作品180幅，书法作品25幅，美术作品18幅，介绍云县每季度开展的重大文化活动，分期推介文艺新人。通过《澜沧江》文艺期刊这一载体，有力宣传了云县文学艺术取得的新成绩，也是云县文化软实力的一种体现。

（沈仕春　供稿）

档　案

【概述】 2010年，云县档案局（馆）以科学发展观统领全县档案工作，按照“依法治档、科技兴档、强化服务、发挥效益”的工作思路，大力加强档案工作“三个体系”建设和档案信息化建设，同时加强对各乡镇、机关档案工作的指导和监督。不断夯实档案业务基础，优化服务质量，提高档案利用率。全县档案事业健康发展。至年末，云县档案局（馆）“六项工程”建设工作通过市级考核组终验。档案信息化工作稳步推进，全县有63个单位应用档案管理软件。

【档案法制建设】 年内，档案局组成档案执法检查组，于3至4月份对县级39个机关单位档案室和12个乡(镇)政府综合档案室的年度归档情况进行了全面检查，通过检查，各机关单位档案业务进一步规范，管理体制更加完善，档案为机关单位各项工作服务的职能更加显现。

【档案工作“六项工程”通过验收】 自2006年9月实施档案工作“六项工程”建设以来，截至2010年6月25日止，县直机关81个科级立档单位，共有79个完成了星级档案室建设工作任务，其中：五星级2个、占2.1%；四星级30个，占32%；三星级33个，占35%；二星级14个，占15%。扣除直管单位11个、民营企业3个，占总任务数的97%。2010年10月27~28日，市政府组成档案工作“六项工程”建设考核验收组，对云县的档案工作“六项工程”建设进行了考核验收。

【档案“三个体系”工作建设】 一是档案接收工作，年内接收云县委换届办文书档案145件（9盒），接收云县司法局公证档案11626件（417盒），接收各单位、个人图书资料79卷、册，家谱158册，收集忙怀新石器石片20片，征集布朗族瓦房帽2顶，布朗族语言、弹奏三弦录相2段。二是档案查阅、利用工作，云县档案局以“为您服务，让您满意”为宗旨，向社会公开承诺：查阅档案做到随叫随查或随到随查，并公开查档联系方式。全年共接待查阅者333人次，利用档案2359卷次。三是档案安全管理、保护工作，投入2万多元，新购置杀虫灭菌消毒器1台，防磁柜1个，复印机1台。

【档案信息化建设】 全年推广档案管理应用软

件10套，至年末，全县应用档案管理软件的机关单位达63个。县档案馆全年共录入案卷、文件级档案目录3万余条。云县档案馆馆藏案卷、文件级档案机读目录录入数已达到58万多条，占馆藏条目数的80%以上。

【业务培训】 年内县档案局1名业务人员，参加了省档案局举办的两期档案业务培训班。4月份，云县组织11名档案专、兼职人员参加了临沧市档案局举办的档案业务培训班，全部通过了培训考试，取得了业务培训合格证。

【业务指导】 一是做好林权改革档案工作。根据国家、省、市林业部门和档案部门的有关文件精神和要求，云县的林改档案工作正在稳步推进，大量林改资料逐步产生，为加强和规范林权制度改革档案管理工作，派出1名业务人员长期驻扎在林改办专门负责指导、收集、整理林改档案，确保林改档案完整、准确，整理规范和保管安全。同时局长带领2名业务人员深入12个乡（镇）政府综合档案室，帮助建立了档案管理计算机应用系统，对档案专（兼）职人员进行了相关业务培训，为林改档案实现计算机管理奠定了基础。

二是搞好村“两委”换届选举档案工作。在村“两委”换届期间，档案局抽调1名业务骨干到换届办，专门负责档案业务工作。同时制定下发了《关于做好全县村级组织和第四届村民委员会换届选举档案工作的通知》（云村选办发〔2010〕2号）文件，对全县村级“两委”换届选举档案工作作出了明确要求。要求档案人员认真按照《机关档案业务建设规范》《归档文件整理规则》《机关文件材料归档范围和文书档案保管期限规定》等标准，做好本届村“两委”换届选举工作中形成的文件材料归档工作，确保了相关文件材料齐全完整，做到分类科学，整理规范、保管安全，符合移交进馆要求。

【组织人事】 年内，根据市、县人事部门的统一安排，云县档案局（馆）8名事业工作人员，通过资格审核、推公申报和过渡考试等程序，全部过渡为公务员。至此，县档案局（馆）15名在职工作人员全部纳入公务员管理。

（许建国 供稿）

旅 游

【概述】 2010年，云县旅游局紧紧围绕“十一五”规划确定的工作目标，按照“科学规划、打牢基础、争取项目、招商引资、促进发展”的工作思路，以市场为导向，以创新为动力，优化产业结构，不断配套完善基础设施，抓实行业管理，大力开展宣传促销，推动旅游工作有效开展，全县旅游业呈现出健康、有序、稳步发展的良好态势。“十一五”期间累计接待国内外游客181.11万人次，比“十五”期间增长181.18%，累计实现总收入7.74亿元，同比增长325.44%。

【旅游统计】 全年共接待国内外旅游者42.38万人次，比上年增长8.39%；实现旅游总收入2.3亿元，比上年增长38.7%。其中接待海外旅游者302人次，比上年增长22.76%，收入73.21万元，比上年增长21.89%；接待国内旅游者42.35万人次，比上年增长8.37%，收入22931.04万元，比上年增长38.77%。“十一五”期间累计接待国内外旅游者181.11万人次，比“十五”期间增长181.18%，累计实现旅游总收入7.74亿元，比“十五”期间增长325.44%；其中接待海外旅游者2016人次，比“十五”期间增长34.76%，实现海外旅游收入527.46万元，比“十五”期间增长25.75%；接待国内旅游者180.9万人次，比“十五”期间增长181.52%，实现国内旅游收入7.69亿元，比“十五”期间增长332.51%。

【宣传促销】 以两大电站为依托，按照“亚洲独具特色水电基地”“澜沧江畔水电之都”“沧江明珠——云县”等形象定位，重点突出亚洲独具特色水电基地，澜沧江风光、世界茶叶原生地等丰富且独具魅力的水电工业观光、酒文化、茶文化旅游资源。一是充分利用图片、光盘和报纸、报刊、网络等形式广泛进行宣传推介，使云县的旅游目的地形象品牌得到进一步提升。拓展客源市场，特别是第六届中国云县澜沧江啤酒狂欢节的成功举办，从质量上和规模上都达到了较高水平，为提高云县知名度，宣传云县旅游形象搭建了良好的平台。二是云县水电工业旅游作为临沧市“世界佤乡、秘境临沧”佤文化形象宣传的有益补充，逐渐被旅行社和游客所关注，其中全国工业旅游示范点——云南澜沧江啤酒企业集团工业园已逐渐被昆明组团旅行社作为临沧市旅游的常规景点之一。三是积极编制旅游招商引资项目，参加市旅游局组织的招商引资推介会，推介云县丰富旅游资源，其中《大控蚌汽沸泉理疗中心》项目引起了众多投资企业的关注，多家企业进入云县与政府磋商、洽谈，其中云南黄龙集团三江腾龙旅游房地产公司向政府递交了意向性建设的申请。四是要求各星级酒店将市委宣传部编制的《玩转临沧360°》和县委宣传部编制的《云县文化之旅—寻问澜沧江》一书在酒店房间摆放，宣传临沧市和云县。通过宣传，云县的旅游形象品牌得到进一步提升，旅游市场空间得到进一步拓展。

【基础设施建设】 “十一五”以来，云县旅游局坚持把加强旅游基础设施建设作为提升旅游服务能力的一个重要抓手，狠抓落实。以吃、住、行、游、购、娱为主的六大旅游要素得到快速发展，餐饮场所、宾馆、交通、景区（点）、购物、娱乐业等旅游基础设施建设得到进一步加强。一是景区（点）建设不断加强。建成1个全国工业旅游示范点——云南澜沧江啤酒企业集团工业园（2006年国家旅游局评定）；1个国家AA级景区——澜沧江百里长湖水电工业旅游区，包含西展园、中国普洱佛茶圣地——白莺山三百年古茶园、榕树湾、漫湾电站、大朝山电站、澜沧江大桥、茶马古道神舟渡等景点。二是旅游企业不断发展。建成投入经营且上规模的有1个旅游公司——云南澜沧江啤酒企业集团漫湾旅游公司；1个旅行社——云县澜沧江旅行社。三是食宿条件不断改善。建成68家宾馆酒店（10个房间以上规模），其中包含1个二星级宾馆（云县宾馆），1个三星级宾馆（金汇源大酒店），1个正在申报的按四星级标准建设的酒店（三江半岛酒店）。其余较大规模的餐馆、饭店近100余家，能满足不同游客的住宿和口味需求。全县旅游基础设施支撑体系基本形成，扩大了旅游产业的规模和容量，提升了旅游服务能力。

【项目建设】 以项目建设为依托，不断推进了旅游的产业发展。一是由云南大学工商管理与旅游管理学院帮助完成了一系列项目立项申报的前期材料，并通过了省级专家评审，为云县旅游业的重点项目建设奠定了良好基础。二是依托临沧市旅游局编排的全市精品旅游环线，在旅游环线线路上重点开展配套建设，对旅游设施进行全面改造提升。三是大力开展招商引资，招商到云南黄龙集团三江腾龙旅游房地产公司，对三江半岛大酒店按四星级标准进行改造。四是在“十一五”期间，云南澜沧江啤酒企业集团工业园被国家旅游局工农业旅游示范点评定委员会评定为全国工业旅游示范点。五是通过争取，被列为2009年全市36个重点督办建设项目之一的滇缅铁路遗址园旅游景区项目落户云县，项目一期投资1391万元，于2009年12月开工，计划于2011年建设完成并投入使用。

【行业管理】 云县旅游局始终把加强行业管理工作作为经常性的工作不放松，抓紧抓实，同时不断探索行业管理的新路子，保障旅游市场健康发展，旅游市场秩序逐步规范，发展环境进一步优化。一是定期不定期召开旅游企业经理联席会议，加强与旅游企业的沟通联系，及时解决行业管理中出现的问题，搭建企业与政府、企业与企业之间的沟通交流平台。二是积极开展旅游从业人员摸底调查和从业人员职业技能培训鉴定工作，提高从业人员的职业素质和服务水平。三是督促旅游企业落实旅游行业管理及安全生产有关法律法规，加大对旅游企业安全生产的监督管理，健全、完善、落实安全生产责任制，层层签订安全生产责任状。四是做好县内星级酒店的申报、评定、复核工作。2010年金汇源大酒店通过省旅游饭店星级评定委员会的评定成为云县首家三星级酒店，突破了云县没有三星级以上酒店的历史，同时三江半岛大酒店在2010年9月正式提出四星级旅游饭店评定申请。

（普兴　供稿）

卫　生

【概述】 2010年，云县卫生局在县委、县政府的正确领导和上级卫生部门的帮助指导下，围绕年初既定的目标任务稳步开展工作。不断深化医疗卫生体制改革，以实施新型农村合作医疗制度为契机，推动医疗卫生事业快速发展，同时继续做好疾病防控、妇幼保健、艾滋病防治、卫生监督执法等工作。全县卫生事业健康发展，新型农村合作医疗覆盖面不断扩大，2010年全县农业人口38.06万人，参加新型农村合作医疗36.97万人，参合率达95.83%。共筹集新农合基金5193.47万元。共享受新农合补偿 11.49万人次，报销补偿金额4664.94万元，基金使用率达89.82 %。

【基本情况】 全县共有全民医疗卫生单位16个，其中县直医疗卫生单位4个，乡镇卫生院12个。县乡医疗卫生机构共有编制614名，有在职职工577人，其中卫生专业技术人员486人，占职工总数的84.2%。卫生技术人员中，大专以上文化程度340人，占59.03%；副高以上职称63人，占10.9%，中级职称170人，占29.5%。平均每千人有卫生专业技术人员1.1人。房屋建筑面积6.45万平方米，其中业务用房3.54万平方米，占总建筑面积的54.9%。有病床484张，平均每千人有病床1.11张。共有200个村级卫生室，其中包括190个行政村、4个社区、6个移民村，有村医382名。有民营医院2个，机关、厂矿、学校医务室及个体诊所37个。

【医药卫生体制改革】 按照中央、省、市和县关于医改工作的部署和要求，结合实际，明确任务，广泛开展调研，确立了科学的医改工作思路。一是加快推进基本医疗保障制度建设，使保障制度覆盖面逐步扩大。2010年，全县新农合参合率达95.83%，新农合门诊费用统筹得到巩固和完善，新农合参合人员住院报销比例逐步提高。二是健全完善县乡村三级医疗卫生服务体系，全面提升城乡医疗服务能力。云县2010年以来已实施完成和正在实施的基层医疗卫生机构建设项目27项，项目总投资1.5亿元，其中年末完成投资6400多万元。同时以“三制、四有、七统一”为主要内容的乡村卫生服务一体化管理工作全面开展。通过不断加大投入和完善机制，卫生基础设施和管理制度得到不断改善和加强，有效地提高了医疗卫生单位的服务能力，更好地满足了广大农民群众的医疗服务需求。三是积极开展药品集中采购统一配送工作，实施国家基本药物制度有新成效。为解决群众就医过程中“药价高、看病贵”问题，根据省市要求，结合云县实际，在县委、县政府的领导下，针对群众反映较大的医院药品价格过高现象，经过多方调研和具体分析研究，以及广泛宣传动员，制定相应管理措施，全面实行药品统一竞价、统一采购、统一配送，实现了新型农村合作医疗定点医疗机构药品同药、同质、同价，有效降低了药品虚高价格，保障了农民群众用药安全实惠。全县基本药物使用占整个药品使用的70%，配送公司配送药物配送率为80%。基本药物制度的推行，切实减轻了群众的医药负担。四是促进公共卫生服务逐步均等化，实施全民健康保健工程。云县基本公共卫生服务项目自2010年4月正式启动实施以来，预防接种、建立居民健康档案、重性精神疾病患者健康管理服务、开展妇女儿童保健等工作有序推进。通过及时组织县、乡各医疗机构负责人召开启动、培训和推进会议，抽调业务骨干深入相关乡镇强势推进基本公共卫生均等化服务。至年末，累计建立居民健康档案12.64万份，建档率29.1%，其中城市1.20万人，建档率24.95%；农村11.44万人，建档率29.63%。儿童系统管理1.32万人，管理率90.46%；新生儿访视4687人，访视率87.85%；孕产妇产前检查5058人、产后访视4714人，访视率88.17%；老年人管理15512人，高血压管理4680人，糖尿病管理311人。同时，结合各级各类疾病防控项目和爱国卫生工作，深入广泛开展健康教育，广大群众的健康知识水平和健康行为形成率进一步提高，共开展教育宣传栏247个，公众健康咨询258次，健康咨询讲座138次，发放健康教育材料10.97万份。五是稳步推进公立医院改革试点调研摸底工作。

【新型农村合作医疗】 云县卫生局始终将新农合工作放在卫生事业发展的首要位置，把实施新农合制度作为推动医疗卫生事业和谐快速发展的难得机遇，通过采取制定和适时调整方案、完善机制、提高卫生服务能力等措施，云县新型农村合作医疗试点工作继续保持平稳运行、健康发展，参合农民人数逐年增加，筹资额、可报销费用逐年提升，新型农村合作医疗覆盖面不断扩大，切实解决了群众“看病贵、看病难”问题。2010年，云县新型农村合作医疗管理定点医疗机构共220个。其中，省级即时结报机构6个（省第一人民医院、省第三人民医院、昆明医学院附一、附二院、省中医院和成都军区昆明总医院）；市级即时结报机构4个（临沧市人民医院、市三院、市妇幼保健院和临沧现代妇产医院）；县级定点医疗机构6个；乡镇级定点医疗机构12个、村级定点医疗机构192个。2010年全县参加新型农村合作医疗37万人，实收基金739.89万元，其中：个人自筹672.21万元，民政救助补助53.64万元，其他救助补助14.0 4万元；中央财政补助 2219.83 万元；省级财政补助2219.68万元；利息收入14.07万元。2010年度共享受新农合补偿11.49万人次。

【防治艾滋病】 在防治艾滋病工作中，着力营造全民抗击艾滋的良好氛围，建立“政府领导、部门配合、全民参与”的长效机制，卫生部门发挥主导作用，成员单位各负其责，共同推进防治艾滋病工作的开展。一是加大防治艾滋病监测检测力度。2010年共完成自愿咨询检测44人，孕产妇筛查4360人，婚姻登记当事人免费检测3069人，美沙酮维持治疗门诊现累计入组治疗人数为319人，至12月底治疗人数215人。二是加强防治艾滋病综合知识宣传培训工作。充分利用传媒优势，采取各种措施和途径，以点带面、点面结合、多渠道、多形式、广泛、深入、持久地做好艾滋病防治知识宣传教育工作，全力宣传防治艾滋病知识，努力提高大众艾滋病防治知识知晓率。三是加强防治艾滋病监管力度。把禁毒宣传和艾滋病防治工作紧密结合，加强旅馆和娱乐服务场所监督管理，严厉查处违法犯罪活动，有效降低和从源头上堵住艾滋病通过高危人群传播。四是深入开展综合防治试点村创建工作。在爱华镇下牙和水磨村，大寨镇新华村开展综合防治试点村创建工作，为全县综合防治工作开展积累经验。五是加快国际合作项目的实施。通过项目实施，使目标人群、重点人群得到有效宣传教育和管理，进一步降低危害，尽量从源头控制传染源。

【妇幼保健】 云县妇幼保健工作以“农村孕产妇住院分娩补助”项目的实施为契机，着力提高全县的妇幼保健水平。孕产妇住院分娩率得到大幅度提高，有效地降低了孕产妇和婴儿死亡率。切实加强县、乡、村妇幼保健网络体系建设和卫生科普知识宣传，全面推动妇幼保健工作的发展。建立县、乡医疗卫生单位和专家联系制度等措施，努力提高住院分娩率和新法接生率，进一步降低孕产妇和婴幼儿死亡率，提高出生人口素质。将住院分娩与新型农村合作医疗实施相结合，对参加新农合孕产妇住院分娩实行全免费。通过积极引导，全县共有3733名孕产妇住院安全分娩，共补助资金161.7万元，孕产妇住院分娩率达69.97%，孕产妇死亡率为93.72/10万，新生儿死亡率为11.06‰，婴儿死亡率为15.75‰，无新生儿破伤风死亡发生，孕产妇系统管理率为86.46%，产前保健覆盖率为94.75%，新法接生率为95.61%，高危孕产妇住院分娩率为94.4%，高危孕产妇管理率为100%。

【疾病预防控制】 始终坚持“预防为主、防治结合”的卫生工作方针和“重点地区重点防治、重点人群重点保护”的防治原则，不断加大防控力度，传染病、地方病、职业病、慢性病防治等工作取得了显著成绩，人民群众的健康水平不断提高。计划免疫工作进一步强化，疾病预防控制工作得到加强。五年来，全县的疾病预防控制体系逐步得到健全，公共卫生管理水平不断提高。加大对鼠疫、霍乱、疟疾、艾滋病、结核病等重点疾病的监测防治工作力度，不断加强和完善疾病防控体系建设。一是疫情报告管理工作明显。传染病疫情与突发公共卫生事件实现网络直报，基本实现了无疫情漏报、迟报目标。二是传染病与突发公共卫生事件控制效果显著。全年报告传染病12种762例，发病率171.84/10万，疫情报告率达98.5%。三是扩大国家免疫规划工作有序实施，常规接种的十一种疫苗已按计划逐步实施。疫苗运转11轮，发放卡介苗1.50万人份、糖丸12.89万粒、项目乙肝疫苗2.50万支、乙脑疫苗8918人份、A流脑疫苗1.08万人份、A+C流脑疫苗6945人份、麻腮二联疫苗2709人份、麻腮风疫苗8176人份、无细胞百白破疫苗1.51万人份、白破疫苗5363人份、甲肝9011人份，乙肝接种率为92.67%，及时接种率为57.68%；全县总接种率为95%。四是爱国卫生运动和无害化厕所建设工作有序推进。广大人民群众卫生责任意识不断提高，“百日卫生整治行动”深入开展，城市环境卫生不断改善。五是建立健全了基本公共卫生服务网络和组织机构，国家三类九项基本公共卫生服务项目启动并全面实施。

【卫生监督】 年内，加大卫生法律法规宣传力度，共举办各类培训2期，悬挂宣传标语7幅，散发宣传资料8000余份，受教育群众近1万人。深入开展学校卫生及传染病防控、临床用血、医疗废弃物、消毒产品和打击非法行医等专项整治工作，共出动卫生监督员70人次，出动车辆51车次，检查医疗机构112户（次），学校25家。保障节假日期间及重要活动食品安全检查15场（次）；加大违反职业病防治法行为的查处力度，共检查存在职业危害企业6家。检查放射诊疗医疗机构16家。开展了手足口病规范收治、临床用血、医疗废弃物、消毒产品、打击非法行医等专项检查，对上级督办案件均能及时办结反馈。

【基础设施建设】 全年共完成卫生基础设施建设投资6400多万元。一是已建项目效益明显。完成总建筑面积3269平方米、总投资540万元的幸福、茂兰、茶房和涌宝等乡镇中心卫生院农村卫生服务体系和业务用房建设项目，其中，2010年完成投资130万元。二是稳步推进在建项目。计划总投资7616万元，占地面积1.75万平方米，建筑面积3.34万平方米，高16层的县人民医院综合大楼建设项目，完成主体工程建设，累计完成投资8078万元，其中，2010年完成投资2858万元；顺利实施计划总投资719万元的县妇幼保健院业务综合楼及配套设施建设项目，累计完成投资719万元，其中，2010年完成投资319万元；计划总投资400万元的云县敬康医院建设项目，完成投资350万元；计划总投资950万元的云县凯达医院搬迁项目完成投资650万元；计划总投资114万元的幸福中心卫生院环境综合整治及业务用房建设项目，完成投资114万元；计划总投资96万元的16个村卫生室建设全面启动，完成投资70万元。计划建设4000座总投资600万元的云县2009年度农村卫生厕所建设项目全面完成；完成500座2010年度2000座农村卫生厕所建设任务的25%；计划总投资2400万元，建筑面积2990平方米的云县康兴医院建设项目于2010年11月开工建设，完成投资926万元。三是加紧落实拟建项目。完成计划投资250万元的云县卫生监督所建设项目前期准备工作，项目建设即将全面启动实施；稳步推进计划总投资4000万元的云县中医院搬迁扩建建设项目的征地、环评和可研规划设计等前期准备工作；同时，分别完成云县中医院和乡镇卫生院设备购置338万元。

【“三个一百”目标任务】 云县卫生局完成2010年度固定资产投资6404.3万元，占年内下达任务4266万元的150.12%；完成2010年度财政支出8402万元，占年内下达任务7155万元的117.43%；完成2010年度招商引资1600万元，占年内下达任务1600万元的100%。

（卫生局　提供资料）

云县人民医院

【概述】 2010年，云县人民医院始终坚持“以病人为中心，以质量为核心”的办院方针，坚持全心全意为患者服务的宗旨，加强基础设施建设，强化引导管理模式。不断提高医护人员素质和医疗服务水平。注重开展和应用新业务、新技术。并积极组织做好医疗和医学科研活动。

【机构人员】 云县人民医院内设外一科、外二科、内一科、内二科、内三科、妇产科、麻醉科（手术室）、五官科、口腔科、急诊科、检验科、功能科、放射科、中医科、药械科、供应室、信息科、财务科、总务科、院部、党办、护理部、医务科、医保科、感染管理科、体检中心、工会、妇委会、团支部等29个科室。

2010年末有编制253人，实有职工366人，其中：正式在编职工247人，自收自支人员19人，临时工100人（返聘6人，实习基地见习生11人）。专业技术人员232人，其中，卫生专业技术人员215人，其他专业技术人员17人。工勤人员34人。高级专业技术职称50人，其中，主任医师5人，副主任医师（副主任护师、副主任检验师、副主任药师）44人，高级会计师1人。中级职称85人，其中，卫技专业78人，其他专业7人。

【医疗业务指标】 2010年完成门诊总人次20.74万人次，比上年同期增加10.45%。其中：西医18.99万人次，同比增加10.73%；中医1.75万人次，同比减少7.44%。入院治疗9275人次，同比增加38.51%，出院人数9229人次，治愈率61.2%，同比下降0.44%；好转率为36.32%，同比上升1.9%；病死率为1.27%，同比下降0.09%。总有效率为97.5%，同比上升1.46%；病床周转次数41.95%/次，同比上升7.4%/次；病床工作日451%/日，同比上升58.09%/日；病床使用率123.66%，同比上升16.02%；出院者平均住院日10.84日，同比下降0.21日。全年总收入6841.24万元，其中，业务收入5404.60万元，同比增收759.73万元，增长16%。业务支出5932.93万元，同比减少908.17万元，减少13%；累计收支结余908.31万元，同比增加110.38万元，增长14%。药品收入占医药收入的52%，同比降低2%。年末固定资产1.11亿元。年内争取到国家扶贫开发工作重点县急救体系建设专项资金17万元，医疗卫生补助经费15万元，医院能力建设资金240万元。

【医学科研】 年内云县人民医院开展了心脏起搏器植入术，脑出血颅内血肿清除术，阴式子宫全切加阴道前后壁修补术，子宫颈癌根治加盆腔淋巴结清扫术，肝叶切除术，混合痔切除术，食道支架放置术及胃肠息肉切除术等新业务新技术。

县医院开展的《微创颅内血肿清除术治疗脑出血的临床应用》《脊柱胸膜段疾病手术经膈肌胸膜外前入路的临床应用》《闭合复位PEN内固定治疗腰骨粗隆间骨折的临床应用》获临沧市科技局立项，经专家组评审并通过。与中山大学合作开展医学科研项目《叶酸对高脂血症人群炎症及氧化应激指标的影响》启动，开展的《自体肋骨游离移植修复下颌骨缺损的临床应用》获临沧市科学技术进步三等奖。

【医疗活动】 4月14日，头道水发生交通事故，1死7伤，其中：重伤6人，医院迅速启动《突发公共卫生应急预案》，组织医护人员进行救治。

4月21日，云县幸福电站路段发生交通事故，2人死亡，15人受伤，医院派出120救护车及医护人员赶赴现场救治，接回伤员11人，其中重伤3人。对伤员实施一人一个治疗方案。

5月20日，根据《临沧市卫生局关于认真做好2010年二级以上医疗卫生机构对口支援乡（镇）卫生院项目工作的通知》（临卫发〔2010〕210号）要求，派出李碧、李华兰、刘子梅支援大寨镇卫生院。字登荣、赵宗贵支援后箐乡卫生院。石沁支援忙怀乡卫生院

7月1日，昆医附二院派驻5名医师到云县医院进行1年医疗技术对口帮扶。李军，主治医师，康复专业；张怡，住院医师，核医学专业；张崇进，住院医师，肿瘤专业；王晓琼，主治医师，中医专业；董文志，住院医师，普外专业。

10月29日，漫湾镇新村发生交通事故，伤9人，立即启动应急预案进行伤员抢救治疗工作。

12月28日，幸福中学发生70余学生疑似食物中毒，由熊全碧副院长带领医务科、急诊科等8名医护人员赶赴现场救治。

10月27日，临沧市医学会聘任刘绍信、黄燕飞、祁国兴、王新发、罗廷光、罗荣高、蔡永捍、施玲、谢正旭、徐家泽、熊全碧、沈天行为市医学会医疗事故技术鉴定专家库成员。

同日，按云南省卫生厅要求，免费完成白内障复明手术118例。

【上级调研检查活动】 3月31日，中国农工民主党云南省委员会董峻（昆医学院副院长、农工民主党云南省常委、医卫工作委员会主任），吴锦屏（云南省医学信息所副所长），刘玉萍（昆医附一院医保办主任），杨宇（省卫生厅医管处调研员），杨李源（农工民主党云南省委参政处调研员）等到医院调研远程可视医疗运行情况。

4月21～27日，临沧市卫生局开展医院管理年、医疗质量万里行、平安医院创建活动检查。参加人员：

组长：杨树衡　市医院　副院长

副组长：刀冠南　临翔区卫生局　副局长

成员：王文秀　市卫生局　基妇股股长

田继林　市医院　主治医师

杨黎宏　昆医附二院　主治医师

宛宝生　昆医附二院　医师

者晓玲　市医院　副主任护师

蔡文锦　市医院　副主任检验师

王迎春　市医院　主管护师

张勇生　沧源人民医院　药剂科主任

5月19日，省卫生厅厅长陈觉民到医院调研，

临沧市委副书记张泽军，副市长李华松，市卫生局局长李发兴，云县人民政府县长杨世吉，县人大主任刘灿，县政协主席何春华等参加。

6月2日，云南省财政厅副厅长王卫昆到医院调研综合大楼项目建设进展情况，市常务副市长郭惠云，市财政局局长汤培远，县委书记宋红临，县长杨世吉，县人大主任刘灿等领导参加。

6月3日，省委第二巡视组组长张艾及正处级巡视专员赖进义、郭平、蒋马华等领导到医院调研，市纪委党风室主任王秋景，县委书记宋红临，副书记郭洪，县组织部长吕江，县委办公室主任刘绍军，县委巡视组组长刘宏胤等参加。

7月15日，市纪委执法室主任刘莹辉，市第二纪工委监察分局副书记吴坤远，市第五纪工委纪检监察室主任孙亚丽，县监察局局长徐鹏昇，到医院检查综合大楼建设项目扩大内需资金使用管理情况。检查组认为医院专项资金使用管理规范，专款专用。

9月25日，市发改委副主任杨章贵检查指导医院综合大楼扩大内需项目建设情况。

10月19日，省发展研究中心副主任杨仕吉等领导到医院调研，市政府副市长张忠义，县委书记宋红临，县长杨世吉等参加。

【荣誉】 2010年度云县人民医院获云南省卫生厅“远程会诊工作先进集体”称号，奖金2000元。获临沧市“五四红旗团支部”称号。获云县第六届职工中国象棋比赛团体第二名。获云县“五一劳动者之歌”歌咏比赛第二名。获云县“三江半岛杯”男子篮球邀请赛第二名。获云县建国61周年歌咏比赛二等奖。获云县会计工作先进集体称号。1名职工获“云南省优秀护士”称号。1名职工获云县第一届劳动模范荣誉称号。12名职工获云县卫生系统优秀共产党员称号。1名职工获得昆明医学院麻醉学专业硕士学位证书。

（潘学富　供稿）

云县中医院

【概述】 2010年，云县中医院把发展作为第一要务，创新性的开展工作。加强医疗质量管理，进一步规范医疗行为，不断提高医疗服务水平。同时加强重点专科建设和中医药特色建设，充分发挥中医药在预防、保健、养生、康复等方面的独特优势，深入开展中医药适宜技术推广。深化医药卫生体制改革。全年各项工作有了新的发展和提高。

【机构、人员】 中医院内设中西医门诊部、住院部、中西医药房、中西药库房、口腔科、妇产科、防疫科、放射科、财务科、注射室、抢救室、针灸理疗室、化验室、B超室、新型农村合作医疗办公室等。有在职职工55人，其中：管理人员1人，专业技术人员49人（正高级1人，副高级5人，中级21人，初级22人），工勤技能人员5人（高级工4人，中级工1人）。

【医疗设备】 有黑白B超3台、彩超1台、半自动生化分析仪1台、全自动血液分析仪1台、血球分析仪1台，微波治疗仪1台、心电监护仪2台、心电图机1台、台式呼吸机2台、中药煎药机2台、手术床两张，牙科综合治疗仪2台、洗胃机2台、X光机2台。

【卫生责任目标完成情况】 一是抓好队伍建设。做到抓思想政治工作和业务技术培训两不误，不断转变服务理念，增强责任感和使命感，树立医院良好形象。二是抓好制度建设。通过实施提高病历质量、强化制度落实、加强培训、服务和道德教育，进一步增强医院制度建设。三是抓好公共卫生服务项目工作。建立居民健康档案2.8万余份，开展健康教育活动，发放17种宣传材料3万余份，开展健康讲座40次，开展公众健康咨询活动76次。四是抓好公共卫生服务一体化管理工作。建立和完善“三制四有七统一”，按照县上的统一部署积极推进一体化管理，通过实行乡村卫生服务一体化管理，进一步规范服务行为，提高服务能力，满足广大农村居民的医疗卫生需求。

【中医药工作】 继续发挥“弘扬中医药文化、提升中医药服务、创新中医药发展”的中医文化主旨，使广大人民群众更好地了解中医，让中医药惠及百姓，为人民健康服务。积极开展“中医药科普知识宣传周”活动。一是到敬老院为老年朋友进行中医保健知识讲座，并为他们 做了全面、细致的义诊咨询活动。二是上街免费发放大锅药300袋，免费开具处方50余份，免费测血压300余人，发放健康教育材料7000余份。

【防治艾滋病责任目标工作】 年内，有序推进中医药治疗艾滋病项目，完成建立5万人的艾滋病电子档案及HIV筛查任务。提前超额完成中医药免费治疗艾滋病（任务40例、完成42例）。

【疾控工作】 一、做好疫情管理及控制。医院对全镇所有乡村医生进行了2次疾病预防控制专业知识培训学习，参加培训学习64人次。疫情管理及控制得到加强，法定传染疾病年发病率控制在近3年水平内，门诊建有门诊日志，住院部有法定传染病报告专项记录本，每月对住院、门诊登记疫情上报情况进行自查，并有自查记录。有疫情就及时填写报告卡，并在疫情网络直报系统中上报，报告卡填写及保管达到要求，并有专人负责疫情网络直报工作。二、做好计划免疫工作。为进一步做好医院计划免疫工作，保障预防接种工作顺利开展，医院年初与乡村医生签订了与报酬挂钩的责任目标合同书，全年计免冷链运转十二次，并在运转10天内上报统计报表。疫苗接收、发放有记录。年内出生儿童建卡、建证率100%，七苗单项接种率90%以上，七苗接种合格覆盖率达85%以上，七苗报告拌种率达90%以上。乙肝三针次接种率达90%，就诊、糖丸互联疫苗加强接种率达85%以上。三、做好疟疾防治。年内疟疾发病率控制在2/万以下，完成四热病人血检人份，完成2007～2008两年疟史病人根治，近季度上报疟疾监测与管理报表。每月22日填表上报自然死鼠、病鼠“零”报告，落实鼠疫联防，降低鼠密度。进一步加强结核病防治工作，做好项目宣传，接到治疗病人通知后，进行登记，落实服药督到导员服药地点和时间，并做好结核疑似病人推荐转诊工作。

【妇幼卫生】 按照《2010年妇幼卫生工作目标责任书》具体内容逐一落实。一是健全了院妇幼保健工作机制。二是全面实行目标责任管理，与各村女村医签订妇幼工作责任目标书。三是全力开展健康宣传教育。2010年度全镇总人口共8.55万人。住院分娩1067人，新法接生1145人，高危产妇管理人数134人，无新生儿破伤风发病数及死亡数。查出妇科疾病人数1038人，治疗人数998人，治愈926人，治愈率达92%，实行各项计划生育手术共521例。全年孕产妇HIV检测513人，HIV检测结果阳性1人。

【深化医药卫生体制改革】 一是通过对手术室、注射室等优化结构和布局，建立功能完善、布局合理的就医环境。二是加强绩效考核，健全激励约束机制。三是落实审计工作制度，完善医院财务会计管理制度，严格预算和收支管理，加强成本核算与控制，坚持对财务会计报表、有关票据、基建工作项目进行实事求是的审计，及时报告审计结果和提出合理化建议。四是修改完善规章制度和岗位职责，推进医院管理的制度化、规范化、现代化。五是完善分配激励机制，实施绩效工资制度，有效调动医务人员的积极性。六是加强医疗质量管理，规范医疗行为，持续改进医疗质量，保障医疗安全。七是改善医院服务，优化服务环境和流程，方便群众就医。八是建立患者投诉处理机制，及时有效处理医患纠纷。九是完善住院医师规范化培训制度，培养合格临床的医师。

【新型农村合作医疗】 2010年爱华镇应参加新型农村合作医疗64645人，截止11月底实参加人数61311人，参合率达94.84%。至11月新农合门诊（含村医）共实现减免20.22万人次，减免金额达232万元。住院共减免1446人次（含村医），减免金额达243万元。医院还将参合人员资料统一录入电脑管理，确保信息数据的安全。

【经济指标完成情况】 2010年，各项业务指标与上年同期相比大幅度上升，1～10月份完成门诊人次5.11万人，与上年同期相比增加2638人次，完成住院人次1098人次，同比增加121人，完成业务收入512万元，同比增加136万元。

【扶贫挂钩】 年内，中医院帮助挂钩村晓街乡崑顶村委会协调水泥40吨，水泥管100余米。并补助1万元资金，修通了良子、平掌、大沟、大村共4个组的村组公路5.2千米，实现了崑顶村组组通公路，改变了交通不便的历史，为崑顶村的经济发展和新农村建设奠定了坚实的基础。同时为崑顶村解决1.66万元资金，用于购买办公桌椅6套，会议桌椅22套，改善了村委会的活动场所和办公条件。

（中医院提供 资料）

疾病预防控制中心

【概述】 2010年，云县疾病预防控制中心本着"深化改革、强化治理、预防为主、以人为本"的宗旨，牢固树立疾控工作理念，积极做好计划免疫、卫生检测、疫情管理和疾病防治监测等工作，充分履行了疾病预防控制职能。全年无重大疫情及突发公共卫生事件发生，保障了全县人民的身体健康和生命安全。

【基本情况】 云县疾病预防控制中心属副科级事业单位，内设办公室、免疫规划科、艾滋病防治科、结核病防治科、检验科、地方病防治科和公共卫生科7个职能科室和一个美沙酮康复门诊。有职工43人,其中：本科6人、专科14人，中专20人，其他学历3人；副高5人，中级16人，初级22人。房屋建筑面积4245.05平方米，其中业务用房3663.14平方米。承担着全县40余万人民群众的疾病预防控制和卫生监测等服务工作。

【疫情管理】 全年共报告传染病12种计762例死亡1例（艾滋病），发病率为171.84/10万，其中乙类传染病7种636例、丙类传染病5种126例。全年无重大疫情及突发公共卫生事件发生。共编发疫情简报14期,疫情漏报调查2份。

【鼠疫防治】 按《云南省鼠疫试点县实施方案》要求，每月在老疫点爱华镇河湾村漩涡塘为固定监测点和以历史疫点、祥临公路、县城—漫湾、大朝山电站对外公路交通沿线、城乡结合部开展鼠密度、蚤指数和相关鼠疫细菌学、血清学监测工作。室内布放鼠笼3028笼次，获黄胸鼠89只，鼠密度为2.9%；室外布放鼠夹2348夹次，获黄胸鼠48只，鼠密度为2%。零星捕鼠获鼠235只。共梳检鼠类321只，其中染蚤鼠30只，染蚤率为9.3%，获蚤101匹，均为印鼠客蚤，蚤指数为0.314。完成游离蚤调查布放粘蚤纸2460张，回收2340张，未获蚤。完成鼠类脏器培养372份，蚤培养101组，血清学检验102份，结果均为阴性。年内来无鼠疫疫情发生。建立健全了县乡自死鼠、病鼠"零"报告制度。

【结核病防治】 全年结防门诊共接诊病人1606人，初治涂阳132人，完成任务数的100%，复治7人，重症涂阴10人，涂阴72人，2、3月末痰菌转阴率和病人治愈率已达到项目要求。

【艾滋病防治】 完成HIV血清学监测10465份，检出HIV感染者64份。其中自愿咨询检测401人份，监管场所302份，孕产妇筛查4471人份，婚检2808份，结核病人中HIV筛查170份。云县自1990年检出首例HIV感染者至2009年底共检测出HIV感染者475人，外县籍178人，死亡74人。完成抗病毒治疗感染者CD4细胞检测201份，转介抗病毒治疗32例。

【门诊体检及麻风病防治】 完成各类从业人员健康体检3500人，劳务输出54人，学生体检1761人。完成2229个自然村的麻风病信访调查，信访率100%，完成40户137名家属的健康检查。目前共有现症病人8例，全部给予联合化疗，规则服药率100%，并进行全面监测及管理。

【地方病防治】 完成"四热病人"血检2000人，检出阳性7人（间日疟4例、恶性疟3例），均为外出务工返乡人员，阳性率为0.35%。疟史根治23例，现症病人治疗7例，假定性治疗20例，预防服药16人。完成居民带虫率调查260人，检验结果为阴性。完成人房、牛房室内外媒介监测工作，获蚊8种276只。完成人房、牛房媒介密度6个人工小时，获蚊2种70只（人房2只、牛房68只），其中中华按蚊68只，占97%。带足3只，占3%。完成叮人率调查室内外各5个夜次，获中华按蚊1只。完成白天人房、牛房全捕各20户，获中华按蚊5只。全年无点状疟疾暴发流行。同时完成9个乡镇36个村民委员会288份（户）居民食用盐含碘量监测，合格265份，合格率为92.01%，非碘盐23

份，占7.99%。完成3个乡镇3个村民委员会45名家庭主妇和3个中心校点90名五年级学生碘缺乏病基线调查。

【卫生检验】 完成各类从业人员、劳务输出人员血清检验3650人份，乙肝疫苗接种前检验556人份，乙肝疫苗接种后抗体水平测定331人，两对半检验126人，血型鉴定74人份，梅毒抗体检验440人，美沙酮维持治疗者检验217人份。完成县水厂出厂水及管网末梢水质检验36份，合格36份，合格率100%。完成农村集中式供水项目30个点的水检验120份。完成Ⅱ号病监测195份，其中生活饮用水94份，外环境污水101份，检验结果均为阴性。

【计划免疫】 全年疫苗运转11轮，发放卡介苗1.50万人份、糖丸12.89万粒、项目乙肝疫苗2.50万支、乙脑疫苗8918人份、A群流脑疫苗1.08万人份、A+C流脑疫苗6945人份、麻腮二联疫苗2709人份、麻腮风疫苗8176人份、无细胞百白破疫苗1.51万人份、白破疫苗5363人份、甲肝9011人份，0.1ML注射器1.08万具、0.5ML注射器6.72万具。卡介苗接种率98.40%，脊髓灰质炎疫苗接种率为99.32%，含麻制剂疫苗接种率为99.66%，三联接种率为99.24%，A群流脑疫苗接种率为99.08%，乙脑疫苗接种率为99.25%，乙肝接种率为99.55%，乙肝及时接种率为51.69%。

【美沙酮维持治疗门诊】 云县美沙酮维持治疗门诊"于2006年9月20日开诊，至2010年底已有319名患者自愿接受美沙酮维持治疗。通过对海洛因成瘾者开展维持治疗、心理矫治，同时加强门诊管理，积累了一定的经验，美沙酮维持治疗工作受到维持治疗人员及其家属的普遍欢迎，认为开展美沙酮维持治疗是政府对吸毒人员这一类特殊病人的一种关怀、是一项利民措施。但也存在着脱失率高、巩固率低、部分家庭不支持等问题。

（罗树伟　供稿）

食品药品监督管理

【概述】 2010年，云县食品药品监督管理局在县委、县政府和市局党组的领导下，以科学发展观为指导，以保障人民群众饮食用药安全为中心任务，创新工作方式方法，坚持科学监管理念，认真履行食品药品安全监管职能，加大对市场的监管力度，继续巩固和推进农村药品两网建设，全局工作整体推进，稳步发展，切实保障了全县人民群众的饮食用药安全。

【机构设置】 云县食品药品监督管理局于2001年12月组建成立，2010年，随着国家大部制改革，云县食品药品监督管理局由原来的垂直管理体制改为地方政府管理体制,将综合协调食品安全、组织查处食品安全重大事故的职责划归云县卫生局,将云县卫生局承担的餐饮服务许可、餐饮业、食堂等消费环节食品安全监管和保健食品、化妆品监督管理的职责划入云县食品药品监督管理局。云县食品药品监督管理局现内设"一室二科"即办公室、食品安全协调与监察科、药品与医疗器械监管科。核定编制14人，现有干部职工14，其中男8人，女6人；有党员9人，科级领导3人，非实职领导3人，工勤人员1人。

【基本情况】 2010年全县共有食品生产加工、小作坊、餐饮业经营户、食品经营户2500 余家。有涉药单位 645家，其中：药品批发企业1家，药品零售企业109家，县乡医疗卫生单位 16家，监狱医院1家，私立医院2家,计生服务机构13家，诊所、学校、厂（矿）医务室 36 家，社区卫生室、村卫生室388 家，小药柜 79 家。使用特殊药品单位 22家。保健食品经营企业134家，其中：经营保健食品的药店115家、保健食品直营店15家、经营保健食品的超市4家。化妆品经营企业167余家。

【食品安全综合监管】 一是继续完善长效工作机制，创新监管模式，提高食品安全综合监管水平。先后制定下发了《2010年云县食品安全监管工作方案》、《2010年云县食品安全专项整治工作方案》《2010年云县食品安全宣传月活动实施方案》等工作文件。二是组织开展食品安全专项整治工作。在专项整治行动期间，各乡镇、各部门协调联动，形成合力，截止12月底，共检查餐饮经营户 543户次，小食品摊点1500家次，超市212家次，食品经营户3476户次，餐饮具清洗消毒单位6家次。监测蔬菜样品1246份，合格1176份，合格率94.41%。对7类食品、27户食品生产加工销售的83批次样品进行检验，合格74批次，合格率为89.2%。三是开展餐饮消费环节食品安全监管工作。开展好餐饮消费环节食品安全监督检查和全县大型会议及重要活动的会务食品安全保障工作，先后参加“啤酒狂欢节”“两会”、第六届世界云南同乡联谊大会等重要活动及重要会议食品安全保障18次。同时严格按照《餐饮服务行政许可管理办法》相关规定办理餐饮服务行政许可，严格餐饮服务市场准入。至12月底共发放餐饮服务许可证355户。四是加强食品安全宣传教育工作，提高人民群众食品安全意识，积极营造和谐的消费环境。截止2010年12月30日，共出动宣传人员360人次、悬挂宣传横幅40条，发放宣传资料22000份，设置宣传画板20块，发放野生菌、问题肉、食物中毒处置与预防相关知识图谱690份。制作标语480条，出版报刊18期，专栏36期，发布食品安全预警公告3期。

【药品市场整顿规范】 紧紧围绕以确保人民群众用药安全有效为出发点，以促进云县医药经济健康发展为主题，切实加强对药品、医疗器械市场和药品质量安全监管，深入开展药品销售、使用环节，药品广告、中药材、中药饮片、兴奋剂等专项整治工作。全面整顿和规范药品流通、使用秩序，重点整治存在安全隐患的重点品种和突出问题，严肃查处各种违法违规行为，严厉打击销售使用假劣药品违法行为。年内共出动执法车辆213辆/次，行程1.21万千米，出动执法人员639人/次，检查涉药单位305家次，检查药品15250个品种/次，医疗器械2747个品种/次。现场销毁药品、医疗器械86品种批次，货值金额1.2万元。发出责令改正通知书21份，查处药品医疗器械违法案件7起，其中：立案查处7起，结案7起，结案率100%，收缴罚没款5865.3元。

【农村药品供应网监管网建设】 继续巩固和推进农村药品“两网”建设。为切实抓好农村药品“两网”建设，成立了由局长任组长，副局长、纪检组长任副组长，药械科人员为成员的“两网”建设领导小组，并制定了《云县2010年农村药品两网建设工作实施方案》。

（戴倩　供稿）

社　会

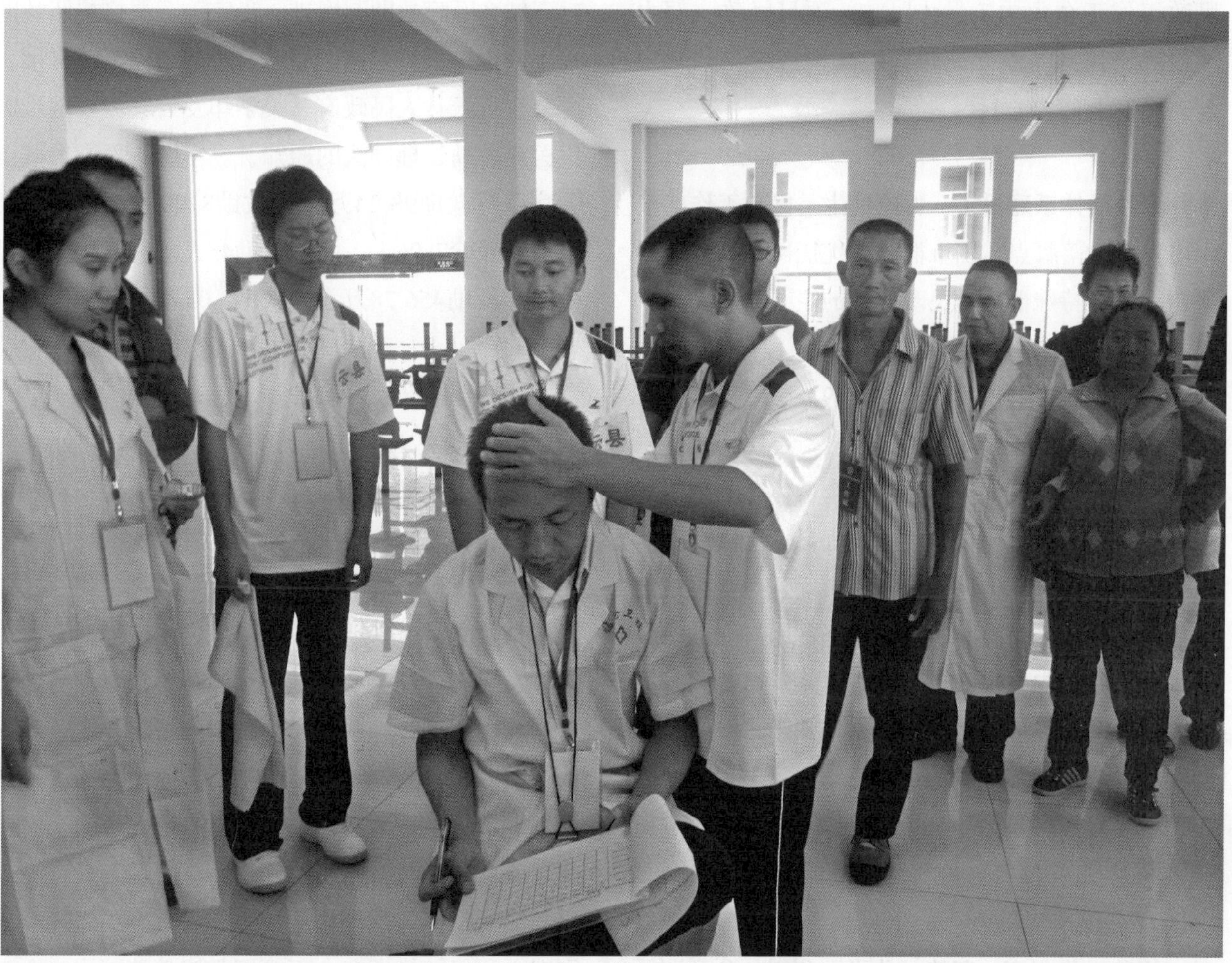

残疾人技能培训　（残联办公室提供）

民 政

【概述】 2010年，云县民政工作坚持“以民为本、为民解困、为民服务”的民政宗旨，扎扎实实为“三个特殊困难群体”排忧解难，着力推进民政基础平台建设。年内，总投资713.7万元的县级中心敬老院建设竣工，组织入住60多个孤寡老人。涌宝镇、茶房乡敬老院、云县殡仪馆、云县社会福利中心开工建设，云县回龙山公墓建设正在进行中。优抚安置及双拥工作落实到位。全县民政工作正全力构筑强势民政、项目民政，努力建设和谐民政、温暖民政，用真情搭起党和政府与人民群众的连心桥。

【社会救助体系建设】 保障民生是民政工作的根本出发点和落脚点。困难群体、优抚群体、孤老残群体等三个特殊群体是民政救助的主要对象。2010年，全县共有农村低保对象26501人、城市低保对象5620人、农村五保供养对象2509人，因自然灾害造成临时生活困难人口12.55万人。云县民政局从完善救助体系入手，着力解决三个群体基本生活，先后建立和完善了城乡低收入家庭最低生活保障体系、农村五保供养体系、退伍军人优抚经费自然增长机制体系、因自然灾害造成家庭贫困群众临时救助制度体系、农村民房保险建设体系、城乡困难家庭医疗救助制度体系等，为三个特殊困难群体精心编织了生活保障安全网。

城乡低保实现了动态管理和应保尽保规范运行。一是健全和完善各项城市低保制度，进一步巩固“应保尽保”和“应退则退”的动态管理格局；规范操作程序，坚持“公平、公正、公开”原则，接受社会监督。年内，全县共有城市低保对象4026户5620人，累计发放低保金1030.72万元，人均月补差143.1 元。二是完善农村低保制度，实现“阳光操作”按照动态管理原则，实行“一年一动态”，审批上严格执行由个人申请，村（居）委会入户调查、民主评议、公示，乡镇人民政府调查核实，民政局核查、审批程序；杜绝关系保、人情保和平均分配等现象。至年末，全县共有农村低保对象26501人（其中，11月份扩面2200人）全年发放农村低保金2085.13万元，基本保障了农村困难群众的基本生活。

严格执行《云县农村五保供养工作实施方案》，做好农村五保供养工作。全县有五保对象2519人，其中集中供养220人，至12月，支出供养资金241.82万元，其中集中供养资金20.76万元，分散供养资金221.1万元。

城乡医疗救助制度进一步完善。严格按照救助程序进行申报、审核，对符合救助条件予以审批。严格执行云县人民政府《关于印发云县城乡困难居民医疗救助管理办法的通知》。年内共份支出城市大病医疗救助98.24万元，救助8299人次，其中代缴医疗保险7896人，门诊救助45人次；支出农村大病医疗救助456.78万元，救助3.05万人次；代缴新农合2.9万人次，门诊救助249人次；使用临时救助资金195万元，共救助2439人次。

创新救灾工作理念，提高灾害应对和处置能力。2010年，制定和完善《云县救灾应急预案》，12乡镇、村委会《救灾应急预案》。

全力以赴抓好社会救济及抗灾救灾工作。2010年，全县先后遭受严重干旱、风灾，造成严重财产损失，灾区农业生产、基础设施和群众生活受到严重影响。据统计，全县12乡镇不同程序受灾，受灾人口31.03万人，农作物受灾2.99万公顷，绝收7615公顷；灾害造成直接经济损失1.97亿元，因旱灾造成全县7.51万人，5.06万头大牲畜饮水困难。民政局充分发挥职能部门作用，组织人员到灾区现场，同时，积极筹措资金全面开展救灾救济工作，全年共下拨各乡镇灾民款物1066.6万元，12.55万人得到救助。

【基层建设】 完善社区服务功能，抓好社区用房、等基础设施建设，2010年，共投入资金60万元新建毛家村、新云州两个社区办公用房。

【优抚安置及双拥工作】 2010年共下拨春节优抚对象慰问费18万元。慰问重点优抚对象20户；慰问驻军部队7.5万元。认真落实军休干部的政治待遇和生活待遇。组织3名退伍老兵入住云县光荣院，提高农村义务兵家属优待金，标准为3200元。共接收退役士兵83人，其中城镇退役士兵17人，农村退役士兵66人；发放符合安置条件的18人自谋职业补偿金118.23万元，实现自谋职业率100%。组织18名自谋职业退役士兵（有17人报名）参加云南省安置办、云南省人事厅组织的退役士兵“双考”， 1人录取到市级单位，3人录取到本县乡镇事业单位。

【县城中心敬老院投入使用】 4月8日，云县县城中心敬老院投入使用，有20名五保老人入住。县城中心敬老院占地17.715亩，总投资700万元，可集中供养150名老人。（本条摘自《云县信息》18期）

(李天应 供稿)

残疾人联合会

【概述】 2010年，云县残联紧紧围绕“以创先争优为主线、以‘三个一百’为抓手、以构建残疾人‘两个体系’为重点”的残联工作目标和县委提出的“民生是第一要务”的工作理念以及“残有所扶”的工作目标，积极弘扬求真务实精神和创业创新精神，以实现、维护好残疾人根本利益为宗旨，加大宣传，扎实抓好残疾人的各项服务工作，努力营造扶残、助残的良好氛围。

残疾人服务设施建设不断加强，云县特殊教育学校获得省发改委批准建设，云县残疾人康复中心、残疾人托养中心也被省发改委、省残联列为云南省“十二五”期间残疾人专项储备项目。继续抓好残疾人就业服务工作，做好残疾人劳动技能培训。积极抓好残疾人康复工作，“亮睛行动”白内障复明工程超额完成了市级下达任务，精神病康复工作全面启动。扎实抓好社会保障和扶贫解困工作，一批残疾人按政策纳入低保，一批困难的重度残疾人得到了生活、医疗救助，一批扶贫示范基地和示范户建立。年内，开展了12个乡（镇）残联理事长培训工作，对华镇、幸福镇、晓街乡残疾人专职委员（康复协调员）培训71人次，基层残疾人组织的进一步健全，有效地促进了残疾人工作的开展。

【“三个一百”指标完成情况】 县残联的分解任务固定资产投资650万元，建设云县残疾人特殊教育学校。9月27日获省发改委批准建设。建设内容为教学楼1700平方米，康复综合楼703平方米，学生宿舍1000平方米，食堂420平方米，总建设规模为3823平方米；办学规模为12班150人；开工年份为2010年，建成年份为2011年；总投资为中央预算内投资653万元（其中：购置设备80万元，由省教育厅统一组织设备采购），可用于项目建设投资为573万元，已拨入县财政专户。

争取上级资金任务50万元。已到位资金614.62万元（含特殊教育学校建设资金573万元），其中省残联补助茶房乡马街村残疾人就业扶贫经费2万元，CBM社区残疾人康复经费1.48万元，残疾人社区康复管理经费0.5万元，残疾人社区康复协调员培训经费3.9万元；市残联残疾人“阳光家园”托养资金12.5万元，康复协调员培训补助经费2948元，残疾人彩票公益金助学经费1.98万元，市残联拨入残疾人康复、就业和扶贫、信访经费5.75万元，残疾人危房改造、教育补助资金6.37万元，残疾人康复经费1万元，白内障复明手术筛查经费5.86万元。但由于工作业务关系，部分残联系统直接拨付的资金不计入“三个一百”向上争取资金任务，2010年财政认可残联向上争取资金任务实际到位资金共604.48万元。

招商引资任务50万元。县残联与县工商联联合招商，招商项目是云县正友废旧再生物资回收有限责任公司，招商引资任务已完成。

【残疾人就业】 一是组织视力残疾人到省华夏中专学习保健按摩技术，11名视力残疾人取得了初、中级保健按摩职业技能证书，就业并实现100%。二是县残联积极争取县各级个部门支持，为乡镇残疾人及家属提供农业科学实用技术培训1700人次。三是县残联积极与相关用人单位联系，尽力把残疾人输送到用人单位就业，与宏华劳务派遣有限公司合作，选送5名轻度残疾人到广东汕头奥飞动漫文化股份有限公司务工，四是完成残疾人职业技能培训30人。五是贯彻落实国务院《残疾人就业条例》，开展残疾人劳动监察年审，共有196个单位接受年审，有170名残疾人在行政企事业单位稳定就业，年内新安排残疾人就业5人。全年征收残疾人就业保障金70万元。

【康复工作】 一是认真组织开展云南省“亮晴行动”白内障复明工程。2010年市下达云县白内障复明手术任务300例，共完成白内障筛查367例，其中市第一人民医院前来帮助完成白内障复明手术118例，县医院完成64例，昆明医学院第二附属医院前来帮助完成185例。二是争取台北曹仲植基金会的支持，向200名贫困下肢体残疾人捐赠了轮椅车200辆。三是开展了社区残疾人第二期听力、智力康复员培训，省残联康复中心的李云滔老师前来授课，培训时间5天，共有16名康复员参加培训。四是精神病康复工作全面启动。召开了全县性工作会议进行安排部署，全县共完成12个乡镇456名精神病患者的免费体检，为792名精神病人提供免费服药服务，帮助36名重度精神病人接受住院治疗。五是在“爱眼日”期间，为100名品学兼优、家庭困难的低视力学生免费配送价值280元的眼镜各一副。六是完成残疾人低视力配用助视器10人，聋儿语训8人，聋儿家长培训16人，智残儿童康复训练6人，智残儿童家长培训6人，肢残康复训练5人（均为肢残儿童康复训练），脑瘫儿童康复训练4人，假肢装配4人，盲人定向行走12人，完成残疾人辅助器具供应263件，出资2000元帮助漫湾镇酒房村一名重度残疾人康复。

【社会保障和扶贫解困】 一是把残疾人帮扶融入党委政府扶贫工作的大盘子。选择重点残疾人贫困户为帮扶对象，重点帮助选择致富项目，推荐就业门路，解决残疾人家庭在生产、生活中的实际困难，逐步实现脱贫致富。与民政局沟通、衔接，贯彻执行云县人民政府办公室《关于印发云县农村最低生活保障制度实施办法〈试行〉的通知》（云政办发〔2007〕149号）等文件精神，使2088名残疾人按规定享受农村低保，613名城镇残疾人享受城镇低保，共有465名特困残疾人得到临时救济。二是巩固和提高残疾人扶贫基地成果。在总结借鉴以往成功经验的基础上，遵循市场前景好、适宜残疾人特点的原则，帮助残疾人筹建扶贫基地，给予一定的资金补助，建立扶贫示范基地和示范户，2010年共发展6户。三是积极开展了重度残疾人生活、医疗救助工作。给予困难残疾人500—1000元不等的救助，共帮助27名残疾人解决康复和生活上的困难。春节、“助残日”期间，由县委、政府主要领导领导带队，对全县12个乡镇的农村贫困残疾人家庭进行走访慰问，共慰问残疾人62户，折合人民币6.3万元。

【宣传活动】 为提升残疾人社会生活参与度，年内，残联领导班子从残疾人素质教育、宣传文体、权益维护等不同方面加大工作力度，帮助残疾人最大程度地融入社会。一是认真落实义务教育阶段贫困残疾学生“三免一补”政策，144名残疾学生得到资助。对11名考入中等以上学校的残疾学生进行了奖励和资助。二是组队参加了临沧市首界残疾人职业技能竞赛，获得团体三等奖的成绩。三是以全国“助残日”“爱耳日”等残疾人重大节日为契机，广泛开展了形式多样的宣传活动，营造了全社会关心、理解、帮助残疾人的良好氛围。四是残疾人权益得到较好维护，加强了领导分管和个人负责制，做到专人接待，有访必接，全年共接待残疾人来信来访192人次，保持了残疾人群体的稳定。

【村级扶持】 茶房乡马街村残疾人综合示范村稳步推进，投资3.12万元完成残疾人庭院改造20户，从省残联协调资金2万元，扶持5户残疾人发展生产。

选派1名新农村指导员到漫湾镇酒房村，帮助完成村两委换届、泡核桃种植管护、旧村旧房改造等工作，共投入资金1.6万元。

（彭珊 供稿）

扶贫开发

【概述】 2010年，云县扶贫开发工作围绕新时期扶贫开发和新农村建设目标任务，结合全县经济社会发展规划和扶贫工作重点部署，认真贯彻落实中央、省、市扶贫开发工作会议精神和中央一号文件精神，以贫困人口为主要对象，以贫困村为重点，以稳定解决温饱、有效巩固温饱成果和增加农民收入为目标，以整村推进、产业扶贫、劳动力转移培训、易地扶贫、信贷扶贫和社会扶贫等项目为抓手，通过各类扶贫项目的整合实施和扶贫资金的大量投入，有些的地促进了农村产业发展和农民增收。全县农村贫困人口从2009年的5.43万人下降到4.98万人，贫困发生率从14%下降到12.89 %，农村返贫率控制在10.85%以内。

在整村推进项目建设中，通过政府部门整合，群众参与，取得了很大成效，大朝山西镇的坡头村、帮旭村，涌宝镇的胜利村、水平村，幸福镇的大箐村等项目建设点得到了市委、市政府和县委、县政府领导的高度评价和认可。

【整村推进项目】 全年共完成省级整村推进73个自然村（贫困死角村33个），其中第一批22个，第二批50个，第三批1个。项目覆盖12个乡镇，41个行政村，73个自然村，受益农户3456户，受益人口14772人（贫困农户962户，贫困人口4333人）。完成项目投资7867.52万元，占计划的101.05%，其中：完成中央及省级财政专项资金1095万元，占计划的100%;部门整合资金1471.02万元，占计划的88%;信贷扶贫资金899.1万元，占计划的128%；群众自筹资金4402.22万元，占计划的102%。累计完成民居房改造1084户15.4万平方米；基本农田地改造1400亩，沟渠12条47.5千米；人畜饮水工程23件，主管道长92.4公里；新开挖村组公路30条45千米，新建村内道路硬化73条100.8千米，建设沼气池1979口；建成科技文化活动室12个，卫生室8个；完成脱贫致富带头人技能培训73人；种植经济林果3.45万亩，经济作物1.7万亩。

完成了23个市级整村推进项目，完成项目总投资3193.8万元，占计划的100%。累计完成民居房改造323户，3.27万平方米；村组公路6条，灌溉沟渠2条5千米，人畜饮水工程6件，主管道长23.7千米；烟水配套工程2件；建设文化活动室5个，卫生室4个，沼气池755口；开展农村适用技术培训92期4600人次；种植经济林果0.9万亩，经济作物0.75万亩。

【劳动力转移培训】 切实加强对农村劳动力转移培训的统筹指导，创新工作机制，把引导性培训和技能培训有机结合起来。全年组织引导性培训3800人，投入资金76万元，占计划的100%。其中：市场营销1100人，家政服务800人，电工知识250人，电矿工知识200人，核桃种植与管护200人，沼气建设与管理200人，龙胆草种植技术300人，养殖技术200人，建设安装550人。通过培训，实现转移就业2473人（签订半年以上的就业合同410人），其中：实现省外转移256人，县外省内498人，县内1989人。组织完成技能培训500人，投入资金40万元，占计划的100%。其中：农艺工174人，茶园工102人，果树工116人，动物疾病防治员108人，获职业技能培训证书422人，占培训总数的84%。实现转移就业369人，其中：省外214人，省内155人。通过培训和转移就业的2842人平均每月实现现金收入329万元，人均1158元。

【革命老区项目】 按照“三为主、三延伸”的原则，统筹规划，突出重点，整合资金，全面完成了茶房乡文雅村革命老区建设项目，完成项目总投资219.6万元，占计划的100%。其中：省级财政专项资金20万元，县级财政投入1.5万元，一事一议资金28.6万元，部门整合资金20.5万元，老区群众投工投劳及自筹资金149万元。完成核桃种植500亩；实施低产茶园改造500亩；完成民居房改造70户1.4万平方米；建成进村水泥路1条3公里1.2万平方米，村内道路硬化0.8公里0.32万平方米；建成灌溉沟渠1条3千米；人畜饮水工程1件，主管道长5千米；建设村文化活动场所1个80平方米，安装太阳能热水器50户。

【易地扶贫项目】 按照“搬得出、稳得住、能致富”的原则，结合“新家园行动计划”，在群众自愿的基础上，统筹规划，统一标准，统一协调土地，统筹产业及生态恢复，对人地矛盾突出，基础设施建设成本高，自然灾害严重的漫湾镇田坝组54户贫困户进行易地扶贫搬迁到爱华镇永胜村，开创了县内跨乡镇规模易地搬迁新模式。项目完成投资532万元，其中：省级财政资金100万元，部门整合资金324万元，群众自筹资金108万地。建成砖混结构新型民居房54户0.43万平方米，建成基本农田地200亩，建成人畜饮水工程1件主管长1.5千米，发展产业450亩，建成文化活动场所1个500平方米，开展农村适用技术培训300人次。54户贫困户200人贫困人口于2010年12月16日喜迁新居，顺利完成易地搬迁任务。

【贷款扶贫】 全年共实施到户贷款发放工作两批，累计发放到户贷款资金2800万元，完成贴息140万元。项目覆盖12个乡镇174自然村，受益贫困户785户，受益贫困人口3240人。其中：扶持发展种植业366户1316万元，占47%；扶持发展养殖业311户1120万元，占40%；扶持发展其它产业108户364万元，占13%。通过到户贷款的扶持，让使用户户均增收800多元。

【产业扶贫项目】 全年规划科技产业扶贫项目2个，发展魔芋种植500亩，发展龙胆草3500亩，计划总投资535万元，其中申请财政扶贫资金150万元，自筹385万元。2个项目已全面完成规划论证申报工作。截至年底，项目区已完成前期规划，土地平整，种植坑塘开挖，备肥备料工作，预计2011年5月份前可全面完成项目建设。

【社会扶贫】 按照新农村建设、党建、扶贫挂钩联系帮扶贫困村和贫困户制度，积极协调有关部门、社会各界和党员干部帮扶贫困村贫困户，加大扶贫开发力度。全年共协调121个单位开展社会扶贫，其中：省级单位1个，市级单位18个，县级单位102个。全年共有656人次深入贫困村开展社会扶贫工作，其中：厅级4人次，处级90人次，科级160人次，科级以下402人次。共为贫困村协调项目16个，协调资金128万元，其中部门直接投入96万元，捐物折资24万元，开展农村适用技术培训108场1.08万人次。同时，组织县级机关756名党员干部帮扶贫困户，为贫困户投入发展资金26万多元。

（杨雪飞　供稿）

劳动和社会保障

【概述】 2010年，云县劳动和社会保障工作从“保增长、保民生、保稳定”工作大局出发，以着力保障和改善民生为主线，认真抓好就业再就业工作。全年实现城镇新增就业2119人，城镇下岗失业人员再就业467人，开发公益性岗位154个，城镇登记失业率为2.65%，控制在4.4%以内。部门联动，形成合力，全力推动创业促进就业工作，鼓励创业贷免扶补工作稳步推进，下岗失业人员小额担保贷款工作健康发展，劳动密集型企业小额贷款工作有序开展。劳动力培训转移工作力度不断加强。全县共完成劳动力培训2.52万人，新增转移劳动力2.23万人，完成农村劳动力转移就业特别行动计划培训人数5377人，完成农村劳动力转移就业特别行动计划新增转移就业人数4567人，完成农村劳动力转移就业特别行动计划招聘会3场。社会保障体系扩面增量，体制建设不断完善。实现基本养老保险参保8376人，工伤保险参保8061人，生育保险参保1.09万人，城镇基本医疗保险参保3.08万人，失业保险参保9941人。全县劳动和社会保障工作取得了良好成效。

【就业再就业】 认真贯彻落实《就业促进法》和国家、省、市出台的一系列就业优惠政策，加快县域经济发展，通过实施重大项目有效带动就业，拓宽就业渠道，积极落实就业困难对象的再就业援助政策，及时为各类人员提供就业信息，优化就业服务质量，建立健全就业扶持长效机制，不断扩大就业规模，就业再就业工作取得长足发展。一是抓好困难企业稳岗工作。切实抓住中央、省、市2009年出台的“五缓、四减、三补贴”等就业配套政策再延长一年的机遇，用好、用足、用活系列就业政策，着力开展困难企业认定工作，年内共认定困难企业18户，稳定困难企业就业岗位307个，完成就业岗位开发2425人，实现城镇新增就业2119人，城镇下岗失业人员再就业467人，开发公益性岗位154个。二是加强失业保险体系建设。切实做好《失业保险条例》的落实工作，强化失业保险体系建设，加强失业保险扩面和保险基金征缴，做好各类企业从业人员参保、原国有企业失业人员实现再就业后接续失业保险关系，对符合政策规定的积极落实社保补贴，积极发挥失业保险促进就业再就业的作用。2010年全县共完成失业保险参保9941人，办理城镇失业人员登记504人。三是着力抓好就业困难人员援助工作。进一步规范公共就业服务功能标准和服务流程，完善劳动力市场信息发布制度，大力开展以高校毕业生、困难就业群体和农民工为重点对象的“就业援助系列活动”、“春风送岗位活动”、“高校毕业生就业服务系列活动”等公共就业服务专项活动，年内 共举办现场招聘会3场，提供就业岗位信息68条，提供就业岗位620个，发放宣传资料1100余份。认真组织开展就业困难人员的援助工作，着力帮助就业困难人员实现就业，加强对“零就业家庭”的援助，制订就业援助计划，建立跟踪调查制度，对“零就业家庭”成员实施动态管理，采取分类帮扶措施，保持动态清零。积极开展对“4050”等就业困难人员就业援助活动，提供有针对性的职业介绍、职业培训等就业服务和公益性岗位援助。对符合条件的就业困难人员，及时兑现公益性岗位和社会保险补贴等各项就业扶持政策。建立动态管理和动态援助的长效工作机制，做到层层有人抓，事事有人管。2010年共解决就业困难人员再就业454人。

【创业促进就业工作】 一是创业贷免扶补工作。按照“巩固成果，拓展领域，扩大总量，提高质量”的总体要求，切实加强领导，进一步明确了鼓励创业“贷免扶补”小额贷款各承办单位工作职责，并在2010年全县劳动保障工作会议上作了专题安排部署，制定了工作计划和措施，形成了全县上下对贷免扶补工作高度重视，各承办部门高度负责，形成工作合力，一级抓一级，层层抓落实的工作格局，使鼓励创业“贷免扶补”工作组织到位、人员到位、责任到位。2010年全县共完成“贷免扶补”贷款237户、放贷资金1185万元。二是下岗失业人员小额担保贷款工作。劳动保障、财政、金融三个部门切实加强合作，着力推进“创业培训+小额担保贷款+信用社区”的创业促就业模式，通过认真调查研究，审核通过符合贷款对象39人，完成放贷39户133万元；共扶持成功创业255人，带动就业765人。三劳动密集型企业小额贷款工作。认定了云县宏华劳务派遣公司、再生纸业有限公司、云县明兴科技有限公司、粮食收储公司、嘉木公司、盛源供排水物资公司为劳动密集型小企业，办理贷款2户80万元。

【高校毕业生就业见习工作】 健全和完善高校毕业生就业见习制度，是帮助高校毕业生通过就业见习升华理论知识、增长实践技能、缩短工作适应期，提升就业能力，尽快实现就业的重要举措。年内，劳动和社会保障局与各相关部门加强协作，认真落实好高校毕业生就业见习政策，新认定高校毕业生就业见习基地5个（云县职成教、云县中医院、云县凯达医院、云县行政学校、云县明兴科技有限公司），提供就业见习岗位86个，吸纳高校毕业生见习34人，发放见习岗位补助2.4万元。

【劳动力培训转移】 认真贯彻落实农村劳动力转移就业特别行动计划及省人力资源和社会保障厅确定“劳动力转移培训示范县”的各项政策措施，及时成立了劳动力培训转移工作领导小组，制定具体的实施方案，着力应对旱情对全县经济社会事业造成的不利影响，以打造劳务经济、促进县域经济发展、提高人民生活水平为目标，突出劳动力转移培训实践特色，以创新工作促发展，以市场导向促转移，按照“送得出、留得住、管得好、收入高、创品牌”的要求，运用政策导向、政策支持、指导服务、舆论导向等措施和办法，充分调动各方面的工作积极性，扎实推动劳动力培训转移工作的有效开展。全县共完成劳动力培训2.52万人，新增转移劳动力2.23万人，完成农村劳动力转移就业特别行动计划培训人数5377人，完成农村劳动力转移就业特别行动计划新增转移就业人数4567人，完成农村劳动力转移就业特别行动计划招聘会3场。

【社会保险体系建设】 认真按照“扩面增量、创新机制、完善管理、提高待遇、强化监督”的要求，进一步扩大社会保险覆盖面，不断完善各项社会保险管理制度，强化社会保险基金监督管理，深入推进各项社会保险体系建设。按照城乡一体化和“广覆盖、保基本、多层次、可持续”的要求，不断扩大社会保险覆盖面。2010年，实现基本养老保险参保8376人，工伤保险参保8061人，生育保险参保1.09万人，城镇基本医疗保险参保3.08万人，失业保险参保9941人。共计征缴城镇职工医疗保险金2013万元，支付待遇1974万元；征缴居民医疗保险金77万元，支付待遇42万元；征缴基本养老保险金2201万元，发放退休人员退休金2047万元；征缴工伤保险金122万元，支付保险待遇111万元；征缴生育保险金61万元，支付保险待遇67万元，征缴失业金300.23万元，支付57.6万元。企业离退休人员养老金、下岗失业人员失业救济金得到据实发放，医疗工伤生育保险待遇得到据实支付。2010年共完成社会保险书面稽核693户次，现场稽核35户次；积极开展社会保险基金专项治理工作，清欠各项社会保险费94.37万元。由劳动保障部门牵头，县财政、发改、卫生、药品食品监督管理、监察组成的“两定”考核组，对云县人民医院、中医院等19个定点医疗机构和云县红星大药房、康乐大药房等6个定点零售药店进行考核。全县1657名企业退休人员（其中有异地居住企业退休人员113人）100%实行社会化管理服务，社区管理服务率达98%以上。为195名老年人办理了退休手续，配合老干局、老龄委认真做好老年人的管理工作。敬老节期间，组织了丰富多彩的文艺活动，并对参加活动的500多名老年人进行了健康咨询和义诊。认真做好社会化服务管理人员的来信来访的回复工作，做到有问必答。

【劳动保障执法监察】 紧紧围绕全县完成“三个一百”目标任务，为促进招商引资工作健康发展，维护社会和谐稳定，认真贯彻落实《劳动法》《劳动合同法》《劳动保障监察条例》等法律法规，狠抓劳动执法监察，强化劳动关系调整工作，全力维护劳动者的合法权益。结合“综治维稳宣传月”活动，劳动和社会保障局多次在人流量大的街道设立劳动法律咨询宣传点，深入开展劳动保障法律法规宣传，共开展劳动保障法规政策宣传12场次，发放《劳动法》《劳动合同法》《农民工维权手册》《劳动争议仲裁法》等宣传资料5000余份，现场解答人民群众咨询，帮助他们释疑解难,增强了劳动者运用法律维护自身合法权益的能力。坚持属地管理、应管尽管的原则，中央、省、市驻云县单位、全县党政机关事业单位及各类企业实行劳动合同管理，签订劳动合同，办理劳动用工登记。全县合计391户用人单位，其中355户已办理劳动用工登记，实有劳动者7355人，已签订劳动合同7256人，签订率为98.65%。强化劳动保障监察执法工作，与司法局建立法律援助工作站，不断畅通违法举报投诉渠道，树立有案必办、无案巡查的执法指导思想，依法受理和查处各类违法案件，全力维护国家劳动法律的神圣尊严，切实保护劳动者的合法权益。建立乡镇社区劳动保障工作站年审网点，有计划按步骤开展年审工作，合计应参审单位391户，已参审391户，参审面比上年349户增加12%，涉及干部职工15976人。通过专项检查、日常巡查和审查用人单位文档资料的方式实施劳动监察，主动检查用人单位196户，涉及劳动者2379人，责令补签劳动合同12户216人，追发农民工等劳动者工资待遇1392人197.03万元，责令登记并缴纳各类社会保险13户188人464万元，责令纠正劳动规章制度40件，开展政策法规咨询6场次，培训劳资人事专兼职人员96人，处理举报投诉案件52件621人,169.3万元。根据《劳动争议调解仲裁法》，依照《劳动人事争议仲裁办案规则》，坚持仲裁庭和仲裁员办案制度，以重在调解的工作原则及时化解劳资纠纷。严格仲裁程序，执行仲裁纪律，制裁违法，支持合法，公正裁决劳动争议案件。为提高办案质量，年内输送培训劳动争议调解仲裁员7人，协助人民法院落实职工诉求，依法强制执行裁判文书1件，涉及职工1人，执行金额2.22万元。全年共接待来信来访86件1392人，其中涉及违法查处52件，涉及因劳动工资、劳动合同、社会保险、工伤待遇、经济补偿的争议案件34件，涉及农民工等劳动者771人，涉及各项劳动保障待遇81.06万元，劳动争议案件结案率达100%。共参加处理突发事件38人次，召集专题联席会议9场次，召开拖欠工资兑现大会6场次，化解5人以上集体讨薪事件11件，涉及农民工等劳动者984人。全县共有124个单位招用农民工4231人，其中签订劳动合同4104人，农民工劳动合同签订率达97%。办理农民工维权工作75件，涉及农民工1392人，涉及农民工待遇119.23万元。收缴农民工工资保证金17户26.8万元。

【职业技能培训】 2010年劳动和社会保障局积极与市农校、市技校、云县职成教育中心等职业培训机构涵接配合，先后23次深入栗树乡白水村、涌宝镇涌宝村、幸福镇掌龙村、茶房乡桥街村、晓街乡慢笼村、忙怀乡新路村、慢湾镇慢光村、茂兰镇多依村、大朝山西镇坡头村、大寨镇箐门口村等11个乡镇18个村委会开展摩托车、汽车修理、计算机操作、热带作物栽培员、果树工、农艺工、茶园工等技能提升培训，投入村“两委”新农村建设资金近10万元，完成培训5186人，取得职业资格证书4609人，其中初级工3688人，中级工691人，高级工230人。

【自身建设】 一是加强乡镇劳动保障工作站基础能力建设。继续推进“2113116”建设工程；紧紧抓住全省启动实施劳动和社会保障公共服务基础设施“65•1”工程机遇，扎实做好调查研究和相关试点前期准备工作，拟定了三年建设规划，建立了劳动保障项目储备库；进一步建立完善了县、乡（镇）定期数据交换、统计监测和热点难点问题调查报送制度。二是加大金保工程建设力度，进一步完善社会保险和劳动力市场信息系统业务功能；建立健全城镇居民医疗保险信息管理系统，社会保障城域网建设覆盖率达100%。三是加强劳动保障宣传工作。充分利用人群密集区、时段（如街天）、云县广播电视台、沧江明珠云县网站、劳动保障内网作为宣传阵地，积极开展就业再就业、社会保险、劳动执法等相关政策法规的宣传，共发放宣传资料5000余份，制作了劳动保障简报8期，完成上报信息150余篇。

【扶贫挂钩】 资助挂钩联系旧村旧房改造户资金5000元。年内下派2名工作人员到幸福镇忙峨村、晓街乡慢笼村参加新农村建设各项工作，局领导班子组织带队多次到实地指导并帮助解决困难，投入建设资金2.8万元。此外，劳动和社会保障局充分发扬扶贫济困的传统美德，动员全局职工和党员干部为灾区、贫困学生捐款、献爱心，为旱灾捐款7740元，为玉树捐款2940元，为贫困学生石绍丽捐款2000元，为特困大学生捐助入学补助费3800元，慰问企业退休高龄老人、困难人员31人6200元。

【成立首家劳务派遣公司】 2010年1月6日，云县首家劳务派遣公司——云县宏华劳务派遣有限公司挂牌成立。公司隶属云县劳动和社会保障局的直属派遣单位。主要设人力资源部、培训部、综合办、驻外办事处及财务部等部门。公司按照《劳动法》《劳动合同法》的有关规定，为被派遣者办理社会保险参保手续，实行用工登记制度，依法、依规开展好劳务派遣工作，对劳务人员跟踪管理服务。公司本着“为政府减压、为企业分忧、为人民造福”的宗旨，秉承“与时俱进、科学发展、扩大就业、共同致富、构建和谐”的经营理念。积极多措并举，有力地促进了云县贫困地区劳动力转移输出就业工作。先后派遣33批次，使全县12乡（镇）161个村（社区）的762名（含残疾人11人）农村剩余劳动力分别在广东省汕头市奥飞动漫文化股份有限公司、锦兴玩具股份有限公司、凯利达儿童化妆品厂得到安置就业，还为本地企业派遣各类人员200余人。外出务工人员平均月纯收入在1600元以上，最高月收入达3000元，实现了年务工经费突破1000万元。

注重培训，提高技能。公司联合多部门，聘请了一批有一技之能及知晓法律知识的人员，深入公司及到乡镇、村、组，对即将派遣人员进行岗前引导、外出务工常识、城市生活常识、安全生产常识、学法维权、防艾知识、劳动生产基本技能等培训。培训考试合格后，为他们颁发了“云南省农民工服务手册”。并按照《中华人民共和国劳动合同法》《中华人民共和国劳动合同法实施条例》与被派遣劳动者签订了劳务合同，与实际用工单位签订用工派遣协议。

公司对劳务派遣人员进行跟踪管理，服务到位。为使外出务工者的合法权益得到有效保护，公司在派遣地点设立了办事处，有4名专职管理人员。管理人员定期不定期地到用工单位，与派遣员工进行情感沟通，了解他们的生产生活情况，尽力与厂方协调改善员工的生活条件，提高员工的劳动报酬。及时地解决了派遣员工工伤事故1起，意外事故2起。为使农村剩余劳动力能及时外出务工，公司完成了全县194个村（社区）的网络建设，专设了一名劳务派遣联络员免费为当地外出务工人员办理填表报名手续。每月10日、20日、30日定期派遣员工，做得了报名及时、培训及时、派遣及时。公司还要求用工单位每月传回派遣员工工资明细表，并及时发放到员工所在地的家属手中，以便家属及时了解员工的劳动报酬情况。

广寻渠道，加大派遣力度，外出务工人员逐渐走上致富。家住茶房乡大路边村的李绍忠一家4口被公司派遣到了奥飞动漫文化股份有限公司务工，月总收入近9000元。在2010年7月前，他家向银行贷款5万元盖起了新房，现在，全家用外出务工的收入不但还清了银行贷款，还切实改善了生活条件。爱华镇永胜村的残疾人徐彩军，家庭极为困难，且负债累累，他被派遣到了奥飞动漫文化股份有限公司务工，每月至少寄回家2000元以上。他不但实现了残疾人的自强自立，还有效地提

高了家庭生活的质量。（本条摘自《云县》县讯）

（局办公室 提供资料）

人口和计划生育

【概述】 2010年，云县人口和计划生育工作坚持以人为本，以人的全面发展为中心，以群众需求为出发点，以建立健全制度为保障，以优质高效服务为抓手，全面落实人口和计划生育目标管理责任制。为进一步巩固“全国计划生育优质服务先进单位”成果，年内，按照“六个好、四优一满意、三提高”的要求，围绕群众生育、节育、不孕不育和生殖健康需求，继续开展以“六大工程”为主要内容的优质服务先进乡（镇）创建活动。全县人口和计划生育工作取得了显著成绩， 低生育水平保持稳定。2010年，云县年末总人口为435521人，出生率为8.13‰，人口自然增长率为3.65‰；新办理农业人口《独生子女父母光荣证》146户，累计办证6943户，领证率达41.64%；全县共有已婚育龄妇女85055人，优选节育率达85.70%，避孕节育率达85.22%。

【计生宣传】 广泛深入开展“婚育新风进万家”活动、“关爱女孩”行动和关注留守儿童活动。建成爱华镇爱华社区、田心村“生育文化大院”。积极开展纪念《中共中央关于控制我国人口增长问题致全体共产党员、共青团的公开信》发表30周年系列宣传活动；开展3·15消费者权益保护宣传周、科普宣传周、5·29计划生育协会活动宣传周、“8·25”及“12·1”艾滋病宣传日等宣传活动，并制作展出了婚育新风、生殖健康、优生优育、出生缺陷预防等宣传展板。

【优生促进工程】 围绕宣传倡导、优生咨询、高危人群指导、孕前实验室筛查和营养素补充等六个方面内容，继续推进出生缺陷一级预防，全面开展农村妇女免费增补叶酸预防神经管缺陷项目。2010年全县共结婚4158人，婚孕前实际培训3922人；政策内待孕妇女数2079人，实际检查妇女数1636人，孕前检查率78.7%；发放叶酸5189瓶，实际服用叶酸妇女数1180人；增补叶酸知识调查人数2364人，知识知晓人数1898人；叶酸服用依从率达50.4%。

【计划生育协会】 进一步完善村级计划生育协会工作规范和运行制度，开展计划生育村民自治活动，探索人口与计划生育村民自我教育、自我管理、自我服务的自治机制。与中国人寿保险公司联合推行计划生育意外伤害保险，彰显计划生育的优势和特点，为计划生育家庭解决后顾之忧。

【流动人口计划生育管理、服务】 稳步推进流动人口计划生育“一盘棋”工作，实施流动人口全员信息统计工作，初步建立全员流动人口信息数据库，全年共采集录入流动人口信息4.08万条。依托PADIS流管平台，强化对流动育龄人群的信息协查和反馈，初步建立起流动人口信息互通、共同管理的管理格局，流动人口计划生育区域化协作机制逐渐形成。

【药具管理】 注重生殖健康知识、生殖健康产品的宣传，加强新技术、新方法的引进和推广应用；加大基层药具管理工作人员的教育培训力度，组织开展计划生育药具系统“三基”岗位大练兵活动。认真开展计生药具优质服务“十进”活动，推进基层计划生育药具标准化建设、规范化管理和优质服务工作的落实。积极开展推广安全套预防艾滋病工作，督促检查宾馆、酒店安全套摆放情况，要求设置流动人口免费发放避孕药具专柜，各宾馆、酒店安全套摆放率达100%。

【基层基础设施建设】 2010年7月，投资100多万元的新建和改扩建的县计划生育服务站正式投入使用，并更新了计划生育服务车，统一了服务站

（所）标识。在全县建立了覆盖率较高、功能较完备、专业特色突出、深受人民群众欢迎的县乡计划生育服务网络。

【人口信息化建设】　按照省、市人口计生委的相关要求，完成人口计生信息化建设，建立育龄妇女及其家庭成员数据库，12乡镇计划生育工作站配备计算机，人口信息化建设取得阶段性成果。

【完成2010年度独生子女“奖、补”申报工作】　2010年，云县共申报享受国家奖励扶助政策674人，共享受补助资金52.03万元。其中：有382人享受独生子补助金，每人补助720元；有292人享受独生女补助金，每人补助840元。申报享受国家特别扶助政策202人，享受补助资金23.95万元。其中；有27人享受子女伤残补助资金，每人补助960元；有175人享受子女死亡补助资金，每人补助1200元。2009年10月至2010年3月办理农业人口独生子女父母光荣证50户，申报2010年第一批一次性奖励金43户，共申报奖励资金8.5万元。（本条摘自《云县信息》18期）

（杨天宏　供稿）

人　事

【概述】　2010年，云县人事局人事人才编制工作，在县委、县政府的领导下，在各级相关部门的帮助、支持下，坚持以邓小平理论和“三个代表”重要思想为指导，深入贯彻落实“人才强县”战略，着力打造“阳光人事、和谐人事”工作氛围，完成了2009年度7372名公务员、参公管理人员、工勤人员年终考核审核工作。认真抓好专业技术人员职称评聘和培训工作，做好事业单位人事制度改革工作。配合教育局搞好特岗教师招聘工作，积极做好大中专毕业生就业推荐工作和接收报到工作。全县人事人才编制工作健康、有序发展。

【公务员管理】　认真开展好全县机关事业单位工作人员年度考核审核、新批准参公事业单位公务员登记、2010年县乡机关公务员招考计划申报及组织报名、机关事业单位人员调配、公务员初任（晋级）培训、“三支一扶”选拔考试录用工作等。完成2009年度公务员、参公管理人员、工勤人员年终考核审核1875人，事业单位5497人，办理行政机关正常公务员登记14人，办理县内外人事调配手续58人，完成云县2010年县乡机关公务员招考录用工作，共报名人员926人，通过开展笔试、面试、体检、政审等工作，录用公务员17人。完成公务员初任培训1期67人，合格67人，组织开展初任公务员警示教育1次67人，组织开展全县行政机关进行《云县政策法规》培训考试1期，参加考试人员1839人，合格 1839人，“危机管理”知识培训1期，参加培训1839人，合格1839人。做好军队自主择业军官管理、企业军转干部生活困难补助和维稳工作和“三支一扶”、大学生村官的考核工作，开展企业军转干部和自主择业军官座谈会2次。

【专业技术人员管理】　在专业技术人员管理工作上，严格按照职称评定的有关政策规定和各类专业技术人员继续教育考试有关要求，本着“公开、公平、公正”原则，积极组织抓好专业技术人员管理各项工作。2010年，共组织推荐高级专业技术职务21人，审批初级职称晋升217人，推荐中级职称晋升61人。组织全县专业技术人员《危机管理》培训考试1期，参加培训人员5497人，《云县政策法规》培训考试1期，参加培训人员5497人。

【事业单位人事制度改革】　按照县委、政府的安排部署和《云县事业单位岗位管理实施方案》，认真抓好全县事业单位岗位设置管理实施方案的审核工作和全县事业单位岗位设置申报核准工作。全年共审核事业单位岗位设置实施方案73个单位，岗位设置申报审批5725个。

【人才资源开发】一是积极配合县教育局抓好特岗教师招聘录用工作，2010年，共招聘录用特岗教师100人。二是积极做好大中专毕业生就业推荐工作和接收报到工作，为大中专毕业生与非公企业搭建平台。办理大中专毕业生接收报到294人，其中：本科166人，专科103人，中专25人。接收大中专毕业生挡案292份，其中：本科121份，专科129份，中专42份。组织输出未就业大中专毕业生64人。三是组织开展专业技术人员计算机培训考试4期223人，合格176人，按照有关规定程序审批机关事业单位增人计划45人。四是坚持按需补充，公开招考原则，切实抓好2010年事业单位公开招聘工作人员工作，共有报名人员639人，通过笔试、面试、体检、政审工作，录用27人，完成事业单位定向招聘到农村基层服务项目服务期满高校毕业生工作，共招聘录用6人。办理人事代理手续47人。

【工资福利管理】 完成全县公共卫生和基础医疗卫生事业单位绩效工资审核兑现363人；完成事业单位岗位设置工资审核兑现417人；专业技术职称变动工资晋升54人；事业单位工作人员正常晋升薪级工资4700人；审批离退休干部住院护理费139人；办理退休手续31人；审核工伤界定8人；办理退休人员建房费、安家费69人；办理公务员及事业单位工作人员转正定级65人；审核临时聘用人员工资3人；办理遗属抚恤金批复40人；审核兑现2009年度国家机关公务员年终一次性奖金和义务教育学校外事业单位一个月基本额度发放5000余人；审核2010年度义务教育学校奖励性绩效工资18770人次；审核受处分人员工资变动10人。

【机构编制管理】 审核机构设立、机构升格事项4项，其中：报经县编委同意新设立股所级机构3个（云县敬老院、云县青少年校外活动中心和乡镇人民政府教育办公室），经县编委报市编委审批机构升格1项（将云县森林公安局从副科级单位升格为正科级单位，加挂云县公安局森林警察大队牌子）；审核人员编制事项8项，其中：分配下达政法专项编制6名（县法院2名、县检察院2名、县司法局2名）；增核人员编制13名（机关工勤编制2名、非教育类事业编制专技岗位8名、非教育类事业编制工勤3名）；审核待提交县编委审批成立的股所级机构5个；办理人事调配人员编制审核80人次；办理事业单位法人登记33个单位，其中：新登记6个单位，变更登记27个单位；进行事业单位法人年检87个单位；配合民政部门安置2010年退役士兵3人，办理政协提案3件。

【档案管理】 全年办理转出人事挡案56卷；接收人事档案14卷、退休人员档案31卷；查借阅人事档案120卷，办理查借阅文书档案32卷；完成干部人事档案计算机录入4845卷；实现全县干部人事档案达省二级标准。

【来信来访】 在处理来信来访工作时，严格遵循“事实、法律、公正、效能”的原则，及时、准确地处理好各项来信来访事务。全年累计接待群众来信来访156人次件，办结156人次件，办结率达100%。

【其他工作】 一是到扶贫挂钩村和新农村指导员所驻村晓街乡万佑村做好核桃“三率”管护工作，帮助协调资金9500元。二是认真开展好全局创先争优活动。三是认真抓好“三个一百”目标工作的实施，完成财政预算支出400余万元，其中向上争取资金200万元。三是认真组织开展好干部队伍自身建设，着力打造“和谐人事、阳光人事”工作新局面。

（俸清梅 供稿）

民族宗教事务

【概述】 2010年，民族宗教工作以科学发展观统领全局，牢牢把握各民族共同团结奋斗、共同繁荣发展这个工作主题，在搞好民族宗教理论政策学习和宣传工作的基础上，继续搞好扶持人口较少民族发展项目，启动了大朝山西镇坡头村委会富信自然村民族团结示范村建设项目，完成了人口较少民族基本情况调查。认真开展影响民族团结、宗教领域稳定的矛盾纠纷排查调处。全县未发生一起因民族、宗教因素引发的矛盾纠纷和群体性上访事件，维护了全县的民族团结和宗教平稳。年内，首先在“圣教寺”开展《宗教活动场所财务监督管理办法（试行）》试点工作，依法管理宗教事务，积极引导宗教与社会主义社会相适应，努力促进少数民族和民族地区经济社会又好又快发展，不断加大少数民族干部人才培养和宗教工作“三支队伍”建设力度，巩固和发展平等、团结、互助、和谐的社会主义民族关系，营造了民族团结、宗教平稳的良好氛围，为全县的经济发展和民族团结创造了良好的社会环境。

【理论学习、宣传】 加强宣传，营造民族团结浓厚氛围。结合《临沧市民族团结宣讲活动实施方案》，制定了《云县民族团结宣讲活动实施方案》，认真组织在全县范围进行宣讲。4月9日，组织县级各部门主要领导、乡镇领导和站所负责人400余人聆听了省民族团结宣讲团成员、云南大学民族研究院党委书记张跃教授所作的题为《各民族团结友爱是中华民族的生命所在力量所在和希望所在》的专题报告。5月12日—28日，为贯彻落实好《党和国家民族政策宣传教育提纲》，展示民族宗教工作部门在综治维稳工作中的重要作用和取得的成果，配合县委组织部、宣传部、党校等部门到12乡镇对新当选的村干部进行宣讲。提高了云县县广大干部职工对民族团结的认识。一年来，共开展宣讲活动12场次，受教育群众达5800余人，发放宣传材料2000份。通过宣传教育，达到了宣传党的民族宗教政策、普及民族宗教知识，加强民族团结、保持宗教平稳，促进社会和谐稳定的目的，使马克思主义民族宗教观、“三个离不开”、“四个维护”的思想和民族宗教政策法规不断深入人心，在全社会营造了团结和谐的良好氛围。

【少数民族发展项目】 一是扶持人口较少民族发展项目。年内共向省民委、市民宗局论证申报扶持人口较少民族发展资金项目4个，项目计划总投资779.5万元，争取到上级补助资金140万元。分别是：(1)云县茂兰镇牛圈箐村委会团山自然村扶持人口较少民族发展重点示范村建设项目，项目计划总投资487.5万元，争取到上级补助资金50万元；(2)云县忙怀乡帮六村委会上忙怀自然村扶持人口较少民族发展示范村建设项目，项目计划总投资136万元，争取到上级补助资金30万元；(3)云县茂兰镇牛圈箐村委会人口较少民族整村推进建设项目，项目计划总投资70万元，争取到上级补助资金30万元；(4)云县忙怀乡帮六村委会人口较少民族整村推进建设项目，项目计划总投资86万元，争取到上级补助资金30万元。以上4个申报项目已经得到省民委、市民宗局的批准，开始启动实施。

二是民族团结示范村。年内申报的云县大朝山西镇坡头村委会富信自然村民族团结示范村建设项目，项目计划总投资105.5万元，争取到上级补助资金30万元。该项目已经得到省民委、市民宗局的批准，开始启动实施。

【调查研究】 一是完成了人口较少民族占20%以上村的基本情况调查表和人口较少民族“十二五”规划工作。5月份，根据省民委、市民宗局关于核实人口较少民族“十二五”规划的有关要求，民宗局积极组织人员，在深入12乡镇进行调查摸底后，完成了人口较少民族占20%以上村的基本情况调查表和人口较少民族“十二五”规划工作。共涉及茂兰镇丙令村，栗树乡小帮赶村，忙怀乡慢卡村、拉弄村，涌宝镇老鲁村、南茂河村和石头寨村7个村。

二是完成了少数民族人口占行政村30%以上调

查表的核实填报工作。

【目标管理】 一是继续坚持和完善民族团结目标管理责任制和宗教工作目标管理责任制。在全市民族宗教工作会议召开后，云县与12乡(镇)签订了民族团结目标管理责任书和宗教工作目标管理责任书，12乡镇又分别与村委会(社区）签订了责任书。通过层层签订责任书，把加强民族团结、保持宗教平稳、维护社会稳定工作落到实处，落实到每个环节。2010年，云县民族宗教事务局的宗教工作目标管理责任制被临沧市民宗局表彰为优秀奖，民族团结目标管理责任制表彰为完成任务奖。

二是认真开展影响民族团结、宗教领域稳定的矛盾纠纷排查调处。妥善处理民族群众间的矛盾纠纷，是加强民族团结，维护社会稳定，巩固和发展社会主义民族关系的重要保证。县民族宗教管理局始终坚持“团结、教育、疏导、化解”的方针，配合各乡（镇）党委、政府定期对辖区内涉及民族的问题进行认真排查，做到心中有数。对可能发生的影响民族团结的问题，搞好预测，超前做好工作，提前化解矛盾，及时消除不安定因素，牢牢把握工作的主动权。同时，在“2010年上海世博会”和“广州亚运会”期间，实行24小时值班制度和零报告制度。一年来，全县未发生一起因民族、宗教因素引发的矛盾纠纷和群体性上访事件，维护了全县的民族团结和宗教平稳，为构建和谐平安云县作出了贡献。

【依法管理宗教事务】 一是继续深入开展“和谐寺观教堂”创建活动，9月，云县的爱华回营清真寺和云县伊斯兰教协会分别被推荐为“和谐寺观教堂”和和谐寺观教堂创建先进集体参加省宗教局评选。

二是开展宗教活动场所财务监督管理和教职人员认定备案工作。按照国家宗教事务局、云南省宗教事务局和临沧市民族宗教事务局的总体安排，决定自2010起，用3年时间在全市组织开展宗教活动场所财务监督管理工作。年内，首先在“圣教寺”开展《宗教活动场所财务监督管理办法（试行）》试点工作，宗教活动场所财务监督管理和教职人员认定备案工作正在有序开展中。

【挂钩帮扶】 年内，茂兰镇忙卓村受到旱情影响，群众的生产生活用水十分困难。3月25日上午，县民族宗教事务局局长率队，到灾情较重的忙卓完小、麻栗树组调查了解灾情，帮助当地群众做好抗旱救灾工作，同时要求驻村指导员蹲点帮助指导群众进行抗旱自救，并从部门紧张的办公经费中挤出3000元给忙卓村作为救灾经费补助。11月1日，县民族宗教事务局全体干部职工到漫湾镇昔宜村，帮助指导下排组王新明等11户挂钩农户家开展旧村旧房改造工作。

（左华 供稿）

人物　表彰

歌咏比赛（沈仕春　摄）

县级四班子领导简介

【中共云县县委第十一届委员会常务委员会委员】

宋红临　男，1966年5月生，河北邯郸兹县人，大学文化。1985年10月参加工作，中共党员。

主要工作简历：1985年10月至1989年2月在临沧县博尚区公所工作，历任团委书记、组织干事。1989年3月至1994年1月在临沧县委组织部工作，历任组织组长、干部组长、副部长。1994年2月至1997年2月任博尚镇党委书记。1997年3月至1998年3月任临沧县农业局党总支书记、局长。1998年3月至2002年2月任临沧县人民政府副县长。2002年2月至2002年11月任临沧县县委常委、常务副县长。2002年12月至2003年2月任中共云县县委副书记、代理县长。2003年3月至2009年5月任中共云县县委副书记、云县人民政府县长。2009年6月始任中共云县县委书记。

杨世吉　男，汉族，1964年9月生，云南凤庆县人，大学文化。1984年7月参加工作，中共党员。

主要工作简历：1984年7月至1989年5月在沧源县审计局工作（其间：1987年6月起任副局长）。1989年6月至2001年2月，在临沧行署审计局工作（其间：1989年9月至1993年2月任综合科副科长；1993年3月起任综合科科长；1995年9月至1997年6月在云南大学法律系脱产读书）。2001年3月至2003年1月任中共永德县委常委、纪委书记；2003年2月至2006年5月任中共永德县委副书记、纪委书记；2006年5月至2007年2月任中共永德县委副书记、县人民政府副县长（主持县政府工作）；2007年3月至2009年5月任中共永德县委副书记、县人民政府县长，2006年8月当选为市委委员。2009年6月至2010年2月任中共云县县委副书记、云县人民政府代理县长。2010年2月始任中共云县县委副书记、云县人民政府县长。

何正良　男，汉族，1969年3月生，云南省凤庆县人，大学文化，1990年7月参加工作，中共党员。

主要工作简历：1990年7月至2005年5月在临沧地区财政局工作（其间：1990年7月至1998年10月在行署财政局农税科工作，1996年10月至1998年10月任云县栗树乡乡长助理；1998年11月至2002年3月在行署财政局办公室工作，1999年3月起任办公室副主任主持工作；2002年4月至2005年5月在临沧地区财政局综合科任科长）。2005年6月至2007年11月任临沧市财政局党组成员、总会计师。2007年12月至2009年10月任中共云县县委常委、云县人民政府常务副县长。2009年11月至2010年5月任中共云县县委副书记。

周世江　男，汉族，1965年8月生，河南省固始县人，大学文化，1983年10月参加工作，中共党员。

主要工作简历：1983年10月至2001年10月在步兵一四九师工作（其间：1983年10月至1984年5月在步兵第一四九师四四五团服役；1984年6月至1989年11月任步兵第一四九师四四五团二营部文书；1989年12月至1991年11月任步兵第一四九师四四五团二营五连排长；1991年12月至1994年8月任步兵第一四九师四四五团炮连排长；1994年9月至1996年2月任步兵第一四九师卫训队副队长，1996年3月至1998年4月任步兵第一四九师卫训队队长。1998年5月至1999年11月任步兵第一四九师医院政治协理员，1999年12月至2001年10月任步兵第一四九师后勤部计生办助理员。2001年11月至2004年3月任昆明警备区嵩明县人武部政工科科长；2004年4月至2005年3月任云南省临沧军分区政治部宣传保卫科科长。2005年4月至2007年2月任云南省临沧军分区政治部组织干部科科长）。2007年3月始任中共云县县委常委、云县人民武装部政治委员。

李尚清　男，汉族，1964年8月生，云南省凤庆县人，大学文化。1984年4月参加工作，中共党员。

主要工作简历：1984年4月至1986年11月在凤庆县凤山镇麦地小乡工作，任文书、乡长。1986年12月至1993年2月在凤庆县马街乡（小湾镇），任团委书记（其间：1991年5月起任乡党委书记助理）。1993年3月至1998年4月任凤庆县勐佑乡党委副书记、党委书记。1998年5月至2000年12月任凤庆县土地局局长。2001年1月至2002年9月任凤庆县移民办主任。2002年10月至2003年4月任凤庆县建设局局长。2003年4月至2005年6月任凤庆县发展计划局局长。2005年6月至2007年11月任云县人民政府副县长。2007年12月至2009年10月任中共云县县委常委、政法委书记。2009年11月至始任中共云县县委常委、县人民政府常务副县长。

吕　江　男，汉族，1971年10月生，云南曲靖人，大学文化。1990年12月参加工作，中共党员。

主要工作简历：1990年12月至1996年11月在双江县委办公室秘书二股工作。1996年11月至2001年11月任双江县委办公室副主任（2001年1月始享受正科待遇）；2001年11月至2003年2月任双江县邦丙乡党委书记（2003年2月始任中共双江县县委常委）；2003年3月至2005年2月任中共双江县委常委、县委办公室主任。2005年3月始任中共云县县委常委、组织部长。

罗　原　男，汉族，1964年11月生，云南省临翔区人，大学文化。1983年8月参加工作，中共党员。

主要工作简历：1983年8月至1989年8月在云县幸福中学任教。1989年8月至1996年4月在中共云县纪律检查委员会工作（1993年6月始任案件检查室主任）。1996年4月任中共忙怀乡党委书记。1998年5月至2002年4月任云县人民政府统计局局长。2002年5月至2003年3月任云县人民政府教育局局长。2003年3月至2005年5月任云县人民政府党组成员、县政府办公室主任。2005年5月至2006年5月任中共云县县委常委、爱华镇党委书记。2006年6月至2007年12月任中共云县县委常委、云县人民政府副县长、宣传部长。2008年1月始任中共云县县委常委、云县人民政府副县长。

严　波　男，汉族，1965年10月生，云南省凤庆县人，大学文化。1982年10月参加工作，中共党员。

主要工作简历：1982年10月至1985年10月在蒙自军分区服役，任司令部文书。1985年11月至1995年12月在凤庆县民政局工作，任办公室秘书。1995年12月至1998年4月在凤庆县政府办公室工作，任副主任。1998年5月至1999年1月在凤庆县雪山乡工作，任党委副书记、副乡长、代理组长。1999年2月至2001年5月在凤庆县雪山乡工作，任乡长。2001年6月至2002年8月在凤庆县三岔河镇工作，任党委书记。2002年9月到2005年7月在凤庆县委组织部工作，任副部长、正科级组织员。2005年7月至2006年5月在凤庆县人事局工作，任政府党组成员、县委组织部副部长、人事局局长、县机构编制委员会办公室主任。2006年6月始在云县纪委监察局工作，任中共云县县委常委、县纪委书记。

刘绍军　男，汉族，1969年12月生，云县大寨镇人，在职研究生学历，1989年8月参加工作，中共党员。

主要工作简历：1989年8月至1992年12月在大寨小学任教；1993年1月至1995年10月在大寨乡政府工作，曾任农经员、政府办公室主任；1995年11月至1997年8月任大寨乡纪委书记；1997年9月至1999年6月在省委党校读书；1999年7月至2001年9月任云县监察局副局长；2001年10月至2002年2月任漫湾镇党委副书记、副镇长、代理镇长；2002年3月至2004年7月任漫湾镇党委副书记、镇长；2004

年8月至2006年2月任漫湾镇党委书记；2006年3月至2006年4月任漫湾镇正科级干部；2006年5月至2006年8月任中共云县委组织部副部长、云县人民政府人事局局长；2006年9月至2007年11月任云县人民政府林业局党组书记、局长；2007年12月始任中共云县县委常委、县委办公室主任。

董华春　女，汉族，1969年12月生，云南省楚雄人，大学文化。1990年7月参加工作，中共党员。

主要工作简历：1990年7月至2007年11月在《临沧日报》社工作，其间：1991年年底下派到临沧县博尚镇锻炼，1991年年底至1995年6月在《临沧日报》四版工作，1995年6月至1999年3月在《临沧日报》一版工作，1999年3月至2003年12月任《临沧日报》社总编室副主任（其间在市委学教办、学习办工作两年），2003年12月至2006年12月任《临沧日报》社总编室主任，2006年12月至2007年12月任三版编辑部主任。2007年12月始任中共云县县委常委、宣传部长。

郭　洪　男，土族，1973年12月生，云南凤庆县人，本科文化（中央党校经济管理专业），1992年2月参加工作，中共党员。

主要工作简历：1992年2月至1992年8月在镇康县财政局工作；1992年8月至1995年10月在镇康县机要局工作（其间：1995年1月至1995年10月下派到南伞镇营盘办事处锻炼）；1995年10月至1998年12月在共青团镇康县委工作（其间：1995年11月任副书记，1998年4月任书记）；1998年12月至2004年1月在行署旅游局工作（其间：1998年12月任主任科员，2000年7月任办公室主任）；2004年1月至2007年7月任共青团临沧市委党组成员、副书记；2007年7月至2010年5月任共青团临沧市委党组书记、共青团临沧市委书记；2010年5月始任中共云县委副书记（正处级）。

董琦　男，汉族，1973年5月生，云南省双江县人，硕士研究生（法律专业），1994年7月参加工作，中共党员。

主要工作简历：1994年7月至2000年2月在临沧市司法局工作，分别在办公室、政治处工作；2000年10月至2010年3月在中共临沧市委政法委工作，分别在办公室、政治部、执法监督室工作，任执法监督室主任（其间；2003年至2005年12月下派到凤庆县洛党镇工作，任镇党委副书记、副镇长）；2010年3月始任中共云县县委常委、县委政法委书记。

胡珀（挂职）　男，1962年7月生，河南省郑州市人，大专文化，中共党员。

主要工作简历：1981年10至1999年10月在部队复役，先后担任14集团军坦克旅排长、连长、参谋、副营长、副部长、科长等职。1999年10月转业到云南省国土资源管理厅工作至今（其间：1999年10月至 2000年8月任机关党委主任科员；2000年8月至2002年10月任耕地保护处副处长；2002年10月至2005年8月任土地利用处处长；2005年8月至2010年3月任规划处、科技处长；2010年3月挂职下派云县任中共云县县委副书记、新农村建设工作总队长。

【云县第十四届人大常委会主任、副主任】

刘灿　男，汉族，1958年7月生，云南省云县人，大专文化。1974年10月参加工作，1984年4月加入中国共产党。

主要工作简历：1974年10月至1975年12月在幸福公社当知青。1976年1月至1986年8月在县人民法院工作，历任书记员、审判员、民庭庭长等职。1986年9月至1987年3月任云县人大常委会法制科副科长。1987年4月至1990年4月任县人民检察院副检察长。1990年5月至1993年2月任云县人民检察院检察长。1993年3月至2002年2月任云县人民政府副县长（其间：1994年9月至1996年7月在省委常校脱产读书）。2002年3月至2003年2月任中共云县县委副书记。2003年3月至2008年2月任云县第十三届人大常委会主任。2008年3月至始任云县第十四届人大常委会主任。

李惠芬　女，彝族，1961年10月生，云南省云县人，大学文化。1982年8月参加工作，1992年10月加入中国共产党。

主要工作简历：1982年8月至1996年9月在云县茶房乡政府工作（1995年11月至1996年9月任茶房乡党委副书记、纪委书记）。1996年10月至2003年2月任妇联主席（其间：1998年3月至2003年2月任中共云县县委常委，2000年6月至12月在省环保局挂职任政策法规处副处长）。2003年3月至2008年2月任云县第十三届人大常委会副主任。2008年3月始任云县第十四届人大常委会副主任。

姜登位　男，彝族，1967年1月生，云南云县人，大学文化。1988年8月参加工作，1993年12月加入中国共产党。

主要工作简历：1988年8月至2001年11月在云县民政局工作（其间：1989年8月至1992年8月任社会救济股股长，1992年9月至1999年4月任办公室主任，1999年5月起任民政局副局长）。2001年12月至2003年3月任涌宝乡人民政府代理乡长、乡长，2003年4月垤 2006年1月任涌宝镇镇长，2006年2月至2008年2月任涌宝镇党委书记。2008年3月始任云县第十四届人大常委会副主任。

王德安　男，汉族，1964年3月生，云南省云县人，大学文化。1983年8月参加工作。

主要工作简历：1983年8月至2000年5月在云县供销社工作（其间：1995年5月至2000年5月任供销社副主任）。2000年6月至2003年3月任云县澜沧江大酒店总经理。2003年3月至2007年12月任云县人民政府副县长。2008年1月至2月任云县人大常委会副处级干部。2008年3月始任云县第十四届人大常委会副主任。

吴永斌　男，汉族，1968年7月生，云南省云县人，本科文化，1988年8月参加工作，中共党员。

主要工作简历：1988年8月至1989年3月在云县幸福乡班洪完小任教；1989年4月至1992年7月在云县幸福乡中心完小任教；1992年8月至1995年11月任云县幸福乡教育组组长；1995年12月至1997年11月任云县幸福乡人民政府副乡长；1997年12月至1999年5月任云县晓街乡党委副书记、乡长；1999年6月至2001年3月任云县晓街乡党委书记；2001年4月至2002年3月任云县爱华镇党委书记；2002年4月至2006年5月任云县人民政府副县长；2006年5月至2008年3月任云县政协党组成员、县委统战部部长、县委对台办主任、县侨联主席、县台湾事务办公室主任、县侨办主任（其间：2006年7月至2008年3月任云县政协副主席）。2008年3月始任云县第十四届人大常委会副主任。

【云县第十四届人民政府县长、副县长】

杨世吉　男，汉族，1964年9月生，云南凤庆县人，大学文化。1984年7月参加工作，中共党员。

主要工作简历：1984年7月至1989年5月在沧源县审计局工作（其间：1987年6月起任副局长）。1989年6月至2001年2月，在临沧行署审计局工作（其间：1989年9月至1993年2月任综合科副科长；1993年3月起任综合科科长；1995年9月至1997年6月在云南大学法律系脱产读书）。2001年3月至2003年1月任中共永德县委常委、纪委书记；2003年2月至2006年5月任中共永德县委副书记、纪委书记；2006年5月至2007年2月任中共永德县委副书记、县人民政府副县长（主持县政府工作）；2007年3月至2009年5月任中共永德县委副书记、县人民政府县长，2006年8月当选为市委委员。2009年6

月至2010年2月任中共云县县委副书记、云县人民政府代理县长。2010年2月始任中共云县县委副书记、云县人民政府县长。

李尚清　男，汉族，1964年8月生，云南省凤庆县人，大学文化。1984年4月参加工作，中共党员。

主要工作简历：1984年4月至1986年11月在凤庆县凤山镇麦地小乡工作，任文书、乡长。1986年12月至1993年2月在凤庆县马街乡（小湾镇），任团委书记（其间：1991年5月起任乡党委书记助理）。1993年3月至1998年4月任凤庆县勐佑乡党委副书记、党委书记。1998年5月至2000年12月任凤庆县土地局局长。2001年1月至2002年9月任凤庆县移民办主任。2002年10月至2003年4月任凤庆县建设局局长。2003年4月至2005年6月任凤庆县发展计划局局长。2005年6月至2007年11月任云县人民政府副县长。2007年12月至2009年10月任中共云县县委常委、政法委书记。2009年11月始任中共云县县委常委、县人民政府常务副县长。

罗　原　男，汉族，1964年11月生，云南省临翔区人，大学文化。1983年8月参加工作，中共党员。

主要工作简历：1983年8月至1989年8月在云县幸福中学任教。1989年8月至1996年4月在中共云县纪律检查委员会工作（1993年6月始任案件检查室主任）。1996年4月任中共忙怀乡党委书记。1998年5月至2002年4月任云县人民政府统计局局长。2002年5月至2003年3月任云县人民政府教育局局长。2003年3月至2005年5月任云县人民政府党组成员、县政府办公室主任。2005年5月至2006年5月任中共云县县委常委、爱华镇党委书记。2006年6月至2007年12月任中共云县县委常委、云县人民政府副县长、宣传部长。2008年1月始任中共云县县委常委、云县人民政府副县长。

邱开宁　男，1964年8月生，云南临翔区人，大学文化，1983年7月参加工作，中共党员。

主要工作简历：1983年7月至1985年1月在临沧县公安局马台派出所工作。1985年2月至1988年10月在临沧县公安局交通队工作。1988年11月至1990年5月在临沧县公安局凤翔派出所侦破组工作。1990年5月至2001年1月在临沧县公安局工作（其间：1991年12月任刑侦大队副队长，1993年8月任指导员，1996年3月任大队长，1998年12月任副局长兼刑警大队大队长）。2001年2月至2005年12月在沧源自治县公安局工作，任公安局局长。2005年12月至2007年10月在临沧市公安局工作，任刑事侦查支队支队长。2007年11月至2010年12月任云县人民政府党组成员、副县长、县公安局党委书记、局长。

韩树林　男，回族，1965年2月生，云南凤庆县人，大学文化，1984年8月参加工作。

主要工作简历：1984年8月至1988年8月在凤庆县郭大寨卫生院工作。1988年9月至1995年9月在云县计划生育服务站工作，任副站长、站长（其间：1993年至1995年7月到四川生殖学院读书）；1995年10月至2003年3月在云县计划生育局工作，任政协副主席、计生委副主任、计生局局长。2003年4月至2008年2月在云县卫生局工作，任政协副主席、卫生局局长。2008年3月始任云县人民政府副县长。

洪立云　男，汉族，1973年6月生，云南凤庆县人，大学文化，1995年8月参加工作，中共党员。

主要工作简历：1995年8月至2008年1月在临沧市（地区）水利局工作，（其间：1995年10月至1997年4月任沧源县勐来乡乡长助理；2002年5月任防汛抗旱办公室副主任；2004年12月任临沧市防汛抗旱办公室主任）；2006年2月至2008年1月任水土保持科科长（其间：2006年3月2008年1月下派双江县勐勐镇忙乐村进行社会主义新农村工作，任勐勐镇副镇长、忙乐村副支书）。2008年1月至2008年2月任云县人民政府县长助理。2008年2月至始任云县人民政府党组成员、副县长。

陆　伟　男，汉族，1967年4月生，云南玉溪人，大学文化，1989年7月参加工作，中共党员。

主要工作简历：1989年7月至1991年4月在新疆维吾尔自治区电子研究所工作；1991年4月至1994年12月在新疆计算机技术服务公司工作；1994年12月至1997年9月在新疆维吾尔自治区投资公司工作；1997年9月至2004年11月任云南省开发投资有限公司财务部、投资部业务主管〔其间：1999年9月至2002年7月就读于云南大学会计专业（第二学历）〕；2004年11月至2005年5月任云南省开发投资有限公司人事政工部副经理；2005年5月至2007年9月任云南省开发投资有限公司办公室副主任；2007年9月至2009年1月任云南省投资控股集团有限公司党群工作部副部长（部门正职级）；2009年1月至2009年7月任云南省投资控股集团有限公司党群工作部副部长（部门正职级）；集团工会副主席、职工监事；2009年7月始任云南省投资控股集团有限公司部门正职级外派云南数字电视公司任副总经理（其间2010年9月下派云县人民政府任科技副县长）。

高　明　男，汉族，1967年12月生，重庆垫江人，大学文化，中共党员。

主要工作简历：1986年11月至1988年8月任武警临沧支队耿马自治县中队文书；1988年9月至1990年7月任武警昆明指挥学校学员；1990年7月至1992年1月任武警临沧支队永德县中队排长；1992年1月至1994年2月任武警临沧支队永德县中队副政治指导员；1994年2月至1997年2月任武警临沧支队永德县中队政治指导员；1997年2月至1998年2月任武警临沧地区支队军械运输股股长；1998年2月至1999年8月任武警临沧地区支队后勤协理员；1990年9月至2002年1月在临沧行署公安局禁毒支队工作；2002年1月至2003年5月任临沧行署公安局禁毒支队毒品案件侦查大队副大队长；2003年5月至2006年2月任临沧市公安局禁毒支队副支队长；2007年12月至2010年10月任凤庆县人民政府副县长、公安局长；2010年10月始任云县人民政府副县长、云县公安局党委书记、局长。

【政协云县第六届委员会主席、副主席】

何春华　男，彝族，1958年12月生，云南省云县人，大学文化，1982年2月大学毕业分配工作，中共党员。

主要工作简历：1982年2月至1984年5月在中共云县委宣传部工作；1984年6月至1987年5月在中共云县委党史办工作；1987年6月至1988年2月任共青团云县委员会副书记；1988年3月至1997年2月在中共云县县委党史征集研究室工作（其间：1988年3月至1995年10月任副主任；1995年11月起任主任）；1997年3月至1998年2月任云县漫湾镇党委书记；1998年3月至2003年1月任中共云县县委常委、县委办公室主任；2003年2月至2006年5月任中共云县委副书记；2006年5月至2006年6月任云县政协党组书记；2006年7月始任云县政协党组书记、主席。

钟汝菊　女，汉族，1970年11月生，云南省云县人，在职研究生，1988年12月参加工作，中共党员。

主要工作简历：1988年12月至1998年6月在云县大朝山西镇人民政府工作；1998年7月至1998年9月在云县妇女联合会工作；1998年10月至2002年4月在云县茶房乡人民政府工作（其间：1998年10月至2000年5月任副乡长；2000年6月至2000年7月任乡党委副书记、代理乡长；2000年7月至2002年4月任乡党委副书记、乡长）；2002年4月至2004年7月任云县人民政府副县长；2004年7月始任云县政协副主席。

杨仙琴　女，白族，1971年11月生，云南省云县人，大学文化，1991年8月参加工作。

主要工作简历：1991年8月至1994年12月在云县头道水乡林业站工作；1995年1月至1999年11月在云县林业局工作（其间：1998年11月至1999年11月任副局长）；1999年12月至2004年10月任云县建设局副局长、园林园艺局局长；2004年11月至2008年2月任云县人口和计划生育局局长；2008年3月始任云县政协副主席其间：2008年4月起任云县工商业联合会（商会）主席（会长）。

熊兴荣　男，彝族，1968年11月生，云南省云县人，大学文化，1991年8月参加工作。

主要工作简历：1991年8月至1992年10月在云县商业局工作；1992年11月至2004年7月在云县人事劳动局工作（其间：2002年7月起任副局长）；2004年8月至2008年2月任云县政协民族宗教港澳台侨委主任（其间：2006年4月至2008年2月下派茶房乡任副乡长专抓文乃村新农村建设）；2008年3月始任云县政协副主席。

刘绍云　男，汉族，1962年9月出生，云南云县人，大学文化，1984年8月参加工作，中共党员。

主要工作简历：1984年8月至1986年10月在云县农牧局工作；1986年11月至1990年3月任云县农牧局农机管理股股长；1990年4月至1991年8月任云县农机局副局长（其间：1991年9月至1992年3月任云县农机局副局长主持工作）；1992年4月至1995年11月任云县农机局局长、支部书记；1995年12月至1996年11月任农机局局长、农机综合服务中心主任；1996年12月至2001年5月任云县爱华镇党委书记；2001年6月至2003年2月任云县国土资源局局长、县移民办主任、援漫办主任；2003年3月至2008年1月任云县人民政府副县长；2008年2月始任中共云县委统战部部长（其间：2008年3月起任云县政协副主席）。

云县巡视督查组领导简介

刘宏胤　男，汉族，1954年9月生，云南省云县人，大专文化。1971年12月参加工作，1985年6月加入中国共产党。

主要工作简历：1971年12月至1973年12月在云县涌宝公社平河畜牧场当知青。1973年12月至1974年8月在云县幸福公社向阳大队勐底生产队当知青。1974年9月至1976年7月在临沧师范读书。1976年8月至1979年8月在幸福完小任教。1979年9月至1986年11月在幸福中学任教。1986年12月至1989年8月在云县文化馆工作，任副馆长。1989年9月至1990年5月在云县文教局工作，任文化体育股股长。1990年6月至1993年3月在云县文化局工作，任副局长。1993年4月至1993年11月任云县人民政府办公室副主任。1993年12月至1998年5月任云县文化局（文体局）局长。1998年5月至2002年3月任云县人民政府办公室主任。2002年3月至2008年2月任云县第十二、十三届人大常委会副主任。2008年3月至2009年2月任云县人大常委会副处级干部。2009年3月始任云县巡视督查组组长（正处级）。

徐家应　男，汉族，1972年2月生，云南云县人，大学文化，1989年8月参加工作，1998年7月加入中国共产党。主要工作简历：1989年8月至1993年 7月在云县爱华镇独木小学任教。1993年8月至1995年12月在云县爱华镇党委办任宣传干事、人大秘书。1996年1月至2000年11月在云县人民政府办公室任秘书二股股长。2000年12月至2002年4月在云县大朝山西镇人民政府任副镇长。2002年4月至2004年7月在共青团云县委员会任团县委书记。2004年8月至2006年2月在云县漫湾镇人民政府任镇长。2006年3月至2009年2月在云县漫湾镇人民政府任党委书记、镇长。2009年3月始任云县巡视督查组副组长（副处级）。

杨廷军 男，1967年11月生，白族，云南云县人。大学文化，1987年8月参加工作，1996年7月加入中国共产党。

主要工作简历：1987年8月至1990年8月在幸福乡帮别坝小学任教。1990年9月至1993年8月在幸福学区丙凤完小任教（任幸福学区教副主任兼完小校长）。1993年9月至1995年7月在云南教育学院脱产进修学习。1995年8月至1997年7月在幸福中学工作，任副校长。1997年8月至1999年3月在幸福民族中学任校长。1999年3月至2001年9月任幸福乡副乡长。2001年10月至2003年3月任云县教育局副局长。2003年4月至2006年3月任涌宝镇党委书记。2006年4月至2007年3月任云县建设局局长。2007年4月至2009年2月任云县教育局局长。2009年3月始任云县巡视督查组副组长（副处级）。

“感动临沧”云县人物

张学伟 养路工，一个普通的名字。养路工，一个平凡的岗位。然而就是在这样的普通和平凡之中，他却用自己崇高的职业道德和敬业精神，立足岗位、默默奉献，赢得了各级领导和群众的赞誉。

张学伟出生于1958年， 1983年进入云县公路管理段，成为一名普通的小罗扎机化站侧沟养护工。工作28年来，他始终勤勤恳恳，踏踏实实，他把“创先争优”作为一种激励自己奋勇向前、拼搏进取的动力，用自己的实际行动展示了当代养路工人的风采，为道路“通、平、美、绿、安”做出了积极贡献。

自进入云县公路管理段以来，他没有别的，唯独比别人富有的东西，就是成了先进工作者“大户”。2007～2009年，张学伟更是连续3年的“先进工作者”，这样的“三连冠”荣誉，还有1998～2000年三年。张学伟到底还有多少先进工作者的荣誉，连他自己也说不清，问他，他只能回答“很多”。

说到张学伟的事迹，还真找不到什么惊天动地的东西。人们钦佩他，源于一点一滴的工作。

张学伟就一个岗位——一线养路工。现在，在云县公路管理段，张学伟已是位居一线养路工“第二元老”。他转战过一个个道班，但从没在环境稍好的道班工作过。

在张学伟的心里，他把公路放得最重。在他看来，要是自己分内的路段管得不如人，那就是尴尬。所以，无论是过去的砂石路，还是现在的柏油路，他不与别人比辛苦，总是暗暗与别人比质量。就拿路肩和边坡的杂草清理来说，他宁可多把腰弯下些，动作多别扭难受些，也一定要按草高不超过3公分的要求做到位。严格的自我要求，早出晚归成了张学伟的工作习惯，经常一上路就是10几个小时才下班。尤其是雨天，张学伟会倍感牵挂，生怕公路哪里会塌方，哪里会水毁，哪里会落石。

2009年7月，由于云县境内暴雨频繁，造成云县段管养路段多处发生水毁、坍塌方，涵洞、挡墙严重受损。张学伟了解到情况后，立即报告给站长，并且积极协助领导做好清扫塌方、泥土的工作。当时雨势很大，工人在坍塌路段两边设置警示牌让车辆改道绕行后，立刻清理现场，直到当天晚上11时，才抢通了一条小通道。回到家已是凌晨1点多了，简单地洗个澡吃了饭，累得倒头就睡，次日凌晨5点，张学伟和他的同事们又上路继续清理路面。

夏天，在高达40度的气温下，他穿上橙色的标志服，脚踩着发烫的路面，挥动锄头、铁铲，清扫侧沟，汗流浃背，没有一丝风吹过，空气中黏黏的充满了咸湿的气息与浓浓的柏油味。冬天，呼啸的寒风把他吹得睁不开眼睛，手冻裂了肩膀磨肿了。可他无怨无悔，他时刻战斗着：掏沟引水，清除路上的一切障碍物，保证公路、边沟、涵洞畅通无阻。春节、“五一”、“十一”，当人们正悠闲地喝着热茶，品着美味佳肴陶醉于节日的喜庆时，他却正在为公路的畅通、安全日夜奋战，尽管节日团圆的愿望萦绕在心间，却依然尽心竭力地做着清理侧沟、路面保洁等工作。他家在凤庆县洛党镇，长期与家人分隔两地，年年节假日，他不忍心让别人蹲守在冷冷清清的道班值班，往往都是自己主动当班。过去的28个春节，他没在家里吃过几顿团圆饭。直到现在，他一个年过50的老工人，不但承担着每人6公里的正常工作量的管养任务，而且还主动和同伴一道增加承担了4公里的养护工作量。

一直以来，“养路工人”这几个字使张学伟有一种由衷的自豪感。他是个不懂文化的人，他不知道谁是巴尔扎克、谁是莎士比亚，但在这修修补补的岁月里，他开始了和公路对话，铲铲填填的日子也使他认识了石子和砂。

他从当初的青年小伙变成年逾50的中年之人，他的青春年华都洒在了前无村后无店的公路上。他废寝忘食地坚守岗位，周而复始地默默耕耘，用朴素的语言与行动，演绎着一个个平凡的故事，他把对公路事业的这份挚爱渗透到了一点一滴的工作当中。这份挚爱，正是全局干部职工最钦佩的地方。

说到今后的工作生活打算，他只有一个想法：“养路面，养侧沟，把自己分管的路段管好护好”。清侧沟、修补路，作为养路工作，似乎人人一个样。然而，张学伟，这样一个再普通不过的养路人，却在貌似平凡的工作岗位上走出了与众不同的，令人钦佩的人生路。

颁奖词：“他没有物欲利益的奢望，没有怨天尤人的失意，没有孤单寂寞的消沉；他义无反顾地将一腔热情，撒播在运输线上；他为长路注入精神，他是厚重大地的铺路石。”

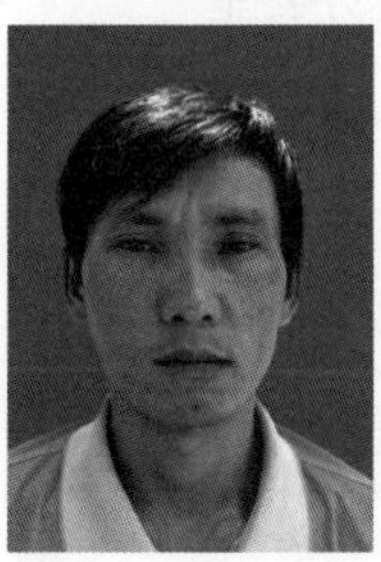

周天伟　面对凶残的歹徒，敢于直迎袭来的刀锋，38岁的云县幸福镇掌龙村人民调解员周天伟震住了凶犯，用自己的血肉之躯保住了乡亲们的安全。

2010年2月18日下午，共产党员、幸福镇掌龙村村委会副主任、人民调解员周天伟正在核桃地里嫁接泡核桃，有村民跑来找他说：“周天贵在追杀他爹、他妈。”他立即回村处置，此时，村民周天贵左手持刀，右手握棒，瞪着通红的双眼，冲他大喊：“你少管闲事，敢阻止我和敢报案我就杀死你全家。”周天伟耐心劝说周天贵，此时，周天贵所追杀的父母躲进一村民家中，周天贵疯狂撞门叫骂，就在大门即将被撞开的危急时刻，周天伟站到周天贵面前。被狂妄冲昏了头脑的周天贵持刀向周天伟步步逼近，并狠狠捅向周天伟上腹部。猝不及防的周天伟顿时倒在地上，鲜血喷洒一地。见周天伟中刀倒地，周天贵夺路逃离现场。闻讯赶来的众村民扶起倒在血泊中的周天伟，只听他吃力地说道：“别让周天贵再伤到别人，派出所民警很快就到。”话未说完就昏迷过去。在村民的奋力抢救下，周天伟当晚被送到云县人民医院，经抢救周天伟脱离了生命危险。 凶手周天贵也迫于村民义愤的压力和警方的布控堵截，于2010年2月19日凌晨3时投案自首。考虑到周天贵家生活较困难，住院期间，凶手家属两次送去医药费，都被周天伟婉言谢绝，周天伟伤刚好些，还去看守所看望凶手，要求法院轻判凶手。面对周天伟所做的一切，周天贵感动得跪在周天伟面前表示：今后一定痛改前非，重新做人。

据介绍，在11年的调解实践中，周天伟成功调解纠纷300多起。在他12本工作笔记本上均能找到不同年份的调解记录，30个较大的纠纷还形成了书面调解协议。而这300多起纠纷成功的调解，周天伟所付出的艰辛和所经历的危险难以说完。他认为，身为共产党员、人民调解员、为农村和谐，职责要求自己不能回避危险。

在他出院休养时，不时有村民给他打来电话，请求他帮助解决各种问题。周天伟总是耐心疏导。对周天伟的敬业精神，各级领导和群众给予一致好评。

周天伟不仅在寻常琐碎的人民调解工作中兢兢业业、构建和谐，更在关键时刻挺身而出，谱写一曲令人敬佩的英雄赞歌！

颁奖词：“甘洒热血除恶扬善，以德报怨恩济百姓。他用真诚与宽容解开生活中的死结和乱麻。他用血肉之躯，维护着乡村的和谐与安宁。”

先进集体和先进个人

获国家及直属部门表彰奖励的单位、个人

表彰奖励单位	称号	受表彰单位、个人
国务院	全国劳动模范	石兴海
全国妇联	全国城乡妇女岗位建功先进个人	李建美
国家体育局	全国群众体育先进单位	云县爱华镇爱华社区
农业部	农村土地承包纠纷仲裁试点先进集体	云县农经站
	农村土地承包纠纷仲裁试点先进个人	何正富
	生猪标准化示范场（2010～2012）	临沧监狱1200头种猪繁育场
国家人口和计划生育委员会	全国计划生育优质服务示范站	茶房乡计划生育服务所
司法部	全国监狱工作模范个人	苏绍年
	全国监狱工作先进个人	鲁国鹏
水利部	全国水利工程管理体制改革先进集体	正觉庵水库管理局
财政部、中国科协	全国科普惠农兴村先进单位	大寨镇花木协会
	全国科普惠农兴村农村科普带头人	陈家奇
中国海员建设工会全国委员会	工人先锋号	云县公路管理段小罗扎机化站
中国地方志指导小组	全国方志系统先进集体	云县地方志办公室

获省及直属部门表彰奖励的单位、个人

表彰奖励单位	称 号	受表彰单位、个人
云南省人民政府	见义勇为先进个人	周天伟、普朝辉
	林改先进个人	陈天才
云南省公路路政管理总队	先进集体	云县公路路政管理大队
	先进工作者	周新贵
云南省政务公开领导小组	先进个人	施敏
云南省邮政局、云南省邮政局工会	工会积极分子	郭正芹、李玲润、罗崇忠
云南省农业厅	种粮推广三等奖	姚才逵
	种粮推广三等奖	农业综合服务中心

续表

表彰奖励单位	称　号	受表彰单位、个人
省文明办、省公安厅	交通文明示范社区	爱华镇草皮街社区
	交通文明示范学校	云县第一中学
	交通文明示范村	幸福幸福村委会
	交通文明驾驶员	石兆飞
	交通文明导游	普　兴
	交通文明宣传员	杨劲松
	交通文明志愿者	余兴洲
	交通文明执法标兵	沈　鹏
省公安厅	省级优秀县级车管所	车管所
省交警总队	全省公安交警执法标兵	沈鹏、陆云云、陈静、何智诚、吕杰生
省丘北经验推广工作暨“县乡平安出行”创建办公室	平安出行创建活动先进县	云县丘北经验推广工作暨“县乡平安出行”创建办公室
	平安出行创建活动先进乡镇	大寨镇人民政府
云南农业大学	2009年成人高等教育先进集体三等奖	云县农广校
云南省工商行政管理局	“红盾护农保春耕”先进集体	云县工商行政管理局
	“红盾护农保春耕”先进个人	董有先
云南省总工会	云南省劳动关系和谐企业	幸福糖业有限公司
	“五一”新闻奖	程汝轩
	“五一劳动奖章”	赵立功
	五好乡镇	幸福镇工会联合会
	2009～2010年云南省地税机关代收工会经费工作先进个人	张卫东、赵虎、石定琴
云南电网公司	“亚运服务之星”荣誉称号	杨晓红
共青团云南省委	青年文明号	临沧监狱八监区糯扎渡点
云南省档案局	档案工作“八项工程”企业档案建设四星级达标单位	临沧监狱

续表

表彰奖励单位	称　号	受表彰单位、个人
云南省地方志办	云南省首届双十佳先进集体、云南省第二轮修志先进集体	云县地方志办公室
	2008～2009年度先进人物	吕芸
云南省监狱管理局	十年无脱逃集体嘉奖、2009年度行政事业单位财务会计结算工作先进单位“一等奖”、2010年度安全生产先进单位	临沧监狱
	先进政治处	临沧监狱政治处
	2008～2009年度学习型组织	临沧监狱八监区大朝山点
	2009年度目标责任制考核二等奖、2008～2009年经审工作先进单位、2009年度工会财务工作竞赛活动二等奖	临沧监狱工会
	2008～2009年度云岭优秀职工	李天祥
	执法大培训岗位大练兵先进个人	李宏云、邱莲、陈绍荣、李天祥、王忠建、段汝泽
	个别教育能手	郭玉生、鲁建文、段富红、毕云禹
云南省监狱管理局	优秀教师	李天祥、钟明良
	安全生产先进个人	周新富、徐语声、字绍珍
省妇联、省教育厅、省文明办、省关工委	云南省示范家庭教育指导中心	云县一中
省科协、省农函大	优秀教师	曹志明
	先进工作者	张　毅
云南省卫生厅	云南省扩大国家免疫规划工作先进个人	罗树伟、罗云贵、仲瑞娟
	优秀妇士	查中菊
	远程会诊工作先进集体	县人民医院
云南省科技厅	“十一五”科普先进工作者	罗友廷
云南省交通运输厅	交通行业精神文明示范窗口	云县公路管理段小罗扎机化站
	精神文明职工标兵	李世俊
云南省统计局	“五五”普法省级先进集体	云县统计局

获市级直属部门表彰的单位、个人

表彰奖励单位	称　号	受表彰单位、个人
中共临沧市委、市人民政府	文明单位	云县交警大队、云县供电公司、云县疾病预防控制中心
	“十一五”人口和计划生育先进集体	云县人口和计划生育局
	劳动模范	杨家龙
	新农村建设优秀指导员	廖世荣
临沧市人民政府	安全生产责任目标考核一等奖	云县人民政府
	“十一五”财税工作先进集体	云县财政局、晓街财政所
	“十一五”财税工作先进个人	李云和、杨正发、周梦斌、肖相贤、李润德
	统计规范化考核一等奖	云县统计局
	先进平安乡镇	涌宝镇人民政府
	2010年度十强企业	茅粮酒业集团有限公司
中国电信临沧分公司	创先争优活动先进集体	云县电信公司幸福营业部
	创先争优活动先进个人	字光宇
	文明部室	中国电信云县分公司
	文明班组	中国电信云县分公司营业厅
	文明员工	杨斌、李国锋
	优秀员工	张琳、陈光胜、龚国元
	工会积极分子	黄光菊、沈彦华、高天文、李旭华
临沧市邮政局、临沧市邮政局工会	优秀员工	王丽君、柏绍成、饶鸿鹏、罗崇忠、鞠涛
	先进集体	云县邮政局烟草物流配送组
市委防范和处理邪教问题领导小组	责任目标考核一等奖	县委防范和处理邪教办
临沧市安监局	安全生产目标考核优秀奖	云县安监局
临沧市妇女联合会	“三八”红旗集体	云县农业局妇委会
临沧公路路政管理支队	先进工作者	严则青

续表

<table>
<tr><td>临沧市审计局</td><td>审计项目质量、审计统计质量、党风廉政建、审计工作环境、“五五”普法、审计业务学习、AO和OA两系统运用考核一等奖</td><td>云县审计局</td></tr>
<tr><td rowspan="6">临沧市总工会</td><td>2005～2009年度工会工作先进集体、临沧市劳动关系和谐企业</td><td>幸福糖业有限公司</td></tr>
<tr><td>临沧市工人先锋号</td><td>甘化公司制炼处</td></tr>
<tr><td>2005～2009年度工会工作先进个人</td><td>魏学华</td></tr>
<tr><td>临沧市五一巾帼建功标兵</td><td>罗为萍、张秀萍</td></tr>
<tr><td>2010年工会工作目标考核一等奖、2010年工会财务二等奖、2010年经费工作规范化建设考核评比一等奖、2010年工会组织建设奖、第七期医疗互助活动组织发动工作先进集体一等奖</td><td>云县总工会</td></tr>
<tr><td>五一巾帼标兵岗</td><td>云县人民医院妇产科</td></tr>
<tr><td>临沧市无偿献血志愿者协会</td><td>无偿献血先进集体</td><td>幸福糖业有限公司</td></tr>
<tr><td>临沧市政协</td><td>优秀政协委员</td><td>李宗城</td></tr>
<tr><td>临沧供电局</td><td>“展青春、秀精彩”青年才艺展示活动最佳才艺奖</td><td>云县供电公司</td></tr>
<tr><td rowspan="2">临沧市财政局</td><td>财政信息宣传工作一等奖</td><td>云县财政局</td></tr>
<tr><td>财政信息宣传工作优秀组织者</td><td>李云和</td></tr>
<tr><td>临沧市教育局</td><td>2010年高考质量优秀奖二等奖</td><td>云县一中</td></tr>
<tr><td rowspan="2">临沧市科协</td><td>2010年度全市科协工作目标管理一等奖</td><td>云县科协</td></tr>
<tr><td>科协信息宣传工作先进个人</td><td>张毅</td></tr>
<tr><td>共青团临沧市委</td><td>五四红旗团支部</td><td>云县人民医院团支部</td></tr>
<tr><td>临沧公路管理总段</td><td>文明先进单位</td><td>云县公路管理段</td></tr>
<tr><td>临沧公路管理总段工会</td><td>先进基层工会</td><td>云县公路管理段工会</td></tr>
</table>

获县级表彰奖励的单位和个人

【受中共云县县委、县人民政府表彰的第三批“民主法制示范村”】

爱华镇：新寨村、勐勐村、中岭岗村，茂兰镇：茂兰村、多依村、净石村；漫湾镇：核桃林村、酒房村、草子村。

忙怀乡：新平村、新街村、新路村，后箐乡：后箐村、忙亚村，栗树乡：栗树村、大村村、养马村，涌宝镇：木瓜河村、棠梨树村、龙马塘村；大朝山西镇：昔元村、邦旭村、龙潭村，大寨镇：官房村、新民村、中山村；茶房乡：响水村、南满村、马街村；晓街乡：新联村、老普村、老棚村；幸福镇：邦洪村、邦信村、老鲁山村。

【受中共云县县委、县人民政府表彰的云县第一届劳动模范】

李勤凤 (云县民族中学)、张如英（云县财政局）、俸清立（云县大寨中学 ）、吴永仓（云县建设局）、黄荣旺（云县水利局）、李子荣（临沧市交通运输集团云县分公司）、汤光雄（云县公安局）、马绍斌（云南澜沧江啤酒企业集团有限公司）、刘树云（云县广播电视局）、李建忠（云南云塑企业集团有限公司）、王星雄（云县残疾人联合会）、纪建学（云县供电有限责任公司）、毛文（云县人民医院）、杨家龙（云县甘化有限公司）、李超华（云县邮政局）、卢顺钦（云县源盛供排水物资有限公司）、潘学正（云县林业局）、丁兆明（云南临沧双银茶叶制品有限公司）、俞锦元 （云县环境保护局）、丁飞燕（云南茅粮酒业集团有限公司）、张文全（云县农业局）、王世春（晓街乡月牙村委会）、严世梅（栗树乡栗树村）、杨新建（茶房乡茶房村麻力平组）、王开祥（漫湾镇新村沙坝组）、李贵禄（大朝山西镇文物桥头组）、杨宇（爱华镇水磨村委会）、叶京军（爱华镇草皮街社区街尾组）、王云海（大寨镇云海茶厂）、钟履旭（后箐乡白玉景村）、李世民（涌宝镇胜利村）、钟履培（涌宝镇涌宝村委会岔河组）、陈家奇（幸福镇幸福村）、罗正华（幸福镇幸福村大箐村民小组）、杨德富（忙怀乡拉弄村）、李家勇（茂兰镇忙卓村黑山脚组）。

【受云县人民政府表彰的见义勇为先进个人】

周天伟、普朝辉。

【受中共云县县委、县人民政府表彰的党风廉政建设先进单位】

爱华镇党委、茂兰镇党委、忙怀乡党委、漫湾镇党委、栗树乡党委、后箐乡党委、涌宝镇党委、大朝山西镇党委、茶房乡党委、大寨镇党委、晓街乡党委、幸福镇党委、县人大党组、县政协党组、县委办公室、县委组织部、县委宣传部、县委统战部、县检察院党组、县财政局、县林业局、县旅游局、县民宗局、县教育局、县计生局、县工商联、县司法局、县环保局、县农业局、县科技局、县茶办、县广电局、县残联、县发展与改革局、县劳动和社会保障局。

【受中共云县县委、县人民政府表彰的教育工作先进集体和优秀班主任、骨干教师、先进教育工作者】

一、优秀班主任（42名）

杨正华（云县一中）、潘宏波（云县一中）、张秀萍（云县一中）、周正梅（涌玉中学）、周祖显（涌宝中学）、袁双（涌宝中学糯洒分校）、施厚良（民族中学）、余兴龙（职成教中心）、杜光花（爱华完小）、张锦菊（爱华完小）、李毓红（县成中心幼儿园）、施美鲜（草皮街幼儿园）、李宝珠（爱华中学）、李寿菊（爱华中学头道水分校）、普朝燕（爱华镇完小）、姜友慧（爱华镇小学）、赵红（幸福中学）、普兆会（幸福镇小学）、张天兵（幸福镇小学）、查志儒（茂兰中学）、张永军（茂兰镇哨街附中）、杨春秋（茂兰镇小学）、曾涛（漫湾中学）、李灿兰（漫湾镇小学）、周德富（忙怀中学）、李彩宏（忙怀乡小学）、李先程（晓街中学）、李富荷（晓街小学）、施赵福（茶房中学）、李太江（茶房中学桥街分校）、沈仕芳（茶房乡小学）、魏正英（大寨中学）、李慧（大寨中学新合分校）、杨菁（大寨镇小学）、罗金娟（大朝山中学）、陈海泽（大朝西镇小学）、吴燕（涌宝镇小学）、杨如翠（涌宝镇小学）、熊世云（后箐中学）、钟世珍（后箐乡小学）、杨发劲（栗树中学）、李朝臣（栗树乡小学）。

二、骨干教师（50名）

马永志（云县一中）、廖嘉艳（云县一中）、字学勤（云县一中）、祝永新（涌宝中学）、张忠伟（涌宝中学）、施远明（涌宝中学糯洒分校）、罗成玲（民族中学）、钟建梅（民族中学）、字有端（职成教中心）、龚正梅（爱华完小）、李志惠（爱华完小）、石品菊（县城中心幼园）、黄光芬（草皮街幼儿园）、罗华海（爱华中学）、查建娥（爱华中学头道水分校）、罗有芬（爱华镇小学）、张建珍（爱华镇小学）、王如君（幸福中学）、李其稳（幸福镇小学）、李子阳（幸福镇小学）、查文海（茂兰中学）、罗春宏（茂兰镇哨街附中）、黄凤军（茂兰镇小学）、张丽萍（茂兰镇小学）、董有坤（漫湾中学）、吴惜秀（漫湾镇小学）、王春兰（漫湾镇小学）、李世明（忙怀中学）、曾世仪（忙怀乡小学）、李霖蔺（忙怀乡小学）、罗廷文（晓街中学）、李学会（晓街乡小学）、李从芬（晓街乡小学）余兴湖（茶房中学）、李华翠（茶房中学桥街分校）、陈媛（茶房乡小学）、周晓凤（茶房乡小学）、杨新雷（大寨中学）、费光积（大寨中学新合分校）、华星荣（大寨镇小学）、刘子达（大寨镇小学）、谢红卫（大朝山中学）、字雨仙（大朝山西镇小学）、毕绍富（涌宝镇小学）、袁启仙（涌宝镇小学）、杨绍华（后箐中学）、谢丕秀（后箐乡小学）、柳先华（后箐乡小学）、冉恒美（栗树中学）、罗成荟（栗树乡小学）。

三、先进教育工作者（8名）

李勤凤（民族中学）、罗开祥（涌宝中学）、黄光琦（晓街乡教办）、罗铭虎（忙怀乡教办）、段凤荣（爱华中学头道水分校）、查有丰（忙怀中学）、周天智（茶房乡马街完小）、石润赤（小草幼儿园）。

四、教育工作者先进集体（21个）

云县一中初中部、云县一中高三年级组、云县爱华完小、县城中心幼儿园、民族中学、涌宝中学高中部、爱华镇头道水分校、爱华镇田心完小、大寨镇团结完小、幸福镇幸福完小、幸福中学、晓街中学、晓街乡云大希望小学、后箐乡忙亚完小、漫湾镇漫湾完小、茶房乡马街完小、栗树乡栗树完小、忙怀乡高井槽完小、忙怀中学、茂兰镇哨街完小、大朝西镇昔元完小。

县直各部委办局及事业单位领导名录

【县委办公室】 主任刘绍军，常务副主任、常委办主任沈修强（3月免）、熊兴成（12月任），副主任李国玮、唐雄、熊兴成（12月免）、周先荣。

【县委机关总支委员会】 专职副书记黄光伟。

【县委机要局（县委办内设正科级机构）】 局长李学安、副局长李春富（12月免）。

【县委督查室（县委办内设副科级机构）】 主任邱国耀（2月免），副主任黄光宏（2月免）。

【云县巡视督查组】 组长刘宏胤，副组长杨廷军、徐家应，办公室主任邱国耀（2月任）、副主任黄光宏（2月任），县巡视督查员刘绍繁、罗有荣、罗廷超。

【县委保密委办公室（县委办内设正科级机构）】 主任沙建祖。

【组织部】 部长吕江，副部长杨生平、李世顺（4月停职、12月免）、李建敏（女，12月免）、董琴（女，12月任）、马仕旺（12月任），部务委员腾艺光、马仕旺（12月免）。

【老干部管理局】 局长杨生平，副局长吴雪梅（女，12月免）、蒲鲜旗（女，12月任）。

【宣传部】 部长董华春（女），常务副部长熊剑（3月免）、金兰元（女，3月任），副部长字林勇、张莉芬（女，10月免）、何金良（3月免），文明办主任字林勇，文联主席、社科联主席宋荣坤（12月免）、杨绍聪（12月任），文产办主任张建萍（女，12月免），外宣办主任鲁星芝（女、12月免），《云县》县讯社总编董华春（女），副总编吴逵峰、张建萍（12月任）。

【县直机关党委】 书记杨宝荣（12月免）、董琴（12月任）。

【统战部】 部长刘绍云，副部长汪德鑫（兼）、鲁郁强、叶绍美（女、兼，12月免）、张应礼、郭顺雷（12月兼任）。

【政法委】 书记李尚清（3月免）、董琦（4月任），副书记赵红生（3月免）、李绍踉（3月任），办公室主任毛文明（12月免），610办常务副主任龚国旗，综治办专职副主任李相忠，维稳办专职副主任张君木。

【中共云县纪律检查委员会】 书记严波，副书记徐鹏升（12月免）、陈维彬（12月任）、赵文昌、鲁建春，办公室主任王朝坤，纪检监察室主任李维健，党风廉政建设室主任汤光忠（2月免）、郭廷兰（2月任），宣教室主任武天兴（2月免）、孙春丽（12月任），执法监察室主任张仕宏（2月免）、周首佐（2月任），信访室主任罗国荣，案审室主任袁珏忠，干部室主任查中勇，纪检监察员（正科）张仕宏（2月任）、汤光忠（2月任）、武天兴（2月任）,纪检监察员（副科）祁惠（12月任）。

第一纪工委书记董琴（12月免）、杨宝荣（12月任），副书记、监察分局局长罗贵良，副书记李绍玲（女）；第二纪工委书记罗光宏，副书记、监察分局局长字文宇，副书记吴圣权；第三纪工委书记李学富，副书记、监察分局局长石凤锦，副书记罗正升；第四纪工委书记张志忠，副书记、监察分局局长肖家贵，副书记周首佐（女，12月免）；第五纪工委书记杨臣瑞，副书记、监察分局局长杨国先，副书记王世海。

【监察局】 局长徐鹏升（12月免）、陈维彬（12月任），副局长巫金云、副局长石兴莉（2月任），行政效能监察室主任李留忠（2月任）。

【档案局（馆）】 局（馆）长罗恒忠，副局（馆）长陈江（女）、张锦玉（女）。

【县委党史征集研究室】 主任董华，副主任张仰东。

【发展研究中心（招商局）】 主任（局长）李国玮，副主任（局长）杨卫民（12月免）、杨文艳（女）。

【县委党校】 常务副校长陶有光，副校长张应高。

【人大各委室】 办公室主任戴慈俊，副主任杨瑜浩（3月免）、柳先平，法制民族华侨工委主任石山华，选举联络工委主任罗席海，副主任张文慧（女），教育科技文化卫生工委主任张丽芳（女），财政经济工委主任狄成军。

【县政府办公室】 主任李世典（3月任、12月免）、李迎斌（12月任），常务副主任杨承高（3月免）、费维安（12月任），副主任张嵌、费维安（12月免）、杨卫民（12月任）、高国庆（12月任）、郭亮（3月任）、严世柏（12月免）、毛文明（12月任），党总支专职副书记张学进，机关事务管理中心主任吴学梅（12月任）。

【信访局（政府办内设正科级机构）】 局长严世柏（12月免）、毛文明（12月任），副局长董佳梅（女）

【驻昆办（政府办内设正科级机构）】 主任吴海燕（女，2月免）、郭亮（3月任），副主任郭亮（3月免）。

【接待科（政协办内设副科级机构）】

【法制办（政府办内设副科级机构）】 主任张国云。

【地震局（政府办内设副科级机构）】 局长吴荣远。

【防空办】 主任杨建忠，副主任曾国富。

【烟草产业办】 主任杨应鲜，常务副主任李树成

（兼任），副主任巫金明、陈和发（12月任）。

【发展和改革局】 局长金兰元（女，3月免）、王应森（女，3月任），常务副局长孙静文，副局长周祖全、谢丕提（12月免）、杨载庆（女），党总支书记王应森（3月任）。

【司法局】 党支部书记、局长那曙光（3月免）、赵红生(3月任)，副局长李世侯、段鹤（女），依法治县办公室主任陶文晏（12月免）。

【经济局】 局长姜登荣（12月免）、王建荣（12月任），副局长鲁正芳（女）、杨雁林、刘少虎，工会主席蔡继武，局委员会书记罗廷良。

【商务局】 局长李慧仁，副局长王世康、龚国建（12月免）。

【教育局】 局长李绍祥，常务副局长沈仕先（12月免），副局长陈家良（12月免）、徐艳声（女），局委员会书记沈仕先（12月任），工会主席李银芬（女），督学办公室主任徐守钦（11月任）。

【科学技术局】 局长李文典，副局长赵昕（12月免）、周东林、何丽（女）。

【民政局】 局长李家谱（12月免）、姜登荣（12月任），副局长黄光荣、周天顺（老龄委专职副主任）、李永云、杨世梅（女）。

【民族宗教事务管理局】 局长汪德鑫，副局长刘开华、罗天萍（女）。

【财政局】 局长张传志（3月免）、李云和（3月任），常务副局长字贵祥（12月免），副局长廖世荣、鲁雄映。

【人事局】 局长李世顺（4月停职、12月免职），副局长周智明（5月主持工作）、刘开祥、李建敏（12月任），机构编制委员会办公室专职副主任马云华。

【环境保护局】 局长郭常发（10月病逝）、徐鹏昇（12月任），副局长彭桂林、梅利阳、字星桦。

【交通局】 局长杨波，副局长张树光、汪德忠。

【农业局】 局长周天海（3月免）、罗耀武（3月任），副局长杨建生（12月免）、余明柱（12月免）、字永增（12月免）、刀发伟、赵昕（12月任）、徐守云（11月任），党组书记张庆华（11月任）。

【畜牧局（二级局）】 局长杨建生（12月免），“三薯办”主任杨建生（兼，12月免），常务副主任杨克胜，副主任欧阳明体、施严菊（女）。

【林业局】 局长、党组书记罗昆，副局长查剑飚（12月免）、梅学峰、祝杰、汪德贤（12月免）。

【森林公安局（林业局内设副科级机构）】 局长马朝红，副局长查国强（12月任）、何娟玲（12月任），政委沈仕银。

【水利局】 局长普廷和（3月免）、熊剑（3月任），副局长姚学斌、李朝海、普兴林(11月免)，党组书记钟汝祥。

【正觉庵水库管理局】 局长汪金富，副局长程本清。

【刘家箐水库管理局】 局长徐家春，副局长杨应雄、张仕安(12月免)、普兴林（12月任）。

【文体局】 局长何金良(3月免)、张传志（12月任），副局长李福华（2月免）、陈梦云（2月免）、曾海云（女，11月任），局党总支书记徐家奎。

【卫生局】 局长白升红，副局长何双慧（女）、杨宝国，局委员会书记陈志国，工会主席张文信。

【疾病预防控制中心】 主任宋科强，支部书记陈宝泽。

【统计局】　局长李云锋，副局长潘继勇、董万云（女）。

【审计局】　局长陶明兰（女，12月免）、字贵祥（12月任），副局长欧阳明宏、张天聪。

【移民局】　局长陈维彬（12月免）、严世柏（12月任），副局长李正康、李绍斌、赵云峰。

【建设局】　局长罗耀武（3月免）、罗成贵（12月任），常务副局长李帆（2月免），副局长段凤德、鲁天梅（女，12月免）、李希、李桂森（12月任），项目办主任（正科）潘继明，副主任郑磊（12月免）、李桂森（12月免）、龚勇（12月任）。

【国土资源局】　局长向国祥，副局长马学清、董庆军、周勇，土地开发整理中心主任（副科）张正银，党组书记董有斌。

【安全生产监督管理局】　局长张学应（3月免）、黄光胤（3月任），副局长张国荣、杨春城。

【粮食局】　局长罗荣华，副局长李光清。

【劳动和社会保障局】　局长张天燕，副局长李富先、杨世荣、李林松（女）。

【旅游局】　局长张荣（3月免）、张传志（3月任），副局长谢丕媛（女）。

【人口和计划生育局】　局长何娟芹（女），副局长龚德军、布高水。

【扶贫开发办公室】　主任李世典（3月免）、张学应（3月任），副主任石安波、普兴东，新农办专职副主任李华俊。

【茶叶生产办公室】　主任左成霖，副主任张学昌、陶世伟、徐家凯(12月任)。

【地方志编纂办公室】　主任吕芸（女），副主任陈体林（女）。

【残疾人联合会执行理事会】　理事长张国庆，副理事长杨正兰（女）。

【广播电视局】　局长张莉芬（女，10月免）、陶明兰（女，12月任），常务副局长杨劲松，副局长罗应虎。

【红十字会】　常务副会长张会芹（女，12月免）、叶绍美（女，12月任），副会长赵中荣。

【国投公司】　董事长、总经理王建荣（12月免），副总经理朱云建、鲁天梅（12月任）。

【供销合作社】　主任杨文能（10月停职、12月免职）、曹光纪（12月任），副主任李政军（兼党总支书记）、毕泽忠，工会主席张景柱。

【公安局】　党委书记、局长邱开宁（10月免）、高明（10月任），党委副书记、政委李国强（10月免）、刑晗光（10月任），常务副局长郭丙龙（3月任），副局长郭丙龙（3月免）、王勇、邢晗光（10月免）、谢离、唐知沛；局纪委书记赵灿英（女，2月免）、李帆（2月任）；政工监督室主任白升军，副主任马文华；刑事侦查大队大队长简邦明，教导员汤海荣，副大队长彭云华（2月免）、郭世春（2月任）、徐守云，刑事侦查大队案件侦查中队中队长郭世春（2月免）)，刑事侦查大队刑事科学技术中队中队长张世良，刑事侦查大队情报信息中队中队长姜芳玲（女，2月任），刑事侦查大队幸福责任区中队中队长李富国、涌宝责任区中队中队长李世锋；经济犯罪侦查大队大队长汤光雄，教导员董大昆，副大队长熊文军（2月免）田刚（2月任、6月免）、李荣海，经侦大队案件侦查中队中队长田刚（2月免），经济犯罪侦查大队情报信息中队中队长俸儒庆（女）；国内安全保卫大队大队长罗荣强（2月任），教导员赵磊，副大队长木永军、孙永葵（2月免）、王天荣（2月任），国保大队情报信息中队中队长周峰，国保大队内部单位安全保卫中队中队长冯伟（2月任）、国保大队反邪教中队中队长周益光；治安管理大队大队长施云，教导员杨伟华，副大队长张天鸿、张剑临，治安管理大队巡特警中队中队长李壁，治安大队基层基础工作中队中队长李华瑛（女），治安大队治安行动中队中队长施厚松，治安管理大队户政管理中队中队长董文红（女，2月任）；禁毒大队大队长孙永葵（2月任），教导员李绍忠（2月任），副大队长李绍忠（2月免）、高国华（2月免），禁毒大队禁吸禁种中队中队长罗廷军（2月免）、王建东（2月任），禁毒大队漫湾禁毒中队中队长张福安，禁毒大队案件侦查中队中队长王建东（2月免）、禁毒大队警务站站长杨克涌（2月免）、禁毒大队情报信息中队中队长阮明功（2月任）；警令部副主任武天鹏（2月免），警令部综合科科长李青松(2月免)；警务保障室主任武天鹏（2月任），副主任段仕勋（2月任）；指挥中心主任刘子荣，副主任质焕科，指挥中心接处警中队中队长杨军（2云任），指挥中心机要通信中队中队长张根（2月任）；公共信息网络安全监察大队大队长罗勇（2月任），副大队长罗勇（2月免），教导员严星昌，公共信息网络维护信息运用管理中队中队长罗光宏（2云任）、公共信息网络安全侦查中队中队长毕廷伟（2月任）；特警大队大队长沈仕号（2云任），教导员董有臣，副大队长熊春来（2月任）、熊世新（2月任）；看守所所长杨克涌（2月任），教导员罗廷军（2月任），副所长李明华，看守所深挖犯罪侦查中队中队长石凤贵（2月任）；拘留所所长周体华（2月任）、副所长周体华（2月免）；强制戒毒所所长熊文军（2月任，7月免）、高国华（7月任）,副所长白辉（2月任）；交警大队大队长石定平（2月任），教导员彭贵文（2月任）、副教导员余华治，副大队长彭贵文（2月免）、石定平（2月免）、李俊琨，交警大队城镇道路管理一中队中队长徐绍文（2月任），交警大队车管所所长陶仲元（2月任），交警大队事故预防和处理中队中队长徐英辉（2月任），交警大队秩序管理中队中队长刘星林（2月任），交警大队茂兰道路管理中队中队长李黎（2月任），交警大队幸福道路管理中队中队长赵正华（2月任），交警大队漫湾道路管理中队中队长布银城（2月任），交警大队桥街道路管理中队中队长杨文志（2月任）；爱华派出所所长杨树效，副所长朱银永、熊世新（2月免）、狄昧军（2月任）、李青松（2月任），教导员王伟（2月任），情报信息中队中队长沈是志，社区民警中队中队长唐勇，刑事侦查中队中队长狄昧军（2月免）、李崇贵（2月任），治安行动中队中队长周新波（2月任）；茂兰派出所所长石华（2月免）、曾加兄（2月任）、教导员祝彪，副所长张森（2月任）；漫湾派出所所长曾加兄（2月免）、张金福（2月任），副所长张金福（2月免）；忙怀派出所所长李正兴（2月任），副所长李正兴（2月免）；后箐派出所所长赵其林；栗树派出所所长刘柱松，副所长李平高（2月任）；涌宝派出所所长张天汉；大朝山西镇派出所所长李朝良，副所长黄光红（2月任）；大寨派出所所长赵会明；茶房派出所所长罗荣强（2月免），教导员杨彬；晓街派出所所长李世云（2月免）、彭云华（2月任），教导员张宏伟，副所长胡永坤（2月任）；幸福派出所所长王伟（2月免）、杨国昌（2月任、12月免）、赵磊（12月任），教导员杨国昌（2月免）、李世云（2月任、12月免），副所长施厚松（12月任）。

【政协各委办】 秘书长 、办公室主任何明武，副主任沈冬鱼（女）、刘斌，提案法制委员会主任杨文学、副主任李世双，教科文卫体委会主任黄光胤（3月免）、周天海（3月任），经济社会人口资源环境委员会主任黄文昌，民族宗教港澳台侨委员会主任杨承林。

【检察院】 检察长姚葵，副检察长余保、郭正华、杨程贵；政工科长闵正发；人民监督工作办公室主任查学忠；办公室主任周金赢（12月免）、马伦（12月任）；检查委员会专职委员杨泽军、罗曙廷（2月任）；反贪污贿赂局局长郑云波（1月免），副局长郑云波；纪检组长马瑞庭；控告申诉检察科长马伦（12月免）；民事行政科长徐琴声；侦查监督科长马仲坤；公诉科长张晋安；职务犯罪预防科长严世顺；反渎职侵权局局长庞云玲；驻临沧监狱检察室主任魏学程；监所检察科长罗曙廷（2月免）。

【法院】 院长汪林文，副院长蔺朝荣、李辉银、杨彦安；政工科长陈永明；纪检组长那云生；审判委员会专职委员黄光金、宋云（女，2月任）；办公室主任段忠李；司法行政装备管理科科长赵轶；人民陪审员管理办公室主任李梅（女）；刑一庭庭长杨向东，副庭长肖素芬（女）；刑二庭长李会仙（女）；民一庭庭长方为和；民二庭庭长杨云辉，副庭长计红萱（女，2月免）；民三庭庭长计红萱（女，2月任）；行政庭庭长王家跃；执行局局长杨明，副局长黄云敏；立案庭庭长邹震（2月免）、周锐（女，2月任），副庭长周锐（女，2月免）；审监庭庭长宋云（女）；法警大队大队长施勇，政委李天良；大寨法庭庭长张学文（2月免）、黄伟（2月任）；涌宝法庭庭长鲁云；法官助理刘秀娥（女）、罗先昌、施杰。

【县总工会】 主席吴永斌（兼），常务副主席钟汝青，副主席徐家艳（女）、吴莉洁（女）。

【科学技术协会】 主席毛恩锦，副主席饶用国、李赢君（12月免）、施泽兰（女，12月任），刀发伟（兼）、杨建生（兼）。

【团县委】 书记李云燕（女），副书记李维彩（女）。

【县妇联】 主席穆艳莲（女），副主席李银（女）、乐英泽（女）。

【工商业联合会】 会长杨仙琴（女），副会长罗建强、沈仕鑫、叶绍美（女，12月免）、郭顺雷（12月任），刘光汉（兼）、李宗城（兼）、李镁（兼）、罗庆林（兼）、王天权（兼）、林增均（兼）、陶东国（兼）、虞廷忠（兼）、陈建中（兼）、党组书记叶绍美（女、12月免）、郭顺雷（12月任），秘书长李凤娥（女）。

【临沧监狱】 监狱长、党委书记杨晓茂（7月任），党委副书记（政委）杨晓茂（7月免），副监狱长赵学、周新富、张国志、郝卫彪、林佳寿、罗雄信、伍仕富，纪委书记夏军（12月病逝），政治处主任李宏云。

【武装部】 部长杨国跃（3月免）、王崇荣（3月任），副部长张万钧，政委周世江，军事科长张万钧（兼），政工科科长王思睿，后勤科科长杨胜军

【公安消防大队】 党委书记、大队长吴德国（4月免）、王真明（8月任），党委副书记、政治教导员李海峰。

【质量技术监督局】 局长胡发兴，副局长徐晓兵，纪检组长周晓兴。

【工商行政管理局】 局长刘世坚，副局长李绍光、李华锋、钱岩，纪检组长王兴科。

【食品药品监督管理局】 局长樊正怀，副局长杨红英（女），纪检组长肖会良。

【国家税务局】 局长（党组书记）刘绍龙，副局长陈桂伟（2009年12月任）、张学庆（2009年12月任），纪检组长陈桂伟（2009年12月免）、任光有（2009年12月任）。

【地方税务局】 局长（党组书记）杨子成，副局长毛经文、郭爱国，纪检组长伍仕宏。

【人民银行云县支行】 行长杨萍（女），副行长李家荣，纪检组长邢家贵。

【农业银行云县支行】 行长杨慰疆（3月免）、王正泽（3月任），副行长苏履汉（3月免）、邓珑、何朝诚（8月任）。

【农业发展银行云县支行】 行长关开银（6月免）、徐彪（7月任），副行长刘金勇。

【建设银行股份有限公司云县支行】 行长李治松，副行长谢建华。

【建设银行漫湾电站支行】 行长李国美，副行长字林光。

【建设银行大朝山电站支行】 副行长彭林祥（主持工作）。

【云县信用合作联社】 理事长杨开贵，主任梅增武，副主任张光新、普廷相，监事长黄光兴。

【气象局】 局长石定永，副局长浦丽芬（女）。

【地震台】 台长匡福江。

【烟草专卖局（公司）】 局长（经理）李树成，副局长许正应，副经理杨绍映、郭正清（8月免）、吴德军（8月任）。

【公路管理段】 段长杨汝高，支部书记肖斌。

【交通运政管理所】 所长张天富（2月免），副所长张永华（1月任，主持工作）。

【公路路政管理大队】 大队长周新贵（2009年7月任），副大队长李绍荣（2009年11月任），副教导员严则青（11月任）。

【云县一中】 校长李志武，副校长沈宏宽、赵勤（女），党总支书记李世位。

【涌宝中学】 校长董有良，副校长罗开祥、郭跃军。

【职成教育中心】 主任鲁体专，副主任吴革、罗荣强、钟汝安，党总支书记赵正华。

【县城中心幼儿园】 园长李忠仙（女），副园长李萍（女）、张正梅（女），党支部书记梅桂芳（女）。

【云县人民医院】 院长罗廷长，副院长熊全碧（女）、王新发、沈天行、谢正旭，党总支书记祁国兴，副书记罗光华。

【云县中医院】 院长罗开富（12月任），副院长罗开富（12月免）、刘文香（女，2月免）、刘志明（11月任）。

【邮政局】 局长王健，综合部主任郭云军，经营部主任付兆春。

【云南电信有限公司云县分公司】 经理李福才，副经理叶炜、王成荣（2月任）。

【云南移动通信公司云县营业部】 经理阮仕彪（2009年月免）、杨跃文（2009年4月任）。

【中国联合网络通信有限公司云县分公司】 经理施远超。

【财产保险有限责任公司云县支公司】 经理李泽民，副经理杨太安、梁艺红（女，2009年6月任）。

【人寿保险股份有限公司云县支公司】 经理周益鹏（3月免）、宁忠英（3月任）。

附　录

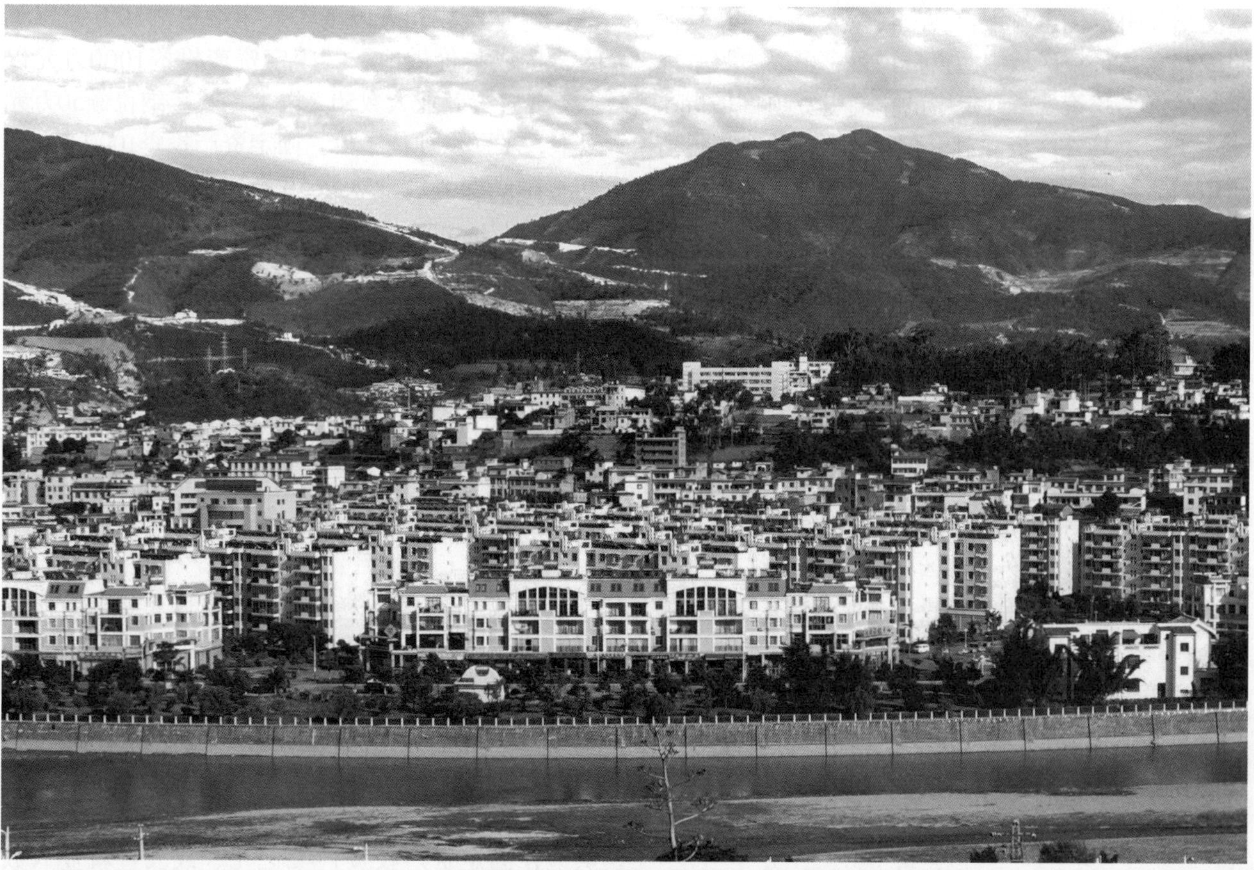

兴泽园小区远眺（廖国良　摄）

规章制度

云县招商引资优惠政策若干规定（试行）

第一章 总 则

第一条 为进一步优化投资环境，加大招商引资力度，扩大对外开放，加快云县县域经济超常规、跨越式发展，根据有关法律、法规和政策规定，结合云县实际，制定本规定。

第二条 本规定适用于招商引资项目。经县招商引资主管部门认定，按规定办理了有关手续的，享受招商引资优惠政策。县内自然人、企业和其他组织在本县行政区域内的投资项目，可以参照本规定享受优惠政策。本规定中的招商引资项目是指：

（一）县外内资项目。包括：1.省际间和省内州市间、县际间跨地区签订和实施的、以经济利益为目的的，由各类自然人、法人和其他组织出资的投资类合作项目；2.省际间和省内州市间、县际间跨地区签订和实施的、以社会发展为目的的，由各类自然人、法人和其他组织举办的教育、科技、文化、体育、卫生、旅游等合作项目，以及人才培训和劳务输出项目；3.省际间和省内州市间、县际间跨地区设立的国内合作企业（单位）。

（二）实际利用外资（含港、澳、台投资，下同）项目。包括：1.外商在云县独资、合资、合作兴办企业投资；2.在云县外商投资企业的外方增资扩股资金；3.经省市商务部门认定的其他国外投资。

政策性资金、捐赠性资金、以及在县一级有网点性分支机构的中央企业投资不属于招商引资。单个项目投资在50万元以下的，不纳入招商引资统计范围。

第二章 土 地

第三条 对招商引资项目，按以下方式分类实行优惠价供地：

（一）符合国家《划拨用地目录》的项目按行政划拨方式供地。

（二）房地产项目，以“招、拍、挂”方式按市场价供地。

（三）工业项目，以“招、拍、挂”方式按下列地价供地：

1.农业产业化项目、生物资源加工项目、高新技术产业项目：①固定资产投资1000万元以下、或安置就业人数50人以下、或年纳税额50万元以下的，按成本价供地。②固定资产投资1000万元以上、或安置就业人数50人以上、或年纳税额50万元以上，享受供地优惠价。固定资产投资1000～5000万元、或安置就业人数50～250人、或年纳税额50～250万元的，按成本价的70%供地；固定资产投资5000万元～1亿元、或安置就业人数250～500人、或年纳税额250～500万元的，按成本价的50%供地；固定资产投资1～2亿元、或安置就业人数500～1000人、或年纳税额500～1000万元的，按成本价的30%供地；固定资产投资2亿元以上、或安置就业人数1000人以上、或年纳税额1000万元以上的，按成本价的10%供地。

2.其他工业项目：①固定资产投资2000万元以下、或安置就业人数100人以下、或年纳税额100万元以下的，按成本价供地。②固定资产投资2000万元以上、或安置就业人数100人以上、或年纳税额100万元以上，享受供地优惠价。固定资产投资2000万元～1亿元、或安置就业人数100～500人、或年纳税额100～500万元的，按成本价的70%供地；固定资产投资1～2亿元、或安置就业人数500～1000人、或年纳税额500～1000万元的，按成本价的50%供地；固定资产投资2～4亿元、或安置就业人数1000～2000人、或年纳税额1000～2000万元的，按成本价的30%供地；固定资产投资4亿元以上、或安置就业人数2000人以上、或年纳税额2000万元以上的，按成本价的10%供地。

（四）社会事业项目，按下列地价供地：固定资产投资在5000万元以下的，按成本价供地；5000万元以上的，享受优惠价供地。固定资产投资在0.5—1亿元的，按成本价的70%供地；1—2亿元的，按成本价的50%供地；2—4亿元的，按成本价的30%供地；4亿元以上的，按成本价的10%供地。

第四条 执行优惠地价的项目，须符合用地投资强度，投资者按“招、拍、挂”成交价格交清土地出让金后，县人民政府根据土地出让金支出范围按项目建设进度安排支出给企业。

第三章　税　收

第五条 外来投资者在云县投资，享受中央、省、市规定的各类税收优惠政策。各项优惠政策按规定限期落实办理。

第六条 实行企业所得税、个人所得税奖励返还政策。

固定资产投资500万元以上的工业企业，实行“五奖五减半”政策。即企业实际缴纳企业所得税、个人所得税县级留成部分前5年由县财政全额奖励返还给企业，后5年由县财政减半奖励返还给企业。

固定资产投资500万元以下的工业企业，新办社会事业项目、生态建设项目，实行企业所得税、个人所得税“两奖三减半”政策。即企业实际缴纳的企业所得税、个人所得税县级留成部分前2年由县财政全额奖励返还给企业，后3年由县财政减半返还给企业。

旧城改造项目及其他基础设施建设项目，项目开发期间，企业实际缴纳的企业所得税、个人所得税县级留成部分的20%奖励返还给企业。

矿产资源开采（含粗加工）、水电资源开发、风电资源开发、物流产业（不含基础设施建设）、非旧城改造类地产项目不享受县级税收优惠政策。

第四章　财政扶持

第七条 县财政设立招商引资扶持发展资金专户，落实土地、税收奖励、行政事业性收费返还补助政策。

第八条 对自然人、企业和其他非财政拨款单位等中介人招商引资予以奖励。工业项目按实际完成固定资产投资额的1‰给予奖励，其他项目按0.5‰给予奖励（矿产资源开采及粗加工、水资源开发、风电资源开发、房地产建设、商贸物流项目除外）。

第九条 固定资产投资在1亿元以上的工业项目、重大公益性项目，投资强度符合要求的，“三通一平”由县人民政府负责投资建设。

第五章　服务保障

第十条 县人民政府设立招商引资服务协调机构，对招商引资项目审批、实施给予高位推动，全程跟踪服务，对企业反映的问题即时办理。实行招商引资项目“一个中心”服务、“一条龙”审批、“一个窗口”受理投诉、“一个口子”收取行政规费。

第十一条 县人民政府积极帮助企业有效搭建政银企合作平台，积极向金融机构推荐招商项目，引导银行资金加大对招商项目信贷支持力度，为引资项目提供资本对接服务。

第十二条 积极为外来企业提供人才服务。完善人才培养体系，优化各种教育培训资源，大力发展职业技术教育，为引资企业提供更多实用性的中高级技能人才。

第十三条 在云县辖区内固定资产投资额达1000万元以上或年度纳税额达100万元以上，守法经营、依法纳税的外来投资企业，由县委、县人民政府予以认证，颁发“云县招商引资企业”证书、匾牌；在云县辖区内固定资产投资额达5000万元以上或年度纳税额达500万元以上，守法经营，依法纳税的外来投资企业，由县委、县人民政府颁发“云县招商引资重点企业”证书、匾牌。

第十四条 强化职能部门服务。进一步深化行政审批制度改革，清理行政审批收费事项，优化发展环境。招商引资项目涉及的行政规费，实行“减、免、缓”等政策，国家规定必须收取的费用，实行专项报批。对招商引资项目，实行集中联合办公、并行并联审批，做到优先受理、优先审批、优先供地、限时办结。

第十五条 外来投资者及其家属，需在我县办理小城镇常住户口的，由当地公安部门审查后，予以办理落户手续。凡在我县具有正当职业，能够自食其力的外地居民，均可申请成为我县居民。由本人提出申请，经公安机关审查，给予办理落户手续。

第十六条 外商来我县经商、投资办企业者，其子女在我县就读的，从幼儿园至高中教育阶段，各学校按我县居民待遇予以接收。凡申请成为我县居民的按政策规定参与各项社会保险。

第六章 附 则

第十七条 县委、县人民政府从招商、财政、税务、审计等有关单位抽调专人组建优惠政策兑现落实办公室，办公室设在县招商局，负责优惠政策的落实兑现工作。办公室在按规定履行报批审核程序后，于每年6月底前将上一年度的各项优惠政策兑现到位。

第十八条 对能够极大推进全县经济社会发展的战略性招商引资项目，在供地、税收、服务等方面，县人民政府可以按照“一事一议”的原则，进行个案处理，具体优惠额度在招商引资协议中约定。

第十九条 本优惠政策自发文之日起执行。县委、县人民政府之前所制定的政策、规定、措施与本规定不一致的，以本规定为准；本规定生效之前签约的招商引资项目，按原规定执行；协议、合同另有约定的，按协议、合同约定执行。本规定与法律法规规定不一致的，执行法律法规相关规定。上级有更优惠的政策，执行最优政策。

第二十条 本规定由县招商引资主管部门负责解释。

中共云县委 云县人民政府

2010年12月14日

云县殡葬管理实施意见（试行）

为加强殡葬管理，推进殡葬改革，规范殡葬行为，根据国务院《殡葬管理条例》、《云南省殡葬管理条例》、《临沧市殡葬管理暂行办法》，结合云县实际，制定本实施意见。

一、殡葬管理坚持的方针

坚持实行火葬，改革土葬，节约殡葬用地，革除丧葬陋俗，提倡文明节俭办丧事的方针，加大殡葬改革力度，提高殡葬管理水平。

二、殡葬管理的主要内容

（一）遗体和骨灰管理

1.云县爱华镇、晓街乡、茶房乡、大寨镇、大朝山西镇、涌宝镇、茂兰镇、忙怀乡、漫湾镇、幸福镇等10个乡镇经省民政厅批准划定为火化区，凡在火化区内死亡的人员，一律实行火葬。外地人员在本行政区域内死亡的，应到殡仪馆火化；因特殊原因需要将尸体外运的，须报请县民政部门批准，用殡葬专用车辆运送遗体，其他任何车辆不得接运遗体。未经县民政局批准，遗体不准外运，禁止偷埋乱葬。

华侨、港澳同胞、台湾同胞和涉外人员在我县死亡的，按国家有关规定办理。

2.尊重少数民族的丧葬习俗。栗树、后箐为土葬改革区，除国家公职人员一律实行火葬外，其他死亡人员实行土葬的，须由死者家属向所在村（居）委会提出书面申请，经乡镇、村委会审核同意，由县民政局批准，并在指定的农村公益性公墓内实行土葬；对自愿实行火化的，他人不得干涉。

3.正常死亡的遗体应及时火化，冬季停尸不得超过7天，春、秋季不得超过5天，夏季不得超过3天。办理遗体火化手续，应凭医疗机构或死者单位、村（居）委会、公安机关出具的死亡证明。

4.非正常死亡的遗体确定身份后，应立即进行火化；需暂时保留的，由公安或司法机关出具证明，保存时间一般不超过一个月；特殊情况确需延期保留的，由公安或司法机关出具延期保留遗体证明，但保存时间最长不得超过三个月。保留期限过后，如以压尸讲条件拒不处理遗体的，由县民政局会同公安部门进行强制火化。

无人认领的尸体由公安机关鉴定后通知县殡仪馆进行接收，并及时发布认领公告；一个月内无人认领的，由公安机关出具准予火化证明，由相关殡仪馆将尸体火化并保存骨灰；火化后六个月内，骨灰无人认领的，由殡仪馆按规定处理。

5.患传染性疾病死亡或已腐烂的遗体，由县卫生防疫部门消毒后立即火化尸体。

6.火化尸体后骨灰处理方式以寄存、树葬、平地深埋、散撒为主；禁止将骨灰装棺土葬。

（二）丧事活动和殡葬服务管理

1.死者家属为丧事承办人；死者没有家属的，由其生前所在单位或临终居住地的乡镇、单位、村（居）委会为丧事承办人。

2.凡在城区举办丧事活动、从事祭祀活动，应当采取健康、文明、节俭的祭祀形式，在户外搭灵棚、设灵堂，严禁扰民；不得在街道、居民住宅区等公共场所停放遗体、叫夜、抛撒纸钱、不得破坏环境或妨碍公共安全。

3.经营丧葬用品的单位或个人，须经县民政局审查批准后，方可到工商管理部门申领营业执照。经营丧葬用品、提供丧葬服务应当明码标价，由县物价管理部门、民政局予以监督。禁止任何单位和个人制作、销售纸火等封建迷信殡葬用品；禁止生产、销售棺木；禁止在城区主要街道和居民住宅区生产、销售花圈。

4.殡葬服务人员应当遵守职业道德和操作规程，提供优质便民服务，不得利用工作之便刁难丧事承办人，不得强制当事人购买其销售商品或要求提供其它服务，不得索要或收受他人财物。

（三）殡葬设施管理

1.县人民政府将建设殡仪馆、骨灰寄存堂等殡葬设施纳入城市建设总体规划，逐步加大投入，完善殡葬服务设施。

2.严格限制墓穴占地面积，少数民族有丧葬习俗实行土葬的，遗体墓单穴不得超过4平方米，双穴不得超过6平方米。骨灰公墓单墓不得超过1平方米，双穴不得超过2平方米，墓穴的使用周期为20年，逾期使用应办理延期手续，逾期6个月未办理延期手续的，按无主坟墓处理。

禁止在墓区内建设封建迷信设施和从事封建迷信活动，禁止修建宗族墓地和活人墓。

3.在城市规划区内、国家建设用地范围内、工业用地规划区内的坟墓，用地单位应及时通知坟主在规定期限内办理迁坟事宜，并付给合理的经济补偿。

4.殡葬管理单位应加强对殡葬服务设施的管理，保持殡葬服务场所及设施整洁和完好，对殡葬用具定期进行消毒，防止疾病传播和环境污染。

三、处罚措施

（一）将尸体偷埋乱葬的，将应当火葬的遗体土葬、不及时将遗体火葬或将骨灰处理的，或在墓区内修建封建迷信设施和从事封建迷信活动的，由县民政局责令改正；拒不改正的，可以强制执行。对未利用殡葬专用车辆非法外运尸体的，由县民政局予以制止，交警部门予以配合，并处以200—1000元的罚款。

（二）在户外搭灵棚、设灵堂，高音播放或吹奏祭奠乐曲扰民的，在公共场所停放遗体、叫夜、抛撒纸钱的，在公园、广场、城市道路及其两侧从事祭祀活动，毁损树木、草坪的，破坏环境或妨碍公共安全的，由县民政局、市政执法部门予以制止；构成违反治安管理行为的，由公安机关依照《中华人民共和国治安管理处罚法》给予治安处罚；构成犯罪的，移交司法机关依法追究刑事责任。

（三）修建宗族墓地和活人墓，挖掘、毁损墓地的，未经批准擅自兴建殡葬设施的，由县民政局会同建设、国土部门取缔建设实施，责令恢复原状，没收违法所得，依照《国务院殡葬管理条例》第十八条规定，并处以违法所得1倍以上3倍以下的罚款。

（三）制作、销售封建迷信殡葬用品，生产、销售棺木或在城区主要街道和居民区生产生活区销售花圈，由县民政局会同工商等部门，予以没收经营物品，并依照《国务院殡葬管理条例》第二十二条规定，处以违法所得1倍以上3倍以下的罚款。

（四）墓地面积超过国家、省、市政府规定标准的，由县民政局责令限期改正，没收违法所得，并依照《国务院殡葬管理条例》第十九条规定，处以违法所得1倍以上3倍以下罚款。

（五）殡葬服务人员玩忽职守、滥用职权、徇私舞弊或强制丧事承办人购买其销售商品和提供服务的，索要和收受丧事承办人财物的，由县监察部门责令其改正，根据情节轻重，给予一定的党政纪处分；构成犯罪的，移交司法机关依法追究刑事责任。

四、组织保障

（一）加强领导。成立由县人民政府政府分管副县长为组长，宣传、民政、发改、卫生、财政、人事、环保、民宗、监察，国土、公安、工商、各乡镇等部门为成员的领导小组。县民政局负责全县的殡葬管理工作；各部门要按照各自职责，配合县民政局做好殡葬管理工作。各乡镇、机关各单位、厂矿企业协助县民政局做好本行政区域内的殡葬管理工作；机关团体、企事业单位、村（居）委会和其他社会组织应负责本单位或辖区内人员移风易俗的宣传教育工作。各乡镇、各部门要高度重视，加强领导，本乡镇、本部门主要负责人是推行殡葬管理的第一责任人，县监察局要切实履行好职能，对违反规定或弄虚作假的，严肃追究相关领导责任，确保殡葬管理工作各项措施落到实处。

（二）经费保障。县财政局应将殡葬管理经费纳入财政预算，给予工作经费保障。

本实施意见适用于在云县行政区域内从事殡葬管理和活动的单位和个人，由云县民政局负责解释。

云县人民政府办公室

二0一0年九月二十九日

调查研究

关于检查《未成年人保护法》贯彻实施情况的报告

云县人大常委会

（2010年12月13日）

为维护未成年人的合法权益，优化未成年人教育环境，营造未成年人健康成长的良好氛围，根据县人大常委会2010年工作要点安排，10月14日至15日，县人大常委会组织三个执法检查组，采取听汇报、召开座谈会、走访群众、查看档案材料等形式，分别深入爱华镇、栗树乡、幸福镇及教育、文化、司法等6个部门对全县贯彻实施《中华人民共和国未成年人保护法》（以下简称未成年人保护法）情况进行了检查。现将检查情况报告如下：

一、未成年人保护法贯彻实施的基本情况

（一）未成年人保护法贯彻实施的氛围和环境进一步形成。未成年人保护法颁布实施以来，特别是2006年修订以后，县人民政府把贯彻落实未成年人保护法纳入重要议事日程，将未成年人保护法的学习宣传列入“五五”普法规划，坚持学校教育、家庭教育、社会教育相结合,以学校宣传为重点，加大普法宣传工作力度,贯彻实施未成年人保护法的氛围和环境进一步形成。

（二）未成年人受教育状况明显改善。一是各级党委、政府及各有关部门努力巩固“两基”成果，做好控辍保学工作，依法保障适龄少年儿童入学。二是落实免除义务教育阶段学生学杂费等优惠政策，大力推进农村寄宿制学校建设，使适龄儿童少年进得来、留得住、学得好。三是充分发挥法制副校长在中小学校法制教育中的积极作用，运用多种载体开展形式多样的思想道德、安全警示和法制教育，提高中小学生的法律意识和自觉抵御违法犯罪的能力。四是文化、公安、工商等部门加强对各类娱乐场所和校园周边环境集中整治行动，从源头上清除严重危害未成年人身心健康与安全的隐患，保证了未成年人健康成长的学习环境。

（三）家庭、学校、社会“三位一体”保护机制逐步形成。一是自上而下成立了妇女儿童工作委员会、未成年人思想道德建设工作机构和关心下一代工作委员会，制定了相应的政策措施和规章，使未成年人权益得到保障；二是妇联、团委等部门不断创新工作载体，建立家校联系制度，广泛普及家教知识，提高家庭教育水平，发挥家庭教育在未成年人教育保护中的作用；三是积极开展农村留守儿童、残孤儿童、流动农民工子女关爱工作，在生活、学习、健康、心理辅导等方面给予关爱，营造了家庭、学校、社会“三位一体”的良好氛围。

（四）加强司法保护，教育、挽救失足未成年人取得成效。一是依法办理未成年人犯罪案件，逐步建立健全适合未成年人刑事案件特点的办案制度，注意维护未成年犯罪嫌疑人的名誉及其他合法权益；二是人民法院少年法庭在办理未成年人犯罪案件时，坚持寓教于审、惩教结合、重在教育的原则，给违法犯罪未成年人重新做人的机会；三是成立了妇女儿童法律援助工作站、“律师进校园”组委会和青少年维权律师事务所，切实维护未成年人的合法权益；四是从实际出发，开展多种形式的社会安置帮教工作和社区矫正工作，并帮助自食其力，预防重新犯罪。

二、存在问题

一是未成年人保护法宣传的深度和广度不够，宣传力度有待进一步加大。

二是网吧、游戏室、酒吧、歌舞厅等娱乐场所接纳未成年人现象不同程度存在，需强化查处。

三是校园周边摆摊设点、交通混乱、闲杂人员随意出入等现象普遍存在，需进一步加强整治。

四是未成年人活动场所和公共文化设施建设滞后，需纳入规划，加大投入，逐步改善。

五是未成年人违法犯罪呈上升趋势，需更加重视和关注。

三、建议和意见

(一)进一步加大对未成年人保护法的宣传教育力度。一是要将未成年人保护法纳入“六五”普法规划，尤其要针对边远山区和娱乐场所加大宣传力度，开展形式多样的宣传活动；二是要进一步加强中小学校法制教育，继续发挥法制副校长在学校法制教育中的积极作用，开展好“送法进课堂”和“律师进校园”等活动，引导未成年学生提高法制观念和维权意识。

（二）加大整治力度，净化优化文化环境。一是要对网吧等娱乐场所加强管理，对接纳未成年人的予以依法查处；二是文化、教育等部门要对未成年人网络行为进行规范教育，并创造条件，为广大青少年提供丰富的教育信息资源；三是加强文化稽查队伍建设，增加相应的编制和经费保障，加大执法力度。

（三）齐抓共管，加大校园周边环境治理。公安、工商、城管等部门要根据各自职能，把校园安全及周边环境整治工作作为经常性、持久性工作抓好。一是加大对校园安全和周边环境整治的经费投入，通过安装视频监控系统等，提高校园的安全防范能力；二是要协同配合，对校园周边兜售香烟、淫秽音像资料等行为进行查处，取缔无证饮食摊点，对滋事、抢劫中小学生及教唆未成年学生犯罪等行为予以严厉打击；三是加强学校周边交通安全设施建设，大力整治校园周边交通秩序；四是加强安全教育宣传工作，增强师生自我防护意识和自救能力，保护未成年人健康成长。

（四）加大未成人活动场所投入，为未成年人健康成长创造环境。一是要将未成年人的活动场所建设纳入国民经济和社会发展规划，加大投入和建设；二是要加快图书馆、文化馆、青少年活动中心等场所建设，尽早投入使用。

(五)强化措施，抓好预防未成年人违法犯罪工作。一是要把预防未成年人违法犯罪工作纳入社会治安综合治理目标管理责任制考核范围，明确各有关部门职责，齐抓共管；二是建立关爱农村留守儿童、流浪儿童、残孤儿童的长效机制，确保特殊未成年人群体得以健康成长；三是进一步做好未成年人的法律服务和法律援助工作，维护未成年人的合法权益；四是共青团、妇联、教育、社区要充分发挥职能，构建家庭、学校、社会“三位一体”的教育保护机制。

关于旧城改造民意调查情况的报告

云县人大常委会

（2010年10月15日）

根据县委关于开展旧城改造民意调查的安排，县人大常委会高度重视，及时组成由县人大常委会吴永斌副主任牵头，各工委室领导任组长，爱华镇政府和爱华社区干部参加的六个民意调查组，于10月8日至11日深入东大街旧城各个片区，开展入户调查工作。10月12日上午召开各组集中反馈会议，对民意调查情况进行汇总。现将调查的基本情况报告如下：

一、基本情况

此次县人大常委会开展旧城改造民意调查采取入户发放征求意见表和召开部分居民代表座谈会等形式进行。调查内容主要是居民对旧城改造项目的思想动态，即同意或是不同意旧城改造；二是居民对旧城改造的意见和建议。调查对象为居住在旧城立新街、人民街、上下延平街、环城西北路、打铁街、土锅街、卖花街、新建巷的全体住户。

（一）民意调查的结果

此次调查，应调查对象1021户，无法查找、联系不到或是一户多牌的有256户，占应调查户数的25.1%，实际入户调查765户，占应调查户数的74.9%。通过调查，在765户住户中，同意改造的有478户，占62.5%；不同意改造的229户，占30%；未表态的58户，占7.5%。

在此需要说明的是，由于旧城改造的政策及具体改造方案未出台，本次民意调查主要侧重于对旧城改造的重要性和必要性认识，是否同意旧城改造。

（二）同意改造与不同意改造居民的想法或顾虑

同意旧城改造的意见主要有以下几类：

一是认为现在的旧城存在防火等安全隐患，卫生条件非常 差，进出困难，并且有的房屋因年久失修，已成危房，旧城改造非常必要，势在必行，而且应当早下决心，早作决断。

二是在旧城改造中要作科学合理的规划，要有超前意识，充分考虑住户的需求。

三是尤其在补偿、安置等工作中要公平合理。

不同意改造的想法或顾虑主要有以下几类：

一是沿街有铺面、门面的或是进行小作坊加工的住户，顾虑改造后不能继续营业难以维持生计。

二是部分房屋新建的住户、困难户反映难以承担回迁补差的价格。

三是部分住户习惯于独院居住，不愿住高楼或者说是要改变以往的生活方式难以接受，同时顾虑改造后要交物业管理等方面的费用，不愿改造。

（三）居民对旧城改造的愿望和要求

一是在旧城改造当中，要坚持以人为本，要以群众的利益为重心。

二是要有一个合理的建设规划设计和安置补偿方案，并且要交给居民进行广泛讨论。

三是房屋、宅基地以及其他建筑物、附着物的补偿价格要随行就市，要按照拆迁当时的市场情况给予合理补偿。

四是安置时要充分考虑困难户、小房户的具体困难，要保障搬得出、迁得回；要做到“不改造我有个家，改造后我有个新家”。

五是要有临时安置点和临时安置措施，不能采取补租金让拆迁户去租房的方式。

六是建设规划要充分考虑旧城居民长期以来靠做买卖、搞小作坊加工等维持生活的实际；要充分考虑到居民的就业问题，解决改造后居民的后顾之忧。

七是规划中，对边边角角的剩余土地不好利用的，要统一纳入规划进行合理补偿。

八是要到比如昆明等旧城改造搞得好的地方参观取经，以便改造规划和建设补偿方案更切合实际，获得居民的支持。

总之，多数居民认为旧城改造很有必要，并支持旧城改造。但是拆迁补偿和安置方案一定要公平合理，必须征得大多数居民支持。

二、对旧城改造的建议

根据此次民意调查的情况，县人大常委会调研组经过认真研究，提出以下建议：

一是县人民政府要尽快草拟出台旧城改造补偿政策或方案。

二是涉及改造的片区要尽快编制并公示和公告规划设计方案。

三是对涉及需改造的片区要组织社区干部、居民小组干部和住户代表到旧城改造做得好的地方参观、学习、取经。

关于城镇保障性住房建设情况的视察报告

政协云县委员会

（2010年11月16日）

中共云县委：

根据政协云县委员会2010年工作要点安排，10月13日至14日由县政协副主席杨仙琴带队，组织部分县政协委员先后深入黄山小区、滇西名特产商贸城、澜沧江开发中心一号地、三江半岛小区、滨江世纪城小区、后箐乡教师周转房建设现场进行视察。现将视察情况报告如下：

一、对我县城镇保障性住房建设情况的基本估价

根据《县人民政府关于印发云县普通商品房项目中配套廉租住房实施方案的通知》。（云政发〔2010〕68号文件）的安排，争取用3年时间基本解决城市低收入人群住房困难家庭住房及棚户区改造的工作目标，我县计划2009-2011年完成保障性住房2652套、132620平方米，投资15912万元。即2009年完成602套，30120平方米；2010年完成1050套，52500平方米；2011年完成1000套，50000平方米。建设方式采取自建和开发商代建相结合的建设方式。全县保障性住房分为11个点建设。其中黄山小区208套，后箐建设60套，茂兰建设42套，晓街建设40套，滇西名特产商贸城代建390套，滨江世纪城小区代建600套，三江半岛小区代建180套，澜沧江开发中心1号地代建500套，云雪花园小区代建300套，桂园小区代建200套，安置小区双汇桥集中建设132套。目前全县已建成保障性住房126套，入住112户。已封顶、进入内部施工阶段的有黄山小区82套、滇西名特产商贸城代建60套、后箐建设60套，其余的正在进行地勘、施工图纸设计审查、平整场地等前期准备工作。

（一）政府重视，科学规划，稳步推进。县人民政府高度重视保障性住房建设这一民生工程，把城镇保障性住房建设列入重要议事日程，科学规划，加强组织领导，有效组织实施，取得了初步成效。近年来，云县积极争取上级有关部门的支持，多渠道筹措保障性住房配套建设资金，加大了保障性住房的建设力度，规划三年内建成城镇保障性住房2652套，目前已经建成126套，现已入住112户，逐步解决和改善了城镇低收入群体住房困难。

（二）创新建设模式，多渠道筹措建设资金。积极探索保障性住房建设新模式，采取开发商代建模式进行建设。多渠道筹措保障性住房配套建设资金，尤其是开发商代建保障性住房，有效缓解和减轻政府在配套设施方面的投入，同时提升了整体居住环境，做到了资源共享，使保障性住房真正成为贴近民生、惠及百姓的德政工程。

（三）设计合理，功能齐全。保障性住房设计标准为“二室两厅一厨一卫”、“一室一厅一厨一卫”，每套建筑面积控制在50平方米内，建筑主体为框架结构，同步实施公共路网、绿化、亮化、供水、排水、供电、电信、广电、太阳能等设施统一建设，科学规划，布局合理，有利于社会的协调发展。

二、存在的主要问题

（一）配套资金短缺。建设资金地方配套部分得不到解决，2009年至2011年共132620㎡的保障性住房建设，单位投资1200元/㎡，总投资15912万元，除中央、省、市配套的每平方米650元外，地方政府还需每平方米配套550元，共计拼盘资金7293万元。目前已建成16400㎡,需配套资金902万元，仅配套了50万元。

（二）建设积极性不高，进度十分缓慢。全县计划到2011年底完成2652套，132620㎡，目前只完成验收可供使用126套，完工未验收202套（黄山小区82套，后箐60套，滇西名特产商贸城60套），其余都在建设或建设前期工作中。部分开发商代建的积极性不高，如：滨江世纪城的代建工程已于6月4日开工，4个多月过去了，还处在施工图设计审查、平整场地阶段 。到10月底，全县共建成328套，占2009年和2010年计划任务的19.85%。因此，到2011年要完成2652套并入住困难很大。

（三）房源不足，住房困难户面广量大。在全县城镇低收入住房困难家庭调查中，低收入困难家庭达3078户，10773人。到2011年底按规划建成也只能解决2652户，规划建设与需求相差426套，虽然政府采取了货币补助方式解决部分下岗失业人员家庭的租房补贴，但与国家解决人有所居的精神仍有差距。

（四）廉租房的管理不到位。目前，政府组织建设的廉租房已建成，入住112户，但是，由于绿化、亮化、卫生等工程不配套，建成入住后的物业管理难度加大，房租难以收取，环境卫生脏、乱、差的现象比较突出。

（五）规划布局不够合理。除黄山小区由政府统一规划建设外，其余大部分由房地产开发商代建，布局分散，给各开发商的物业管理带来一定难度。部分乡镇的保障性住房规划滞后，布局不够合理，至使整体效果差。

三、下步工作建议

（一）提高认识，加强领导。3年时间要完成2652套的建设任务，难度很大。必须提高对建设保障性住房的认识，切实加强领导、采取有效措施，认真组织实施，快速推进保障性住房建设工程。

（二）加大建设资金的落实力度。保障性住房最大的问题是资金困难，要解决资金的困难问题，建议将保障性住房所需的配套资金逐年纳入财政预算，逐年解决，专款专用，同时积极向上争取资金。

（三）科学规划，严把质量关。保障性住房是备受关注的民心工程，做到合理规划保障性住房的建设，既要在数量上满足群众的需要，又能在规划布局上实现群众的心愿。要坚持便民、舒适、经济的原则进行布局，同时落实好监理责任制，监督开发商，抓好工程质量的安全管理。

（四）加快推进工程进度。在监督好工程质量的同时，要加快推进保障性住房建设进度，建立工程建设质量总工负责制，满足施工建设对工程技术质量的要求。

（五）加强管理使用，探索动态管理科学办法。建成后使用的管理问题应当引起高度重视，要让住上保障性住房的困难群众，既感到经济实用，又方便和服务周到。对已建成的黄山小区建议成立小区物业公司，依照物业管理暂行办法进行管理，加强小区的环境卫生和安全保卫管理。要建立住房阳光分配机制，保障性住房入住必须要加强对拟入住对象的条件审核，要严格把关。入住之前，对入住侯选对象要实行网上公示制度，并建立举报制度，坚决杜绝将不符合条件的居民入住保障性住房的现象。要建立良好的退出管理机制，针对不符合继续居住条件的入住户，要采取有效的措施，促其搬出，把保障性住房提供给最迫切、最困难、最需要的人群。

关于云县核桃产业建设情况的调研报告

政协云县委员会

（2010年11月16日）

中共云县委：

根据政协云县委员会2010年工作要点，县政协组织调研组，由县政协副主席、县委统战部部长刘绍云带队深入部分乡镇开展核桃产业建设工作情况调研。现将调研情况报告如下：

一、全县核桃产业建设工作基本情况

（一）核桃产业发展现状

在县委、县人民政府的正确领导下，在各乡镇和县级各部门的密切配合下，通过各级干部和广大群众的不懈努力，我县的核桃产业建设取得了显著的成效。目前我县实有核桃面积151.2219万亩。其中2006年以前的面积有11.5万亩，2006年以后新植面积139.7219万亩。其中，用嫁接苗定植的面积64.7219万亩，点播和实生苗种植的面积75万亩。在需要嫁接的75万亩核桃面积中，目前已嫁接64万亩，未嫁接11万亩。据统计，到今年止，全县核桃挂果面积已达10万亩。在今年开展的核桃产业建设工作中，全县核桃重点应管护的面积是150.13万亩，实际完成管护面积139.48万亩，管护完成率为92.91%。施肥面积达135.5万亩，其中县、市配套化肥3161吨，农家肥11800吨。除杂除草138.6万亩，病虫害防治112.08万亩，开挖排水沟86.75万亩。参与管护人员达13.9万人次。通过多年的努力，与粮食、茶叶、甘蔗等传统粮经作物的种植面积相比较，我县的核桃种植面积增长较快，发展势头良好。核桃产业的快速发展不仅能改善我县的生态环境，还是增加山区群众致富的一个重要渠道。随着核桃加工龙头企业在我县的建成投产和市场对核桃需求的明显增强，核桃产业将成为我县的又一支柱产业，核桃树将真正成为我县农民增收的一棵“小康树”。

（二）核桃产业建设的工作措施

一是各乡镇均成立了以党委书记为组长的核桃产业建设领导小组和核桃产业建设工作督察小组。在核桃产业建设上形成了乡镇党政主要领导亲自抓、班子成员具体抓、部门协调配合抓、村组干部全力抓、种植农户主动抓的良好工作格局。核桃产业建设工作督察小组负责对辖区内的产业建设工作开展督查。

二是强化组织发动，全面提高认识。县、乡、村三级上下联动，组织全县的机关干部广泛参与宣传发动，参与发展核桃产业。积极动员群众在常耕地、荒山荒地、次森林、房前屋后等适宜地块全面进行了种植，引导农民“把山当田耕，把树（核桃树）当粮种”，树立了自我发展的信心，把核桃产业真正作为建设社会主义新农村、建设美好家园、建设和谐社会的“希望树”、“摇钱树”和“小康树”抓紧抓实。

三是科学种植，精细化管理。强化了“三分种植，七分管理”的观念，把核桃产业的发展重点和功夫放在管理上。大多数群众基本能按照“五个一” 标准进行种植。后期管护能做到用心用情、精细化管理。制定了《核桃管护暂行办法》、《泡核桃种植抚育管理技术规程》；村一级成立了村核桃产业协会或理事会，有的村委会还成立了核桃产业管护队，将核桃产业建设的有关内容和管护工作纳入村规民约。

四是加大了科技培训力度。基本建立了县、乡、村三级科技培训网点，加大了科技培训力度。林业和科技部门充分发挥职能作用，经常深入基层依托农村产业协会、村民小组理事会等组织，对核桃种植管理技术进行层层指导和培训，在日常的指导和培训工作中注重培养乡土人才，全县涌现了一大批核桃种植管理的优秀专业人才。

（三）核桃产业建设取得新成效

一是全县上下达成了核桃树是一棵“小康

树”、“致富树”的共识。种植面积稳步扩大，2006年以后新种植核桃成活率均在85%以上；通过科学管护，核桃长势良好，新种植的核桃现大部分高度都在2米以上，部分泡核桃已经开始挂果。目前随着核桃价格上扬，市场效应凸显，群众的种植积极性较高，种植观念有了根本转变。很多群众都意识到核桃树确实是一棵“小康树”、“致富树”，在核桃的种植和管护上主动性、积极性都有了明显增强。

二是切实加大招商引资力度，培育了核桃精深加工的龙头企业。全县上下着力扶持、培育、壮大龙头企业，云南汇智源日产30吨核桃系列产品项目建成投产，开发了核桃加工新产品，提高核桃深加工产品的科技含量，提高了市场占有率，努力推进了核桃基地、生产、加工、营销一体化建设，促使核桃产业化长足发展，促进农民增收，企业增效。

三是核桃产品销售网络基本建立。加快了市、县、乡、村各级核桃产品交易市场的建设步伐，搞活了核桃产品的流通，基本建立起本地的销售网点，并积极向市外、省外甚至国际市场拓展。县一级加强信息服务平台建设，为企业和农民提供了信息服务。同时也充分发挥了核桃协会等中介组织的积极作用，促使核桃产业逐步走上产、供、销一条龙，贸、工、农一体化的产业化发展路子。

二、核桃产业建设工作中存在的问题

一是群众在核桃管护上还需要进一步提高意识。重“种”轻“管”的意识在大多数种植户中均有不同程度的存在。在部分地块上粮食作物和核桃树的间距普遍不够，粮经混杂，影响了核桃的成活率和成长率。有的核桃树苗种植过密，相互影响生长，需要及时移密补稀。在核桃产业的发展上，从粗放的种植模式到精细化管护的转化仍需要一个过程。

二是技术培训工作有待加强。绝大多数核桃种植户有心要种好、管好核桃树。但对在种植过程中可能出现的种种问题估计不足，出现问题后解决办法不多。如今年的旱情严重，导致很多核桃树苗枯死；又如部分高海拔地区，气候变化异常，核桃树苗长势弱等等。要有效抗御自然灾害，就需要有较专业的管护技术和一定的种植经验。

三是需要引导种植户加大在核桃产业建设上的投入。近年来，市、县均采取措施，以肥料补助的方式加大核桃产业建设方面的投入，进一步带动了种植户的资金投入，促进了核桃产业建设。但由于肥水条件不足，部分种植户在配套肥的用量上普遍不足，又没有及时追加补充农家肥，导致树苗施肥不足，加之缺乏水利灌溉的配套，导致核桃的成长率受到影响。因此要引导种植户正确认识投入和产出的关系，提高核桃的成长率和挂果率，从而达到早见成效的目的。

四是核桃管护办法不够健全，可操作性不强。虽然大多数村委会都把核桃的管护工作纳入村规民约，但在实际工作中，这些村规民约对一些人为的或者牲畜对核桃树造成的损坏没有起到很好的约束作用，或者说发挥不了作用。

三、下步工作建议

（一）加强核桃嫁接技术培训。全县2006年以来新植的核桃面积将近140万亩，目前还有相当部分面积未嫁接，核桃的嫁接仍是今后核桃管护工作的一个重点。虽然很多种植户掌握了一定的嫁接技术，但技术水平参差不齐。各乡镇都缺乏专业的嫁接队伍，在一定程度上势必影响核桃的挂果率。

（二）抓好水肥配套，改善灌溉条件。随着核桃种植面积的扩大，受气候、海拔等条件的影响，部分种植地块面临着灌溉水资源贫乏的问题。据林业局提供的资料，受今年旱情等因素影响，今年全县核桃干旱死亡面积接近10万亩左右。因此抓好水肥配套，不断改善灌溉条件是提高核桃成活率、成长率和挂果率的重要条件。要引导种植户加大投入，改善灌溉条件，对种植地块应深耕灌水，做好水土保持。

（三）以补植补造为重点，抓好核桃管护工作。在今后的管护工作中，除了做好除杂除草、松土、开挖环状沟、施肥、修枝整形、病虫害防治等日常管护工作外，要抓好核桃的补植补造工作。由于种植习惯和粮经混种的原因，在很多地块上核桃种植过密，间距不足，相互影响。在补植补造中要及时移密补稀，促进核桃的成长和挂果。

（四）建议在全县核桃种植区的每个村委会设一名核桃辅导员。现在我县核桃种植面积已到达150多万亩，核桃加工企业也在县城建成并投产。可以预见，在不久的将来核桃产业将成为我县的支柱产业，云县也将成为名副其实的核桃大县，因此在核桃种植区的每个村委会设一名核桃辅导员很有必要。各村核桃辅导员的工作职责就是按照各乡镇的《核桃管护办法》和村规民约的相关规定，协助村核桃产业协会或理事会做好村内的核桃日常管护和技术指导工作。在辅导员的待遇上可采取县财政补一点、乡镇筹一点、受益户集一点的办法解决。各乡镇要指导村两委制定具有各村特点的《核桃管护办法》和村核桃辅导员的奖惩办法，年终按照奖惩办法考核兑现。随着今后核桃加工企业的发展壮大，各村核桃辅导员还可以兼任核桃加工企业的信息员、宣传员甚至是核桃收购员等等，届时核桃加工企业也可以承担核桃辅导员的一部分报酬。

（五）建议成立副科级单位的县核桃产业办公室。我县已有茶办、三薯办、烤烟办等科级单位的产业办公室。现在我县的核桃产业办设在县林业局，为股所级单位，工作人员也是临时搭配。根据我县核桃产业发展的现状和发展前景，建议成立一个副科级以上单位的县核桃产业产业办公室，编制为8至10名，调配专业技术人员到核桃办工作。县核桃产业办公室负责全力抓好全县核桃的种植规划、管护指导、技术培训和产销服务等工作。

关于云县户籍放开问题的调研报告

政协云县委员会

（2010年11月22日）

中共云县委：

为积极破解城市发展的户籍“瓶颈”，不断把人财物聚集到县城中来，有效推动县城的繁荣与发展，促进城乡协调发展，加快城镇化建设步伐。根据县委的安排，县政协组成调研组，于2010年10月，深入县公安局、县建设局、爱华派出所、草皮街社区、爱华社区和部分房地产开发企业，对我县户籍放开问题进行了专题调研。现将调研情况报告如下：

一、云县户籍管理基本情况

（一）户籍管理的现状

自云县人民政府成立以来，户籍管理一直以公安部门为主，并根据国家和省、市的有关政策不断加强和完善管理。2008年8月，云县人民政府转发了《临沧市户籍管理制度改革实施意见（暂行）》（云政发〔2008〕109号），并严格按照该《实施意见》开展户籍管理制度改革工作。通过改革，实行“一元化”户口管理，打破城乡分割的农业、非农业二元制户口管理结构，取消了农业人口和非农业人口的户口性质划分。实行城乡统一的户口登记管理制度，统一登记为居民常住户口。取消了“农转非”户口审批。对迁入云县的户口，以“是否具有合法固定住所、稳定职业或生活来源”为基本落户条件，放宽户口迁移政策，降低了户口迁入的门槛。

（二）城区人口基本情况

2009年末，爱华镇共有居民户24309户，占全县总居民户124027户19.6%；总人口 85502 人，占全县总人口443539人的19.28%；爱华镇城区常住总人口29164人，占爱华镇总人口的34.1%。从人口迁入城区的情况看，一种情况是迁入社区，另一种情况是迁入开发商建立的集体户。

(三)非爱华镇户籍人口到县城购房建房基本情况

2009年以来，非爱华镇户籍的人口在县城购房建房共584户，其中：自建61户，在北河房地产购房5户，滨江世纪城购房101户，三江半岛购房149户，滇西名特产交易中心购房53户，兴泽园小区购房129户，职教小区购房4户，桂园小区购房41户，云兴商业街购房39户，云兴商业街商铺1户，综合贸易商城1户。从发展的态势看，农村人口逐步向县城聚集。

二、制约户籍放开的“瓶颈”

（一）城乡二元结构的户籍观念没有根本改变，农民迁入城镇的积极性不高

自2008年以来，云县按照临沧市户籍管理制度

改革实施意见的要求进行改革，实行城乡统一的户口登记管理制度。但是，农业和非农业人口观念并没有根本消除。户籍放开农民的积极性是关键，大多数农民不愿意放弃土地承包权，对更换户口没有积极性。迁入县城的户口有的没有全家迁入，有的一户只迁移一人，其余户口仍然在农村，而户口迁入的主要是为了孩子进城入学不受户口限制。很多打工、做生意的人并没有迁户口。原因主要是担心户口全部迁入城区后惠农政策被取消。另一方面，随着新农村建设的推进，国家的支农惠农政策不断出台，农村居民在土地、计划生育等方面的待遇在一定程度上优于城镇居民，农村人口迁往城镇落户的人数不多，而且原已在城镇落户的农村人口尚有极少数有返回农村的倾向。

（二）与户籍制度相关的社会管理政策不配套

在实行“一元制”户口管理制度之前，我国的户籍制度实行1958年颁布的《中华人民共和国户口登记条例》，非农业户口和农业户口有着严格区分，执行和享受国家政策上也有极大的差别，在很多行业和领域内执行政策的依据就是户口性质，附加在户籍管理制度之上的各项社会管理政策及利益太多。当前我县城镇人口虽然在户口形式上都统一为“居民户口”，但一到落实相关政策和社会福利待遇时，城乡户口差别就暴露出来。如公民在教育、医疗、计生、社会保险、民政、交通事故赔偿、土地占用、应征入伍等诸多方面享有的待遇就不平等，以户籍性质为依据进行差别性的分配，农业和非农业人口就有明显差别。甚至在同一起交通事故中，户籍性质不同的受害人得到的赔偿数额都有极大差别，制造了城乡居民之间法律地位和社会待遇的不平等。这些壁垒制约着户籍管理制度改革的进程，与统筹城乡发展不相适应。

（三）户籍管理制度改革缺乏合力

户籍管理制度改革牵涉城乡居民多方面利益，与多个政府职能部门相关，深化户籍制度改革，不仅要从形式上取消城乡居民户口的差别，还要逐渐消除附加在户籍制度之上的各种不平等待遇。当前的户籍制度改革主要由公安机关推进，在公安机关采取取消城乡二元户口、放宽户口迁移条件等改革措施的同时，其他相关职能部门却没有同步进行配套改革，不仅造成各项政策之间的不衔接，而且使得户籍管理制度改革流于形式，无法收到实质性的成效，广大人民群众难以实际享受到户籍制度改革的好处。如计生部门，执行农户可生二胎，非农户只能生一胎的政策，因此每生一胎都要求派出所出具户口证明；劳动部门也执行非农业医保和农民医保政策，工作中也要求派出所出具户口证明。因此“一元制户籍制度改革”在实际的社会化服务中与其他行业政策不衔接。

（四）城镇落户条件过于严格

我县现行的落户是以“具有合法固定住所、稳定职业或生活来源”为基本落户条件。一部分农民多年在县城打工、做生意，租房居住在县城内，因不具备有合法固定住所的条件而不能落户。这些人由于不能落户，没有常住户口，致使孩子不能正常就学，国家社会保障政策无法享受。一部分公民在城区已经购房，但没有稳定职业或没有长期居住，还是不符合迁移条件。落户条件过严，直接影响户籍放开。

（五）部门利益制约户籍“一元化”改革进程

由于在实际工作中形成的不成文的规定，如：违反计划生育政策的出生人口没有交清罚款、外来人员没有交纳落户费的，落户单位和村委会、社区往往不予出具落户证明材料，限制了落户。致使部分儿童到入学年龄还无户籍档案，入学困难或不能按法定年龄入学。这些因素一定程度上影响了户口迁入者的积极性，限制了户口迁移工作，制约着户籍制度改革的进程。

三、对户籍放开的建议

（一）深入推进户籍制度改革，放宽城镇落户条件，促进农民（居民）市民化

按照临沧市户籍管理制度改革实施意见，深入推进我县的户籍制度改革工作，建立适应城市发展的新型户籍管理制度，促进农村富余劳动力向城区和非农产业转移。按照有利于人口自由迁徙、有利于统筹城乡发展、有利于科学有序管理的原则，放宽农民（居民）进城落户的户口政策条件，进而逐步减少农村户口数量，逐步提升城镇户数比例，使农民（居民）逐步市民化，加快城市化进程。一是全面实行以长期居住地登记户口，人户一致的一元化户籍登记制度管理，实现城乡户口管理一体化。二是以“具有合法固定住所、稳定的职业和生活来源”为落户的基本条件，放宽落户迁移政策。进一步降低购房落户、投资兴业、引进人才等城镇落户

“门槛”。凡在县城内有合法固定住所，有相对稳定的职业和生活来源的公民，均可申请在县城落户，其配偶、子女、父母均可随迁；在城区有合法住所和稳定生活来源的无户口公民，按户口补录程序规定可就地补录户口；购买商品房或者通过其他方式获得住宅的外地人员，可申请将本人及其共同生活的直系亲属迁入房屋所在地城镇落户，从户口迁移政策上为农村居民向城镇流转创造宽松环境，让群众全面享受到户籍放开带来的好处，使农民（居民）真正市民化。

（二）部门联动，完善配套政策，加快城乡一体化步伐

户籍管理制度改革的广度、深度、难度都很大，依靠公安机关部门之力难以将其深化。只有各相关职能部门齐抓共管，综合改革才能协调推进。建议在政府的统一领导下，实行公安、工商、民政、城建、国土、劳动保障、卫生、计生等部门一体化管理，形成户籍管理工作整体合力。建议上级相关职能部门尽快出台新的或改革现有社会管理利益分配政策，以居民实际居住地作为享受各种利益的依据，妥善解决进城落户后居民的社会保障问题，对社会保障（社保、低保、失业保和医保）政策制度统一的支付标准。如社保政策，要按劳动力年龄，男60周岁、女55周岁以上每月领取一定数额的养老保险金，与城镇居民待遇相同。低保、失业保、医保等也应当参照制度；对农村进城落户的居民在一定时间内保留其在农村享受的社会保障和福利待遇不变，如城镇与农村在社会保障和福利待遇方面出现重复的，按“就高不就低”原则执行，保障群众的切身利益，实现真正意义上的城乡一体化。

（三）加快推进城市建设，不断扩大城市容量，充分发挥城市的聚集效应

一是要结合新家园行动计划，完善城市规划，加快在建市政建设工程进度，推进小区开发建设，加大旧城改造力度，扩大城市容量，提高城市的承载能力。二是制定出台相关优惠政策，鼓励农村人口到县城购房居住，把农村人口吸引到城市来，充分发挥城市的聚集效应。三是要不断改善教育、医疗卫生等配套设施，提高城市公共服务功能，提升城市化水平。

（四）健全就业服务机制，缓解转移人口的就业压力

一是要逐步建立健全城乡统筹的就业制度。建立城乡统一的劳动力市场，形成城乡劳动者平等就业的制度，引导农村富余劳动力在城乡之间的有序流动。二是要建立完善社会保险制度。完善适合城镇灵活就业群体（包括外来工、农民工）的养老保险和医疗保险等社会保险制度，建立城镇困难群众的医疗救助制度，保障农村人口迁移与就业的安全有序。三是要完善就业培训制度，最大限度地满足城乡居民多样化的就业需求和农村劳动力转移需求。

（五）优化服务，规范户口办理手续，提高户籍管理的科学化水平

一是建议由县人民政府牵头，对全县各乡镇的户口办理情况进行一次全面的检查。对基层派出所在户口办理过程中违规操作问题进行纠正，对村民小组、村委会、社区乱收取落户费的问题明令禁止。通过专项检查，进一步规范户口办理手续，优化服务，建立便捷的户口流动机制，促进人口的合理有序流动。二是完善户籍档案。根据《临沧市户籍管理制度改革实施意见》，“农业”“非农业”的户口性质被取消，统一称为“居民户口”，但其现实的意义仅局限于公安机关的人口管理工作，涉及群众切身利益的诸多方面仍存在户口性质的区别，如计生、交通事故赔偿、社保保险、民政、教育、公民应征入伍等，一旦遇到实际问题，相关的部门仍要求公民到公安机关出具户口性质证明。但从实行“一元化”户籍制度后公民全部登记为居民，只能依靠查找原来的户口档案才有依据，因此应妥善保存好户籍档案。三是要切实增加投入，加强户籍网络建设，实行户籍网络化管理。建立和完善人口基本信息网络管理和公民信用信息管理系统，有利于提高户籍管理人员和机构的工作效率，提高社会管理和治安水平，准确获取基本的人口户籍资料信息。同时也为公民遵纪守法、诚实守信提供基础管理平台，从而惠及广大人民群众，强化信息资源共享，规范、有序推进户籍档案管理和户籍管理网络的科学化水平，为构建城乡协调发展提供信息平台。

关于云县茶叶产业情况调研的报告

政协云县委员会

（2010年11月16日）

中共云县委：

根据政协云县委员会2010年工作要点安排，由副主席钟汝菊牵头，于2010年4～10月对全县茶叶产业进行了专题调研。现就茶叶产业发展现状、存在问题、建议对策作如下报告：

一、云县茶叶产业发展现状

（一）产业优势明显。主要体现为自然生态条件好，茶叶品质优，发展空间大。云县境内海拔高度在2000米以上的山脉有44座，其中海拔在2500米以上的有28座，具有开发原生态绿色食品茶和有机茶得天独厚的自然生态条件，云县的大部分茶区处于这个适宜区地带，茶叶产业后续发展空间巨大。

（二）茶叶产业基础扎实。全县12个乡镇170多个村均有种植茶叶，盛产的村达140个。目前，全县茶叶种植面积为161242亩，投产面积 123595亩，其中，无性系良种面积35419.1亩，有机茶园认证面积24534亩，百年以上古茶园面积23000亩。主要茶树品种以勐库大叶种为主，新植茶区有部分云南大叶种云抗10号。2009年茶叶鲜叶产量为13459吨，今年春、夏茶鲜叶产量达14356吨。

（三）茶叶生产水平逐年提高。全县现有制茶企业201户，从业人员880多人。其中，精制企业21户，初制加工厂180户。21户茶叶精制企业均获得QS认证，有茶叶生产专业技术人员167人，其中：高级工程师2人，工程师12人，助理工程师12人，技术员141人。资产总值3.5亿元以上，设计年生产茶饮料、滇红、滇绿、普洱茶和茶酒等茶产品精深加工能力12万吨以上，其中：茶饮料生产能力10万吨，茶酒生产能力1000吨，红条茶、CTC红碎茶、绿茶和普洱茶等生产能力2万多吨。今年，21户茶叶精制企业有20户进行生产，累计精制成品茶3082吨，销售精制茶2350吨。

（四）形成了初步的产业化经营格局。县城城区有3个茶叶交易市场，注册资金累计1874万元，开设店面242个，就业人员348人。2009年度，3个茶叶市场实现茶叶交易 9200吨，销售收入12700万元。今年1～10月份，省内销售成品茶494吨，收入986.6万元；省外销售成品茶1446吨，收入288.06万元；国外销售成品茶410吨，收入697万元。全县形成以村级33个街场为基点，以乡（镇）政府所在地的11个街场为骨干，以县城茶叶交易（批发）市场为核心的茶叶产品流通网络体系。县内有茶馆、茶楼、茶室、茶店和茶艺馆等服务企业19个，累计注册资金76.9万元，从业人员42人，其中，获茶艺师资格证35人。

（五）形成了初步的品牌效应。全县21户茶叶精制企业共注册商标20多个，其中，云南省云县博超茶业有限责任公司刘家坡茶厂的 “刘家坡”牌系列产品被中国国际名牌发展协会、中国品牌企业联合发展促进会授信为《中国著名品牌》，并给予品牌专用标识及在互联网重点推广宣传。云县嘉木茶业制品有限责任公司的“嘉茗”牌被评为中国普洱茶十大知名品牌之一，并多次获得各种奖项。临沧澜沧江茶业有限公司“澜沧江”牌原生绿茶被云南省农业厅评为云南名牌农产品，“澜沧江”牌普洱茶被云南省质量技术监督局评为云南名牌，“澜沧江”牌系列茶产品、茶饮料进入中央采购网。云县国汉生态茶业有限责任公司生产的“国汉”牌系列产品先后多次在国内外茶叶展销会上获得多项金奖。后起之秀云县惠民茶厂年设计生产能力在1000吨以上，其“茗木”牌系列产品在全国各地及海外市场拥有较高的知名度。

二、存在的主要问题

（一）老茶叶基地建园质量不高，产能低效。一是我县现有的茶园大部分是计划经济时代及其以前历史时期种植的，种植时没有合理、科学规划，粮、茶等多种作物混种，影响茶树生长和产出，到目前为止，低产、衰老型茶树占大多数，普遍形成“无茶不成山、有茶不成园”的状态，按茶园标准化、规模化和专业化管理要求和测算处于低产。二是茶农对茶园的科学化管理与合理化采摘的认识不足，加之受到资金、技术、劳动力等因素的影响，对茶园的投入上极其有限，在茶园的改造整形、投资增灌、培肥复壮、病虫害防治等方面的管理还没有足够的重视。普遍存在对新、老茶园管理粗放，重采轻管，对古树茶限制性、保护性开采认识不到位。三是在注重茶园量的扩张中，对挖掘提升产能效益的总结分析与推广着力不够。2009年投采的12.4万亩茶园，平均单产48.1千克，平均产值446.85元。全县涉茶农户72243户，涉茶人口288973人，茶农人均纯收入158.8元。

（二）茶叶初制设备和工艺落后。全县180多个茶叶初制所（不含家庭作坊加工点），分布不合理，规模偏小，厂房简陋，设施老化，加工能力弱，工艺不规范，大部分以加工生产普洱茶的晒青毛茶为主，且大部分原料都以销往外地为主，传统的茶叶加工方法和茶叶出售正面临着严峻的挑战。21户精制茶企业，仅有各类工程师26人，技术力量严重不足，在云南滇红茶、绿茶产品的研制开发上，能满足高端消费群体的高、精端产品不多。

（三）创品牌意识不强，营销网络体系不健全，出口竞争力弱。全县茶叶协会不健全，没有发挥相应的功能。城乡虽有茶叶营销场所，但各制茶企业普遍缺乏综合全面产品营销人员，茶叶产品都是各企业自行销售，没有形成统一的营销体系和销售网络，销售秩序混乱，同产品、同行业之间的竞争激烈，促使企业销售成本增高，精力分散，在促销中还经常出现企业间相互诋毁、压价倾销的现象。全县21户通过QS认证的精制茶企业中，获得出口认证的企业仅有4家。茶叶企业在品牌创建和市场竞争中，普遍存在“四个不强”，即：产品市场竞争力弱，品牌向外营销的知名度、影响力不强；经营较多局限于传统的“等商进门”的出口营销模式，主动营销不强；出口以传统产品为主，创新研发不强；单个企业出口为主，联合进军海外不强。此外还存在着有名茶少名牌、茶叶产、供、销中间环节多等严重制约茶叶出口参与竞争的现象。随着国家对茶叶出口限制的逐步开放，拥有自主出口权的企业增多，竞争加剧，2009年，云县销售成品茶3742.9吨，其中出口国外的269吨，占销售量的7.19%。

（四）茶文化的宣传和建设工作严重滞后。云县是临沧市的北大门，是重要的交通路口，八方商贾云集、有独特的“人和”魅力，而县内在册登记的19个茶叶服务场、馆所内，获得茶艺师资格的仅有35人，而大部分茶艺师都没有专门从事茶艺工作，远远不能满足服务的需要。报刊、电视对宣传、引导茶文化力度不够，研究、探讨茶文化的氛围不够浓厚。真正潜心考究茶文化、钻研茶叶生产加工技术等“名牌”专业人员寥寥无几，与邻县凤庆县、临翔区、永德县相比有较大差距，与普洱市的宁洱县、西双版纳州的勐海县等部分市、县对比，差距更大。

（五）对茶叶产业的扶持政策措施不够完善，政策落实缺乏连续性。近几年来，随着市场消费对茶叶的推动，茶叶产业方兴未艾。在上级党委、政府高度重视，强势推动的情况下，各级干群千方百计整合资源，增加投入，不断培植壮大茶叶基地，茶叶基地建设在市、县两级政策扶持下，干部群众积极性高涨，先后建了一部分新的茶叶发展园地，但在基地验收之后，部分扶持资金至今没有完全兑现。

三、对策和建议

今后我县茶叶产业发展要按照“科技提升品质、文化提高价值、品牌开拓市场”的总体要求，以增强市场竞争力为核心，统筹抓好原料基地建设、龙头企业建设、营销体系建设，铸强基地与龙头企业、龙头企业与市场的链接环节，有效发挥政府、企业、茶农三者的联动作用，逐步引导全县茶业产业向专业化、品牌化方向发展，为全县经济社会发展和全面建设小康社会作出新的贡献。

（一）大力发展有机茶和绿色、特色产品，坚持数量和质量、速度和效益的统一。采取示范种植、样榜带动、扶持大户等做法，建设高标准专业化良种茶园。制定一套切实可行的茶叶生产技术规程，使全县茶叶产品全面达到无公害标准。加强对涉茶农资的监管力度，规范农资供应，从源头上杜绝高毒高残农药、有害肥料的使用。尽快完善相关管理办法，加强行政执法工作，促进野生茶、古茶树资源的合理开发和利用。

（二）实施科技兴茶战略，培育扶持制茶龙头企业，实现专业化、规模化生产。一是建立健全茶叶协会，加强对协会的管理和领导。围绕茶叶行业，推动各种形式的联合，在行业自律、制定标准、品牌管理等方面发挥积极作用。加强对茶叶初制所规范性生产的技术指导和扶持，大规模开展对全县制茶企业的清理和整顿工作，对那些不具备生产条件、无生产许可证、没有市场准入资格的小型制茶企业，该整合的要尽量整合，该取缔的要坚决取缔。严厉打击茶叶生产加工中“掺杂使假”的行为，为云县茶叶产业的发展创造良好的市场环境。二是建立健全县、乡、村三级技术、信息服务和培训体系。加强对茶叶科技人员队伍和农民技术员队伍的培训，鼓励大、中专毕业生到重点茶叶企业实习、就业，造就一支能够接受先进茶叶科学技术、善于技术创新和实际应用、有丰富茶学知识的高素质人才队伍。三是加强职业资格培训和制茶企业工人岗位技术培训。加快茶叶生产专业技术人员的培养、推荐和申报工作。注重对茶叶消费服务场所从业人员的培训和资质认证工作。茶叶企业中，要逐年做好相关技术人员的职称推荐、申报工作。鼓励茶叶服务场馆的从业人员，力争取得茶艺师从业资格，提高从业人员整体素质。四是支持茶叶科技创新，对研发经费进行补助，促进茶叶新产品开发、新技术研究创新。加强与省内外、国内外茶叶研究机构的交流与合作，通过多种途径、积极创造条件吸引各方面的茶叶专家为云县茶叶产业发展服务。五是发现、重视和利用好现有的茶叶专业技术人才。加强对县内学习茶叶专业未从事茶叶工作的人员的沟通和联系，集思广益、形成氛围，促进发展。六是集中力量扶持发展制茶龙头企业，尽快完善和落实包括政策、项目、资金、科研开发等方面的扶持措施。以品牌为媒介，进行兼并或资产重组，联合组建股份企业，壮大企业资本，使其尽快成为规模化、品牌化的强大的制茶企业集团。

（三）提升茶叶品牌效益，搞活营销，形成茶叶核心竞争力。 以注册登记的茶叶产品商标为重点，统一思想，集中力量打响云县茶叶品牌，使之成为云县茶叶的名片。请进来，走出去，运用各种媒体和展销会、博览会、推介会等进行宣传，树立信誉，扩大影响，提高市场覆盖率，实现产品的名牌化。进一步推进茶叶质量认证，实行严格的质量监管和品牌监管，以稳定的质量保证品牌的声誉，以良好的品牌形象占有稳固的消费群体。实行茶叶收购登记证管理制度，即企业和个人收购毛茶原料，须到县工商行政管理部门登记，办理茶叶收购登记证，严禁无证收购；继续实行毛茶专业市场交易，重点是规范和监管好县城新兴街、瓦窑坝两大毛茶交易市场，县工商、质监、卫生、税务等有关部门要进场服务和监管，坚决取缔场外交易。规划建设精制茶叶产品专业交易市场，完善市场的信息功能、服务功能、辐射功能、文化交流和质量监控功能，使其成为一定区域内有一定影响力的茶叶产品集散中心。

（四）加强茶文化的研究和宣传。重视茶文化的研究和宣传，加强茶文化建设和茶文化经营。挖掘县内古老动人的茶传说和趣闻轶事，丰富形式多样的民间茶礼，发展传统特色与现代风貌相结合的云县茶文化，进一步培育云县茶叶产业新的增长点。同时，要鼓励茶叶行业之间和地区之间的技术和人才的互动交流，打破企业之间和地区之间的闭塞，开展以提高技术和生产标准的各种茶叶技能竞赛，扩大宣传面和影响面，为茶叶产业发展营造声势。

（五）完善对茶叶产业的扶持政策。在产业政策方面，尽快研究、制定、出台促进全县茶叶产业可持续发展的优惠政策和措施，保证政策到位并具有连续性，着力创造良好的发展环境。在资金扶持方面，要加大对茶叶产业的投入和扶持。每年安排一定的专项资金，通过财政补贴、以奖代补等多种形式，支持、鼓励龙头企业进行技术改造、老茶园改良、新茶园建设及各种新技术、新品种的试验示范和对农民的技术培训；着力提升产业化经营能力，争创发展新优势。在发展环境方面，提供优惠政策吸引外资，加强产前、产中、产后服务。在土地使用方面，从支持茶叶产业发展的角度出发，对分散在农户手中的茶园，可以试行通过搞活土地流转机制，逐步使千家万户的零散茶园，向有资金、有技术、有市场的人或企业手中集中，达到集约化的目的，形成规模化经营。

史林漫步——云县史话

鸣琴九稿

2010年8月10日上午，去诗社社长家取一本《云南诗词》，谈及云县诗社的一些情况……又讲到云县历史上的“鸣琴学社”，这个诗社曾经搞得很正气，最为难得的是有诗稿传诸后世。提起鸣琴学社的诗稿，社长说她借有“鸣琴诗稿”，于是我就高兴地从她手中转借过来……

在一个崭新的标名为“民国档案”的盒里，放着一叠发黄的线装书：9本“鸣琴学社诗稿”，1本《黄虚谷课稿》（谢功九先生抄本），1本《卢月楼先生诗文稿》，1本《袁慎夫先生残稿》，全部都是李芬题签，除鸣琴诗稿外，其余三本都写着“李芬存”三字。盒内还有一幅字，长95厘米，宽26厘米，神龙见首不见尾，仅剩中间一截，16行，“奪目恍如小白花花岩現紫金宮闕落成日鄉雲滃空士女趨慶合爪〇歎得未曾有於休哉嗶師請記于余餘告之曰師知觀之何也居經雲觀其音聲而得解脫匪”，64个字墨迹乌黑，笔法娴熟，典型的馆阁体，明显的赵孟頫《寿春堂记》书写风格，但不知何人手笔，估计是出自卢月楼，因为卢曾在临写《寿春堂记》上下过工夫。“课稿”“文稿”“残稿”及字幅，作为文史资料在此顺便提及，说不定哪天有人对这几件东西突发雅兴而又苦无觅处，或可找点蛛丝马迹。

现在我们先来看看九本“鸣琴学社诗稿”。

对云县文史稍有了解的人都知道，云县历史上曾有过的几个文化团体，都与诗词创作有关。一个是清道光二十二年（1843），县城卖花街人刘有培邀约顺宁举人袁谨在云阳公署（云州州署）内成立的“约梅吟社”，诗稿大多早已散佚；一个是光绪三十一年（1905年）县城秀水沟人谢君谟在昆明发起成立的“云学会”，其会员也写诗词，曾收集整理准备刊行，后因印刷条件限制以及其种种原因未能成书，诗稿几经辗转，最后不知所终。另一个就是著名的“鸣琴学社”。民国三年（1914年）冬，大理人张肇兴（字景中，云县人常称其张景中先生）就任云县知事，热心地方文化建设，追寻“云学会”诗稿未获。民国5年（1916），张景中先生牵头发起成立了有点官方性质的“鸣琴学社”，社址设在实业所内，邀请大理名士李学海来云县任教并主持学社日常工作，共有社员20多人。

就像《红楼梦》大观园里“秋爽斋偶结海棠社”时探春、宝玉、黛玉他们入社时都另起别号各有寄意一样，鸣琴学社每个社员都有一个雅号，这与今天的博客名称或是网虫的昵称差不多，如“雪道人”（李学海）“忙里闲人”（谢君谟，字功九），“铁笛”（卢光华，字月楼），“介石”（张世卿，字绍仁），“面琴山居士”（杨钰华，字品珍），“长笛倚楼人”（赵伟，字南卿），“龙湖钓者”（赵蔺臣），“听琴居士”（穆致和，字少惠），“守拙斋居士”（潘锡光，字叙五），其他还有什么沧江醉客、松友、醒时少年、丹山游客、寄云苍樵、爱竹主人、完璞山人、龙山山农、听沧浪客、乘风破浪客、梅村雪鹤等，听起来够雅致的。从别号可见当时云县学界名流的心性志趣，从中也不难感受到中国传统儒家士子惯有的山林逸韵，介于“入世”与“出世”之间。而作为一县之长兼学社社长的张景中先生身份有别，名号也就大异其趣，诗作落款曰“味胆丸斋”。“味胆丸斋”是其书斋名，以尝味苦胆励志，心志尽在其中。先生治学严谨，学养丰厚，智性清雅，但身为百姓衣食父母，管着全县人民吃喝拉撒，再说边陲小邑百端待理，职责所系自感责任重大，未敢稍懈，坐这文坛盟主席位却不能脱离群众自个去玩高雅，因此纵有林泉逸兴也不可能喻于言表，故以“味胆丸斋”自号，却也恰如其分，不同凡俗。

“鸣琴学社”是张景中命名的。为何叫“鸣琴”？首先，他缘于命名者常携常拂的那把古琴（张景中常携琴操曲）。其次也应该与南河东岸的琴山有一定的意绪关联。时任县参议会议长的张世卿在《拟建张景中公墓志》中已说得很明白：“公

（指张景中）于地方事业，知无不为，为无不尽。治理余闲，随携古琴一张，抚弦操缦。爰云有琴山，设鸣琴学社，为云人士及学校教员论文赋诗之所”。琴山脚下庆云桥旁有抚澜阁，为鸣琴学社雅集之地。“琴山”也曾作为社友们吟咏对象，学社的第二课诗题就叫“琴山晓望”。但这些都是很表象的东西，大家一看就知道张景中他们不会这么肤浅，“鸣琴”背后更有深意。

“鸣琴”指弹琴，古有“鸣琴而治”语，指以礼乐教化人民，达到“政简刑清”的治理效果。语出《吕氏春秋•察贤》：“宓子贱治单父，弹鸣琴，身不下堂，而单父治。”后因用“鸣琴”称颂地方官简政清刑，无为而治。唐诗有“遥知讼堂里，佳政在鸣琴”句，清人陈梦雷也有诗：“製锦功偏著，鸣琴政自循。”

古人对鸣琴而治多有记述，上述宓子贱“身不下堂，而单父治。”并非无所事事，不务正业，旨在极言其“无为而治”的一面。事实上在鸣琴的背后，当有许多被隐去的为政之举，诸如知人善任、简政放权、公文从略、冗务从简等等。在吏治腐败时期，地方官员大都非昏即贪，要么朝令夕改、无事生非，扰民、乱民，要么酷刑峻法、坑民害民。“鸣琴而治”，实则是一种“以简驭繁”的思维方式和工作方法，其间贯穿的一个原则是：政清事简，事半功倍。

“鸣琴而治”明显地带有儒家“匡时济世”的理想化色彩，后世的文人骚客，索性将县令的府邸衙门冠以“琴堂”之美称，这些其实都是一种美好的希冀。张景中将诗社命名为“鸣琴学社”，取“鸣琴而治”之意而用之，言近旨远，不仅蕴涵着他个人的情怀节操，更隐含着他的施政理想：自我期待树立“仁政”，将“礼乐”之风付诸实践，在其治下营造“以礼治邦，以乐化民”的宽松的时尚与氛围。

琴有着厚重的人文积淀，它的审美在世界音乐中独树一帜。它没有肆意的宣泄，只在含蓄中流露出平和超脱的气度，寄寓着安详宁静、洒脱自在的思想内涵。琴与诗歌密不可分，讲求韵味，虚实相生，更求弦外之音，从中创造出一种空灵的意境。

至此，我们对“鸣琴学社”的微言大义也就不难理解了，也进一步懂得张景中为什么把一个诗社命名为“鸣琴学社”。这是一个综合性的文艺团体，不仅仅写诗填词，还有其他文艺活动，但以写诗为主。“鸣琴学社”其实可以说是当时的云县“文联”，它荟萃了当时云县文化界的一些名流学子，其中也应该包含部分文学青年。学社少长咸集，弹琴调筝，唱和诗词，切磋诗艺，研究文学，交流心得，尽展人心深处的恬静祥和潇洒自在之声。

学社半月举行笔会一次，诗题文题事先由张景中亲自拟出发布，活动时每人自带文稿，交主持人雪道人李学海批改品评。笔会地点不固定，广佛寺、水磨村白廷彩家的“肯亭”、山脚赵子山家花园、菜园坝李芳廷家花园和庆云桥头的挽澜阁都曾经是学社活动之地。民国六年，张景中调任维西县，学社曲终人散，风景不再。成立一年多的鸣琴学社，真是名副其实的昙花一现，但这“一现”在云县文化史上却是异常美丽的，因为它有诗稿传诸后世。“约梅吟社”“云学会”都没有诗文传世，唯有“鸣琴学社”硕果仅存，曲终奏雅！

当时学社曾收集所写诗文，由成员潘锡光、魏逊昌工笔小楷抄录，集成《鸣琴社第×课诗稿》10卷写本，交教育局保管。时任教育局长也是学社主要成员的张世卿先生拟将诗稿送大理刊印，终因地方财力薄弱未能如愿。时逢在耿马罕土处当幕宾的孙人杰回云县，闻知此事甚感兴趣，向教育局借出诗稿参阅，不久孙人杰病故，诗稿遗留其书房。土地改革时，孙氏藏书被查抄，鸣琴诗稿却幸被遗弃，又幸遇有识之士李芬先生将诗稿捡回家中珍藏起来。虽然只有九卷，第一卷已不知去向，但总算是不幸中的大幸。1980年李芬先生将九卷藏本交县地方志办，并且每本都另纸加了自己的题签“鸣琴学社诗稿第×课”作为封面。听说县志办曾寻访过第一卷，未果。1992年，县志办、县民委组织人力编辑出版了一本《云州诗词选》，选诗就以“鸣琴社课本”为主。前人的名山事业在七、八十年后终于得到重视与回应，李芬先生功莫大焉，如果没有他慧眼识书并妥善保存，这九卷“鸣琴社课本”势必如同云县历史上很多有价值的文献资料一样烟消云散、泥牛入海了。

我是怀着虔诚与敬意来展读“鸣琴九稿”的。我之所以简称其“鸣琴九稿”，除了行文方便外，主要的还是出于汉语的一种习惯性的表达。文学史上以“名词＋数量词”作为文献资料或文学派别名称的所在多有，如《古诗十九首》《唐诗三百首》以及“竹林七贤”“唐宋八大家”等等就是人们较熟悉的。

“鸣琴社诗稿”，可以说是云县历史上的一个文学期刊，它每课都有一个主题。第一课诗题已无法得知，从幸存九期来看，诗社每课选题都与时节、时事、社会生活、生产劳动等有关，也兼及地方风物。据粗略统计，二至十课共收诗词300多首。作者多是云县地方文士、时贤，如孙伟望、赵伟、谢君谟、卢光华、张世卿等等；有的是外来官宦，如张肇兴、张肇荣；有的是随张肇兴来的幕宾，如爱竹主人；有的是巡边视察的上级官员，如由人龙等。作者范围较广，创作水平、风格各异。诗稿没有具体写作时间，只可根据所写内容来做大体推断。

下面对各课的主要内容略作介绍：

第二课的主题：《琴山晓望》，诗作23首，有些诗句至今仍脍炙人口，像张肇兴写的“旭来高树林开翠，霓望前溪岸跨虹”好像就为今天的景观准备似的，“青烟北郭煮糖火，绿草东风卖酒旗”“两河流水波微动，四面远峰雾尚蒙”“二水合从山外泻，全城半在画中看”很有地域特色。另有《游春》20首。

第三课主题：《征乡兵》，7首。诗叙1915年12月，云县人响应云南护国起义，声讨袁世凯的义举。体裁有古体诗、律诗等，从各个侧面反映了当时云县人对征乡兵的不同反应，既有“惟望除帝制，虽死愈于生”“讨逆宗旨定，铁血主义成”“振臂呼子弟，子弟争偕行”“妇孺咸知义，亲戚贺登程”“壮气虹贯日，长驱扫燕京”的大义，也有“保甲法虽良，谁识乡兵苦”“弟妻别乎兄，子惨离乎父”“安得常太平，闾阎幸欢聚。兵祸永无侵，常使安农圃”的现实与理想反映。当时正是云县农家准备榨甘蔗的季节，张肇兴的诗恰好反映了当时云县百姓既要应征讨袁，又要抽调修桥民工，还要忙于榨蔗等农活的社会矛盾，如“边民趋令如流水，徭役征调犹未已”“忽闻军书烽火急，乃如猎犬惊山鸡。兵官呼来问，乡人弗敢恨。但言今年春，南桥充役卒，愿多作桥工，远道不惯出”“君不见，河岸头，榨糖甘蔗还未收；阿母鬻蔗送儿行，短褐褴褛啼啾啾”几件大事迫在眉睫，避不开，绕不过，这可难为了这个任劳任怨的一县之长。

另一主题：《甘蔗》，有《种甘蔗》《卖甘蔗》《榨甘蔗》《食甘蔗》系列，如“一犁何事向南阡，种蔗今年接去年。咀嚼还期甜在后，勤劳应许苦当先”“灯火三更茶已凉，渴拈蔗本润诗肠。书中有味甜尤甚，字字还须咬汁浆”“入口可怜农种植，为谁辛苦为谁甜”“蔗汁迸三轮，农夫叱一犊”“暮山黑处火坛红，咯咯铲声越晚风。城外城中人睡静，老牛榨蔗正催工”，言近旨远，妙有寄托，趣味横生，具有浓郁的地方特色，这类描写恐怕只是云县鸣琴学社独有了。另有其他杂咏若干如《游梨花村》《天枧槽》《云梯田》《龙竹屋》等。

第四课主题：《调桥工》，6首，排律。诗叙当时云县修建庆云桥征调民工历尽艰难困苦终于大功告成——“官绅举相庆，遂名庆云桥”。“寸铁民性命，尺石民脂膏”反映了张景中的民本思想。另一题是《扫墓》。

第五课主题：《古战垒》，诗叙云州历史上白旗红旗蓝旗战事。诗体为“柏梁体”，是七言古诗中的一种，要求每句押韵。据说汉武帝建筑柏梁台，与群臣联句赋诗，句句用韵，所以称这种诗为柏梁体。杜甫的《饮中八仙歌》、《丽人行》就是较著名的柏梁体。另题：《苦热》。

第六课主题：《粜公米》和《筹军饷》，诗叙民国五年夏旱，民大饥，奸商哄抬粮价，官方平价卖米济饥民和滇兴义师，云县为护国军筹军饷两事。另题：《端午即事》，《剑兰》。

第七课主题：《莲花塘消夏》、《喜雨》、《茉莉花》等，有诗有词，词如《满庭芳》《西江月》等。

第八课诗题有《雨后登云章楼》《云城消夏词》《饯别景中县长》、《甜笋》等。张景中离任在即，谢君谟等写了《饯别景中县长》若干首，其中有云：“荒邑何堪治，荆天棘地中。公来一载半，道路沟渠通”“鸣琴开学社，到处有亭台。暇日承公教，诚心置腹推”“明德云章外，公今已远行。登楼频怅望，两水有余情”语言简朴，情感真挚。

第九课主要收集了张景中描写当时云县以及旧志所载的一些风景名胜的诗作，有怀念作者之意。作为人文资料，在此不妨将其名目照录：

《云城十二景》：云楼彩旭、星阁清风、德门激湍、泮池古树、弓堤细柳、月沼新荷、岫庵出云、琴山临水、虚亭倚翠、济亭回澜、云渠绕郭、铁桥凌空。

《云城四胜》：三山为郭、两河萦带、二池通源、双树拱门。

《云州旧志八景》：天马迎晖、溪虹渡翠、碧沼腾龙、玉池泛月、层楼旭照、永镇雄关、猛地温泉、神舟飞渡。

另题：《逍遥亭览胜》《题虚亭》《抹猛果》（芒果）《糖酿醋》《糖煮梅》等。

第十课，开首仍书“鸣琴学社第九课”，诗题《逍遥亭览胜》，《云城十二景》，诗题同第九课，估计是第九课续稿。十六页后才是“鸣琴学社第十课”，诗题：《云城四胜》。另有雪道人《游济亭观桥工成》、《抹猛果》、《调寄南歌子-九月三日张景公约游广佛虚亭小饮》。第十课的诗稿仅有6页，15首诗词。兴旺一时的“鸣琴学社”随着张景中先生的离任而式微，创作渐入尾声。

概而言之，鸣琴诗稿内容大致有这几方面：

一是反映当时云县的社会现实、生产生活，如《调桥工》《征乡兵》《筹军饷》《粜公米》和《种甘蔗》《卖甘蔗》《榨甘蔗》《食甘蔗蔗》等，缘事而发，记事抒怀。如果鸣琴诗稿只是吟风弄月模山范水无病呻吟之作，那么我们今天似乎没有必要用更多的文字来谈它，难得的是，鸣琴学社的诗人们不重形式主义和浮靡诗风，不为吟诗而吟诗，而能通过不同的体裁、题材，不同的艺术风格，把笔触伸入现实，从不同的角度切入当时社会现实生活的各个方面，有诗史价值。以时事入诗，正合白居易“诗歌合为事而作”之论，这是鸣琴诗稿最有价值的地方。

二是反映岁时风俗、风土人情、地方物产，如《端午即事》《清明扫墓》和《剑兰》《茉莉花》《糖酿醋》《糖煮梅》《甜笋》《抹猛果》（芒果）等，饶有地方特色，读来趣味盎然。

三是吟赏风景，赞美家乡，如《琴山晓望》《云梯田》《景阁清风》《雨后登云章楼》《虚亭倚翠》和专题写 “云城十二景”“云城四胜”“云州八景”等，表现了作者对云县山川风物的热爱，这些描写对我们今天的市政建设有着重要的参考、借鉴价值，是打造亚热带山水园林城市独具特色的历史文化资源。

四是抒写亲朋情谊和其他杂咏。

在艺术方面，诸体兼备，并且技艺娴熟，具有较高的语言驾驭能力，像古风、柏梁体、排律、七律、七绝、词等都严格按诗词格律来写。诗作径直描写，或贬或褒，持论允当，并不讳饰。在表现手法上，赋、比、兴、用典等各擅其长，材藻丰富，情韵亦佳，才华艳发，吐纳风流。

还有一个重要特点值得一提，就是第五至第七这三课诗稿有眉批，林林总总1100多字的评点，语言精当，不乏真知灼见，都像古代诗话、词话中的评语那样专业，也说明此学社确是带有学习、研习之意，成员中有精于诗词者。这里略举几例，以飨读者：

第五课眉批：

味胆丸斋张景中的《苦热》：“起句突兀善用翻进之笔。”“狂字韵险而稳，于情事亦雅切。”“结句妙以反掉出之。”“颈联推陈出新。”“三联用加倍写深入一层。”“结句平淡中有真理。”

雪道人李学海的《古战垒》：“起笔简老。”“来历澄澈、叙事分明，可为咏古诗之模范。”“三旗先后扰攘亘二十年，只以数语了之，炼意炼词极其简洁。”“总束一联章法完密。”“正写数联苍凉悽惋，是吊古诗应有之笔。笔致排处尤可为法。”“结束最紧提得起。”“结末以欷歔之词写恻隐之情颇得诗人敦厚宗旨。”

第六课眉批：

《筹军饷》：“一起四句好，笼罩全篇。”“用意深微周至，笔亦矫健。”“说得有声有色理直而气亦壮。”《端午即事》：“确是云阳端午。”“异想天开。”“云字押得现成。”“运旧为新。确是自家端午。”“句格翻新妙能联络赴题。”“一起反衬翻新。此实句也即此题名句也。”

第七课眉批：

《满庭芳》：“无风句新而确。”“新世界之眼光是亲身领略得来，苏辛在当日亦不能道。”“细腻熨帖此中有人。极洒脱亦极解脱。”

《西江月》：“词意清超，元人逸品。”“文章天成，信手拈来，自然合拍。”

……

综上所述，“鸣琴诗稿”题材广泛，内容丰

富，地域特色突出，乡土气息浓厚，兼具史料性、人文性、文学性、学术性，具有存史资治教化等价值，对后人有审美教育意义，如果能组织人力把它整理成书印行于世，将是云县地方文化建设中的一件很有意义的事。

将近一个世纪过去了，“鸣琴九稿”成为云县乃至临沧文化史上一段飘逝的绝唱。

试想，一个世纪以前，在中原文化与边地文化交融地界，在交通闭塞、经济贫困、教育落后、文化晚开的边疆地区，有那么一位学养丰厚、温文儒雅的一县之长，倡导、组织、引领、辅导着一批志趣相投、情感丰富的地方文士，在琴山脚下、勐佑河边、莲花塘畔、广佛寺中乃至私家花园，操琴弄曲、雅歌投壶，吟诗填词，悠然唱和，那是一道不可多得、不可再现的风景，翻阅这历经岁月风雨，不无传奇色彩的孤本，尽管它们早已虫穿蚁蚀残缺不全，但那一页页细楷抄写的诗篇依然风姿俊逸，神采飞扬；展阅发黄破损的诗稿，触摸前贤手泽，前辈们诗酒自娱，文采风流，感时寄慨，独抒性灵的情境跃然纸上。透过毫锋墨彩，依稀可感当年文士学子们情感的跌宕、诗心的律动。时过境迁，钩沉历史，“鸣琴九稿”又有“鹤鸣九皋”的感觉。

中国号称泱泱诗国，结社联谊、各申雅怀是具有中国传统的文化现象。尽管现今物欲横流，人心浮躁，诗心已渺，但过去那种“天朗气清，惠风和畅”“少长咸集”的雅尚并非杳如黄鹤，随着科技的发达，人们释放情素诗思的形式转换了平台——互联网。这是一个极其广阔、深远、自由的空间，任何文艺——书法、绘画、音乐、诗词歌赋、楹联、散文小说爱好者都可以在这个蔚然大观的空间里找到归属，创建博客、开拓空间，海阔天空、游目骋怀、自由登录、发帖跟帖、交流品鉴，尽享传统文化与高科技联姻的卓越。这可是“鸣琴学社”时代，“味胆丸斋”“忙里闲人”“长笛倚楼人”“梅村雪鹤”“沧江醉客”等诗翁诗魔诗客们做梦也无法想到的事。如果他们生在当代，以他们的风调、才情，其博客肯定有不少纸条、留言和关注。

……

（张学宇）

注：文章中第一段的引号部分是对原文部分省略。

徐霞客的云州之旅

公元1639年秋天，也就是明朝崇祯十二年农历八月九日，山高皇帝远的云州小镇迎来了一位千古奇人，他就是中国历史上伟大的地理学家、旅行家、探险家，号称“游圣”的徐霞客。

徐霞客（1586—1641），名弘祖，字振之，号霞客，江苏江阴人。

徐霞客22岁开始外出旅游考察，先后游历了大半个中国。他历经34年考察撰成的《徐霞客游记》开辟了地理学上系统观察自然、描述人文的新方向，在国内外具有深远的影响。英国科学史专家李约瑟曾赞叹说：“他的游记读来并不像是17世纪的学者所写的东西，倒像是一部20世纪的野外勘察记录。”可惜这部巨著已遗失200多万字，只剩下60多万字。所幸其中的游滇日记还大体保存完整，而游历云州的文字更是历历在目，不然我们可能永远无法得知这位游圣的足迹曾经抵达过云州。

371年前，徐霞客像天边一缕烟霞，飘落在云州三山两水之间；他的云州之旅犹如惊鸿一瞥，翩然而临，又杳然而去。但他笔下的云州山川风物、历史沿革却成了今天不可多得的文字，也唯有这些文字才使得这位大旅行家的云州之旅并不是那么抽象。

徐霞客是于1638年5月初9日，在仆人顾行的陪同下由贵州盘县胜境关进入云南的。他在滇东北作了将近半年的旅游考察后，于1639年8月初1，从永昌府（今保山，笔者注，下同）小腊彝山起行，经枯柯、右甸(今昌宁县)、锡铅、顺宁府(今凤庆)，一路南下走向云州。

徐霞客的行囊中，除银两、生活用品、食品、碑刻抄录、拓片、别人的赠物、沿路所买之物、书纸笔墨、游记文稿和书籍资料，如《大明一统志》、《云南志》等等之外，还有一些他人书信，其中，有一封是他在永昌结识的朋友闪知愿给他的介绍信，收信人叫杨州尊，是当时在云州供职的一位文士。

人们也许会问，徐霞客辗转千里而来偏僻的云州，他只是为旅游而来吗？当然不是。他是心中有一个疑问悬而未决，要到云州才能得到解答。

我们先来看他的行程。

初7日，徐霞客和仆人经过锡铅，在山岭沟壑间，只听水声淙淙，路过锡铅以南的孟祐村时，他对孟祐河的上游作了考察记录："锡铅之水沿其北麓，又破峡东南去，东南开峡甚遥，而溪流曲折其间，直达云州旧城焉。"

这条直达云州旧城的河流就是现在我们所说的南河。

徐霞客一行继续向南，参看《大明一统志》的记载，一路考察山脉地理水流走势，虽然人还未到云州，但游记中却频频提及云州这个地名。

从他的记述来看，云州的山川已在《大明一统志》中有了较翔实的记载，云州的地理形势在他心中早已有个大概。

初7日傍晚时分，徐霞客抵达顺宁城，入住龙泉寺。

从游记看，徐霞客好像急于到达云州。

初8日，徐霞客早起，将行李寄在龙泉寺，饭后，主仆二人便徒步轻装下云州。

徐霞客下云州的路线是：经过城南普光寺（今平村上村），过归化桥（今平村桂花桥），经瓦罐窑、鸭子塘、象庄，下午抵达洛党。但见顺宁河两岸田畴一片，村落隐隐分踞于东西两山。当晚，徐霞客在洛党客栈住宿写日记。

初9日，晨起吃饭，徐霞客与仆人沿顺宁河继续南下，经过把边关，即今天的把边寨。

过把边关，南行五六里，见路分两条，沿东南峡谷去的一条，为通往云州的新城道，沿顺宁河靠西南山岭而去的一条就是通往云州的旧城道。

徐霞客本想走新城道，可是，八月份正是汛期，去新城道的桥梁已被河水冲走，他想涉水过河，但水急难渡，心想，不若由旧城东北过桥，绕道至新城。

徐霞客说的旧城新城，云县人多有所知。旧城就是现在的县城，元代曾设大侯长官司，治所大侯寨，就在今天县政府位置，明宣德三年（1428年），大侯寨升大侯州，万历二十五（1598年）设云州。六年后，即万历三十一年（1603年），知州开发旧城以北的天马山东麓坝子，新筑砖城另建州署。这样，相对大侯寨旧城，民间称其为新城，今天人们所说的新城坝即由此而得名。这样看来，"新城"这个概念至今已有四百多年之久了。新城作为州署所在，长达191年。后来由于历年山洪暴发，山坡坍塌，城墙倒毁，不易修复，乾隆五十九年（1794年），知州阿勒景阿向上申告获准后，又将州城迁回大侯寨旧址。

新城道、旧城道是那时云州通往顺宁府的官道，现在，徐霞客游记中提到的那条新城道早已面目全非，而旧城道则演变成了云凤二级公路。

371年过去，不见了大旅行家来去匆匆的黄尘古道，扑入人们视野的是花围翠绕、车如流水的崭新气象。

徐霞客走向云州旧城，沿途山环水抱，高低错落，在其视野范围内的山坞平畴、溪流村落都有具体描述。

过了西界山（界碑一带），随着视野的豁然开朗，徐霞客的描述也陡增有文采：

"南壑颇开，庐塍交错，黍禾茂盛，半秀半熟，间有刈者。"

渐渐开阔的河谷，交相错落的村庄、田畦，长势良好的包谷、水稻等庄稼，有的正在抽穗，有的已经成熟，田中还有割谷刈草的农人。

西南边地这一派田园风光，给风尘仆仆的徐霞客心情带来了几分轻松和愉快。

过吊树根、河湾后，由顺宁绵延而来，一路所见的山川走向，至此略见端倪，徐霞客结合这一带的地理形势作了小结性的描述。如"坞北西山之脉，至此南尽于西，为旧城，东山之脉，至此南尽于东，为新城；坞西则西大脊之中，一峰从湾中东突，直临旧城之西。""一峰"即指象岭。

过菜园坝，站立城西山冈（今景星阁南面的半山坡），此时还"不见壑中诸水，而只见旧城庐落即在南冈；一里及之。"旧城房屋、人家就在象山南麓，一里即到。

1639年农历8月9日。

徐霞客的匆匆步履终于踏入了云州旧城。

路经今天县委北侧，向东而下。

现在房屋参差错落、栉比鳞次的县城下半城，在371年前还是人烟稀少的一片河滩、田地、荒野，云州旧城周边也该是田地菜园与稀稀落落的人家相伴。

现在，县委前的大街交叉路口是云县城车辆拥挤、行人扰攘的闹市。可是371年前徐霞客经过此地时，这一带虽然可能已有居民，但是门前冷落车马稀的冷清状况不难想象。

中午，主仆二人就在旧城吃饭。

饭后，他们行走在田埂之间，顺着古大侯寨北边一条小巷往东，向圣教寺、田家坡头方向走去。

这条小巷叫旧街子。从街名可知这是云县城最古老的一条街。现在，水泥路面已经覆盖了两年前的青石板路。在明朝末期，它或许也是一条人声杂沓的寻常巷陌，或许只是穿行在人家、田园菜畦间的一段毫不起眼的土路。

就在这条古老的小巷，371年前一个炎热的中午，一代地理学家、旅行家、探险家的一袭青衫，在此抖落几许风尘、飘然而过。

徐霞客走过旧街子，转入今天名为“立新街”的小巷，经过今天的圣教寺前面。

不知什么原因，徐霞客并未提及这座早在万历三十二年（1604年）就归朝廷礼部管理的寺庙，他记下的是另一新建寺庙——观音阁：

“有新墙一周，中建观音阁甚整，而功未就，然规模雄丽，亦此中所未睹也。”一带粉墙进入了徐霞客视线，墙内正在修建的观音阁十分齐整，规模雄伟壮丽，为此地所未见。由此我们可以推知当时佛教在云州的传播情况。

徐霞客提到的规模雄丽而尚未竣工的观音阁就位于现在圣教寺以东不远的坡上。

徐霞客描绘说，观音阁位于两水交汇处，视野开阔。站在这里，才看见孟祐河从它东部绕过，顺宁河从它北面流来，两水在观音阁东部交汇而下。

伫立田家坡头，徐霞客记下了孟祐河的来源方向，以及茅家哨（今茅家村）周围的地理形势。

徐霞客和仆人走进了观音阁。

“小憩阁中，日色正午，凉风悠然。僧瀹茗为供。”阁中住持接待了徐霞客，为他烧水烹茗，与他交谈。正午时分，烈日炎炎，凉风悠然吹来，一盏云州清茶也许稍稍安慰了他乡游子驿动的心。

告别阁中僧人，主仆二人出观音阁围墙北门，见顺宁河从西北而来转而向东。那时的北河河床可能正是现在下半城的位置，现在的北河已经北移。“三十年河东，四十年河西”这句熟语真是经典。

徐霞客他们走下田家坡路向北。

今天的卖糖街街口，也就是旧城北门附近，一棵古老的大榕树当街而立。徐霞客喝茶的观音阁早已烟消瓦解，也许只有这株阅人无数的古榕，当年曾经目送过大旅行家向顺宁河岸匆匆走去的背影。

走近河岸，徐霞客看见：“架亭桥其上，名曰砥柱。”

河上架着的亭桥，题名“砥柱”，显然是取中流砥柱之意。须知，当时顺宁过云州新城道的桥梁已被冲走，而此桥却能经得起洪峰的冲击，看来“砥柱”名副其实。根据徐霞客游记，云县旧志记载了此桥。

按照当时河流的情形，砥柱桥大体就在今天北河桥与公路相连接的位置。

“人事有代谢，往来成古今。”371年的光阴已随桥下的流水悄然流逝。顺宁河也几经改道，当年的砥柱桥早已溶进历史的苍茫，替代它的桥梁也在岁月长河的冲洗中几经更迭。今天，站立北河桥头，瞭望四围山色，一城人烟，俯视滔滔流水，游圣的简略记载或许还能引发人们思古之幽情。

从徐霞客的文字推想，砥柱桥桥头还建盖一座亭阁，供过往行人休憩。但是徐霞客没有在此停留，他直过砥柱桥，径往东北迎坡而上旗山。

站立坡头，回望波光如练的河谷，只见“二流既合，盘曲壑底，如玉龙曲折。”两河交汇的景象，如玉龙盘绕，宛若长虹。后来的“云州八景”中就有“溪虹渡翠”一景，并有诗赞：“城分两地路盘旋，十里云山到水边。暖浪远流平野色，长虹轻锁一溪烟。”

越过山坡，纵目向北，天马山下一片城池隐隐在望，那就是徐霞客的目地云州新城。

再走三里，稍稍下坡，半里后，徐霞客走近新城东南角。

当时的云州新城共设东南西北四道城门。其中，北门叫承恩门，东门叫震生门，徐霞客就从东门走进州城。

今天的东门外村，就是因位于云州新城东门以外而得名。

徐霞客进入云州新城时，时间大约下午两点多左右。他记道：

“州中寥寥，州署东向，只一街当其前，南北相达而已。”

他们住进了州府以南的一家客栈。大概是天气太热，或忙于查阅《大明一统志》《云南志》或其他史料，写游记，加之路途劳顿，徐霞客对他在云州新城的活动没有更多的记述，但是他考证了云州的历史沿革：

“云州即古之大侯州也。昔为土知州俸姓，万历间，俸贞以从逆诛，遂并顺宁，设流官，即以此州属之。”意思是说，云州在古代称大侯州，万历年间，土司头人俸贞因为参与叛乱而被平乱官军诛杀，大侯州改称云州，派流官治理，行政区划归顺宁府管辖。这就是历史上对云州发展深有影响的“改土归流”事件。“土”指土司，“流”指流官——明清时朝廷派遣到川滇黔等少数民族地区的地方官，因其有一定任期，非世袭，非土著，有流动性，故称。

徐霞客看到“州治前额标‘钦命云州’四字，想经御定而名之也。”想到这“云州”是钦定而名的。州名前特加“钦命”，并不多见。揣度其意，大概一是要彰显皇恩怀柔万里；二是要起震慑作用：这是大明王朝锁定的重要边关，地方土司休得逞强叛反。

徐霞客还记述了当时云州东南西北四至疆界，在他的文字中两次出现“沧江”字眼。如“东北至沧江渡八十里为蒙化界，东南至夹里沧江渡二百里亦景东界。”

由此可知，早在明代，在一定区域，澜沧江也有“沧江”之称。今天我们的诗文常把澜沧江简称为“沧江”，并且把它符号化，赋予新的社会内容和时代气息，如“沧江明珠。”

“今古一相接，长歌怀旧游。”历史与现实往往就是这样遥相呼应，巧妙链接。

今天，流经云县的澜沧江已成风景如画、客船往来的湖山胜景，而371年前，它还是人迹罕至的荒蛮之地。徐霞客的云州之旅却是奔着澜沧江而来的，但他非为游览沧江风光，而是别有怀抱。

在日记里，徐霞客说明了他来云州的目的：

“余初意云州晤杨州尊，即东南穷澜沧下流。”

原来，徐霞客来云州的本意是要会晤杨州尊，会晤杨州尊的目的是要考察探究澜沧江流经云州以后的去向。为什么？因为，他怀疑编修《大明一统志》的学者，关于云南境内澜沧江、红河的记载不准确：

“余原疑澜沧不与礼社合，与礼社合者，乃马龙江及源自禄丰者，但无明证澜沧之直南而不东者，故欲由此穷之。”

徐霞客主要是怀疑澜沧江不汇入礼社江，汇入礼社江的是源于禄丰的马龙江。但是他又没有确凿可靠的依据说明澜沧江流经云州后到底是直流南下还是转而向东。“故欲由此穷之。”所以他要亲自到云州探寻澜沧江的去向。

徐霞客的怀疑没有错。

澜沧江流经云州并不向东穿过景东，而是经景谷南下，最后由景洪出国境、入缅甸、老挝、泰国、柬埔寨，在越南南部入南海。礼社江是元江的上游，元江又是红河的中游。红河经河口县出境入越南，注入南海。

在今天这些都是常识了，但是在明朝，学者以讹传讹，官方修志含混不清，徐霞客却能大胆质疑，并且千里跋涉亲临云州考察。我们不得不佩服作为地理学家的徐霞客，敢于质疑问难的科学态度和勇于探究、探险的科学精神。这在重人文轻科学，重论道轻实践，万千士子汲汲于功名，两耳不闻窗外事，一心只读圣贤书的古代中国社会，徐霞客的特立独行，实在是个异数！千古奇人，名不虚传。

那么，徐霞客在云州找到杨州尊了吗？没有。

其实，8月8日，还在洛党时他就已经得知，杨州尊已被抽去省城主持科举考试了。他的日记是这样说的：“时闻杨州尊已入帘主持乡试。闪知愿书亦不必投。”这也是他绕道旧城的原因之一。

这里提到的“乡试”“入帘”须稍加解释：明、清时在各省省城举行的科举考试,叫乡试；科考时阅卷官进入考试院履职叫做“入帘”。“入帘”，有点像今天的高中教师去省城参加高考阅卷之类的活动。

杨州尊应该是从外地调来云州从事教育工作的文士，大概属于“学正”一类的文官。徐霞客并不认识他，他是永昌的地方文士闪知愿的朋友。徐霞客在永昌时，曾得到闪知愿及其父闪继迪的热情款待，当闪知愿知道徐霞客要去云州考察澜沧江流向时，就写了一封介绍信，让徐霞客持信去云州找杨州尊。

徐霞客怀里揣着闪知愿的介绍信，但是不遇杨州尊，也就无从投递，他只好向其他人了解澜沧江的流向。

在经过旧城时，徐霞客向一位跛者探问，那位腿脚有残疾的人告诉他，潞江（即怒江）是云州西界，南由耿马（当指耿马安抚司辖境，在镇康以西）而去，不东向归流澜沧江，澜沧江为云州东界，流经云州后南下威远（今景谷）而去，并不向东汇入元江。

听旧城跛者一说，徐霞客"始知东合之说为妄"，即澜沧江流经云州之后东转归入礼社江是错误的，《大明一统志》所记确实有误。

徐霞客虽然说跛者"其言独历历有据"，但是他心里仍然不够踏实。他带着这个疑问到了新城，又多方探问澜沧江的流向。问了新城的当地居民，说不出什么，但是来自江右、四川的一些外地客商所说的与旧城跛者所言不差。

至此，澜沧江的流向应该没问题了吧。在云州，徐霞客"乃释然无疑，遂无复南穷之意。"

既然几经证实，徐霞客不再怀疑了，他也不想再往南行继续穷究了。

现在想来，如果当时遇着杨州尊，徐霞客也许还会亲临江边，沿江多走一些地方。不过，徐霞客虽然没有亲眼明证"澜沧之直南而不东者"，但是他的探究过程是严谨的，而且，最关键的是他得到的结论是正确的。有一篇文章说徐霞客最终也没弄清澜沧江下流的去向，看来是作者误读了徐霞客游记。

杨州尊的名字早被历史长河淹没了，但是，徐霞客考察澜沧江下流去向的求实精神直到今天，仍然令我们感动不已。

虽然没遇见杨州尊，但是徐霞客心中的疑问有了答案，他准备第二天返回顺宁。

初十日，平明起饭。主仆二人出云州南门，向西南沿西山坡而行，上马鞍山；见"东南下为条冈，直扼旧城溪而东逼东山，界两城之间，为旧城龙砂，新城虎砂者也。"

这里说的"条冈"就是旗山，即罗医生坟山。对旧城而言它是"龙砂"，对新城而言则是"虎砂"。也就是方舆学中所谓"左青龙，右白虎"。

出马鞍山峰，过马鞍山岭，八九里后徐霞客已进入顺宁地界了。在山涧沟壑中越岭涉溪，十四五里后到达云州新城通往顺宁的路口。徐霞客想取道顺宁河，但是水急难渡，又往南回走三里，在一片开阔地带西渡顺宁河。然而，"溪阔而流涨，虽当平处，势犹悬激，抵其中流，波及小腹，足不能定，每一移趾，辄几随波荡去。半晌乃及西岸，复由田塍间上坡。"

看了这段描述，徐霞客旅行涉险之状可见一斑。这段河流虽然地势稍平，但还是水急流涨，到达中流，洪波漫及小腹，脚跟都站不稳，每一移动脚趾，身体几乎随波漂去。过了半晌主仆二人才抵达西岸。

渡过顺宁河，再走一里，他们转入来时所走之道，八九里后再过把边关，吃了早饭，继续北走十里而至洛党，时已过午，因暑气逼人，两人仍就投宿于来时所住的那家客栈，在楼上休息、写日记。

十一日，徐霞客由洛党北行三十里。在顺宁城东，拾级而上东山寺。徐霞客与前几天在龙泉寺相识的一僧人在此不期而遇，僧人留徐霞客同饭。饭后两人共坐寺前门楼，天南地北地闲谈。原来这僧人是鲁史西北山寺的和尚，因为听讲佛法而至龙泉寺。他给徐霞客说，自小曾遍历挝龙、木邦、阿瓦等偏僻之地。当徐霞客知道这和尚游历较广，就向他询问澜沧江下流的地理形势，结果"其言与旧城跛者、新城客商所言，历历皆合。"

澜沧江下流的去向虽然徐霞客已在云州几经听证，但他终究因为未曾亲历目睹，始终耿耿萦怀，只要有可问之人，他就不忘探究。这又进一步说明了地理学家徐霞客那种严谨的治学态度和追根究底的探究精神。这种精神只到今天仍是那么难为可贵。

十四日，徐霞客出顺宁，迤逦北上，渡澜沧江，过黑惠江，进入蒙化府（今天巍山），于二十二日回到鸡足山。不久，徐霞客疲惫的身躯病倒，在云南地方官派人护送下，回到了江苏江阴老家，随即去世，终年55岁。

371年前，游圣挥一挥衣袖，告别了西天的云彩。他带走了一个答案，传扬了一种精神，留下了一个历久不衰的话题。

（张学宇）

历史文化名人孙人杰小考

孙人杰是云南省云县晚清至民国前期享誉云县乃至临沧的地方历史文化名人，与其父孙伟望、其子孙传庚（字少卿）一样都是云县乃至临沧这块土地上著名的诗人。祖孙三人在《云县志》（1994年版）中均有传，这在一个地方历史文化中也是一个极为少见的现象。但令人遗憾的是三人生卒年代都不详。于此笔者想就孙人杰可能见及的材料，对孙人杰之生卒年代作一个小小考证，并对其事略做一点说明、评论，祈教于方家。

一、孙人杰生卒年代小考

首先，依据手边所有之材料分别将孙人杰事略援引、简绍如下。

1983年版《云县志·上编》“卷八·人物”之“文苑”篇载：孙人杰“字品卿，与兄人俊系清岁贡。父伟望。弟兄两人皆孤苦好学，而人杰尤颖悟，文采为一时之冠。与兄设帐授徒，循循善诱，地方人士多出其门。然科名蹭蹬，屡试秋闱未售。清末倡办地方自治局。民国初年，入耿马，参土司幕，兼任教读。所为诗文，清新工丽，惜多散失，（笔者按，此处原录其《丁巳端午放歌》诗一首，因该诗与本文内容无大关涉且以简约计，略）民国十五年卒于家（笔者按，即1926年）。其门人张世卿挽以联云：‘早岁饱尝辛，卅载青毡，案上萤枯人不见；大年刚届甲，一朝碧落，庭前鹤化魂归来’。子传庚，亦娴诗文，克绍家学。”（参见该书289–290页。）

1994年云南人民出版社版《云县志》“人物”传篇载：“孙人杰，字品卿，孙伟望之子。有才华。清光绪间，曾到顺宁府参与纂修《续修顺宁府志》。其中云州部分的史实也是他辛勤搜访，辑录下来的。壮年时期，受耿马罕氏土官聘请为幕宾，公余之暇，招收当地傣族子弟，教授汉语和诗文。久之，他对耿马傣族人民有了深厚的感情，一生中所吟咏诗句，多与耿马风土人情有关，孙人杰热心功名，考取岁贡生后，屡次赴省应乡试均未考中，自知科举无望，便把注意力转向地方公职。当时教育界一部分有声望的人物唐尚卿、沈玉溶等组织地方自治团体‘昌云公’，着手清理历年地方财政和教育公产的收支。孙人杰被排斥，未得加入。知州曾楫因侵吞公款，被昌云公揭露，对这个团体十分愤恨。孙人杰抓住时机，唆使个别失意文人诬告昌云公有非法行为，昌云公于是被查封，其成员有的被关押，有的远逃，有的自杀。孙人杰泄了私愤，把昌云公所有书籍据为己有。其后曾楫被撤职查办，他也受到舆论的非议。晚年在家设帐教书，其弟子有张世卿、卢光华、谢君谟、杨钰华等人，均为民国时期云县教育界的知名人物。于民国14年（1925年）去世。”（参见该书831页）

两本县志均未交代清楚孙人杰的生卒年代。虽然都涉及孙人杰逝世的年代，但前后两本志书记述有出入：一个是“民国十五年卒于家”；一个是“于民国14年（1925年）去世”，孰对孰错、孰是孰非呢？

我们知道了解历史人物，生卒年代是一个重要的工具和线索。因为历史人物都是生活在一定的历史时间和时段里面，只有把历史人物放入到他所处和生活的时代，我们才能确切的了解历史人物，了解历史人物与时代的关系等等。学者许贵文提到人物的生卒年是一个人的历史确切起止时间。有了准确的生卒年，人物的历史在时间上就是清晰的，否则就是模糊不清。所以在历史研究和整个学术研究中应当重视人物生卒年的问题。这也就要求我们史学工作者要利用各种史料进行收集梳理，琐碎的考正、订误等等工作。当然由于历史的种种原因，有些历史人物的生卒年代，却只能成为一个永远的迷。

也因为这样，笔者对孙人杰的生卒年代充满好奇与兴趣。为此，做过一些查证，但因为历史的缘故诸种原因，如文革的“破四旧”使很多文物遭破坏、当时编写《云县志·上编》《云县志》人物志篇的作者杨世经先生已经谢世、孙氏家谱年代的缺失等，所以查证的结果不论是孙人杰的后裔的家谱和记忆、还是张世卿之相关材料、或者档案、墓志等均无明确记载或者无存。所以问题的寻求只有回到史志材料本身。

我的推断是，孙人杰的生卒年代极有可能是1865年到1925年。

理由是：第一、按照常理，1994年版《云县志》编撰成书的时候应该是参考和借鉴1983年版《云县志•上编》之内容的。因为从1994年版《云县志》我们可以看出来，它其中有一个信息增量和孙人杰事略的删减、增补：即删弃1983年版《云县志•上编》之长诗、张世卿的挽联等，补录了《云县志•上编》之中没有的关于孙人杰收录《续修顺宁府志》云州部分史实、“昌云公案”中的表现和事略等内容，那么它应该是经过当时编写者新的求证和搜访的结果，关于其去世年代也应该更为可信和没有错误。

如果此说可以成立，那么第二，其实我们不难推知孙人杰的出生年代。 那么，孙人杰出生又在哪一年了？

笔者的推断是，极有可能是在1865年。理由是：孙人杰的学生张世卿“早岁饱尝辛，卅载青毡，案上萤枯人不见；大年刚届甲，一朝碧落，庭前鹤化魂归来”的挽联其实就已经告诉我们答案。因为，既然张世卿是孙人杰的学生，并为其撰写挽联，那么极有可能是亲见、亲历孙人杰的葬礼的，应该对当时孙氏的一些情况（包括他的生平，特别是逝世时的情况）有一定的了解，那么他写：“大年刚届甲，一朝碧落”实际上就是指孙人杰刚刚满花甲，即六十岁逝世之意也。如果据此将孙人杰之出生年代对应其去世的年代（1925年）往前推六十年，应该是在清同治乙丑年，即1865年。

所以笔者推断孙人杰的生卒年代可能为1865年–1925年。

二、对于孙人杰的评价和认识

孙人杰是临沧、云县近代历史上一个颇具“矛盾性”的历史人物：一方面，孙人杰的人格是有缺陷的，品行有污点，为时人所非议和诟病。从《云县志》“人物”传篇载：“孙人杰热心功名……他也受到舆论的非议”的记载我们实不难看出。孙人杰因何遭“昌云公”排斥，为何与其成员结怨，因历史资料的阙失，我们难已知晓其中原委，具体评判到底孰是孰非，但有一点是无法回避的，即孙人杰，为泄私愤“唆使个别失意文人诬告昌云公有非法行为”，使“昌云公被查封，其成员或被关押，或外逃、或自杀”和“将昌云公所有的书籍据为已有”，借助强权打击报复私敌，泄私愤其行径已非君子之所为，也理应受到我们今天的批评。

但另一方面，孙人杰以其文学造诣，为云县地方文化、教育事业的贡献而为人们所称道。第一、孙人杰文学造诣颇高，为云县、临沧著名的诗人之一、1983年版《云县志》称其“文才为一时之冠”、“所为诗文，清新工丽”及《云县志•上编》将其事略收录于“人物”传之“文苑篇”就是一种褒扬。第二、孙人杰曾为云县、临沧地方史志文化事业作出过自己的贡献，“清光绪年间，曾到顺宁府参与纂修《续顺宁府志》，其中云州的部分史实是他辛勤搜访、辑录下来的”。第三、积极从事地方教育，为耿马、云县培养了一批人才，促进耿马的文明开化和汉文在耿马的传播以及促进云县教育的发展。两本县志所载：“壮年时期，受耿马罕氏土司聘请为幕宾，公余之暇，招收当地傣族子弟，教授汉语和诗文”、“与兄设帐授徒，循循善诱，地方人士多出其门”、“晚年在家设帐教书，其弟子有张世卿、卢光华、谢君漠、杨钰华等人，均为民国时期云县教育界的知名人物”，以及2004年云南科技出版社出版的《云县教育志》“第一章旧制教育”篇载：“云县私塾，为本地方造就了很多人士。仅孙人杰设帐授徒的门下，佼佼者14人”。所有这些都是我们对于孙人杰可以肯定的一面。这也是评价、讨论孙人杰时应该看到的评价的主流和主要方面。不能因为孙人杰的人格缺陷或者品行污点就完全否定他在临沧、云县地方的历史功绩和贡献。

在对于孙人杰的事略的记载上，我们可以感受到的是，1983年版《云县志》避开了孙人杰在”昌云公案“中的表现，而1994年版《云县志》则“秉笔直书”，不为长着、尊者、贤者讳，表现出史书编撰中难得的清醒和良好的史德，也是它在编写中做得比较好、值得称道、坚持的一个地方，也是值得我们以后修志借鉴的地方。做到这一点其实也并不容易，以后来2004年云南科技出版社出版的《云县教育志》为例，《云县教育志》“第一章、旧制教育”篇还载“云县私塾，为本地方造就了很多人士。仅孙人杰设帐授徒的门下，佼佼者14人。”

这里没有点明佼佼者14人是哪些人，但通过前面所述，我们知道，他们当中有张世卿、卢光华、谢君漠、杨钰华等人，这些人都是云县地方文化名人，对云县地方历史文化等均作出过贡献，其事迹均载于1994年版《云县志》和2004年版《云县教育志》“人物”传篇，包括1983年版《云县志•上编》载孙人杰“与兄设帐授徒，循循善诱，地方人士多出其门”，可见孙人杰之于云县教育是有过贡献的（而且不止是云县，还包括今天耿马傣族佤族自治县），但作为云县教育“发展”正史的《云县教育志》“人物”志篇却无孙人杰之传略事迹，究其原因，大概是纠结于孙人杰品行上的小瑕疵，这实为《云县教育志》“人物”篇的编写中一个小小的遗憾。

（陈梦云）

云县山长黄谦

所谓山长者，是古代中国书院之主讲兼总院务者。始见于唐末五代，其身份和地位，可能相当于今天地方中小学的校长。云县历史上的历任山长，由于历史资料的缺失，殊与难考，史书所见载者，一是光绪庚子年（1900年）的剑川举人杨继元；二是辛丑年（1901年）的蒙自举人黄谦，字虚谷。

1983年版《云县志•上编》“卷七•教育”志篇这样介绍黄谦其人其事：“谦字虚谷，蒙自举人，任顺宁府（笔者按，今凤庆）教授十余年，乐育人才。辛丑应州聘（笔者按，州指今日之云县，云县历史上名云州），年近七旬。教授生徒，首重立品。日有常课，夜亦讲育，循循无倦容。故一时得力于学者甚多。是年冬，因病返顺遂卒。”

由上述史志记载，我们不难窥见黄谦山长之为人为师于一端：其“任顺宁府教授十余年，乐育人才”，体现出一个真正热爱教育、献身边地教育教师的情怀与追求；其“教授生徒，首重立品”，体现出他教学中重视人格教育的一些特点；而其“日有常课，夜亦讲育，循循无倦容”则体现出他“学而无厌，诲人不倦”的师者意气和精神。

黄谦在顺宁府教授十余年，乐育人才，对当时凤庆地方的文化教育事业应是多有贡献的。我们今天惊叹凤庆初高中教育成绩斐然，认真思考、审视和借鉴其教育成功的缘由、经验，除了政府和社会的高度重视、学校管理严格、教师努力因素之外，从历史的角度来看，凤庆历史文化底蕴浓厚，同样是不容忽视的因素，而这一点也体现在凤庆县至今保存完整的文庙建筑就是一个最好的例证。窃以为，凤庆历史文化底蕴浓厚、文化积淀深厚，跟诸如黄谦等这样一些“名师儒士”一代传一代的“薪火相传”的文化努力不无关系。

黄谦来云县任教的时间也实在太短，大概一年左右的时间，在这一点上，我甚至打心里有点羡慕和妒忌凤庆，如果他能来云县任教十年、二十年那该有多好。黄谦来云县任教，时间虽短，对云县教育仍具有不可低估的作用和影响，从两个史实可以看出来。一是1983年版《云县志•上编》所云：“故一时得力于学者甚多”，即当时跟随黄谦从游从学的云县人甚多，可见于一斑。其二，云南人民出版社1994年版《云县志》“人物”志“张世卿”传中载有这样一件事：“张世卿（1878年--1938年）县城云兴街人。光绪二十七年（1901年）云州庆云书院聘请蒙自举人黄虚谷任山长，黄学识渊博，教学认真，注重品德培养，对张世卿影响最大。为感激业师，他在家中供奉黄虚谷长生牌位。（笔者按，张世卿为云县晚清民国时期文化、教育界知名人士，以尊师孝亲、爱国爱民、诗文造诣享誉云县和临沧，曾任云县民国元年（1912年）和九年（1920年）两届参议会长及云县劝学所长和教育局长等职，对云县地方的文化教育、政治作过一些贡献）。张世卿为黄谦师在家中供奉长生牌位，不仅说明张对业师的感激、追悼，也表明张世卿等这些云县读书人、文化人深受黄谦之影响，决心向其学习的志趣和理想追求。

或许尊重像黄谦一样热爱、献身边地教育的老师以及重视地区、县邑文化的相互交流、融汇，是前人留给我们今天云县、凤庆乃至整个临沧市的一个文化和教育的当代启益。因此，我们应感谢黄谦，也感谢文化凤庆。在教育为本的今天，我们更增添了对教育先辈的敬仰和尊重，我们应在一点一滴地积累和努力中，厚积薄发，走出一片更为广阔的天地。

（陈梦云）